Gerd Heidchen

Manfred Heim

Kleines Lexikon der Kirchengeschichte

Manfred Heim

Kleines Lexikon der Kirchengeschichte

Verlag C. H. Beck München

Die Deutsche Bibliothek – CIP-Einheitsaufnahme

Heim, Manfred:
Kleines Lexikon der Kirchengeschichte / Manfred Heim. - München: Beck, 1998
ISBN 3 406 44055 X

ISBN 3 406 44055 X

Gesamtherstellung: Freiburger Graphische Betriebe, Freiburg
Gedruckt auf säurefreiem, alterungsbeständigem Papier
(hergestellt aus chlorfrei gebleichtem Zellstoff)
Printed in Germany

Inhalt

Vorwort

Geschichte und Christentum sind seit zweitausend Jahren unlösbar verbunden. Wurzelnd in der Botschaft Jesu Christi, entfaltete sich das Christentum in der Geschichte, und zwar in der Gestalt der Kirche und der Kirchen. Kirchengeschichte ist die kritische Erforschung und Betrachtung des Christentums durch die Jahrhunderte, Grundlage und Begleitung aller theologischen Fächer, stets eng verbunden mit der allgemeinen Geschichte, der Kunst- und Kulturgeschichte, der Volkskunde und allen Ausdrucksformen menschlichen Geistes im Ablauf der Zeit.

Das vorliegende Lexikon will mit seinen annähernd 3000 Stichworten in den „Grund- und Aufbauwortschatz" der Kirchengeschichte einführen, erste Begriffsbestimmungen ihrer Fachsprache leisten und Orientierung geben, damit einen Zugang zur vielgestaltigen Geschichte der christlichen Kirchen eröffnen; vielleicht vermag es dadurch auch Freude an der Beschäftigung mit ihr zu erwecken.

Es ist mir eine ehrenvolle Pflicht, meinen Kollegen in der Katholisch-Theologischen Fakultät der Ludwig-Maximilians-Universität München für vielfache Beratung und Hilfe ein Wort tiefempfundenen Dankes zu sagen: meinem verehrten Lehrer, Herrn Prof. Dr. Georg Schwaiger (München), den Herren Prof. Dr. Gerhard Ludwig Müller und Wiss. Assistenten Dr. Rudolf Voderholzer (Institut für Dogmatik), Wiss. Assistenten Dr. Roland Götz (Institut für Kirchengeschichte), Wiss. Assistenten Dr. Franz Kalde (Kanonistisches Institut), ferner den Herren Wiss. Assistenten Assessor Hans-Georg Hermann und Dr. Jörg Müller (Leopold-Wenger-Institut für Rechtsgeschichte der Universität München) sowie Herrn cand. phil. Andreas Precht. Herrn Dr. Ernst-Peter Wieckenberg, der die Idee zu diesem Lexikon hatte, danke ich für seine freundlich-beharrliche Geduld und alle Hilfe im Verlag.

München, den 13. Juni 1998

Manfred Heim

A

Aachener Regel (lat. Institutiones Aquisgranenses, Institutio canonicorum) unter Kaiser Ludwig dem Frommen auf der Aachener Synode von 816 als Gesetz festgeschrieben, wurde mit ihr erstmals das Gemeinschaftsleben der → Kanoniker und → Kanonissen geregelt, diese Lebensform zugleich deutlich von der Lebensweise des auf die → Benediktregel verpflichteten → Mönchtums geschieden. → Karolingische Reform

AAS Abk. für → Acta Apostolicae Sedis.

Abbas nullius → Abt

Abbate (it.) Bez. für → Abt und Weltgeistliche in Italien, früher auch für → Laien, u. a. Ärzte und Advokaten.

Abbé (frz.) in Frankreich Titel für → Abt und Weltgeistliche, früher auch für → Kleriker mit den niederen Weihen.

Abbreviator (auch Breviator, Minutant) seit dem 13. Jh. ein Beamter in der Abbreviatur der → Apostolischen Kanzlei, der Entwürfe (lat. minuta) für Briefe, Urkunden und sonstige Aktenstücke (→ Bulle, → Breve) anfertigte; er mußte über bes. Kenntnisse des jeweils gängigen Abkürzungssystems (→ Abbreviaturen) verfügen. Das seit dem 15. Jh. bestehende Abbreviatorenkolleg wurde 1908 aufgehoben, seine Aufgaben übernahmen die → Apostolischen Protonotare.

Abbreviaturen (lat.) Abk. von Namen und Worten (auf Münzen, Siegeln, Denkmälern und in Handschriften) zur Raum-, Material- und Zeitersparnis, entweder durch Suspension (nur der oder die ersten Buchstaben eines oder mehrerer Wörter werden geschrieben, z. B. → S. R. I.) oder Kontraktion (Teile des Wortinnern werden ausgelassen, z. B. eps für lat. episcopus = → Bischof). Die Kürzungen wurden jeweils durch Punkte oder Striche kenntlich gemacht und bildeten oft Zeichen (Siglen) mit feststehender Bedeutung (z. B. → A°, JHS [→ Christogramm]).

Abendland (Okzident, von lat. [sol] occidens = Sonnenuntergang, Abend, Westen) die Länder im Westen, näherhin der von antikem Erbe und Christentum geistig geprägte westeuropäische Kulturkreis (christl.-abendländ. Tradition), im Unterschied zum → Morgenland.

Abendländisches Schisma Spaltung (→ Schisma) der abendländ. (lat.) Kirche im Papsttum 1378–1417, als gleichzeitig zwei bzw. drei Päpste die höchste kirchl. Gewalt beanspruchten, auch Großes Abendländisches Schisma genannt; nicht zu verwechseln mit der Spaltung der abendländ. Kirche (Glaubensspaltung) in der → Reformation. → Obödienz

Abendläuten → Angelus

Abendmahl (lat. Cena/Coena Domini) Jesus feierte vor seinem Kreuzestod mit den Jüngern das „Letzte Abendmahl" und beauftragte sie, es zu seinem Gedächtnis weiterhin zu begehen. Die in den christl. Kirchen vollzogene liturg. Feier wird kath. als hl. → Messe (Meßopfer) und → Eucharistiefeier, ev. als Abend- oder Nachtmahl und Abendmahlsgottesdienst bez. Über die Art und Weise der Gegenwart Christi in den (konsekrierten) Gestalten Brot und Wein gab und gibt es unterschiedl. Auffassungen (Abendmahlsstreitigkeiten im Mittelalter und in der Zeit der → Reformation; → Realpräsenz). → Gründonnerstag

Abendmahlsbulle (lat. Bulla in Coena Domini) seit dem 13. Jh. belegte Sammlung päpstl. Exkommunikationssentenzen, die in einer endgültigen Fassung von 1627 als Bulle im Gottesdienst bis 1770 jährl. an → Gründonnerstag verlesen wurde.

Abendmahlsgemeinschaft gegenseitige Zulassung zum → Abendmahl von Kirchen mit gleichem → Bekenntnis (kath. als Interkommunion bez.), wobei kath. und orth. Kirche(n) keine Abendmahlsgemeinschaft mit anderen Konfessionen kennen. → Kirchengemeinschaft

Abendmahlsprobe Verwendung der → Eucharistie oder ihre Darreichung im → Abendmahl als Beschwörungsmittel zur Herbeiführung eines → Gottesurteils.

Aberacht (Oberacht) Reichsacht, die über einen bereits Geächteten (→ Acht) verhängt wurde.

Aberglaube (lat. superstitio) „falscher" Glaube (Ab-, Über- und Afterglaube), der vom „wahren" Glauben abweicht und auch mit gewissen Bräuchen und Formeln überird. Mächte für diesseitige Wünsche und Anliegen zu gewinnen sucht.

Abgaben (an kirchl. Stellen) Geld- oder Sachleistungen, auch Reichnisse (von Darreichen) zum Unterhalt kirchl. Personen und Einrichtungen sowie für Dienstleistungen, z. B. → Annaten, → Census, → Peterspfennig, → Taxen, → Zehnten, → Stolgebühren.

Ablaß (lat. indulgentia, ahd. ablaz, auch → Antlaß) kirchl. Nachlaß (Indulgenz) zeitl. Strafen für Sünden, die hinsichtl. der Schuld schon im Bußsakrament getilgt sind (Entwicklung in der → Bußpraxis der kath. Kirche seit dem 10./11. Jh.; → Beichte, → Kirchenschatz). Die für die „Gewinnung" des Ablasses (Nachlaß aller Sündenstrafen im vollkommenen Ablaß [Plenarablaß], teilweiser Nachlaß im unvollkommenen Ablaß), damit die Lossprechung (→ Absolution) erforderl. Bußwerke konnten aber durch verschiedene Leistungen „ersetzt" werden, z. B. durch die Teilnahme an einem Kreuzzug, den Beitrag zum Bau einer Kirche oder Kapelle, durch Geld und Almosen. In bes. Weise führten Geldablässe und Ablässe für Verstorbene (→ Fegfeuer) seit dem Spätmittelalter zu schweren Mißbräuchen, zu denen auch Ablaß- oder Bußprediger mit ihrer „pastoralen Strategie der Angst" (J. Delumeau) beitrugen. Der Geldablaß zum Neubau der Peterskirche in Rom führte zum öffentl. Hervortreten Martin Luthers 1517 und zur → Reformation. Eine Neuregelung der Ablaßpraxis erfolgte auf dem Konzil von Trient (1545–63), zuletzt auf dem → Vaticanum II. → Beichtbriefe, → Portiunkula, → Redemption

Ablegat → Apostolischer Legat

Abschwörung (lat. abiuratio) 1. bei der → Taufe die Absage (Widersagung) des → Teufels und seiner bösen Werke (auch lat. abrenuntiatio diaboli); 2. die Abschwörung von → Häresien bei Wiederaufnahme in die kirchl. Gemeinschaft (nach der → Exkommunikation) und bei der → Konversion.

Absegnen abgeleitet von → Segen, wird dieses kirchenhistor. unübl. Wort heute umgangssprachl. gebr. für annehmen, befürworten, verabschieden.

Absenz (lat. absentia = Abwesenheit, Absent) Fernsein eines → Klerikers von seinem kirchl. → Amt, seiner → Pfründe oder dem → Chordienst, bei Verletzung der → Residenzpflicht mit Strafen bedroht. Absenzgeld oder Absent: Gebühr für die Befreiung von der Residenzpflicht, Strafgeld für säumige Pfründeninhaber oder (bei Verzicht auf das Kirchenamt oder Beurlaubung) dem Pfründeninhaber vorbehaltener Teilbezug des Einkommens aus der Pfründe.

Abside, Absis → Apsis

Absolution (lat. absolvere = loslösen, -sprechen, entbinden) 1. Wiederversöhnung bzw. sakramentale Lossprechung im → Bußsakrament (→ Beichte); 2. Fürbitte (häufig in Verbindung mit dem → Ablaß); 3. Lossprechung von Zensuren, z.B. päpstl. Absolution vom → Bann oder von der → Acht durch den Kaiser; 4. Generalabsolution: Erteilung der sakramentalen Lossprechung ohne vorausgehendes Einzelbekenntnis der Sünden (z.B. bei Todesgefahr), im weiteren Sinn auch verschiedene Formen des → Apostolischen Segens.

Absolutismus (lat. absolutum = losgelöst, ungebunden) Staats- und Regierungsform (der Monarchie), in der der Fürst (Monarch) die unbeschränkte, absolute Herrschaftsgewalt verkörpert und ausübt. Im konfessionellen Absolutismus des 16.–18. Jh.s beanspruchte der Fürst aus rel. und machtpolit. Gründen sowie im Staatsinteresse ein rel.-kirchl. Sorge- und Aufsichtsrecht; die höchste Gewalt des Herrschers leitete sich demnach vom Ziel der Glaubenseinheit her.

Abstinenz (lat.) völliger oder teilweiser Verzicht auf (bestimmte) Speisen, Getränke, Genußmittel sowie sexuelle Enthaltsamkeit. Abstinenztage sind in der kath. Kirche festgelegte Tage, an denen Enthaltung vom Fleisch warmblütiger Tiere geboten ist, so die Freitage zum Gedenken des Kreuzestodes Christi, auch heute bes. → Aschermittwoch und → Karfreitag. → Askese, → Fasten

Abt, Äbtissin (aram. aba, gr. und lat. abbas = Vater) Vorsteher bzw. Vorsteherin eines → Konvents, v.a in den alten → Orden, z.B. → Benediktiner, → Zisterzienser, einer → Abtei. An der Spitze einer → Reichsabtei stand bis zum Ende der → Reichskirche 1803 und des → Heiligen Römischen Reiches 1806 ein Reichsabt, einer → gefürsteten Abtei ein Fürstabt bzw. eine Reichs- und Fürstäbtissin. Im Mittelalter gab es auch → Kommendatar- und Laienäbte. Zu einer → Kongregation verbundene Abteien haben einen Erzabt, Abtpräses oder Generalabt, die → Konföderation der Benediktiner und → Augustiner-Chorherren den in Rom residierenden Abtprimas an der Spitze. Der Abbas nullius des kath. Kirchenrechts besitzt in dem mit der Abtei verbundenen Sprengel bischöfl. Jurisdiktion über Klerus und Volk, dazu bes. Vollmachten in der Sakramentenspendung (z.B. Firmung, Weihen). In den Ostkirchen entspricht dem Abt der kath. Kirche der → Archimandrit oder → Hegumenos. In einzelnen ev. Kirchen Deutschlands blieb der Titel eines Abtes oder einer Äbtissin (bzw. → Domina) in Anstalten erhalten, die auf vorreformator. Klöster zurückgehen.

Abtei (lat. abbatia) seit dem 11. Jh. Bez. für ein selbständiges → Kloster samt → Konvent unter Leitung eines → Abtes bzw. einer Äbtissin mit zugehörigem Besitz (Abtsgut), Vermögens- und Verwaltungsrecht.

Acht im mittelalterl. Recht die Friedloserklärung eines aus der Rechts- und Friedensgemeinschaft ausgestoßenen, nunmehr „vogelfreien" Schwerverbrechers mit daraus folgender Rechtlosigkeit und Einziehung seines Vermögens, wobei die volle Friedlosigkeit mit Verhängung der → Aberacht erst eintrat, wenn sich der Geächtete nicht binnen Jahr und Tag nach dem Achturteil dem Gericht stellte. Die für das ganze Reich ausgesprochene Acht, die Reichsacht, konnte nur vom Kaiser oder seinen Gerichten verhängt werden. Die Lösung von der Acht war durch → Absolution möglich. Seit dem frühen 13. Jh. folgte die weltl. Strafe der Acht auf den kirchl. → Bann, wenn dieser länger als sechs Wochen andauerte; sie sollte zudem erst nach Lösung vom Bann wieder aufgehoben werden.

Acta → Akten

Acta Apostolicae Sedis (lat., Abk. AAS) seit 1909 anstelle der → Acta Sanctae Sedis monatl. erscheinendes amtl. Gesetz- und Verordnungsblatt des → Apostolischen Stuhls.

Acta Apostolorum (lat.) → Apostelgeschichte

Acta martyrum (lat.) Berichte über das Martyrium von Christen (→ Märtyrer) in der Zeit der → Christenverfolgungen.

Acta Sanctae Sedis (lat., Abk. ASS) von 1865 bis 1909 das (seit 1904 amtl.) Veröffentlichungsblatt des → Apostolischen Stuhls, abgelöst von den → Acta Apostolicae Sedis.

Acta Sanctorum → Bollandisten

AD, A. D. bei der Angabe von Jahreszahlen gebräuchl. Abk. für lat. Anno Domini = im Jahr des Herrn, d. h. nach Christus, nach Christi Geburt, als Sigle A°.

Adaptation → Akkomodation

Adiaphoristische Streitigkeiten innerhalb des → Protestantismus bez. Philipp Melanchthon (1497–1560), v. a. 1548 im → Leipziger Interim, gewisse kath. Formen und Gebräuche, darunter die → Heiligenverehrung und die → Sakramente, als „Mitteldinge" (gr. adiaphora; adiaphoron = nicht unterschieden, indifferent), welche die Reinheit der ev. Lehre nicht gefährdeten. In der Folge entstand über deren Bedeutung bzw. Zulässigkeit ein heftiger Streit zwischen den Parteien um Melanchthon (Philippisten) und Matthias Flacius Illyricus (→ Gnesiolutheraner), der 1552 zu dessen Gunsten entschieden wurde. Zu einem zweiten Streit kam es seit 1681 zwischen → Lutheranern und Calvinisten (→ Calvinismus), die weltl. Vergnügungen wie Spiel, Tanz, Theater für sündhaft hielten, während sie jene als indifferent, d. h. als der Reinheit der ev. Lehre nicht abträglich betrachteten.

Ad-limina-Besuch → Visitatio ad limina

Ad maiorem Dei gloriam (Abk. AMDG) → Omnia ad maiorem Dei gloriam

Administrator (lat.) Verwalter (Verweser) einer durch → Erledigung freigewordenen → Pfründe, häufig einer → Pfarrei (Pfarradministrator oder -provisor) und, als vom Papst bestellter Apostol. Administrator (lat. Administrator Apostolicus), einer Apostol. Administratur oder eines → Bistums (Bistums- oder Diözesanadministrator, hier auch der → Kapitelsvikar, früher gelegentl. auch Administratoren aus fürstl. Hause ohne höhere Weihen), auf Zeit oder Dauer. → Apostolischer Vikar, → Vikar

Admissio (lat.) in der kath. Kirche die offiz. Zulassung als Priesterkandidat durch den zuständigen Bischof (→ Akoluth).

Adoptianismus (lat.) als Irrlehre abgelehnte Richtung in der → Christologie des 2./3. Jh.s, nach der Jesus Christus seiner menschl. Natur nach nur ein von Gottes prophet. Geist bes. erfüllter Mensch gewesen sei, der sich aber erst durch ein Leben in Tugend und Gehorsam habe bewähren müssen, um von Gott an Sohnes statt angenommen, „adoptiert" zu werden („Bewährungschristologie"). Im Abendland kam es nochmals Ende des 8. Jh.s zum Adoptianismus- oder Adoptianischen Streit.

Adorant (lat.) in der bildl. und plast. Kunst die Darstellung einer die Trinität, Christus oder die Gottesmutter meist auf den Knien anbetenden Gestalt (Engel).

Adoration (lat.) 1. in der kath. und orth. Kirche die Anbetung Gottes; 2. im profanen Bereich die Huldigung vor höhergestellten Personen. → Proskynese

Adveniat der zweiten Vaterunserbitte (lat. adveniat regnum tuum = dein Reich komme) entliehener Name der von den dt. kath. Bischöfen 1961 gegr. Hilfsaktion für die Kirche Lateinamerikas, für die alljährl. zur Advents- und Weihnachtszeit Spendengelder gesammelt werden. → Brot für die Welt

Advent (lat. adventus = Ankunft) seit dem 5. Jh. belegte, von vielen Bräuchen begleitete Vorbereitungszeit auf die Geburt Christi, beginnend mit dem 4. Sonntag vor → Weihnachten, der zugleich Anfang eines neuen kath. und ev. → Kirchenjahres ist.

Adventisten (von → Advent) Anhänger einer 1831 von W. Miller in den USA gegr. Religionsgemeinschaft, die die baldige Wiederkunft Christi und den Jüngsten Tag (→ Endzeit) erwarten; deren Hauptgruppe sind die 1860 gegr. Adventisten des Siebenten Tages (Seventh-Day-Adventists).

Advocatus diaboli (lat. = „Teufelssachwalter") (volkstüml.) Bez. für den Glaubensanwalt (lat. promotor fidei), dem bei Heilig- und Seligsprechungsprozessen (→ Kanonisation) die Beobachtung der kath. Glaubensgrundsätze obliegt.

Affiliation (lat.) seit dem Mittelalter 1. die (formlose) Angliederung einer Person an einen → Orden oder eine → Bruderschaft; 2. der Wechsel eines Ordensangehörigen in ein anderes Kloster oder eine andere Ordensprovinz; 3. die nicht förml., sondern geistige („gesinnungsmäßige") Zugehörigkeit zu einem Orden, wie sie in den sog. „affiliierten Gesellschaften" der → Jesuiten vermutet wurde, weswegen der → Antijesuitismus sich auch gegen diese Verdächtigten richtete.

Agape (gr. = Liebe) Name für das in den christl. Gemeinden bis in das 4. Jh. hinein übl. gemeinsame Liebesmahl mit Armenspeisung (→ Kollekte) zur Erinnerung an das Letzte → Abendmahl Jesu und zur Einheit der Gläubigen, v. a. in Zeiten der → Christenverfolgungen; nach Verselbständigung der Abendmahlsfeier letztmals im 7. Jh. erwähnt.

Agende (lat. agenda = was zu tun ist) altchristl. Bez. für liturg. Handlungen und diesbezügl. Vorschriften. In den ev. Kirchen ein amtl. Buch, das jeweils für eine → Landeskirche die gottesdienstl. Ordnung und sonstige Amtshandlungen beschreibt, in der kath. Kirche → Rituale genannt. Die von König Friedrich Wilhelm III. verordnete Einführung einer einheitl. ev. Agende in Preußen 1822 stieß bei den → Lutheranern auf Widerstand; es kam zum „Agendenstreit", einer Auseinandersetzung um das → landesherrliche Kirchenregiment, der erst 1829 mit einem Kompromiß beigelegt werden konnte.

Agentie, Agenzie (von lat. agere = tun) früher offiz. Vertretung eines Bischofs bei den Behörden der → Röm. Kurie.

Aggiornamento (it. aggiornare = auf den heutigen Stand bringen) von Papst Johannes XXIII. (1958–63) wiederholt gebr. Wort für die Aufgaben der Kirche in der gegenw. Welt, bes. auch für das → Vaticanum II.

Agnesschwestern nach der hl. Agnes benannte Ordensgemeinschaften, u. a. die → Augustinerinnen von Dordrecht (1326–1572), die Schwestern (von) der hl. Agnes (Sœurs de St. Agnès, seit 1645) und die Schwestern der Mutter Agnes vom → Dritten Orden des hl. Dominikus (seit 1634).

Agnoëten → monophysit. Sekte des 6. Jh.s unter Führung des alexandrinischen Diakon Themistios, daher auch Themistianer genannt.

Agnus Dei (lat. = Lamm Gottes) Bez. und Sinnbild für Christus: 1. als Teil des → Abendmahls seit dem 7. Jh. ein vor der → Kommunion gebeteter oder gesungener Hymnus; 2. Schlußsatz der musikal. → Messe; 3. (geweihte) Wachstafel mit dem Bild des Lammes; 4. in der gr.-orth. Kirche ein Tuch mit dem Bild des Lammes zum Bedecken des → Kelches.

Akademie urspr. Bez. für Platons 385 v. Chr. gegr. Philosophenschule am Hain des Akademos bei Athen, entstanden seit → Renaissance und → Humanismus zu den bereits bestehenden → Universitäten Akademien als gelehrte Gesellschaften und Vereinigungen für die Forschung, zuerst in Italien und Frankreich. Im Zuge der → Aufklärung kam es im 18. Jh. zu zahlreichen Gründungen von „Akademien der Wissenschaften“, auch päpstl. Akademien. In Deutschland entstanden nach dem Zweiten Weltkrieg eine Reihe kath. und ev. Akademien zur Begegnung von Kirche und Welt.

Akazianisches Schisma von 484 bis 519 währendes → Schisma zwischen → Abendland und → Morgenland, nachdem in der Auseinandersetzung um den → Monophysitismus Papst Felix II. (III.) über den Patriarchen Akazius von Konstantinopel → Bann und Absetzung ausgesprochen hatte.

Akklamation (lat. = Zuruf) Zustimmung, Beifallskundgebung zu Wahlen, Personen und Vorgängen. Eine lat. Sonderform bildeten seit dem 8. Jh. dabei die „Lobgesänge auf den König" (lat. Laudes regiae): Huldigungsrufe an Christus, die mit Fürbittrufen für den christl. Herrscher verbunden sind, v. a. an den kirchl. Hochfesten sowie bei der Salbung und Krönung des Kaisers des → Heiligen Römischen Reiches (→ Sakrales Herrschertum).

Akkomodation (lat. accomodatio = Anpassung) in der → Mission das Bemühen, die christl. Botschaft der rel. Vorstellungswelt, Kultur und Sprache anderer Völker anzupassen, auch als Adaptation, Assimilation, In- oder Akkulturation bez. (Akkomodationsstreit: → Ritenstreit).

Akkulturation → Akkomodation

Akoimeten (gr. = die nicht Schlafenden) byz. Mönche, die in ständiger Ablösung ununterbrochen das → Chorgebet verrichteten.

Akoluth, Akolyth (gr.) der Diener (z. B. Kerzenleuchterträger) eines Geistlichen, dann auch der Bote eines Bischofs, in der kath. Kirche früher ein → Kleriker mit der vierten niederen Weihe; heute steht das Akoluthat am Beginn der → Admissio.

Akten (lat. actum, acta = das Geschehene) amtl. oder priv. Dokumente über Personen und Geschehnisse, z. B. über → Heilige (Acta Sanctorum, → Bollandisten), → Märtyrer (Märtyrerakten). Neuere, für den unmittelbaren Gebrauch benötigte Akten werden in der Registratur, ältere im → Archiv verwahrt. Die Edition bedeutender Akten und Schriftstücke gehört zu den wichtigsten Quellenpublikationen der Geschichtswissenschaft.

Albe (lat. alba [tunica, vestis] = weiße Tunika) in der kath. Kirche das bis zu den Füßen reichende, langärmelige, weiße liturg. (Unter-) Gewand aus Leinen.

Albigenser nach der Stadt Albi bei Toulouse benannte Gruppe der → Katharer im 12./13. Jh., manchmal auch mit diesen synonym gebr.; in den Albigenserkriegen (1209–1229) fast völlig ausgerottet.

Albrechtsbrüder, Albrechtsleute nach Jakob Albrecht († 1808) benannte dt. Methodisten (→ Methodismus) in Nordamerika, die sich seit 1816 als → Evangelische Gemeinschaft bez.

Alexandrien in Ägypten (gr. Alexandreia, lat. Alexandria) gegr. 331 v. Chr. von Alexander dem Großen, einer der fünf Patriarchensitze

(→ Pentarchie), bes. in der Alten Kirche von großer Bedeutung durch herausragende Bischöfe und Theologen.

Alexandrinische Schule christl. Theologen- und → Katechetenschule in → Alexandria, die seit Ende des 2. Jh.s gr. Philosophie und christl. Glauben zu verbinden suchte (Clemens von Alexandrien, Origenes). Im 4./5. Jh. war sie führend im christolog. Streit (Athanasius, Cyrill; → Christologie, → Monophysitismus). Nach hellenist. und spätjüd. Gelehrtentradition (Philo von Alexandrien) waren Philologie und → Hermeneutik (im Unterschied zur → Antiochenischen Schule) wichtige Elemente ihrer Methode der → Exegese.

Alexianer nach dem hl. Alexios von Edessa benannte, vor dem 14. Jh. entstandene Ordensgemeinschaften von → Laienbrüdern zur Pflege von Kranken und Bestattung von Toten (lat. cella = Grab, daher auch Celliten, Zelliten oder Zellenbrüder genannt); auch als → Barmherzige oder arme Brüder und → Lollarden bez., nahmen sie 1472 die → Augustinusregel an. Alexianerinnen, → Augustinerinnen, Cellitinnen oder Christenserinnen sind die weibl. Gemeinschaften gleichen Ursprungs.

Allegorese (gr. allegorein = anders, bildl. reden) Auslegung, Deutung (Interpretation) bes. rel. und myth. Schriften; Teil der → Hermeneutik, sucht sie hinter dem Wortlaut einen verborgenen (Mehrfach-) Sinn. → Emblem

Allegorie (etymolog. wie → Allegorese) Verbildlichung, Veranschaulichung eines Begriffs oder Vorgangs (Sinnbild), oft als Person verkörpert (z. B. Darstellung des Todes als Sensenmann, Schnitter oder Schütze), auch gleichnis- oder bildhafte, im übertragenen Sinn gestaltete Redeform.

Alleinseligmachende Kirche als theol. Prinzip Ausdruck der Überzeugung, daß allein die (kath.) Kirche von Christus den Auftrag und die Mittel empfangen habe, die Menschen zur ewigen Seligkeit zu führen, wie sie schon im 3. Jh. bei Bischof Cyprian von Karthago begegnet: „Außerhalb der Kirche gibt es kein Heil" (lat. Extra ecclesiam nulla salus).

Alleluja → Halleluja

Allerchristlichster König (frz. Roi très chrétien, Sa Majesté très-chrétienne, lat. Rex christianissimus) Titel des frz. Königs, erstmals von

Papst Paul III. (1534–49) anerkannt; später auch von anderen kath. Herrschern gebraucht.

Allerheiligen Fest zum Gedächtnis aller → Heiligen, hervorgegangen aus einem Gedenktag aller → Märtyrer in der Alten Kirche, in der lat. Kirche am 1. November.

Allerheiligstes in der kath. Kirche die konsekrierte → Hostie, das → Altarsakrament.

Allerkatholischste Majestät → Katholische Majestät

Allerseelen seit dem Hochmittelalter eingeführter Gedächtnistag für die Verstorbenen (Armen Seelen) am 2. November.

Allgemeines Konzil → Konzil

Allgemeines Priestertum → Priestertum aller Gläubigen

Allianz → Heilige Allianz

Allianzbewegungen (frz. alliance = Bündnis) in den ev. Kirchen seit dem 19. Jh. v. a. von → Laien getragene Bewegungen, die keine organisierte Vereinigung des weltweiten Christentums anstreben, sondern dem einzelnen Christen die Möglichkeit bieten wollen, sich für die gesamte Christenheit (weniger für die eigene Kirche) zu engagieren, daher zu unterscheiden von der → Ökum. Bewegung. → Blankenburger Allianz, → Evangelische Allianz

Almosen (gr. eleemosyne = Mitleid) milde Gabe, Spende zugunsten der Armen und Notleidenden (→ Armen- und Krankenpflege), Ausdruck christl. → Barmherzigkeit und → Caritas; bei Königen, Päpsten und Bischöfen früher häufig institutionalisiert im Amt des Almosen- und Armenpflegers (Almosenier, lat. eleemosynarius, franz. aumônier).

Almuzia (lat.) eine seit dem 11. Jh. bezeugte Kopfbedeckung der → Kanoniker im → Chor, später ein meist aus Pelz gefertigtes oder pelzgefüttertes, bis heute noch gebr. Schultermäntelchen.

Alombrados → Alumbrados

Alpha und Omega (Abk. A und O) erster und letzter Buchstabe des gr. Alphabets, im übertragenen Sinn gebr. für Anfang und Ende, d. h. für

Schöpfer und Schöpfung bzw. Weltende und Vollendung, bezogen auf Gott und Christus (Offb 1,8), dem neuen Aön (gr. = Weltzeitalter, Ewigkeit).

Alpirsbacher Kreis als „Kirchliche Arbeit von Alpirsbach" im ehem. Benediktinerkloster Alpirsbach im Schwarzwald 1933 begr., erstrebt der ev. liturg. Arbeitskreis die Erneuerung des Gottesdienstes durch Aufnahme altkirchl. Formen und Pflege des → Gregorianischen Gesangs. → Hochkirchliche Vereinigung

Altar (lat. alta ara = erhöhter Opferplatz, altare, mensa = [Altar-]Tisch) 1. als Mittelpunkt der → Eucharistiefeier (→ Abendmahl, → Messe) durchlief der christl. Altar in Gestalt, Form und Funktion, als Hoch- oder Hauptaltar, Neben- oder Seitenaltar, als → Kreuz- und → Schreinaltar eine komplexe Entwicklung und begegnet u. a. als Tischaltar (auch heute bes. gebräuchlich), → Flügelaltar, Trag- oder Reisealtar (→ Portatile), Kastenaltar mit Hohlraum zur Aufbewahrung von → Reliquien, oft auch Zugang zu einem darunter befindl. → Märtyrer-Grab, Blockaltar mit Steinblock oder -mauer als Träger der Mensa, im → Barock häufig der Sarkophagaltar; vielgestaltig auch die künstler. Ausstattung des Altar- oder Klerikerraumes (→ Presbyterium) mit Hochaltar, Altarblatt, -bild oder -gemälde (→ Retabel, → Diptychon), → Ziborium, → Antependium und → Lettner. 2. Altare privilegiatum (in der kath. Kirche): Altar mit Altarprivileg, d. h. bestimmte, heute nicht mehr bestehende Vorrechte bei der Eucharistiefeier am entsprechenden Altar, so die Möglichkeit der Zuwendung eines vollkommenen → Ablasses an einen Verstorbenen oder der Feier einer → Votivmesse.

Altarist ein Priester, der nur die hl. → Messe liest (Meßpriester, auch → Frühmesser), oft an einem festgelegten → Altar, und ohne feste Seelsorgeaufgaben ist; bes. häufig im Spätmittelalter.

Altarsakrament im kath. Verständnis Leib und Blut Christi in den Gestalten von Brot und Wein durch → Konsekration in der hl. → Messe (→ Transsubstantiation), auch der Empfang der konsekrierten → Hostie in der hl. → Kommunion.

Altarschranken → Chorschranken

Altchristlich, altchristliche Kirche → Alte Kirche

Altchristliche Kunst → Frühchristliche Kunst

Altchristliche Literatur literar. Zeugnisse, die für die Entwicklung des christl. Glaubens innerhalb der Epoche der → Alten Kirche von Bedeutung sind (auch frühchristl. Literatur).

Alte Kirche die christl. Kirche von den Anfängen (→ Urkirche), insbes. vom Ende des 1. Jh.s bis zum Pontifikat Papst Gregors I. des Großen (590–604), als theol. Disziplin auch als Alte Kirchengeschichte oder Kirchengeschichte des → Altertums und → Patrologie. Dabei ist zu beachten: „Von der alten Kirche reden, heißt von der Kirche überhaupt reden" (H.U. Instinsky). → Antike und Christentum, → Frühchristentum

Alter Glaube häufig gebr. Wendung zur Kennzeichnung des kath. Glaubens im Gegensatz zum „neuen Glauben" und zur „neuen Lehre" der → Reformation, im bes. des → Luthertums.

Altertum Bez. für einen Zeitraum, dessen Epochengrenzen auch heute unterschiedl. gezogen werden; in Abgrenzung zur Vor- und Frühgeschichte wird häufig das Einsetzen der Schriftlichkeit und schriftl. Überlieferung (im Zweistromland und in Ägypten um 3000 v. Chr.) als Beginn der Geschichte des Altertums oder Alten Geschichte betrachtet, ihr Ende, je nach Sichtweise, in das 4. bis 6. Jh. datiert. „Christliches Altertum" oder altchristl. Epoche meint die Zeit der → Alten Kirche.

Altgläubige (russ. Starowerzen) Angehörige einer Gruppe innerhalb der russ.-orth. Kirche, die sich den Reformen des Patriarchen Nikon für eine liturg. Einheit mit den anderen orth. Kirchen widersetzte. 1654 kam es zur Spaltung (russ. raskol), daher werden sie auch Raskolniken genannt.

Altkatholische Kirche kirchl. Gemeinschaft, die sich aus der Gegnerschaft zum → Vaticanum I, näherhin zum Dogma von der Unfehlbarkeit des Papstes (→ Infallibilität) entwickelte. Die altkath. (in der Schweiz seit 1875: christkath.) Kirche, die mit der röm.-kath. Kirche seit dem → Vaticanum II Beziehungen pflegt, hält an kirchl. Traditionen aus der Zeit vor dem → Morgenländischen Schisma (1054) fest, besteht aus bischöfl. und synodal verfaßten Kirchen des lat. Westens (mit weitreichender Beteiligung der → Laien), die sich 1889 in der → Utrechter Union zusammenschlossen. Sie gehört zum → Ökum. Rat der Kirchen.

Altkirchlich → Alte Kirche

Altlutheraner Angehörige der ersten dt. luth. Freikirche (→ Freie evangelische Gemeinden), die 1830 in Breslau entstand, als sich in Preußen → Lutheraner der königl. verordneten Einführung der Union mit den Reformierten (→ Reformierte Kirche) widersetzten (auch Separierte Lutheraner, luth. Renitenz). 1972 schlossen sich die Altlutheraner mit anderen luth. Freikirchen zur → Selbständigen Evangelisch-Lutherischen Kirche zusammen.

Altorientalische Kirchen → Orthodoxe Kirchen

Altpreußische Union → Evangelische Kirche der Union

Altprotestantische Orthodoxie, Altprotestantismus Bez. für die seit dem → Augsburger Religionsfrieden (1555) entwickelte, im 17. Jh. vorherrschende und bis in die Mitte des 18. Jh.s prägende Gestalt der ev. Theologie, heute bevorzugt als Lutherische Barocktheologie bez.

Alumbrados, Alombrados (span. = Erleuchtete) Angehörige einer der → Mystik ähnl. → Illuminaten-Bewegung in Spanien vom Ende des 15. bis zum 17. Jh., die, der → Ketzerei verdächtigt, seit der ersten Hälfte des 16. Jh.s von der → Inquisition verfolgt wurde.

Alumne (lat. = Zögling, Schüler) künftiger → Kleriker in der kirchl. Ausbildung, meist im → Seminar (Alumnat).

Amanuensis (lat., von manus = Hand) Sekretär, (Geheim-) Schreiber, Kopist, im Mittelalter auch der im → Skriptorium schreibende Mönch.

Ambo (von gr. anabainein = hinaufgehen) ein bereits in altchristl. Kirchen in Stein, Holz oder Metall gefertigtes Podest mit Brüstung und Pult zum Auflegen des → Evangeliars und → Lektionars; in großen Kirchen gab es seit dem Hochmittelalter meist zwei Ambonen, einen größeren an der → Evangelienseite, einen kleineren an der → Epistelseite. Im Spätmittelalter wurde die Anlage zudem oft dem → Lettner eingebaut, später durch die → Kanzel ersetzt. Auch heute gibt es in ev. und kath. Kirchen (wieder) Ambonen in einfacher Form und Gestalt.

Ambrosiana → Biblioteca Ambrosiana

Ambrosianer 1. eine im 14. Jh. in Mailand entstandene, 1441 zur → Kongregation erhobene und im 17. Jh. erloschene Gemeinschaft von → Eremiten mit → Augustinusregel, die nach der ambrosian. Liturgie (benannt nach dem hl. Bischof Ambrosius von Mailand [† 397]) Messe feierten. Der weibl. Zweig besteht seit dem 15. Jh. 2. Die „Oblaten des hl. Ambrosius und Karl Borromäus" sind eine um 1578 gegr. Gemeinschaft von Weltgeistlichen zur Seelsorge, → Armen- und Krankenpflege.

Ambrosiaster ein von Erasmus von Rotterdam († 1536) so benannter, bis dahin fälschl. dem hl. Bischof Ambrosius von Mailand († 397) zugeschriebener lat. Kommentar aus dem 4. Jh. zu den Briefen des Apostels Paulus.

AMDG Abk. für Ad maiorem Dei gloriam → Omnia ad maiorem Dei gloriam

Amen (hebr. = wahrlich, so sei es, es geschehe) liturg. Ruf als bekräftigende Zustimmung zu einem Segensspruch und als Schlußwort in Gebeten und Gesängen, u. a. in Frankreich heute auch in wörtl. Bedeutung noch verwendet (ainsi soit il).

Amikt (lat., auch → Humerale) Hals und Schultern bedeckendes Tuch (Schultertuch), das der Priester in der Liturgie unter der → Albe trägt.

Amortisation (lat.) allgem. die Schuldentilgung, im bes. die Übertragung von Vermögen und Gütern an die → Tote Hand der Kirche.

Amortisationsgesetze Bez. für die erstmals im 9. Jh., bes. seit dem 13. Jh. durch weltl. und geistl. Fürsten verfügten Beschränkungen und Verbote des Grund- und Gütererwerbs (→ Amortisation) durch die Kirche. Sie resultierten aus den Bedenken seitens der Territorialherren, die wegen der Unveräußerlichkeit von Gütern der → Toten Hand der Kirche wirtschaftl. nachteilige Folgen befürchteten. Angestoßen durch die → Aufklärung, wurde in der zweiten Hälfte des 18. Jh.s eine Reihe von Amortisationsgesetzen erlassen, bes. in Frankreich, Spanien, Bayern und Österreich (→ Josephinismus).

Ampel (lat. ampulla = kleine Flasche, Ölgefäß) Bez. für das → Ewige Licht.

Amt, kirchliches/geistliches (Kirchenamt) eine durch göttl. oder kirchl. Anordnung geschaffene Einrichtung zur Wahrnehmung bestimmter Aufgaben in Kirchen und Gemeinden. In der geschichtl. Entwicklung und theol. Beurteilung gibt es bis zur Gegenwart erhebliche Unterschiede im „Amtsverständnis".

Amt (liturgisch) feierl., gesungene hl. → Messe, auch als Hochamt.

Ämterhäufung → Kumulation

Amtskirche moderner, im Grunde mißbräuchl. Ausdruck, der die kath. Kirche wesentl. mit Papst, Bischöfen und Priestern gleichsetzt.

Anabaptisten (gr. = Wiedertäufer) → Täufer

Anachoreten (von gr. anachorein = entweichen) innerhalb des Mönchtums frühe Vertreter einer sehr strengen Form christl. → Askese, die sich in die völlige Einsamkeit, oft in unwirtliche Gegenden (Wüsten und Gebirge) zurückzogen; als → Eremiten (Einsiedler) begegnen sie, nachweisl. seit dem 3. Jh., durch alle Jh.e.

Anagramm (gr.) Umstellung von Buchstaben in einem Wort zur Bildung eines neuen Wortes oder Begriffes (z. B. Veronica zu → Vera Icon). Die im 16./17. Jh. bes. beliebten Anagramme wurden ausgeweitet auf Wortspiele aller Art, z. B.: „Den Toren packt die Reisewut, indes im Bett der Weise ruht".

Anathem (gr. anathema = Verfluchung) → Bann und → Exkommunikation gegen → Häretiker in Glaubensdingen.

Anbetung → Adoration

Ancien Régime (frz. = alte Regierungsform) Bez. für Frankreich vor der → Französischen Revolution (1789), im bes. auch für die (kirchen-) polit. und gesellschaftl. Situation des alten Europa, des alten Reiches bis zum Ende des → Heiligen Römischen Reiches (1806).

Andacht im rel. Bereich die Ausrichtung der Gedanken auf Verehrungswürdiges, feierl. Stimmung, Versenkung, auch kurzer → Gottesdienst, z. B. → Maiandacht.

Andachtsbild ein unter dem Einfluß der → Mystik seit dem 13. Jh. entstandenes, bes. in Deutschland begegnendes Bildwerk (meist als Holzskulptur) des Spätmittelalters für die persönl. (nicht liturg.), mitempfindende → Andacht, → Beschauung und Betrachtung (auch Devotionsbild genannt); zum Typ des Andachtsbildes gehören u. a. → Pietà (→ Vesperbild), → Schmerzensmann (→ Ecce homo, → Erbärmdebild, → Passion), kreuztragender Christus (Kreuzschlepper), Heiliges Grab, → Anna Selbdritt, → Gnadenstuhl, → Christkind, Christus-Johannes-Gruppe, → Christus in der Rast, Christus an der Geißelsäule, Christus in der Kelter, Schweißtuch der Veronika (→ Vera Icon) und Herz-Jesu-Bild. Weitverbreitet waren seit dem 14. Jh. auch kleine (gemalte oder graphisch gestaltete) Andachtsbilder, die mit einem erbaul. Text versehen sein konnten. Der Übergang zum → Dedikationsbild ist hier oft fließend.

Anekdote (gr. anekdotos = nicht veröffentlicht) kurze, einprägsam gestaltete (erfundene) Erzählung über eine Begebenheit, die – oft mit unerwarteter Wendung – kennzeichnend für eine Zeit und ihren „Geist", Person oder Gesellschaftsschicht ist. Bes. im 13. Jh. bedienten sich Prediger (bes. → Franziskaner und → Dominikaner) der Sprache des Volkes und gebrauchten dabei auch für alle Zuhörer verständl. Anekdoten und beispielhafte Gleichnisse (→ Exempel), welche die Leute in Stadt und Land gelegentl. auch in heitere Stimmung versetzen sollten, um sie auf diese Weise in der → Christenlehre unterhaltsam zu unterweisen.

Angelsächsische Mission im Unterschied zur irofränk. Mönchsbewegung (→ Irisches Mönchtum) die → Mission angelsächs. benediktin. Missionare im 7. und 8. Jh. (Angelsachsen: germ. Stämme der Angeln, Sachsen und Jüten, die im 5./6. Jh. Britannien eroberten und zum Kern des engl. Volkes wurden). In enger Verbindung zugleich mit den Hausmeiern des Fränkischen Reiches (→ Karolingische Reform) und mit dem Papsttum in Rom (päpstl. Missionsauftrag, Überreichung des → Palliums) festigten sie auf dem europ. Festland das Christentum, v. a durch die entscheidende Erneuerung der fränk. Kirche als romverbundener Landeskirche und die Schaffung einer kanon. Organisation mit der Errichtung von → Bistümern in Deutschland, herausragend durch die hl. Willibrord („Apostel der Friesen") und Winfrid-Bonifatius, den „Germanischen Legaten des Apostolischen Stuhls", auch „Apostel der Deutschen" genannt. Dessen Grab befindet sich im Dom zu Fulda, weshalb hier auch die Tagung der → Deutschen Bischofskonferenz stattfindet.

Angelus (lat. = Bote, → Engel) „Engel des Herrn", in der kath. Kirche nach diesem Anfangswort benanntes Gebet, das an die Verkündigung Mariä und die Menschwerdung Christi erinnert. Das Angelus-, Ave- oder Gebetläuten der Kirchenglocken am Morgen, Mittag und Abend (Vesperläuten) erinnert an den „Englischen Gruß" (→ Ave Maria) und lädt zum Gebet ein.

Anglikanische Kirche engl. Staatskirche (Church of England), die 1534 durch den Bruch Heinrichs VIII. von England mit dem Papsttum in Rom entstand; der König ließ sich zum Oberhaupt der Kirche erklären. Die erst später einsetzende Reformierung fand ihren Ausdruck im → Common Prayer Book (Allgemeines Gebetbuch) und in den 39 Artikeln des Glaubensbekenntnisses von 1563. Die weltweit verbreitete Kirche mit selbständigen Tochterkirchen hält u. a. an der → Apostolischen Sukzession fest und wird in der Hauptsache durch drei Richtungen bestimmt: die High Church (→ Hochkirchl. Bewegung mit katholisierender Tendenz), die Low Church (niederkirchl. oder ev.

Bewegung) und die Broad Church (breitkirchl. Bewegung mit liberalen Tendenzen).

Anglokatholizismus → Hochkirchliche Bewegung

Anhomöer radikale Partei der Arianer (→ Arianismus) seit etwa 355, nach deren Lehre Christus dem Vater unähnlich (gr. anhomoios) sei.

Anna Selbdritt seit dem Spätmittelalter weitverbreitetes → Andachtsbild, das die hl. Mutter Anna mit ihrer Tochter Maria und dem Jesuskind darstellt.

Annalen (lat. = Jahrbücher) nach Jahren eingeteilte Geschichtswerke, Aufzeichnungen von herausragenden Ereignissen in der chronolog. Jahresfolge, im Früh- und Hochmittelalter v.a. in Klöstern und an Bischofskirchen in lat. Sprache verfaßt.

Annales ecclesiastici (lat.) Kirchengeschichte in zwölf Bänden (bis zum Jahr 1198 reichend), 1588–1607 in Rom erschienenes Werk des Caesar Baronius (1538–1607), kath. Gegenstück zur prot. Kirchengeschichte der → Magdeburger Zenturien.

Annaten (lat.) Zahlungen (→ Abgaben, Taxen) an die → Röm. Kurie bei Verleihung höherer Kirchenämter, meist im (vollen) Umfang der Einkünfte des ersten Jahres (lat. annus = Jahr). Zu diesen Abgaben gehörten auch die Servitien (lat. servitia communia/minuta) anläßl. der päpstl. Ernennung bzw. Bestätigung von Bischöfen und Äbten. Diese Geldgeschäfte wurden seit dem Hochmittelalter weiter ausgebaut, bes. im Stellenbesetzungs- und Finanzsystem des Papsttums in Avignon im 14. Jh. (→ Papstfinanz), erregten innerhalb der Kirche wachsenden Unmut und spielten in den Anfängen der → Reformation eine verhängnisvolle Rolle.

Anniversarium → Jahrtag

Anno Domini → AD, A. D.

Annuario Pontificio (it. = Päpstl. Jahrbuch) amtl. Nachschlagewerk des → Apostolischen Stuhls mit histor. und den jährl. aktuellen Daten über Päpste, Kardinäle, Patriarchen, Bischöfe, Teilkirchen, Organe und Institutionen der kath. Kirche.

Annuntiationsstil Berechnung und Festsetzung des Jahresanfangs auf das Fest Verkündigung (lat. annuntiatio) Mariä (25. März), in England seit dem 11. Jh. der offiz. Jahresanfang bis 1751, zeitweilig in Norditalien, im Mittelalter im Erzbistum Trier, gelegentl. auch in päpstl. und anderen Kanzleien.

Annunziaten 1. Ordensgemeinschaften von der Verkündigung Mariä (lat. Annuntiatio → B. M. V.), Frauenorden (Annunziatinnen) strenger → Beschaulichkeit mit → Augustinusregel: Lombardische (gegr. 1408), Französische (gegr. 1501), Italienische Annunziatinnen (gegr. 1604); 2. der 1364 gegr. → Ritterorden der Annunziaten war bis zu seiner Aufhebung 1951 der höchste weltl. Orden in Italien.

A° Sigle für → AD, A. D. (→ Abbreviaturen).

Äon → Alpha und Omega

Anstand → Frankfurter, → Nürnberger Anstand

Ante/Post Christum natum (lat.) vor/nach Christi Geburt.

Antependium (lat. = Vorhang) Verkleidung der Vorderseite (Frontale), auch der Seiten des → Altars als kostbarer Stoffbehang, Vorsatztafel aus Metall (meist mit Goldschmiedearbeiten) oder aus Holz (mit Malereien und Schnitzereien); Schmuck auch des → Ambo und der → Kanzel.

Antichrist (Gegenchristus) bes. aus der → Apokalypse entwickelte Vorstellung einer widergöttl. Geschichtsmacht, die der Wiederkunft Christi und dem Weltenende vorangehe und als Christusfeind viele zum Abfall vom Glauben (→ Apostasie) bringe. Innerhalb der Kirchengeschichte wurden verschiedene Phänomene, Personen und Institutionen als „Vorläufer des Antichrist" empfunden. → Endzeit

Antijesuitismus auf den → Jansenismus zurückgehende, in der → Aufklärung aufbrechende Strömung gegen den als übermächtig bewerteten Einfluß der → Jesuiten auf Kirche, Staat und Geistesleben, der sich bes. in der zweiten Hälfte des 18. Jh.s gelegentl. zum „Jesuitenhaß" steigerte.

Antijudaismus die rel. motivierte Judenfeindschaft, die auch als Vorläufer des → Antisemitismus gilt.

Antike und Christentum umfaßt Einwurzelung und Entfaltung, auch die „Hellenisierung" des → Christentums und der → Alten Kirche in der Welt der gr.-röm. Antike, näherhin in der Kaiserzeit und des darauffolgenden Zeitraums, der christl. Spätantike; Synonym für den „heimlichen Bund" zwischen „Antike und Christentum". Unter diesem Titel erschien 1929–1940/50 die von F. J. Dölger herausgegebene Zeitschrift, fortgesetzt als „Reallexikon für Antike und Christentum" (seit 1941), dann auch als „Jahrbücher für Antike und Christentum" (seit 1958); die „Zeitschrift für Antikes Christentum" greift seit 1997 diese Tradition auf. → Altertum

Antiklerikalismus die gegen den Einfluß zunächst des Klerus, dann überhaupt der Kirche auf Gesellschaft, Staat und Geistesleben gerichtete Bewegung, mit aller Macht aufgebrochen in der → Aufklärung (Voltaire: „Écrasez l'infâme" = Zertretet die Infame [= Kirche]).

Antimension (gr.) in der gr.-orth. Kirche ein dem → Korporale entsprechendes geweihtes Tuch mit eingestickten oder -gedruckten Bildern und eingenähten → Reliquien zur Unterlage von → Hostie, → Kelch und → Patene.

Antimodernisteneid von → Papst Pius X. 1910 allen Geistlichen vorgeschriebener, durch Papst Paul VI. 1967 aufgehobener Eid gegen Irrtümer des → Modernismus.

Antinomistische Streitigkeiten (gr. Antinomie = der unaufhebbare Widerspruch zwischen zwei Sätzen) im Rahmen der → Rechtfertigungslehre geführte theol. Auseinandersetzungen zwischen Luther und Melanchthon auf der einen, Johann Agricola auf der anderen Seite, der das Gesetz mit dem Dekalog (die Zehn Gebote) des AT gleichsetzte und es für Christen nicht mehr gelten ließ, da nur das → Evangelium den Glauben wecke, das alttestamentl. Sittengesetz (gr. nomos) hingegen auf das Rathaus gehöre. Für Luther hingegen überführe das Gesetz den Christen zeitlebens der Sünde und lasse ihn die Gnade des Evangeliums verstehen; nach Auffassung seiner Gegner, die Luther als „Antinomi" bez., bewirke allein der Anblick des Gekreuzigten Umkehr und Buße. Die in den Wittenberger Disputationen von 1537 verschärften Differenzen führten zum Bruch zwischen den Parteien.

Antiochenische Schule theol. Richtung im 4./5. Jh. in → Antiochien, die sich um die krit. Sicherung der → Bibel bemühte und eine im Gegensatz zur → Alexandrinischen Schule stehende, den Wortsinn suchende Methode der → Exegese betrieb. Kennzeichnend für ihre → Christologie ist die Betonung der Menschheit Christi („Trennungschristologie"; Hauptvertreter: Lukian von Antiochien, Diodor von Tarsus, Theodor von Mopsuestia, Johannes Chrysostomos). Ihre Traditionen fanden Eingang in die → Nestorianische Kirche.

Antiochenisches Schisma Spaltung (→ Schisma) innerhalb der Großstadtgemeinde von → Antiochien nach der → Exkommunikation des zuletzt 268 als → Häretiker verurteilten antiochen. Bischofs Paul von Samosata (→ Monarchianismus, → Adoptianismus), das erst nach 380 beigelegt werden konnte.

Antiochien in Syrien am Orontes (gr. Antiocheia, lat. Antiochia), gegr. 330 v. Chr., einer der fünf Patriarchensitze (→ Pentarchie). → Antiochenische Schule

Antipapa → Gegenpapst

Antiphon (gr.-lat. = entgegentönend, antwortend) seit dem 4. Jh. der liturg. Wechselgesang von → Psalmen und → Hymnen, mit dem die Gemeinde einer Vorsängergruppe (→ Schola) im Kehrvers antwortete (→ Responsorium), bes. gebräuchl. beim → Stundengebet der → Mönche und → Kanoniker (→ Chordienst). Das Antiphonar war im Mittelalter die Bez. für das Buch mit den Antiphonen und Responsorien, heute Antiphonale genannt.

Antisemitismus 1879 erstmals gebrauchter Begriff für die seit vorchristl. Zeit belegte rel. (→ Antijudaismus), wirtschaftl., sozial, polit. und rassisch begründete und motivierte Judenfeindschaft und -verfolgung. Irrige und ungerechte Auslegungen des NT (u. a. wurden die Juden unter Berufung auf Mt 27, 25 für den Kreuzestod Jesu verantwortl. gemacht und als „Gottesmörder" beschuldigt) verursachten Gefühle der Feindschaft, die sich bes. seit den → Kreuzzügen in vielfacher Diskriminierung, genährt durch antijüd. Legenden (→ Hostienfrevel, Ritualmord, Brunnenvergiftung) und die oftmals stark überhöhten Zinsen für Geld- und Pfandleihe (die Christen verboten war), manifestierte und auch in Vertreibungen und Zwangsbekehrungen mündete. Gerade in Krisenzeiten, z. B. wenn Hungersnöte, Kriege, Seuchen oder soziale Spannungen auftraten, wurde die (in den Städten oft in abgesonderten → Judengassen oder Ghettos lebende) jüd. Minderheit manchmal zum „Sündenbock" und zum Opfer von Gewalt und Plünderungen bis hin zu Massakern. Nach der bürgerl. Gleichstellung der Juden im 18./19. Jh. nahm der Judenhaß im Verlauf des 19. Jh. aus nationalist., polit., wirtschaftl. und v. a. rassischen Gründen zu und führte zu schweren Pogromen, bes. in Rußland (Pogrom als russ. Lehnwort bedeutet „Hetze und blutige Ausschreitungen gegen eine andere Nationalität, bes. gegen Juden"). Seine furchtbarste Ausprägung erhielt der Antisemitismus unter Hitlers nationalsozialist. Gewaltherrschaft seit 1933 mit der „Endlösung der Judenfrage", der angestrebten völligen Ausrottung des Judentums, der systemat. millionenfachen Vernichtung der Juden in den Konzentrationslagern (Genozid); sie wird mit dem aus der Sakralsprache des jüd. Gottesdienstes entnommenen Begriff „Holocaust“ (gr. = Ganzverbrennung, Ganzopfer), auch mit dem Wort „Schoah“ (hebr. = plötzl. hereinbrechendes Unheil, Katastrophe) umschrieben. Als mit dem Christentum absolut unvereinbar wurde der Antisemitismus von der kath. Kirche seit 1931 in Hirtenbriefen und Ansprachen verurteilt, in feierlicher Form in der in den Kirchen Deutschlands verlesenen → Enzyklika Papst Pius' XI. „Mit brennender Sorge“ von 1937, was zu schweren Angriffen und Sanktionen gegen Mitglieder des Klerus und kirchl. Einrichtungen führte. Ausdrückliche Verurteilungen durch die Kirchen erfolgten seit Kriegsende wiederholt, so 1961 durch den → Weltkirchenrat und auf dem → Vaticanum II (1962–65); hier werden in Art. 4 der „Erklärung zu den nichtchristl. Religionen“ die Juden als „unsere von Gott geliebten Brüder und Schwestern“ genannt, das Verhältnis zu den Juden als Gegenstand der christl. Theologie, als Inhalt des christl. Glaubens gewürdigt. Eine kollektive Mitschuld der kath. Kirche, bes. Papst Pius' XII. (1939–58) am Holocaust lehnte der Apostolische Stuhl in einer offiz. Erklärung der „Päpstlichen Kommission für die rel. Beziehungen zu den Juden“ vom 16. März 1998 zwar ab, bekannte aber ausdrücklich: „Am Ende dieses Jahrtausends möchte die katholische Kirche ihr tiefes Bedauern über das Versagen ihrer Söhne und Töchter aller Generationen zum Ausdruck bringen. Dies ist ein Akt der Umkehr und Reue (teshuva), da wir als Glieder der Kirche sowohl an den Sünden als auch an den Verdiensten all ihrer Kinder teilhaben. Mit tiefem Respekt und großem Mitgefühl begegnet die Kirche der Erfahrung der Vernichtung, der Shoah, die das jüdische Volk im Zweiten Weltkrieg durchlitten hat. Es handelt sich nicht um bloße Worte, sondern um eine wirklich verbindliche Verpflichtung... Wir möchten erreichen, daß das Wissen um vergangene Sünden in den festen Vorsatz mündet, eine neue Zukunft aufzubauen, in der es keinen Anti-Judaismus unter Christen oder antichristliche Ressentiments unter den Juden mehr geben wird, sondern vielmehr eine gegenseitige Achtung, wie sie jenen zukommt, die den einen Schöpfer und Herrn anbeten und einen gemeinsamen Vater im Glauben haben, Abraham.“

Antistes (gr.-lat. = Vorsteher, Aufseher) vom Christentum aus der Antike übernommener Ehrentitel für einen Oberhirten, für → Bischof → Abt und → Prälat, in einigen Schweizer Kantonen Titel des ref. obersten Stadtgeistlichen.

Antitrinitarier Gegner der → Trinitäts-Lehre, in der Alten Kirche bes. → Monarchianismus, → Sabellianismus, seit dem 16. Jh. → Sozinianismus und → Unitarier.

Antlaß (oberdt.) allgem. Entlassung, auch → Ablaß; Antlaßtag: → Gründonnerstag.

Antonianer, Antoniusorden verschiedene im 17.–19. Jh. entstandene Ordensgemeinschaften der kath. Ostkirchen, benannt nach dem Mönchsvater Antonius dem Eremiten (4. Jh.), nicht zu verwechseln mit den → Antonitern.

Antoniter, Antoniusorden benannt nach Antonius dem Eremiten (4. Jh.; → Antonianer), entstand der Orden um 1095 in Südfrankreich als → Bruderschaft zur Pilger-, Armen- und Krankenpflege, daher auch → Hospitaliter vom hl. Antonius genannt, 1776 den → Johannitern inkorporiert. Antoniusfeuer, Antoniusschwein oder Rennsau sind nach ihnen benannt.

A und O Abk. für → Alpha und Omega

Apokalypse, Apokalyptik, Apokalyptische Reiter 1. die Apokalypse (gr. = Enthüllung) ist das letzte Buch des NT, die (Geheime) Offenbarung des Johannes, die das bald zu erwartende Weltende (→ Endzeit) beschreibt, in der mittelalterl. → Buchmalerei oft dargestellt. 2. Apokalyptiker werden rel. Bewegungen genannt, die jeweils zu ihrer Zeit die nahe Wiederkunft Christi und den Jüngsten Tag erwarten. Als apokalypt. Reiter werden die vier Reiter der Apokalypse gedeutet, die Pest, Krieg, Hungersnot und Tod über die Welt bringen. → Antichrist, → Eschatologie

Apokrisiar (gr.-lat.) zunächst eine Einrichtung der byz. Diplomatie (Gesandter eines → Patriarchen), vom 5. bis 8. Jh. gewöhnl. der geistl. Vertreter und Gesandte des → Papstes in → Byzanz, im Frühmittelalter auch Berater weltl. Herrscher in kirchl. Angelegenheiten, zugleich Vertreter des Papstes.

Apokryphen (gr. = verborgen) 1. nach kath. Sprachgebrauch die Schriften, die nicht zu den vom Konzil von Trient (1545–63) als → kanonisch und inspiriert anerkannten 45 Büchern des AT und 27 Büchern des NT gehören; nach prot. Sprachgebrauch werden diese nichtkanon. Schriften als → Pseudepigraphen bez.; 2. Apokryphen werden nach prot. Sprachgebrauch dagegen einige in gr. Sprache verfaßte Bücher des AT (Tob, Jdt, 1/2 Makk, Weish, Sir, Bar, Teile aus Est und Dan) genannt, die wiederum von der kath. Kirche zusammen mit einigen jüngeren Schriften des NT als deuterokanonisch (gr. deuteros = der zweite, in zweiter Linie stehend) zur Heiligen Schrift gerechnet, in der Lutherbibel im Anhang aufgeführt werden.

Apollinarismus auf Apollinaris von Laodicea (ca. 315–ca. 390) zurückgehende extreme Gegenposition zum → Arianismus: in der → Inkarnation habe sich der → Logos nicht mit einer vollständigen menschl. Natur, sondern nur mit dem menschl. Fleisch zu einer einzigen Natur (gr. mia physis) vereinigt (Einigungschristologie). Seit 388 als häret. verfolgt, sollte die Formel von der „mia physis" im → Nestorianischen Streit eine Rolle spielen und im → Monophysitismus fortleben. Die Anhänger des Apollinarismus werden auch Synusiasten genannt.

Apologet (gr.) Verteidiger der christl. Lehre; v. a. im 2./3. Jh. traten gr. und lat. Schriftsteller als Apologeten mit → Apologien hervor.

Apologetik (gr.) Verteidigung und Rechtfertigung der christl. Lehre (→ Apologie), als theol. Disziplin weiterentwickelt zur Fundamentaltheolgie.

Apologie (gr. = Rechtfertigung) eine Rede oder Schrift zur Verteidigung, bes. der christl. Lehre (durch → Apologeten).

Apologie der Augustana Verteidigungsschrift (→ Apologie) Melanchthons der → Confessio Augustana von 1531 gegen die → Confutatio.

Apophthegmata patrum (gr.-lat. = Aussprüche der Väter) nach Personen alphabet. geordnete Spruchsammlungen des frühen → Eremitentums in Ägypten.

Apostasie (gr.) Abfall vom Glauben; Apostat: der vom Glauben Abgefallene.

Apostel (gr. = Sendbote) die zwölf Jünger Jesu, im weiteren Sinn die zur Verkündigung des → Evangeliums Ausgesandten, auch Ehrentitel der Haupt- → Missionare bzw. Schutz- → Patrone eines Landes (so gilt der hl. Bonifatius als „Apostel der Deutschen"; → Angelsächsische Mission).

Apostelbrüder Gemeinschaften von → Eremiten in Italien (13.–17. Jh.) mit → Augustinusregel; auch Selbstbez. der Angehörigen der → Neuapostolischen Gemeinde.

Aposteldekret Bez. für die auf dem → Apostelkonzil gefaßten Beschlüsse (lat. decreta), die ein ungestörtes Zusammenleben zwischen → Juden- und → Heidenchristen in gemischten Gemeinden ermöglichen sollten, auch Jakobusklauseln genannt.

Apostelfürsten Beiname der → Apostel Petrus und Paulus, deren Fest in der kath. Kirche am 29. Juni begangen wird. → Attribute

Apostelgemeinden von den → Aposteln gegr. Gemeinden (→ Urkirche).

Apostelgeschichte (lat. Acta Apostolorum) Buch des NT, in gr. Textausgaben seit dem 2. Jh. mit „Taten der Aposteln" betitelt, das die Ausbreitung des Christentums von der Urgemeinde (→ Urkirche) nach Rom beschreibt; als ihr Verfasser gilt nach altkirchl. Tradition der → Evangelist Lukas.

Apostelkonzil die in der → Apostelgeschichte (15,1–35) beschriebene Zusammenkunft (→ Konzil) der → Apostel und Ältesten der Urgemeinde (vermutl. um 48/49 n. Chr.) zur Beratung der (schließlich verneinten) Frage, ob die → Heidenchristen zur Einhaltung des jüd. Gesetzes verpflichtet seien; die dort gefaßten Beschlüsse im → Apostel-dekret.

Apostellehre → Didache

Apostolat (Sendungs- und Zeugen-) Amt eines → Apostels, betontes Glaubenszeugnis der → Laien (Laienapostolat) und kath. → Gebetsverbrüderung. → Kath. Aktion

Apostolikum (gr.-lat.) Abk. für das → Apostolische Glaubensbekenntnis.

Apostolikumsstreit in den ev. Kirchen 1845–1911 ausgetragene Auseinandersetzungen um die Verbindlichkeit der drei altkirchl. → Glaubensbekenntnisse.

Apostolisch auf die → Apostel zurückgehend, ihren Lehren entsprechend.

Apostolische Administratur → Apostolischer Vikar

Apostolische Datarie (lat. Dataria Apostolica, von lat. dare = geben) im 15. Jh. aus der → Apostolischen Kanzlei hervorgegangene Behörde der → Röm. Kurie zur Erledigung von Gnadensachen, zur Bewilligung bzw. Erteilung u. a. von → Dispensen, → Suppliken, → Pfründen, → Privilegien. Benannt wurde die Gnadenbehörde nach dem bedeutenden Amt des Datars oder Prodatars, das auch von → Kardinälen (Kardinaldatar) bekleidet war. Nach der Kurienreform von 1908 allmählich bedeutungslos geworden, wurde sie unter Papst Paul VI. 1967 aufgelöst.

Apostolische Gemeinde Selbstbez. der Irvingianer (→ Kath.-Apostolische Gemeinden). → Apostelgemeinden, → Neuapostolische Gemeinde

Apostolische Kammer (lat. Camera Apostolica) Finanzverwaltung der → Röm. Kurie, an ihrer Spitze steht der → Camerlengo.

Apostolische Kanzlei (lat. Cancellaria Apostolica) Verwaltungsbehörde des → Apostolischen Stuhles, die u.a. mit der Ausfertigung päpstl. Schreiben und Urkunden (z.B. → Breve, → Bulle) betraut ist.

Apostolische Kleriker vom hl. Hieronymus → Jesuaten

Apostolische Konstitutionen (lat. → Constituta) Sammlung von → Kirchenordnungen (Ende 4. Jh.) mit (angebl. auf die → Apostel zurückgehenden) rechtl. und liturg. Vorschriften.

Apostolische Majestät Titel der Könige von Ungarn, von Papst Clemens XIII. Maria Theresia (1740–80) und ihren kath. Nachfolgern übertragen.

Apostolische Nachfolge → Apostolische Sukzession

Apostolische Nuntiatur (lat. Nuntiatura Apostolica) ständige diplomat. Vertretung des → Heiligen Stuhls bei einer Staatsregierung.

Apostolische Pönitentiarie (lat. Poenitentiaria Apostolica; lat. poena = Strafe, Buße) Gerichtsbehörde der → Röm. Kurie, die für innere Angelegenheiten (→ forum internum) zuständig ist.

Apostolische Signatur (lat. Signatura Apostolica) oberste Gerichtsbehörde der → Röm. Kurie.

Apostolische Sukzession (lat. Successio Apostolica) die v.a. in der kath. Kirche und in den → orth. Kirchen auf die → Apostel zurückgeführte und im → Weihesakrament ausgedrückte ununterbrochene Weitergabe der bischöfl. Gewalt (→ Bischof), Kennzeichen für die Apostolizität der Kirche.

Apostolische Väter altchristl. Schriftsteller des 1./2. Jh.s.

Apostolischer Administrator → Apostolischer Vikar, → Administrator

Apostolischer Delegat (lat. Delegatus Apostolicus) (nichtdiplomat.) Gesandter des Papstes (auch Apostol. Delegation, Delegatur, lat. Delegatio Apostolica) in kirchl. Angelegenheiten, im Unterschied zum → Apostolischen Nuntius.

Apostolischer Legat (lat. Legatus Apostolicus) Sondergesandter des Papstes, auch Ablegat ohne → Jurisdiktion. → Kardinallegat

Apostolischer Nuntius (lat. Nuntius Apostolicus) ständiger Botschafter des → Heiligen Stuhls im diplomat. Rang bei einer Staatsregierung (im Unterschied zum → Apostolischen Delegaten, → Apostolischen Legaten). Internuntius: Botschafter bei kleineren Regierungen oder an Orten, an denen keine eigene Apostolische Nuntiatur besteht.

Apostolischer Präfekt → Apostolischer Vikar

Apostolischer Protonotar (gr.-lat. Protonotarius Apostolicus) im Mittelalter ein Kanzler, dann hoher Geistlicher an der → Röm. Kurie für Protokoll und Urkundenausfertigung, seit 1908 auch Nachfolger der → Abbreviatoren; päpstl. Ehrentitel für Geistliche.

Apostolischer Segen (lat. Benedictio Apostolica seu Papalis) vom → Papst feierlich (→ Urbi et Orbi) oder in einfacher Form erteilter, mit einem vollkommenen → Ablaß verbundener → Segen.

Apostolischer Stuhl (lat. Sedes Apostolica oder Sancta Sedes = Heiliger Stuhl) urspr. Bez. für Bischofssitze, die auf die → Apostel zurückgeführt wurden, meist mit wirkl. oder legendar. Gräbern von Aposteln und Apostelschülern, in der lat. Kirche seit Ausgang der Antike fortschreitend dem röm. Stuhl Petri (lat. Cathedra Petri, → Papst) vorbehalten.

Apostolischer Syndikus (lat. Syndicus Apostolicus) ein vom → Apostolischen Stuhl bestellter → Administrator, der die zeitl. Güter von → Orden im Namen der Kirche verwaltet.

Apostolischer Vikar/Präfekt (lat. Vicarius/Praefectus Apostolicus) ein vom Papst beauftragter Vorsteher eines Apostolischen Vikariates bzw. einer Apostolischen Präfektur oder Administratur (d. h. eines noch nicht als → Bistum errichteten → Missions-Bezirks), der rechtl. → Diözesanbischöfen weithin gleichgestellt ist. → Administrator, → Präfekt, → Vikar.

Apostolisches Glaubensbekenntnis (lat. [Symbolum] Apostolikum) seit dem 4. Jh. Bez. für das mit → Credo beginnende → Glaubensbekenntnis der lat. Kirche, das auf ein christl. Taufbekenntnis aus dem 3. Jh. zurückgeht und den „apostol. Glauben" gültig zusammenfaßt; es wird legendar. als von den → Aposteln verfaßt gedeutet.

Apostolizität → Apostolische Sukzession

Appellatio ab abusu (lat.) als Einrichtung des → Staatskirchentums die → Appellation der staatl. Gewalt gegen Übergriffe oder Mißbräuche (lat. abusus) der kirchl. Gewalt, bes. der kirchl. Gerichtsbarkeit, auch Recursus ab abusu/ad principem genannt.

Appellation (lat. = Anrufung) allgem. die Anrufung einer höheren (Gerichts-) Instanz; die Appellation an ein Allgemeines → Konzil wendet sich gegen Entscheidungen des → Papstes oder das Papsttum überhaupt. → Konziliarismus

Applikation (lat. = An- oder Zuwendung) die Darbringung des → Meßopfers mit einer bestimmten Absicht (Meßintention) für Lebende und Verstorbene. Der Priester ist mit Annahme des Meßstipendiums (festgelegte Geldspende) dazu verpflichtet (Applikationspflicht).

Approbation (lat.) 1. allgem. die Bestätigung (→ Konfirmation) einer Handlung, eines Beschlusses oder Rechtsgeschäfts durch die zuständige Instanz; 2. kirchl. die Druckgenehmigung für bestimmte Schriften (→ Imprimatur), 3. die Bestätigung eines Priesters durch den Bischof, eines Ordens oder Konzils durch den → Papst. 4. In der Folge der → Gregorianischen Reform beanspruchten die Päpste bis zum Ende der → Reichskirche die Approbation der dt. Königswahl.

Apsis (von gr. haptein = anfügen) urspr. der Raum für das Gestühl der Geistlichen, dann halbrunder, seit Mitte des 12. Jh.s auch polygonaler, meist mit Halbkuppel überwölbter Raumteil (Nische) für den → Altar, Teilraum des → Chors (Chorabschluß oder Chorhaupt) sowie die der → Basilika angefügte Rundung nach Osten.

Aquamanile (lat. aqua = Wasser, manus = Hand) meist in Form eines (Fabel-) Tiers gestaltetes mittelalterl. Gießgefäß (Schüssel) zum Händewaschen des Priesters in der hl. → Messe.

Arbeiterbewegung (christliche) getragen v. a. von kath. und ev. Arbeitervereinen, die im 19. Jh. auf dem Hintergrund soz. Nöte der Arbeiter sowie des Marxismus und Sozialismus entstanden, z. B. die → Kath. Arbeiterbewegung.

Arch-/Archi- (gr. arche = Urgrund, Anfang) Vorsilbe und Bestimmungswort mit der Bedeutung von Ober-, Ur-, Erz- (z. B. → Erzbischof).

Archäologie (gr. = Lehre vom Ursprung, Altertumskunde) als (früh-) christl. und mittelalterl. Archäologie ist die „Wissenschaft des Spatens" auch für die Kirchengeschichte unverzichtbarer Bestandteil.

Archidiakon (gr. = Erzdiakon) urspr. Haupt des → Diakonen-Kollegs an einer → Bischofskirche, seit dem 4. Jh. mit wachsender, regional sehr unterschiedl. Bedeutung Vertreter und Bevollmächtigter des Bischofs. Den Höhepunkt seiner Machtstellung erlangte der oft in Konkurrenz zum Bischof amtierende Geistliche (mit eigenem → Sprengel, dem Archidiakonat) im Früh- und Hochmittelalter, seither wurde sein Einfluß durch → Generalvikar, → Offizial und → Dekan zurückgedrängt; in der Neuzeit meist nur noch Ehrentitel.

Archimandrit (gr.) in den Ostkirchen der dem → Abt entsprechende Vorsteher eines oder mehrerer Klöster, der auch → Exarch oder → Hegumenos genannt wird; auch als Ehrentitel verliehen. → Mandrit

Archipresbyter (gr. = Erzpriester) urspr. der oberste Priester an einer → Bischofskirche, auch der → Superintendent und der → Dekan. → Ephorus, → Presbyter

Archiv (gr. archeion = Amtsgebäude) Einrichtung zur (geordneten) Sammlung und Aufbewahrung von Schriftgut aller Art (auch → Armarium genannt). Aus dem antiken Archivwesen übernahmen Bischöfe und Klöster diesen Rechtsbrauch und installierten, v. a. seit dem Mittelalter, in enger Verbindung mit der → Bibliothek und dem → Kirchenschatz stehende Archive zur Verwahrung wichtiger (vermögens-) rechtl. Urkunden (→ Urbare, → Traditionsbücher) an sicheren Orten, z. B. in Turmgewölben, in → Krypta oder → Sakristei. Das Auffinden der für die Geschichtswissenschaft als Quellen unverzichtbaren Archivalien wird jeweils durch ein von Archivaren angelegtes Verzeichnis, Inventar oder Repertorium genannt, ermöglicht.

Arenga (lat.) formelhafte (feierl.) Einleitung einer mittelalterl. Urkunde; päpstl. → Bullen werden nach ihr benannt.

Argumentum (lat.) im Mittelalter häufig Bez. für die Einleitung zu einem Buch der Bibel.

Arianismus nach dem Presbyter Arius († 336) in → Alexandrien benannte Irrlehre, wonach der Logos (gr. = Wort), d. h. der Sohn Gottes, geschaffen sei und es eine Zeit gegeben habe, in der er nicht gewesen sei. Das erste ökum. Konzil von Nizäa (325) hielt dagegen als Glauben der Kirche fest, daß der Sohn dem Vater „wesensgleich" (gr. homoousios) sei. Obwohl der Arianismus im Verlauf des Arianischen Streits sowohl in Nizäa als auch auf dem Konzil von Konstantinopel (381) verurteilt wurde, fand das arianische → Bekenntnis Verbreitung. Auch Teile der christianisierten Germanen blieben bis ins 7. Jh. hinein Arianer. → Anhomöer, → Christologie

Arkandisziplin (lat. = Pflicht zur Geheimhaltung) im Christentum vom 2. bis 4./5. Jh. (→ Christenverfolgungen) die Geheimhaltung der Feier von → Taufe und → Abendmahl.

Arma Christi → Passion

Armarium (lat. = Schrank) 1. Aufbewahrungsort von → Reliquien, → Hostien, hl. Ölen, 2. christl. Grab, 3. im Mittelalter auch Bez. für → Archiv und → Bibliothek.

Arme Dienstmägde Jesu Christi (Dernbacher Schwestern) 1851 in Dernbach gegr., weltweit verbreitete Gemeinschaft zur → Armen- und Krankenpflege, für Schule und Erziehung.

Arme Schulschwestern von Unserer Lieben Frau 1833 in Neunburg vorm Wald gegr., weltweit tätige → Kongregation für Schulunterricht und Erziehung, bes. der weibl. Jugend.

Arme Seelen → Allerseelen

Arme von Lyon → Waldenser

Armen- und Krankenpflege nach Jesu Botschaft im → Evangelium hat das Leben des Christen seine Mitte in der dienenden Liebe, in der → Barmherzigkeit gegenüber dem Nächsten, dem „unter die Räuber Gefallenen" (Beispiel vom barmherzigen Samariter in Lk 10, 25–37), dem Armen, Entrechteten, aber auch dem Feind und Fremden gegenüber: „Was ihr einem unter diesen meinen geringsten Brüdern getan habt, das habt ihr mir getan" (Mt 25, 40). Aus dieser Überzeugung heraus entwickelte sich, in engster Verknüpfung mit dem Gedanken der → Nachfolge Christi, in den frühchristl. Gemeinden von Anfang an die Sorge um die Armen, Witwen, Waisen, Kranken, die seit dem 4. Jh. vermehrt von → Mönchen wahrgenommen wurde (Einrichtung von Fremdenherbergen). Bes. die bei → Zisterziensern, → Bettel- und Spitalorden (→ Hospitaliter) zum sittl. Ideal gewordene → Armut führte bis zum Spätmittelalter zu einer intensiven Liebestätigkeit (→ Caritas), v. a. in den zahlreichen geistl. betreuten Spitälern, → Hospitälern, Hospizen und Leprosenhäusern. Auch heute weiß sich jedes Kloster und jede Ordensgemeinschaft zur Armen- und Krankenpflege verpflichtet. Der auch aus diesem Vorbild von der → Aufklärung übernommene Wohlfahrtsgedanke ging in die öffentl. Fürsorge ein. → Almosen, → Armutsbewegung, → Diakonie

Armenbibel (lat. Biblia pauperum; auch Biblia picta) Bilderbibel des Spätmittelalters zur Erklärung der → Bibel für das meist schreib- und leseunkundige Volk, in der bedeutende Begebenheiten des NT mit Szenen aus dem AT in einen heilsgeschichtl. Zusammenhang gebracht sind. Sie übte nachhaltigen Einfluß auf die spätmittelalterl. Kunst (z.B. → Fresken mit Bilderbibeln im Vorraum einer Kirche).

Armenische Kirche nach Bischof Gregorius Illuminator, der Armenien seit 300 christianisierte, auch Gregorianische Kirche genannt, ist sie die älteste christl. → Ostkirche; der Sitz des → Katholikos der seit dem 18. Jh. mit Rom → unierten Kirche mit mehreren → Teilkirchen ist in Etschmiadzin. Bes. in den Jahren 1915/16 litt sie unter der brutalen Politik der türk. Staatsregierung mit schwerster Verfolgung und millionenfacher Ermordung der christl. Armenier, die Franz Werfel in seinem 1933 erschienenen Roman „Die vierzig Tage des Musa Dagh“ beschrieb.

Arminianismus nach Jakob Arminius (1560–1609) benannte Richtung in der ref. niederl. Kirche des 17. Jh.s, die zur Abtrennung und Bildung eigener (freisinniger) Gemeinden auch in England und Nordamerika führte, nachdem die → Dordrechter Synode die Lehre der Arminianer oder Remonstranten (u. a. Ablehnung der → Prädestinationslehre Calvins) verworfen hatte.

Armut, Armutsbewegung, Armutsstreit 1. in engster Verbindung mit der → Nachfolge Christi und mit der → Armen- und Krankenpflege als geübter Nächstenliebe wurde der christl. Armutsgedanke zum Ideal sowohl für den einzelnen wie für die Gemeinschaft der Kirche. Im 11.–13. Jh. kam es, als Reaktion auf den zunehmenden Reichtum von

Kirchen und Klöstern, auch auf den damit oft einhergehenden Verlust an rel. Substanz, zur Armutsbewegung, die in einer ersten Phase gekennzeichnet war von neuen Orden, wie → Kamaldulensern und → Zisterziensern, in der eigentl. Bewegung aber von den Gruppen der → Katharer und → Waldenser, dann von den → Bettelorden der → Franziskaner und → Dominikaner. In je neuen Ansätzen und mit je eigener Ausprägung strebten sie die Verwirklichung der radikalen Armut an. 2. Innerhalb des Franziskanerordens setzten noch im 13. Jh. heftige Auseinandersetzungen um den Umfang der Armutsverpflichtung ein. Der Armuts- oder Mendikantenstreit führte zur Spaltung des Ordens (→ Observanten oder → Spiritualen, → Konventualen, → Kapuziner) und weitete sich auch auf andere mit dem Armutsideal offenbar unvereinbare Fragen aus.

Arnoldshainer Konferenz seit 1967 bestehender Zusammenschluß von verschiedenen Gliedkirchen innerhalb der EKD (die nicht der → Vereinigten Evangelisch-Lutherischen Kirche in Deutschland angehören), benannt nach der Ev. Akademie Arnoldshain im Taunus, wo 1957 die „Arnoldshainer Thesen“ über das Verständnis des → Abendmahls zur Überwindung der → Bekenntnis-Unterschiede und zur Gewinnung der vollen → Abendmahlsgemeinschaft verabschiedet wurden. Auf dieser Grundlage kam es 1973 zur Leuenberger Konkordie (benannt nach dem bei Basel gelegenen Tagungsort), einer von luth., ref. und unierten Kirchen entsprechend formulierten Lehre.

Ars moriendi (lat. = Kunst des Sterbens) Literaturgattung der spätmittelalterl. Sterbebüchlein, zugleich auch deren häufig so begegnender Titel; als → Erbauungs-Literatur, die mit Bildfolge und theol. Traktaten auf eine gute Sterbestunde vorbereiten wollte, fanden sie im → Herbst des Mittelalters seit dem 14. Jh. weite Verbreitung.

Articulus fidei → Glaubensartikel

Artistenfakultät an mittelalterl. Universitäten die unterste und in der Regel zuerst zu absolvierende → Fakultät zum Studium der → Propädeutik und der → Septem artes liberales.

Aschermittwoch der Mittwoch vor dem 1. Fastensonntag (kath.) bzw. der Passionszeit (ev.), der erste Tag der → Fastenzeit, nach altem kirchl. Brauch symbolisiert durch ein Kreuzzeichen mit Asche auf die Stirn zum Zeichen der → Buße.

Askese, Aszese (gr. = körperl. und geistige Übung) strenge, durch

Verzicht geprägte (fromme) Lebensweise zur Verwirklichung rel.-sittl. Ideale (→ Abstinenz, → Fasten).

Aspergill, Aspersorium (lat. aspergere = besprengen) liturg. Gerät zum „Aussprengen" des → Weihwassers.

ASS Abk. für → Acta Sanctae Sedis.

Assekurationsakte (lat.) die Zusicherung der Religionsfreiheit, d. h. des → Bekenntnisses der Untertanen beim Konfessionswechsel von Fürsten im 17./18. Jh. (→ Cuius regio)

Assimilation → Akkomodation

Assumptionisten 1845 gegr., Priester und Laien umfassende → Kongregation der → Augustiner von der Aufnahme (lat. assumptio) Mariens in den Himmel, die ebenso wie die weibl. Gemeinschaften der Assumptionistinnen (gegr. 1839–96) weltweit in sozial-karitativen, erzieher. und missionar. Bereichen tätig sind.

Asyl (gr.-lat. unberaubt, sicher; hl. Ort) schon in der Antike verstanden als Zufluchtsort, aus dem ein Verfolgter ohne Verletzung rel. Vorschriften nicht entfernt werden durfte, wurde im abendländ. Mittelalter auch Kirchen und Klöstern ein Asylrecht zugestanden (Kirchenasyl), mit Entwicklung des neuzeitl. Rechtssystems jedoch eingeschränkt bzw. abgeschafft. Die Gewährung von Asyl durch einzelne Gemeinden ist bis heute üblich.

Athanasianisches Glaubensbekenntnis (Athanasium) fälschl. dem Patriarchen Athanasios von → Alexandrien im 4. Jh. zugeschriebenes, jedoch erst später entstandenes christl. → Glaubensbekenntnis (nach seinem Anfangswort auch [Symbolum] Quicunque genannt), dem → Apostolischen Glaubensbekenntnis und dem → Nicaeno-Constantinopolitanum gleichgestellt.

Atheismus (gr.) Leugnung, Verneinung der Existenz oder der Erkennbarkeit Gottes, seiner göttl. Weltordnung oder des jeweils geltenden Gottesbegriffs. Dementsprechend wären Aussagen wie „Gott sei Dank bin ich Atheist" ein Widerspruch in sich.

Athos (gr. = Heiliger Berg) östlichste der Chalkidike-Halbinseln in Nordgriechenland, wo am gleichnamigen Berg eine autonome gr.-orth. Mönchsrepublik mit 20 Großklöstern besteht. Das erste → Kloster, die

„Große Lawra“, wurde 963 von dem → Studiten-Mönch Athanasios gegründet, doch lassen sich Siedlungen von → Mönchen und → Anachoreten für einen früheren Zeitraum, für das Jahr 893 auch ein Kloster nachweisen. Die nach → zönobitischer und → idiorrhythmischer Lebensweise unterschiedenen Athosklöster sind mit wertvollen byz. Wandmalereien, → Ikonen und Handschriften auch hochbedeutende Zentren der Kunst und Kultur.

Atrium (lat.) urspr. der (Haupt-) Wohnraum des altröm. Hauses mit Dachöffnung, dann Bez. für den von Säulen(-hallen) umgebenen Vorhof zur altchristl. → Basilika und für den → Portal-Vorbau (Vorhalle) mittelalterl. Kirchen, auch → Paradies genannt.

Attribute (der Heiligen) feste Kennzeichen, die (in Malerei oder Plastik) dargestellten → Heiligen-Gestalten beigegeben (lat. attributum) sind, d. h. Gegenstände, die auf ihre Eigenschaft (z. B. Petrus mit Schlüssel, Paulus mit Schwert), Legende (Barbara mit dem Turm, Margaretha mit dem Wurm [= Drachen]) oder das → Patronat (z. B. das brennende Haus oder der Wasserkübel beim hl. Florian) bezogen sind.

Auctoritas (lat. = Autorität) 1. im Mittelalter Bez. für die maßgebl. → Kirchenlehrer; 2. auctoritate apostolica: kraft päpstl. Gewalt.

Audienz (lat. = Gehör) 1. Verhör und Gerichtsverhandlung; 2. Empfang beim Papst und hohen weltl. Fürsten.

Auditor (von lat. audire = hören) im Mittelalter das Mitglied eines Gerichts, bes. der Untersuchungs- oder Verhörrichter, im kath. → Kirchenrecht der (Vernehmungs-) Richter an einem Diözesangericht oder an der → Sacra Romana Rota. Auditoren sind auch Beamte an der → Apostolischen Nuntiatur.

Aufklärung alle Lebensbereiche erfassende gesamteurop. Geistesbewegung des 17./18. Jh.s, die in der Vernunft (lat. ratio) das eigentl. Wesen des Menschen sah und diese zum Prinzip erhob (Rationalismus): Befreiung von jegl. Bevormundung, von kirchl. Autorität und Aberglauben, Betonung der Freiheit und Toleranz waren wesentl. Merkmale. Auch mit der Kritik an der unumschränkten Gewalt des Herrschers (→ Absolutismus) bereitete sie die → Französische Revolution vor, die in ihren grundstürzenden Folgen das Ende des → Ancien Régime und den Zusammenbruch der → Reichskirche in der großen → Säkularisation am Beginn des 19. Jh.s mit sich führte.

Aufschwörung früher Bez. für die Ablegung des Eides eines → Domkapitulars auf die Verfassung (Statuten) des jeweiligen Domkapitels.

Augsburger Bekenntnis → Confessio Augustana

Augsburger Interim 1548 erlassenes Reichsgesetz, mit dem Kaiser Karl V. Laienkelch und Priesterehe gestattete, zugleich aber auch den Fortbestand kath. Bräuche sicherte. Wegen erhebl. Widerstände, bes. seitens der → Gnesiolutheraner, konnte das Gesetz nur teilweise durchgesetzt werden, wurde mit dem → Passauer Vertrag von 1552 gegenstandslos und blieb daher eine vorläufige (lat. interim) Regelung. → Leipziger Interim

Augsburger Konfession → Confessio Augustana

Augsburger Religionsfriede als Reichsfriede und Kompromiß auf dem Augsburger Reichstag am 29. 9. 1555 geschlossen, wurde in ihm die → Confessio Augustana reichsrechtl. anerkannt, damit die Glaubenseinheit für das → Heilige Römische Reich aufgegeben: nach den Grundsätzen des „ius reformandi" (lat. = das Recht zu kirchl. Reformen) und des (später so formulierten) → „Cuius regio, eius religio" (lat. = in wessen Gebiet man lebt, dessen Religion hat man) bestimmte fortan der jeweilige Landesherr über die Religion (d. h. → Bekenntnis) der Untertanen, denen das Recht auf Auswanderung (lat. ius emigrandi, Emigration; → Exulanten) zugestanden wurde. Das Vertragswerk sah mit dem „Geistlichen Vorbehalt" (lat. Reservatum ecclesiasticum) außerdem vor, daß geistl. kath. Fürsten ihrer Ämter, Territorien und Einkünfte verlustig gingen, wenn sie zum „neuen Glauben" übertraten. Die zuvor von Ferdinand von Österreich, den sein Bruder Karl V. mit den Verhandlungen beauftragt hatte, ergangene Erklärung (lat. Declaratio Ferdinandea) garantierte den ev. Landständen in geistl. Territorien dagegen ihre bisherige Konfession.

Augustiner, Augustinerinnen Sammelbez. für → Orden und → Kongregationen mit → Augustinusregel, bes. für → Augustiner-Eremiten, bei den Augustinerinnen auch die diesen angeschlossenen Gemeinschaften des → Dritten Ordens, Augustiner-Chorfrauen, → Alexianerinnen, nicht dagegen → Augustiner-Chorherren, → Prämonstratenser und → Dominikaner, obwohl auch sie nach der Augustinusregel leben.

Augustiner-Barfüßer Ende des 16. Jh.s aus verschiedenen Reformkongregationen der → Augustiner-Eremiten hervorgegangene Gemeinschaften, auch unbeschuhte Augustiner-Eremiten oder Augustiner-Diskalzeaten (→ Barfüßer) oder Augustiner- → Rekollekten genannt.

Augustiner-Chorherren regulierte → Chorherren oder Regular- → Kanoniker, die im 11./12. Jh. die → Augustinusregel annahmen. Augustiner-Chorfrauen sind dementsprechend regulierte → Chorfrauen oder Regular- → Kanonissen.

Augustiner-Eremiten: in den Jahren 1244 und 1256 durch die Vereinigung mehrerer it. → Eremiten-Gemeinschaften enstandener → Bettelorden mit → Augustinusregel, oft nur → Augustiner genannt. Augustiner-Eremitinnen oder Augustinerinnen sind die entsprechenden, zeitgleich entstandenen weibl. Gemeinschaften.

Augustinismus bez. in einem sehr weiten Sinn die Augustinusrezeption, das heißt die Wirkungsgeschichte der Theolgie und Philosophie des hl. Kirchenvaters Aurelius Augustinus (354–430), von dessen Geist die kath. und die aus der → Reformation hervorgegangenen Kirchen bis heute beeinflußt sind.

Augustinusregel in verschiedenen Fassungen überlieferte älteste und einflußreichste Regel des christl. → Mönchtums im Abendland, die lange dem hl. Kirchenvater Augustinus (354–430) zugeschrieben wurden; heute wird dagegen die „Praeceptum" (lat. = Vorschrift) genannte Fassung, die allgem. Bestimmungen für das Gemeinschaftsleben enthält, als die Regel gedeutet, die Augustinus als Bischof seiner ersten klösterl. Gründung im nordafrikan. Hippo Regius hinterlassen haben könnte. Jedenfalls erwies sich diese Regel als für verschiedenste Gruppierungen geeignet, selbst die → Benediktregel hat ganze Teile aus ihr übernommen. Neben den → Augustinern, → Prämonstratensern, → Dominikanern dient die Augustinusregel noch vielen anderen Männer- und Frauengemeinschaften, auch → Säkularinstituten, als Grundlage ihres Ordenslebens.

Aula (gr.-lat. = Vorhof, Saal) urspr. der Vor- oder Innenhof in gr. und röm. Häusern, dann auch Bez. des für die → Laien bestimmten Mittelschiffs in altchristl. Kirchen, im Unterschied zum → Chor.

Aussegnung Segnung der Toten, in der Aussegnungshalle im → Friedhof und beim → Begräbnis.

Aussetzung Auf- und Zurschaustellung (Exposition) der → konsekrierten → Hostie in der → Monstranz, z. B. bei → Andachten.

Autodafé (port. = Glaubensakt, lat. actus fidei) (öffentl.-feierl.) Verkündigung und Vollstreckung eines über einen → Ketzer verhängten

Urteils der → Inquisition, auch die (symbol.) Verbrennung des Verurteilten oder verbotener Schriften.

Autokephal (gr.) selbständige nationale → Ostkirchen, die nur ihrem eigenen Oberhaupt, dem → Katholikos, unterstehen.

Autorität → Auctoritas

Auxiliarbischof (lat. auxilium = Hilfe, Unterstützung) Hilfsbischof (Titularbischof) zur Unterstützung eines regierenden → Diözesanbischofs, auch → Koadjutor, → Regionalbischof, → Weihbischof.

Ave Maria (lat. = Gegrüßet seist du, Maria) Gruß des Engels (→ Angelus) und der Elisabeth in Lk 1, 28/42, seit dem 12. Jh. das neben dem → Vaterunser am weitesten verbreitete Gebet zur Verehrung der → Gottesmutter Maria, das später in den → Rosenkranz eingebaut wurde.

Avignoner Exil bez. den Aufenthalt der → Päpste in Avignon von 1309 bis 1377, v. a. bedingt durch deren Abhängigkeit vom frz. König, auch Avignonesische oder Babylonische Gefangenschaft genannt.

Azymiten seit dem Vorabend des → Morgenländischen Schismas (1054) belegte gr. Bez. für die „Lateiner", d. h. der Angehörigen der → lat. Kirche, denen die Verwendung von ungesäuertem (gr. azyma), im Gegensatz zu gesäuertem (fermentiertem) Brot beim → Abendmahl zum schweren Vorwurf gemacht wurde.

B

B. Abk. für lat. Beatus = → Selig

Babunier → Bogomilen

Babylonische Gefangenschaft → Avignoner Exil

Baccalar, Baccalaureus → Bakkalaureus

Bajanismus nach dem Löwener Theologen Michael Baius (1513–89) benannte, kirchl. verurteilte Lehre, die den → Jansenismus vorbereitete.

Bakkalaureus (lat. = Hintersasse) seit dem 13. Jh. der unterste akademische Grad (in Frankreich, England und Nordamerika noch heute gebräuchl.), auch Bez. für niedere → Kleriker.

Baldachin urspr. Bez. für einen Seidenstoff (Brokat) aus Baldac (Bagdad), der auf den aus diesem Stoff gefertigten Gegenstand überging und als Würdezeichen einen Ort, eine Person oder Sache überdeckte, als Prunkdecken und -himmel u. a. Altäre, Tabernakel, Throne und Grabmäler. Baldachin heißt auch das bes. in der → Gotik über Altären (Altar- → Ziborium), Kanzeln und Statuen errichtete Schutz- und Zierdach aus Stein oder Holz, ebenso der Traghimmel bei Prozessionen.

Ballei (lat. balli[v]a = Verwaltungsbezirk) bei den geistl. → Ritterorden eine (Verwaltungs-) Provinz, die sich wiederum in → Priorate mit den einzelnen → Kommenden oder → Komtureien gliedert.

Bann im mittelalterl. Recht der Ausschluß aus der Rechtsgemeinschaft, wobei dem vom König verhängten Bann (in seinen verschiedenen Ausformungen) bes. Bedeutung zukam; v.a. seit dem 13. Jh. war er oft gleichbedeutend mit der → Acht. Im kirchl. Bereich ging der aus dem AT bekannte Ausschluß eines Sünders aus der Gemeinschaft des Gottesvolkes in die christl. Bußpraxis und in das Kirchenrecht ein, hier als → Anathem gegen → Häretiker, als → Exkommunikation (großer Kirchenbann) oder als (vorübergehender) Ausschluß vom Empfang der Sakramente (kleiner Kirchenbann), wobei der Papst von beiden Formen der kirchl. Strafe lossprechen kann (→ Absolution). In den Kirchen der → Reformation wird am Begriff „Bann" festgehalten, in der röm.-kath. Kirche spricht man, auch nach geltendem Kirchenrecht, von Exkommunikation. Ein berühmtes Beispiel für einen Kirchenbann ist mit dem Gang König Heinrichs IV. nach → Canossa verbunden, den er tun mußte, um vom dort weilenden Papst die Lösung vom Bann zu erbitten (→ Investiturstreit). → Blutbann

Baptisten (gr. baptizein = taufen) Angehörige einer aus dem → Puritanismus hervorgegangenen, am Beginn des 17. Jh.s in England entstandenen, weltweit verzweigten, in der Tradition der → Freikirchen stehenden christl. Gemeinschaft, die nach ihrem auffälligsten Merkmal, der Erwachsenen- oder Gläubigentaufe, benannt ist (→ Täufer) und ein streng nach der Bibel ausgerichtetes Leben erstrebt. Die erste Baptisten-Gemeinde wurde von engl. Emigranten 1609 in Amsterdam gegr. In Deutschland sind die bes. in Nordamerika zahlreichen Baptisten zum Bund Evangelisch-Freikirchlicher Gemeinden zusammengeschlossen, der Mitglied des 1905 gegr. Baptistischen Weltbundes ist. Dieser führt u.a. mit der kath. Kirche und dem Luth. Weltbund offiz. theol. Gespräche.

Baptisterium (gr.) seit dem 4. Jh. belegte Bez. für das christl. Taufbecken, dann auch für eine Taufkirche oder -kapelle (auch als eigener, oft oktogonaler Bau bes. des Frühmittelalters).

Barett → Birett

Barfüßer Ordensgemeinschaften, die zum Zeichen der → Armut und → Buße barfüßig oder nur mit Sandalen bekleidet gehen, auch Diskalzeaten (lat. discalceatus = unbeschuht) genannt, z. B. → Augustiner-Barfüßer, Unbeschuhte → Karmeliten.

Barmer Mission → Rheinische Missionsgesellschaft

Barmer Theologische Erklärung gemeinsames → Bekenntnis der → Bekennenden Kirche auf ihrer in Wuppertal-Barmen 1934 abgehaltenen ersten Synode, die sich auf dem Hintergrund des anbahnenden → Kirchenkampfes zu den Grundwahrheiten des Christentums bekannte und sich u. a. gegen die heilsgeschichtl. Deutung der Machtergreifung Hitlers von 1933 sowie die Einführung des Führerprinzips in die Kirche wandte (→ Deutsche Christen). Die Theol. Erklärung von Barmen trägt den Charakter einer → Bekenntnisschrift und wurde in die Grundordnung der EKD aufgenommen.

Barmherzige Brüder und Schwestern zahlreiche Gemeinschaften und Kongregationen bes. auch des → Dritten Ordens, die sich nach dem Grundprinzip der → Barmherzigkeit vorrangig der → Armen- und Krankenpflege widmen, u. a. die → Hospitaliter, → Alexianer, Franziskanerbrüder, → Borromäerinnen, → Elisabethinnen, Klemensschwestern, Kreuzschwestern, → Grauen Schwestern und → Vinzentinerinnen.

Barmherzigkeit (lat. misericordia = Mitleid, Erbarmen) getragen vom Gebot christl. Nächstenliebe (→ Caritas), nennen sich viele Orden und Kongregationen nach der Barmherzigkeit, so die → Barmherzigen Brüder und Schwestern, und widmen sich in bes. Maße der → Armen- und Krankenpflege, der Erziehung Jugendlicher (z. B. in Heimen und Waisenhäusern) und der Betreuung soz. Randgruppen.

Barnabiten offiz. → Regularkleriker des hl. Paulus, später nach dem Mutterhaus St. Barnabas in Mailand benannt, wo der Orden 1530 zur Seelsorge, Volksmission und Jugenderziehung gegr. wurde.

Barock (port.-it. barocco = unregelmäßig, schiefrund [urspr. auf Perlen bezogen]) zunächst als Stil- und Epochenbegriff für die bildende Kunst des 17./18. Jh.s eingeführt, bez. der Begriff innerhalb der europ. Geschichte den Zeitraum von etwa 1560 bis 1730, umfaßt also das Zeitalter der → Gegenreformation und des → Absolutismus; es wird von dem der → Aufklärung (in der Kunst vom → Rokoko) abgelöst. Zur Kennzeichnung des jeweils „Barocken“ sind Kultur- und Geistesgeschichte, allgem., Kirchen- und Theologie-Geschichte, Literatur (die unter der Spannung starker, die Menschen bewegende „Gegenkräfte“, wie Leben und Tod, Zeit und Ewigkeit, stehende Barockdichtung), bildende Kunst und Musik (Abschluß und Krönung in Deutschland etwa durch G. F. Händel und J. S. Bach) zu unterscheiden. Stellvertretend für die vielen herausragenden Meister in der auf Prachtentfaltung angelegten profanen wie sakralen Baukunst seien genannt: Bernini, Borromini, Palladio, F. Mansart, Le Nôtre, Fischer von Erlach, J. Prandtauer, Schlüter, B. Neumann und die Familie Dientzenhofer. Das Barock ist auch das große Zeitalter der Stadtbaukunst und der weiträumig-streng gestalteten Park- und Gartenanlagen (Versailles).

Bartholomäer Angehörige einer in Gemeinschaft lebenden Vereinigung von Weltpriestern, die von Bartholomäus Holzhauser 1640 zur Seelsorge, Versorgung alter und kranker Priester und bes. zur Ausbildung künftiger Priester gegr. wurde.

Bartholomäusnacht (frz. La Saint-Barthélmy) die Nacht zum 24. August (Fest des hl. Bartholomäus) des Jahres 1572, in der auf Befehl der Königinmutter Katharina von Medici in Paris und in der Provinz Tausende von → Hugenotten ermordet wurden. Anlaß war die Heirat des Protestanten Heinrich von Navarra (als frz. König Heinrich IV. 1593 kath.) mit Margareta von Valois, der Schwester des frz. Königs Karl IX., wodurch dieser die (polit.-rel.) Lage im Land zu entspannen hoffte; daher auch „Pariser Bluthochzeit" genannt. → Edikt von Nantes.

Baseler Missionsgesellschaft 1815 von Mitgliedern der → Christentumsgesellschaft zur → Mission gegründet, tätig v. a. in Afrika und Südostasien.

Basilianer oft begegnende, aber unzutreffende Bez. für die Mönche der Ostkirche, wobei irrtüml. angenommen wurde, daß die orth. Mönche nach der Basiliusregel (benannt nach dem hl. Bischof Basilius dem Großen im 4. Jh.) lebten. Offiz. werden heute als Basilianer Ordensgemeinschaften der mit Rom → unierten Kirchen des Ostens bez., die → Beschaulichkeit mit Seelsorge verbinden.

Basilika (gr. = Königshalle) in der Antike ein aus inneren Säulenhallen bestehendes Gerichts-, Versammlungs- und Marktgebäude, dessen Name und architekton. Grundform auf das altchristl. Kirchengebäude überging und bestimmend für den Raum des christl. Gotteshauses im mittelalterl. Abendland wurde. Kennzeichnend sind, bei vielen Abwandlungen, drei oder fünf → Schiffe, wobei das Mittelschiff höher ist als die zwei bzw. vier Seitenschiffe und mit einer → Apsis, oft mit darunter liegender → Krypta, abgeschlossen ist. Bereits in den frühen Formen begegnen ein Querschiff zwischen → Langhaus und Apsis und das → Atrium. Basilica maior oder minor (lat. = größere bzw. kleinere Basilika) sind seit dem 18. Jh. auch päpstl. verliehene Ehrentitel für bedeutende Kirchen mit bestimmten Privilegien, nachdem urspr. nur die fünf röm. → Patriarchalbasiliken „Basilicae maiores" waren.

Basilisk (lat.) im AT belegtes, in frühen naturwissenschaftl. Schriften, Predigten und in der Bibelexegese beschriebenes Fabeltier mit tödl. Blick. Als → Allegorie der → Sünde, → Hölle und → Apokalypse entfaltete das (in Städten etwa an Brunnen, Denkmälern und in Wappen) z. B. als gekrönte Schlange oder Hahn mit Drachenkopf, großen Flügeln und langem Schweif dargestellte Untier seine größte Wirkung.

Basiliusregel → Basilianer

Basisgemeinden meist spontane, selbstorganisierte Zusammenschlüsse von Gläubigen der kath. Kirche, bes. seit den sechziger Jahren des 20. Jh.s, die innerhalb wie außerhalb bestehender kirchl. Strukturen Eigeninitiative ergreifen und Verantwortung für Kirche und Gesellschaft übernehmen wollen. Ihre Entstehung ist auf dem Hintergrund des → Vaticanum II, das die Bedeutung der Ortsgemeinde betonte, und der allgem. gesellschaftl. Umbrüche, auch der damit verbundenen Demokratisierungswelle bes. seit 1968 zu betrachten. Von großer Bedeutung sind Basisgemeinden derzeit in Lateinamerika (→ Befreiungstheologie).

Bauernkrieg Aufstand der süd- und mitteldt. Bauern in den Jahren 1524/25, der polit., soz. und durch die → Reformation bes. auch rel. motiviert war. Unter Berufung auf die Heilige Schrift forderten die Bauern u. a. die Beseitigung der Leibeigenschaft und des → Zehnten sowie die Einschränkung anderer Lasten. Hatte sich Martin Luther anfangs um Vermittlung bemüht, wurde er ein entschiedener Gegner der Aufständischen und verfaßte eine gegen diese gerichtete Schrift. Die Erhebung wurde vom Adel blutig niedergeschlagen, Stand- und Strafgerichte folgten.

Bauprälaten volkstüml. Bez. für die Äbte und Pröpste der im süddt.-österr. Raum so genannten → Prälatenorden, die im 17./18. Jh. den Neu- oder Umbau ihrer Kirchen und Klöster im Stil des → Barocks und → Rokokos veranlaßt und entschieden durchgeführt haben.

Beata Maria Virgo (lat., Abk. B. M. V., auch B. V. M.) Selige Jungfrau Maria, → Gottesmutter.

Beatifikation, Beatifizierung (lat.) im kath. Kirchenrecht die Seligsprechung, d. h. die durch den Seligsprechungsprozeß bei der → Ritenkongregation vorbereitete Verkündigung des Papstes, daß ein Verstorbener/eine Verstorbene öffentl. verehrt werden darf. Die Beatifikation ist auch Vorstufe zur → Kanonisation, deren Voraussetzungen und Bedingungen ebenso für sie gelten. → Heiligenverehrung

Beerdigung → Begräbnis

Beffchen (lat. biffa = Kragen) zweiteilige weiße Halsbinde ev. Geistlicher.

Befreiungstheologie entstanden in den Jahren 1965–70, interpretiert sie Sinn und Bedeutung des christl. → Bekenntnisses sowie das Ziel der christl. Botschaft aus der Sicht der Armen, d. h. unterdrückter und ausgebeuteter Völker, Bevölkerungsschichten und Rassen. Von nicht zu unterschätzender, auch polit. Bedeutung ist die Befreiungstheologie gegenwärtig in Lateinamerika, ihr Betätigungsfeld findet sie hier auch in → Basisgemeinden.

Beg(h)arden männl., das Gegenstück zu den → Beginen bildende Gemeinschaften, die im Gefolge der → Armutsbewegung im 13. Jh. begegnen und, weil als → Häretiker verdächtigt, noch im ausgehenden Mittelalter erloschen. Sie widmeten sich bes. der → Armen- und Krankenpflege sowie der Totenbestattung, daher, wie die aus diesen hervorgegangenen → Alexianer, auch Zelliten oder Zellenbrüder genannt. → Lollarden

Beginen Ende des 12. Jh.s entstandene Gemeinschaften frommer Frauen, Jungfrauen und Witwen, die ohne → Gelübde in klosterähnl. Häusern (Beginenhöfen) ein Leben freiwilliger → Armut und → Keuschheit führen und sich Werken christl. Nächstenliebe (→ Barmherzigkeit) widmen, v.a. Mädchenerziehung und Krankenpflege. → Begarden

Begräbnis von Gebeten und Riten begleitete Beisetzung (Bestattung, Beerdigung, auch Beerdigungsgottesdienste; → Seelenmesse, → Requiem). Die Verweigerung eines christl. Begräbnisses und der Bestattung in einem christl. → Friedhof (in geweihter Erde) für bestimmte Personen und Tatbestände (z.B. Mord, Selbstmord) galt als eine der schwersten Kirchenstrafen. → Grab

Beichtbriefe (lat. confessionalia) Dokumente, die gegen Bezahlung erworben werden konnten und die den Erwerber berechtigten, bei einem Priester seiner Wahl die → Beichte abzulegen. Dieser konnte, wenige dem Papst vorbehaltene Fälle ausgenommen, von allen Sünden die → Absolution erteilen. Beichtbriefe waren bes. im Spätmittelalter verbreitet und nicht selten mit dem → Ablaß verbunden, wurden daher auch Ablaßbriefe genannt.

Beichte (lat. → confessio) Reue und Bekenntnis der Sünden zur Erlangung der Lossprechung (→ Absolution). In der kath. Kirche ist sie als persönl., geheime (Ohren-) Beichte ein wesentl. Bestandteil des → Bußsakraments und kann vor jedem von einem Bischof dazu bevollmächtigten Priester (Beichtiger oder Beichtvater) abgelegt werden, der zur Wahrung des Beichtgeheimnisses oder -siegels verpflichtet ist, d. h. zum absoluten Stillschweigen über das ihm in der Beichte Anvertraute. In der ev. Kirche ist allgem. die gemeinsame, öffentl. Beichte (Gemeindebeichte) als Vorbereitung auf das → Abendmahl üblich.

Beichtiger → Beichtvater

Beichtkreuzer → Beichtzettel

Beichtspiegel im → Beichtstuhl angebrachtes, oft in Frageform gehaltenes Verzeichnis der Sünden, das als Anleitung zur Gewissenserforschung vor der → Beichte gedacht ist.

Beichtstuhl zuerst einfacher Stuhl, entwickelte er sich zu einem dreiteiligen Gehäuse mit Sitzbank für den Priester (Beichtvater) im Mittelteil, mit je einer Kniebank in den beiden durch Gitter oder Vorhang abgetrennten Seitenteilen für die Beichtenden.

Beichtvater (lat. confessionarius) der die → Beichte abnehmende Priester, auch Beichtiger genannt.

Beichtzettel seit dem Konzil von Trient (1545–63) bis ins 20. Jh. nach der → Beichte in der österl. Zeit vom Priester dem Beichtenden überreichtes Bildchen zum Nachweis der abgelegten Beichte (auch Osterbeichtzettel genannt). Nach Ablauf der österl. Bußzeit wurden in den Pfarreien Beichtzettelsammlung und Seelenbeschreibung durchgeführt, bei der ein Geistlicher von Haus zu Haus ging und jeweils die untere, abtrennbare Hälfte des Beichtzettels als „Beleg" einsammelte. Dabei wurden ihm kleine Geldbeträge (Beichtkreuzer) und Gaben (Naturalien, z. B. Eier) überreicht.

Beinhaus → Karner

Beisetzung → Begräbnis

Bekennende Gemeinden → Evangelikale Gemeinden

Bekennende Kirche von 1934 bis 1945 die in ganz Deutschland tätige Bewegung innerhalb der ev. Kirchen, die aus dem Pfarrernotbund hervorging und sich gegen die kirchl. Eingriffe der Nationalsozialisten (→ Kirchenkampf) wandte und den → Deutschen Christen entgegentrat. → Barmer Theologische Erklärung

Bekenner, Konfessor (lat.) ein → Heiliger, der nicht → Märtyrer ist, v. a. in altchristl. Zeit.

Bekenntnis, Konfession (lat. → confessio) 1. Bezeugung des eigenen Glaubens, 2. Zugehörigkeit zu einer Glaubens- oder Religionsgemeinschaft, 3. Zusammenstellung und begriffl. Formulierung der entspr. Glaubensinhalte (→ Glaubensbekenntnis, → Bekenntnisschriften), 4. eine bes. Form der Autobiographie (z. B. die „Confessiones" des hl. Augustinus [354–430]).

Bekenntnisfreiheit → Glaubensfreiheit

Bekenntnisschriften in ihnen sind die verbindl. Glaubensinhalte (Symbole) einer Glaubensgemeinschaft, das jeweilige → Bekenntnis, enthalten, im bes. die in und aus der → Reformation entstandenen Bekenntnisse, etwa → Confessio Augustana, → Apologie, → Schmalkaldische Artikel und die anderen im → Konkordienbuch gesammelten luth. Bekenntnisschriften, → Wittenberger Konkordie, → Heidelberger Katechismus, Confessio Wirtembergensis und Saxoniae (beide 1552), Confessio Scotica (1560), → Common Prayer Book und → Barmer Theologische Erklärung.

Bekenntnisschule, Konfessionsschule im Unterschied zur → Gemeinschafts- oder Simultanschule eine Lehranstalt, in der Lehrende und Lernende das gleiche → Bekenntnis haben und in der Erziehung und Unterricht von der jeweiligen konfessionellen Anschauung getragen sind. Ihre vollständige Beseitigung gehörte auch zum nationalsozialist. → Kirchenkampf.

Belehnen, Belehnung Übertragung eines → Lehens.

Benedeien (von lat. benedicere) segnen, preisen.

Benedictus (lat. = der Gesegnete, Gepriesene) nach dem Anfang des Lobgesangs des Zacharias in Lk 1, 68 benannter liturg. Lobgesang, Teil der gesungenen → Messe (nach dem → Sanctus) und des ev. → Abendmahls.

Benediktiner Angehörige des Ordens des hl. Benedikt von Nursia, nach dessen Regel (→ Benediktregel) die Mönche und Nonnen umfassenden → Kongregationen leben, seit seiner Ausbreitung im 7./8. Jh. der älteste Mönchsorden des Abendlandes. Im weitesten Sinne gehören dazu die monast. Gemeinschaften, welche die Benediktregel befolgen und zu der von Papst Leo XIII. 1893 errichteten → Konföderation gehören, an deren Spitze der Abtprimas (→ Abt) in Rom steht. Kennzeichnend ist die selbständige Stellung des einzelnen → Klosters unter Führung eines → Abtes bzw. einer → Äbtissin. Durch den Grundsatz des „ora et labora" (bete und arbeite) war der bis heute weltweit tätige Orden, der wiederholt von Erneuerungsbestrebungen (→ Lothringer, → Cluniazensische, → Hirsauer, → Kastler Reform) erfaßt wurde, für die Landkultivierung, das Schul- und Bildungswesen sowie die wissenschaftliche Tätigkeit, damit für die kulturelle Entwicklung des Abendlandes von größter Bedeutung.

Benediktion (von lat. benedicere = „gut sagen", segnen, preisen, → benedeien) Segens-, Weihegebet oder -formel.

Benediktionale liturg. Buch mit Segens- und Weihegebeten und -formeln (→ Benediktionen, → Benedictus).

Benediktregel (lat. Regula Benedicti) vom hl. Benedikt von Nursia (ca. 480/90–555/60) für seine Mönchsgemeinschaft (→ Benediktiner) in Montecassino (140 km südl. von Rom) verfaßte, aus 73 Kapiteln bestehende Regel, in die er u. a. Teile der → Magisterregel und → Augustinusregel aufnahm. Ihre maßvollen Forderungen und ihre Anpassungsfähigkeit ermöglichten ihre weite Verbreitung vom Frühmittelalter (→ Kolumban-Regel) bis zur Gegenwart. Auch für andere Ordensgemeinschaften, z. B. → Zisterzienser und → Kamaldulenser, wurde sie die Grundlage für das Ordensleben.

Benefizialwesen, Benefiziat → Benefizium

Benefizium (lat. = Gutes tun, Wohltat) im Mittelalter allgem. auch als Umschreibung für ein → Lehen gebraucht, bez. es im Kirchenrecht ein (häufig durch wohltätige Stiftung eingerichtetes) kirchl. Amt (lat. beneficium ecclesiasticum), dessen Inhaber, der Benefiziat, zugleich Anspruch auf die Erträge hat, die aus der mit diesem Amt verbundenen Vermögensmasse (→ Pfründe) fließen. Daher wurden die Bez. Benefiziat und Pfründeninhaber oder -besitzer häufig auch synonym verwendet; es ist aber innerhalb der komplexen Entwicklung des Benefizialwesens (bes. im Rahmen des → Eigenkirchenwesens seit dem 8. Jh.) zu unterscheiden, um welche Art von Benefizium es sich handelt (z. B. beneficia curata/non curata: Benefizien mit oder ohne [Sinekure!] Seelsorge). Mit der → Säkularisation ging auch das Benefizialwesen unter, kath. wie ev. Kirchenvermögen wurde Staatsvermögen, der Unterhalt der kirchl. Amtsinhaber seither durch ein Gehalt ersetzt, das sich an der Beamtenbesoldung orientiert. → Absenz, → Installation, → Investitur, → Patronatsrecht, → Prekarie, → Immerkuh

Bergisches Buch → Konkordienformel

Berneuchener Kreis nach den auf Gut Berneuchen in der Neumark seit 1923 durchgeführten Tagungen benannte, 1931 konstituierte ev. Bewegung zur Erneuerung des kirchl. Alltagslebens, bes. des Gottesdienstes (→ Alpirsbacher Kreis), auch Berneuchener Dienst genannt. → Kommunitäten

Bernhardiner Bez. für die → Zisterzienser nach Bernhard von Clairvaux (1090–1153, → Bernhardinisches Zeitalter), (seltener) auch für die nach Bernhardin von Siena im 15. Jh. benannten → Buß- und Wanderprediger.

Bernhardinisches Zeitalter Bez. für das an (kirchen-) polit., theol.-philos. Entwicklungen überaus reiche 12. Jh. nach dem hl. → Zisterzienserabt Bernhard von Clairvaux (1090–1153), der den Orden zu höchster Blüte führte und mit seiner überragenden Persönlichkeit als Prediger, Mystiker, Berater von Königen und Päpsten (u. a. rief er zum 2. → Kreuzzug auf) seine Zeit und auch die zweite Hälfte des Jh.s prägte, für das aber auch die → Chorherrenbewegung von erheblicher Bedeutung ist. Abgelöst wurde dieses Zeitalter mit dem Eintritt der → Bettelorden Anfang des 13. Jh.s, der den Beginn einer neuen Epoche markierte.

Beschauung Form des inneren Gebets, die Gott und Göttliches zu schauen sucht (lat. visio, als visio beatifica = glückseligmachende Schau, contemplatio = Beschauung, Betrachtung, Kontemplation). Davon ist die mehr verstandesmäßige Betrachtung einzelner Glaubensinhalte zu unterscheiden, doch sind beide Formen der „Meditation" (lat. = Nachsinnen, Betrachten) wesentl. Elemente der christl. Spiritualität, bes. auch des Ordenslebens. In ihrer intensivsten Ausprägung sind Beschauung und Betrachtung Bestandteil der Versenkung in Gott in der → Mystik.

Besinnungstage → Exerzitien

Besitzergreifung → Inthronisation

Bestattung → Begräbnis

Bethel bei Bielefeld 1867 gegr. Heil- und Pflegeanstalt bes. für Epileptiker und geistig Behinderte, von Friedrich Bodelschwingh seit 1872 als Anstaltspfarrer durch Angliederung von → Diakonen- und → Diakonissen-Anstalten sowie Gründung der ersten Arbeiterkolonie (1882) ausgebaut zu einem Zentrum der → Inneren Mission, heute die größte Einrichtung des

→ Diakonischen Werks mit Krankenhäusern, Alten- und Erholungsheimen, Werkstätten, Schulen und einer ev. Theol. → Hochschule.

Bettelorden im 13. Jh. aus der → Armutsbewegung hervorgegangene und auf dem Hintergrund soz., wirtschaftl. Umbrüche sowie zunehmender Verstädterung entstandene Orden, auch Mendikanten (lat. mendicare = betteln) genannt, die durch ein einfaches Leben in Armut, Buße und Predigt das Ideal der → Nachfolge Christi *innerhalb* der Kirche zu verwirklichen suchten; sie sind deshalb von den in die → Häresie abgeglittenen Gruppen der → Katharer und → Waldenser zu unterscheiden, die ebenfalls aus der Armutsbewegung kamen und von den gleichen Motiven geleitet waren. Deren gegen eine reich und mächtig gewordene Kirche gerichteten Vorwürfe konnten durch das Auftreten der Bettelorden, von den Päpsten nachdrückl. gefördert, aufgefangen werden. Im engeren Sinn gelten als Bettelorden die vier im 13. Jh. entstandenen neuen Orden der → Franziskaner, → Dominikaner, → Karmeliten und → Augustiner-Eremiten. Sie unterscheiden sich von den älteren Orden wesentl. durch ihre (anfangs radikal geforderte) Besitzlosigkeit (für den einzlnen wie die für den Orden und seine Klöster), ihre öffentl., auf die Städte konzentrierte Tätigkeit und in der Verfassung. Den Unterhalt erwerben die Mendikanten, die durch ihre → Gelübde zwar an den Orden, nicht aber an ein bestimmtes Kloster auf Lebenszeit gebunden sind, durch Arbeit, Studium, Unterricht, Seelsorge, Dienst am Nächsten und auch durch Almosenbetteln (Terminieren), das urspr. das Hauptmittel der Existenzsicherung bildete, später aber stark eingeschränkt, jedoch nicht völlig aufgegeben wurde. Das Ideal der Armut, der Verzicht auf jeden unnötigen Aufwand kam auch in der Architektur der großen Bettelsordenkirchen in den Städten sinnenfällig zum Ausdruck, die bestimmt war durch die Aufgaben als Predigtkirchen für große Volksmengen: betont einfache, weiträumige Saal- und Hallenkirchen ohne Türme im Stil der → Gotik.

Beuroner Kongregation aus dem im oberen Donautal gelegenen, 1077 gegr. und in der → Säkularisation untergegangenen Stift der → Augustiner-Chorherren entstand 1863 die → Benediktinerabtei. Die 1884 um die Erzabtei errichtete → Kongregation wurde zu einem Zentrum der Wissenschaft (u. a. Edition der → Vetus Latina) und der liturg. Erneuerungsbewegung (Volksmeßbuch des Paters Anselm Schott).

Bibel (gr. biblos = Buch, lat. biblia) auch Heilige Schrift, Sammlung der Schriften, die von den christl. Kirchen als von Gott offenbartes Wort anerkannt sind (→ Kanon). Sie besteht aus dem in hebr. (zu geringen Teilen aram.) Sprache geschriebenen AT, dem die kath. Kirche auch die in gr. Sprache verfaßten deuterokanon. Bücher (→ Apokryphen) zurechnet, und aus dem in gr. Sprache abgefaßten NT. Die in der Bibel gesammelten Schriften haben das gesamte Geistesleben des Abendlandes nachhaltig beeinflußt.

Biblia pauperum/picta → Armenbibel

Biblioteca Ambrosiana 1602 von Kardinal Federico Borromeo gegr., 1609 eröffnete öffentl. Bibliothek in Mailand mit wertvollsten Beständen an Handschriften, Inkunabeln und Gemälden (Museum).

Bibliotheca Palatina nach der Pfalz (lat. Palatinatus) benannte, etwa 1560 gegr. Bibliothek in Heidelberg; die damals reichste europ. Bibliothek wurde 1623 als Teilentschädigung für päpstl. Kostenbeiträge im → Dreißigjährigen Krieg (→ Liga) nach Rom in die Vatikanische Bibliothek (als „Codices Palatini") überführt. Die 1797 an Frankreich gelangten Handschriften wurden mit weiteren röm. Beständen 1816 wieder nach Heidelberg zurückgegeben; doch befindet sich der größte Teil der Handschriften nach wie vor im → Vatikan.

Bibliothek (gr. = Büchergestell) Raum oder Bau zur Aufbewahrung von Büchern, auch Bez. für die (systemat.) Büchersammlung (Bücherei) selbst. Nach gr.-röm. Vorbild wurden an → Bischofskirchen und in → Klöstern neben → Archiven frühzeitig (auch → Armarium genannte) Bibliotheken eingerichtet, deren Betreuung Bibliothekaren übertragen. Sie wurden in Verbindung mit den → Dom- und Klosterschulen zum festen Bestand der Stifte und Klöster, die mit Schriften bes. der Bibel und der Kirchenväter das in den → Skriptorien kopierte und ausgestaltete (→ Buchmalerei) Instrumentarium zur Weitergabe des christl. Glaubens und zur Ausbildung der → Kleriker enthielten, damit zu den Pflanzstätten der christl.-abendländ. Kultur, der Schulen und Universitäten wurden. Im Zeitalter des → Barocks und der → Aufklärung mit ihrem Streben nach Bildung und Wissen erreichten die Stifts- und Klosterbibliotheken eine letzte Aufgipfelung, bes. auch in architekton. Hinsicht, bevor die Klosteraufhebungen der → Säkularisation u. a. die Vernichtung bedeutendster Bibliotheksbestände mit sich brachten.

Bilderkult → Bilderverehrung

Bilderstreit (Ikonoklasmus) von 726 bis 843 im Byz. Reich währender Streit um die → Bilderverehrung, gegen die sich der byz. Kaiser Leo III. nachdrücklich wandte. Diesbezügl. Anordnungen führten zu Auseinandersetzungen zwischen Bilderfreunden, -verehrern oder -knechten (gr. Ikonodulen) und Bilderfeinden (gr. Ikonoklasten), die gegen erstere den Vorwurf der → Ikonolatrie erhoben. Der Streit endete zugunsten der Verteidiger des Bilderkultes (deren bedeutendster Vertreter war Johannes von Damaskus) und ihres Arguments, die einem Bild entgegengebrachte Verehrung gelte dem „Urbild" und gehe auf dieses über.

Bildersturm 1. allgem. die Entfernung und Zerstörung von Bildern durch Gegner der → Bilderverehrung, auch im → Bilderstreit; 2. im eigentl. Sinn bez. er die in der → Reformation bes. durch Calvinisten und Zwinglianer erfolgte Vernichtung zahlreicher, darunter wertvollster Bilder und anderer Kunstwerke mit Darstellungen Christi, der Gottesmutter und der Heiligen, die in ihrem Ausmaß nur mit den verheerenden Zerstörungen in der → Säkularisation verglichen werden kann. 3. Mißverstandene liturg. Reformen führten in der kath. Kirche nach dem → Vaticanum II (1962–65) häufig zu Bilderstürmen (Enfernung, oft auch Vernichtung von Altären und Heiligenbildern).

Bilderverehrung schon in frühen Kulturen begegnet das Bild als Vergegenwärtigung der Gottheit selbst und wird deshalb verehrt (Bilderkult). Im Christentum entwickelte sich erst seit dem 3./4. Jh. der bis dahin mitunter als Bilder- oder Götzendienst (→ Ikonolatrie, → Idolatrie) abgelehnte Brauch, Christus, die Gottesmutter Maria und die Heiligen bildl. darzustellen und deren Bild zu verehren, bes. in der byz. Kirche, wo es im 8./9. Jh. zum → Bilderstreit kam. → Andachtsbild, → Heiligenverehrung, → Ikone

Biographie (gr. = Lebensbeschreibung) schon aus dem gr. Altertum bekannte Darstellung eines (meist bemerkenswerten) Menschenlebens, z. B. eines → Heiligen (Heiligenleben, -viten; → Hagiographie), als Autobiographie des eigenen Lebens (z. B. die „Bekenntnisse" des hl. Augustinus).

Birett (lat. biretum, birretum = Barett, Haube) Kopfbedeckung der kath. Geistlichen, die sich im 15./16. Jh. aus dem Barett entwickelte. Das mit drei oder vier bogenförmigen Aufsätzen versehene vierkantige Birett ist gewöhnl. schwarz, bei → Kardinälen rot, bei → Bischöfen und → Prälaten violett, bei manchen Orden weiß. Es wurde bis etwa 1960 am Beginn und am Ende des Gottesdienstes, auch während der Predigt und bei anderen liturg. Verrichtungen getragen.

Birgitten Angehörige einer Ordensgemeinschaft, die von der hl. Mystikerin und Visionärin Birgitta von Schweden (1301/03–1373) etwa 1346

als Doppelorden (→ Doppelkloster) gegr. wurde und als Klosterfamilie die Urgemeinde symbolisieren sollte. Mutterkloster des auch Erlöserorden genannten Ordens, an dessen Spitze eine → Äbtissin steht, dessen geistl. Leitung dagegen einem General- → Beichtvater obliegt, ist bis heute Vadstena in Schweden. Die meisten Klöster der Gemeinschaft, die sich rasch über ganz Europa ausgebreitet hatte, gingen in der → Reformation unter. Heute gibt es nur noch wenige Konvente.

Bischof (gr. episkopos = Aufseher, lat. episcopus) 1. in christl. Kirchen der leitende Geistliche (Oberhirte) eines bestimmten Gebietes, genannt → Bistum, Diözese, Sprengel, daher auch die Bez. als Diözesanbischof, als → Erzbischof eines Erzbistums, in den Ostkirchen als → Patriarch, → Eparch oder → Exarch eines Patriarchats, einer Eparchie bzw. eines Exarchats. In der → Urkirche war das kirchl. Amt des Bischofs zunächst mit dem des → Presbyters verbunden, um sich dann als das des alleinregierenden Bischofs (monarchischer Episkopat, Monepiskopat) gegenüber den beiden Amtsträgern, den Presbytern und → Diakonen, zu etablieren. Die Bestellung der Bischöfe war in der Geschichte starken Veränderungen unterworfen (→ Bischofswahl). 2. Nach der → Konstantinischen Wende erhielten die Bischöfe zunehmend auch den Rang weltl. Würdenträger; dies wird etwa nach ihrer Stellung im Verband des → Heiligen Römischen Reiches in der Titulatur Fürstbischof (→ Reichsbischof, → Reichskirche) sichtbar. Nach kath. und orth. Lehre sind die Bischöfe die Nachfolger der → Apostel (→ Apostolische Sukzession), was in der → Bischofsweihe zum Ausdruck kommt. Das Priester-, Lehr- und Hirtenamt üben die Bischöfe der kath. Kirche in ordentl. und höchster Weise in der Einheit mit dem → Papst (→ Bischofskollegium), der als Bischof von Rom und im → kanonisch umschriebenen → päpstl. Primat allen Bischöfen übergeordnet ist (Universalepiskopat). Diesem haben die Bischöfe regelmäßig über ihre zuvor visitierte Diözese Bericht zu erstatten (→ Visitatio ad limina). Im Rahmen der allgem. kirchl. Verfassungsentwicklung bildeten sich zusätzl. (Hilfs- und Titel-) Einrichtungen des bischöfl. Amtes heraus: neben dem Erzbischof und → Metropoliten der → Suffraganbischof (innerhalb einer → Kirchenprovinz Bischof mit eigenem Suffraganbistum, also regierender Diözesanbischof), zur Unterstützung des Diözesanbischofs Bischöfe, die kein eigenes Bistum haben, nämlich → Chor-, → Wander-, → Auxiliar- (oder Hilfs-) Bischof, auch → Koadjutor, → Weihbischof, → Regionalbischof, in → Apostolischen Vikariaten oder Missionsgebieten der Missionsbischof. Weil die lat. Kirche an der Zuordnung eines Bischofs zu einem bestimmten Sitz (→ Bischofskirche) festhielt, werden die zuvor genannten Nicht-Diözesanbischöfe auch heute noch grundsätzlich auf einen ehemal. (untergegangenen, → in partibus infidelium gelegenen) Bischofssitz geweiht, daher auch als Titularbischöfe bez. 3. Zu den wichtigsten Insignien und → Pontifikalien des Bischofs gehören → Ring und Stab (Krummstab), → Pektorale, → Mitra und der → Bischofsstuhl, die Kathedra in seiner → Bischofskirche, der → Kathedrale. Die Verwaltungsbehörde des Bischofs ist das → Bischöfliche Ordinariat. 4. In den ev. Kirchen wurde die Vorstellung vom Bischofsamt im kath. Sinn aufgegeben, an seine Stelle trat das Kollegialsystem (→ Kollegialismus), das bis 1918 bestand. Danach wurde in den einzelnen → Landeskirchen das Amt des → Landesbischofs eingeführt, der von der jeweiligen Landessynode gewählt wird. Er ist geistl. Leiter der → Pfarrer und wirkt bei der Verwaltung der Landeskirche mit. 5. In der Anglikan. Kirche wurde dagegen, ebenso wie in den skandinav. Ländern, am Bischofsamt kath. Ausprägung, insbes. an der Apostolischen Sukzession, weitgehend festgehalten.

Bischöflicher Stuhl → Bischofsstuhl

Bischöfliches Ordinariat die neben dem Offzialat (→ Offizial) bestehende, von einem → Generalvikar geleitete Verwaltungsbehörde eines → Bischofs, auch Diözesankurie genannt.

Bischofshof Wohnung und Residenz eines → Bischofs an der → Kathedrale, häufig fürstl. Ausmaßes (Palais).

Bischofshut vom → Bischof außerhalb liturg. Verrichtungen getragener runder schwarzer Hut, im Unterschied zur „Bischofsmütze" (→ Mitra).

Bischofskirche Kirche, in der sich der Thron des → Bischofs, der → Bischofsstuhl oder die Kathedra (→ Cathedra), befindet, also die → Kathedrale (lat. cathedralis ecclesia), gewöhnl. am → Bischofssitz, häufig auch als → Dom bez. Bes. im Mittelalter begegnet häufig die bloße Nennung der Bischofskirche als Bez. für das ganze → Bistum, z. B. lat. Ecclesia Ratisbonensis = die Kirche von Regensburg, gemeint ist dabei das Bistum Regensburg.

Bischofskollegium nach der Lehre des → Vaticanum II die Körperschaft, die die → Bischofsweihe gültig empfangen haben und in Gemeinschaft mit dem → Papst stehen. → Jurisdiktionsprimat

Bischofskonferenz seit dem 19. Jh. an Stelle der → Provinzialsynoden zur gemeinsamen Beratung entstandene Zusammenkunft von kath. → Bischöfen einer → Kirchenprovinz oder eines Landes, z. B. Freisinger oder Deutsche Bischofskonferenz. → Fuldaer Bischofskonferenz

Bischofslisten 1. Namenslisten der Leiter einer Ortskirche (→ Bischof) in chronolog. Anordnung bis hinauf zu deren Gründung, 2. Ranglisten im byz. Reich, 3. Verzeichnisse von → Synoden.

Bischofsmütze → Mitra

Bischofsring → Ring und Stab

Bischofssitz der Ort, an dem sich gewöhnl. die → Bischofskirche befindet und nach dem ein → Bistum benannt ist, seit der Christianisierung des Römischen Reiches in der Regel eine Stadt (auch → Bischofsstadt). Weil die kirchl. Organisation an die röm. Verwaltung und Städteverfassung gebunden war, wurden Bischofssitze an (polit.) bedeutenden Orten errichtet, z. B. in Provinzhauptstädten des Römischen Reiches; solche Orte entsprachen dann auch, weil sich an ihnen eine volkreiche Civitas (lat. = Bürgerschaft, Gemeinde) befand, den → kanonischen Erfordernissen für die Errichtung eines Bischofssitzes, damit für die Einrichtung eines Bistums.

Bischofsstab → Ring und Stab, → Krummstab

Bischofsstadt seit der Spätantike die Stadt, in der sich der → Bischofssitz mit → Bischofskirche befindet oder die Stadt, in der der → Bischof seine Residenz hatte und zugleich Stadtherr war.

Bischofsstuhl der Thron des → Bischofs, die Kathedra (→ Cathedra), in der → Kathedrale, seiner → Bischofskirche, früher auf der → Evangelienseite beim Hauptaltar. Der oft stellvertretend für das → Bistum genannte bischöfl. Stuhl wird durch Ausscheiden des Bischofs erledigt und vakant (Sedisvakanz, → Erledigung).

Bischofssynode Einrichtung der kath. Kirchenverfassung, die auf Beratungen im → Vaticanum II zurückgeht: sie ist Beratungsorgan des Papstes, das von ihm in Abständen berufen und geleitet wird. Die gesetzl. Grundlage wurde von Papst Paul VI. 1965 geschaffen. → Synode

Bischofswahl, Bischofsbestellung 1. wie in den ersten Jh.n (→ Urkirche, → Alte Kirche) ein → Bischof bestellt wurde, ist kaum bekannt, doch waren die → Gemeinden daran mehr oder weniger beteiligt (Wahl durch → Klerus und Volk). Die Besetzung der → Bischofsstühle blieb in der Geschichte starken Veränderungen unterworfen; die Ernennung von Bischöfen durch Kaiser und Könige bes. im Hochmittelalter führte im → Heiligen Römischen Reich zum folgenschweren Konflikt zwischen geistl. und weltl. Gewalt (→ Investiturstreit). Die Bischofswahl durch die aus dem Kathedralklerus hervorgegangenen → Domkapitel wurde seit dem 12. Jh. üblich (Wormser Konkordat 1122). 2. In der EKD wird der Landesbischof durch die jeweilige → Landessynode gewählt, in der kath. Kirche erfolgt die Besetzung eines → Bischofsstuhls in freier Ernennung durch den → Papst, der sich dabei auf Vorschlagslisten der → Bischofskonferenzen eines Landes bzw. der Bischöfe einer → Kirchenprovinz und des Domkapitels stützen kann, nachdem der jeweilige → Apostolische Nuntius oder Gesandte den → Informativprozeß zur Prüfung der → kanonischen Eignung eines Kandidaten durchgeführt hat. In Deutschland ist die Bischofsbestellung zusätzlich durch → Konkordate geregelt. 3. In der → Ostkirche wird der Bischof ausschließl. aus den Reihen der → Priestermönche gewählt und vom jeweil. Landesherrn bestätigt.

Bischofsweihe in der kath. Kirche ist die Weihe eines → Bischofs die höchste Stufe des dreigliedrigen Weihesakraments (→ Weihegrade), die nur durch einen gültig geweihten Bischof erfolgen kann, jedoch durch drei gültig geweihte Bischöfe vorgenommen werden soll.

Bistum (von ahd. biscoftuom) der territorial umschriebene Amtsbereich (Gerichts- und Verwaltungsbezirk) eines → Bischofs, urspr. die Parochie (Teilkirche, → Gemeinde, → Pfarrei), wechselweise auch → Diözese oder Sprengel genannt. Im seinem Bistum übt der Bischof die geistl. Leitung sowie die kirchl. Verwaltung aus, er war bis zur → Säkularisation (als Fürstbischof) innerhalb dieses Gebietes auch weltl. Herr, wenn es (meist nur teilweise) mit seinem → Hochstift bzw. → Erzstift zusammenfiel. Die Bistümer sind gewöhnl. nach dem Ort (auch → Bischofsstadt) benannt, an dem sich der → Bischofssitz, d. h. die → Bischofskirche oder → Kathedrale befindet. Die territoriale Einteilung und Organisation der Kirche in bestimmte Sprengel (→ Zirkumskription) folgte zunächst der staatl. Gliederung und Verwaltung des Römischen Reiches (Ende des 3. Jh.s, z. B. in Provinzen, aber auch in Diözesen und → Eparchien zur Bez. der Verwaltungsbezirke). Im Zusammenhang mit der allmähl. Ausbildung einer festen Kirchenorganisation wurden Bistümer einem Metropolitanverband (→ Metropolit) zugeordnet (so geschehen auf dem Konzil von Nizäa 325) und im weiteren Verlauf des 4./5. Jh.s zu → Kirchenprovinzen, in der Ostkirche zu Eparchien zusammengefaßt, die von → Erzbischöfen oder Metropoliten bzw. → Patriarchen, → Eparchen oder → Exarchen geleitet werden. Bistum und Diözese sind heute, als Organisationseinheit, gebräuchl. Bez. für die kath. Teilkirche. Ein Bistum ist unterteilt in → Dekanate, diese wiederum in → Pfarreien. Ein exemtes Bistum gehört nicht zum Verband einer Kirchenprovinz, sondern ist direkt dem → Apostolischen Stuhl unterstellt (→ Exemtion).

Bistumsadministrator, -verweser → Administrator

Bittage in der kath. Kirche die Tage kurz vor Christi Himmelfahrt, an denen → Bittgänge und → Flurprozessionen abgehalten werden.

Bittgang, Bittprozession, Bußgang in der kath. Kirche Sakraments- → Prozession, auch als → Flurprozession, an bestimmten → Bittagen zur Erflehung (lat. supplicatio, daher auch Supplikation genannt) göttl. Segens und zur Abwendung von Gefahr und Not.

Bittsteller → Petent

Bizoken den → Begarden, → Beginen und → Humiliaten vergleichbare, auch als → Fratizellen bez. Bewegung von → Laien, die sich seit 1216 zunächst in Mittelitalien als Büßer zusammenschlossen, Anfang des 14. Jh.s verboten wurde.

Blankenburger Konferenz oder Allianz von 1890 bis 1947 jährl. abgehaltene, von ev. → Freikirchen, → Darbysten und → Gemeinschaftsbewegung getragene → Allianzbewegung, die größte in Deutschland. → Evangelische Allianz

Blasphemie (gr. = Verleumdung, Gotteslästerung) die öffentl. Beschimpfung Gottes, auch des Inhalts rel. oder weltanschaul. → Bekenntnisse oder einer anerkannten Religionsgemeinschaft.

Blaues Kreuz → Gemeinschaftsbewegung

Blutbann nach altem dt. Recht die hohe Gerichtsbarkeit über schwere Verbrechen, die Leben, Ehre, Freiheit oder Eigentum betrafen, mit Tod oder Verstümmelung bedroht waren und mit dem → Bann bestraft werden konnten.

Bluthostie → konsekrierte → Hostie, an der sich (während der → Messe) auf wunderbare Weise Blut gezeigt, sich also ein → Blut- oder Hostienwunder ereignet haben soll, auch im Zusammenhang mit → Hostienfrevel.

Blutwunder Blutungen oder diesen ähnliche Erscheinungen, die sich auf wunderbare Weise u. a. auf → Hostien (→ Bluthostien), → Kruzifixen, → Heiligenbildern gezeigt haben sollen und die seit dem 12. Jh. zur Entstehung zahlreicher → Wallfahrten geführt haben.

Blutzeuge → Märtyrer

B. M. V., B. V. M. Abk. für → Beata Maria Virgo bzw. Beata Virgo Maria.

Bogomilen, Bogumilen (slaw. = Gottesfreunde) auch Babunier genannte Anhänger einer bis ins Spätmittelalter in Kleinasien und auf dem Balkan, bes. in Bosnien (hier als „Bosnische Kirche“) verbreiteten → Sekte, deren vom → Dualismus geprägtes Weltbild verwandte Züge zu dem der → Paulikianer und Manichäer (→ Manichäismus) aufwies. Sie werden auch als Vorläufer der → Katharer betrachtet, nachdem diese sich in der zweiten Hälfte des 11. Jh.s von ihnen getrennt hatten.

Böhmische oder Mährische Brüder Angehörige einer rel. Gemeinschaft in Böhmen, die Mitte des 15. Jh.s aus den → Calixtinern (→ Hussiten) hervorgegangen ist und, beeinflußt von den → Waldensern, ein einfaches Leben nach dem Vorbild der Urgemeinde erstrebten. Ihre Schulen und Unterrichtswerke galten als vorbildlich. Während des → Dreißigjährigen Krieges vertrieben, gingen Reste der Bewegung in der → Herrnhuter Brüdergemeine auf.

Bollandisten die nach dem → Jesuiten Jean Bolland (1596–1665) benannten Herausgeber und Bearbeiter der „Acta Sanctorum“ (lat. = Geschichte, Taten der → Heiligen, Heiligenleben), einer von Bolland 1615 begonnenen, noch nicht abgeschlossenen wissenschaftl., monumentalen Sammlung sämtl. Quellen zur Lebensbeschreibung aller Heiligen (→ Hagiographie).

Bonifatiusverein (für das kath. Deutschland) 1849 gegr. Hilfswerk, heute Bonifatiuswerk der dt. Katholiken, zur Unterstützung der Seelsorge in den kath. Gemeinden der → Diaspora.

Book of Common Prayer → Common Prayer Book

Borromäerinnen → Kongregation der → Barmherzigen Schwestern vom hl. Karl Borromäus, die 1652 in Nancy zur Krankenpflege und Erziehung errichtet wurde, mit weiteren im 18./19. Jh. gegr., weltweit tätigen Gemeinschaften, die sich 1974 zur „Föderation der Schwestern vom hl. Karl Borromäus“ zusammenschlossen.

Brauchtum gemeinschaftl., durch Tradition bewahrtes und an Zeit oder Umstände gebundenes Handeln, dessen Erforschung vorrangig Aufgabe der Volkskunde bzw. Kulturanthropologie ist, in der Verbindung von christl. Religion und (rel.) Brauchtum, verstanden auch als Hilfe zur Lebensbewältigung, aber ebenso bedeutsam für die Kirchengeschichte ist (→ Frömmigkeit). Viele der auch heute übl. Bräuche sind ihrem Herkommen nach am → Kirchenjahr oder an rel. Festen orientiert.

Brautexamen im kath. Kirchenrecht die vorgeschriebene Besprechung der Voraussetzungen zur kath. Eheschließung vor dem Pfarrer. → Stuhlfest

Breitkirchliche Bewegung → Anglikanische Kirche

Breve (von lat. brevis = kurz, dt. Brief) Schreiben (Erlaß) des → Papstes in einfacher Form und mit kürzerem lat. Text, bes. häufig seit Ende des 14. Jh.s. Breven werden heute allgem. auch als „Litterae Apostolicae" (lat. päpstl. Schreiben) bez. → Abbreviator, → Apostolische Kanzlei.

Breviator → Abbreviator

Brevier (lat. breviarium = kurzes Verzeichnis) in der lat. Kirche das Buch (lat. Breviarium Romanum) mit den Texten der → Horen für das tägl. pflichtgemäße → Stundengebet (daher auch → Stundenbuch genannt) der Priester und Ordensleute.

Brigiden, Brigitten Angehörige der von der irischen Nationalheiligen Brigid (Brigitta) von Kildare († 523) gestifteten Ordensgemeinschaft, die sich in Irland der Erziehung und dem Unterricht von Mädchen widmen.

Britische Kirche Bez. für die im 4. Jh. christianisierten Kelten in der röm. Provinz „Britannia", die nach der Katholisierung der Angelsachsen seit Ende des 7. Jh.s bedeutungslos wurde.

Broad Church → Anglikanische Kirche

Brot für die Welt 1959 begr. Hilfsaktion der dt. ev. Kirchen beim → Diakonischen Werk für Notleidende bes. in Asien, Afrika und Lateinamerika, für die jährl. zur Advents- und Weihnachtszeit Sammlungen durchgeführt werden. → Adveniat

Bruder → Frater

Brüder (Schwestern) vom gemeinsamen Leben (lat. Fratres communis vitae oder Fratres devoti = fromme Brüder, Fraterherren) aus dem Lebenswerk des Niederländers Gerhard Groote (1340–1384) hervorgegangene → Bruderschaft mit klosterähnl. Leben, aber ohne Ordensgelübde. Die bes. in den Niederlanden und Deutschland tätige Gemeinschaft pflegte eine gottinnige, „neue Frömmigkeit" (lat. → Devotio moderna), die zu einer Reform des kirchl. Lebens führen sollte und die sie zusammen mit der → Windesheimer Kongregation weitertrug. Sowohl in der persönl. Frömmigkeit wie im christl. Wirken der Welt, durch → Armen- und Krankenpflege und Volksbildung, sollte die → Nachfolge Christi erstrebt werden. Aus der Bewegung gingen u. a. der Augustiner-Chorherr Thomas von Kempen († 1471), dem das am weitesten verbreitete christl. Erbauungsbuch, die „Nachfolge Christi" (lat. De imitatione Christi), zugeschrieben wird, Nikolaus von Kues und Erasmus von Rotterdam hervor. Die meisten Bruderhäuser gingen im 16./17. Jh. unter.

Brüderbewegung → Darbysten

Brüdergemeine → Herrnhuter Brüdergemeine

Brüderhaus ev. Ausbildungsstätte für → Diakone.

Bruderräte innerhalb der → Bekennenden Kirche Ausschüsse zur provisor. Kirchenleitung, z. B. der Pfarrernotbund und der Reichsbruderrat der → Deutschen Evangelischen Kirche; seit 1945 Bruderräte der EKD.

Bruderschaft (lat. confraternitas, Konfraternität) 1. von einer bestimmten Gesinnung getragene, freiwillige Vereinigungen von Gläubigen (meist → Laien) zur Pflege und Förderung von Frömmigkeit, Buße, Nächstenliebe und Gottesdienst (auch Brüderschaft, Schwesternschaft), im Mittelalter vielfach nach Berufsgruppen (den Gilden ähnlich) gegliedert (bürgerl. Genossenschaften). 2. Hervorgegangen aus östl. Gruppen des 4. Jh.s zur Totenbestattung und Krankenpflege und aus klösterl. → Gebetsverbrüderungen seit dem 6. Jh., entfalteten sie sich innerhalb der kath. Kirche bes. im 17./18. Jh., z. B. als Rosenkranz-, Marien-, Herz-Jesu-, Corporis-Christi-Bruderschaften, oft auch in Verbindung mit einem Orden stehend. 3. Ev. Bruderschaften werden auch → Kommunitäten genannt; hier kam es bes. im 19./20. Jh. (auch → Hochkirchl. Bewegung) zu zahlreichen Bruder- und Schwesternschaften mit verschiedenen Zielsetzungen und (klosterähnl.) Lebensformen (→ Diakonie, → Taizé). → Erzbruderschaft, → Fraternität

Brüderunität → Herrnhuter Brüdergemeine

Brustkreuz → Pektorale

Buch (ahd. buoh, vom Buchenholz der germ. Schrifttafel) besteht aus mehreren, zu einem Ganzen verbundenen (bedruckten) Blättern. Als Vorläufer und älteste Buchformen im Altertum gelten babylon. und assyr. Tontafeln, dann Wachstafeln sowie Papyrus- und Pergamentrollen (bei Ägyptern, Griechen und Römern). Christl. Ursprungs ist der aus Einzelblättern, v.a. aus Pergament, zusammengeheftete → Codex für die Aufzeichnung hl. Texte. Bei wiederbenutzten Pergament-Codices wurde zuvor der alte Text abgeschabt oder ausradiert (Palimpsest). Im frühen Mittelalter stellten Mönche in den → Skriptorien der Klöster kunstvoll gearbeitete Handschriften her, die sie mit Miniaturen und kostbaren Einbanddecken versahen (→ Buchkunst, → Diptychon, → Relief). Die Verwendung von Papier, zunehmend seit dem 14. Jh., verbilligte die Buchherstellung. Entscheidend für die massenhafte Verbreitung der Bücher wurde die Erfindung des → Buchdrucks im 15. Jh.

Buch der Bücher die → Bibel.

Buchdruck er nahm in Europa seinen Ausgang von der Erfindung Johann Gutenbergs († 1468) in Mainz, der hier um 1455 seine 42-Zeilen-Bibel druckte. Die „neue Kunst" verbreitete sich rasch im ganzen Abendland und half früh auch dem Anliegen der → Reformation, etwa durch breite Streuung von gedruckten Flugschriften (→ Flugblatt). Die frühen Druckwerke (→ Inkunabeln oder Wiegendrucke) suchten noch die mittelalterl. Handschriften zu imitieren.

Buchgemeinschaften (christliche) seit dem 17. Jh., v.a. im 19./20. Jh. entstandene kath. und ev. Stiftungen und Gemeinschaften zur Förderung und Verbreitung christl. Schrifttums, auch durch Errichtung von Volks- und Jugendbüchereien.

Buchkunst, Buchmalerei alle Formen des Gestaltens und Ausschmückens eines → Buches, sei es durch die Art der Beschriftung (gr. Kalligraphie = Schönschreibkunst), durch Verwendung von kostbarem Pergament oder Papier oder die Beigabe von Bildschmuck (→ Initialen, Miniaturen, auch die Art des Bucheinbandes). Die Buchkunst fand ihre Vollendung im Mittelalter, wo eigens dafür ausgebildete Mönche in den → Skriptorien und handwerkl. Schreibstuben der Klöster Bücher und Codices (→ Codex) mit hl. Texten, zur Ehre Gottes und zum Empfang himml. Lohnes, kopierten und herstellten. Nach Erfindung des

→ Buchdrucks waren kunstvolle Beigaben Holzschnitte, Kupfer- und Stahlstiche sowie Lithographien, heute werden moderne photomechan. Techniken verwendet, auch zur Herstellung von Faksimile-Ausgaben (von lat. = ähnlich-, gleichmachen).

Bücherzensur → Index

Bullarium Sammlung päpstl. Schriftstücke (→ Bullen) und → Dekretalen.

Bulle (lat. bulla = Kapsel) ein beidseitig geprägtes Siegel aus Gold (Chrysobull), Silber, Wachs oder Blei, das mit einer Schnur an einer Urkunde befestigt ist, auch die das Urkundensiegel bergende Schutzkapsel, dann Bez. für die Urkunde selbst, z. B. → Goldene Bulle, insbes. für bedeutende, feierl. Erlasse des Papstes, die seit dem 12. Jh. Bleisiegel, seit Ende des 19. Jh.s rote Farbstempel tragen, in lat. Sprache abgefaßt und nach ihren Anfangsworten in der → Arenga benannt sind. → Apostolische Kanzlei

Bund der Evangelischen Kirchen in der DDR 1968–91 bestehende Vereinigung von acht zuvor zur EKD gehörenden ev. Kirchen in der Deutschen Demokratischen Republik (Vereinigte Evangelisch-Lutherische Kirche Deutschlands).

Bund Evangelisch-Freikirchlicher Gemeinden in Deutschland → Baptisten

Bund Evangelisch-Reformierter Kirchen in Deutschland 1928 als Zusammenschluß ref. Kirchen und Gemeinden, die keiner der ref. Landeskirchen angehören, gegr.

Bund Freier Evangelischer Gemeinden in Deutschland → Freie evangelische Gemeinden

Bund freikirchlicher Pfingstgemeinden als Teil der weltweiten → Pfingstbewegung besteht die seit 1982 so benannte → Bruderschaft aus selbständigen Ortsgemeinden in Deutschland. Sie ging neben anderen Gruppierungen hervor aus der Pfingsterweckung von 1907/08.

Bund freireligiöser Gemeinden → Freireligiöse Bewegungen und Gemeinden

Bund für evangelisch-katholische Wiedervereinigung 1960 von ev. Theologen und Laien gegr. Zusammenschluß zur korporativen Verbindung oder „Rekommunikation" ev. Kirchen und Gemeinschaften mit der kath. Kirche.

Bund für Freies Christentum 1948 gegr. Dachverband von lokalen Gruppen des freien → Protestantismus.

Bund Neudeutschland vom kath. Priester L. Esch 1919 begr., von der Jugendbewegung geprägter „Verband kath. Schüler höherer Lehranstalten" zu deren außerschul. kirchl. Betreuung, der vom NS-Regime 1939 aufgelöst, 1948 neu begr. und seither durch verschiedene Zusammenschlüsse (im „Hochschulring") erweitert wurde, u. a. 1970 zur „Katholischen Studierenden Jugend".

Bürgerspital → Spital

Burse (lat. bursa = Tasche, Geldbeutel, -börse) seit dem Mittelalter Stiftungen an Universitäten zur Unterbringung und Versorgung bedürftiger Studenten (Studentenhäuser); mit dem Studienbetrieb moderner Prägung, zumal seit dem Zweiten Weltkrieg, finden sie durch Studentenwohnheime ihre Fortsetzung.

Bursfelder Kongregation nach der in der → Säkularisation am Beginn des 19. Jh.s untergegangenen Benediktinerabtei Bursfelde bei Göttingen benannte → Kongregation, die im 15. Jh. zur Erneuerung des monast. Lebens zu einem bedeutenden Reformzentrum bes. in Norddeutschland wurde. Bis 1780 gehörten ihr 111 Abteien an.

Buß- und Bettag in der lat. Kirche des Mittelalters eine von geistl. und weltl. Gewalt getragene, aus vorchristl. Zeit stammende Einrichtung, um durch gemeinsame → Buße des Volkes an festgesetzten Tagen, v. a. auch in der → Fastenzeit und an → Quatember-Tagen der Landesnot zu wehren. In der → Reformation bes. ausgeprägt, wird der Buß- und Bettag von den ev. Kirchen in Deutschland seit 1950 als Tag zur Einkehr und Besinnung einheitl. am vorletzten Mittwoch des → Kirchenjahres begangen; als gesetzl. Feiertag (in den meisten Bundesländern) ist er seit 1995 abgeschafft.

Buß- und Wanderprediger im Christentum traten zu allen Zeiten Prediger auf, die nach dem Vorbild der Propheten, v. a nach der Mahnung Jesu und der Apostel, Menschen zu Umkehr, Abkehr von der Sünde und Hinwendung zu Gott aufriefen. Zahlreich begegnen seit dem 13. Jh. wandernde Bußprediger, Angehörige von Buß- → Bruderschaften und → Geißler. Zu einer neuen und facettenreichen Entfaltung der Bußpredigt kam es im Zeitalter des → Barocks (bedeutender Vertreter z. B. der → Augustiner-Barfüßer Abraham a Sancta Clara), gerade auch auf Buß- oder → Bittgängen und → Prozessionen. Einen letzten Höhepunkt erreichte die eigentl. Bußpredigt in den → Volksmissionen des 20. Jh.s. Die Praxis der Bußpredigt erscheint heute nicht selten in einem dunklen Licht, wenn aus ihr eine Drohpredigt, aus der Frohbotschaft des Evangeliums eine Drohbotschaft wurde, wie sie bes. bei → Ablaß-Predigern an der Wende vom 15. zum 16. Jh. anzutreffen ist, die mit ihr nicht selten ein „Geschäft mit der Angst" betrieben.

Bußbücher (lat. libri poenitentiales, von poena = Strafe, → Buße, daher auch Pönitentialien) enthalten Bestimmungen und Anweisungen für die Verwaltung des → Bußsakraments; im → irischen Mönchtum Sündenkataloge mit den zugehörigen Bußleistungen, bes. vom 6. bis 12. Jh. verbreitet, auch in England und Frankreich.

Bußdisziplin → Bußzucht

Buße (mhd. buoz = Besserung, Abhilfe; buoze = Strafe, Buße; lat. poenitentia = Reue, Buße) allgem. eine Sühne (-leistung) für eine Schuld, im germ. und mittelalterl. Recht eine zu leistende materielle Entschädigung. Im rel. Bereich begegnet Buße als Akt, durch den z. B. mit Opfergaben, Fasten, Gebet eine Schuld gegenüber der Gottheit gesühnt werden soll. Entscheidend für den Bußgedanken im Christentum wurde Jesu Aufruf zur Umkehr, sein Auftrag an die Jünger, Sünden zu vergeben und die ihnen übertragene Binde- und Lösegewalt. Er entwickelte sich zur Vorstellung von der aus der Sündenerkenntnis erwachsenen Sinnesänderung, der Umkehr (gr. metanoia) des ganzen Menschen durch Gottes Gnade, die sich in der Abkehr von der Sünde und in der Hinwendung zu Gott vollzieht und den Menschen „neu" macht. In der kath. Kirche geschieht dies im → Bußsakrament. Für das Verständnis der Buße in der → Reformation wurde grundlegend Luthers Auffassung von Buße als Grundform des christl. Lebens: das ganze Leben der Gläubigen soll eine Buße sein. → Ablaß, → Redemption

Bußgang, -prozession → Bittgang

Bußpraxis bez. die in der Geschichte der Kirche begegnenden öffentl. oder privaten Übungen der → Buße (auch Bußverfahren) und ihres Verständnisses, meint also zugleich Bußgeschichte. → Ablaß, → Absolution, → Beichte, → Bußbücher, → Bußsakrament, → Bußzucht, → Redemption

Bußsakrament in der kath. Kirche das vierte der sieben → Sakramente, das aus Reue, Sündenbekenntnis (→ Beichte) und Genugtuung durch ein Bußwerk besteht und in dem der Gläubige die Lossprechung (→ Absolution) des Priesters erlangt.

Bußzeiten in der kath. Kirche v.a. → Advents- und → Fastenzeit sowie → Quatember-Tage.

Bußzucht (oder Bußdisziplin) im Christentum bis zum 11. Jh. die Regelung der öffentl. → Buße, die über einen längeren Zeitraum hinweg für → Apostasie, Mord, Unzucht und andere schwere Sünden verhängt wurde. An ihre Stelle trat die private → Beichte und die Verhängung öffentl. Bußen durch geistl. Gerichte, die wiederum später vom → Bußsakrament abgelöst wurden.

Byzantinische Kirche ihre Geschichte ist, auch räuml. und zeitl., zu einer Einheit verknüpft mit dem 1453 untergegangenen → Byzantinischen Reich und geprägt von deren wechselseitigen Durchdringung (gelegentl. begegnet auch die Bez. gr.-byz. oder gr.-orth. Kirche). Kirchen-, Theologie- und vielfach damit zusammenhängende Kunstgeschichte werden gewöhnl. in drei Zeitabschnitte eingeteilt: 4.–9. Jh. (orth. → Reichskirche), 8./9.–11./12. Jh. (mittelbyz. Kirche) und 13.–15. Jh. (spätbyz. Kirche).

Byzantinisches Reich (auch Oströmisches Reich, in Kurzform häufig Ostrom oder Byzanz) die östl., gr.-oriental. Hälfte des 395 geteilten Römischen Reiches mit der Hauptstadt → Konstantinopel (zuvor Byzanz, heute Istanbul). Es bestand bis zum Jahr 1453 (Einnahme Konstantinopels durch osmanische Türken), damit über ein Jahrtausend länger als das Weströmische Reich, und umfaßte Vorderasien, die gr. Inseln und den Balkan. Von herausragender, wesentl. Bedeutung für die Geschichte des Byz. Reiches war die Verbindung mit der → byz. Kirche; von ihr empfing der Kaiser seit 479 seine Krone.

Byzantinistik (auch Byzantinologie) Wissenschaft, die sich mit allen Lebensäußerungen des → Byzantinischen Reiches und seiner Bevölkerung, seiner Geschichte und Kultur in dem Zeitraum von der Gründung bis zum Fall → Konstantinopels (330–1453) beschäftigt. Als Disziplin innerhalb des Fachs ist bes. auch die byz. Kunstgeschichte zu erwähnen.

Byzanz → Byzantinisches Reich

C

c. Abk. für lat. canon (cc. = canones) → Kanon

Cäcilianismus internat. Reformbewegung (Cäcilienvereine) zur (geistl.) Erneuerung und Förderung der kath. Kirchenmusik, die aus dem 1868 in Bamberg gegr. und nach der seit dem Spätmittelalter als Schutzpatronin der Musik verehrten hl. Cäcilia (in der Legende eine Märtyrin im 3. Jh.) benannten „Allgemeinen Cäcilien-Verband für die Länder der deutschen Sprache" hervorging.

Calixtiner 1. Anhänger der mehrheitl., gemäßigten Richtung der → Hussiten, die seit 1414 die Einführung des Laienkelchs (lat. calix = Meßkelch), damit die Kommunion unter beiderlei Gestalten (lat. sub utraque specie, daher auch Utraquisten genannt) forderten (→ Kelchkommunion). Aus der oft in Gegensatz zu den → Taboriten stehenden Bewegung gingen Mitte des 15. Jh.s die → Böhmischen Brüder, 1845 die anerkannte gleichberechtigte → Landeskirche in Böhmen und Mähren hervor. In der → Reformation kam es seit 1524 zur Spaltung in alte und lutherfreundliche Calixtiner (Alt- bzw. Neuutraquisten). Nach der Niederschlagung des ev. Ständeaufstands 1620 wurden alle Calixtiner in Böhmen und Mähren zu → Konversion oder Exil gezwungen. 2. Als Calixtiner werden auch die Anhänger des dt. ev. Theologen Georg Calixt († 1656) bez., der für eine Wiedervereinigung der christl. Konfessionen auf Grundlage der Konzilsbeschlüsse der ersten fünf Jh.e eintrat und des → Synkretismus geziehen wurde.

Calixtinum Bez. für das Wormser Konkordat von 1122, benannt nach Papst Calixt II. (1119–1124). → Investitur

Calvinismus nach Johannes Calvin (frz. Jean Cauvin, 1509–1564) benannte reformator. Lehre und Bewegung. Von den dt. Lutheranern urspr. polem. gebr., bezeichneten Calvins Anhänger ihrerseits diese Form des → Protestantismus als „reformierte Kirche", so daß beide Begriffe bald identisch werden sollten. Im Zentrum der Theologie Calvins (Hauptwerk: Institutio Religionis Christianae, Basel 1536) steht die von Luthers Auffassung abweichende Lehre von der → Prädestination der Auserwählten, die in Gemeinden das Reich Gottes auf Erden verwirklichen sollten, und vom → Abendmahl als äußere Handlung mit der nur geistigen Gegenwart Christi. In Genf schuf Calvin im Rahmen seiner Kirchenorganisation eine rigoros durchgeführte Kirchenordnung mit vier Ämtern (Pastoren, Lehrer, Diakone, Älteste) und einem Konsistorium, das ein strenges Kirchen- und Sittenregiment ausüben soll. Die → Confessio Helvetica und der → Heidelberger Katechismus als → Bekenntnisschriften sowie die → Dordrechter Synode wurden zu den Grundlagen des Calvinismus, der sich, anders als das auf das → Heilige Römische Reich und Skandinavien beschränkte → Luthertum, von der Schweiz aus rasch über Frankreich (→ Hugenotten), England (→ Puritanismus), Schottland und die Niederlande ausbreitete und zur dominierenden, auch Politik und Wirtschaft stark beeinflussenden Gestalt des Protestantismus wurde. → Independenten, Methodisten (→ Methodismus) und → Presbyterianer spalteten sich vom Calvinismus ab.

Camera Apostolica → Apostolische Kammer

Camerarius → Kämmerer

Camerlengo (it.) → Kämmerer an der → Röm. Kurie, näherhin der Kardinalpräfekt an der → Apostolischen Kammer (Kardinalkämmerer), früher Amt in der Vermögens- und Finanzverwaltung des → Apostolischen Stuhles, heute u. a. nach dessen → Erledigung in der Vorbereitung des → Konklave tätig.

Campanile (it.-lat., auch campanarium) der (bes. in Italien) frei neben einer Kirche stehende → Glocken- oder Kirchturm.

Camposanto (it. = heiliges Feld, Friedhof) in Italien eine Friedhofsanlage mit kreuzgangartigen Arkaden oder Hallen, bes. berühmt der neben dem Dom von Pisa aus dem 13./14. Jh.

Campo Santo Teutonico (it. = dt. Friedhof) an der Südseite von St. Peter in Rom gelegener dt. Friedhof, oft nur als „der → Camposanto" bez. Hervorgegangen aus der Schola Francorum (seit dem 8. Jh.), wurde die seit 1929 exterritoriale, zum → Vatikan gehörende Anlage mit Pilgerherberge, → Hospital und Marienkirche (erbaut 1475) zum Mittelpunkt des dt. Lebens in Rom. Mit der um 1450 gegr. → Bruderschaft (seit 1579 Erzbruderschaft) ist das 1876 als Studienkolleg errichtete Priesterkolleg (Collegio Teutonico) verbunden, das seit 1887 zusammen mit der → Görres-Gesellschaft (hier auch Sitz ihres Römischen Instituts) die „Römische Quartalschrift für christl. Altertumskunde und Kirchengeschichte" herausgibt.

Cancellaria Apostolica → Apostolische Kanzlei

Canon → Kanon

Canossa Burg am nördl. Abhang des Apennin, südwestl. von Reggio nell'Emilia, 1255 zerstört, im 11. Jh. im Besitz der Markgrafen von Tuszien. Hier erreichte König Heinrich IV. am 28.1.1077, nachdem er vor dem Burgtor drei Tage als Büßer ausgeharrt hatte, von Papst Gregor VII. die Lösung vom → Bann. Der Canossagang war für das polit. Handeln des Königs unvermeidbar, stellte aber zugleich die tiefste Demütigung des → Sakralen Herrschertums dar, leitete dessen Entsakralisierung und die Umkehr im Verhältnis der beiden Gewalten zugunsten der geistl. (päpstl.) Gewalt ein. Die „Wende von Canossa" kann in diesem Sinne füglich als „erste europäische Revolution" (Karl Leyser), Canossa als ihr sprichwörtl. gewordenes Symbol verstanden werden, dessen sich auch Bismarck auf der Höhe des → Kulturkampfes bediente, als er, um seine Entschiedenheit zu bekräftigen, in der Reichstagssitzung vom 14.5.1872 erklärte: „Nach Canossa gehen wir nicht – weder körperlich, noch geistig." → Gregorianische Reform, → Investiturstreit

Cantica (lat. canticum = Gesang, Lied) nach kirchl. Sprachgebrauch die nicht in den → Psalmen enthaltenen Lieder des AT und die Lieder des NT, so der Gesang der drei Jünglinge im Feuerofen (Dan 3,51–90), → Benedictus, → Magnificat u. a.

Canticum canticorum (lat. = Lied der Lieder) in der → Vulgata Bez. für das Hohelied des AT.

Cantilene (lat. cantilena) allgem. ein altbekannter Gesang, im kirchl. Bereich Litanei, Psalmen- und Kirchengesang.

Cantillation (lat.) betonte Sing- und Vortragsweise bei Gebeten und Lesungen in der Liturgie.

Cantionale (lat.) liturg. Gesangbuch.

Capella regia → Kapelle

Cappa (lat.) 1. im Mittelalter ein Umhang, weitärmeliger oder ärmelloser Mantel mit Kapuze; 2. im bes. die Alltagstracht der Geistlichen: als „cappa choralis" ein schwarzer Kapuzenmantel der → Chorherren für das → Chorgebet (bes. im Winter), ihr nachgebildet ist das → Pluviale, als

„cappa magna" ein Mantel mit langer Schleppe und großer Kapuze, bes. von Kardinälen und Bischöfen, z.B. beim Gottesdienst zum feierl. Ein- und Auszug getragen, heute nur noch selten in Gebrauch. → Kapelle

Caput mundi (lat.) alte Bez. für Rom als „Haupt der Welt".

Caraccioliner von Francesco Caracciolo 1588 in Neapel gegr. Gemeinschaft von Minderen → Regularklerikern zur → Armen- und Krankenpflege, Betreuung von Sträflingen und zum Tod Verurteilten. Die heute nur noch wenigen Angehörigen des früher bes. in Süditalien, Spanien und Portugal verbreiteten Ordens werden auch Marianer genannt.

Caritas, Caritasverbände (lat. caritas = Liebe) Caritas ist die umfassende Bez. für jede Art von Liebestätigkeit aus christl. Gesinnung, in der Gottes Wesen und Handeln sichtbar wird. Sie ist elementarer Teil des Lebensvollzugs des einzelnen Christen, der Gemeinde und der Kirche, sichtbar im Dienst (gr. diakonia → Diakonie), wie ihn Jesus und die Apostel als Maßstab für alle Dienste in Kirche und Welt vorgegeben haben, so im Beispiel vom barmherzigen Samariter (Lk 25–37). Dieses Leitmotiv bestimmte auch die Aufgaben des Diakons in der Alten Kirche, zu dessen Hauptaufgaben neben dem Dienst am Altar die Fürsorge für die Armen gehörte. → Almosen, → Armen- und Krankenpflege wurden zu Inbegriffen der Nächstenliebe und → Barmherzigkeit, zum Kennzeichen der gelebten → Nachfolge Christi, über Jh.e vollzogen in vielen Ämtern und Einrichtungen der Kirche, in Orden und Klöstern, durch → Barmherzige Brüder und Schwestern, in Hospizen, → Hospitälern und Leprosenhäusern, in Alten- und Pflegeheimen (Charité als frz. Übersetzung von caritas ist auch heute noch Titel für Krankenhäuser, bes. berümt die in Paris und Berlin; zu erwähnen sind auch die vielen Krankenhäuser der → Dritten Orden). Der Verlust zahlreicher sozialkaritativer Einrichtungen der Kirchen im Zuge der → Säkularisation am Beginn des 19. Jh.s und die damit verbundenen Defizite, auch die mit der Industrialisierung einhergehende Zunahme der Arbeiterschaft (mit Erscheinungen der Verelendung) ließen eine eigene „Caritasbewegung" entstehen, die in der Hauptsache vom Kirchenvolk getragen und von einzelnen → Laien initiiert war, bes. die → Vinzenz- und Elisabethkonferenzen. Im weiteren Verlauf des 19./20. Jh.s kam es in vielen Ländern zur Gründung zahlreicher Caritasvereine und -verbände, Diakonien und → Innerer Missionen, die kirchl. Wohlfahrtspflege und Sozialarbeit in umfassender, über die klassische Armenpflege hinausreichender Weise leisten, so der „Deutsche Caritasverband" (so seit 1913 bez., 1897 als „Caritasverband für das katholische Deutschland" in Köln gegr.) als Zusammenschluß aller kath. Verbände für Jugend-, Armen-, Familien-, Krankenpflege. Die weltweiten nat. Caritasverbände sind in der „Caritas Internationalis" mit Sitz in Rom vereint (1928 in Luzern als „Caritas Catholica" gegr.). Daneben sind die vielen kirchl. Hilfswerke zu nennen, die im Dienst der christl. Caritas stehen, z. B. → Adveniat, → Brot für die Welt, → Misereor, und die zahlreichen Gemeinschaften, die sich der Ärmsten der Armen erbarmen, z. B. die → Missionarinnen der Nächstenliebe, gegr. von der 1997 verstorbenen Ordensfrau und Friedensnobelpreisträgerin Mutter Teresa, dem „Engel der Armen".

Caritaswissenschaft theol. Disziplin, die analog zur → Diakoniewissenschaft Theologie und Praxis der → Caritas in Geschichte und Gegenwart erforscht.

Carmina burana (lat. = Lieder aus Beuern/Beuren) von A. Schmeller 1847 unter diesem Titel erstmals veröffentl. Sammlung mittellat. → Vaganten-Dichtungen und eingestreuter dt. Strophen (moral.-satirische Gedichte, Liebespoesie, Trink-, Spiel-, Schlemmerlieder), die in einer 1803 im Kloster Benediktbeuern gefundenen Handschrift aus dem 13. Jh. überliefert sind. Berühmt ist ihre Vertonung durch Carl Orff, die 1937 uraufgeführt wurde.

Cartellverband der katholischen deutschen Studentenverbindungen (Abk. CV) größter Dachverband kath. Akademikergemeinschaften in Deutschland, der wie der Unitasverband (UV), Kartellverband kath. dt. Studentenvereine (KV) und der Schweizerische Studentenverein Mitte des 19. Jh.s entstand, um dem Katholizismus an rel. indifferenten bzw. kirchenfeindl. Universitäten ein eigenes Gepräge zu verleihen. Er pflegt traditionell studentische Sitten (farbentragend, nicht schlagend, d. h. fechtend) und weiß sich den Prinzipien religio (Religion) in Bindung an die kath. Kirche, scientia (Wissenschaft), amicitia (Freundschaft) und patria (Vaterland) in völkerverbindender Gesinnung verpflichtet. Die CV-Korporationen verstehen sich als „Lebensbund" und zählen derzeit rund 32 000 männl. Mitglieder. Bedeutende kath. Korporierte waren u. a.: im CV der Jesuitenpater Rupert Mayer, Heinrich Brüning, Heinrich Lübke, im UV Rubert Schuman, im KV Konrad Adenauer.

Caeremoniale (lat., auch Ceremoniale) Zeremonienbuch, das in Ergänzung zum → Pontifikale die Ordnung des äußeren, formalen Rahmens des (v. a. päpstl. und bischöfl.) Gottesdienstes enthält, im bes. die einzelnen liturg. Funktionen, Räume, Kleidung, Gesten u. a. beschreibt.

Caesaropapismus (lat. Kunstwort = Kaiserpapsttum) im 18. Jh. geprägter, meist polemisch gebr. Begriff zur Kennzeichnung eines Verhältnisses zwischen geistl. und weltl. Gewalt, in dem diese, symbolisiert durch den „Kaiser", die volle kirchl. Gewalt, also das „Papsttum", innehat. Bezogen wurde diese Umschreibung bes. auf die byz. und die russ.-orth. Kirche in ihrer Gestalt bis 1917, dann allgem. auch auf das → Staatskirchentum und das → landesherrliche Kirchenregiment (→ Summepiskopat). → Epistemonarch, → Papismus.

Castel Gandolfo Stadt am Albaner See südöstl. von Rom, wo sich seit dem 17. Jh. die Sommerresidenz der Päpste befindet, auch eine Sternwarte (Vatikanisches Observatorium); als Teil des Vatikanstaates seit 1929 exterritorial.

Catechismus Romanus (lat.) 1566 erstmals erschienener, weitverbreiteter und vielfach übersetzter „Röm. → Katechismus", der im Zuge der → Kath. Reform und auf der Grundlage des Konzils von Trient (1545–63) die kath. Lehre zusammenfassend darstellte.

Cathedra (gr.-lat. = Arm-, Thronsessel, [Ehren-] Sitz, [Lehr-] Stuhl) hervorgegangen aus dem Amtssitz in der Antike, wurde sie zur Bez. für den → Bischofsstuhl in der → Bischofskirche, für die Kathedra des Bischofs in seiner → Kathedrale (lat. Cathedralis ecclesia), im bes. für die Cathedra Petri (lat. = Stuhl des hl. Petrus), den Bischofsstuhl von Rom, Sitz des Nachfolgers Petri, des → Papstes, zur Bez. für den Heiligen und → Apostolischen Stuhl. → Ex cathedra, → Inthronisation

Cathedraticum → Kathedralsteuer

Cautio criminalis (lat. cautio = Vorsicht, Behutsamkeit) 1631 erschienenes Werk des → Jesuiten Friedrich von Spee († 1635) gegen den → Hexenwahn, bes. gegen die Anwendung der Folter im Hexenprozeß; der volle Titel lautet: „Cautio criminalis oder Rechtliches Bedenken wegen der Hexenprozesse für die Obrigkeiten Deutschlands gegenwärtig notwendig. Aber auch für die Ratgeber und Beichtväter der Fürsten, für Inquisitoren, Richter, Advokaten, Beichtiger der Angeklagten, Prediger und andere sehr nützlich zu lesen". Spee hatte als Seelsorger viele der Zauberei und Hexerei „überführte" Menschen auch zum Scheiterhaufen begleitet. Mit seiner Cautio criminalis wollte er die innere Widersprüchlichkeit, Widersinnigkeit aufweisen und den verhängnisvollen Kreislauf von Prozeß, Folter und „Geständnis" durchbrechen. Das Ergebnis seiner Überlegungen und Erfahrungen faßte er in dem Satz zusammen: „Solange es diese Prozesse gibt, gibt es Hexen, und niemand ist sicher, nicht selbst der Hexerei angeklagt und verurteilt zu werden."

CCEO → Codex Canonum Ecclesiarum Orientalium

Cella → Zelle

Cellerar (lat. = Keller- und Küchenmeister) im → Mönchtum der „Kellermeister" oder Wirtschaftsverwalter des Klosters, u. a. auch Ökonom, Prokurator, Minister genannt (in den neueren Orden wechselnde Bez.). In Frauenklöstern lauten die Namen entsprechend. Das Amt des Cellerars ist schon in der → Benediktregel vorgesehen.

Celliten → Alexianer, → Begarden

Cels. Abk. für lat. Celsitudo, Celsissimus = Hoheit, erhabenste Hoheit: Hoheits- und Anredetitel für weltl. und geistl. Würdenträger, auch als Serenissima Celsitudo = Erlauchteste Erhabenheit.

Census (lat. = Zählung, Schätzung; Abgabe, Pacht, Steuer, Zins) als Volkszählung und Schätzung der männl. Bürger und deren Vermögen aus dem antiken Rom hervorgegangen, waren mit Census seit dem Mittelalter auch im kirchl. Bereich allgem. → Abgaben (in Geld oder Naturalien, Pachtzinse, Gefälle), bes. auch die jährl. Einkünfte oder Vermögenswerte einer Seelsorgestelle, umschrieben.

Ceremoniale → Caeremoniale

Chalcedonense Kurztitel für das Konzil von Chalcedon (451)

Chaldäische Kirche seit dem 15. Jh. gebräuchl., seit 1830 offiz. Bez. für die mit Rom unierte → nestorianische Kirche. Der „Patriarch von Babylon der Chaldäer" residiert in Bagdad.

Character indelebilis (lat.) nach kath. Lehre prägen die → Sakramente der → Taufe, → Firmung und → Priesterweihe der Seele ein unauslöschl. Merkmal (so die Übersetzung) ein, was einen nochmaligen Empfang dieser Sakramente unnötig macht.

Charisma (gr. = Gnadengabe) im allgem. Sprachgebrauch ist damit eine außergewöhnl. Begabung oder Befähigung eines Menschen gemeint, die diesen als zu einer bes. Aufgabe geradezu berufen erscheinen und zu einer charismatischen Persönlichkeit werden läßt. Im theol. Bereich ist es die von Gott gewährte bes. Gabe, z. B. Prophetie, Heilungsvermögen, Weisheitsrede, dann auch die bes. Begabung zu einem bestimmten Dienst in der Kirche. Nach dem NT besitzt jeder Christ bestimmte Geistesgaben. Die Unterscheidung zwischen Amt und Charisma, die schon in der → Urkirche begegnet, führte Ende des 2. Jh.s zum → Montanismus und zu weiteren vielfältigen charismat. Bewegungen durch alle Jh., wie sie etwa auch in den → Armutsbewegungen des Hochmittelalters, in der → Mystik, → Devotio moderna erkannt werden können (Charismatiker). Im eigentl. Sinn spricht man von charismat. Bewegungen jedoch für Erscheinungen des 20. Jh.s, die historisch zwar mit der → Pfingstbewegung verbunden sind, sich von dieser aber dadurch unterscheiden, daß sie sich als Strömung innerhalb der Kirchen entfalten, so z. B. die internat. „Charismatische Erneuerung in der katholischen Kirche", die sich als Beitrag zur Erneuerung der Kirche in ihren Gemeinden versteht und deren Merkmale z. B. ein bezeugtes Leben ganz aus der Bibel, → Nachfolge Christi und die Bitte um Erfüllung mit dem Heiligen Geist sind.

Charta Caritatis (lat. = Urkunde der Liebe) Ordensverfassung der → Zisterzienser.

Chartophylax (gr. = Urkundenbewahrer, Archivar) in der byz. Kirche erstmals für das 6. Jh. belegtes Amt eines in der bischöfl. Verwaltung tätigen Archivbeamten im Rang eines → Diakons, der allmähl. zum Rechtsberater, in → Konstantinopel zum → Generalvikar des → Patriarchen aufstieg.

Cherub, Cherubim → Seraph, Seraphim

Chiliasmus (gr. chilioi = tausend) bez. die Erwartung eines tausendjährigen Reiches Christi und der Gerechten auf Erden, auch Millenarismus (lat mille = tausend) genannt, an dessen Ende die Auferstehung der Toten und das Endgericht (→ Endzeit) folgen. Die in Offb 20 (→ Apokalypse) wurzelnde Vorstellung verbreitete sich im frühen Christentum, verlor aber seit dem 4. Jh. an Bedeutung, um seit dem 13. Jh., bes. im Spätmittelalter (→ Joachimitismus), wieder an Aktualität zu gewinnen. Seit dem 16. Jh. begegnen chiliast. Ideen bei sektierer. Gruppen, so bei den → Böhmischen Brüdern, im 19./20. Jh. bes. bei → Adventisten, → Baptisten, → Mormonen und → Zeugen Jehovas.

Chor (gr. chorós, lat. chorus = der Reigen, die tanzende und singende Schar, allgem. jede zu einem bestimmten Zweck versammelte Menge) 1. im antiken Griechenland der Tanzplatz, der Gemeinschaftstanz und -gesang, vorgetragen zu kultischen Anlässen (Götterfeste), wurde der Chor auch zum Bestandteil der gr. Tragödie. 2. In der kirchl. Architektur wird der Chor zunächst der für die Sänger bestimmte, im Osten gelegene Platz in einer Kirche, dann der dort abgegrenzte, auch Presbyterium genannte Bezirk für → Chordienst und → Chorgebet der → Kleriker, der → Dom- und → Chorherren, in einer Klosterkirche der männl. und weibl. Religiosen (auch Mönchs- bzw. Nonnenchor). In altkirchl. Zeit und im Mittelalter befand sich dieser Ort in der Regel vor dem → Hochaltar, bes. im Zeitalter des Barocks auch seitwärts erhöht oder rückwärts auf einer Empore; der Chor konnte auch hinter dem Hochaltar liegen. → Apsis, → Chorhaupt, -scheitel oder -bogen wird der halbkreisförmige oder auch polygonale Abschlußteil des Chors (nach Osten hin) genannt. In großen Kirchen des Mittelalters können auch mehrere Chöre eingerichtet sein, die nach Lage und liturg. Funktion Ost-, West- oder Hochchor genannt werden (v. a. romanische Kirchen haben oft einen zweiten Chor im Westen). Nicht selten begegnen hier auch Chorkapellen, die an den Chorraum oder Chorumgang angrenzen. Im engeren Sinn wird als Chor aber gewöhnl. der Bereich in einer Kirche vor dem Hochaltar bezeichnet, der durch Altar- oder → Chorschranken, → Lettner oder (seit dem 17. Jh. schmiedeeiserne) Gitter zum → Mittel- oder Laienschiff hin abgegrenzt ist und in dem sich das meist kunstvoll gearbeitete → Chorgestühl für den Stifts- bzw. Ordensklerus befindet. 3. In der Musik wird als Chor die Gemeinschaft von Sängern (oder Sprechern) bez., die als gemischter Chor, als Frauen-, Männer-, Knaben- oder Sprechchor, z. B. in einem Kirchen- oder Motettenchor, mit Instrumentalbegleitung oder ohne („a capella"), gemeinsam eine Komposition vorträgt, den Chorgesang oder → Choral, das Chor- oder Kirchenlied, eine → Messe, → Kantate, → Motette, ein → Oratorium oder → Requiem.

Choral (lat. cantus choralis = Chorgesang) seit dem Spätmittelalter Bez. für den einstimmigen, unbegleiteten → Gregorianischen Gesang/Choral, benannt nach dem → Chor der Mönche, den sie im Chor der Kirche singen. In den ev. Kirchen ist Choral auch Name für das → Kirchenlied.

Choralbearbeitung vokale oder instrumentale Bearbeitung eines → Chorals oder eines ev. → Kirchenliedes.

Chorbischof (lat. chorepiscopus, episcopus vagus) ein → Bischof für die ländl. Region, für das offene Land (gr. chora), steht also in keinem Zusammenhang mit dem → Chor. Chorbischöfe sind in der Ostkirche zum ersten Mal für das 4. Jh. bezeugt, im Abendland begegnen sie als → Wanderbischöfe im Fränkischen Reich seit dem 6. Jh (→ Irisches Mönchtum), dann bes. im 8. Jh. Ihre Zahl nahm zugleich mit der Ausbreitung des Christentums, seine Verbreitung auch außerhalb der Städte seit der → Konstantinischen Wende zu. Sie vertraten und übten für den in der Stadt residierenden, ihnen vorgesetzten Diözesanbischof hilfsbischöfl. Funktionen auf dem Land und in Missionsgebieten. Von daher können diese Land- oder Ruralbischöfe ihren Aufgaben nach als Vorläufer der → Suffragan- bzw. Provinzial-, → Weih- und Regionalbischöfe betrachtet werden. Nicht selten übernahmen auch die → Archidiakone die Verwaltungsfunktionen der Chorbischöfe, nachdem diese Einrichtung im 10.–12. Jh. erloschen war.

Chorbuch Buch mit Noten und Text im Großformat, das auf einem Pult erhöht aufgestellt war, um dem → Chor das gemeinsame Absingen in der Liturgie zu ermöglichen. Mit den Möglichkeiten der modernen Drucktechnik, zunehmend seit dem 19. Jh., verloren die bes. im Mittelalter kunstvoll gestalteten Chorbücher (→ Buchkunst) ihren Sinn.

Chordienst der vorgeschriebene tägl. gemeinsame Gottesdienst des Mitglieder eines Stifts- oder Ordens- → Kapitels im → Chor der Kirche. Er besteht gewöhnl. aus der → Messe des → Konvents, Konventmesse oder -amt genannt, und dem gemeinsamen Chorgebet.

Chorfrauen dem Begriff → Chorherren entlehnte, erst seit dem Hochmittelalter übliche Bez. für Jungfrauen, die ihr Leben Gott geweiht haben (lat. virgines Deo sacratae, sanctimoniales; → Jungfrauenweihe), nicht nach einer Ordensregel leben und keine → Gelübde ablegen, sondern in einem Frauenstift, später auch → Damenstift ein Leben in Gemeinschaft gemäß den kirchl. Vorschriften (→ Kanon) führen, deshalb auch → Kanonissen genannt werden. Von diesen sind zu unterscheiden Chorfrauen oder Kanonissen, die im 11./12. Jh. die → Augustinusregel annahmen und die drei feierl. Gelübde ablegten. Weil diese Chorfrauen demnach auf der Grundlage einer Ordensregel leben, werden sie regulierte Chorfrauen (vom hl. Augustinus), Regularkanonissen oder Augustiner-Chorfrauen genannt. Zu ihnen gehören u. a. die → Prämonstratenserinnen.

Chorgebet Teil des → Chordienstes.

Chorgestühl an beiden Seiten des → Chors angebrachte Sitzreihen (oft jeweils zweireihig) für den Stifts- und Ordensklerus, häufig kunstvoll und kostbar gearbeitet, reich geschnitzt und verziert.

Chorhaupt die halbkreisförmige oder polygonale → Apsis, die den → Chor abschließt.

Chorhemd → Chorrock

Chorherren der Begriff ist hergeleitet vom gemeinsamen Gebets- oder → Chordienst der → Kleriker in dem → Chor genannten Teil des Kirchengebäudes und in dem ebenfalls Chor genannten Raum, in dem sich die Chorherren als stimmberechtigte Mitglieder eines Kathedral-, Dom- und Stiftskapitels zu einer Versammlung einfanden. Chorherren sind also anfangs Kleriker, die in einem → Kapitel gemeinsam den Gottesdienst feiern und nach einer bestimmten Regel (nicht Ordensregel) leben, das heißt ein gemeinsames Leben gemäß den kirchl. Vorschriften (→ Kanon) führen und daher auch → Kanoniker genannt werden. Sie dürfen, und das ist einer der wichtigen Unterschiede zu den Mönchen, Privateigentum und eigene Wohnungen besitzen. Das gemeinsame Leben der Chorherren oder Kanoniker begegnet schon in altkirchlicher Zeit. Dahinter stand das Ideal des apostol. Lebens, das auch im Weltklerus verwirklicht werden sollte. Als bedeutendster Förderer dieser schon bei Bischof Eusebius von Vercelli im 4. Jh. begegnenden Lebensform für den Weltklerus gilt der hl. Augustinus (354–430), der als Bischof von Hippo Regius in Nordafrika das gemeinsame Leben mit seinen Klerikern nach einer Regel (→ Augustinusregel) pflegte. Weil es in den folgenden Jh.n nicht selten zu einer Vermischung der Lebensformen von Mönchen auf der einen und Chorherren/Kanoniker auf der anderen Seite kam, sollte eine klare Abgrenzung zwischen den beiden (Lebens-) Ordnungen gezogen und für die Kanoniker eine spezielle Regel geschaffen werden. Dies gelang Bischof Chrodegang von Metz mit seiner im Jahr 755 geschriebenen Regel, die zum Muster für künftige kanonikale Lebensordnungen wurde. Diese erste der Chorherren- oder Kanonikerreformen schlug sich nieder in der → Aachener Regel von 816. Innerhalb des Kanonikerstandes kam es im 11./12. Jh. zur entscheidenden Kanonikerreform, die aufs engste mit der zeitgleichen → Gregorianischen Reform verknüpft ist und auch die → Chorfrauen erfaßte. Denn seit dem 11. Jh. betrachtete man die Lebensweise der Chorherren, die Privateigentum und eigene Wohnungen besaßen, als mit dem Ideal der apostolischen Armut, Voraussetzung für die radikale → Nachfolge Christi, unvereinbar. In der Folge kam es zu einer Verschiebung der kanonikalen Lebensweise hin zur Lebensordnung der Mönche, die nach Ordensregeln leben: viele Kapitel nahmen, begeistert von dem neu erwachten Armutsideal, seit Beginn des 12. Jh.s die in verschiedenen Überlieferungen bekannte Regel des hl. Augustinus an, und viele Gemeinschaften der Chorherren- und frauen legten jetzt die feierl. Gelübde ab. Somit war es zu einer „Regulierung“ vieler Stifte der Chorherren und -frauen gekommen, deren Mitglieder wurden (und werden) jetzt regulierte Chorherren und Chorfrauen, Regularkanoniker und -kanonissen genannt. Je nachdem, ob die mildere oder strengere Fassung der Augustinusregel zur Grundlage der neuen regulierten

Lebensweise gemacht wurde, kam es zur Entstehung der → Augustiner-Chorherren bzw. der → Prämonstratenser. Sie sind die bedeutendsten der regulierten Chorherren-Orden. Ihre Klöster wurden, in einem letzten Höhepunkt im 18. Jh., zu bedeutenden geistigen und kulturellen Zentren. – Die Chorherren und Kanoniker, die sich nicht der Reform anschlossen, werden Säkularchorherren oder -kanoniker (lat. canonici saeculares) genannt und sind bis heute kollegial-kanonisch zusammenlebende Weltpriester, v. a. in → Domkapitel und → Kollegiatstift.

Chormantel → Pluviale

Chormeister → Kantor

Chormönch → Priestermönch

Chororgel kleinere, gewöhnl. im → Chor der Kirche befindliche Orgel zur Begleitung liturg. Gesänge.

Chorrock (lat. superpelliceum) eine Art verkürzte → Albe, die anfängl. als Chorkleidung beim → Chordienst, in der kalten Jahreszeit über dem Pelzwerk getragen wurde; das auch Chorhemd oder → Rochett genannte weiße, weitärmelige → liturg. (Über-) Gewand reicht bis zu den Knien und wird zu liturg. Handlungen (auch mit → Stola) getragen, zu denen die Albe nicht erforderlich ist, z. B. bei → Andachten, → Prozessionen, → Predigten außerhalb der Messe, Versehgängen zu Kranken und Sterbenden.

Chorschranken (lat. cancelli, → Kanzel,) die den → Chor in einer Kirche abschließenden Schranken, aus Stein, Marmor, Holz und Schmiedeeisen, auch Altarschranken, Kanzellen und Speisegitter (an dem die → Kommunion gereicht wird) genannt. → Lettner

Chorstühle → Chorgestühl

Chorumgang um den → Chor geführte Seitenschiffe, meist mit Chorkapellen.

Chrisam, Chrisma (gr. = Salböl) durch den Bischof geweihtes Salböl, das in der kath. Kirche v. a. bei Taufe, Firmung, Bischofs-, Priester- und Altarweihe verwendet wird.

Chrismale 1. Gefäß zur Aufbewahrung des → Chrisams; 2. gewachstes Tuch, das nach einer Altarweihe unter die Altartücher auf den Tisch gelegt wird; 3. in einigen Ländern das Tuch, das den Firmlingen (→ Firmung) nach dem Auftragen des Chrisams um die Stirn gebunden wird.

Chrismon (gr.) seit dem 4. Jh. verwendet, ist es ein bes. bis zum 13. Jh. gebräuchl., reich verziertes und vielgestaltiges Buchstabenzeichen für Christus, bes. am Anfang von Urkunden, aber auch vor Unterschriften und Datierungen; es ist als symbolische Anrufung (→ Invokation) Christi zu verstehen.

Christ, Christen → Christentum

Christengemeinschaft 1922 gegr. Religionsgemeinschaft, die christl. und nichtchristl. Gedankengut in sich vereint, in Anlehnung an R. Steiners Anthroposophie spez. ein kosmisch verstandenes Christentum mit eigener Auslegung des Evangeliums und des Gottesdienstes vertritt.

Christenlehre Unterweisung der heranwachsenden Jugend in der christl. Glaubenslehre, in älterer Zeit häufig an Sonntagen, bes. ausgeprägt vom 16. bis 20. Jh. und häufig wahrgenommen von Christenlehr-→ Bruderschaften. In ihrer Entwicklung ist sie zu unterscheiden vom altchristl. Unterricht durch → Katechumenen, von Religions-, → Kommunion-, → Firm- und → Konfirmandenunterricht.

Christenrat → Kirchenrat

Christenserinnen → Alexianer

Christentum Bez. für die Religion der Christen, d. h. all derer, die an Jesus von Nazareth als den → Christus glauben und auf den dreifaltigen Gott (→ Trinität) getauft sind (Mt 28,19). Die schon früh erfolgte Benennung der Christusgläubigen als „Christianer" (Apg 11,26) weist darauf hin, daß im Bekenntnis zu Jesus als dem Christus das entscheidende Kennzeichen seiner Anhänger erkannt wurde. Daraus entwickelte sich der erstmals bei Ignatius von Antiochien († 107) belegte Begriff Christentum (als Nachbildung von „Judentum" und „Griechentum") zur Bez. für die von Jesus Christus gestiftete Offenbarungsreligion, die Religion, die ihre Glaubenslehre, Gottesverehrung und Weltanschauung auf Jesus und das Glaubenszeugnis seiner Jünger zurückführt. Der christl. Glaube gründet also in der Person Jesu Christi, in der Gottes Offenbarung sichtbar wurde; sie wird der Bibel entnommen. Mit Christentum ist auch die Gesamtheit der Gemeinschaften und Kirchen, damit die Summe der geschichtl. Wirkungen umschrieben, die von Christus und seiner Lehre ihren Ausgang nehmen und von daher maßgebl. bestimmt sind. Die Geschichte des Christentums, das sich nur in der konkreten Gemeinschaft einer Kirche verwirklicht, ist daher immer auch die Geschichte der Kirche.

Christentumsgesellschaft gegr. auf Initiative des ev. Theologen Johann August Urlsperger 1780 in Basel als „Deutsche Gesellschaft zur Beförderung reiner Lehre und wahrer Gottseligkeit“, in die auch kath. Christen aufgenommen werden sollten. Die (Deutsche) Christentumsgesellschaft (so ihre Bez. seit 1786) wurde zur „Keimzelle“ bibelgläubiger Kreise, die sich in bes. Weise sozial-karitativ engagierten und bes. die → Innere Mission förderten. Aus ihr ging u. a. die → Baseler Missionsgesellschaft hervor.

Christenverfolgungen gegen einzelne Christen, gegen christl. Religion und Glaubenslehre, Kirche und Klerus gerichtete Maßnahmen und Unternehmungen zur Vernichtung des Christentums, wobei ihre Erscheinungsformen – als systematische, offene oder verdeckte Unterdrückung und Verfolgung – in der Geschichte nicht immer wahrgenommen werden oder wahrnehmbar sind. War es zu ersten größeren Christenverfolgungen unter den röm. Kaisern Nero (im Jahr 64) und Domitian (81–96) gekommen, nahmen sie in der zweiten Hälfte des 2. Jh.s erheblich zu, die → Martyrien wurden zahlreicher. Versuche einer allgem. und systemat. Unterdrückung des Christentums werden aber erst unter Kaiser Severus (202) sichtbar; sie gerieten unter Decius und Valerian Mitte des 3. Jh.s zu planmäßigen und breitangelegten Verfolgungen. Ihren letzten und grausamsten Höhepunkt fanden die röm. Christenverfolgungen unter Kaiser Diokletian (303/304). Sie kamen zum Ende mit den Mailänder Edikten von 313, mit denen Kaiser Konstantin Duldung und freie Ausübung des christl. Glaubens im Röm. Reich ermöglichte. Christenverfolgungen ereigneten sich in den folgenden Jh.n immer wieder, in Missionsgebieten ebenso wie unter der Herrschaft der Araber und Osmanen, in Nordafrika, Vorder- und Kleinasien, auf dem Balkan und zur Zeit der → Französischen Revolution, zuletzt im Sudan. Aus den Christenverfolgungen der Neuzeit ragen die Vernichtungszüge des türkischen Staates gegen die christl. Armenier (Armeniergreuel; → Armenische Kirche) 1895, 1908 und 1915 heraus, von denen auch orth. Griechen, Syrer, Assyrer und Katholiken der Ostkirchen betroffen waren, ebenso der „Vernichtungskampf“ der totalitären Systeme des 20. Jh.s, des Kommunismus und Nationalsozialismus mit ihren Versuchen, das Christentum auszurotten. So notierte Joseph Goebbels in seinen Tagebuchaufzeichnungen vom 24. Mai 1942 u. a.: „Unerbittlich ist im Verlaufe des vergangenen Winters der Entschluß des Führers geworden, die christl. Kirchen nach dem Sieg zu vernichten.“

Christian Science (engl. = christl. Wissenschaft) Ende des 19. Jh.s gegr. amerikanische Glaubensgemeinschaft, die weder in der Tradition der → Bibel noch in der Gemeinschaft christl. Kirchen steht. Die Bewegung hat in den letzten Jahrzehnten an Bedeutung verloren, ebenso die seit 1908 bestehende, ehedem einflußreiche amerik. Tageszeitung „The Christian Science Monitor".

Christianisierung bez. die Vermittlung des Christentums an nichtchristl. Völker und Regionen (→ Mission).

Christkatholische Kirche → Altkatholische Kirche

Christkind seit dem 14. Jh. belegte Darstellungen des stehenden, dann auch segnenden Jesuskindes als Einzelfigur, meist aus Ton und Holz, seit dem 16./17. Jh. auch aus Wachs, Elfenbein und Bronze. Seit etwa 1600 begegnen daneben die bes. im Barock weitverbreiteten liegenden „Fatschenkindl" (von it. fasciare = wickeln), bei denen Kopf und Schulter gewöhnl. aus Wachs gefertigt sind und der Körper aus Werg mit oft kostbaren Stoffen und Spitzbändern umwickelt ist. Diese Form des → Andachtsbildes erklärt sich aus der bes. in Süddeutschland bis ins 19. Jh. üblichen „Einwickelung" der Kleinkinder bis zu den Schultern.

Christlich-Katholisch-Apostolische Kirche → Deutschkatholizismus

Christlich-soziale Bewegungen entstanden auf dem Hintergrund des polit. wie gesellschaftl.-sozialen Umbruchs seit Ende des 18. Jh.s, bes. in den ersten Jahrzehnten des 19. Jh.s; es sind damit die christl.-kirchl. Bestrebungen zur Lösung der → Sozialen Frage gemeint, die mit der Industrialisierung, der industriellen Revolution und ihren Folgen, bes. für die Arbeiter, entstand. In einem weitgefaßten Sinn können mit diesen Bewegungen – „christlich-sozial" ist ein von Franz von Baader 1834 erstmals geprägter Begriff – die Bemühungen umschrieben werden, die „Kräfte des christl. Glaubens und christl. Liebe für das soziale Leben der Gegenwart fruchtbar zu machen". In Deutschland sind dabei u. a. zu nennen: auf ev. Seite J. H. Wichern, A. Stoecker, F. Naumann, auf kath. Seite E. v. Ketteler, A. Kolping (→ Kolpingwerk), G. v. Hertling. Tatsächlich wirkten sich diese Anstrengungen seit Ende des 19. Jh.s in der Sozialgesetzgebung, der praktischen, sozial-karitativen Arbeit der Kirchen, nichtkirchl. Verbände und der Wirtschaft sowie der Gründung christl.-sozialer Parteien (→ christl. Parteien) stark aus. → Evangelisch-sozialer Kongreß, → Katholische Bewegung

Christliche Archäologie → Archäologie

Christliche Demokratie → Christliche Parteien

Christliche Kunst jede dem Christentum verpflichtete bildende Kunst, bildl. Gestaltung der christl. Glaubenswelt und des christl. Heilsgeschehens, sakrale Architektur, Ausgestaltung des gottesdienstl. Raumes und liturg. Geräte.

Christliche Parteien im Unterschied zu anderen polit. Parteien entstanden sie aus dem Bedürfnis, den in der Folge der → Französischen Revolution vielfältigen Säkularisierungstendenzen, antichristl. Strömungen und dem → Liberalismus in Politik, Staat und Gesellschaft seit Beginn des 19. Jh.s (→ Säkularisation), damit der Zurückdrängung christl. Glaubens und christl. Kirchen in organisierter Form entgegenzutreten. Seit der Mitte des 19. Jh.s kam es, oft parallel zu den → christl.-soz. Bewegungen, zu kath. wie ev. christl.-demokrat. Bewegungen, die bes. in Frankreich, Belgien, Italien, den Niederlanden, Deutschland und Österreich bis zum Beginn des 20. Jh.s zur Gründung zahlreicher (Volks-) Parteien, zu einer „christlichen Demokratie", führten. In Deutschland war z.B. die kath. bestimmte → Zentrumspartei von großer Bedeutung. Nach dem Ende des Zweiten Weltkrieges entstanden die Christlich-Demokratische Union (CDU), in Bayern die Christlich-Soziale Union (CSU).

Christliche Wissenschaft → Christian Science

Christlicher Studentenweltbund → Ökum. Bewegung

Christlicher Verein Junger Männer (CVJM) von G. Williams 1844 in London als Young Men's Christian Association gegr. freie Vereinigung der ev. männl. Jugend mit dem Ziel, „junge Männer miteinander zu verbinden, die Jesus Christus nach der Heiligen Schrift als ihren Gott und Heiland anerkennen (...) und gemeinsam danach trachten wollen, das Reich ihres Meisters unter den jungen Männern auszubreiten" (Erklärung der Pariser Basis, 1855) sowie soziales und erzieher. Engagement zu fördern. Dem CVJM-Gesamtverband in Deutschland e.V. – Ev. Jungmännerwerk (Sitz in Kassel) gehört auch der „Arbeitskreis der Christlichen Vereinigung für Mädchen und Frauen" (CVMF) an, der aus der 1855 in London gegr. „Young Women's Christian Association" (YWCA) hervorgegangen ist.

Christmette (von lat. Missa in nocte = Nachtmesse) seit dem 5. Jh. erster Gottesdienst am ersten Weihnachtstag (→ Weihnachten), meist um Mitternacht oder am späten Abend gefeiert.

Christogramm, Christusmonogramm (gr. monogrammos = nur aus Linien bestehend) seit dem 3. Jh. gebr. symbolisches Zeichen für Christus, das in verschiedenen, oft das Kreuz darstellenden Formen aus den großen gr. Anfangsbuchstaben des Namens Christus gebildet ist: X (dt. = Ch) und P (dt. = R), also XP, PX, ☧ (letzteres Zeichen auch als lat. Pax = Friede gedeutet), in latinisierter Version auch als Christus Rex = Christus (ist) König. Im 4. Jh. wurde das Christogramm von Kaiser Konstantin in das Labarum aufgenommen; es fand über alle Jh.e weite Verbreitung und ist bis heute gebräuchl. (z. B. auf liturg. Gewändern, Bucheinbänden). Im 15. Jh. begegnet als Variante das Zeichen „IHS“ oder „JHS“, das aus den drei großen gr. Anfangsbuchstaben für Jesus gebildet ist (Jesusmonogramm), als „Jesus Hominum Salvator“ (lat. = Jesus, der Menschen Heiland) aufgelöst wird und im 16. Jh. von den → Jesuiten als Ordensabzeichen übernommen wurde. „JHS“ wird bis heute auch mit „Jesus, Heiland, Seligmacher“ übersetzt. Als Christogramm gilt auch das Symbol für Fisch (🐟), gr. ichthys, das nach den gr. Anfangsbuchstaben als „Jesus Christus, Gottes Sohn, Heiland“ gedeutet wird.

Christologie (gr. = Lehre von [Jesus] Christus) theol. Wissenschaft vom wahren Sein, von der gottmenschl. Person Jesu Christi (Christologie im engeren Sinn), im weiteren Sinn auch die Lehre von seinem Erlösungswerk, seiner Heilsbedeutsamkeit (Soteriologie, von gr. soter = Retter, Eröser). Wegen unterschiedl. Auffassungen in dieser Frage kam es in den ersten Jh.n zu christologischen Streitigkeiten. Wichtigste lehramtl. Aussagen zur Christologie wurden getroffen auf dem 1. ökum. Konzil von Nizäa (325, Abwehr des → Arianismus), auf dem 3. ökum. Konzil von Konstantinopel (380/81, Abwehr des → Monotheletismus) und auf dem 4. ökum. Konzil von Chalcedon (451, gegen → Monophysitismus und → Nestorianismus), hier die verbindl. Formel von den zwei Naturen, der vollständigen göttl. und menschl. Natur in der einen Person des Logos (Christi), unvermischt und ungetrennt geeint, geprägt (→ Hypostase, → Dyophysitismus). Christologie bildet innerhalb der → theol. Disziplin Dogmatik bzw. Systematische Theologie den wichtigsten Traktat.

Christus (gr. christos = der Gesalbte [des Herrn], lat. christus, hebr. = → Messias) Bei- und Eigenname des Jesus von Nazareth: Jesus Christus oder Christus.

Christus Domini (lat. = der Gesalbte des Herrn) erstmals für das Jahr 916 belegte Bez. für den dt. König und Kaiser des → Heiligen Römischen Reiches, die in der Auffassung gründet, daß das christl. Herrscheramt sakral legitimiert ist (→ Sakrales Herrschertum).

Christus in der Rast (auch Herrenrast, Unseres Herren Rast) als → Andachtsbild seit dem Spätmittelalter begegnende Darstellung des im Kerker sitzenden, in Ketten gelegten Christus nach der Gefangennahme in der Nacht zum → Karfreitag, häufig auch in Herrenrast-Kapellen.

Christusmonogramm → Christogramm

Christusorden geistl. → Ritterorden in Portugal, der aus der Vereinigung der port. Mitglieder des 1311 aufgehobenen → Templerordens entstand, 1312 päpstl. approbiert wurde und in der port. Kolonisation von Bedeutung war. Aufgehoben Ende des 18. Jh.s, bestand er als weltl. Verdienstorden in Brasilien (bis 1890) und Portugal (bis 1910) weiter.

Chronik (gr.) zusammenfassende Darstellung geschichtl. Ereignisse in zeitl. Abfolge (gr. chronos = Zeit). Im Unterschied zu den → Annalen erfassen die bes. im Mittelalter üblichen, meist in Klöstern und an Bischofssitzen entstandenen Chroniken größere Zeiträume; sie heben sich von jenen zusätzlich dadurch ab, daß die Verfasser ihren Namen und oft auch die Umstände der Abfassung angeben. Weltchroniken, die bereits aus dem Altertum bekannt sind (die späteren gehen zurück auf Eusebius von Cäsarea [† um 340], dem Vater der Kirchengeschichte), wollen einen Überblick über die gesamte Weltgeschichte geben, in mittelalterl. Chroniken beginnend mit der Erschaffung der Welt, des Menschen oder mit Christi Geburt. Ihren Höhepunkt erreicht diese Quellengattung mit der Chronik Bischof Ottos von Freising Mitte des 12. Jh.s. Als Geschichtsquellen von großer Bedeutung sind neben den Weltchroniken auch Kaiser-, Papst-, Bistums- und Klosterchroniken (jeweils benannt nach dem Gegenstand der Darstellung) sowie die meist dt. geschriebenen Chroniken der dt. Städte vom 14. bis 16. Jh.

Chronologie (gr. chronos = Zeit) Wissenschaft von der (mathemat., astronomischen) Zeiteinteilung, Zeitrechnung und Zeitmessung, als historische (oder technische) Chronologie behandelt sie deren Geschichte, z. B. die christl. Zeitrechnung. → Gregorianischer Kalender

Chrysobull (gr. chrysos = Gold) Goldbulle, Goldsiegelbulle. → Bulle, → Goldene Bulle

Church of England → Anglikanische Kirche

Ciborium → Ziborium

CIC, CIC/1917, CIC/1983 → Codex Iuris Canonici

CICO → Codex Iuris Canonici Orientalis

Cingulum → Zingulum

Circumcellionen (lat. = die durch das Land Streifenden) Mitte des 4. Jh.s in Nordafrika aufgebrochene soz. Widerstandsbewegung, bes. die schwärmenden Haufen der Donatisten (→ Donatismus).

Civitas Dei (lat. = Gottesstaat) die Gemeinschaft der Menschen, die in der Liebe zu Gott verbunden sind und nach dem Geist leben, nicht, wie im irdischen Staat (lat. Civitas terrena), nach dem Fleisch oder dem Irdischen zugewandt: „De civitate Dei" ist das geschichtstheol. Hauptwerk des hl. Augustinus (354–430).

Claretiner vom hl. Antonio Maria Claret y Clará 1849 in Vich (Spanien) gegr., weltweit verbreitete Missionsgenossenschaft der Söhne des Unbefleckten Herzens Mariä zur inneren und äußeren → Mission. Die seit 1855 bestehende Schwesternkongregation der Claretinerinnen ist in der Erziehung und Ausbildung der weibl. Jugend tätig.

Clemensschwestern → Barmherzige Brüder und Schwestern

Cluny, Cluniazensische Reform wirkmächtigste monastische Erneuerungsbewegung des abendländischen Mittelalters, benannt nach ihrem Ausgangs- und Mittelpunkt, der zwischen 908 und 910 gegr. Benediktinerabtei Cluny in Burgund. Kennzeichnend waren die strenge Befolgung der → Benediktregel, Zentralisation in einem Klösterverband unter der Leitung von Cluny, Unterstellung unter den Papst, ein von weltl. und bischöfl. Einflüssen unabhängiges Klosterleben (→ Exemtion), freie Abtwahl. In Deutschland entfaltete sich die Bewegung über die → Hirsauer Reform. Mit der → Lothringer Reform wurde sie zur Wegbereiterin der allgem. Kirchenreform im 11./12. Jh. (→ Gregorianische Reform).

C. M. B. Abk. für Christus Mansionem Benedicat (lat. = Christus segne dieses Haus), an → Epiphanie bes. im dt.-sprachigen Raum mit Kreide an Haus- und Zimmertüren zum Zeichen des Segens geschrieben. Die von der jeweiligen Jahreszahl umrahmten Großbuchstaben (also: 19+C+M+B+98) werden volkstüml. auch als Abk. für die drei Weisen aus dem Morgenland Caspar, Melchior und Balthasar, die Hl. Drei Könige, gedeutet.

Coadiutor → Koadjutor

Codex (lat. caudex, codex = Baumstamm, Holzklotz) seit der Spätantike, bes. im Mittelalter die gebräuchlichste, Papyrus- oder Buchrolle ablösende Form des Buches, bestehend aus Lagen von Pergamentblättern zwischen zwei Holzdeckeln, die meist mit Leder, auch mit Edelmetall bezogen waren. Codex bez. zunächst das Schreibmaterial (in der Antike wachsbeschichtete, mit Fäden verbundene Holztäfelchen) und wurde später auf die Buchform und das Buch selbst übertragen.

Codex Canonum Ecclesiarum Orientalium (lat., Abk. CCEO) Gesetzbuch der kath. Ostkirchen (→ Unierte Kirchen), das seit 1. 10. 1991 in Kraft ist und den → Codex Iuris Canonici Orientalis ablöste.

Codex Iuris Canonici (lat., Abk. nach jeweils geltender Fassung CIC/1917 bzw. CIC/1983) Gesetzbuch der kath. Kirche des lat. Ritus, das heute gültige in Kraft seit 27. 11. 1983, mit dem der CIC/1917 – der seinerseits an die Stelle des → Corpus Iuris Canonici getreten war – aufgehoben wurde.

Codex Iuris Canonici Orientalis (lat., Abk. CICO) Gesetzbuch der kath. Ostkirchen, das seit 1929 entstanden war und 1959 als eigener Codex promulgiert, 1991 vom → Codex Canonum Ecclesiarum Orientalium abgelöst wurde.

Cölestiner Bez. für die „Einsiedler vom hl. Damian", eine vom hl. Pietro del Morrone, dem späteren → Engelpapst Cölestin V. gegr., 1263 approbierte, Anfang des 19. Jh.s untergegangene eremitische Mönchsgemeinschaft mit → Benediktregel. Die Cölestinerinnen bilden bis heute mit vier Klöstern in Italien die Föderation der Benediktinerinnen-Cölestinerinnen vom hl. Basilius.

Coletinnen → Klarissen

Collectio duodecim partium (lat. = Sammlung in zwölf Teilen) in Freising entstandene sehr umfangreiche Sammlung von kirchl. Gesetzestexten in systemat. Ordnung (nicht mehr, wie bis dahin, in histor. Ordnung), die wohl im späten 10. Jh. (unter Bischof Abraham, 957–94) begonnen, bis spätestens 1039 überarbeitet und fortgeführt wurde. Sie trug zusammen mit dem vor 1022 als „Handbuch für einen Bischof" verfaßten Decretum Burchardi (lat. = Dekret des Bischofs Burchard von Worms) – es enthielt u. a. kirchenrechtl. Normen, die seit längerem im Bistum Freising zusammengetragen worden waren – in hervorragender Weise zur Entwicklung des → Kirchenrechts nördl. der Alpen bei.

Collectio und Decretum gelten als die beiden bedeutendsten systemat. geordneten (und mit Bayern verbundenen) Sammlungen von → Kanones aus der Zeit vor der → Gregorianischen Reform; sie gehören auch zur Grundausstattung jurist. Bücher im Bistum Bamberg, der „Lieblingsgründung“ Kaiser Heinrichs II. (1002–24), der seine Jugend bei Bischof Abraham von Freising verbracht hatte.

Collegio Teutonico → Campo Santo Teutonico

Collegium Germanicum (lat. Deutsches Kolleg) von → Jesuiten (mit Ausnahme der Jahre 1774–1817) geleitetes dt. Priesterseminar in Rom, auf Initiative des Ignatius von Loyola von Papst Julius III. 1552 gegr., 1580 mit dem Ungarischen Kolleg zum Collegium Germanicum-Hungaricum (so bis heute die offiz. Bez.) vereinigt. Hier sollte ein romverbundener Klerus zur Förderung der → Kath. Reform ausgebildet werden. Die Tracht der „Germaniker“ genannten Alumnen besteht in rotem Talar, schwarzem Zingulum und rotem Mantel.

Coemeterium (gr.-lat. = Schlafraum) frühchristl. Begräbnis-, Grabstätte, der → Friedhof.

Commemoratio → Kommemoration

Commendatar → Komtur

Common Prayer Book (engl.) Allgem. Gebetbuch von 1549, 1559 und 1662, das noch heute gültige offiz. Agenden-, Gebet- und Gesangbuch der → Anglikanischen Kirche (auch Book of Common Prayer). Daneben gibt es seit 1980 ein alternatives Liturgiebuch (Alternative Service Book). → Uniformitätsakte

Communio (lat. = Gemeinschaft, Teilhabe) → Abendmahl, → Kommunion

Concentus (lat.) gesangl. Vortrag im alten Kirchengesang, dann der Gesang selbst.

Concordia discordantium canonum → Decretum Gratiani

Concordia Vitebergensis → Wittenberger Konkordie

Concordia Wirtembergensis → Bekenntnisschriften

Confessio (lat. = Bekenntnis, Geständnis) 1. → Bekenntnis (Konfession), → Glaubensbekenntnis; 2. Titel vieler → Bekenntnisschriften der → Reformation (z.B. → Confessio Augustana); 3. Bekenntnis der Sünden (→ Confiteor, → Beichte); 4. in altchristl. Kirchen der Altar und Märtyrergrab verbindende (Vor-) Raum, im Mittelalter dann Bez. der Grabanlage und des Reliquiengrabes unter dem Altar, damit ein Vorläufer der → Krypta.

Confessio Augustana (lat., Abk. CA) Augsburger Bekenntnis oder Konfession, von Philipp Melanchthon verfaßt und auf dem Augsburger Reichstag von 1530 verlesen; in 28 Artikeln werden die Übereinstimmung der reformator. Lehre mit dem alten Glauben und ihre Abweichungen dargestellt. Die kath. Vertreter reagierten mit der → Confutatio, auf die Melanchthon wiederum mit der → Apologie antwortete. Die CA, 1540 zur „Variata" überarbeitet, wurde im → Augsburger Religionsfrieden reichsrechtl. anerkannt und gehört mit der Apologie zu den → Bekenntnisschriften des Luthertums. → Confessio Tetrapolitana

Confessio Belgica (lat.) 1561 entstandene → Bekenntnisschrift der niederländischen Reformierten.

Confessio Bohemica (lat.) 1575 als → Bekenntnisschrift verfaßte Einigungsformel der → Lutheraner, → Calixtiner und → Böhmischen Brüder.

Confessio Gallicana (lat.) → Bekenntnisschrift der → Hugenotten von 1559.

Confessio Helvetica (lat.) Titel für die → Bekenntnisschriften der ref. Kirchen, als erstere (Confessio Helvetica prior) das Unionsbuch der ref. Stände in der Schweiz von 1536, als letztere (posterior) das von H. Bullinger 1562 verfaßte (zunächst private) → Glaubensbekenntnis, das von den ref. Schweizer Ständen angenommen wurde, ebenso in den Niederlanden, in Ungarn, Schottland, Polen und Böhmen. Das Helvetische Bekenntnis verband die ref. Kirchen, nachdem zwischen Genf und Zürich schon 1549 eine Einigung erfolgt war (→ Consensus Tigurinus).

Confessio Saxoniae, Saxonica → Bekenntnisschriften

Confessio Scotica → Bekenntnisschriften

Confessio Tetrapolitana (lat. = Vierstädtebekenntnis) von M. Bucer und W. Capito verfaßte, auf dem Augsburger Reichstag von 1530 vorgetragene → Bekenntnisschrift der Städte Straßburg, Konstanz, Memmingen und Lindau, die sich in einigen Punkten von der → Confessio Augustana unterscheidet und die konfessionelle Haltung der genannten oberdt. Städte betont.

Confiteor (lat. = ich bekenne) allgem. Sündenbekenntnis (→ confessio) in der → Messe, auch in → Agenden als Gebet.

Confraternitas → Bruderschaft

Confutatio (lat. = Widerlegung) Schrift zur Widerlegung der → Confessio Augustana, verfaßt u. a. von J. Eck, auf dem Augsburger Reichstag von 1530 vorgelegt (auch Confutatio Augustana oder pontifica genannt). Auf sie antwortete Melanchthon mit der → Apologie.

Congrua → Kongrua

Coenobitentum → Koinobitentum

Consensus Tigurinus (lat. = Züricher Einigung) 1549 erzielte Übereinkunft (Einigungsformel) zwischen Calvinisten (→ Calvinismus) in Genf und prot. Geistlichkeit in Zürich in Fragen der Abendmahlslehre; die unter Federführung von H. Bullinger verfaßte Schrift war eine wichtige Vorstufe zur Einheit der Reformierten in der Schweiz (→ Confessio Helvetica).

Consolationes → Konsolationen

Constantinopolitanum (lat.) → Bekenntnis des Konzils von Konstantinopel (381). → Nicaeno-Constantinopolitanum

Constituta, Constitutio (lat.) allgem. eine An- und Verordnung, Bestimmung, Auf- und Zusammenstellung, im bes. päpstl. Verordnungen: Urkunden mit den Verhandlungen und Beschlüssen der vom Papst in spätantiker und frühmittelalterl. Zeit abgehaltenen → Synoden, die von der → Apostolischen Kanzlei verfaßt wurden, daher auch → Apostolische Konstitutionen genannt werden.

Constitutio Innocentia (lat.) Erlaß Papst Innocenz' XII. vom 22.9.1695, der damit die vor der → Bischofswahl erstellten → Wahlkapitulationen verbot und die Prüfung der nach erfolgter Wahl eingegangenen Verträge durch den Papst verfügte. Ungeachtet dieser Verordnung hielten die meisten Domkapitel der Reichskirche an der gängigen Praxis der Wahlkapitulationen fest.

Constitutio Romana (lat. = Röm. Verordnung) durch Lothar, Sohn Kaiser Ludwigs des Frommen, 824 erfolgte Neuregelung der Beziehungen zwischen dem Fränkischen Reich und Rom, insbes. der Papstwahl durch stadtröm. Klerus und Adel. Der gewählte Papst mußte vor seiner Weihe dem kaiserl. Vertreter den Eid leisten. Durch die in Rom von kaiserl. und päpstl. Gesandten gemeinsam wahrgenommene Kontrolle der Verwaltung des Kirchenstaates sicherte sich der Kaiser weitreichende Hoheitsrechte. Durch die 844 durch Lothar ausgeweitete, von Otto I. 962 im Pactum Ottonianum bestätigte Bestimmung (auch Constitutio Lotharii genannt) wirkte der dt.-röm. Kaiser bis zur → Gregorianischen Reform maßgebl. an den Papstwahlen mit.

Constitution civile du clergé → Zivilkonstitution des Klerus

Constitutum Constantini → Konstantinische Schenkung

Consuetudines (lat. = Gewohnheiten) seit dem 8./9. Jh. begegnende, an Zeit und (regionale) Umstände angepaßte Ausführungsbestimmungen zu den Ordensregeln, je nach Orden z. B. als Observanz, Konstitutionen, Statuten bez.

Conversi → Konversen

Cornua → Mitra

Corporale → Korporale

Corpus Catholicorum (lat.) Gesamtheit der kath. → Reichsstände auf dem Reichstag unter Führung des Kurfürsten und Erzbischofs von Mainz. Gemäß den Bestimmungen des → Westfälischen Friedens von 1648 konnte es, wie das → Corpus Evangelicorum, in Religionsangelegenheiten nach Parteien und Ständen (Corpora) beraten und abstimmen (→ Itio in partes). – Name der 1917 gegr. „Gesellschaft zur Herausgabe der Werke kath. Schriftsteller im Zeitalter der Glaubensspaltung" (→ Corpus Reformatorum).

Corpus Christi (lat. = Leib Christi) das → Altarsakrament, die konsekrierte → Hostie, das Allerheiligste.

Corpus Christi mysticum (lat. = der mystische Leib Christi) im kath. Sprachgebrauch Bez. für das Wesen der Kirche, in deren geschichtl. Wirklichkeit Christus gegenwärtig ist und ihre Glieder zur Einheit verbindet.

Corpus Evangelicorum (lat.) seit 1653 die Gesamtheit der luth. und ref. → Reichsstände auf dem Reichstag unter Führung des Kurfürsten von Sachsen, das gemäß den Bestimmungen des → Westfälischen Friedens von 1648 wie das → Corpus Catholicorum in Religionsangelegenheiten nach Parteien und Ständen beraten und bestimmen konnte (→ Itio in partes).

Corpus Iuris Canonici (lat.) seit 1580 offiz. Bez. für die mit dem → Decretum Gratiani um 1140 begonnene Sammlung kirchl. Rechtsnormen, die bis zum → Codex Iuris Canonici von 1917 die wichtigste kirchenrechtl. Quelle, auch für die Wissenschaft des → Kirchenrechts, die Kanonistik, blieb. Das Corpus Iuris Canonici umfaßt sechs Rechtsbücher, neben dem Dekret Gratians die Dekretalen Gregors IX. (Liber Extra, 1234), den Liber Sextus Bonifaz' VIII. (1298), die Klementinen (Clementinae) Clemens' V. (1317), die Extravagantensammlung Johannes' XXII. und die Sammlung Extravagentes communes (1500).

Corpus Reformatorum 1834 begr. Reihe krit. Editionen von Werken der Reformatoren (Melanchthon, Calvin, Zwingli). → Corpus Catholicorum

Corpus Scriptorum Ecclesiasticorum Latinorum 1866 begonnene Reihe krit. Editionen sämtl. lat. Quellenschriften bis zum 7. Jh. (z.B. Augustinus, Ambrosius), bisher über 100 Bände.

Credo (lat. = ich glaube [an Gott]) 1. das → Glaubensbekenntnis, seit apostolischer Zeit wesentl. Teil der → Taufe, an Sonntagen und Hochfesten von Priester und Kirchenvolk gemeinsam zu sprechen; 2. Teil der gesungenen → Messe nach dem → Gloria. 3. „Credo" wird auch das mit diesem Wort beginnende → Apostolische Glaubensbekenntnis genannt.

Crimen laesae maiestatis (lat.) im röm. Recht die Majestätsbeleidigung; unter Papst Innocenz III. wurde 1199 die → Häresie diesem Vergehen gleichgestellt.

Crimen laesae religionis (lat.) im röm. Recht das Vergehen gegen die Religion, damit Rechtsgrund für die Verfolgung, auch → Christenverfolgung.

Crimen magiae (lat.) Verbrechen der Zauberei (Magie) und → Hexerei.

Cuius regio, eius [et] religio (lat. = wessen das Land, dessen die Religion) auf den Greifswalder ev. Kanonisten J. Stephani († 1623) zurückgehende Wendung, die im Anschluß an den → Augsburger Religionsfrieden von 1555 den landesherrl. Religionszwang umschreibt: der Landesherr hat das Recht, die Religion seiner Untertanen zu bestimmen. → Landesherrliches Kirchenregiment

Cupa, cuppa (lat.) der obere Hauptteil (Schale) des (Abendmahls-, Meß-) → Kelchs für den Wein.

Curia Romana (lat.) → Römische Kurie

Cursillo (span. = kleiner Kurs) seit 1940 in Spanien entstandene, heute weltweit verbreitete kath. Erneuerungsbewegung (kleine Gruppen) zu persönl. rel. Leben und Christuszeugnis in der Welt.

Cursus (lat. = Lauf) in der lat. und volkssprachl. Kunstprosa seit dem 4./5. Jh. der rhythmische, betonende Schluß (Klausel) von Sätzen oder Satzteilen, im Mittelalter in vielen Kanzleien verwendet, bes. gebräuchl. in der → Apostolischen Kanzlei seit dem 5. Jh., wieder im 11./12. Jh., seit dem 13. Jh. allmähl. außer Gebrauch kommend. Die Verwendung des Cursus auf päpstl. Urkunden konnte seit Mitte des 12. Jh.s als wichtiger Beleg für deren Echtheit gelten.

Custodia → Monstranz

CV Abk. für → Cartellverband der kath. dt. Studentenverbindungen

CVJM Abk. für → Christlicher Verein Junger Männer

D

D. Abk. für lat. → Dominus, z. B. → AD, → D. N. J.C., → D. O. M., auch für lat. Divus und Diva = → Heilig und für → Domina; bei ev. Theologen auch Abk. für die Ehrendoktorwürde (engl. D. D. = Doctor of Divinity).

Dalmatik, Dalmatika (lat. dalmatica tunica) T-förmiges Gewand mit weiten Ärmeln, als liturg. Kleidung von Bischöfen unter der → Kasel, von Diakonen als Obergewand getragen. Die Dalmatik als liturg. Amtskleid der Diakone und die Tunicella (lat.) als liturg. Amtskleid des früheren → Subdiakons wurden im Lauf der Zeit immer stärker einander angeglichen und von den beiden → Leviten in den bis zur Liturgiereform der späten sechziger Jahre des 20. Jh.s häufigen „levitierten" Hochämtern (Festgottesdienste eines Priesters mit den beiden Leviten) getragen.

Damenstift seit dem Spätmittelalter Bez. für adelige Stifte der → Chorfrauen oder → Kanonissen, die das klösterl. Leben im strengen Sinn aufgegeben haben, in gelockertem → Konvent lebten und (bei Verlust der → Pfründe) heiraten konnten. Auch später, bes. im 17./18. Jh. gegr. Gemeinschaften zur Versorgung unverheirateter Töchter der höheren Stände, meist des Adels, wurden als Damen, Frauen- oder Fräuleinstifte bez., ebenso denselben Zwecken dienende Einrichtungen im ev. Deutschland, die nach der → Reformation aus ehemaligen Frauenklöstern hervorgegangen waren.

Dämon (gr. = göttl. Wesen, Schicksalsmacht, Verhängnis, Stimme des Gewissens; im NT: böser Geist, Teufel) nach gr. Volksglauben eine Gottheit, die meist negativ das menschl. Handeln beeinflußt; in AT und NT sind Dämonen widergöttl., den Menschen schädigende böse Mächte und Un-Wesen. Die Lehre des hl. Augustinus (354–430) vom Dämonenpakt war für die Entwicklung des → Hexenwahns von entscheidender Bedeutung.

Danse macabre frz. Bez. für → Totentanz.

Darbysten, Darbyten Anhänger einer aus den Plymouth-Brüdern (engl. Brethren) Anfang des 19. Jh.s hervorgegangenen, nach dem separatistischen anglikanischen Pfarrer J. N. Darby († 1882) benannten christl. Brüderbewegung oder -vereinigung, die jedes organisierte Kirchenwesen ablehnen, die strikte Trennung von der Staatskirche fordern und die nahe Wiederkunft Christi erwarten (Darbysmus). Die → Freikirche ist seit Mitte des 19. Jh.s auch in Deutschland vertreten.

Darmstädter Erklärung nach Vorlagen von H. J. Iwand, M. Niemöller und K. Barth am 8. 8. 1947 in Darmstadt als „Ein Wort des Bruderrates der → EKD zum politischen Weg unseres Volkes" beschlossen, rief sie u. a. zu tiefgreifender Buße und Wandlung in Kirche und Volk nach 1945 auf und richtete sich gegen Antikommunismus, Restauration und Blockbildung. Selbst in der → Bekennenden Kirche umstritten, wurde die Erklärung von der EKD abgelehnt.

Datar, Datarie → Apostolische Datarie

Dechant → Dekan

De civitate Dei → Civitas Dei

Deckenmalerei seit der Antike (auch in den → Katakomben) übliche dekorative und figürliche Bemalung von Decken, im Mittelalter bes. von Flachdecken und Gewölben, in sakralen und profanen Gebäuden, die sich über die plastische, ornamental gegliederte (z. B. Michelangelos Decke der Sixtinischen Kapelle [1508–12]; Raffael, Tintoretto, Coreggio, Caracci) zur räuml. illusionistischen Deckenmalerei (räuml. Illusionismus, Scheinarchitektur) entwickelte; letztere gelangte zur höchsten Entfaltung im österr. und dt. Spätbarock (C. Carolone, G. Fanti, C. D. Asam, J. B. Zimmermann, v. a. Tiepolos Deckenfresken in der Würzburger Residenz, 1751–53).

Declaratio cleri Gallicani → Gallikanismus

Declaratio Ferdinandea → Augsburger Religionsfriede

Decretum Burchardi → Collectio duodecim partium

Decretum Gratiani von dem Mönch und Rechtsgelehrten Gratian in Bologna um 1140 geschaffene systemat. Zusammenstellung und Harmonisierung der bis dahin gesammelten, aber uneinheitl. und teils unstimmigen Rechtsnormen und → Kanones (lat. Concordia discordantium canonum), die zur Grundlage für weitere Sammlungen, damit für die Entfaltung des → Kirchenrechts und der Kanonistik wurde. Das → Dekret bildete den ersten Teil des bis 1917 geltenden → Corpus Iuris Canonici.

Dedikationsbild (lat. dedicatio = Weihe, Zueignung, Widmung) allgem. die dem Text eines Buches vorangestellte bildl. Darstellung der Widmung des Werks an den Auftraggeber, eine höhergestellte Person, an Heilige oder Christus durch den Autor, Schreiber, Übersetzer oder Stifter, bes. kunstvoll, auch als → Andachts- oder Devotionsbild, gestaltet im Mittelalter.

Defensor fidei (lat. = Verteidiger des Glaubens) 1521 von Papst Leo X. an König Heinrich VIII. von England verliehener Ehrentitel für dessen gegen Luther gerichtete lat. Schrift „Assertio Septem Sacramentorum" (Bejahung der sieben Sakramente). Der auch bei Karl dem Großen, den Königen und Kaisern des → Heiligen Römischen Reiches begegnende Titel wird bis heute vom engl. König bzw. der Königin geführt, nachdem er aufgrund eines Parlamentsbeschlusses von 1544 für das Königshaus erblich wurde.

Defensor pacis (lat. = Verteidiger des Friedens) Kaiser Ludwig IV. dem Bayern gewidmete, 1324 fertiggestellte Streitschrift des Marsilius von Padua. Er vertritt in ihr die Thesen von der Kirche als der Gemeinschaftt aller Gläubigen, von der Heiligen Schrift als alleiniger Glaubensquelle und vom Vorrang (Superiorität) des allgem. → Konzils gegenüber dem → Papst und leugnet den göttl. Ursprung der → Hierarchie, bes. des Papsttums. Dies stellte ihn in schärfsten Gegensatz zur kath. Glaubenslehre und brachte ihm die → Exkommunikation ein. Papst Johannes XXII. verurteilte 1325 fünf Sätze der wohl radikalsten kirchenpolit. Streitschrift des Mittelalters, aus der Wilhelm von Ockham schöpfte und in der sich bereits die Lehren Wyclifs, Hus' und Luthers ankündigten.

Definitivprozeß in der kath. Kirche die im Anschluß an den → Informativprozeß abschließend durchgeführte Überprüfung der Eignung eines Bischofskandidaten.

Definitor (lat., auch diffinitor, camerarius) priesterl. Berater und Helfer, auch Stellvertreter des → Dekans bei der Leitung und Verwaltung des → Dekanats. Das seit dem 14. Jh. entstandene Amt ist mit dem des → Kämmerers verwandt bzw. verschmolzen. Im Ordensbereich ist der erstmals Anfang des 12. Jh.s bei den → Zisterziensern begegnende Definitor der Vorsteher eines Ordensbezirkes oder der Vertreter der einzelnen Ordensprovinzen bei der Generalleitung des Ordens. Dementsprechend bildet das Definitorium im Rahmen der → General- bzw. → Provinzkapitel vieler Orden eine Gruppe von Ordensmitgliedern, denen die volle Entscheidungsgewalt übertragen ist, oder den permanenten Rat des Oberen.

Dei Gratia (lat. = von Gottes Gnaden, Abk. D. G.) Formel zur Bez. des → Gottesgnadentums, aufgenommen in den Titel von Kaisern, Königen, Bischöfen, Äbten, Pröpsten, z. B. auf Urkunden, Siegeln, Epitaphien, z. B.: Jacobus D. G. Cathedralis Ecclesiae Chiemensis Praepositus et Archidiaconus = Jakob von Gottes Gnaden Propst der Kathedralkirche von Chiemsee und Archidiakon.

Deipara lat. Wort für → Gottesmutter.

Deismus (von lat. deus = Gott) die aus der → Aufklärung hervorgegangene, vom Rationalismus geprägte Form des Glaubens an Gott, der die Natur mit ihrer unveränderlichen Eigengesetzlichkeit ein für allemal verursacht hat, aber auf jede weitere Einflußnahme auf die Geschichte verzichtet; er steht damit im Gegensatz zur christl. Lehre von Gott als dem sich in der Geschichte offenbarenden Urheber und Vollender von Welt und Mensch.

Dekan (lat. decanus, von decem = zehn, der Vorsteher von zehn Mann) 1. in der röm.-kath. Kirche ist der Dekan, Dechant oder Erzpriester (→ Archipresbyter) seit dem 9. Jh. ein vom Bischof ernannter Geistlicher, der als Stadt- oder Land- (Rural-) Dekan Vorsteher eines → Dekanats ist. War es früher als Stellvertreter und Aufsichtsorgan des Bischofs auch seines Amtes, bes. über die Durchführung bischöfl. Weisungen und Verordnungen seitens der in seinem Dekanat gelegenen Seelsorgestellen (Pfarreien, Exposituren, Benefizien) zu wachen und dem Bischof regelmäßig Bericht zu erstatten, so kommt ihm nach geltendem Gesetzbuch (→ CIC/1983) v. a. die Aufgabe zu, das gemeinsame pastorale Handeln im Dekanat zu koordinieren, z. B. mittels Dekanatskonferenzen. 2. Dekan ist auch der Titel des dienstältesten Kardinals im Kardinalskollegium (Kardinaldekan) sowie von Dignitären in Dom- und Stiftskapitel (→ Dom- bzw. Stiftsdekan). 3. Auch in verschiedenen ev. Landeskirchen führt der Vorsteher eines → Kirchenkreises, dem die Aufsicht über Geistliche und Kirchen obliegt, die Amtsbez. Dekan; sie entspricht in diesem Fall der des → Superintendenten oder des → Ephorus. 4. An Universitäten ist der Dekan der auf Zeit gewählte geschäftsführende Vorsitzende einer → Fakultät, sein Stellvertreter der Prodekan.

Dekanat (lat.) 1. innerhalb eines → Bistums der Zusammenschluß mehrerer benachbarter → Pfarreien zur Zusammenarbeit im pastoralen Handeln, dem der → Dekan vorsteht. Es bez. somit dessen Amt und Amtsbereich, der urspr. außerhalb der Stadt gelegen war (Rural- oder Land- → Kapitel). 2. An Universitäten wird die von einem Dekan geleitete

Verwaltung einer → Fakultät ebenfalls Dekanat (seltener auch Fachbereich) genannt.

Dekret (lat. = Verordnung, Erlaß) Bez. für einen päpstl. Erlaß und für verschiedene Sammlungen von → Kanones, z.B. → Decretum Gratiani, auf dem Konzil von Trient (1545–63) auch für Glaubensentscheidungen und Beschlüsse (Reformdekrete), allgem. für kirchl. Gesetze, rechtsverbindl. Erlasse, Beschlüsse und Verwaltungsakte.

Dekretalen (lat. litterae/epistolae decretales) für das 5. Jh. erstmals belegte Bez. für päpstl. Erlasse, die, in Briefform meist an Einzelpersonen gerichtet, einzelne Rechtsfälle entschieden, aber auch als verbindl. Rechtsnorm für ähnl. Fälle Geltung erlangten. Die seit dem 5./6. Jh. in Sammlungen zusammengefaßten Dekretalen wurden seit dem 12. Jh. (→ Decretum Gratiani) von größter Bedeutung für die Entwicklung des → Kirchenrechts: mehrere dieser Sammlungen bildeten einen Teil des → Corpus Iuris Canonici. Neuere Sammlungen von Dekretalen oder allgem. Gesetzen werden auch als → Bullarium bez.

Dekretalist im Mittelalter allgem. ein → Kanonist, im bes. ein wissenschaftl. Bearbeiter und Kommentator der → Dekretalen.

Dekretist ein → Kanonist, der im Unterschied zum → Legisten und zur Unterscheidung vom → Dekretalisten das → Decretum Gratiani wissenschaftl. bearbeitete und kommentierte.

Demokratie (christliche) → Christliche Parteien

Dendriten (von gr. dendron = Baum) seit dem 4. Jh. in den östl. Kirchen und im Byz. Reich Baumsteher, die wie die Säulensteher (→ Styliten) eine bes. strenge, ausgefallene Form des → Mönchtums praktizierten und ihr Leben in → Askese auf hohen Bäumen verbrachten.

Denkschrift 1. ein Bericht über eine wichtige, meist öffentl. Angelegenheit, der auch mit dem frz. Begriff Aide-mémoire, dt. immer häufiger mit Memorandum (von lat. memorandus = erwähnenswert, denkwürdig) umschrieben ist; 2. eine meist wissenschaftl. Abhandlung und Erörterung eines bestimmten Themas durch eine Vereinigung oder Körperschaft; 3. in diesem Sinn will die EKD mit ihren seit Anfang der sechziger Jahre vorgelegten Denkschriften über polit. und (sozial-) ethische Fragen am „Zeitgespräch" teilnehmen, in strittigen Grundsatzfragen (unverbindl.) Lösungsvorschläge und Denkanstöße bieten, um so den Willen zum Handeln zu stärken.

Deo Optimo Maximo (lat., Abk. D. O. M. = Gott dem Allmächtigen, dem besten und größten Gott) Weiheformel, Dedikation und Inschrift.

De profundis (lat. = Aus der Tiefe [rufe ich, Herr, zu dir]) Anfangsworte von Ps 130.

Der Name der Rose dt. Titel des 1980 erschienenen it. Romans „Il nome della rosa" des Bologneser Sprachwissenschaftlers Umberto Eco. Der im 14. Jh. spielende Mönchs- und Kriminalroman wurde, in zahlreiche Sprachen übersetzt, für Film und Hörfunk bearbeitet, zu einem der größten literarischen Welterfolge und führte zu einem bis dahin unbekannten, auch populären Interesse an Erlebniswelt und Geisteshaltung des Mittelalters.

Dernbacher Schwestern → Arme Dienstmägde Jesu Christi

Designation (lat. = Bezeichnung, [vorläufige] Benennung für ein Amt) kirchengeschichtl. von weitreichender Bedeutung war das Designationsrecht für die → Erledigungen des → Apostolischen Stuhles, das dem dt. König und späteren Römischen Kaiser Heinrich III. (1039–56) zugleich mit der Würde eines Patricius Romanus von den Römern im Jahr 1046 verliehen wurde: der König bestimmte (designierte), was einer Ernennung gleichkam, nacheinander vier dt. Päpste, mit denen nach den Erschütterungen im → Dunklen Jahrhundert der Aufstieg eines erneuerten, von der wachsenden Reformbewegung in der Kirche getragenen Papsttums zur abendländischen Weltgeltung begann (→ Gregorianische Reform).

Dessauer Bündnis am 15.7.1525 in Dessau nach dem Vorbild des → Regensburger Konvents und Bündnisses von 1524 geschlossener Bund zwischen Kurfürst und Erzbischof Albrecht von Mainz, Kurfürst Joachim I. von Brandenburg und den Herzögen Georg von Sachsen und Heinrich II. von Braunschweig-Wolfenbüttel zur Durchführung des Wormser Edikts, damit zur gemeinsamen Abwehr des → Luthertums. Als Reaktion darauf erfolgte 1526 das als Beistandspakt zur Verteidigung des Luthertums geschlossene Gotha-Torgauer Bündnis zwischen Landgraf Philipp von Hessen und Johann von Sachsen, dem noch im selben Jahr Braunschweig-Lüneburg, Anhalt, Mansfeld, Mecklenburg und die Stadt Magdeburg beitraten.

Deus (lat.) Gott.

Deus lo volt (altfrz. = Gott will es, lat. Deus vult) angebl. Antwort der Kreuzfahrer auf den Aufruf Papst Urbans II. in Clermont (1095) zum 1. → Kreuzzug (1096–99).

deuterokanonisch, deuterokanonische Schriften → Apokryphen

Deutsch-christliche Bewegungen durch den Nationalismus, die rassische Weltanschauungslehre H. S. Chamberlains und die → deutschgläubigen Bewegungen im 19. Jh. vorbereitet, entstanden nach dem Ersten Weltkrieg verschiedene dt.-christl. Gemeinschaften, welche die Verbindung eines „arteigenen" dt. Glaubens mit dem Christentum erstrebten (Germanisierung des Christentums), u.a. 1927 und 1932 die → Dt. Christen.

Deutsche Bischofskonferenz traten die deutschen Bischöfe 1848 in Würzburg – auf dem Hintergrund der Verhandlungen in der Frankfurter Paulskirche des gleichen Jahres – zum ersten Mal zu gemeinsamen Beratungen zusammen, treffen sie sich (bis 1966 als Fuldaer Bischofskonferenz) seit 1867 jährlich in Fulda am Grab des hl. Bonifatius (→ Angelsächsische Mission), dazu auch an anderen Orten. Aufgrund der Vorschriften des → Vaticanum II zur Errichtung von Bischofskonferenzen gab sich die Versammlung 1966 neue Statuten und nannte sich in „Deutsche Bischofskonferenz" um. Ihr oberstes Organ ist die Vollversammlung, deren Beschlüsse in Hirtenbriefen veröffentlicht werden; die laufenden Angelegenheiten werden vom Ständigen Rat und vom Sekretariat wahrgenommen. Die Bischöfe wählen aus ihren Reihen einen Vorsitzenden.

Deutsche Christen im Rahmen der → dt.-christl. Bewegungen und in Verbindung mit der nationalsozialist. Weltanschauung entstanden 1927 die „Kirchenbewegung Deutsche Christen" mit dem Ziel eines von Judentum und AT befreiten Christentums und der Errichtung einer „Deutschen Christlichen Nationalkirche", 1932 die „Glaubensbewegung Deutsche Christen", die eine ev. Reichskirche forderte, der nur „arische" Christen angehören sollten. Die Erhebung des Pfarrers und „Deutschen Christen" L. Müller zum Reichsbischof (1933) und die vom NS-Regime unterstützten Bemühungen der Bewegung, in den einzelnen Landeskirchen das Kirchenregiment zu erlangen, führten zu → Kirchenkampf, → Barmer Theologischer Erklärung und → Bekennender Kirche.

Deutsche Christentumsgesellschaft → Christentumsgesellschaft

Deutsche Jugendkraft (Abk. DJK) 1920 gegr., 1935 aufgehobener, 1947 wiedergegr. „Verband für Sportpflege in kath. Gemeinschaft", seit 1970 „Bundesverband für Leistungs- und Breitensport".

Deutscher Evangelischer Kirchentag als dauernde Einrichtung 1949 von R. v. Thadden-Trieglaff gegr., seit 1957 alle zwei Jahre stattfindende, bes. von → Laien getragene kirchl. Versammlungen, die in Zusammenarbeit mit den Kirchenleitungen die Aktivierung der Laienarbeit, kirchl. Einheit und ein christl. Verständnis aller Lebensfragen erstreben. War es schon seit 1848 zu ersten Zusammenkünften dieser Art gekommen, wurde der Kirchentag seit 1918 zum synodalen Organ des Dt. Evangelischen Kirchenbunds, in dem die dt. ev. Landeskirchen vereinigt waren.

Deutscher Katholikentag seit 1848 die zuerst jährl., seit 1950 alle zwei Jahre stattfindende, jeweils unter einem aktuellen rel., polit. und sozialen Thema stehende Versammlung der dt. Katholiken, die vom Zentralkomitee der dt. Katholiken vorbereitet und von Geistlichen und Laien aus dem öffentl. Leben, aus Wissenschaft und Politik repräsentiert wird.

Deutscher Orden nach → Johannitern und → Templern der zeitl. letzte der drei großen geistl. → Ritterorden (genannt auch Deutschherren, -ritter oder Kreuzritter) mit den drei Klassen Ritter-, Priester- und dienende Brüder. Er ging 1198 hervor aus einer → Hospital-Bruderschaft zur Pflege der Kranken und Verwundeten in einem Feldlazarett, das Bürger aus Lübeck und Bremen auf dem 3. → Kreuzzug, während der Belagerung der Festung Akkon 1189/90, eingerichtet hatten (1199 päpstl. bestätigt). Im Anschluß an die Templer-Regel erhielt die Ordensregel 1244 ihre endgültige Form, für die Priesterbrüder galten die Bestimmungen der → Dominikaner. Der Orden, dessen Tracht ein weißer Mantel mit schwarzem Kreuz ist und an dessen Spitze der Hochmeister stand, erhielt 1226 mit der Christianisierung Preußens eine neue Aufgabe; hier entstand bis Ende des 13. Jh.s ein blühender Ordensstaat, der auch wirtschaftl. zu einer bedeutenden Macht im Ostseeraum wurde. Die über das ganze Abendland verteilten, in → Balleien gegliederten Besitzungen bildeten dabei wirtschaftl. und personell die Reserve des Ordensstaates, in dem die herausragende Kulturleistung des Ordens am deutlichsten sichtbar wurde. Doch gingen im 15. Jh. Westpreußen und Ermland verloren, Ostpreußen wurde polnisches Lehen, das Ordensland 1525 in ein weltl. prot. Herzogtum umgewandelt; die kath. Teile in Süd- und Westdeutschland bestanden dagegen weiter. Der 1809 von Napoleon I. aufgehobene Orden wurde 1840 von Franz I. von Österreich als selbständiges geistl.-ritterl. Institut wiederhergestellt. Es kam zur Erneuerung mit einem weibl. Zweig, der im Mittelalter erloschen war, 1929 zur Neukonstituierung als rein geistl. Orden, der bis heute in vielen Ländern in Pfarrseelsorge, Schul-, Armen-, Kranken- und Altendienst tätig ist.

Deutscher Protestantenverein 1863 in Frankfurt am Main begr., 1909 in Protestantenbund umbenannter Verein aus Vertretern aller dt. Landeskirchen mit dem Ziel, der wachsenden Entkirchlichung entgegenzutreten; er wurde später grundlegend für die Bildung der → EKD.

Deutscher Volksbund für Geistesfreiheit → Freireligiöse Bewegungen

Deutsches Nationalkomitee des Lutherischen Weltbundes → Lutherischer Weltbund

Deutschgläubige Bewegungen entstanden im 19. Jh. und getragen von der völkischen Idee, versuchten verschiedene (antisemitische) Gruppen bes. seit 1890, einen „arteigenen" dt. Glauben zu entwickeln und zu organisieren, wobei das Christentum entweder ganz abgelehnt oder als „entjudetes", germanisiertes geduldet wurde (→ dt.-christl. Bewegungen). 1933 entstand die „Arbeitsgemeinschaft der Deutschen Glaubensbewegung", vier Jahre später der „Bund für Deutsche Gotteserkenntnis". Die Bewegungen gingen zugleich mit dem Nationalsozialismus unter.

Deutschherren (-orden) → Deutscher Orden

Deutschkatholizismus 1844 anläßl. der → Heilig-Rock-Wallfahrt entstandene, vom Geist des → Liberalismus und Rationalismus geprägte Bewegung, die sich von der kath. Kirche abspaltete (→ Freikirchen). Ihre Vertreter verwarfen u. a. kirchl. Lehramt, päpstl. Primat und Heiligenverehrung. Ihrer raschen Verbreitung (auch als Christl.-Kath.-Apostol. oder Dt.-Kath. Kirche) folgte schon seit 1850 der Verfall, der auch durch die Verbindung mit den Freien prot. Gemeinden (→ Freies Christentum) nicht aufzuhalten war. Reste schlossen sich 1859 zum Bund → Freireligiöser Gemeinden Deutschlands zusammen.

Deutschritter (-orden) → Deutscher Orden

Devolution (lat. = Abwälzen, Fortrollen) allgem. der Kraft eines Gesetzes erfolgende Übergang eines Rechtes auf einen anderen; im kath.

Kirchenrecht das Recht (Devolutionsrecht), das auf die nächst höhere kirchl. Instanz dadurch „fortrollt" und „abgewälzt" wird, daß es vom Erstberechtigten nicht innerhalb der gesetzl. Frist oder in der vorgeschriebenen kanonischen Weise ausgeübt wurde, bes. bei der Besetzung eines kirchl. Amtes.

Devotio moderna (lat. = neue Frömmigkeit) in Westeuropa verbreitete Erneuerungsbewegung des 14./15. Jh.s, die eine persönl., innerl. und von tätig-helfender Liebe (→ Caritas) geprägte erneuerte → Frömmigkeit erstrebte und zu einem markanten Kennzeichen des vielfarbenen → „Herbst des Mittelalters" wurde. Hervorgerufen durch die Predigten des niederländischen Bußpredigers Gerhard Groote († 1384), wurde sie von den → Brüdern (Schwestern) vom gemeinsamen Leben sowie der → Windesheimer Kongregation weitergetragen und vertieft. Die zweifellos edelste Selbstaussage fand die Devotio moderna im Büchlein von der → „Nachfolge Christi" (lat. De imitatione Christi), das dem Augustiner-Chorherrn Thomas von Kempen († 1471), einem der bedeutendsten Vertreter der Bewegung, zugeschrieben wird. Gerade von der „Nachfolge Christi", dem am weitesten verbreiteten → Erbauungs-Buch, gingen Einflüsse in alle christl. Kirchen der Neuzeit aus, bis in die Gegenwart herein.

Devotion (lat.) Gottergebenheit, Unterwürfigkeit, → Frömmigkeit, → Andacht.

Devotionalien (von → Devotion) Gegenstände zur privaten → Andacht, z.B. → Rosenkranz, Christus-, Marien-, Heiligenbilder und -medaillen, in der kath. Kirche oft geweiht.

Devotionsbild → Andachtsbild

Dezimation (von lat. decem = zehn, decimatio = Zehntung) in der Antike die Hinrichtung jedes zehnten (durch das Los bestimmten) Mannes einer militärischen Truppe bei Meuterei oder Feigheit, später Bez. für die Erhebung des → Zehnten.

D. G. Abk. für lat. → Dei Gratia.

Diakon, Diakonisse, Diakonat, Diakonie (gr. diákonos = Gehilfe, Diener) 1. zusammen mit → Bischof und → Presbyter war der Diakon in der Alten Kirche Verwalter des kirchl. Leitungsamtes in der Gemeinde, Gehilfe des Bischofs in der Feier der Liturgie, in der → Armen- und Krankenpflege und in der Vermögensverwaltung, die Diakonisse (in

Röm 16,1 nennt Paulus Phöbe „diakonos" der röm. Gemeinde) die vom Bischof bestellte Helferin im kirchl. und außerkirchl. (Gemeinde-) Dienst, v. a. Assistenz bei der Taufe erwachsener Frauen, priv. Glaubensunterweisung; das Amt der Diakonisse im frühen Christentum ist dabei zu unterscheiden vom Weihesakrament (→ Weihegrade), das Männern vorbehalten ist. Im Lauf des 1. Jahrtausends wurde der eigenständige Diakonat innerhalb der lat. Kirche durch das Übergewicht des Presbyterats verdrängt und geriet zur Durchgangsstufe; er ist die erste Stufe des nach kath. Lehre dreistufigen Weihesakraments. Die sozialen Tätigkeiten des Diakons sind im Mittelalter dafür von den → Orden und → Bruderschaften übernommen worden. Eine Neubelebung erfuhr der Diakonat seit dem → Vaticanum II als Seelsorgepraktikum zur Vorbereitung auf das Priestertum und, seit 1967, als „ständiger Diakonat", der auch von verheirateten Männern wahrgenommen werden kann, mit Tätigkeiten in Seelsorge, Liturgie und Gemeindeleitung. 2. In den orth. Kirchen bestehen die Aufgaben des Diakons v. a. in der liturg. Assistenz. 3. In den ev. Kirchen lebte der Diakonat entweder als dienendes Amt fort (im → Calvinismus als eines der vier Ämter neben Pastor, Lehrer, Ältester) oder wurde im 19. Jh. – durch Th. Fliedner und J. H. Wichern – nach dem Vorbild der Urkirche in der Diakonie neu begründet: Diakon und Diakonisse üben ihren Dienst freiwilliger Liebe (→ Caritas) als Lebensberuf in der kirchl. Gemeindearbeit, in Alten-, Pflegeheimen und Krankenhäusern. Ihre Ausbildung erhalten sie hierzu in eigenen Einrichtungen, den → Diakonenanstalten bzw. → Diakonissenhäusern; zu einem bedeutenden Aufschwung der ev. Diakonie kam es nach dem Zweiten Weltkrieg, sichtbar im → Diakonischen Werk, das 1957 entstand.

Diakonatsweihe → Diakon

Diakonenanstalten in den ev. Kirchen die im 19. Jh. entstandenen Einrichtungen der Diakonie zur Ausbildung und Altersversorgung von → Diakonen. → Diakonissenhaus

Diakoniewissenschaft (Diakonik) im Rahmen ev. theol. Disziplinen noch selten vertretenes Fach zur Erforschung und Darstellung des sozialen Handelns der Kirche (→ Diakon), analog zur → Caritaswissenschaft.

Diakonikon (gr.) in frühchristl. und orth. Kirchen die → Sakristei.

Diakonisches Jahr als Einrichtung der ev. Landeskirchen der freiwillige, zeitl. begrenzte Dienst Jugendlicher in einer Einrichtung der Diakonie.

Diakonisches Werk seit 1957 der Dachverband ev. Einrichtungen der Diakonie, entstanden durch den Zusammenschluß des → Hilfswerks der EKD und der → Inneren Mission zur Organisierung und Förderung der diakonisch-missionarischen Arbeit.

Diakonisse → Diakon

Diakonissenhaus (Diakonissenmutterhaus) Einrichtung des → Diakonischen Werks zur Ausbildung und Altersversorgung von Diakonissen (→ Diakon); das älteste wurde 1836 von Th. Fliedner in Kaiserswerth errichtet. → Diakonenanstalten

Diaspora (gr. = Zerstreuung) die unter Andersgläubigen zerstreut lebenden Mitglieder einer Religionsgemeinschaft, auch das Gebiet, in dem diese wohnen und eine Gemeinde, die Diasporagemeinde, bilden.

Diasporawerk der ev.-luth. Kirche Deutschlands → Martin-Luther-Bund

Diatéssaron (von gr. tò dià tessáron euangélion = ein Evangelium aus vier Evangelien) bedeutende, urspr. vielleicht in gr. Sprache verfaßte → Evangelienharmonie des Syrers Tatian, entstanden im letzten Drittel des 2. Jh.s, u. a. ins Ahd. übersetzt.

Diatribe (gr. = Gespräch) in der gr. Antike entstandene, populär gefaßte, durch Anekdote, Satire und erfundenen Dialog belebte Predigt v. a. gegen den Sittenverfall, die auch der christl. Moralpredigt, bes. des Barocks, als Vorbild diente.

Dictatus papae (lat. = Diktat des Papstes) Bez. für 27 Sätze, die sich zwischen zwei Briefen im Originalregister Papst Gregors VII. (1073–85) vom 3. und 4. März 1075 finden, deren Verfasser der Papst selber ist und die, knapp und zugespitzt formuliert, die Grundsätze und das kirchenpolit. Programm Gregors VII. im Sinne eines absolutistisch verstandenen → päpstl. Primats enthalten, z. B.: Des Papstes Füße müssen alle Fürsten küssen; ihm ist es gestattet, Kaiser abzusetzen; kein Gesetz und kein Buch darf ohne seine Genehmigung als kanonisch gelten; er selber darf von niemandem gerichtet werden. → Gregorianische Reform, → Investiturstreit, → Freiheit der Kirche, → Canossa

Didache (gr. = Lehre) Lehre der → Apostel (Apostellehre, auch Zwölfapostellehre), die älteste erhaltene christl. → Kirchenordnung, entstanden wohl am Beginn des 2. Jh.s.

Didaskalia (apostolorum), Didaskalie (gr. = Lehre) eine angebl. auf die → Apostel zurückgehende → Kirchenordnung, entstanden wahrsch. in der ersten Hälfte des 3. Jh.s in Syrien-Palästina.

Didaskalos (gr. = Lehrer, Ratgeber) in der byz. Kirche der geistl. Beamte eines Bischofs, zuständig für Fragen der Glaubensverkündigung.

Die Göttliche Komödie (it. La Divina Commedia) Epos von Dante Alighieri (1265–1321), das in den drei Teilen Inferno (Hölle), Purgatorio (Fegfeuer) und Paradiso (Paradies) den Weg der sündigen Seele zum Heil darstellt.

Diffinitor → Definitor

Dignität, auch Dignitar, Dignitär (von lat. dignitas = Würde) in der kath. Kirche der Inhaber einer höheren geistl. (Amts-) Würde.

Dikaios (gr. = der rechtmäßig Handelnde) in der byz. Kirche der Vertreter des Patriarchen (Vikar), in byz. Klöstern der mit der Verwaltung beauftragte Mönch, in einer → Skete der von den Mönchen gewählte und vom → Hegumenos des Mutterklosters bestätigte → Prior.

Dikasterium (gr.): in der gr. Antike der als Berufungsinstanz eingerichtete Volksgerichtshof, werden als Dikasterien die einzelnen Behörden und Instanzen der → Römischen Kurie bez.

Diözesan zu einer → Diözese gehörig, die Diözese betreffend, z. B. das Diözesangericht, die Diözesansynode (→ Synode), der Diözesanbischof (→ Bischof), der Diözesanadministrator (→ Administrator, → Kapitelsvikar), die Diözesankurie (→ Generalvikar)

Diözesane der Angehörige einer → Diözese.

Diözese (gr. dioíkesis = Haus-, Staatsverwaltung, latinisiert dioecesis) in der kath. Kirche synonyme Bez. für → Bistum, → Eparchie, → Sprengel, in der ev. Kirche für den kirchl. Amtsbezirk eines → Superintendenten bzw. → Dekans und für den → Kirchenkreis. In den gr. Stadtstaaten war Diözese die Bez. für die Verwaltung der Finanzen und der Wirtschaft, im Röm. Reich daran angelehnt für den Verwaltungsbezirk innerhalb einer Provinz, seit Diokletian (284–305) die den Provinzen übergeordnete Instanz. In der kath. Kirche wurde dieses Verwaltungsprinzip übernommen: die ersten bischöfl. Stadtgemeinden in altkirchl. Zeit wurden Diözese genannt, dann auch das umliegende, missionierte Gebiet. Eine exemte Diözese ist direkt dem → Apostolischen Stuhl unterstellt, also keiner → Kirchenprovinz eingegliedert (→ Exemtion).

Dioiketes (gr. = Haushalter, Verwalter) in der byz. Kirche der für den sozial-karitativen Bereich zuständige Verwaltungsbeamte des Bischofs, meist ein → Diakon.

Diplomatik (von gr. díploma = zusammengelegtes Schreiben) von Jean Mabillon (1632–1707) begründete Urkundenlehre (geschichtl. Hilfswissenschaft), bes. zur Prüfung der Echtheit mittelalterlicher Urkunden (→ Akten).

Diptychon (gr. = doppelt zusammengefaltet) in Antike und frühchristl. Zeit ein zusammenklappbares Paar von Täfelchen, meist aus Elfenbein, auch aus Holz und Metall, deren (oft mit einer Wachsschicht überzogene) Innenseiten beschrieben werden konnten, außen seit dem 4. Jh. mit → Reliefs geschmückt waren, die später auch als kostbare Bucheinbände (→ Buchkunst) Wiederverwendung fanden. Die zweiflügeligen → Altäre oder Altarbilder (→ Retabel) des Mittelalters werden ebenfalls als Diptychon bez. In der byz. Kirche waren Diptychen Tafeln mit dem Namensverzeichnis von Personen, deren in der Liturgie öffentl. gedacht wurde (→ Kommemoration).

Direktorium (lat.) in der kath. Kirche der in den einzelnen Bistümern jährl. erscheinende Kalender mit dem Verzeichnis der kirchl. Gedenk- und Festtage und den genauen Anweisungen zur täglichen Feier der Liturgie. → Kalendarium

Disciples of Christ (engl. = Jünger Christi) 1809 vom Presbyterianer T. Campbell gegr. Gemeinschaft, die zur Gewinnung eines allein auf der Grundlage der Bibel beruhenden Christentums alle → Glaubensbekenntnisse verwarf.

Diskalzeaten → Barfüßer

Dispens (lat.) Befreiung, Entbindung von einer gesetzmäßigen Verpflichtung, einer Rechtsforderung oder einem Rechtshindernis durch die rechtmäßige Instanz, im kath. Kirchenrecht die Aufhebung der Verpflichtungskraft eines rein kirchl. Gesetzes für den Einzelfall, z. B. bei einem Ehehindernis, früher bes. im Fall der → Kumulation kirchl. Ämter (→ Inkompatibilität).

Disputation (lat.) früher weit verbreitetes und auch zur Erlangung akademischer Grade übliches gelehrtes, öffentl. geführtes Streitgespräch zur Klärung wissenschaftl. und rel. Meinungsverschiedenheiten, z. B. die berühmte → Leipziger Disputation zwischen Johannes Eck und Martin Luther im Jahr 1519.

Dissenters (engl., von lat. dissensio = Uneinigkeit) in England die Andersgläubigen oder Nonkonformisten, die nicht der → Anglikanischen Kirche angehörigen Gläubigen. Die Bez. galt urspr. den Gruppen, die die → Uniformitätsakte ablehnten. Seit der → Toleranzakte von 1689 wurden die Dissenters, für die nunmehr der Name → Freikirche gebräuchlicher ist, im Verlauf des 18./19. Jh.s allmähl. gleichberechtigt mit den Anglikanern, zu denen heute allgem. freundschaftl. Beziehungen unterhalten werden.

Diurnale (lat., von diurnus = täglich) Auszug aus dem → Brevier, das nur die Tagzeiten (Tagesgebete), ohne → Matutin, enthält.

DJK Abk. für → Deutsche Jugendkraft

D. N. J. C. Abk. für lat. Dominus Noster Jesus Christus = Unser Herr Jesus Christus.

Dogma, Dogmatik, Dogmengeschichte (gr. dogma = Meinung, Beschluß, Verordnung, Lehrsatz) in der kath. Kirche ist ein Dogma eine vom Lehramt verbindl. vorgetragene Interpretation der Offenbarung, wie sie inhaltl. in der → Bibel und im → Bekenntnis der Kirche enthalten ist, Dogmatik die theol. Disziplin, die mit wissenschaftl. Methoden die Glaubenslehre in ihrem Gesamtzusammenhang darstellt und vermittelt (sie wird, bes. in der ev. Theologie, zusammen mit Fundamental- und Moraltheologie auch als Systematische Theologie bez.). Dogmengeschichte erforscht und beschreibt Ursprung und geschichtl. Entfaltung der kirchl. Glaubenslehre.

Doketismus (von gr. dokeo = scheinen, den Anschein haben) Bez. für verschiedene Strömungen in der → Christologie des 2.–5. Jh.s, welche die Wirklichkeit, d. h. Vollständigkeit der menschl. Natur Christi ablehnen oder einschränken.

Doktor (lat. = Gelehrter, Lehrer) höchster akademischer Grad, der von den Fakultäten der Universitäten nach Annahme einer wissenschaftl. Arbeit (Dissertation) und eines bestandenen mündlichen Doktorexamens (lat. examen rigorosum) verliehen wird (Promotion), abgekürzt

Dr., bei ev. Theologen als Ehrenwürde auch mit D. Im Mittelalter wurde mit „Doctor", neben → Scholasticus und → Magister, der Lehrer überhaupt bez.; mit der Entstehung der Universitäten im 12./13. Jh. waren Doktor und Magister die an der Universität zum Lehren Berechtigten. „Doctor" begegnet seit dem Mittelalter auch als Beiname oder Ehrentitel für → Kirchenlehrer (lat. doctor ecclesiae) und Theologen zur Kennzeichnung ihrer herausragenden und der für sie charakterist. Eigenschaften, z. B. doctor mellifluus (honigfließender Lehrer) für den hl. Bernhard von Clairvaux, doctor universalis (Universalgelehrter) für den hl. Albertus Magnus, doctor angelicus (engelgleicher Lehrer) für den hl. Thomas von Aquin.

Doktrinarier (von lat. doctrina = Belehrung, Unterweisung) hervorgegangen aus → Bruderschaften von Priestern und Laien für die → Christenlehre, wurde die bis heute in Italien bestehende Kongregation zur Erteilung von Religionsunterricht (mit nur noch wenigen Mitgliedern) 1592 in Avignon gegr. und war von 1616–47 mit den → Somaskern vereinigt.

D. O. M. Abk. für lat. → Deo Optimo Maximo

Dom (lat. domus = Haus, domus ecclesiae, domus Dei = Haus der Kirchengemeinde, Haus Gottes; mhd. tuom, dann Thum) urspr. die Kirche eines → Stifts mit dem Stiftskapitel, die Hauptkirche einer Stadt, die → Bischofskirche mit dem → Domkapitel, in denen sich → Chor und → Chorgestühl befanden. Das nhd. Wort „Dom" wurde erst im 15./16. Jh. aus frz. dôme (Kirche, Kuppel) entlehnt und oft auf bedeutende Kirchenbauten (bes. mit Kuppelaufbauten) übertragen (z. B. Invalidendom). Mit Dom, der seinerseits früher auch → Münster genannt wurde, ist heute im allgem. Sprachgebrauch nicht selten die Bischofskirche (→ Kathedrale) gemeint.

Dom (von lat. → Dominus) in Frankreich, vergleichbar dem Wort → Abbé, Titel und Anrede bes. von Ordensgeistlichen, in Portugal von (hohen) Geistlichen, Angehörigen des Hochadels und anderen höhergestellten Persönlichkeiten.

Domdekan nach dem → Dompropst die zweite → Dignität des → Domkapitels.

Domesticus, Domestikos (lat.-gr. = der zum Haus gehörige Genosse) im Röm. und Byz. Reich ein Beamter, der in verschiedenen kirchl. und staatl. Ämtern eine Vertrauensstellung innehatte.

Domfreiheit bis zum Ende der → Reichskirche der Bezirk um eine → Bischofskirche, die unter der unmittelbaren Gerichtsbarkeit des → Domstifts stand. → Immunität

Domherr Mitglied eines → Domkapitels, auch der Domkapitular, der wie der → Chorherr oder → Kanoniker an → Stifts- und → Kollegiatkapitel in eigener Wohnung (früher der Kanonikal- oder Domherrenhof) lebt, über sein Privateigentum und seine Einkünfte (früher aus → Pfründen) frei verfügen kann. Zu ständiger Residenz, Teilnahme am → Chordienst und den Versammlungen des Domkapitels verpflichtet, übt der Domherr, der bis zum Ende der → Reichskirche häufig aus dem Adelsstand kam, bis heute in der Bistumsverwaltung (→ Bischöfl. Ordinariat) verschiedene Ämter aus.

Domina (lat.) die (Haus-) Herrin, Dame, Frau, abgek. D., in einzelnen ev. Kirchen Deutschlands Titel einer → Äbtissin in Anstalten, die auf vorreformatorische Klöster zurückgehen.

Dominica (lat.) Tag des Herrn, → Sonntag.

Dominikaner vom span. Kanoniker Domingo Guzmán, dem hl. Dominikus von Caleruega (um 1170–1221) als Predigerorden 1215 errichteter, 1216 päpstl. bestätigter → Bettelorden. Die Gründung des auch Jakobiner (so benannt auch nach dem Kloster Saint-Jacques in Paris) genannten Ordens erfolgte, wie bei den → Franziskanern, auf dem Hintergrund der → Armutsbewegung und ihrer Kritik am Reichtum der Kirchen und Klöster, wie sie auch die häretischen Gruppen der → Katharer (→ Albigenser) und → Waldenser in Südfrankreich vertraten. In Toulouse, dem Wirkungsbereich der Albigenser, errichtete Dominikus 1215 auch die erste Niederlassung seiner Gemeinschaft, für die ein Leben in völliger Armut, die Predigt zur Stärkung der Gläubigen sowie zur Bekehrung der Ungläubigen und Häretiker zur obersten Richtschnur wurde. Dementsprechend standen die theol. Studien (Generalstudium) zur Fundierung der Predigttätigkeit im Mittelpunkt des Ordens, für dessen Regel die → Augustinusregel zur wichtigen Grundlage wurde. Noch im 13. Jh. erlangte die Gemeinschaft größte wissenschaftl. Bedeutung (→ Scholastik) durch herausragende Gelehrte aus ihren Reihen, u. a. Albertus Magnus, Thomas von Aquin, Duns Scotus, später die → Mystiker Meister Eckart, J. Tauler, H. Seuse, die Prediger J. v. Capistran, Savonarola, B. de las Casas. Mit der Übertragung der → Inquisition durch Papst Gregor IX. im Jahr 1232 gewann der Orden einen nicht zu übersehenden kirchenpolit. Einfluß, auch zur Zeit des → Hexenwahns im späten 15. Jh. Im Zeitalter der Entdeckungen eröffnete sich ein neues Betätigungsfeld in der → Mission, wo sich der Orden, dessen Tracht aus weißem Rock, Skapulier und schwarzem Mantel besteht, große Verdienste erwarb. Zur Gemeinschaft, die wie alle Orden in Reformation, Französischer Revolution und Säkularisation schwerste Erschütterungen erfuhr, gehören die Dominikanerinnen, von Dominikus als Zweiter Orden gegründet (seit dem 19. Jh. mit zahlreichen Schwesternkongregationen, die weltweit in Schulen und sozial-karitativen Einrichtungen wirken, und als → Dritter Orden (Tertiaren) Laiengemeinschaften, die sich noch im 13. Jh. gebildet hatten. An der Ordensspitze steht der in Rom residierende Generalmagister.

Dominus (lat.) allgem. ein (Haus-) Herr, Eigentümer, Lehns-, Grund-, Landesherr, der Herrscher, im bes. Gott der Herr, der Herr Jesus Christus, abgek. D., auch → D. N. J.C. → Dom, → Don

Domizellar (von lat. cella = Kammer, Zelle, Gemach; → Cellerar) im → Domkapitel lebender Anwärter auf eine Stelle als → Domherr, auf ein → Kanonikat.

Domkapitel (lat. capitulum cathedrale/cathedralis ecclesiae) geistl. Körperschaft (→ Kapitel) von → Kanonikern an einer → Bischofskirche (→ Kathedrale, → Dom) zur feierl. Gestaltung der Liturgie und zur Unterstützung des Bischofs bei der Verwaltung des → Bistums. Die Mitglieder des Dom- oder Kathedralkapitels (auch → Domstift oder → Konsistorium), dem das → Stifts- oder Kollegiatkapitel an Stiftskirchen bzw. → Kollegiatstiften entspricht, sind die → Domherren oder Domkapitulare. Es entstand aus einer → Presbyterium oder → Kathedralklerus genannten Gemeinschaft von Geistlichen, die seit dem 4. Jh. an einer Kathedralkirche (auch → Domkloster) ein gemeinsames Leben führten, dem Bischof beim Gottesdienst und in der Verwaltung zur Seite standen, dafür Unterhalt aus dem Kirchengut bezogen (zur geschichtl. Entwicklung → Chorherr). Parallel zu den Kollegiatstiften entwickelten sich im Zug der → Gregorianischen Reform die Kanonikerstifte an Bischofskirchen im 11./12. Jh. zu Domkapiteln (Wormser Konkordat von 1122, → Investitur), denen als wichtigstes Recht (nach Ländern unterschiedlich) die → Bischofswahl zustand (heute nur Restbestände). Im → Heiligen Römischen Reich kam ihnen bis zum Ende der → Reichskirche eine ungleich größere Bedeutung zu als in der Kirche der Gegenwart (mit rein kirchl. Aufgaben). Sie bildeten als selbständige Kollegien, die bei der geistl. Leitung mitwirkten, das wichtigste Instrument der Kontinuität in den Bistümern, übten die kanonische Wahl der Fürstbischöfe und waren gerade dadurch wesentl. Teil des Reichs, schon durch ihre fast ausschließl. adelige Zusammensetzung der

Führungsschicht im geistl.-weltl. Bereich verbunden. Zudem besaßen sie die Rechte einer unabhängigen Körperschaft im → Hochstift, die an der weltl. Regierung maßgebl. beteiligt war.

Domkapitular Angehöriger des → Domkapitels, auch → Domherr genannt.

Domkirche → Dom

Domkloster im frühen Mittelalter ein → Kloster an einer → Bischofskirche, aus dem oft das → Domkapitel hervorging.

Domkustos (von lat. custos = Wächter; → Kustos) → Domherr, dem die Aufsicht über → Paramente, Schatz und Bau der Domkirche obliegt.

Dompropst erste → Dignität im → Domkapitel (→ Propst), als dessen Vorsitzender mit umfassenden Leitungsaufgaben ausgestattet und mit der Vermögensverwaltung betraut, dabei vom → Domdekan unterstützt.

Domscholaster, Domscholasticus → Domherr, der Leiter und Aufseher der → Domschule war.

Domschule im frühen und hohen Mittelalter die an einem → Stift, einer → Bischofskirche oder einem → Domkloster eingerichtete Schule, auch → Kathedral-, Kloster- oder Stiftsschule genannt, die häufig in eine innere Schule (lat. schola interior) zur Ausbildung künftiger → Kleriker (auch der → Oblaten) und in eine äußere Schule (lat. schola exterior) für → Laien geteilt war. Als Lehrer fungierten Geistliche, ihr Leiter war der Schul- oder Lehrmeister (lat. magister scholarum oder scholasticum), später auch der → Domscholaster. Domschulen waren bis zur Entstehung der Universitäten im 12./13. Jh. und der städt. Schulen seit dem 13. Jh. mit den Klosterschulen die wichtigsten Träger und Vermittler christl.-abendländischer Bildung; aus diesen Bildungsstätten gingen nicht selten die Universitäten selbst hervor. Seit dem Konzil von Trient (1545–63) wurden die Domschulen allmählich von → Seminarien abgelöst; häufig entstanden dafür Lyzeum und später (Dom-) Gymnasium.

Domstift die mit Grundvermögen ausgestattete, von Staat und Kirche zur jurist. Person erhobene Körperschaft eines → Domkapitels. → Stift

Domus Dei (lat. = Haus Gottes) über dem → Portal von Kirchen bes. des Barocks und Rokokos oft anzutreffende Inschrift, nicht selten auch in Verbindung mit „Porta Coeli" (lat. = Tor zum Himmel).

Domvogt → Vogt, Vogtei

Don (von lat. → Dominus) in Spanien und Italien Anrede und Titel für die Geistlichkeit (ähnlich → Abbate).

Donate → Oblate

Donatismus nach Donatus († um 355) benannte, später zurückgewiesene Lehre, wonach die Gültigkeit der Sakramentenspendung von der vollen Gemeinschaft des Spenders mit der Kirche abhängig ist.

Doppelkloster vielfach mißverstandener Begriff zur Bez. einer Gemeinschaft von → Mönchen und → Nonnen, die nach Geschlechtern getrennt am selben Ort und nach der selben Regel leben. Die seit dem 4. Jh. in der Ostkirche entstandene Einrichtung begegnet im frühen Mittelalter auch in der lat. Kirche des Westens, wobei es sich z. B. um Frauenklöster mit einer → Äbtissin an der Spitze handelte, zu dem (meist nur kurzzeitig) eine Gruppe von Mönchen gehörte, oder um ein → Kanonikats-Stift, in dessen Nähe sich weibl. → Konversen oder → Kanonissen klösterl. niederließen; in diesen Fällen spricht man besser von assoziierten → Konventen oder Gemeinschaften, um die es sich letztl. auch bei den „Doppelorden" des 12. Jh.s (Fontrevault in Frankreich und Gilbertiner in England) oder bei den in einer Kirche vereinigten Gemeinschaften von Mönchen und Nonnen einiger Klöster in Deutschland (z. B. Zwiefalten) gehandelt haben wird. Zutreffender ist die Bez. Doppelkloster für den Orden der → Birgitten, in dem Mönche und Nonnen unter Leitung der Äbtissin in getrennter → Klausur lebten (z. B. in Altomünster bei Dachau bis 1803).

Doppelorden → Doppelkloster

Dordrechter Synode von November 1618 bis Mai 1619 im niederländischen Dordrecht abgehaltene allgem. → Synode der ref. Kirchen, die, auf Drängen der streng orth. Richtung der Calvinisten (→ Calvinismus) einberufen, den Streit mit den Remonstranten (→ Arminianismus) in der Frage der → Prädestination beilegen sollte. An ihrem Ende wurden über 200 arminianische Prediger entlassen und, die calvinist. Prädestinationslehre bekräftigend, fünf Artikel mit den Irrtümern der Remonstranten zusammengestellt, die als „Dordrechter Glaubensbekenntnis" nach dem auf der Synode anerkannten → Heidelberger Katechismus und der → Confessio Belgica in die → Bekenntnisschriften der ref. Kirchen Eingang fand.

Dorfkirchenbewegung seit 1913 wurden durch den „Deutschen Dorfkirchenverband" Dorfkirchentage abgehalten, um das kirchl. Leben auf dem Land zu fördern und so auch der Landflucht entgegenzuwirken. Diese Ziele verfolgte auch die kath. Landvolkbewegung. Die Einrichtung wurde, nach Unterbrechung in der nationalsozialist. Zeit, seit 1951 durch die „Arbeitsgemeinschaft für den dorfkirchlichen Dienst innerhalb der EKD", die Arbeitsgruppe „Dorf" auf den dt. ev. Kirchentagen und die seit 1956 bestehende ökum. Landkirchenkonferenz fortgesetzt und erweitert.

Dormitorium (lat.) der gemeinsame Schlafsaal eines Klosters (bes. im Mittelalter), dann auch der Gebäudetrakt, in dem sich die Einzelzellen der Mönche und Nonnen befanden.

Dotation (von lat. dos = Geschenk, Gabe, Mitgift) allgem. die Zuweisung von Geldmitteln, Grundbesitz und anderen Sach- und Vermögenswerten, in der kath. Kirche die vermögensmäßige Ausstattung einer Stiftung, → Pfründe oder einer anderen kirchl. Einrichtung, z.B. die Übertragung von Grundbesitz an ein neugegr. oder zu errichtendes Kloster durch den Landesherrn zur wirtschaftl. (Selbst-) Versorgung.

Doxologie (von gr. doxa = guter Ruf, Ruhm, Ehre, Glanz, im NT Herrlichkeit, und logos = Wort) als Verherrlichungsgebet und Lobpreis die Grundform der bibl. Gebetssprache, in der die wesentl. Aspekte des Wesens und Heilshandelns Gottes und Christi zum Ausdruck kommen.

Dreieinigkeit, Dreifaltigkeit → Trinität

Dreifaltigkeitssäule wie Heiligen- und Mariensäule gestaltete Säule mit der Darstellung der heiligsten Dreifaltigkeit (→ Trinität), v.a. in Böhmen, Mähren, Österreich. Die wohl berühmteste ist die sog. Pestsäule in Wien, die 1679 zum Dank für das Ende der Pest errichtet wurde.

Dreikapitelstreit Streit um die Rechtgläubigkeit des Ibas von Edessa, Theodoret von Cyros und Theodor von Mopsuestia, die wegen der von ihnen in der Folge des Konzils von Chalcedon (451) vertretenen Unterscheidung der beiden Naturen in Christus (→ Dyophysitismus) des → Nestorianismus bezichtigt wurden.

Dreikonchenanlage im Kirchenbau die zu allen Zeiten begegnende Architektur des Chorraums, der im Grundriß in der Form eines regelmäßigen Kleeblatts gestaltet ist, wobei → Chor und Querschiff jeweils in halbrunden Apsiden (→ Apsis) auslaufen.

Dreikönige → Epiphanie

Dreißigjähriger Krieg Bez. für eine Vielzahl von Kriegen in Mitteleuropa und bes. in Deutschland in den Jahren 1618 bis 1648. Er resultierte – nachdem der → Augsburger Religionsfriede von 1555 keinen wirkl. Frieden gebracht hatte – aus dem konfessionellen Gegensatz zwischen der kath. Kirche und den aus der → Reformation hervorgegangenen Kirchen sowie dem Streben der böhmischen Stände, dann auch der Reichsstände nach Machterweiterung, nach Durchsetzung fürstl. Libertät, und wurde durch einen Aufstand des überwiegend prot. Adels in Prag gegen die kaiserl. Majestät, den habsburgischen kath. König und Kaiser entfacht (zweiter Prager Fenstersturz). Das an sich unbedeutende und lokal begrenzte Ereignis mobilisierte bald die beiden konfessionellen Fürstenbünde. Deutschland wurde allmähl. Schauplatz und Ziel von Kriegen, die sich letztl. als polit. Machtkampf gegen das Haus Habsburg richteten und an denen alle europäischen Großmächte beteiligt waren. Die vier (freilich in sich verschiebenden und überschneidenden) Phasen des Kriegsverlaufs waren: 1. Böhmisch-Pfälzischer Krieg (1618–23), 2. Dänisch-Niedersächsischer Krieg (1623–29), 3. Schwedischer Krieg (1630–35, bis 1632 unter König Gustav Adolf II. von Schweden), 4. Schwedisch-Französischer Krieg (1635–48). Die lange Kriegsdauer, unentschiedene Kämpfe und allgem. Kriegsmüdigkeit führten zum → Westfälischen Frieden vom 24.10.1648 und zum Ende eines Krieges, der millionenfachen Tod, Barbarei, geistige und sittl. Verelendung, Verarmung, Verwüstung über Mitteleuropa und seine Einwohner gebracht hat, wobei auch Deutschland in bes. Weise betroffen war. Dies schlug sich auch im künstlerischen Schaffen nieder, so in der Thematisierung der → Apokalyptischen Reiter, in der bildl. wie literarischen Darstellung und im Volkslied (Schnitter Tod; → Allegorie); als eindrucksvolles Beispiel sind hier etwa die „Tränen des Vaterlandes, anno 1636" des ev. Predigerssohns Andreas Gryphius (1616–64) zu erwähnen. Die dreißig Jahre von 1618 bis 1648 bilden den tiefsten Einschnitt der europ. Geschichte zwischen Reformation und → Französischer Revolution. Die Gleichberechtigung der → Bekenntnisse, die Anerkennung der vollen Landeshoheit der Territorialfürsten leiteten langfristig das Ende auch des → Heiligen Römischen Reiches ein.

Dritter Orden, Drittorden in der kath. Kirche die einem → Orden – der Erste Orden ist der männl., der Zweite Orden der weibl. Zweig einer Ordensgründung – angeschlossenen Gemeinschaften von Frauen und Männern, die zwar in der Welt leben (etwa weil sie durch ihre Lebensumstände, z. B. Ehe und Beruf, am Eintritt in ein Kloster gehindert sind), dennoch im Geist des betreffenden Ordens wirken und dessen

Ideale verwirklichen wollen. Sie werden auch Terziaren oder Tertiarier (von lat. tertius = der Dritte) genannt. Der bekannteste und größte war der Dritte Orden der → Franziskaner, der noch zu Lebzeiten des hl. Franz von Assisi († 1226) errichtet wurde. Neben den weltl. Drittordens-Gemeinschaften oder Terziarenverbänden, die bis heute auch als → Bruderschaften begegnen, bestehen seit dem 13. Jh. regulierte Dritte Orden für Frauen und Männer, die als klösterl. Gemeinschaft nach einer weniger strengen Form der Regel des Ordens, dem sie angeschlossen sind, leben. Sie sind weltweit tätig im Erziehungs- und Unterrichtswesen, in der Glaubensunterweisung, im sozial-karitativen Bereich, bes. in der → Armen-, Kranken- und Altenpflege (z.B. in Anstalten und Krankenhäusern des Dritten Ordens).

Dualismus (von gr. duo = zwei) Sammelbez. für Systeme in Religionsgeschichte, Philosophie und Theologie, die letzte Grundprinzipien der Wirklichkeit in einen unvermittelbaren Gegensatz bringen, z.B. Materie und Geist (Leib und Seele, sinnl. und geistige Welt). → Gnosis, → Manichäismus

Dunkelmännerbriefe (lat. Epistolae obscurorum virorum) in zwei Teilen 1515 und 1517 erschienene satirische Schmähschrift, die u.a. von Crotus Rubianus und Ulrich von Hutten in gewollt schlechtem Latein (→ „Küchenlatein") verfaßt wurde und gegen die in Köln lehrenden theol. Gegner des Humanisten (→ Humanismus) Johannes Reuchlin († 1522) gerichtet war, zugleich aber auch mittelalterl. Wissenschaft und Lehrmethode mit Spott und Hohn überzog.

Dunkles Jahrhundert (lat. saeculum obscurum) von Caesar Baronius in seinen „Annales ecclesiastici" 1602 erstmals gebr. Begriff zur Kennzeichnung des 10. Jh.s, bes. im Hinblick auf die Zustände in Rom und die Situation des → Papsttums, das durch die finsteren Machenschaften röm.-it. Adelscliquen gedemütigt, vielen Greueln und Verbrechen (mit Absetzung und Ermordung von Päpsten) ausgeliefert war. Mit der Bez. ist auch in der modernen Historiographie die Epoche etwa zwischen 880 und 1046 umschrieben, also zwischen dem Ende des karolingischen Schutzes und dem Aufstieg eines erneuerten Papsttums (Kirchenreform und Reformpapsttum). → Pornokratie

Dyophysitismus (gr. duo = zwei, physis = Natur, Zweinaturenlehre) innerhalb der → Christologie der Alten Kirche eine Richtung, die im Unterschied zum → Monophysitismus die Unterscheidung der göttl. und menschl. Natur Christi klar herausstellte, z.B. auf den Konzilien von Ephesus (431) und Chalcedon (451).

Dyotheletismus (gr. duo = zwei, thelema = Wollen, Wille) im 7. Jh. formulierte kirchl. Lehre, wonach im Anschluß an den → Dyophysitismus und im Gegensatz zum → Monotheletismus sowohl der göttl. als auch menschl. Natur Christi ein eigener Wille zuerkannt werden muß.

E

Ebioniten (hebr.-gr. = die Armen) seit dem 2. Jh. übliche Bez. für → Judenchristen in Transjordanien und Syrien, von denen Teile vielleicht im → Manichäismus oder Islam aufgegangen sind.

Ecce homo (lat. = Seht, da ist der Mensch) Worte des Pontius Pilatus, mit denen er den gegeißelten, dornengekrönten und mit einem purpurroten Mantel bekleideten Jesus dem Volk vorstellte (Joh 19, 5). Die Szene fand seit dem Spätmittelalter zahlreiche Darstellungen in der bildenden Kunst (u. a. R. van der Weyden, L. da Vinci, Tizian, Dürer, Rembrandt, Schongauer): der leidende Jesus als → Schmerzensmann oder in einer Gruppe mit den ihn verhöhnenden Juden. → Passion

Ecclesia, Ekklesia (gr.-lat. = [herausgerufene] Versammlung, Übersetzung von hebr. kahal = Gemeindeversammlung, it. chiesa, frz. église, span. iglesia) urspr. die athenische Volksversammlung und die Versammlung der freien Bürger in den gr. Stadtstaaten, dann rel. Versammlungen und – im NT – die Versammlung der Christen zum Gottesdienst, die Gemeinde und der Raum oder das Gebäude für den christl. Gottesdienst, die → Kirche. Das Wort bez. aber nicht nur das Gotteshaus, sondern auch die Gemeinschaft und Einheit der Gläubigen in der Welt oder an einem bestimmten Ort (Ortskirche), in einem → Bistum (z. B. ecclesia Frisingensis = Bistum Freising). In der Kunst werden NT und Kirche, oft zusammen mit der Synagoge, als siegreiche Frauengestalt mit Krone, Kelch, Kreuzesfahne oder -stab dargestellt (→ Ecclesia und Synagoge).

Ecclesia cathedralis (lat.) die → Kathedrale, Kathedralkirche, → Bischofskirche, auch der → Dom.

Ecclesia Gallicana → Gallikanismus

Ecclesia militans (lat.) die für das Evangelium streitende Kirche in der Welt.

Ecclesia non sitit sanguinem (lat.) Rechtsgrundsatz, wonach die Kirche kein Blut trinkt, d. h. vergießt. Er bezog sich im bes. auf die Ausübung des → Blutbanns, die geistl. Fürsten nicht erlaubt war. Jedoch wurde dieser Grundsatz, v. a. im Mittelalter, nicht immer beachtet, was nicht zuletzt in der problemat. Konstellation im Verhältnis von weltl. und geistl. Gewalt, von Kirche und Staat gründete (→ Zwei-Gewalten-Lehre), so in der Zeit der → Kreuzzüge, bei Verfolgung von → Häresie und Hexerei (→ Hexenwahn) durch die → Inquisition.

Ecclesia semper reformanda (lat.) Ausdruck für das Grundanliegen der → Reformation, wonach die Kirche eine stets zu reformierende ist (so die Übersetzung), d. h. sich in Lebensform, Verkündigung und Gestalt ständig von Gottes Wort richten und erneuern lassen müsse, weil sie zu allen Zeiten reformbedürftig ist. Die Formulierung stammt aus dem → Calvinismus; sie griff ähnl., seit dem späten Mittelalter immer wieder erhobene Forderungen nach einer Reform der Kirche an Haupt und Gliedern auf. → Aggiornamento

Ecclesia triumphans (lat.) die triumphierende Kirche des Himmels, der Heiligen, in der Vollendung; v. a. in Kunst und Theologie des → Barocks als irdische Realität gefeiert und dargestellt, auch im → Jesuitendrama.

Ecclesia und Synagoge seit frühchristl. Zeit ist die typologische Verknüpfung von AT und NT ein Hauptmerkmal der christl. Kunst und begegnet in bildl. Darstellungen (→ Fresken) auf den Kirchenwänden ebenso wie in der → Armenbibel und an den → Portalen der Kirchen. Zur Typologie in sakralen Bilddenkmälern (Monumentalskulpturen) gehören die Personifikationen von → Ecclesia für das NT und → Synagoge für das AT (auch als Begleitfiguren zu einer Kreuzigungsdarstellung) mit den → Attributen von Typ und Antityp: als alte Braut steht die Synagoge der Kirche als der neuen Braut gegenüber. Die Statuen am Doppelportal im Südquerhaus des Straßburger Münsters (um 1220/30), die einen Höhepunkt der dt. Gotik markieren, zeigen u. a. Ecclesia und Synagoge als die zwei Bräute: die Kirche triumphiert mit der Krone (→ Ecclesia triumphans), die Synagoge neigt das Haupt, ihre Augen sind verbunden; die Gesetzestafel und der gebrochene Fahnenstab, die sie in ihren Händen hält, entsprechen dem Kelch der Gnade bzw. dem ungebrochenen, siegreichen Kreuzesstab. Freilich ist in dieser Typologie zugleich auch das die Kirche ablehnende zeitgenössische Judentum, als ihre Negierung, verkörpert.

Edikt (lat.) obrigkeitl. Erlaß, amtl. Bekanntmachung und Verordnung, auch in Religionssachen. → Kapitularien

Edikt von Nantes von König Heinrich IV. von Frankreich am 13. 4. 1598 zur Beendigung der → Hugenotten-Kriege erlassenes → Edikt

(→ Religionsedikt, → Toleranzedikte). Es sicherte die Rechtsstellung der Reformierten, gewährte ihnen Gewissens- und bedingte Religionsfreiheit sowie Zugang zu Staatsämtern (mit Einschränkungen bestätigt durch das Gnadenedikt von Nîmes vom Juli 1629). König Ludwig XIV. von Frankreich hob mit dem am 18.10.1685 erlassenen Edikt von Fontainebleau das Edikt von Nantes auf. Erst König Ludwig XVI. gestand den Reformierten mit dem Toleranzedikt von Versailles (1787) wieder die freie Religionsausübung zu. Mit der Erklärung der Menschen- und Bürgerrechte am 26.8.1789 erlangten diese die unbeschränkte bürgerl. und rechtl. Freiheit, durch die Organischen Artikel zum Konkordat zwischen Papst Pius VII. und Napoleon 1802 schließl. die volle Gleichberechtigung mit den Katholiken.

Ehe im christl. Verständnis die rechtmäßige, volle Lebensgemeinschaft von Mann und Frau zu gegenseitigem Glück und zur Zeugung von Nachkommenschaft. Mann und Frau sind von der Schöpfung her aufeinander verwiesen, die Ehe von Gott gewollt. Die Symbolik der Beziehung von Mann und Frau, Braut und Bräutigam, dient im AT der Verdeutlichung der Beziehung von Jahwe und seinem Volk Israel; sie erfährt im NT eine Vertiefung durch die Beziehung zwischen dem Bräutigam Jesus und seiner Braut, der Kirche, für die er sich hingegeben hat. Jesus betont unter Rückgriff auf den Schöpferwillen die Unauflöslichkeit der Ehe, gleiches Recht und gleichen Schutz von Mann und Frau. Die Ehe zwischen zwei Getauften ist Darstellung dieser Beziehung und darum, in der kath. Kirche, → Sakrament, heiliges Zeichen.

Ehelosigkeit in Verbindung mit → Armut und → Gehorsam die Lebensform Jesu, des Bräutigams der Kirche, als Ausdruck seiner Reich-Gottes-Verkündigung. Auf Kritik (bzgl. Gen 1,28) antwortet Jesus mit dem „Eunuchenspruch" in Mt 19,12 („Ehelosigkeit um des Himmelreiches willen"). Um der Gleichgestaltung mit Christus, der → Nachfolge Christi willen (und nicht in der Übernahme leib- und ehefeindlicher Vorstellungen) wurde seit dem 4. Jh. die Ehelosigkeit zum Kennzeichen des → Mönchtums. (→ Evangelische Räte, → Zölibat)

Eigenkirche vom ev. Rechtshistoriker U. Stutz in seinem Werk: Die Eigenkirche als Element des mittelalterlich-germanischen Kirchenrechts, Berlin 1895, geprägter Begriff für eine → Kirche, d.h. Gotteshaus, → Kloster, → Stift, → Bistum, die auf privatem Grund und Boden steht und über die der Grundherr als „Eigenkirchenherr" bestimmte Rechte beanspruchte und übte, auch die Ein- und Absetzung der Geistlichen (→ Investitur) vornahm. Von großer Bedeutung war das Eigenkirchenwesen für Kirchen, Klöster und Bistümer vom 8. bis 10. Jh. (Kirchen-

Vogtei), wurde aber im Zuge der → Gregorianischen Reform und des Investiturstreits seit dem 11./12. Jh. – auf dem Hintergrund des kirchenpolit. Programms der → „Freiheit der Kirche" als ein Freisein von kirchenfremden Eingriffen – weitgehend abgebaut. Reste gingen auf in den teilweise bis heute noch bestehenden Rechtsformen des → Patronats und der → Inkorporation.

Einheitsübersetzung (der Heiligen Schrift) die von kath. Kirche und EKD gemeinsam getragene, erarbeitete und vorgelegte offiz., einheitl. dt. Übersetzung der → Bibel aus den Urtexten für Liturgie und Schule (Endfassung des NT 1979, des AT 1980).

Einigungschristologie Bez. für eine Richtung in der Theologie v. a. des 5. Jh.s, die in der Frage, wie sich göttl. und menschl. Natur Jesu zueinander verhalten, die Einheit betont. Sie ist bes. für die alexandrin. Tradition kennzeichnend und stand in der Gefahr, die Menschheit Jesu von der Gottheit aufgesogen zu sehen. → Monophysitismus, → Trennungschristologie

Einkehrtage → Exerzitien

Einkleidung feierl. Übergabe des → Ordenskleides an ein neues Mitglied eines Ordens oder einer rel. Gemeinschaft. Mit ihr beginnt das → Noviziat.

Einmauerung → Inkluse

Einsegnung in den ev. Kirchen die unter Handauflegung vom zuständigen Amtsträger im Rahmen eines Gottesdienstes vorgenommene Segnung einer Person zu einem bestimmten Dienst (z. B. → Diakon, Diakonisse). Im allgem. Sprachgebrauch wird auch die → Konfirmation Einsegnung genannt.

Einsiedler, Einsiedeleien → Eremit

EKD Abk. für → Evangelische Kirche in Deutschland.

Ekklesia → Ecclesia

Ekklesiologie (gr. = Lehre von der Kirche, → Ecclesia) erst seit dem 19. Jh. zu einem eigenen Teilgebiet der → Dogmatik entwickelt, formulierte die kath. Kirche mit der Konstitution „Lumen Gentium" (lat. = Licht der Völker) im → Vaticanum II (1962–65) ihr Selbstverständnis: Zeichen und Werkzeug der innigsten Verbindung Gottes und der Menschen sowie der Menschen untereinander.

Ekstase → Mystik

Ektenie → Litanei

Ekthesis → Monotheletismus

Elevatio, Elevation (lat. elevare = auf-, emporheben) 1. das Erheben der konsekrierten Gestalten (→ Hostie, → Kelch) bei der Wandlung (→ Transsubstantiation) in der kath. → Messe; 2. die Erhebung der (aufgefundenen) Gebeine (→ Reliquien) eines → Heiligen und deren Übertragung oder Umbettung in ein Heiligengrab (Translation) waren Ausgangspunkt der offiziellen → Heiligenverehrung.

Elisabethkonferenz innerhalb der → Caritas-Bewegung des 19. Jh.s das weibl. Parallelstück zur → Vinzenzkonferenz.

Em. Abk. für → Eminenz

Emblem (gr. = das Eingesetzte) eine der → Allegorese verpflichtete, in eine kombinatorische Einheit gebrachte bildl.-literäre Mischform von Bild und Wort: der Sinngehalt einer bildl. Darstellung (Pictura, Icon, Imago) kann über ein Motto (Devise oder Lemma), d.h. eines Wahlspruchs, einer Lebensregel oder Wahrheit, und der Erklärung in der Unterschrift (Subscriptio oder Epigramm) aufgelöst und erschlossen werden. Ein Emblembuch enthält eine Sammlung derartiger Emblemata, grundgelegt im „Emblematum liber" des A. Alicati von 1531. Weitverbreitet war bis in das 18. Jh. hinein die rel. Emblematik: zahlreiche → Predigt-Sammlungen und → Erbauungs-Bücher kath. und ev. Konfessionen sowie Kirchenräume waren emblematisch ausgestaltet.

Emeritenhäuser (lat. domus emeritorum/bene meritorum) in der kath. Kirche früher Einrichtungen (Heime) zur Versorgung ausgedienter (lat. emeritus), d.h. dienstunfähig gewordener oder in den „wohlverdienten" Ruhestand getretener Geistlicher.

Emigration → Augsburger Religionsfriede, → Exulanten

Eminenz (lat. eminentissimus = hervor-, herausragend, Abk. Em.) Anrede und Ehrentitel für die → Kardinäle und den Großmeister der → Johanniter, neben → Illustris früher auch für die → geistl. Fürsten.

Empore allgem. ein galerie- oder tribünenartiger Einbau in einem Raum, in einer Kirche zur Schaffung von zusätzl. Raum, urspr. zur Abtrennung einer bestimmten Gruppe, z. B. → Nonnen, des Herrschers, Hofstaates, Stifters, meist (verglast oder vergittert) über Seiten- oder Querschiffen (auf Höhe des → Altar- oder Chorraums) oder rückwärtig (im Westen, als Westempore) für Orgel, Chor und Orchester, hier je nach Kirchenarchitektur auch als einfacher hölzerner Einbau auf eigenem Gerüst.

Emser Kongreß Zusammenkunft der Deputierten der drei Kurfürst-Erzbischöfe von Mainz, Köln und Trier sowie des Fürsterzbischofs von Salzburg vom 25.7. bis 25.8.1786 in Ems (Bad Ems) mit dem Ziel, ein gemeinsames, gegen die rechtl. Befugnisse der → Apostol. Nuntiaturen im → Heiligen Römischen Reich gerichtetes Reform- und Kampfprogramm zu erarbeiten; zugleich sollten die Rechte und Zuständigkeiten der Metropoliten im Reich gegenüber Rom gesichert und gestärkt werden. Ergebnis der Beratungen war die an den Kaiser geleitete „Emser Punktation" vom 25.8.1786, die den Höhepunkt bischöfl. Bestrebungen nach größerer Selbständigkeit innerhalb der → Reichskirche gegenüber dem Papst (→ Episkopalismus, → Febronianismus) und den Abschluß der seit 1651 geführten Auseinandersetzungen der drei rheinischen Kurfürst-Erzbischöfe mit der Kölner Nuntiatur bildet, die 1769 zu den „Koblenzer Gravaminia" geführt hatten, durch die Errichtung der Nuntiatur in München 1785 und den daraus resultierenden Nuntiaturstreit verschärft worden waren. Die von den Punktatoren geforderte Einberufung eines Nationalkonzils wurde vom Kaiser abgelehnt; die Beschlüsse stießen auch bei dt. Bischöfen auf zunehmenden Widerstand. Der Pakt der vier Erzbischöfe zerbrach, als der Kurerzbischof von Trier sich 1790 von der Emser Punktation distanzierte. Die durch die → Französische Revolution ausgelösten polit. Ereignisse taten ihr Übriges, so daß der Emser Kongreß eine wirkungslose Episode, eine bloße Kampfansage an den Papst blieb.

Emser Punktation → Emser Kongreß

Enchiridion (gr. = Handbuch) kurzgefaßtes Lehrbuch für Anfänger (Augustinus, Erasmus von Rotterdam) oder Zusammenstellung wichtiger Texte zu einem bestimmten Sachgebiet (z. B. der lehramtl. Dokumente der kath. Kirche in chronologischer Ordnung durch H. Denzinger, Enchiridion symbolorum, definitionum et declarationum de rebus fidei et morum [1854]). Auch M. Luthers Kleiner → Katechismus wurde Enchiridion genannt.

Endemusa Synodos (gr. = innere, einheimische Zusammenkunft) regelmäßige Zusammenkunft der Metropoliten und Erzbischöfe beim Patriarchen in Konstantinopel.

Endzeit, Endzeiterwartung (End-, Weltgericht, Jüngster Tag) die mit Christus (Hebr 1, 2) angebrochene letzte Phase der Geschichte, die gekennzeichnet ist vom „Schon und noch nicht“: die → Erlösung ist schon erwirkt, aber sie ist noch nicht vollendet. Die in Teilen des NT bezeugte apokalypt. Nah- oder Parusieerwartung klärte sich zur umkehrbereiten Stetsbereitschaft für die Wiederkunft des Herrn zum Gericht, denn „für Gott sind 1000 Jahre wie ein Tag“ (2 Petr 3, 8). → Chiliasmus, → Eschatologie

Engel (gr. angelos = Bote, → Angelus, → Erzengel; negativ: → Dämon) von Gott geschaffene reine Geistwesen, die zur seligen Gottesschau bestimmt sind, den Willen Gottes erfüllen (Mt 6, 10) und der Verherrlichung Gottes dienen (Jes 6, 3). Die Schrift nennt drei Engel mit Namen, die Erzengel Raphael, Gabriel und Michael. In der Begleitung des Schutzengels zeigt sich die Zuwendung Gottes zu jedem einzelnen (Mt 18, 10). Die Verehrung der Engel erhielt einen starken Anstoß durch die Erscheinung des Erzengels Michael auf dem Gargano in Süditalien am 8.5.492.

Engel der Armen Bez. für die am 5. 9. 1997 verstorbene Friedensnobelpreisträgerin und Gründerin der Missionarinnen der Nächstenliebe, Mutter Theresa, die ihr Leben in den Dienst an den Ärmsten der Armen in den Slums von Kalkutta gestellt hat.

Engel des Herrn → Angelus

Engelamt → Rorate

Engelpapst (lat. papa angelicus) v. a. im Spätmittelalter verbreitete Erwartung eines betont religiösen Papstes, bes. konzentriert auf Cölestin V. (1294) (→ Cölestiner).

Engelsburg (it. Castel Sant'Angelo) Rundbau in Rom am Tiber bei der Engelsbrücke, im Jahr 135 als Grabmal für Kaiser Hadrian begonnen, dann zum Mausoleum für die röm. Kaiser erweitert, von den Päpsten als Fluchtburg, Festung und Kerker ausgebaut. Der im 16. Jh. mit einer Statue des → Erzengels Michael bekrönte Bau ist heute Museum.

Engelwerk in der kath. Kirche Vereinigungen mit unterschiedl. kirchenrechtl. Status zur bes. Verehrung der → Engel, die auf Privatoffenbarungen der Gabriele Bitterlich in Innsbruck (seit 1947) zurückgehen. Die außerhalb der Heiligen Schrift und kirchl. Tradition stehenden Sonderlehren über die Engel (mit damit zusammenhängenden Mißbräuchen, u. a. Engelweihe, Fernspendung von Sakramenten) wurden 1992 päpstl. verboten.

Englische Fräulein von der Engländerin Maria Ward (1585–1645) 1609 gegr. und nach ihr benannte Kongregation päpstl. Rechts für Erziehung und Unterricht der weibl. Jugend. Die heute in vielen Ländern Europas und über die halbe Welt verbreitete Gemeinschaft zählt zu den bedeutendsten Lehrorden der kath. Kirche.

Englischer Gruß → Angelus, → Ave Maria

Enkolpion (gr. = das auf der Brust Getragene) das im Altertum urspr. wie ein Amulett auf der Brust getragene kleine Behältnis wurde seit frühchristl. Zeit in Form z. B. eines Kreuzes oder Fisches zur Kapsel für eine → Reliquie, die auf der Brust getragen wurde. In der Ostkirche ist es, als Kreuz oder Medaillon (mit dem Bild der → Gottesmutter Maria) getragen, Würdezeichen höherer Geistlicher.

Enkratiten (gr. = die Enthaltsamen) Anhänger einer im frühen Christentum (seit dem 2. Jh.) in Syrien und Kleinasien unter Tatian beheimateten Bewegung strenger → Askese, die u. a. Verzicht auf den Vollzug der Ehe und Enthaltsamkeit von Fleisch und Wein forderten.

Entsakralisierung → Canossa, → Sakrales Herrschertum

Enzyklika (gr.; lat. Litterae encyclicae, seltener Epistolae encyclicae) meist in lat. Sprache abgefaßtes, unter Papst Benedikt XIV. (1740–58) eingeführtes und nach seinen jeweiligen Anfangsworten benanntes, gedrucktes päpstl. Rundschreiben, das an eine oder alle kath. Kirchen gerichtet ist und in dem als Äußerung des ordentl. allgem. kirchl. Lehramtes Fragen der Glaubens- und Sittenlehre, der Staats-, Wirtschafts- und Soziallehre sowie der Kirchenpolitik und Disziplin verbindl. dargelegt werden. Enzykliken sind eine Hauptquelle der kirchl. Verkündigung. Von (kirchen-) polit. außerordentl. großer Tragweite war etwa die Enzyklika „Mit brennender Sorge" Papst Pius' XI. vom 14. 3. 1937: das weltweit aufsehenerregende Dokument prangerte die Verfolgung der Gläubigen, die Rechtsbrüche und die unchristl. Lehre des Nationalsozialismus an und stellte die Unvereinbarkeit von Christentum und NS-Ideologie heraus. Von der Gestapo als „hochverräterischer Angriff" auf den nationalsozialist. Staat bez., war sie dem Regime gleichsam willkommener Anlaß, um zum großangelegten Angriff gegen die kath. Kirche und ihre Einrichtungen zu schreiten (→ Kirchenkampf).

Enzyklopädie (gr. = „Umkreis der Bildung") in alphabet. Reihenfolge oder systemat. angelegte übersichtl. und umfassende Darstellung des gesamten, zu einer Zeit jeweils vorliegenden Wissensstoffs (Universalenzyklopädie) oder einer wissenschaftl. Disziplin (Fach- oder Realenzyklopädie). Die schon in der Antike belegten Ansätze wurden im Mittelalter z. B. in den „Summen" (Zusammenfassung von Wissensgebieten, so die lat. „Summa theologiae" des Thomas von Aquin) fortgeführt. Die bes. im 18. Jh. in verschiedenen Ländern entstandenen großangelegten Enzyklopädien sind Ausdruck der rationalist. Haltung der → Aufklärung. Von größter Bedeutung war dabei die von Diderot und d'Alembert herausgegebene „Encyclopédie ou Dictionnaire raisoné des sciences, des arts et des métiers" in 24 Bänden (Paris 1751–72, bis 1780 acht weitere Bände), an der bedeutendste Gelehrte ihrer Zeit, die sog. Enzyklopädisten, mitarbeiteten. Anfang des 19. Jh.s wurde mit dem „Conversationslexikon" von Brockhaus die bis heute erfolgreiche (auch populärwissenschaftl.) Sonderform der Enzyklopädie, das (Konversations-) Lexikon (als Nachschlagewerk und Gesamtdarstellung) ins Leben gerufen.

Epakten (gr. = hinzugefügte [Tage]) Anzahl der Tage, die vom letzten Neumond des alten Jahres bis zum Beginn des neuen Jahres vergangen sind, d. h. die zur Berechnung des Osterfesttermins dienenden Angaben des Mondalters für einen bestimmten Tag im Jahr.

Eparch, Eparchie (gr.) im Byz. Reich war Eparch die dem → Präfekt entsprechende Bez. für einen höheren Beamten und Offizier, bes. für den Statthalter einer Provinz, der Eparchie, im Mittelalter auch das Stadtoberhaupt von Konstantinopel. In der gr.-orth. Kirche bez. Eparchie den → Sprengel eines Bischofs, sein → Bistum oder seine → Diözese.

Ephorat, Ephorie (gr.) Amt und Amtsbereich eines → Ephorus, synonym auch für → Dekanat.

Ephorus (lat., von gr. ephoros = Aufseher) in ev. Kirchen auch Bez. für den Leiter (Aufseher) eines kirchl. Amtsbezirks oder → Kirchenkreises (Ephorat, Ephorie), für den → Dekan, → Superintendenten oder den Leiter einer ev. Ausbildungsstätte, in der gr.-orth. Kirche auch für den → Archipresbyter.

Epidosis (gr. = freiw. Beitrag, Ausdehnung, Zugabe) in der byz. Kirche die Vergabe armer → Diözesen an Bischöfe reicher Bistümer.

Epigraphik (von gr. = ritzen, aufschreiben; lat. inscriptio) die Lehre von den Inschriften auf Bau- und Kunstwerken, Schmuckstücken, überhaupt auf dauerhaftem Material, krit. ediert seit dem 19. Jh. Frühchristl. Inschriften z. B. sind für die Erforschung der Alten Kirche, bes. ihrer Alltags-, Sozial- und Mentalitätsgeschichte von größter Bedeutung. Die Zahl der erhaltenen altchristl. Inschriften wird auf 50 000 geschätzt. Kirchengeschichtl. nicht weniger bedeutend ist die mittelalterl. Epigraphik.

Epiphanie (von gr. = Erscheinung) in der Antike das Sichtbarwerden einer Gottheit oder des göttl. verehrten Herrschers, für den christl. Glauben das Erscheinen Gottes in der Welt (Menschwerdung Gottes in Christus), gefeiert am 6. Januar (Fest der Erscheinung des Herrn) in der Huldigung der drei Weisen aus dem Morgenland („Hl. Drei Könige"), die Gold, Weihrauch und Myrrhe darbringen; umrankt von zahlreichen rel. Bräuchen (u. a. Häusersegnung [→ C. M. B.], Sternsinger).

Episkopalismus (von gr.-lat. episcopus = → Bischof) Bestrebungen in der kath. Kirche, die Kirchenleitung mehr den Bischöfen (bes. durch das Konzil) als dem Papst und der → Römischen Kurie zuzusprechen. Er wurzelt in Vorstellungen der Alten Kirche, wurde v. a. seit dem Spätmittelalter gegen eine absolute päpstl. Kirchenherrschaft ausgebildet und erreichte einen Höhepunkt auf den Konzilien von Pisa (1409), Konstanz (1414–18) und Basel (1431) (→ Konziliarismus). Später begegnet er meist in Verbindung mit staatskirchl. Tendenzen, so im frz. → Gallikanismus, im Episkopalismus und → Febronianismus der dt. Reichskirche des 18. Jh.s (→ Emser Kongreß). Nach starker Einschränkung der bischöfl. Gewalt durch das → Vaticanum I (1870) erfolgte auf dem → Vaticanum II (1962–65) eine neue Rückbesinnung auf die Fülle des Bischofsamtes. → Episkopalsystem.

Episkopalkirche (von gr.-lat. episcopus = → Bischof) 1. christl. Kirche, in der die Bischöfe die oberste Leitungsgewalt üben und an der Spitze der Weihehierarchie (Diakon, Priester, Bischof; → Weihegrade) stehen, so in den orth. Kirchen; 2. christl. Kirchen, nach deren Verfassung die Bischöfe die Kirchenleitung innehaben, z. B. die ev. Landeskirchen.

Episkopalsystem (von gr.-lat. episcopus = → Bischof) im ev. Kirchenrecht eine im 17. Jh. entwickelte rechtl. Begründung der Kirchenverfassung, der kirchenrechtl. Legitimierung des → landesherrlichen Kirchenregiments: eine neue Theorie der Herkunft und Begründung der Kirchengewalt war nach der Suspension der → Jurisdiktion der kath. Bischöfe in den Gebieten der → Reformation und der treuhänderischen

Übernahme der bischöfl. Gewalt durch die Landesherren („Notbischöfe") gemäß → Augsburger Religionsfrieden von 1555 notwendig geworden. → Episkopalismus, → Territorialsystem

Episkopat (lat. episcopatus) das Amt und die Amtszeit des → Bischofs, auch die Gesamtheit der Bischöfe oder eine Gruppe von Bischöfen, etwa eines Landes.

Epistel (gr.-lat.) im NT die Briefe der → Apostel und die zu Predigttexten ausgewählten Abschnitte (Perikopen), dann die in der Liturgie vorgeschriebene Lesung eines im → Epistolar enthaltenen Abschnitts der neutestamentl. Briefe auf der → Epistelseite.

Epistelseite (lat. cornu Epistolae) in geosteten Kirchen der südl. Teil von Altar und Kirche, in dem die → Epistel in der Liturgie verlesen wurde. → Evangelienseite

Epistemonarch (gr.) im Byz. Reich Titel des Kaisers zur Kennzeichnung seiner Rechts- und Verwaltungsbefugnisse über die byz. Kirche. → Caesaropapismus

Epistolae obscurorum virorum → Dunkelmännerbriefe

Epistolar (gr.-lat.) Buch mit den → Episteln zur Lesung in der Liturgie.

Epitaph (gr. = das zu Grab und Begräbnis Gehörige) urspr. die in dichterischer Form gehaltene Grabinschrift, seit dem 15./16. Jh. auf das Grab- oder Gedächtnismal selbst übertragen. Plastisch bes. kostbar gestaltet waren Epitaphien der Klostervorstände (→ Abt, → Äbtissin, → Propst) seit dem 14. Jh., meist mit einer Porträtfigur des Verstorbenen, oft als → Hochrelief an Kirchenwänden und Pfeilern angebracht.

Epitrachelion (gr.) in der gr.-orth. Kirche ein liturg. Ornatsstück des Priesters und Bischofs, vergleichbar der → Stola in der lat. Kirche.

Epitrope (gr.) in der byz. Kirche Bez. für verschiedene Ausschüsse aus Geistlichen und/oder Laien für geistl. und sächl. Belange des Patriarchats, der Diözesen und Pfarreien.

Erbärmdebild Darstellung Christi als → Schmerzensmann, bes. im Spätmittelalter, auch Miserikordienbild genannt (von lat. misericordia = Mitleid, Barmherzigkeit).

Erbauung im weitesten Sinn jede Bemühung zum Aufbau des christl. Gottesreiches. Der in der Neuzeit stark vom → Pietismus geprägte Wortsinn betont Wachstum und Pflege christl. Innerlichkeit und individueller Religiosität, oft stark gefühlsbetont. Der Erbauung dienen auch Bücher zur rel. → Andacht, → Erweckung und Belebung, zur Förderung des persönl. geistl. Lebens, z. B. das Büchlein von der → Nachfolge Christi (→ Devotio moderna).

Erbsünde nach christl. Verständnis kann die → Erlösungs- Bedürftigkeit aller Menschen (Adam-Christus-Typologie in Röm 5) nicht schon mit der Schöpfung gegeben sein, sondern ist Folge einer freien Abkehr des Menschen von Gott am Ursprung der Geschichte; sie besteht in der verlorenen Gottesgemeinschaft und in dem Mangel, Gottes Gnade nicht in vollkommener Gottes- und Nächstenliebe entsprechen zu können. Erbsünde meint somit einen Unheilszustand, in den der Mensch als Mitglied des Menschengeschlechtes hineingeboren wird (daher *Erb*sünde), und nicht eine individuelle Tatsünde. → Taufe.

Eremit (gr. eremos = einsam, allein) der „Alleinwohnende", Einsiedler, → Inkluse oder Klausner, ein Christ, der sich dauernd aus der soziolog. Bindung an die Umwelt gelöst hat, um sich in der Einsamkeit durch → Buße und strenge → Askese dem Streben nach gottverbundener Vollkommenheit, der → Nachfolge Christi zu widmen. Die Urform dieser Art von → Mönchtum begegnet seit dem 3. Jh. in den → Anachoreten des Orients (→ Dendrit, → Stylit), in der Westkirche im → irischen Mönchtum des frühen Mittelalters als bes. Förderung asketischer Heimatlosigkeit. Neue Impulse erhielt das in der kath. Kirche und in den orth. Kirchen bis zur Gegenwart gebräuchl. Eremitentum durch die Reformbewegungen des 11./12. Jh.s (→ Gregorianische Reform) und die Ausprägung in Eremitenorden (→ Kamaldulenser, → Kartäuser, → Augustiner-Eremiten).

Erledigung Frei-, Ledig-, Vakantwerden eines kirchl. → Amtes oder einer Institution durch Verzicht (Resignation), Absetzung oder Tod. Die Zeitdauer der Erledigung nennt man Vakanz bzw. Sedisvakanz (von lat. vacare = frei sein, lat. sedes = Stuhl, Sitz), also das Freisein eines Stuhls, bes. des → Apostolischen Stuhls oder eines → Bischofsstuhls.

Erlösermissionare → Redemptoristen

Erlöserorden → Birgitten

Erlösung der Mensch erfährt sich in vielfältiger Weise bedroht und begrenzt durch Krankheit, Haß, Schuld, in bes. Weise aber durch seinen ärgsten Feind, den Tod, der alles zunichte macht (→ Erbsünde). Christl. Glaube bezeugt die Erlösung aller Menschen von Verzweiflung, Gottferne und Tod durch Gottes barmherzige Liebe, durch das Heilswirken seines Sohnes Jesus Christus. Sie wird im NT auf verschiedene Weise beschrieben: Loskauf von Sünde und Tod, Platztausch, stellvertretender Sühnetod. Erlösung geschieht auf Hoffnung hin (Röm 8,24), ereignet sich für den Glaubenden schon in den → Sakramenten und vollendet sich in der verheißenen eschatologischen Gemeinschaft (→ Eschatologie) mit dem dreifaltigen Gott (→ Trinität).

Erneuerte Brüderunität → Herrnhuter Brüdergemeine

Erntedank, Erntedankfest kirchl. Dankgottesdienst, gewöhnl. nach Abschluß der Ernte im Herbst (Erntedanksonntag).

Erste Bitten (lat. primae preces, preces primariae) seit dem 12. Jh. das vom dt. König geübte Recht, bei bepfründeten Klöstern und Stiften für die erste nach seiner Krönung freigewordene → Pfründe den neuen Inhaber verbindl. vorzuschlagen.

Erstkommunion in der kath. Kirche feierl. gestalteter erster Empfang der hl. → Kommunion, gewöhnl. im Alter von acht bis zehn Jahren, meist mit Kommunionkleid und -kerze.

Erweckung, Erweckungsbewegungen im rel. Sprachgebrauch meint Erweckung die plötzl. Bekehrung eines Sünders oder Gleichgültigen zu einem intensiven christl. Leben. In den ev. Kirchen, vereinzelt auch in der kath. Kirche waren Erweckungsbewegungen vom 17. bis 19. Jh., bes. als Gegenströmung zur → Aufklärung, verbreitet, aus denen häufig → Freikirchen oder → Gemeinschaftsbewegungen hervorgingen, in Deutschland oft in Anlehnung an → Pietismus und → Herrnhuter Brüdergemeine.

Erz- (von gr. arch-, archi- → Arch-) Vorsilbe und Bestimmungswort mit der (verstärkenden) Bedeutung von Ober-, Ur-, z. B. → Erzbischof, → Archidiakon.

Erzabt → Abt

Erzämter (lat. archiofficia) im → Heiligen Römischen Reich die höchsten Hofämter und obersten Reichswürden. Nach der → Goldenen Bulle von 1356 waren folgende Erzämter mit der Kurwürde (→ Kurfürst) verbunden: → Erzkanzler des Reiches (lat. archicancellarius) war der Kurfürst und Erzbischof von Mainz, Italiens der Kurfürst und Erzbischof von Köln, Galliens und Burgunds der Kurfürst und Erzbischof von Trier; Erztruchseß (lat. archidapifer) war der Pfalzgraf bei Rhein, Erzmarschall (lat. archimarescallus, comes stabuli) der Herzog von Sachsen, Erzkämmerer (lat. archicamerarius) der Markgraf von Brandenburg, Erzmundschenk (lat. archipincerna, buticularius) der König von Böhmen. Gewisse Veränderungen traten in der Neuzeit ein.

Erzbischof (lat. archiepiscopus) nach kath. Kirchenrecht Amtstitel eines → Metropoliten, der eine → Kirchenprovinz leitet, und eines → Bischofs, der ledigl. einem Erzbistum, nicht aber einer Kirchenprovinz vorsteht; vom Papst verliehener Ehrentitel einzelner Bischöfe. Seit dem Frühmittelalter verleiht der Papst dem Erzbischof das → Pallium. Der Rang des Erzbischofs auch als weltl. Würdenträger wird nach seiner Stellung im Verband des → Heiligen Römischen Reiches in der Bez. Fürsterzbischof bzw. Kurfürst-Erzbischof oder Kurerzbischof sichtbar (→ Reichskirche, → Erzämter). Erzbischöfe gibt es auch in den orth. Kirchen und den ev. Kirchen in Schweden und Finnland; in der Anglikanischen Kirche sind die Bischöfe von Canterbury und York Erzbischöfe.

Erzbistum, Erzdiözese (lat. archiepiscopatus, archidioecesis) → Bistum, → Diözese, → Sprengel eines → Metropoliten, der eine → Kirchenprovinz leitet, und eines → Erzbischofs.

Erzbruderschaft meist sehr alte, päpstl. ausgezeichnete → Bruderschaft, die auch das Recht zur Angliederung von Tochterbruderschaften haben kann.

Erzdiakon → Archidiakon

Erzdiözese → Erzbistum

Erzengel in AT und NT bes. hervortretende → Engel: Raphael (= Gott heilt, Tob 5,4), Gabriel (= Gott ist Stärke, Lk 1,26) und Michael (= Wer ist wie Gott?, Dan 10,13, Offb 12,7).

Erzhofkaplan → Hofbischof, → Hofkapelle

Erzkanzler (lat. archicancellarius) seit dem 9. Jh. Leiter der königl. bzw. kaiserl. Hof- oder Reichskanzlei, der im 11. Jh. auch das Amt des Erzkaplans (Erzkapellanat, → Hofkapelle) übernahm; im → Heiligen

Römischen Reich war das Erzkanzleramt die höchste Reichsfürstenwürde nach dem Kaiser und mit dem Amt des Kurfürsten-Erzbischofs von Mainz verbunden (→ Erzämter).

Erzkaplan Leiter der königl. bzw. kaiserl. → Hofkapelle, auch der → Erzkanzler.

Erzpriester → Archipresbyter, → Dekan, → Ephorus

Erzstift weltl. Territorialbesitz (→ Hochstift) eines → Erzbischofs.

Eschatologie (gr. = Lehre von den letzten Dingen) Teilgebiet der → Dogmatik, behandelt sie die Themen → Himmel, → Hölle, Gericht, Auferstehung (→ Apokalyptiker, → Endzeit, → Chiliasmus). In der neueren Theologie wird der streng personale Charakter aller oft recht bildhaften Rede über die „letzten Dinge" betont: „Gott ist das ‚Letzte Ding' des Geschöpfs. Er ist als Gewonnener Himmel, als Verlorener Hölle, als Prüfender Gericht, als Reinigender Fegfeuer" (H.U.v. Balthasar).

Estomihi (→ Quinquagesima) Sonntag vor dem → Aschermittwoch, benannt nach den Anfangsworten der lat. Meßliturgie.

Ethnarch (gr. = Volksherrscher) im Byz. Reich der dem Kaiser gegenüber verantwortl. Vertreter einer kleineren Volksgruppe, einer Ethnarchie, in den unter röm. Oberhoheit stehenden Gebieten Syriens und Palästinas Titel der Teilfürsten; Titel des orth. Erzbischofs von Zypern, der unter der Türkenherrschaft Verwaltungsoberhaupt der gr.-orth. Bevölkerung war.

Etymologie (gr.) Lehre von den (letzten) Bestandteilen, von denen sich ein Wort herleitet; der Nachweis des Ursprungs eines Wortes ist für die historische Arbeit unentbehrlich, auch für vorliegendes Lexikon.

Eucharistie, Eucharistiefeier (gr. eucharistia = Dankbarkeit, Danksagung) der Hauptgottesdienst der Christen, zurückgehend auf das Letzte → Abendmahl Jesu mit seinen Jüngern. → Agape, → Altarsakrament, → Messe

Eucharistiner 1856 in Paris gegr. Ordensgemeinschaft mit weibl. Zweig seit 1858, 1863 als Kongregation päpstl. anerkannt. Hauptaufgaben: Verherrlichung der hl. → Eucharistie durch persönl. Anbetung, → Chorgebet und Förderung der häufigen → Kommunion in der Seelsorge.

Eucharistischer (Welt-) Kongreß internat. Großversammlung der Katholiken zur gemeinsamen Feier und Verehrung der → Eucharistie (→ Ewige Anbetung), erstmals 1881 in Lille, seither meist jährl., auch in unregelmäßigen Abständen.

Euchiten → Messalianer

Eudämonismus (von gr. eudaimonia = Glückseligkeit) philos. Lehre, nach der Glückseligkeit das höchste Gut und letzte Ziel des Menschen sei.

Euere Heiligkeit → Seine Heiligkeit

Eunomianer Anhänger des Eunomius († 392/95), die einen strengen, rationalist. → Arianismus vertraten und den ewigen Hervorgang des Gottessohnes, sein „Gezeugtsein", mit dem Gottsein Gottes für unvereinbar hielten und deshalb ablehnten.

Eunuch (gr. = Gute-Nacht-Hüter, Betthüter) durch Kastration zeugungsunfähig gemachter Mann, bes. im alten Orient. Eunuchen fungierten v. a. als Haremswächter und (im Byz. Reich) als Hofbeamte. Zur Erhaltung der Knabenstimme (z. B. für Oper und → Päpstliche Kapelle) wurde jahrhundertelang auch die Kastration von Sängerknaben (Kastraten) vorgenommen.

Europäische Evangelische Allianz → Evangelische Allianz

Eutychianischer Streit theol. und kirchenpolit. Streitigkeiten, ausgelöst durch den Presbyter und Klostervorsteher Eutyches († nach 454) und dessen Festhalten an der Formel des Cyrill von Alexandrien von der einen Natur (gr. = mia physis) des Gottessohns, wonach göttl. und menschl. Natur zu einer einzigen verschmolzen seien (→ Monophysitismus). In ihrem Verlauf wurde Eutyches auf der Flavianischen Synode (448) verurteilt, auf der sog. „Räubersynode" von Ephesus (449) aber rehabilitiert, bevor ihn das Konzil von Chalcedon (451) endgültig als Monophysiten und → Häretiker verurteilte.

Evangeliar das liturg. Buch mit den vier → Evangelien, später auch mit ausgewählten und festgelegten Evangelienabschnitten (Perikope; → Lektionar), bes. in Früh- und Hochmittelalter kostbar ausgestattet. → Evangelistar

Evangelien die vier Schriften oder Evangelienbücher des NT, die jedes auf seine Weise das eine → Evangelium von Jesus Christus bezeugen. Sie wurden von der frühen Kirche wohl nach der damals angenommenen Abfassungszeit geordnet. Seit dem 2. Jh. lauten die Überschriften der kanonischen Evangelien (→ Kanon): Evangelium nach Matthäus (Mt), nach Markus (Mk), nach Lukas (Lk), nach Johannes (Joh). Die ersten drei Evangelien sind untereinander nach Inhalt, Aufbau und Sprache eng verwandt und werden daher synoptische Evangelien (Synoptiker) genannt (gr. synopsis = Zusammenschau; Synopse). → Bibel

Evangelienharmonie von Andreas Osiander mit seinem Werk „Harmoniae Evangelicae Libri IV" (Basel 1537) geprägter Begriff für eine aus den vier → Evangelien zusammengefügte Darstellung des Lebens und Wirkens Jesu; frühest bekannt ist das → Diatéssaron Tatians.

Evangelienseite in geosteten Kirchen der nördl. Teil von Altar und Kirche, nach mittelalterl. Liturgien zur Verkündigung des → Evangeliums nach Norden, wo die Völker „in Finsternis und Todesschatten sitzen" (Lk 1,79). → Epistelseite

Evangelikale Gemeinden amerikan. ev. Kirchen des 20. Jh.s (auch Bekennende Gemeinden genannt), die u. a. aus → Erweckungsbewegungen hervorgingen und heute in verschiedenen Ländern verbreitet sind.

Evangelisation, Evangelisierung Verkündigung, Verbreitung des → Evangeliums bes. bei Nichtchristen (→ Mission), in ev. Kirchen zudem Bez. einer über die kirchl. → Predigt hinausgehenden Bezeugung der christl. Botschaft mit Aufruf zur persönl. Entscheidung.

Evangelisch (gr.-lat.) im → Evangelium enthalten, dem Evangelium entsprechend (in Glauben und Lebensführung). Im Aufbruch der → Reformation bald Bez. für die Anhänger Luthers (→ Lutheraner), seit Ende des 16. Jh.s auch für Reformierte, gewann sie mit der Bildung des → Corpus Evangelicorum amtl. Charakter. Seit dem 19. Jh. dient der Begriff auch als Sammelbez. für die Unionskirchen.

Evangelisch-lutherisch einem prot. Bekenntnis angehörend, das v. a. auf den Reformator Martin Luther zurückgeht (→ Lutheraner).

Evangelisch-methodistische Kirche → Methodismus

Evangelisch-ökumenische Vereinigung des Augsburgischen Bekenntnisses seit 1947 Name der → Hochkirchlichen Vereinigung

Evangelisch-reformatorisch einem prot. Bekenntnis angehörend, das hauptsächl. auf die Reformatoren Huldrych Zwingli und Johannes Calvin zurückgeht (→ Reformierte, → Calvinismus, → Zwinglianismus).

Evangelisch-sozialer Kongreß 1890 von A. Stoecker, A. Harnack, F. Naumann u. a. gegr., aus der → christl.-sozialen Bewegung hervorgegangene, 1933 verbotene prot. Arbeitsgemeinschaft zur Beseitigung bzw. Lösung sozialer Mißstände und Probleme.

Evangelische Akademien → Akademien

Evangelische Allianz 1846 in London als „Evangelical Alliance" gegr. Vereinigung ev. Christen aus den verschiedensten ev. Kirchen und Gemeinschaften zur Überwindung der konfessionellen Zersplitterung und zur Förderung der wechselseitigen Beziehungen auf bibl. Grundlage (in Deutschland bedeutend das „Evangelische[s] Allianzblatt"). Weltweit ist sie seit 1952 in die „World Evangelical Fellowship" eingebunden, im gleichen Jahr kam es auch zur Gründung der „Europäischen Ev. Allianz". → Allianzbewegungen, → Blankenburger Allianz.

Evangelische Gemeinschaft (engl. Evangelical Association) seit 1816 Selbstbez. der → Albrechtsleute, verbreitete sich die von der → Erweckungsbewegung geprägte → Gemeinschaftsbewegung seit 1850 in dt.-sprachigen Ländern (mit heute über 700 Gemeinden und mehreren zehntausend Mitgliedern) und vereinigte sich in der Union 1968 mit der Bischöfl. Methodistenkirche zur Ev.-methodistischen Kirche (→ Methodismus).

Evangelische Kirche der Union seit 1953 so benannter Zusammenschluß (→ Kirchenprovinz) der sechs ev. Landeskirchen von Berlin-Brandenburg, Pommern, Schlesien, Westfalen, im Rheinland und in der Kirchenprovinz Sachsen, die nach dem Zweiten Weltkrieg aus der Ev. Landeskirche Preußens (seit 1817) bzw. der Ev. Kirche der Altpreußischen Union (seit 1922) entstanden waren.

Evangelische Kirche in Deutschland (EKD) Zusammenschluß aller dt. luth., ref. und unierter ev. → Landeskirchen zu einem Bund bekenntnisbestimmter Kirchen. Die Grundordnung wurde am 13. 7. 1948 in Eisenach festgelegt. Die acht Landeskirchen der DDR waren von 1969 bis 1991 zu einem eigenen → Bund der Ev. Kirchen in der DDR zusammengeschlossen.

Evangelische Kirchen die aus der → Reformation des 16. Jh.s erwachsenen nationalen bzw. Landes-Kirchen, die in Geschichte und Gegenwart durch theol. Ausrichtung und Gebiet näher bestimmt sind, z. B. → Ev. Kirche in Deutschland, → Ev. Kirche der Union, Ev. Kirche im Rheinland, Ev. Kirche in Berlin-Brandenburg, Ev. Kirche in Hessen und Nassau, Ev. Kirche von Schlesien, Ev. Kirche von Westfalen, Ev. Landeskirche Anhalt, Ev. Landeskirche in Baden, Ev. Landeskirche in Württemberg, Ev. Landeskirche von Kurhessen-Waldeck; Ev.-Luth. Bekenntniskirche, Ev.-Luth. Freikirche, Ev.-luth. Kirche im Hamburgischen Staate, Ev.-Luth. Kirche in Bayern, Ev.-luth. Kirche in Lübeck, Ev.-Luth. Kirche in Oldenburg, Ev.-Luth. Kirche in Thüringen, Ev.-luth. Landeskirche Hannovers, Ev.-Luth. Landeskirche Mecklenburgs, Ev.-Luth. Landeskirche Sachsens, Ev.-Luth. Landeskirche Schleswig-Holsteins, Selbständige ev.-luth. Kirche. → Lutherische Kirchen, → Vereinigte Evangelisch-Lutherische Kirche in Deutschland

Evangelische Räte (lat. consilia evangelica) in der kath. Kirche seit dem Mittelalter die Worte des → Evangeliums, die für das christl. Leben angeraten sind und einen eigenen Weg zur christl. Vollendung weisen, ohne dabei vorgeschrieben zu sein: ehelose → Keuschheit (→ Jungfräulichkeit), → Armut und → Gehorsam. Sie fanden Eingang in die Ordens- → Gelübde.

Evangelischer Bund Vereinigung innerhalb der ev. Kirchen in Deutschland, in der Zeit des → Kulturkampfs 1886 gegr. zur Stärkung des ev. Bewußtseins und zur Abwehr des → Katholizismus. Seit 1933 erfolgte eine Neuorientierung, 1947 die Gründung des konfessionskundlichen Instituts in Bensheim.

Evangelischer Kirchentag → Deutscher Evangelischer Kirchentag

Evangelisches Hilfswerk → Hilfswerk der EKD

Evangelistar im Mittelalter ein liturg. Buch, das die in der → Messe zu lesenden Abschnitte (Perikopen) aus den → Evangelien enthält. → Evangeliar

Evangelisten (gr.) 1. die Verfasser der vier → Evangelien; 2. in den orth. Kirchen die → Diakone, die das → Evangelium verlesen; 3. in ev. Kirchen (bes. in → Freikirchen) gelegentl. der (Wander-) Prediger.

Evangelistensymbole die aus Offb 4,7 entnommenen und den Darstellungen der → Evangelisten seit dem 4. Jh. beigegebenen Sinnbilder oder → Attribute: Engel oder Mensch für Mt, Löwe für Mk, Stier für Lk, Adler für Joh.

Evangelium (gr. euangélion, latinisiert evangelium = frohe Botschaft, gute Nachricht) mit diesem Wort benannten die frühen Christen ihre Verkündigung des endgültigen Heils, das Gott durch Jesus Christus allen Menschen anbietet, die frohe Botschaft, die Jesus als → Heiland in die Welt gebracht hat. Mk verwendete als erster den Begriff als Überschrift seines Berichts über Jesu Leben und Wirken, Worte und Taten, womit eine neue Form rel. Schriften entstand, die → Evangelien.

Evokation, Evokationsrecht (lat. evocatio = Hervor-, Aufruf, Abberufung) im Mittelalter das Recht einer höheren Instanz, jede (auch unerledigte) Rechtssache unter Umgehung der zuständigen Instanz an sich zu ziehen (lat. ius evocandi), geübt v.a. von Königen und vom Papst.

Ewige Anbetung in der kath. Kirche die immerwährende (stille oder liturg. gestaltete) Verehrung des → Allerheiligsten, der (in einer → Monstranz meist vor dem → Tabernakel) ausgesetzten konsekrierten → Hostie. Der aus dem → Vierzigstündigen Gebet (Gebetsfasten) zur Erinnerung an Christi Grabesruhe seit dem 2. Jh. entstandene Brauch erfuhr im 19. Jh. eine Neubelebung (→ Eucharistischer [Welt-] Kongreß). Aus ihm entwickelte sich das bis heute v.a. in Deutschland und Österreich gebräuchl. Ewige Gebet.

Ewige Lampe → Ewiges Licht

Ewige Stadt Ehrenname für Rom (lat. Roma aeterna).

Ewiges Gebet → Ewige Anbetung

Ewiges Licht in der kath. Kirche die seit dem 17. Jh. allgem. vorgeschriebene, ununterbrochen brennende, mit Öl oder Wachs gespeiste (Ewige) Lampe oder Ampel in der Nähe des → Tabernakels als Zeichen der Gegenwart Christi in der konsekrierten → Hostie.

Exarch (gr. = Außenherrscher, Anführer) 1. im Byz. Reich der Statthalter des Kaisers in einer Provinz, dem → Exarchat; 2. in den orth. Kirchen der Vertreter des Patriarchen in einem bestimmten Gebiet, ein Bischof mit Sitz in der Provinzhauptstadt oder der dem Bischof gleichgestellte Leiter eines Bezirks, der Exarchie; 3. Titel des Oberhaupts → autokephaler Kirchen und des → Archimandriten.

Exarchat das Gebiet eines Exarchen, bes. das Exarchat von Ravenna, das nach dem Untergang des Ostgotenreichs vom Ende des 6. Jh.s bis zur Eroberung durch die Langobarden 751 bestehende byz. Herrschaftsgebiet des kaiserl. Stellvertreters (lat. patricius et exarchus Italiae) in Italien, das 754 vom Frankenkönig Pippin dem Papst übergeben wurde (→ Pippinische Schenkung).

Exarchie → Exarch

Ex cathedra (lat. = vom Lehrstuhl [→ Cathedra] aus) eine außerordentl., „unfehlbare" lehramtl. Entscheidung des Papstes, auch Kathedralentscheidung genannt (→ Päpstl. Primat).

Excell. Abk. für lat. Excellens, Excellentia, Excellentissimus → Exzellenz.

Exegese (von gr. exegeomai = erklären, deuten) Auslegung und Erklärung von Texten, spez. der Heiligen Schrift, der → Bibel (Schriftauslegung). Bis zur Entwicklung verschiedener theol. Disziplinen seit dem Hochmittelalter war Theologie weitgehend identisch mit Schriftauslegung, die auf der Grundlage der Lehre des vierfachen Schriftsinns nicht nur die Erarbeitung des buchstäbl. Sinns der Schrift und der histor. Bedingtheiten des Glaubens umfaßte, sondern auch die theol. Durchdringung (→ Allegorie), die Bedeutung für Moral und Spiritualität (Tropologie) sowie die Gesamtausrichtung der Schrift auf das zukünftige Heil (Anagoge). Hatten sich die exeget. Methoden seit Beginn des 17. Jh.s weiterentwickelt, erfolgte im 18. Jh. vor dem Hintergrund einer deistischen Gottesvorstellung (→ Deismus) und in der Annahme, Judentum und Christentum seien zwei voneinander ganz verschiedene Religionen, innerhalb der Exegese die Trennung von AT und NT. Zur Entfaltung der von den christl. Kirchen anerkannten histor.-krit. Exegese kam es im Verlauf des 20. Jh.s.

Exekration → Exsekration

Exempel (lat. exemplum = Beispiel) kurze, mit bildhaften Gleichnissen versehene Erzählung, auch in Form der → Anekdote, die anhand von positiven oder negativen Beispielen eine sittl. und/oder rel. Lehre anschaulich machen will. Bes. seit dem 13. Jh., der beginnenden Blütezeit des Exempels, gebrauchten Seelsorger in ihren → Predigten und Traktaten vermehrt Beispiele. Nach dem Rückgang seit dem 15. Jh. gelangte diese Form der christl. Unterweisung zu einem letzten Höhepunkt im Zeitalter des → Barocks (z.B. Abraham a Sancta Clara).

Exemtion, exemt (lat. eximere, exemptio = Herausnahme, Ausgliederung) allgem. die Befreiung von einer Pflicht, Verbindlichkeit, Last, Befehlsgewalt, von Gesetz oder Recht innerhalb deren Geltungsbereich, im Kirchenrecht die Ausgliederung von Gebieten, natürl. oder jurist. Personen aus der → Jurisdiktion der zuständigen Amtsträger und deren Unterstellung unter den nächsthöheren oder spez. bestimmten Hoheitsträger, z. B. die unmittelbare Unterordnung unter den Papst. So ist etwa eine exemte → Diözese keiner → Kirchenprovinz zugehörig, sondern direkt dem → Apostolischen Stuhl unterstellt. Von großer Bedeutung wurde für Pfarreien, Klöster und Orden seit dem Frühmittelalter die meist durch päpstl. Privilegien ganz oder teilweise erreichte Herausnahme aus der Zuständigkeit des jeweil. Bischofs. Mit der Stärkung der bischöfl. Vollmachten versuchte das Konzil von Trient (1545–63) den bes. im Spätmittelalter zahlreichen Exemtionen, die nicht selten durch Zahlungen an die → Römische Kurie erwirkt worden waren, entgegenzuwirken. Im geltenden kath. → Kirchenrecht gibt es das Rechtsinstitut der Exemtion zwar nicht mehr, dennoch behielten u. a. Orden und Kongregationen ihre zustehenden Eigenrechte.

Exequien → Exsequien

Exerzitien (lat. exercitium = Übung) in der kath. Kirche geistl. Übungen (lat. exercitia spiritualia), die gewöhnl. unter einem Exerzitienmeister nach einem bestimmten Plan gehalten werden. Nach dem Vorbild der Zurückgezogenheit Jesu in Nazareth und während der vierzig Tage in der Wüste sind sie ihrem Wesen nach gekennzeichnet durch das zeitweilige Aufsuchen der Einsamkeit zur Betrachtung geistl. Dinge und rel. Inhalte. Die über alle Jh.e geübten Exerzitien erfuhren durch den Gründer der → Jesuiten Ignatius von Loyola (1491–1556) eine entscheidende Vertiefung mit dem Grundgedanken der Umkehr und Buße in der „Ersten Woche". Heute sind auch Einkehr- und Besinnungstage, Freizeiten (im ev. Bereich) und das Kloster auf Zeit, auch der zeitweilige Aufenthalt in Einrichtungen der ev. Kirchen Möglichkeiten und Formen der Exerzitien.

Exil von Avignon → Avignoner Exil

Exkardination (lat.): die Entlassung eines → Klerikers aus seinem → Bistum bei gleichzeitiger → Inkardination (lat. = Einordnung) in eine andere Diözese.

Exklaustration, Exklaustrierung (lat.) die auf Antrag erteilte oder zwangsweise auferlegte zeitweilige oder dauernde Entbindung oder

Aussonderung eines Ordensangehörigen aus dem Gemeinschaftsleben im Orden und Kloster. Die Entlassung aus der → Klausur (so die Übersetzung) wird gewöhnl. vom Ordensmitglied beantragt und durch päpstl. Privileg (bei Orden bischöfl. Rechts durch den zuständigen Bischof) auf Zeit gewährt. Der Exklaustrierte behält bestimmte Rechte und Pflichten. Erst die → Säkularisation bedeutet die völlige Entbindung von den Verpflichtungen des Ordenslebens.

Exkommunikation (lat.) Ausschluß aus der kirchl. Gemeinschaft, von den Sakramenten, kirchl. Ämtern und Ehrendiensten, kanonische Bez. für den (großen) Kirchenbann (→ Bann) und das → Anathem in bes. schweren Fällen (gegen → Häretiker). Unterschieden wird zwischen dem (zeitweiligen) Ausschluß von den Sakramenten (excommunicatio minor) und dem völligen Ausschluß aus der kirchl. Gemeinschaft (excommunicatio maior). Die Aufhebung der Exkommunikation erfolgt durch päpstl. → Absolution.

Exorzismus (gr. exorkizein = [heraus-] beschwören) in vielen Religionen die (rituelle) Aus- oder Vertreibung böser Geister (→ Dämonen) und Mächte; im Christentum ein im Namen Gottes (Christi) an den Teufel oder widergöttl. Mächte und Dämonen gerichteter Befehl des Exorzisten (früher etwa ein Kleriker), Besessene (Menschen, Tiere oder Gegenstände) zu verlassen oder ihren schädigenden Einfluß auf diese zu beenden. Aus Mißverständnis (→ Aberglaube, Magie) resultierende Mißbräuche durch Wunderheiler und Teufelsbanner begegnen v. a. zur Zeit des → Hexenwahns. Nach gültigem kath. → Kirchenrecht (CIC/1983; im → CCEO nicht enthalten) darf der Exorzismus nur nach ausdrückl. und bes. Genehmigung des zuständigen Bischofs durch einen geeigneten Priester vorgenommen werden, wobei zuvor alle Möglichkeiten der Medizin und Psychiatrie auszuschöpfen sind. Er ist nicht vorzunehmen, wenn Angehörige eine medizin. Behandlung ablehnen oder abgelehnt haben.

Expektanz → Exspektanz

Exposition → Aussetzung

Expositur (lat.) innerhalb einer → Pfarrei ein meist aus einer → Filiale hervorgegangener selbständiger, abgegrenzter Seelsorgebezirk (Hilfsseelsorgerstelle) mit eigener (Expositur-) Kirche und eigenem Seelsorger, dem → Expositus, in teilweiser Abhängigkeit vom zuständigen Pfarrer oder der Pfarrkirche.

Expositus (lat. cooperator expositus) selbständiger (Hilfs-) Seelsorger als Mitarbeiter (→ Kooperator) eines Pfarrers mit eigenem Haushalt und Seelsorgebezirk innerhalb einer Pfarrei, der → Expositur.

Exsekration (lat. = Verfluchung, Verwünschung, Entweihung) Entweihung einer Kirche, Kapelle oder eines Altares, z. B. in Kriegszeiten, wobei in entsprechenden Quellen (etwa aus der Zeit des → Dreißigjährigen Kriegs) u. a. auch der Eintrag begegnet: ecclesia/capella violata, altare violatum (lat. = verletzte, geschändete, enweihte Kirche/Kapelle bzw. Altar).

Exsequien (lat., auch Obsequien) Leichenbegängnis, Leichenzug, Begräbnisfeierlichkeiten, Totenmesse in der kath. Kirche.

Exspektanz (lat.) Anwartschaft (eines Bewerbers) auf eine noch besetzte Stelle, z. B. auf ein kirchl. Amt.

Extra ecclesiam nulla salus → Alleinseligmachende Kirche

Extravaganten → Corpus Iuris Canonici

Exulanten (lat. exul = verbannt) die im 17./18. Jh. (meist auf Grundlage der Bestimmungen des → Augsburger Religionsfriedens von 1555) wegen ihres Bekenntnisses zur Emigration gezwungenen Protestanten in den habsburgischen Landen.

Exvoto, Ex voto (lat. = aufgrund eines → Gelübdes) Inschrift auf Weihe- oder → Votivgaben, auch Bez. für die Votivgabe selbst.

Exzellenz (von lat. exellens, excellentia, excellentissimus = Erhabenheit, Herrlichkeit, Vortrefflichkeit, Abk. Excell.) seit spätröm. Zeit der nicht selten mit → Eminenz verknüpfte Ehrentitel von Kaisern, Königen, Fürsten, Päpsten, Kardinälen und Bischöfen, seit dem 17. Jh. in vielen Ländern zudem der höchsten Beamten und der Generalität, in Deutschland bis 1918 u. a. auch des Reichskanzlers und der Staatssekretäre, heute nur noch den Botschaftern, Gesandten und kath. Bischöfen zustehend.

F

F. seltenere Abk. für lat. → Frater

Faith and Order (engl. = Glaube und Kirchenverfassung) 1927 in Lausanne entstandene → Ökum. Bewegung zur Einheit der Kirche im Glauben und in Fragen der Kirchenordnung, der Liturgie und des kirchl. Lebens (Kirchenverfassung); sie ist Mitglied des 1948 gegründeten → Ökum. Rates der Kirchen. → Life and Work

Fakultät (lat. facultas = Tätigkeit, Vermögen, Talent) 1. seit Entstehen der Universitäten im 12./13. Jh. das Gliederungsprinzip der wissenschaftl. Disziplinen mit den urspr. drei Fakultäten für Theologie, Jurisprudenz und Medizin, zu denen etwas später die → Artistenfakultät kam (heute bis zu zwanzig Fakultäten). Die Leitung einer Fakultät obliegt dem → Dekan. 2. Fakultäten werden im kath. Kirchenrecht die von einer oberen Instanz (meist vom Papst oder Bischof) der unteren übertragenen (delegierten) Rechte und Vollmachten genannt (z. B. → Quinquennalfakultäten). Das Fakultätenrecht ist dabei das den Bischöfen aufgrund bes. päpstl. Vollmacht übertragene Recht, dem Papst vorbehaltene, reservierte Rechte auszuüben.

Faldistorium (lat. = Faltstuhl, Klappsessel) in der kath. Kirche der urspr. zusammenklappbare Stuhl oder Sessel mit Armlehnen, jedoch ohne Rückenlehne, der vom Bischof in der Liturgie gebraucht wird, wenn er seinen Thron (bei bestimmten Pontifikalhandlungen) nicht benutzen kann, auch der Betschemel für den Bischof.

Fälschung (lat. falsum) die meist strafbare Veränderung oder Nachahmung eines Gegenstands (z. B. Münz-, Geld-, Urkundenfälschung, Fälschung von Kunstwerken) in rechtswidriger, betrügerischer Absicht. Für die Geschichtswissenschaft von großer Bedeutung sind bes. die Fälschungen im Mittelalter, d. h. die im Frühmittelalter einsetzenden Fälschungen von Urkunden zum Ersatz verlorener oder nie vorhandener Dokumente, zur Erlangung von Rechten, Privilegien, Besitzungen oder fehlender Legitimation (wobei die Grenzen zwischen Fälschung und → Pseudepigraphie fließend sein können), indem etwa Texte fingiert oder solche vorhandener Urkunden umgearbeitet, nachgeahmt und mit falschem Siegel versehen wurden. Zu den bedeutendsten Fällen zählen die → Konstantinische Schenkung (8. Jh.) und die → Pseudo-isidorischen Dekretalen (9. Jh.). (Geschichts-) Fälschungen gab es in allen Jahrhunderten, sie gibt es bis zur Gegenwart.

Familia pontificia (lat.) → Päpstliche Familie

Familiare (lat. = Hausgenosse, Familienangehöriger) ein Angehöriger der → Klosterfamilie; Mitglied der → Päpstlichen Familie und des Päpstlichen Hofs (lat. Familia pontificia), ein Geistlicher oder Laie, der im Dienst des Papstes und der → Römischen Kurie, auch eines Fürstbischofs steht.

Fano, Fanone (lat.-it.) heute nur noch Bez. für das obere zweiteilige liturg. Schultertuch des Papstes.

Fasten in nahezu allen Religionen die rituell geregelte zeitweilige, teilweise oder völlige Enthaltung von Nahrung oder bestimmten Speisen und Getränken (→ Abstinenz) zur Vorbereitung auf rel. Feste sowie zu Reinigung, Opfer, Demut und Buße. Gründend in der Vorstellung, daß von der Nahrung schädigende Wirkungen ausgehen können, betrachteten auch AT und NT das Fasten als Möglichkeit, der Sünde entgegenzuwirken und sich vor der Macht des Bösen zu schützen. Bes. Bedeutung kam dem Fasten als wesentl. Bestandteil eines Lebens in → Askese bei → Anachoreten, → Mönchen und in Klöstern zu. Nach bibl. Vorbild wurde Fasten seit frühchristl. Zeit vermehrt kirchl. ver- und geordnet, wobei als frühe Fasttage Mittwoch, Freitag und → Karfreitag, dann die ganze Karwoche begegnen. Über Jh.e hinweg entwickelten die Kirchen eigene Fastenzeiten, in der lat. Kirche des Westens die vierzigtätige, mit → Aschermittwoch beginnende Quadragesima (lat. = vierzig) vor Ostern (im dt. Sprachraum die eigentl. Fasten- oder Passionszeit) und die vier Wochen des → Advents vor Weihnachten, in den orth. Kirchen vier Fastenzeiten vor höheren Festen, in den ev. Kirchen mehrmals im Jahr ein Bußtag, heute v. a. der → Buß- und Bettag. Die strengen Fastenverordnungen erfuhren im Lauf der Zeit erhebl. Milderungen, einige wurden ganz aufgehoben. → Fastnacht

Fastentuch → Hungertuch

Fastnacht urspr. Abend und Nacht vor → Aschermittwoch, also vor Beginn der österl. → Fastenzeit, im Mittelalter mit Festmahlzeiten, Verkleidungen und Umzügen begangen. Das auch aus vorchristl. Zeit bekannte Brauchtum entwickelte sich seit dem Spätmittelalter v. a. in Italien, dann in anderen roman. Ländern und am Rhein zum → Karneval (in Bayern zum Fasching).

Fatschenkind → Christkind

Febronianismus dem → Gallikanismus und → Episkopalismus verwandte Reformbewegung innerhalb der kath. Kirche, benannt nach dem Pseudonym „Justinus Febronius" des Trierer Weihbischofs Johannes Nikolaus von Hontheim (1701–90), der unter diesem Decknamen 1763 das Werk „De statu ecclesiae et legitima potestate Romani Pontificis" veröffentlichte und sich darin gegen den Einfluß der → Römischen Kurie auf die dt. → Reichskirche wandte. Er löste damit nationalkirchl., auf größere bischöfl. Selbständigkeit gegenüber dem Papst abzielende Bestrebungen aus, die ihren Höhepunkt im → Emser Kongreß mit der Publikation der Emser Punktation von 1786 fanden.

Fegfeuer (lat. purgatorium = Reinigungsort) nach kath. Auffassung gibt es nach dem Tod eines Getauften, der zwar im Stand der → Gnade stirbt, bei dem aber noch einer vollen Gottesgemeinschaft im Wege stehende Sündenstrafen vorliegen, einen „Zwischenzustand", der Fegfeuer genannt wird. Das Bild vom Feuer greift 1 Kor 3,12–15 auf und besagt, daß das Fegfeuer Gott selbst ist, der als prüfendes und reinigendes Feuer der Liebe all das ausmerzt, was das Geschöpf für die volle Gemeinschaft mit Gott noch unwürdig sein läßt. Fürbitte, gute Werke oder das hl. → Meßopfer können zur Tilgung dieser Hindernisse beitragen. Die mittelalterl. Vorstellungen vom Jenseits, von ewiger Verdammnis oder Herrlichkeit, waren vielfach bestimmend für das Handeln im Diesseits; in bes. Weise wurde im → Ablaß eine Verkürzung der (eigenen oder der Angehörigen, der „Armen Seelen" [→ Allerseelen]) Leidenszeit im Fegfeuer erkannt. Die als unausweichlich erwarteten Qualen der Läuterung im Fegfeuer bildeten den ernsten, oft erdrückenden Rahmen aller → Frömmigkeit gerades des Spätmittelalters und vielfach das Motiv für fromme Stiftungen; sie waren nicht selten auch bestimmend für die Wahl des Grabplatzes (z.B. in einer Kirche).

Feier → Fest

Feldgeistlicher für die Militär- oder Feldseelsorge bestellter Geistlicher (auch Feldprediger, -kaplan, Militärpfarrer).

Felizianerinnen Schwestern vom hl. Felix von Cantalice, 1857 in Warschau gegr., 1899 päpstl. bestätigte Gemeinschaft mit sozial-karitativen und erzieherischen Aufgaben in Polen und Amerika. Eine kontemplative Richtung verselbständigte sich seit 1871 als Kapuzinerinnen von der hl. Klara.

Felonie (lat.) innerhalb des Lehnswesens der Bruch des Treueverhältnisses zwischen Lehnsherrn und Vasall, der als eines der schwersten Verbrechen galt.

Fest, Festtage (lat. festum) regelmäßig (meist jährl.) wiederkehrende, in allen Religionen übliche Feiertage, im christl. Bereich bes. gefeierte Tage zusätzl. zu den Sonntagen im → Kirchenjahr. Dazu gehören die Hochfeste → Weihnachten, → Epiphanie, → Ostern, → Pfingsten und viele weitere, regional oft verschiedene, auch als Hochfeste gefeierte Heiligenfeste, z. B. Marien- und Apostelfeste sowie Kirchweih'.

Feudalismus → Lehnswesen

Fideismus (von lat. fides = Glaube) theol. Grundhaltung, die alle rel. Wahrheit einzig im Akt gläubigen Vertrauens für zugänglich hält und Vernunftargumente abweist. Die Lehre wurde ebenso wie sein Gegenteil, der Rationalismus (von lat. ratio = Verstand), vom → Vaticanum I (1869/70) verurteilt.

Filiale, Filialkirche (lat. ecclesia filialis; lat. filia = Tochter) eine „Tochterkirche", die von der Pfarrkirche („Mutterkirche") zur Seelsorge eines bestimmten Bezirks einer → Pfarrei abgetrennt wurde, dieser aber zugehörig bleibt.

Filiation (von lat. filia = Tochter) die in der → Charta Caritatis der → Zisterzienser begründete Errichtung, Besiedelung und monastische Formung eines Tochterklosters durch das Mutterkloster; die Praxis wurde später auch von anderen Kongregationen der → Benediktiner übernommen.

Filioque (lat. = und vom Sohn) erstmals auf der 3. Synode von Toledo (589) belegte, theol. schon seit Augustinus (354–430) bezeugte Einfügung in die Hl.-Geist-Strophe des → Nicaeno-Constantinopolitanum, die besagt, daß der Hl. Geist vom Vater und vom Sohn (durch ihn) ausgehe; damit ist v. a. die Gleichwesentlichkeit (→ Homousianer) von Vater und Sohn herausgestellt, die in der lat. Kirche des Westens durch den → Arianismus stärker in Frage gestellt war als in der Ostkirche. In der gesamten abendländischen Kirche seit dem Frühmittelalter eingeführt, gilt das Filioque aus orth. Sicht seit dem Patriarchen Photius (um 867), bes. seit dem → Morgenländischen Schisma (1054) als Trennungsgrund; diesbezügl. Einigungsbemühungen auf den Konzilien von Lyon (1274) und Florenz (1439) blieben erfolglos.

Firmung (lat. confirmatio) in der kath. Kirche eigenes, von der → Taufe verschiedenes (Apg 8,14–17), zur vollen Eingliederung des Christen in die kirchl. Gemeinschaft gehörendes Sakrament zur Mitteilung einer bes. Kraft des Hl. Geistes. Sichtbare Zeichen sind Segenshandauflegung und Salbung mit Chrisam; die Spendeworte lauten: „[Vorname], sei besiegelt mit der Gabe Gottes, dem Heiligen Geist."

Flagellanten → Geißler

Flamboyantstil (frz. flamboyant = flammend) im Kathedralbau oft begegnende Stilform der späten → Gotik in Frankreich und England (13.–15. Jh.), für den die flammenähnl. Maßwerkformen kennzeichnend sind.

Floriazenser, Florenser → Joachimitismus

Flugblatt, Flugschrift eine nicht gebundene Gelegenheitsdruckschrift im Umfang von einem Blatt bis zu einigen Bögen (Broschüre), die – bald nach Erfindung des → Buchdrucks eingesetzt – aktuelle polit., wissenschaftl. oder (bes. in der Zeit der → Reformation) kirchl. Themen enthielt und in der Öffentlichkeit verbreitete, insofern als Vorläufer der Zeitung betrachtet werden kann.

Flügelaltar in der → Gotik, bes. in Ländern nördl. der Alpen, weitverbreitete Form des (Wand-) → Altars mit feststehendem, als gemalte Tafel oder geschnitzter Schreinaltar gestaltetem Mittelteil und zwei beweglichen Flügeln mit jeweils gemalten oder geschnitzten Darstellungen. Als Untersatz diente meist die → Predella (auf deren Vorderseite bestimmte Darstellungstypen wie die Wurzel Jesse, der liegende Stammvater, die Halbfiguren der zwölf Apostel begegnen), als Aufbau das → Gesprenge, das die großen Themen des Glaubens enthält: die Kreuzigung, den Schmerzensmann, den Erlöser und den Gnadenstuhl. Bei Marienaltären findet sich dort auch die Dreifigurengruppe der Anna Selbdritt oder die Krönung Mariens durch Gottvater und Christus. In seiner hochentwickelten, reich ausgestatteten Form gleicht der wandelbare Schnitzaltar (wie man den Flügelaltar, neben Flügel- → Retabel, auch nennt) einer „Wandelbühne". Die Schreinfiguren zeigen die großen Vorbilder, die Flügel erzählen aus dem Leben Christi und Mariens, vom Leben und Wirken der → Heiligen. Kostbarste dieser sakralen Kunstwerke stammen aus dem 15./16. Jh. (van Eyck, R. van der Weyden, Grünewald, T. Riemenschneider, M. Pacher).

Flurprozession, Flurumgang in der kath. Kirche die Sakraments-

→ Prozession, auch → Bittgang, zur Segnung der Feldflur, gewöhnl. an oder kurz nach → Fronleichnam.

Fokolare, Fokolar-Bewegung (von it. focolare = Herd) 1943 in Trient entstandene, als „Werk Mariens" kirchl. anerkannte, heute weltweit verbreitete Gemeinschaft, die als „Herdfeuer", d. h. Mittelpunkt der Familie die kirchl., ökum. und gesellschaftl. Einheit der Menschen erstrebt. Druckmaterial und Medien der Bewegung, in deren Zentrum die Gegenwart Christi und ein nach Gottes Wort gerichtetes spirituelles Leben stehen, erscheinen im Verlag „Neue Stadt".

Folter, Tortur (lat. tortura = Schmerz, Pein; tormentum = Winde, Presse, Folterwerkzeug) im Gerichtsgebrauch ein uraltes und weitverbreitetes Mittel zur Erzwingung eines Geständnisses. Als „peinliche Frage" wurde die Folter im Mittelalter in vielen Variationen in den Strafprozeß, seit dem 13. Jh. in den Prozeß der → Inquisition gegen → Häretiker eingeführt und im Spätmittelalter in den Hexenprozeß (→ Hexenwahn) übernommen. Sie wurde dabei als rechtmäßiges bzw. geeignetes Mittel zur Wahrheitsfindung bzw. zur Dämonenbefreiung betrachtet. Ausführende der gewöhnl. in der Folterkammer in Anwesenheit von protokollierenden Gerichtspersonen vorgenommenen Tortur waren der Scharfrichter und seine Gehilfen: sie begann mit dem Zeigen der Instrumente und wurde in Graden fortschreitender Marter fortgeführt. Zahlreiche als Hexen verdächtigte Opfer starben unter schrecklichsten Umständen bereits an den Folgen der Folter, die erst unter dem Einfluß der → Aufklärung, zuerst in Preußen (1740, 1754), als Instrument des Gerichtsverfahrens abgeschafft wurde.

forum ecclesiasticum/externum/internum (lat. forum = öffentl. Platz, Gerichtshof, Rechtsbereich) in der kath. Kirche das geistl., kirchl (ecclesiasticum) Gericht, die äußere (externum) Gerichtsbarkeit bzw. der Rechtsbereich für den inneren (internum) (Gewissens-) Bereich.

fr. Abk. für lat. → Frater

Fra (it.) in Italien Bez. für → Frater

Frankfurter Anstand am 19. 4. 1539 in Frankfurt geschlossene Vereinbarung zwischen Kaiser Karl V. (der die Verhandlungen veranlaßte und durch seinen Gesandten führen ließ) und den im → Schmalkaldischen Bund vereinigten ev. Reichsständen. Das Abkommen verlängerte den → Nürnberger Anstand um sechs Monate und bildete die Grundlage für wichtige → Religionsgespräche.

Frankfurter Buch oder Rezeß von den ev. Reichsfürsten 1558 in Frankfurt unternommener Versuch, die ev. Reichsstände auf die → Confessio Augustana zu verpflichten und sich ihrer Vereinbarung anzuschließen, was am Widerstand des Kurfürsten von Sachsen jedoch scheiterte. Erst das → Konkordienbuch brachte die in Frankfurt vergeblich angestrebte Einigung.

Franziskaner Angehörige der Orden und Gemeinschaften, die sich auf den hl. Franz von Assisi (1181/82–1226) berufen und von der um ihn entstandenen → Bruderschaft ihren Ausgang nahmen. Es sind dies die drei selbständigen Männerorden (Erster franzisk. Orden): Franziskaner oder Orden der Minderen Brüder (auch Minderbrüder), → Minoriten oder → Konventualen und → Kapuziner. Der weibl. Zweig (Zweiter franzisk. Orden) sind die → Klarissen. Äußeres Zeichen ihrer Gemeinsamkeit ist der weiße Strickgürtel. Auch die selbständigen männl. und weibl. → Kongregationen des regulierten → Dritten Ordens gehören zur großen Ordensfamilie der Franziskaner, deren Ziele gemäß der Regel des hl. Franziskus (endgültige Regel [Regula bullata] 1223 von Papst Honorius III. bestätigt) bzw. der hl. Klara bestimmt sind von einem Leben nach dem Evangelium in → Armut, der Selbstheiligung, dem Dienst am Nächsten, von der Seelsorge (in den Städten) und vom Unterricht, wobei von Anfang an der Bettel zum Hauptmittel der Existenzsicherung gehörte. Die Franziskaner waren damit zusammen mit den → Dominikanern zu einem neuen Ordenstyp – den → Bettel- oder Mendikantenorden – geworden. Hatte der hl. Franz mit radikalem Ernst die persönl. Armut gefordert und sogar feste klösterl. Häuser mit aller Entschiedenheit abgelehnt, kam es noch zu seinen Lebzeiten zu heftigen Streitigkeiten um die Tragweite dieser Forderung, die den Orden die folgenden Jh.e beschäftigte: im leidenschaftl. geführten Armutsstreit des 14./15. Jh.s standen sich gemäßigtere Konventualen und strengere → Observanten gegenüber, der 1517 zur päpstl. bestätigten Trennung führte. Die Spaltung des Ordens in die drei großen Ordensverbände der Franziskaner (Observanten), Minoriten (Konventualen) und Kapuziner war vollzogen, als letztere 1528 zu einem selbständigen Orden geworden waren.

Franziskanerbrüder → Barmherzige Brüder und Schwestern

Französische Revolution in der → Aufklärung wurzelnde, konkret aus der am → Ancien Régime (spez. an Versailler Hof, Adel und höherem Klerus) vehement geübten Kritik und aus der schweren Finanz- und Wirtschaftskrise in Frankreich resultierende grundstürzende, in der Neuzeit gewaltigste und folgenschwerste Umwälzung aller Lebensbereiche, die mit dem Sturm auf die Bastille am 14. 7. 1789 ihren Ausgang nahm und bis zum Staatsstreich durch Napoleon Bonaparte am 9.11.1799 dauerte. Sie führte, getragen vom Ideengut der Freiheit, Gleichheit, Brüderlichkeit (frz. Liberté, Égalité, Fraternité), zum Umdenken in allen Bereichen menschl. Lebens und wurde zum „Vorbild" für alle Revolutionen seit 200 Jahren. Bes. die radikalen Denker, Literaten und Staatsrechtler in Frankreich sahen in der kath. Kirche und in ihrer damaligen Verfassung das schwerste Hemmnis für Freiheit und menschl. Glück im Verstand ihrer Aufklärung. Es kam zum Zusammenbruch des → Ancien Régime und des Königtums, zur Aufhebung des Feudalsystems und der Standesprivilegien, zur Erklärung der Menschenrechte, zum Bündnis von Adel und Geistlichkeit mit dem Dritten Stand und zur Forderung der Eidesleistung der Priester auf die Verfassung, zum Einzug von Kirchengütern. Die Frz. Revolution hat in ihrer Folgewirkung innerhalb weniger Jahre das ganze europ. Staatensystem erschüttert: sie führte die bis dahin größte territoriale Umwälzung in Deutschland herbei, den gewaltsamen Untergang der → Reichskirche in der großen → Säkularisation, dem am 6. August 1806 das formelle Ende des → Heiligen Römischen Reiches folgte.

Frater (lat. = Bruder, Abk. fr., seltener F., Plural fratres) urspr. (Selbst-) Bez. der → Mönche, seit der stärkeren Unterscheidung zwischen → Priestermönchen und den → Konversen spez. für die Laienbrüder. In manchen Orden, u.a bei → Franziskanern, → Dominikanern und → Karmeliten, behielten auch die zu Priestern geweihten Mönche die Bez. Frater anstelle von → Pater. Fratres sind auch die in → Noviziat und Theologiestudium stehenden Mitglieder der → Priesterorden sowie Angehörige von Laienkongregationen, z.B. → Schulbrüder.

Fraterherren → Brüder (Schwestern) vom gemeinsamen Leben

Fraternität (lat. fraternitas = brüderl. Gesinnung und Liebe, Brüderlichkeit) in Häusern und Wohnungen eingerichtete kleine klösterl. Gemeinschaft, in der Brüderlichkeit bzw. Schwesterlichkeit als Wesenselement das alles bestimmende Motiv, auch für die oft in nichtchristl. oder entchristl. Umgebung getragene sozial-karitative Arbeit ist.

Fratizellen (it. fraticelli = kleine Brüder) Gruppen der → Franziskaner im 13./14. Jh., die aus der → Spiritualen-Bewegung hervorgingen und von der Inquisition als Ketzer verfolgt wurden.

Frau 1. nach bibl. Verständnis sind Frau und Mann in gleicher Weise Ebenbild Gottes; die Unterschiedenheit von Mann und Frau ist von Gott gewollt und damit gut. Die Konflikte zwischen Mann und Frau sowie die schuldbeladene Geschichte gegenseitiger Abhängigkeit und Unterdrückung sind Folge des Sündenfalls (Adam und Eva) als Zerstörung der Beziehung zu Gott. Jesus setzte sich über kulturbedingte, patriarchal bestimmte Schranken (z.B. Gen 3,16: Unterordnung der Frau unter den Mann) hinweg und hatte unbefangenen Umfang mit Frauen, von denen viele zu seinen Jüngern zählten. In rel.-soziolog. Sicht hatten Frauen bes. großen Anteil an der Ausbreitung des Christentums; in der Kirche sahen sie ihre je eigene Würde in ungleich höherem Maße anerkannt (auch wenn ihnen geboten war, in der Kirche zu schweigen und sich unterzuordnen [1 Kor 14,34f.]). 2. Die Minderbewertung der Frau, die im Verlauf des Mittelalters zu ihrem schlimmsten, epidemieartigen Auswuchs, dem → Hexenwahn, geriet, resultierte aus leib- und sinnenfeindlichen Vorstellungen, wie sie seit Augustinus (354–430), bes. in Hoch- und Spätmittelalter, wirkmächtig geworden waren, verbunden mit einer allgem., von Vergänglichkeitsmotiven geprägten Lebensangst und -verneinung. Während Geschlechtlichkeit theol. als Ausdruck der Sündenhaftigkeit des Menschen, bes. der Frau als „Eva“, bewertet wurde, galt Jungfräulichkeit als höchstes Gut, wurde die Frau auch als Geschlechtsgenossin Marias, der neuen „Eva“, betrachtet, entwickelten sich höfisch-ritterl. Minnedienst für die dem Mann überlegene (adelige) Dame und v.a. → Marienverehrung. 3. Die seit Ende des 18. Jh.s allmähl. aufgebrochene Frauenbewegung, die zunächst auf die polit. Stellung der Frau, ihre Erziehung und Bildung abzielte, formierte sich zu einer auch „Feminismus“ genannten Emanzipationsbewegung, die bes. seit den sechziger Jahren des 20. Jh.s die volle Gleichberechtigung der Frau in allen Lebensbereichen, ihre Selbständigkeit, Selbstbestimmung und Teilnahme am öffentl. Leben, auch in Kirche und Theologie („Feministische Theologie“) erstrebt. Die in den letzten Jahren zum Teil heftigst kritisierte Zuordnung des Weihesakraments zum Mann in der kath. und in den orth. Kirchen wird dabei als Ausdruck von Frauenfeindlichkeit betrachtet; theol. wird sie dagegen mit der Christusrepräsentation des geweihten Amtsträgers und der je spezif. Berufung von Frauen und Männern in der Kirche begründet.

Frauenstift → Chorfrauen, → Damenstift

Frauentag in verschiedenen Regionen des süddt. Raums volkstüml. Bez. für das Hochfest Mariä Himmelfahrt (15. August).

Frauentragen (Madonnentragen) einer der ältesten Bräuche des Christentums, der an die vergebl. Herbergssuche Marias und Josefs am → Heiligen Abend erinnert und auch „Unserer Lieben Frau Wanderschaft“ oder „Maria in der Herberge“ genannt wird. Zur andächtigen

Einstimmung auf Weihnachten, zum Schutz und Segen für das Heim wird eine (sonst in einer Kapelle stehende) Marienstatue im → Advent von Haus zu Haus getragen, wo sie jeweils bis zum nächsten Tag beherbergt wird.

Frauen vom Guten Hirten → Schwestern vom Guten Hirten

Fräuleinstift → Damenstift

Freidenker → Freireligiöse Bewegungen

Freie evangelische Gemeinden aus der → Erweckungsbewegung hervorgegangene, von jeder kirchl. und staatl. Bindung losgelöste Gemeinden ev. Christen (→ Freikirchen), die sich seit 1817, zuerst in Genf und Lyon, dann auch in Deutschland (hier 1928 als Bund Freier ev. Gemeinden in Deutschland) bildeten und seit 1948 zum „Internat. Bund Freier ev. Gemeinden" zusammengeschlossen sind.

Freie protestantische Gemeinden → Freies Christentum

Freies Christentum aus → Aufklärung und → Täufer-Bewegung seit 1840 in Mitteldeutschland hervorgegangene überkirchl. prot. Bewegung (→ Freikirchen, Freie prot. Gemeinden), die Evangelium, Wissenschaften und soziale Fragen in Einklang bringen will. Seit 1900 finden regelmäßige Weltkongresse des „Weltbundes für Freies Christentum" statt. → Freireligiöse Bewegungen

Freiheit der Kirche von G. Tellenbach in seinem Werk „Libertas. Kirche und Weltordnung im Zeitalter des Investiturstreites" (1936) geprägte Bez. für das Programm der → Gregorianischen Reform des 11./12. Jh.s, deren Vertreter, allen voran Papst Gregor VII. (1073–85; → Dictatus papae), nicht zuletzt im → Investiturstreit das Freisein der Kirche von kirchenfremden, d. h. weltl. Einflüssen (v. a. bei der Besetzung geistl. Ämter durch den dt. König, der in dieser Zeit erstmals als → Laie betrachtet wird; → Sakrales Herrschertum) erstrebten und gleichzeitig die ausschließl. Bindung an und Unterwerfung unter den → Apostolischen Stuhl forderten, wobei der Kampf gegen → Priesterehe (Nikolaitismus) und → Simonie zum wirksamsten Hebel ihrer Forderungen wurde. → Canossa.

Freikirchen allgem. vom Staat unabhängige Kirchen oder kirchl. Gemeinschaften, im engeren Sinn die neben den Landes-, National-, Staats- oder Volkskirchen bestehenden (meist prot.) Kirchengemeinschaften, v.a in Nordamerika, England, Schottland, Frankreich, Deutschland und der Schweiz. Sie entstanden bes. im 17.–19. Jh., teils aus unterschiedl. theol. Anschauungen, teils aus dem Protest gegen staatl. Bevormundung, aus dem → Pietismus oder der Kritik am → Liberalismus. Als Freikirchen, freikirchl. Bewegungen oder Gemeinden können u. a. bez. werden → Baptisten, → Mennoniten, → Methodismus, → Quäker, → Täufer, → Deutschkatholizismus, → Freie ev. Gemeinden, → Freies Christentum, → Altlutheraner.

Freimaurerei hervorgegangen aus dem mittelalterl. Bauhüttenwesen, bes. der got. Kathedralen, mit freien Steinmetzen und deren geheimgehaltenen symbol. Bräuchen, liegen die geistesgeschichtl. Ursprünge der bis heute weitverzweigten Bewegung in der → Aufklärung. In London kam es 1717 zur ersten Logengründung: vier Bauhütten (Logen) schlossen sich zu einer Großloge (auch Orden genannt) zusammen. 1737 wurde in Hamburg die Loge Absalom gegr., die Freimaurerei damit auch in Deutschland heimisch. Die Männergemeinschaft, deren Angehörige sich als „Brüder" betrachten und in „Tempeln" versammeln, verfolgt das auf einer natürl. Ethik beruhende Ideal edlen Menschentums und erstrebt eine von konfessioneller Bindung und doktrinärem Denken freie, individuelle und gegenseitige Erziehung der Logenmitglieder zu wahrer Humanität, so durch Übernahme sozial-karitativer Aufgaben und Pflege der gegenseitigen, von Brüderlichkeit geprägten Freundschaft. Von Anfang an gehörten den von der kath. Kirche verurteilten Freimaurerbünden Angehörige des Hochadels, Fürsten, Staatsmänner, Gelehrte, Künstler, einflußreiche Bürger und prot. Geistliche an (u. a. Friedrich II., Fichte, Herder, Goethe, Mozart).

Freireligiöse Bewegungen und Gemeinden im 19. Jh. aus → Deutschkatholizismus und → Freiem Christentum (Freie prot. Gemeinden) entstandene Gemeinschaften von Freidenkern oder Freireligiösen, die jede dogmatische Bindung an eine bestimmte Religion oder Konfession ablehnen und ihre Weltanschauung rein rational begründen. 1859 wurde der „Bund freireligiöser Gemeinden" gegr., der sich seit 1924 „Volksbund für Geistesfreiheit" nannte, nach dem Verbot unter dem Nationalsozialismus 1949 als „Deutscher Volksbund für Geistesfreiheit" wiederbegr. wurde. Diesem Dachverband gehört der im gleichen Jahr gebildete „Bund freireligiöser Gemeinden Deutschlands – Freie Religionsgemeinschaft, gegr. 1859" als Körperschaft des öffentl. Rechts mit mehreren zehntausend Mitgliedern und staatl. anerkanntem Unterricht in einigen Bundesländern an.

Freithof → Friedhof

Freizeiten → Exerzitien

Fresko, Freskomalerei Wandmalerei mit Wasserfarben auf den noch feuchten, frischen (it. al fresco) Putz, wobei der Kalk beim Abtrocknen an der Oberfläche eine wasserunlösl., chemische Verbindung mit den Farbpigmenten eingeht (im Unterschied zur Seccomalerei auf trockenem [it. al secco] Putz, die abblättern kann). Die bereits in der Antike bekannte Technik wurde seit etwa 1300 bes. in Mittelitalien als reine Freskomalerei (it. buon fresco) gepflegt (u.a. Giotto, Michelangelo, Raffael) und gelangte im → Barock zu einer letzten Blüte (Tiepolo); bes. in der süddt. → Deckenmalerei wurden Fresken vollendeter Meisterschaft geschaffen.

Friedensbewegung alle organisierten, seit der Antike bekannten Bemühungen zur Vermeidung und Verhinderung von Konflikten und kriegerischen Auseinandersetzungen (auch Pazifismus genannt, von lat. pax = Friede). Die seit dem 19. Jh. polit. praktizierte Friedensbewegung wurzelt in der Friedensvorstellung des Mittelalters (fortgeführt durch → Humanismus und → Aufklärung), die vom Friedensgedanken der christl. Botschaft, von Christi Gebot der Nächsten- und Feindesliebe, wesentl. vermittelt durch Augustinus (354–430), beeinflußt wurde. Im 10. Jh. kam die Idee des → Gottesfriedens (Treuga Dei) auf, die im Zeitalter der → Kreuzzüge zugleich mit der → Armutsbewegung ein gewisses Gegengewicht darstellte, in der Bekämpfung der → Häretiker und im → Hexenwahn aber an ihre Grenzen stieß. Die auf dem Hintergrund des „Kalten Krieges" seit den sechziger Jahren des 20. Jh.s entstandene Friedensbewegung (die u.a. zu einer bedeutenden Zunahme von Wehrdienstverweigerern führte) ist verstärkt getragen vom Engagement auch einzelner Christen und organisierter christl. Friedensgruppen, die sich schon seit Beginn des Jh.s. gebildet hatten (u.a. seit 1914 die Church Peace Union und seit 1950 die Church Peace Mission, letztere vertreten im → Ökum. Rat der Kirchen). Die Mahnung der christl. Kirchen zu (sozialem) Frieden und Gerechtigkeit in der Welt ist heute wesentl. Bestandteil ihrer Verkündigung.

Friedhof (lat. coemeterium) urspr. der um- oder eingefriedete Bezirk um eine Kirche (Freit- oder Kirchhof, parallel dazu etwa auch der Burgfried), dann der Platz für die Totenbestattung (→ Begräbnis), auch Toten- oder Gottesacker genannt (bis ins 18./19. hinein konfessionell getrennt), heute angelegt und unterhalten von kirchl., städt. oder kommunalen Gemeinden. Je nach den örtl. und histor. Gegebenheiten sowie den rel. Gebräuchen wurden auch die Friedhofsanlagen um Kirchen oder Kapellen gestaltet, bes. seit dem 18. Jh. zunehmend, zumal in den Städten, an eigenen, von der Kirche entlegenen Orten, z.B. als Wald-, Zentral-, Park-, Urnen- oder Soldatenfriedhof. → Grab

Frömmigkeit (lat. pietas) in der röm. Antike Ausdruck für das, „was sich gehört", v.a. die Verpflichtung der Gottheit gegenüber (lat. pietas erga deum), auch das Pflichtgefühl gegen Eltern, Kinder und Nahestehende sowie das rechte, verpflichtende Verhalten zum Vaterland. Das Christentum übernahm diese Wortbedeutung; auch ahd.-mhd. vrum, vrom, vrumecheit, vrümeceit entsprach dem, was mit lat. pius (fromm) und pietas ausgedrückt war: tüchtig, brav, ehrbar, gut, vornehm, tapfer, nützlich, förderlich, brauchbar, gottgefällig, fromm. In diesem Sinn ist Frömmigkeit die geistige (Grund-) Haltung und (gefühlsmäßige) Grundgestimmtheit des rel. Menschen Gott gegenüber, die seine Beziehung zu Gott in Kult und Gebet, sein Denken, Reden und Handeln erfüllt. In der Frömmigkeit wird die rel. Urhaltung des Menschen sichtbar und gibt seinem Leben Form und Inhalt. Bes. rel. Kunst, rel. und kirchl. → Brauchtum können einen vertieften Zugang zum Verständnis der zu einer bestimmten Zeit faßbaren Frömmigkeitshaltung der Menschen eines Landes oder einer Region (Volksfrömmigkeit) bieten.

Fronleichnam (mhd. vrôn = Herr, lichnam = lebendiger Leib, also Leib des Herrn, lat. Corpus Christi) in der lat. Kirche das am Donnerstag nach Dreifaltigkeit gefeierte, auch → Prangertag genannte Hochfest zur öffentl. Verehrung der → Eucharistie. Zurückgehend auf die Visionen der Juliana von Lüttich († 1258) wurde das „Sakramentsfest" 1246 zuerst für das Bistum Lüttich, 1264 von Papst Urban IV. für die ganze kath. Kirche vorgeschrieben und war bald auch (belegt zuerst für Köln) mit einer großen, von höchster Feierlichkeit geprägten Fronleichnams-→ Prozession verbunden, die seit dem 15. Jh. auch als → Flurprozession und → Bittgang gehalten wurde. Zur gleichen Zeit entwickelte sich, in Anlehnung an das → Passionsspiel, das Fronleichnamsspiel als eigenständiges Festspiel, zahlreiche → Bruderschaften zur Verehrung des → Allerheiligsten entstanden (lat. Confraternitas SS. Sacramenti oder SS. Corporis Christi).

Frühchristentum (Früchristl. Kirche) die Phase der Kirchengeschichte von ihren Anfängen bis zum Entstehen der → Reichskirche unter Kaiser Konstantin (313 Toleranzedikt von Mailand, 324 Reichseinigung) mit den für die Kirche tiefgreifenden Veränderungen (→ Konstantinische Wende).

Frühchristliche Literatur → Altchristliche Literatur

Frühkatholizismus zu Beginn des 20. Jh.s geprägte Bez. für das → Frühchristentum, im bes. für die Zeit des Übergangs vom → Urchristentum zur → Alten Kirche.

Frühmesser (lat. primissarius) ein Geistlicher, der Inhaber eines selbständigen → Benefiziums war und frühmorgens ledigl. eine gestiftete hl. → Messe zu lesen hatte; gelegentl. wird er auch → Altarist genannt.

Früh- oder altchristliche Kunst im weiteren Sinn die vom → Frühchristentum geprägte Kunst der ersten christl. Jh.e, bes. des 3./4. Jh.s; früheste Zeugnisse sind die → Katakomben, der Kirchenbau setzte erst nach der → Konstantinischen Wende im 4. Jh. ein.

Fuldaer Bischofskonferenz → Deutsche Bischofskonferenz

Fundamentalismus (religiöser) zunächst Selbstbez. amerik. Protestanten (Schriftenreihe „The Fundamentals. A Testimony to Truth", 1910–15), wurde der Begriff zur allgem. Bez. für ein unkrit. Bibelverständnis, das in Ablehnung hist.-krit. Forschung alle Aussagen der Hl. Schrift wörtl. nimmt und nicht unterscheidet zwischen Heilsbotschaft und (grundsätzl. überholbarer) weltbildl. Ausdrucksgestalt. – Heute dient das Wort auch zur Kennzeichnung aller Formen von rel. motivierter Intoleranz und Prädominanz, bes. hinsichtl. ihrer Auswirkungen auf Politik und Gesellschaft eines Landes (z. B. islamischer Fundamentalismus); es wird auch als Bez. für → Integralismus verwendet.

Fundamentaltheologie → Apologetik

Fürstabt, Fürstäbtissin → Abt bzw. Äbtissin einer → gefürsteten Abtei.

Fürstbischof, Fürsterzbischof → Bischof, → Erzbischof, → Geistlicher Fürst

Fürstpropst → Propst

G

Gallikanismus frz. Form eines kath. Staatskirchentums (→ Staatskirche) mit betont nationalkirchl. Tendenz, Sonderrechten für die frz. Könige und die frz. Kirche (lat. Ecclesia Gallicana). Seit dem Spätmittelalter in Theorie und Praxis ausgebildet (→ Pragmatische Sanktion von Bourges 1438, Formulierung der Gallikanischen Freiheiten 1594), fand der Gallikanismus seinen Höhepunkt im 17. Jh. (Erklärung der vier Gallikanischen Artikel, lat. Declaratio cleri Gallicani 1682) und wirkte sich auch auf staatskirchl. Bestrebungen in anderen Ländern aus (→ Konziliarismus, → Episkopalismus, → Febronianismus, → Josephinismus). Die bis zur → Französischen Revolution bestimmende Bewegung wurde durch das → Vaticanum I verurteilt.

Gaudete (lat. = Freuet euch!) vom Anfangswort im → Introitus nach Phil 4,4 übernommener Name für den 3. (kath.) bzw. 4. (ev.) Sonntag im → Advent.

Gebetläuten → Angelus

Gebetsverbrüderung (lat. confraternitas) seit dem 8. Jh. weitverbreitete Verbindung zwischen einzelnen Klöstern, dann auch zwischen Klöstern, Priestern und Laien zum gemeinsamen Gedächtnis der lebenden und verstorbenen Mitglieder, Wohltäter und Stifter der Klöster, die später auch von → Bruderschaften übernommen wurde (Gebetsbruderschaft).

Gebetszeiten → Horen, → Stundengebet

Gefürstet im → Heiligen Römischen Reich (bis 1803/06) Prädikat von hohen Adeligen und Prälaten von fürstl. Rang (→ Geistl. Fürsten), den entsprechende Ehrenrechte und Titel nach der Reichsverfassung zustanden; in Einzelfällen auch fürstl. Titel bestimmter Bischofssitze bis gegen Mitte des 20. Jh.s.

Gegenpapst (lat. antipapa) im strengen Sinn derjenige, der trotz eines bereits kanon. gewählten Papstes eine → Papstwahl annimmt. In der Geschichte des Papsttums bestand auf weiten Strecken keine völlig eindeutige, allgem. Übereinstimmung darüber, unter welchen Umständen die Wahl und Weihe des Bischofs von Rom (auch dessen Absetzung oder

Amtsverlust) gültig seien. Mindestens bis zum Papstwahldekret Nikolaus' II. (1059) ist die Bischofsweihe und päpstl. Inthronisation das für den Amtsantritt entscheidende Datum, nicht schon die Wahl, in welcher Form auch immer sie erfolgen mochte. Einsetzung und Entfernung (→ Papstabsetzung) vieler Päpste sind unter schweren Wirren, im Tumult, unter harten Parteikämpfen, unter massivem Eingreifen weltl. Mächte erfolgt. In der Papstliste (im Anhang dieses Lexikons) werden von Hippolyt (217?-35) bis Felix V. (1439–49) etwa 40 „Gegenpäpste" gezählt; doch muß bei manchen Namen offen bleiben, ob sie den Päpsten oder Gegenpäpsten oder auch keiner der beiden Kategorien zuzurechnen sind.

Gegenreformation im 18. Jh. geprägter Begriff für die Selbst*behauptung* der kath. Kirche und die Wiedergewinnung verlorener Positionen im Kampf gegen den → Protestantismus, bes. auch die Rückführung prot. gewordener Gebiete (Rekatholisierung). Davon zu unterscheiden ist die → Katholische Reform als Selbst*besinnung* und Erneuerung der kath. Kirche im 16./17. Jh. → Reformation

Gegenwart Christi → Realpräsenz

Gehorsam (lat. oboedientia, → Obödienz, auch obsequium) 1. für die äußerst vielschichtige theol. Entwicklung des Begriffs im christl. Abendland, eines der bibl. Urworte, wurde das Gehorsamsverständnis bei Augustinus (354–430) wegweisend: für ihn ist – gestützt auf die Heilige Schrift – der Gehorsam die „Mutter und Wächterin aller Tugenden" und das Kennzeichen der Demütigen, also derer, die sich unter ein Höheres unterwerfen. Weil aber nichts höher und größer ist als Gott, schuldet der Mensch ihm allein den Gehorsam. Auch für Thomas von Aquin († 1274) steht der Gehorsam an der Spitze der Hierarchie der Tugenden, er ist für ihn das „Zeugnis der Jüngerschaft in der Nachfolge Christi". Bis heute wird das Wort „Gehorsam" (als Glaubens- oder rel. Gehorsam) in sehr unterschiedl. Weise bewertet: als Preisgabe der eigenen Entscheidungsfreiheit und des individuellen Wahrheitsgewissens (→ Gewissensfreiheit), sozusagen als „blinder Gehorsam", oder als positives und wie selbstverständl. Mittragen von Entscheidungen, die der einen gemeinsamen Sache, hier dem christl. Glauben, dienlich sein sollen. Tatsächl. sind in der Kirchengeschichte viele Konflikte um die Frage des jeweil. Gehorsamsanspruchs, im großen Stil erstmals im Zuge der → Gregorianischen Reform (mit der Gehorsamsaufkündigung König Heinrichs IV. und vieler Bischöfe der → Reichskirche im Jahr 1076 gegenüber Papst Gregor VII.), bes. seit dem 19. Jh. auf dem Hintergrund der Spannungen zwischen „Glaube und Wissen", zwischen dem Gehorsams- und Freiheitsprinzip auf der einen Seite und der Entwicklung der „autonomen Vernunft“ in rel., philos., histor. und naturwissenschaftl. Fragen auf der anderen Seite, entstanden: seit dem Untergang der Reichskirche und dem Übergang vom alten feudalen zum modernen konstitutionellen Staat, beschleunigt durch den Geist der → Aufklärung und die Auswirkungen der → Französischen Revolution, wurde und wird gerade die kath. Kirche, häufig als „Amtskirche“ mißverstanden, mit ihrer hierarchischen Struktur, der Unterscheidung von Priestern und Laien, dem Autoritätsprinzip und der Begründung des kirchl. Gehorsams gegen Gott zumal in den letzten drei Jahrzehnten als „Widerpart“ aller neuzeitl. Werte der Freiheit, der Selbstbestimmung des einzelnen, des Gewissens, der Mündigkeit und Wissenschaft betrachtet. 2. Gehorsam als Ordensgehorsam ist einer der zur Ordens-→ Profeß gehörenden → Evangelischen Räte, ausgedrückt durch das öffentl. → Gelübde, den Weisungen der Oberen gem. Ordensregel und Konstitutionen zu gehorchen. Ein entspr. Gehorsamsversprechen wird bei Weihe bzw. Ordination gegenüber Bischof und kirchl. Obrigkeit geleistet.

Geistlich im Gegensatz zu „weltlich“ das zum rel. Bereich Gehörende.

Geistliche, Geistlicher Standesbez. für den → Klerus oder die Geistlichkeit bzw. Kleriker der kath. Kirche, unterschieden in Welt- und Ordensgeistliche, für Bischöfe und Pfarrer der ev. Kirchen, allgem. auch für führende Vertreter anderer Religionsgemeinschaften (z. B. geistl. Oberhaupt).

Geistliche Fürsten im → Heiligen Römischen Reich (bis 1803/06) neben den Reichsfürsten hohe Geistliche (Fürstbischof, -abt, -äbtissin, -propst, [negativ] auch als „Kirchenfürsten“ bez.) als Inhaber → reichsunmittelbarer Territorien (→ Hochstift), an der Spitze die geistl. Kurfürsten (Erzbischöfe von Mainz, Köln, Trier; → Erzämter).

Geistlicher Rat 1. früher eine fürstl. Behörde zur Wahrnehmung der Rechte des Landesherrn gegenüber der kath. Kirche; 2. eine Diözesanbehörde und deren Mitglieder zur Bistumsverwaltung; 3. vom Bischof, früher auch von Monarchen verliehener Ehrentitel für kath. Geistliche (Bischöfl. bzw. Königl. Geistl. Rat).

Geistlicher Vorbehalt (lat. reservatum ecclesiasticum) von den → Protestanten abgelehnte Klausel des → Augsburger Religionsfriedens (1555), wonach ein → geistl. Fürst beim Übertritt zum → Luthertum Amt, Gebiet und Einkünfte verliere und das → (Dom-) Kapitel das Recht habe, einen kath. Nachfolger zu wählen.

Geistliche Übungen → Exerzitien

Geistlichkeit → Klerus

Geißler (Flagellanten, von lat. flagellum = Geißel) Angehörige schwärmerisch-frommer → Laienbewegungen des 13.–15. Jh.s, die sich zur Buße geißelten. Die in mehreren Wellen im ganzen Abendland auftretende Bewegung brach seit dem päpstl. Verbot 1349 allmähl. auseinander.

Gelasianum → Sakramentar

Geldablaß → Ablaß

Gelübde, Gelöbnis in den Religionen allgem. ein feierl. Gott oder bei Gott gegebenes Versprechen, in dem sich der Gelobende zu etwas verpflichtet, z. B. Ordensgelübde (→ Profeß). Neben den öffentl. (vor der kirchl. Obrigkeit abgelegten) Gelübden kennen verschiedene christl. Kirchen auch private Gelübde der Gläubigen (→ Exvoto).

Gemeinde in der kath. und den ev. Kirchen die kleinste (meist regionale) Einheit kirchl. Gliederung (→ Pfarrei, Pfarr- und Kirchengemeinde), manchmal auch durch Standes- oder Berufsgemeinschaft gebildet (z. B. Studenten-, Hochschulgemeinde, Personalgemeinde oder -pfarrei beim Militär). Die ev. Gemeindetheologie sucht alle Aussagen über die Kirche von der Gemeinde her zu treffen.

Gemeindeassistent(in) → Gemeindereferent(in)

Gemeindehelfer(in) in den dt. ev. Kirchen ein von Frauen und Männern ausgeübter Beruf zur Unterstützung der Gemeindearbeit, entsprechend den → Gemeindereferenten in der kath. Kirche.

Gemeindereferent(in) in der kath. Kirche seit dem → Vaticanum II → Laien, die – zuvor Seelsorgehelfer genannt – als Helfer der Geistlichen in Seelsorge und Unterricht tätig sind; in den dt. ev. Kirchen entsprechen ihnen die Gemeindehelfer. Die Aufgaben der in der Berufseinführungsphase Gemeindeassistenten genannten Mitarbeiter sind weniger spezifisch als die der → Pastoralreferenten, ihre praxisbezogene Ausbildung an Fachhochschulen oder Seminaren ist zudem kürzer.

Gemeinschaften (religiöse/des christl. Lebens) → Orden, → Kongregationen, → Kommunitäten

Gemeinschaftsbewegung(en) im 19. Jh. bes. aus → Pietismus und → Erweckungsbewegungen entstandene, überregional organisierte Bewegung von Christen in den ev. Kirchen zu gegenseitiger und missionarischer Erbauung und Vertiefung der Frömmigkeit durch Bibellesung, Selbstheiligung, Gebet, Nachfolge Christi. Zu den heute etwa 6000 Gemeinschaften gehören u. a. der → Christl. Verein Junger Männer (Young Men's Christian Association), die → Ev. Gemeinschaft (in Deutschland), Gasthausmission (pastorale Betreuung des ev. Gaststättenpersonals), Blaues Kreuz (1877 in Genf gegr. zur Bekämpfung des Alkoholismus; → Kreuzbund).

Gemeinschafts- oder Simultanschule (von lat. simultaneus = gleichzeitig) im Unterschied zur → Bekenntnisschule eine Lehranstalt für Schüler *aller* Bekenntnisse, aber mit getrenntem Religionsunterricht.

Gemischte Orden Gemeinschaften, die neben dem Leben im Kloster auch Tätigkeiten „in der Welt" nachgehen.

Gen. Abk. für lat. generosus = aus edlem Geschlecht, edel, vortrefflich. Früher Titel und Anrede von Adeligen und (aus dem Adel stammenden) hohen Geistlichen.

Genealogie (gr. = Stammtafel) die Wissenschaft von Ursprung, Folge und Verwandtschaft der Geschlechter, Ahnenforschung. Der (bis zu einem bestimmten Grad erfolgte) Nachweis adeliger Abstammung war für die meist adeligen → Domkapitel im → Heiligen Römischen Reich von bes. Bedeutung.

Generalabsolution → Absolution

Generalabt → Abt

Generalat (der Orden) die oberste Leitung (lat. generalis = allgemein, dann der General) eines Ordensverbandes mit zentralist. Verfassung. Der Generalobere (Ordensgeneral, Generalmagister, -prior, -minister, -abt) oder die Generaloberin werden, gemäß den jeweil. Statuten, vom → Generalkapitel (unterstützt vom Generalrat) meist auf Zeit, manchmal auf Lebenszeit gewählt.

Generalkapitel in Orden und ordensähnl. Verbänden kollegiale Leitungsorgane (→ Kapitel), die in bestimmten Abständen oder aus bes. Anlässen abgehalten werden.

Generalkonzilien im Unterschied zu den sieben anerkannten Ökum. → Konzilien des 1. Jahrtausends die nach dem → Morgenländischen Schisma päpstl. veranstalteten Konzilien der westl. (lat.) Kirche, die in der kath. Kirche später teilweise auch als Ökum. Konzilien gewertet wurden.

Generalmagister, -minister, -oberer, -oberin, -prior → Generalat

Generalstudium (lat. studium generale) → Universität

Generalsuperintendent (lat. = allgem., oberster Aufseher) Mitte des 16. Jh.s entstandenes Amt in einigen ev. Kirchen zwischen → Konsistorium und → Superintendenten, meist im ev. Bischofsamt aufgegangen.

Generalvikar (lat. vicarius generalis) in der kath. Kirche der allgem. Vertreter des → Bischofs, der ihn bestellt und abberuft. Das Amt des Generalvikars, der im Generalvikariat das → Bischöfl. Ordinariat leitet, entstand seit dem 13./14. Jh. zus. mit dem des → Offizials, nicht zuletzt auch als Gegengewicht zum → Archidiakon.

Genfer (Lied-) Psalter → Hugenottenpsalter

Genossenschaften (religiöse) → Kongregationen, → Kommunitäten, → Orden

Georgsritter → Ritterorden

Gerechter Krieg (lat. bellum iustum) die aus der sakralrechtl. röm. Praxis entwickelte, im Christentum seit Augustinus (354–430) unter bestimmten Voraussetzungen mögliche Rechtfertigung des Krieges, zunächst als eines (begrenzten) Verteidigungskriegs (gegen Heiden), bes. für → Kreuzzüge. Die Idee des als notwendig und berechtigt betrachteten Krieges ist bis zur Gegenwart auch ein Problem des abendländischen Völkerrechts. → Heiliger Krieg

Germania Sacra (lat. = Heiliges Deutschland) nach dem Vorbild der „Gallia Christiana" der → Mauriner im 18. Jh. erstmals geplante, 1917 begr. „Historisch-statistische Beschreibung der Kirche des Alten Reiches" (→ Reichskirche), u. a. mit sämtl. (Erz-) Bistümern, Dom-, Stifts- und Kollegiatkapiteln und Klöstern; mehrere Publikationen liegen bereits vor.

Germaniker → Collegium Germanicum

Gerner → Karner

Gesandte, Gesandtschaftswesen → Apostolischer Delegat, Legat, Nuntius

Geschichte, Geschichtsschreibung (gr.-lat. historia; ahd. gisciht = [schicksalhaftes] Ereignis, Hergang, Zufall) der Begriff „Geschichte" hat einen doppelten Sinn: er meint das in der Vergangenheit Geschehene, die Ereignisse und Taten (lat. res gestae) sowie die Kunde davon, vermittelt durch die Geschichtswissenschaft, d. h. Erkenntnis, Darstellung in historisch-kritischer Methode (Historiographpie) und Lehre. Das gr. Wort historía bedeutet ledigl. „Forschung", schließt also den Gegenstand nicht mit ein. Dagegen haben das engl. „history" und das frz. „histoire" die gleiche zweifache Bedeutung wie das dt. Wort „Geschichte". Die eigentl. methodische Schwierigkeit der Geschichte als Wissenschaft liegt v. a. in dem Umstand, daß in der Betrachtung dessen, was „vergangen" ist, vielerlei Fragestellungen möglich sind, je nach Zeit, Ort und Sinn des Fragens. Hier liegt der Kern einer nicht selten anzutreffenden Unsicherheit in der Geschichtsauffassung, auch im Bereich der → Kirchengeschichte.

Geschichtsschreibung → Historiographie

Gesellenvereine konfessionell ausgerichtete Vereinigungen zur rel., sozialen und berufl. Bildung und Erziehung von Gesellen. Die seit 1846 bestehenden kath. Gesellenvereine wurden bes. von A. Kolping ausgebaut (→ Kolpingwerk), die ev. von J. H. Wichern angeregt.

Gesellpriester seit dem Spätmittelalter die (in bestimmten Regionen gebräuchl.) Bez. für einen Hilfspriester zur Unterstützung des → Pfarrers, der auch → Kaplan, → Kooperator, → Koadjutor, → Supernumerarius genannt wurde.

Gesellschaft des Göttlichen Wortes → Steyler Missionare und Missionsschwestern

Gesellschaft Jesu → Jesuiten

Gesprenge ornamentales und figürl. Schnitzwerk über dem Schreinaltar der → Gotik (→ Flügelaltar).

Gesundbeten im Volks- → Aberglauben der Versuch, Krankheiten (aller Art) auf magische Weise durch Gebet und Riten zu heilen.

Gewänder → Liturgische Gewänder, → Ordenskleid

Gewissensfreiheit in den meisten modernen demokrat. (rechtsstaatl.) Verfassungen (im Grundgesetz für die Bundesrepublik Deutschland als Grundrecht in Artikel 4) das staatl. garantierte Recht des einzelnen, in seinen Äußerungen und Handlungen nur der Stimme seines Gewissens zu folgen. In der Geschichte der Religionen vielfach im Zusammenhang mit der → Glaubens- und Religionsfreiheit bekämpft oder umstritten, wurde das Prinzip der Gewissensfreiheit in der kath. Kirche zusammen mit der Meinungsfreiheit bis ins 19. Jh. abgelehnt. → Gehorsam, → Kirche und Staat

Gewohnheiten → Consuetudines

Ghibellinen und Guelfen Bez. für Parteien, die aus dem Gegensatz von Staufern (Waiblingern) und Welfen stammen. Seit den Kämpfen zwischen Staufern und Päpsten des 13. Jh.s galten Ghibellinen als kaiserl., Guelfen als päpstl., später kam es zu einem Bedeutungswandel. In der nat. Einigungsbewegung Italiens im 19. Jh. (→ Risorgimento) bildete sich die Gruppe der Neo-Guelfen.

Gilbertiner → Doppelkloster

Glasmalerei Verglasungen sind bereits für die frühchristl. Kirchen in Rom und Ravenna belegt. Die vereinzelt im Frühmittelalter begegnende farbige Gestaltung der Fenster mit bildl., figürl. Darstellungen (erster erhaltener Zyklus sind die Prophetenfenster des Augsburger Doms aus dem frühen 12. Jh.) entfaltete sich, bes. in Frankreich (Chartres), zugleich mit den Sakralbauten der → Gotik, v. a. den → Kathedralen mit ihren diaphanen (gr. = durchscheinenden) Wänden seit dem 12. Jh. und gelangte zur höchsten Blüte im 13.–15. Jh. Neben den frz. Kathedralen seien nur genannt: in England Canterbury, in Spanien Léon, in Italien Assisi, in Deutschland, das im 14. Jh. führend wurde, Marburg, Straßburg, Regensburg, Köln. In der nach einem spez. Verfahren entwickelten Glasmalerei wurden, v. a. auch auf den sog. Medaillonfenstern, ganze theol. Programme entworfen. Die im Verlauf des 16. Jh.s nicht mehr gebräuchl. Kunst wurde im 19./20. Jh. wieder entdeckt (z. B. die Werke Marc Chagalls in St. Stephan zu Mainz).

Glaubensartikel (lat. articulus fidei) seit dem Mittelalter Bez. für die → Glaubensgeheimnisse, d. h. die einzelnen Abschnitte oder Glaubensaussagen (12 bzw. 14) des → Glaubensbekenntnisses.

Glaubensbekenntnis 1. allgem. das Bekenntnis zu einem Glauben, dann die Zusammenfassung der wesentl. Aussagen, Überzeugungen und der grundlegenden Lehre einer Religion in Formeln (gr. symbola), sozusagen die „Kurzformel des Glaubens". 2. Im christl. Bereich bez. das Wort in diesem Sinn kurze und prägnante, urpr. im Zusammenhang mit Taufe und Taufvorbereitung (→ Katechumenat) entstandene, trinitarisch (→ Trinität) aufgebaute Zusammenfassungen des christl. Glaubens. Es wird vom Taufbewerber (bei der Säuglingstaufe stellvertretend von Eltern und Paten) erfragt, beim jährl. Taufgedächtnis in der Osternacht und beim sonntägl. Gottesdienst erneuert. → Apostolisches Glaubensbekenntnis, → Nicaeno-Constantinopolitanum, → Athanasianisches Glaubensbekenntnis, → Bekenntnisschriften, → Credo.

Glaubensdelikt → Apostasie, → Häresie, → Schisma

Glaubensfreiheit (auch Bekenntnis- und Religionsfreiheit) zusammen mit der → Gewissensfreiheit das in den meisten demokrat. Staatsverfassungen der Gegenwart verankerte Recht des einzelnen, unbeeinträchtigt nach seiner rel. Überzeugung zu leben, im Grundgesetz für die Bundesrepublik Deutschland als Grundrecht in Artikel 4 Abs. 1 und 2 garantiert: „Die Freiheit des Glaubens, des Gewissens und die Freiheit des religiösen und weltanschaulichen Bekenntnisses sind unverletzlich. Die ungestörte Religionsausübung wird gewährleistet." → Kirche und Staat

Glaubensgeheimnis (gr. mysterion) urspr. das ganze, unableitbare, unausdenkbare und deshalb geheimnisvolle (nicht rätselhafte) Heilsgeschehen der Selbstmitteilung Gottes in Jesus Christus. Die Offenbarung Gottes gründet im Geheimnis seines Willens (Eph 1,9) und bleibt auch als geoffenbarte unbegreiflich. Glaubensgeheimnisse im Plural sind organisch miteinander verbundene Teilaspekte der einen Selbstmitteilung Gottes und finden in den → Glaubensartikeln ihre bekenntnishafte Antwort auf seiten des gläubigen Menschen. Man spricht z. B. von den Geheimnissen des Lebens Jesu, die in den Rosenkranzgeheimnissen meditierend aufgegriffen werden.

Glaubenskongregation (lat. Congregatio pro Doctrina Fidei = → Kongregation für die Glaubenslehre) innerhalb der → Römischen Kurie die nach Abschluß des → Vaticanum II unter Paul VI. 1965 so benannte höchste → Kardinalskongregation für Glaubensangelegenheiten, die aus der 1542 errichteten, seit 1587 → Heiliges Offizium genannten „Inquisitionsbehörde" (lat. Congregatio Romanae et universalis Inquisitionis; → Inquisition) hervorgegangen ist.

Glaubenskriege → Religionskriege

Glaubenslehre → Dogma, Dogmatik, Dogmengeschichte

Glaubensspaltung → Reformation

Glaube und Kirchenverfassung → Faith and Order

Glocke durch das Kunsthandwerk des Glockengießens hergestellter metallener, meist bronzener hohler Klangkörper in Form eines unten auswärts gebogenen Kegels (seltener Zylinders, früher auch in Form eines Bienenkorbs), der im Glockenstuhl des Glocken- oder Kirchturms (auch → Campanile) am Glockenbalken aufgehängt ist. Durch ein von Hand oder elektrisch betätigtes Seil wird der Glockenbalken, damit die Glocke durch den frei schwingenden Klöppel zum Tönen gebracht. Größere Glocken für den kirchl. Gebrauch begegnen zuerst in der Ostkirche, seit dem 6. Jh. auch im Abendland. Ihr Glockenschlag oder Geläut lädt zum Besuch des Gottesdienstes ein („Zusammenläuten") oder weist auf Wandlung (→ Transsubstantiation) und → Angelus hin. Seit dem Hochmittelalter sind die meist mit einem Namen versehenen Glocken auch mit Bildern und Schriftbändern verziert.

Gloria [in excelsis Deo] (lat. = Ehre [sei Gott in der Höhe]) liturg. Hymnus, Lob- und Bittgesang im Anschluß an den Lobgesang des Engels, der den Hirten die Geburt Jesu verkündete, und der himmlischen Schar (Lk 2,14). Im Unterschied zur kleinen → Doxologie des „Gloria patri" [filio et spiritui sancto] (lat. = Ehre sei dem Vater [dem Sohn und dem Heiligen Geist]) wird das (große) Gloria auch große Doxologie oder Morgenhymnus genannt. Das Gloria ist Teil der gesungenen → Messe nach dem → Kyrie und vor dem → Credo.

Glorie, Glorienschein, Gloriole (von lat. gloria = Ruhm, Glanz, Ehre, Herrlichkeit [Gottes]) → Nimbus

Glossa ordinaria (lat.) der im Mittelalter bedeutendste, vielfach abgeschriebene und erweiterte Bibel-Kommentar des Anselm von Laon (12. Jh.), in dem er ältere Werke mit Erklärungen zur Hl. Schrift zu einem Handbuch der → Exegese zusammentrug. → Glossar

Glossar (lat. = Wörterbuch) eine Sammlung von Glossen (gr. glossa = Zunge, Sprache), d.h. erklärungsbedürftiger Wörter und Ausdrücke; Glosse wurde dann auch die Erklärung, Übersetzung oder Randbemerkung selbst genannt, wobei kürzere Interlinear- (zwischen den Zeilen),

Kontext- (im Text) oder längere Marginalglossen (am Rand) unterschieden werden. Im Mittelalter wurden Stellen bes. der Bibel und der Kirchenväter und -lehrer erklärt, seit dem 14. Jh. ein Werk mit derartigen Glossen als Glossar, auch als → Glossa ordinaria bez. Erläuterungen zu Texten aus dem röm. und kanonischen Recht erfolgten durch → Glossatoren.

Glossator seit dem 11. in Pavia, bes. im 12./13. Jh. in Bologna wirkende Rechtsgelehrte, die verschiedene Rechtstexte (→ Corpus Iuris Canonici) mit Glossen wissenschaftl. erklärten (→ Glossar). Bes. durch die nachfolgenden Postglossatoren des 13./14. Jh.s fanden die Kommentierungen weite Verbreitung.

Glossen → Glossar

Gnade (lat. gratia) 1. allgem. Anmut, Liebenswürdigkeit; Gunst, Wohlgefallen, Gnade; Dank; Liebesgabe. 2. In der Theologie Gott selbst, der sich seinen Geschöpfen in Liebe zuwendet. Höhepunkt der gnädigen Hinwendung Gottes zu den Menschen ist die Sendung des Sohnes und die Mitteilung des Hl. Geistes, der die menschl. Glaubensantwort ermöglicht und trägt, in die Herzen der Menschen. Das luth. Prinzip von der → Rechtfertigung allein aus Gnade (lat. sola gratia) steht nicht im Widerspruch zum kath. Glauben, der seit den Anfängen bekennt, daß der Grund des Heils allein in der freien, vergebenden und zum ewigen Leben berufenden Zuwendung Gottes zum Sünder liegt, die den Menschen zur → Nachfolge Christi befähigt.

Gnadenbild ein Bild, das Christus, die Gottesmutter, die Trinität oder Heilige darstellt und bes. an Gnaden- oder Wallfahrtsorten als wundertätiges Gnadenbild verehrt wird, von den → Reformatoren zusammen mit der → Heiligenverehrung als → Idolatrie und Götzendienst kategorisch abgelehnt. → Ikone

Gnadenedikt von Nîmes → Edikt von Nantes

Gnadenjahr (lat. annus gratiae) Begünstigung des Erben eines → Pfründe-Inhabers, der nach dessen Tod über einen längeren Zeitraum hinweg noch Einkünfte aus dieser Pfründe beziehen durfte.

Gnadenschatz → Kirchenschatz

Gnadenstuhl seit dem Mittelalter übliche Darstellung (→ Andachtsbild) der → Trinität, in der Gott-Vater den Leichnam seines gekreuzigten

Sohnes Jesus Christus im Schoß hält; darüber schwebt die Taube als Zeichen des Hl. Geistes. Die von M. Luther für die Bundeslade des AT als Vorbild des → Altares geprägte Bez. wurde noch im 16. Jh. auf den Thron des dreifaltigen Gottes übertragen (→ Trinität).

Gnesiolutheraner (gr. gnesios = echt) Anhänger Martin Luthers, die sich nach dessen Tod (1546) gegen eine Durchdringung und Verfälschung seiner Lehre im Sinne Melanchthons wandten, bes. in den → Adiaphoristischen Streitigkeiten seit 1548, an der Spitze Matthias Flacius Illyricus.

Gnosis, Gnostizismus (gr. gnosis = Erkenntnis) Lehre und „Daseinshaltung", nach der in der (Selbst-) Erkenntnis auch schon die (Selbst-) Erlösung des Menschen bestehe. Kennzeichen sind eine vom → Dualismus geprägte Abwertung des Leiblichen, negative Sicht der Geschlechterdifferenz, Überbetonung des Geistigen gegenüber Freiheit und Wollen. Im NT als falsche Lehre zurückgewiesen (1 Tim 6,20), waren in der Antike Valentinianismus (→ Valentinianer) und → Manichäismus die bedeutendsten Richtungen der Gnosis, deren Gedankengut sich in verschiedensten Formen auch in der modernen Esoterik (wieder-) findet.

Goffiné → Postille

Goldene Bulle allgem. eine mit einem Goldsiegel versehene Urkunde (→ Bulle), auch das Goldsiegel selbst, dessen Gebrauch, wie im Byz. Reich üblich, im Mittelalter dem dt. König und Röm. Kaiser vorbehalten war und für bedeutende, feierl. Urkunden verwendet wurde. Im bes. wird als „Goldene Bulle" das unter Kaiser Karl IV. erlassene, 1356 auf dem Nürnberger Reichstag verabschiedete Reichsgrundgesetz bez., in dem in 31 Kapiteln u. a. das Recht der Königswahl durch die sieben → Kurfürsten festgelegt ist. Bis zum Ende des → Heiligen Römischen Reiches (1806) war sie eines der wichtigsten Reichsgrundgesetze.

Goldene Pforte → Heilige Pforte

Goldene Regel (lat. regula aurea) die seit der Antike ethische Maxime der Gegenseitigkeit, im Christentum verankert in der Bergpredigt Jesu (Mt 7,12): „Alles, was ihr also von anderen erwartet, das tut auch ihnen. Darin besteht das Gesetz und die Propheten"; in sprichwörtl. Formulierung abgewandelt: „Was du nicht willst, das man dir tu', das füg' auch keinem andern zu".

Goldene Rose (lat. rosa aurea) eine in kostbarer Goldschmiedearbeit verfertigte, mit Moschus und Balsam gefüllte Rose, die vom Papst seit der Mitte des 11. Jh.s am „Rosensonntag" (4. Fastensonntag, → Laetare) geweiht und einer um die Kirche bes. verdienten Persönlichkeit übergeben, deshalb auch Tugendrose genannt wird.

Golgotha, Golgatha → Kalvarienberg

Goliarden → Vaganten

Görres-Gesellschaft (zur Pflege der Wissenschaft) anläßl. des 100. Geburtstages des kath. Publizisten Joseph von Görres 1876 auf der Höhe des → Kulturkampfes gegr. „Zusammenschluß aller wissenschaftlich Interessierten, deren Denken und Forschen die verpflichtende Bedeutung der christliche Tradition anerkennt". Die Gesellschaft (Sitz in Köln) arbeitet in derzeit 18 Sektionen auf allen Gebieten der Geistes- und Naturwissenschaften und behandelt dabei auch Grenzfragen von Theologie und Naturwissenschaft. Sie unterhält eigene Forschungsinstitute in Rom, Jerusalem, Madrid und Lissabon und gibt eine Vielzahl wissenschaftl. Zeitschriften und Schriftenreihen heraus. Einmal im Jahr findet eine Generalversammlung statt.

Gorzer Reform → Lothringer Reform

Gospel (engl. = Evangelium) geistl. Lieder (Gospelsongs) nordamerik. Farbiger für den Gottesdienst, im Unterschied zu den rel. Volksgesängen der (Negro) Spirituals, die von afrik. und nordamerik. Farbigen auch im Alltagsleben gesungen werden. Gospels und Spirituals fanden Eingang in die Jazz-Musik und sind heute auch in der europ. Musikwelt ein fester Bestandteil.

Gotik (von it. gotico) seit dem 15. Jh. zuerst in Italien belegte Bez. für eine Kunst, die man im Unterschied zur Antike als von den Goten geprägt, „barbarisch" empfand; das Wort wurde zum Inbegriff für eine ganze Stilepoche. Ausgangspunkt und höchste Entfaltung der Gotik liegen in Nordfrankreich. Der neue Stil entstand seit 1130 in der Ile-de-France, die nunmehr mit der Hauptstadt Paris das Zentrum des Landes, die hier entstehende Universität zum geistigen Mittelpunkt des ganzen Abendlandes wurde. Wie mächtig die Impulse waren, die im 12. Jh. von hier ausgingen, ermißt man an der Gestalt des hl. Bernhard von Clairvaux (1090–1153). Der → Zisterzienser-Abt hat nicht nur das Klosterleben entscheidend reformiert, er wurde in der ersten Hälfte des nach ihm benannten Jh.s (→ Bernhardinisches Zeitalter) der geistige Lenker der

Christenheit, auf dessen Rat Könige und Päpste hörten. Unter seinem Einfluß wandelte sich auch die → Marienverehrung zu jener Innigkeit, die sich in dem neuen Namen „Notre Dame" (dt. Unsere Liebe Frau) ausspricht und die ihren Niederschlag in Namengebung und Plastik der → Kathedralen gefunden hat. Der 2. → Kreuzzug (1147–1149) war das Werk Bernhards. Da der König von Frankreich – ebenso wie der dt. König – an dem unglückl. Unternehmen teilnahm, wurde der Abt der vor den Toren der Ile-de-la-Cité gelegenen → Benediktiner-Abtei Saint-Denis-en-France, Suger (1080/81–1151), zum Reichsverweser bestellt. Schon vor seiner Regentschaft hatte er – seit 1130 – in Saint-Denis (Hl. Dionysius) den Westbau und den → Chor der Abteikirche erneuert, und zwar in so neuartiger Weise, daß man diesen Bau als den Ausgangspunkt der Gotik, als ihren „Gründungsbau" (Otto von Simson) und Suger als ihren Bauherrn, Architekten und Bahnbrecher des neuen Stilgefühls zugleich betrachten kann. Dabei ist unter „Gotik" weit mehr als ein Konstruktionsprinzip, mehr als nur ein Baustil zu verstehen; der Begriff steht für eine Kulturepoche, eine von der Kirche geprägte Weltanschauung, deren Grundzüge alle Lebensäußerungen des hohen und späten Mittelalters durchdrang. So bez. G. Duby den Zeitraum von 1130 bis 1280 als die „Zeit der Kathedralen" (Le Temps des cathédrales, 1976, dt. 1980), von denen her wohl auch ein Blick auf den geistig-geistl. Kosmos, auf Theologie, Licht- und Abbildvorstellungen dieser Epoche möglich ist, die in den gotischen Sakralbauten gleichermaßen Gestalt angenommen haben (daher spricht man auch von einer „Theologie der gotischen Kathedrale"). – Hauptmerkmale der in Früh-, Hoch- und Spätgotik angewandten Baukunst sind ein neues Raumgefühl, das den Kirchenbau zu nie gekannter Höhe steigert (so wie sich die Seele der Menschen jener Zeit gleichsam zu Gott erhob), Kreuzrippen, auf denen das Gewölbe ruht (Rippengewölbe), Spitzbogen, welche die Rundbogen der → Romanik ablösen, Strebe- und Maßwerk, diaphane (gr. = durchscheinende) Wandstruktur und Gliederung der Pfeiler. Weil das göttl. Licht, „das die Welt erhellt", sich abbilden sollte im Leuchten des Raumes, Abbild des → himmlischen Jerusalem, umschloß man diesen nicht mehr mit massiven Wänden (wie die Romanik), sondern nur noch mit in die Höhe strebenden, in den Gewölben sich schneidenden und diese tragenden Stützen, die großflächigen Zwischenfelder gefüllt mit kunstvoll farbig bemaltem Glas, durch welches in vielfältiger Brechung des Lichts die Sonne flutet. Es sind durchleuchtete Wände. Auch in der Plastik, v. a. in figürl. Darstellungen an Kirchenportalen und in der Sepulkralplastik (→ Epitaphien), brach sich das neue Stilgefühl mit aller Macht Bahn, ebenso in der Malerei (Höhepunkt der → Glasmalerei im 14./15. Jh.). Von den zahlreichen, höchstbedeutenden Bauwerken aus allen Phasen der Gotik, die zuerst in Italien von der → Renaissance abgelöst zu werden begann, seien neben Saint-Denis genannt: Chartres, Sens, Noyon, Laon, Reims, Amiens, Paris, in England Canterbury; in Deutschland, wo erst im Verlauf der ersten Hälfte des 13. Jh.s der gotische Kirchenbau Eingang fand: Straßburg, Freiburg i. Br., Köln, Regensburg, Augsburg, Wien, Ulm; u. a. mit den weiträumigen Hallenkirchen geriet hier die Spätgotik (um 1350–1500) zu einer Sonderform. – Zu einer Wiederaufnahme des gotischen Kirchenbaus bzw. zu einer „Gotisierung" kam es bes. in Deutschland im 19. Jh. (Neugotik).

Gottesacker → Friedhof

Gottesdienst der in allen Religionen auf verschiedene Weise geübte, öffentl. und private → Kult der Gottheit, in den christl. Kirchen der → Abendmahls- oder Predigtgottesdienst, die Feier der → Liturgie, → Eucharistie, hl. → Messe, u. a. auch im Rahmen der → Sakramenten-Spendung, von → Andachten, → Prozessionen und → Wallfahrten.

Gottesfreunde Angehörige einer im 14./15. Jh. von Welt- und Ordensleuten getragenen, von den → Dominikanern bes. geförderten und v. a. am Rhein und im Elsaß verbreiteten rel. Bewegung, die sich einem Leben gottverbundener → Mystik verschrieben und nach dem Wort Jesu in Joh 15,14 f. den Namen gaben („Ihr seid meine Freunde, wenn ihr tut, was ich euch auftrage..."). Weil die verschiedenen Gruppen nur in einer losen Verbindung ohne feste Organisation standen, wurden sie wie die → Begarden nicht selten der → Häresie geziehen. Die Briefe, die sich die Gottesfreunde untereinander schrieben, bilden die erste dt. Briefsammlung.

Gottesfriede (lat. Pax Dei) allgem. die seit der Antike bekannte zeitweilige Einstellung von (rel. motivierten) Feindseligkeiten oder kriegerischen Auseinandersetzungen. Im christl. Abendland wird damit eine um das Jahr 1000 in Süd- und Westfrankreich einsetzende und bis zum Ende des 12. Jh.s verbreitete kirchl. Bewegung zum Schutz unbewaffneter Personengruppen und Einrichtungen (Kleriker, Kaufleute, Bauern, Frauen, Kinder, Kirchen und Klöster) bez. Unter Androhung von Kirchenstrafen, die bis zu → Bann und → Exkommunikation reichten, ergingen durch die „Audientia pacis" (lat. = Friedensgericht) gerichtl. Erlasse, die für bestimmte Gebiete und Zeiten (z. B. von Freitag bis Sonntag und an kirchl. Festtagen) die Einstellung von Fehden geboten. Eine Erweiterung erfuhr der Gottesfriede seit der ersten Hälfte des 11. Jh.s durch die → Treuga Dei.

Gottesgnadentum in Anlehnung an die seit dem 8. Jh. im Titel der abendländischen Herrscher enthaltene lat. Formel → „Dei Gratia" (von Gottes Gnaden), die urspr. Ausdruck der demütigen Bescheidenheit (→ Devotion) war, bez. der Begriff das Selbstverständnis des fürstl. → Absolutismus, d. h. der göttl. legitimierten Macht des Herrschers in ihrer Unabhängigkeit gegenüber der irdischen Macht. → Sakrales Herrschertum.

Gotteslästerung → Blasphemie

Gottesmutter Bez. für Maria, die Mutter Jesu. Schon im NT wird Maria „Mutter des Herrn" (gr. = des Kyrios = Gottes) genannt (Lk 1, 43). Ein alexandrinisches Gebet aus dem 3. Jh. wendet sich an sie als Theotokos (gr. = Gottesgebärerin, -mutter; „Unter deinen Schutz und Schirm"), das Konzil von Ephesus (431) nennt sie ausdrücklich Theotokos, um innerhalb der → Christologie die Subjekteinheit von göttl. und menschl. Natur Jesu gegenüber einer lediglich moral. Einheit festzuhalten. Weil in der Person Jesu Christi, des fleischgewordenen Logos (gr. = Wort), göttl. und menschl. Natur geeint sind, ist Maria nicht nur, wie Nestorius (→ Nestorianismus) meinte, Christotokos (gr. = Christusgebärerin), sondern wahrhaft Theotokos, Gottesgebärerin (lat. Deipara), Mutter Gottes (Muttergottes), Gottesmutter. – Die Darstellung Marias mit dem Jesuskind (→ Christkind) gehört zu den häufigsten, bereits seit dem 3. Jh. begegnenden Themen christl. Kunst, erinnert an die Menschwerdung Christi und weist auf Maria als erste der Gläubigen, als Vorbild der Kirche.

Gottesstaat → Civitas Dei

Gottesurteil (lat. iudicium Dei, ordalicium; germ. Ordal) das aufgrund eines auf Gott zurückgeführten äußeren Zeichens gesprochene Urteil über Schuld oder Unschuld eines Menschen. Das aus magischen Vorstellungen erwachsene, seit dem Frühmittelalter aus dem germ. Rechtsbereich in den weltl. und kirchl. Strafprozeß übernommene Ermittlungsverfahren wurde angewandt, wenn Beweismittel fehlten oder nicht ausreichend waren. Gebräuchl. Formen zur Herbeiführung eines Gottesurteils waren u. a. Feuer-, Wasser-, Blut-, → Abendmahlsprobe, im Hexenprozeß (→ Hexenwahn) die Hexenprobe, Los- oder Giftordal und der Zweikampf. Im Ausgang der Proben erkannte man den „Beweis", damit das Urteil Gottes. Nachdem verschiedene Päpste schon im 9. Jh. sich dagegen gewandt hatten, wurden Gottesurteile kirchlicherseits auf dem 4. Laterankonzil (1215), von weltl. Seite seit dem 14./15. Jh. verboten und durch Tat- bzw. Zeugenbeweise ersetzt.

Göttliche Komödie → Die Göttliche Komödie

Grab Beisetzungs- oder → Begräbnis-Stätte, Ruheplatz eines Toten, in neuerer Zeit gewöhnl. auf dem → Friedhof. Verschiedene Grab- und Bestattungsformen sind bereits für die Frühzeit des Menschen belegt, wobei Grabform und -beigaben Rückschlüsse auf die Entwicklung rel., magischer und kultischer Vorstellungen erlauben. Seit frühchristl. Zeit begegnen → Katakomben, Sarkophage, Armarien (→ Armarium), Grabkammern und -häuser, Fels- und Erdgräber, oberirdische Gräber und Grablegen in Kirchen (auch → Krypta) als Grabformen, die zusammen mit dem bes. seit dem Hochmittelalter üblichen Grabmal (→ Epitaph, Sepulkralkultur, → Tumba) starke kultur- und kunstgeschichtl. Wandlungen erfuhren.

Grabeskirche → Heiliges Grab

Grabesritter → Ritterorden

Grabmal, -stein → Epitaph, → Tumba

Graduale (von lat. gradus = Schritt, Stufe) 1. der seit dem 9. Jh. zwischen → Epistel und → Evangelium allein oder (seit dem 12. Jh.) als → Responsorium vorgetragene zweite Gesang (heute Zwischengesang), der gewöhnl. auf oder neben den Stufen des → Ambo vorgetragen und daher „Stufengesang" genannt wurde; 2. in der lat. Meßliturgie seit dem 12. Jh. auch das Buch mit den → Choral-Meßgesängen (→ Chor, → Messe, → Gregorianischer Gesang).

Gral (frz.) in der Dichtung des Mittelalters ein hl., segenbringender und wunderwirkender Gegenstand, in der Gralssage der Artus- und Parzifaldichtung seit 1200 (Chrétien de Troyes, Robert de Boron) ein wunderbares Gefäß, in dem das Blut des gekreuzigten Christus von Joseph von Arimathia aufgefangen worden sein soll, auch die Schüssel von Jesu letztem → Abendmahl oder ein → Hostien-Gefäß. Die Gral-Queste, die Suche nach dem hl. Gral (von lat. quaestio = Suche), die nur dem geläuterten, reinen, auserwählten Ritter möglich ist und den zu schauen glückselig macht, ist der vollendete Ausdruck für das Streben nach Erhöhung aller geistl. und weltl. Ritterschaft, das sich im 12. Jh. (→ Bernhardinisches Zeitalter) Bahn gebrochen hatte und literar. Eingang fand in das großartige Werk altfrz. Prosa, den Lanzelot-Gral-Zyklus (etwa 1215–35). Mit der noch in der ersten Hälfte des 13. Jh.s einsetzenden dt. Übersetzung entstand der erste mhd. Prosaroman.

Grat. Abk. für lat. gratiosus, gratiosissimus ([sehr] gefällig, gnädig, beliebt), als Anrede für Adelige, höhergestellte Personen, hohe Geistliche (Gnädige[r]/Gnädigste[r] Frau, Herr).

Gratial, Gratiale (von lat. gratia = Gunst, Huld, Gnade, Dank) 1. veraltete Bez. für ein Dankgebet oder Geschenk; 2. Gratialexpeditionen wurden schriftl. ausgestellte päpstl. Gnadenerweise, z. B. Gewährung eines Privilegs, genannt.

Graue Brüder im Mittelalter volkstüml. Bez. für die → Franziskaner.

Graue Schwestern im Spätmittelalter Bez. für graue Tracht tragende → Barmherzige Schwesterngemeinschaften meist des franziskanischen → Dritten Ordens, dann wieder für Gemeinschaften, die im 18. und bes. 19. Jh. entstanden, in Deutschland etwa die „Grauen Schwestern von der Hl. Elisabeth" (seit 1842).

Gravamina (lat. = Beschwerden, Klagen) die nach den erstmals 1456 so genannten „Gravamina nationis germanicae" bez. Beschwerden der dt. Nation, d. h. die „Beschwerung" des → Heiligen Römischen Reiches und der → Reichskirche durch den Papst und die → Römische Kurie. Die bes. im 15. Jh., vor der → Reformation erhobenen Klagen richteten sich v. a. gegen die röm. Verwaltungs- und Besteuerungspraxis sowie das kirchl. Prozeßverfahren. Letzte Beschwerden führten die drei rheinischen Kurfürst-Erzbischöfe von Mainz, Köln und Trier mit dem Fürsterzbischof von Salzburg auf dem → Emser Kongreß in der „Emser Punktation" von 1786.

Gregoriana 1551 von dem Gründer der → Jesuiten Ignatius von Loyola als „Collegium Romanum" im Rahmen der → Gegenreformation gegr., von Papst Gregor XIII. (1572–85; → Gregorianischer Kalender) ausgebaute, daher nach diesem benannte und von Jesuiten geleitete päpstl. Universität in Rom (Universitas Gregoriana).

Gregorianik → Gregorianischer Gesang

Gregorianische Kirche → Armenische Kirche

Gregorianische Reform nach Papst Gregor VII. (1073–85) benannte rel. Erneuerungsbewegung des 11./12. Jh.s, wobei der Begriff „Reform" hier nicht unumstritten ist, man daher auch von der sog. „Gregorianischen Reform" spricht. Die Epochenbez. steht, zusammen mit der des Zeitalters des → Investiturstreits und der Kirchenreform und des → Reformpapsttums, für eine umfassende und revolutionäre Bewegung, die seit Jahrzehnten in der allgem. Kirchenreform (→ Cluny) vorbereitet, seit der Mitte des 11. Jh.s in steigendem Maß röm. ausgerichtet und schließl. in der Person und im Regierungsstil Gregors VII. (→ Dictatus papae) konzentriert war. Sie ist Inbegriff für die entscheidende Wende im Verhältnis der beiden Gewalten, der geistl. und weltl. Gewalt (→ Zwei-Gewalten-Lehre), in der Geschichte des Papsttums und der → lat. Kirche des Westens. Die Szene von → Canossa im Januar 1077 ist dafür ein nicht zu überbietender Ausdruck, zugleich die tiefste Demütigung des dt. Königs (Heinrich IV.) und des Königtums, die den Beginn der Entsakralisierung des → Sakralen Herrschertums markiert. So betrachtet, stellt die von der Gregorianischen Reform geprägte Zeit des grundstürzenden Umbruchs von der zweiten Hälfte des 11. Jh.s bis zum → Wormser Konkordat von 1122 mit ihren weitreichenden Folgen die „erste europ. Revolution" (K. Leyser) dar.

Gregorianischer Gesang/Choral (lat. cantus Gregorianus) der vereinfacht auch → Choral genannte einstimmige, offiz. Gesang der lat. Kirche, der im wesentl. auf die Sammlung und Neuordnung der röm. → Liturgie durch Papst Gregor I. den Großen (590–604), nach anderer Forschungsmeinung aber mehr auf die von Papst Vitalian (657–72) veranlaßte liturg. Neugestaltung zurückgeht. Bes. an den Bischofskirchen und in den Klöstern wurde die bis weit in das Mittelalter hineinreichende einzige abendländische Musikform gepflegt, seit dem 9. Jh. die Melodienführung in den Neumen über dem Text, zunächst noch ohne Linien, aufgezeichnet, seit dem 12. Jh. zur quadratischen Notenschrift entwickelt. Eine Neubelebung des Choralgesangs mit der Neuausgabe von Choralbüchern erfolgte im 19./20. Jh. bes. durch die → Benediktiner der bei Le Mans in Frankreich gelegenen Abtei von Solesmes. Heute erfreut sich diese Musikform, zusammen mit einem neu erwachten breiten öffentl. Interesse am Mittelalter (→ Der Name der Rose) großer Beliebtheit, was nicht zuletzt an den Absätzen eingespielter Choralaufnahmen auf Tonträgern ablesbar bzw. -hörbar ist. – Mit Gregorianik wird die Forschung zum Gregorianischen Gesang, aber auch seine Kunst umschrieben.

Gregorianischer Kalender der von Papst Gregor XIII. (1572–85, → Gregoriana) im Jahr 1582 eingeführte, bis heute übliche Kalender, mit dem die Länge des Jahres (Ausgangspunkt der Jahreszählung ist Christi Geburt, n. Chr.) auf 365,2425 mittlere Sonnentage festgelegt wurde. Die Kalenderreform korrigierte den Julianischen Kalender des C. Julius Cäsar (100–44 v. Chr.), der aufgrund seiner Schaltregel die Jahreslänge auf 365,25 mittlere Sonnentage berechnete. Weil dieses feste Julianische (Sonnen-) Jahr um 0,0076 Bruchteile länger als das tropische Sonnenjahr ist, war es bis zum Ende des 16. Jh.s zu einer Verschiebung des Jahresbeginns um zehn Tage gekommen. Mit dem Gregorianischen Kalender wurde diese Differenz gegenüber dem tropischen Sonnenjahr durch den Ausfall von zehn Tagen aufgehoben, indem man auf den 4.10. den 15.10.1582 folgen ließ. Zudem wurde der jährl. Frühlingsanfang auf den 21. März gelegt und in der Schaltregel bestimmt, daß alle 400 Jahre drei Schalttage auszufallen haben, nämlich die nicht durch 400 teilbaren Säkularjahre, also 1700, 1800, 1900, die keine Schaltjahre waren, wohingegen das Jahr 2000 ein Schaltjahr ist. Damit waren die Abweichungen gegenüber dem tropischen Sonnenjahr verringert worden; der verbleibende Fehlerrest wird erst in 3333 Jahren genau einen Tag ausmachen. Zur Einführung des Gregorianischen Kalenders, der Datierungen „nach neuem Stil" (lat. stilus novus, novi calendarii im Gegensatz zum stilus vetus/antiquus des Julianischen Kalenders) kam es im ev. Deutschland und in den Ländern Skandinaviens erst 1700, in England 1752, in den orth. Ländern Ostmittel- und Südosteuropas erst am Beginn des 20. Jh.s (in Rußland 1918), wohingegen die meisten orth. und unierten Ostkirchen weiter nach dem Julianischen Kalender rechnen, so daß hier das Weihnachtsfest gegenwärtig auf den 7. Januar fällt.

Gregoriusorden 1831 von Papst Gregor XVI. (1831–46) gestifteter päpstl. Ritterorden zu Ehren Papst Gregors I. des Großen (590–604). Der seit 1834 in vier Klassen verliehene Verdienstorden an rotem Band mit gelbem Rand ist ein achtzackiges Kreuz aus rotem Email mit Goldrand.

Griechisch-byzantinische Kirche → byz. Kirche, → Ostkirche

Griechisch-katholische Kirche, Gr.-unierte Kirche Sammelbez. für die gr.-byz. geprägten Kirchengemeinschaften, die sich nach dem → Morgenländischen Schisma (1054) wieder mit der → lat. (röm.-kath.) Kirche vereinigt haben (→ Unierte Kirchen).

Griechisch-orthodoxe Kirche die → orth. Kirchen, die aus der → byz. Kirche hervorgegangen und seit dem → Morgenländischen Schisma (1054) von der → lat. (röm.-kath.) Kirche getrennt sind (auch gr.-byz. geprägte → Ostkirche genannt). Im engeren Sinn steht der Begriff für die seit 1850 vom → Patriarchen von Konstantinopel unabhängige, → autokephale und vom → Heiligen Synod unter Vorsitz des Erzbischofs von Athen geleitete orth. Kirche Griechenlands, wobei der Ehren- Primat des Patriarchen von Konstantinopel, dem die gr.-orth. Kirche Amerikas und die → Diaspora in Westeuropa unterstehen, anerkannt wird.

Großes Abendländisches Schisma → Abendländisches Schisma

Großmeister der Obere eines geistl. → Ritterordens, im → Deutschen Orden → Hochmeister genannt.

Großpönitentiar → Pönitentiar

Gruft → Krypta

Gründonnerstag (von ahd. grinen, mhd. gronan, greinen = weinen, klagen; lat. dies viridium = Gartentag, dies mandati = Tag des Gebots [Joh 13,34]) seit dem 12. Jh. übliche dt. Bez. für den Donnerstag der → Karwoche, den Tag vor Karfreitag, der seit altkirchl. Zeit als Tag der Büßeraussöhnung mit der Entlassung der öffentl. Büßer (daher auch → Antlaßtag genannt), dann als Gedenktag (liturg. seit dem 7. Jh.) an das letzte → Abendmahl Jesu mit seinen Jüngern begangen wird. Der heute in der Liturgie auch als „Hoher Donnerstag" bez. Tag wird von vielen (regional unterschiedl.) Volksbräuchen begleitet.

Guardian (germ.-lat. = Wächter, Aufseher, „Wardein") bei den → Franziskanern der Amtstitel des Oberen eines → Konvents, der unter Mitwirkung der → Definitoren vom → Provinzial gewöhnl. auf drei Jahre ernannt wird.

Guelfen → Ghibellinen

Gustav-Adolf-Werk (der → EKD) seit 1946 Name des 1832 gegr. Gustav-Adolf-Vereins zur geistl. und materiellen Förderung und Unterstützung ev. → Diaspora-Gemeinden in Dt. und Europa, 1842 umbenannt in Ev. Verein der Gustav-Adolf-Stiftung, benannt nach König Gustav Adolf II. von Schweden (1611–32; → Dreißigjähriger Krieg).

Güterverzeichnis → Inventar, → Salbuch, → Urbar

Gyrovage (gr.-lat.) im frühen, bes. orientalischen → Mönchtum der ohne klösterl. Bindung umherschweifende, bettelnde Mönch.

H

H./Hl. Abk. für → heilig, Heilige, Heiliger.

Habemus Papam! (lat. = Wir haben einen Papst) Ruf des Kardinal-Protodiakons von der Außenloggia der Peterskirche in Rom zur Bekanntgabe der erfolgten Wahl eines neuen → Papstes.

Habit (lat. habitus = Aussehen, Haltung, Kleidung) vereinfachte Bez. für die Ordenskleidung oder -tracht, auch Ordenshabit genannt.

Hagia Sophia (gr. = Heilige Weisheit) 532–37 unter Kaiser Justinian I. in → Konstantinopel erbaute Krönungskirche der oström. Kaiser. Das bedeutendste Bauwerk der byz. Kunst wurde errichtet an Stelle der vielleicht unter Kaiser Konstantin den Großen 326 begonnenen, 360 fertiggestellten und 532 zerstörten Kirche. Nach der Eroberung Konstantinopels durch die Türken im Jahr 1453 wurde der mit kostbarster Marmor- und Mosaikverkleidung ausgestattete hohe Kuppelbau in eine Moschee umgewandelt und ist seit 1934 Museum.

Hagiographie (gr. = Heiliges schreiben) Beschreibung und Darstellung des Lebens der → Heiligen sowie die wissenschaftl. Beschäftigung mit Geschichte, Überlieferung und Verehrung (Kult) der Heiligen (→ Heiligenverehrung; Hagiologie). Mit den → Akten und Berichten über → Märtyrer der Alten Kirche, den Lebensbeschreibungen oder Viten (von lat. vita = Leben) der Anachoreten und der Väter des Mönchtums begann die Hagiographie, die, bes. in den Klöstern des frühen und hohen Mittelalters, dann wieder im Zeitalter des Barocks betrieben, Erbauung wecken und zur Nachahmung der Heiligen als Vorbilder, damit zur → Nachfolge Christi aufrufen will, indem Gottes gnadenhaftes Wirken im Menschen dargestellt wird. Für die wissenschaftl. Hagiographie wurden dabei im 17. Jh. die → Bollandisten maßgeblich. → Heiligenlegende

Hagiolatrie (gr.) → Heiligenverehrung

Hagiologie (gr.) Lehre und Wissenschaft von den → Heiligen, dargestellt in der → Hagiographie.

Hagiologion (gr.) in der Liturgie der gr.-orth. Kirche ein Buch mit den Lebensbeschreibungen der → Heiligen.

Halleluja(h) (hebr. = preist Jahwe, lobt Gott) aus den Psalmen des AT übernommener liturg. Ruf zum Lobpreis Gottes (in der → Vulgata: Alleluja), zu allen Zeiten reich verarbeitet in der Kirchenmusik (z. B. das „Halleluja" G. F. Händels). Der frz. Organist und Komponist Olivier Messiaen († 1992) beschrieb es so: „Gott ist einfach ausgedrückt durch das Gregorianische Halleluja [→ Gregorianischer Gesang] zu Allerheiligen – drei in einem" (→ Trinität).

Hallenchor in der → Gotik um 1300 entstandene Bauform des mehrschiffigen → Chors einer → Hallenkirche, der in gleicher Höhe wie der gesamte Kirchenbau ausgeführt ist; im Hoch- und Spätmittelalter bes. verbreitet in Süddeutschland und Österreich.

Hallenkirche im Unterschied zur → Basilika eine Kirche mit mehreren (meist drei) gleichhohen Schiffen (auch des → Hallenchors, der oft als „Umgangshalle" gestaltet wurde), gebräuchl. schon im Kirchenbau der → Romanik, dann v. a. in der → Gotik, z. B. für die Kirchen der → Bettelorden in den Städten, wobei sich diese Architektur für die Predigt bes. eignete. Im Hoch- und bes. im Spätmittelalter wurde die Hallenkirche zum weitverbreiteten Bautyp in den europ. Städten.

Häresiarch (gr.) bes. in der → Alten Kirche der Begründer und das Oberhaupt einer häretischen Bewegung (→ Häresie).

Häresie, Häretiker (gr. hairesis = Wahl, erwählte Meinung) im Unterschied zur → Apostasie eine auch in Teilen von der kirchl. Lehre und von (einzelnen) Glaubenswahrheiten abweichende, diesen widersprechende Glaubensüberzeugung, eine Irrlehre, die seit dem Mittelalter mit → Ketzerei gleichbedeutend wurde. Die Anhänger einer Irrlehre, Häretiker oder Ketzer, wurden seit der → Konstantinischen Wende bis ins 17. Jh. seitens der weltl. Gewalt bestraft und von der → Inquisition verfolgt (→ Acht, → Anathem, → Bann, → Exkommunikation). Unterschieden wird zwischen materieller Häresie, bei der die *Glaubens*einheit (also nicht, wie bei der Apostasie, der christl. Glaube als Ganzes) aufgegeben wird, und formeller Häresie, bei der die *Kirchen*einheit (d. h. die Gemeinschaft in der Leitung der Kirche, die Hierarchie und die Ordnung) verworfen wird, demzufolge eine Trennung oder Abspaltung von der Kirchengemeinschaft, ein → Schisma, eintritt. Häresie zieht auch heute die Exkommunikation nach sich.

Hauskloster das v.a. im 7.–10. Jh. von einem adeligen Grundherrn oder dessen Familie auf eigenem Grund und Boden gestiftete → Kloster, das in bes. Weise dem Seelenheil des Stifters, dessen Familie und deren Nachkommen durch Jahrtagsstiftungen, d.h. regelmäßige Gottesdienste etwa zum Todestag und durch das Gebet im → Chordienst dienen sollte. Der Grundherr hatte als „Eigenkirchenherr" (→ Eigenkirche) bestimmte Rechte (z.B. das Präsentationsrecht) über das Kloster inne, das gewöhnl. die (Erb-) Grablege der Stifterfamilie wurde. Zu deren Gedenken wurden in den Klosterkirchen im Spätmittelalter vielfach kostbare, oft als Hochgräber angelegte „Stiftergräber" errichtet.

Hauspostille ein v.a. in den ev. Kirchen gebräuchl. rel. → Erbauungs-Buch zur häusl. Lesung.

Hausprälat an der → Römischen Kurie wirkender → Prälat oder → Monsignore.

Hegumene, Hegumenos (gr. = Führer; russ. Igumen) in der Ostkirche der früher auch → Archimandrit genannte Vorsteher eines Klosters.

Heide (von ahd. heida = urbar gemachte Flur, lat. paganus, gr. ethne) urspr. ein Mensch, der nicht zum Volk Gottes gehört, Nichtjude ist (hebr. gojim = Völker, Nichtjuden); im Christentum ein Nicht-Getaufter. → Heidenchrist

Heidelberger Katechismus der auf Veranlassung Kurfürst Friedrichs III. von der Pfalz nach Vorarbeiten von Z. Ursinus († 1583) verfaßte und 1563 in Heidelberg veröffentlichte → Katechismus, der in drei Teilen die Grundzüge der ref. Lehre behandelt: Von des Menschen Elend, Von des Menschen Erlösung, Von des Menschen Dankbarkeit. Neben dem Kleinen Katechismus M. Luthers das einflußreichste und verbreitetste Unterrichtsbuch der → Reformation, wurde der weltweit anerkannte Heidelberger Katechismus bes. seit der → Dordrechter Synode (1618/19) zu einer der bedeutendsten → Bekenntnisschriften der Reformierten.

Heidenchrist in frühchristl. Zeit der zum Christentum bekehrte → Heide, im Unterschied zu dem aus dem Judentum zum Christentum bekehrten Judenchrist.

Heiland (von altsächsisch Heliand) Übersetzung der im NT begegnenden Bez. für Jesus Christu als Heil der Welt (gr. soter, lat. salvator).

Heilig, das Heilige (gr. hagios, hagion, lat. sanctus, sanctum) die ureigenste Eigenschaft Gottes selbst (Jes 6,3), angesichts derer der Mensch die radikale Unterschiedenheit zu Gott erfährt. Als der Heilige offenbart sich Gott und bezieht den Menschen durch sein Heilshandeln, die Menschwerdung seines Sohnes Jesus Christus und die Sendung seines Heiligen Geistes in sein göttl. Leben ein.

Heilig-Geist-Spital → Hospital

Heilige 1. im NT alle Christen, die durch das Bad der Wiedergeburt in der Taufe geheiligt, → heilig sind; 2. nach kath. Verständnis auch Menschen, die sich – trotz ihrer Fehler und Schwächen – in ihrem Leben von Gott in einer Weise in Anspruch nehmen ließen, daß sie im Tod der vollen Gemeinschaft mit Gott teilhaftig geworden sind, von den Christen verehrt und um ihre Fürsprache angerufen werden dürfen. → Heiligenverehrung

Heilige Allianz die am 26.9.1815 in Paris erzielte Absichts- oder Grundsatzerklärung der Monarchen von Rußland, Österreich und Preußen, ihre Politik auf die Grundlage der christl. Religion („in Gemäßheit der Worte der Heiligen Schrift") zu stellen, Frieden und Gerechtigkeit zu wahren und einander Beistand zu leisten. Das Bündnis, dem später außer Großbritannien und dem Heiligen Stuhl alle christl. Monarchen Europas beitraten, wurde zwar zum Inbegriff der Restauration (nach dem Sturz Napoleons und dem Wiener Kongreß), blieb polit. aber von nur geringer Bedeutung und löste sich im Interessengegensatz der europ. Großmächte wieder auf.

Heilige der letzten Tage → Mormonen

Heilige Drei Könige → Epiphanie

Heilige Inquisition → Inquisition

Heilige Lanze nach Joh 19,34 die Lanze, mit der ein röm. Soldat (in der Legende später Longinus) Jesus am Kreuz die Seite öffnete. Als → Reliquie der → Passion Christi gehörte sie u.a. neben Reichskrone, Reichsapfel, Reichszepter und Reichsschwert zu den Insignien des → Heiligen Römischen Reiches (Reichskleinodien oder -insignien). Heinrich I. (919–36) hatte sie von König Rudolf von Burgund erworben.

Heilige Liga → Liga

Heilige Messe → Eucharistie, Eucharistiefeier, → Messe

Heilige Nacht die Nacht der Geburt Christi (→ Weihnachten), die seit dem 5. Jh. mit der → Christmette gefeiert wird, auch Heiliger Abend (24. Dezember) genannt.

Heilige Sache ein Gegenstand, der durch Weihe (Dedikation) dem alltägl. Gebrauch entzogen ist und allein dem übernatürl. Leben der Kirche, z.B. in der Liturgie, dient und dementsprechend ehrfürchtig zu behandeln ist. → Heiltum, → Reliquie

Heilige Schrift Sammelbez. für die Bücher des AT und NT, für die → Bibel.

Heilige Schriften zunächst die Schriften Israels (Gesetz, Geschichts- und Weisheitsbücher, Propheten), nach Herausbildung des → Kanons des NT die Gesamtheit der Schriften des AT und NT, die Gott zum Urheber haben und das von seinem Geist inspirierte Offenbarungszeugnis enthalten (Gotteswort in Menschenwort). Als Reaktion auf Luthers Festlegung des kleineren Kanons (Ausschluß der → deuterokanonischen, → apokryphen Schriften) definierte das Konzil von Trient (1545–63) den Umfang der von der kath. Kirche für kanonisch gehaltenen Schriften (45 des AT, 27 des NT).

Heilige Stiege, Heilige Treppe (lat. Scala sancta) seit dem 17. Jh. begegnende Nachbauten der angebl. aus dem Haus des Pontius Pilatus stammenden Hl. Stiege im → Lateranpalast in Rom, die seit dem 14. Jh. v.a. von dt. Rom-Pilgern als Gnaden- und Tugendleiter verehrt, 1589 versetzt und Aufgang zur röm. Kapelle „Sancta Sanctorum“ (lat. = die Heilige der Heiligen) wurde. Durch das dreimalige Ersteigen der aus 28 Stufen bestehenden, mehrläufigen Treppenanlagen konnte ein → Ablaß gewonnen werden.

Heilige Woche → Karwoche

Heiligenattribute → Attribute

Heiligenfeste → Heiligenverehrung

Heiligenlegende allgem. eine → Legende um das Leben eines → Heiligen, im bes. die schriftl., oft mit → Hagiographie gleichgesetzte Darstellung einer legendarischen Heiligenvita (lat. vita = Leben), auch das Buch mit entsprechenden Lebensbeschreibungen von Heiligen.

Heiligenmeister früher ein → Laie, der das Kirchenvermögen verwaltete, auch Haus- oder Kirchenmeier, Kirchenpfleger, -meister, -propst, Kasten- oder Zechpropst, Alterleute oder -männer genannt (lat. vitricus, procurator, provisor ecclesiae).

Heiligenschein → Nimbus

Heiligenverehrung die Verehrung (der Kult) der frühchristl. → Märtyrer steht am Anfang der Heiligenverehrung: seit dem 2./3. Jh., in der Zeit der → Christenverfolgungen, wurde die → Eucharistie auch an den Gräbern berühmter Zeugen des Glaubens gefeiert, über die später Kirchen und Altäre errichtet wurden. Dort brachte man ihnen zu Ehren Gaben dar und rief sie um ihre Fürsprache an. Nach der → Konstantinischen Wende im 4. Jh. wurden als Heilige verehrt: neben der Gottesmutter Maria, den Aposteln und anderen Gestalten der Bibel frühe Vertreter des Mönchtums, Anachoreten und Asketen, dann auch Bischöfe und Kirchenväter, schließlich alle als heilig betrachteten Männer und Frauen in der „Gemeinschaft der Heiligen" (so der Artikel im → Glaubensbekenntnis der kath. Kirche). Allmählich setzte sich die öffentl. Verehrung in der Liturgie durch, die lat. Attribute „sanctus" (→ heilig) und „beatus" (→ selig) sowie die Unterscheidung zwischen „martyr" (Märtyrer) und „sanctus" (→ Bekenner, Nichtmärtyrer) wurden seit dem 5. Jh. gebräuchl. Das Auffinden (lat. inventio) eines hl. Leibes, seine Erhebung aus dem Grab (lat. elevatio) und Übertragung (lat. translatio) in Kirchen und Altäre durch den zuständigen Bischof waren Ausgangspunkt der offiz. Heiligenverehrung, der später die Approbation durch den → Apostolischen Stuhl folgte. Die Heiligsprechung des Bischofs Ulrich von Augsburg am 31.1.993 gilt als die erste sicher bezeugte, durch einen Papst (Johannes XV.) erfolgte → Kanonisation, die seit dem 13. Jh. ausschließlich dem Papst vorbehalten ist und im kath. Kirchenrecht zum Selig- und Heiligsprechungsprozeß (oder -verfahren) mit bis heute bestehenden kirchenrechtl. Vorschriften entwickelt wurde. Um die Verehrung der Heiligen, die als vertraute → Patrone, Helfer in der Not (Nothelfer) und Beschützer angerufen werden und denen Kirchen und Kapellen als ihren Titelpatronen geweiht sind (→ Patrozinium), ihre bildl. Darstellung (Heiligenbilder) mit → Nimbus und → Attributen, ihre Feste (Heiligenfeste, meist am Todestag) und → Reliquien bildeten sich – unterstützt von → Heiligenlegende und → Hagiographie – die vielfältigsten Formen von Kult und → Brauchtum (→ Wallfahrten, → Prozessionen). Als „Verdinglichung" lehnten die Reformatoren die (v. a. im Spätmittelalter mitunter exzessive Formen aufweisende) Heiligen-, Reliquien- und → Bilderverehrung ab, was seit 1522 zum → Bildersturm durch Calvinisten und Zwinglianer führte. Als Reaktion auf diese Kritik betonte das Konzil von

Trient (1545–63) zwar die Nützlichkeit der Heiligenverehrung, hob aber zugleich die Mittlerschaft Christi hervor.

Heilige Pforte (lat. Porta Sancta, Porta Aurea) eine jeweils vermauerte Tür in den vier Patriarchalbasiliken in Rom, die nur im → Heiligen Jahr geöffnet wird, auch Goldene Pforte genannt.

Heiliger Abend → Heilige Nacht

Heiliger Geist → Trinität

Heiliger Krieg ein aus rel. Gründen geführter Krieg, in der gr. Geschichte für Delphi und seine Amphiktyonie (gr. = Bund der Umwohnenden, ein Bund von Stämmen und Völkern zum Schutz eines Heiligtums), zuerst 590 v. Chr., zuletzt 339–38 v. Chr., dann bes. der im Koran geforderte Dschihad (arab. = Anstrengung) gegen die Ungläubigen, d. h. Nichtmohammedaner, im weiteren Sinn auch die → Kreuzzüge (→ Gerechter Krieg).

Heiliger Rock der Leibrock Christi (nach Joh 19, 23 f. wurden die Kleider Jesu unter dem Kreuz von den Soldaten aufgeteilt und verlost), der bei den Kirchenvätern und den Theologen des Mittelalters als Symbol für die Einheit der Kirche und die einende Liebe Christi galt. Die im Dom zu Trier aufbewahrte Tunika besteht aus byz.-oriental. Textilien sehr früher Zeit und wurde in Trierer Geschichtsquellen Anfang des 12. Jh.s als der echte Leibrock Christi bez., den die Kaiserin Helena († 328/29, Mutter Kaiser Konstantins des Großen) dem Bischof von Trier geschenkt habe. 1512 fand die erste Heilig-Rock-Wallfahrt statt, nachdem Kaiser Maximilian I. die Zeigung der → Reliquie begehrte. Weitere → Wallfahrten wurden von 1513–17 jährlich, von 1517–45 alle sieben Jahre, dann unregelmäßig und in meist großen Abständen abgehalten (von großer, auch polit. Bedeutung waren die von 1844 und 1933), zuletzt 1996 als Bistumswallfahrt.

Heiliger Stuhl (lat. Sancta Sedes) Bez. für den → Apostolischen Stuhl (Rom), vorwiegend im diplomat. Verkehr.

Heiliger Synod die 1721 von Zar Peter dem Großen errichtete, 1917 aufgehobene, 1924 wiedererrichtete oberste Behörde der russ.-orth. Kirche unter Vorsitz des → Oberprokurators oder Oberprokurors.

Heiliger Vater (lat. Sanctissimus [in Christo] Pater = der Heiligste Vater in Christus) Ehrentitel und Anrede des → Papstes. → Seine Heiligkeit

Heiliges Grab 1. das Grab Christi, nach den Berichten in Mk 16,5f., Mt 27,32–60 und Joh 19,38–42 ein einzelnes Felsengrab; 2. die Grabeskirche in Jerusalem, die unter Kaiser Konstantin den Großen über dem freigelegten Grab errichtet und 335 eingeweiht wurde. Nach Zerstörungen im 10. Jh. und dem Abbruch im Jahr 1009 wurde die Kirchenanlage 1033–48 wieder aufgebaut, die bis heute prägende Gestalt erhielt sie seit 1114. Nach dem Brand von 1808 kam es zum Neubau von Grabeskapelle und Kuppel, das Erdbeben von 1927 und ein erneuter Brand der Kuppel 1949 führten zur 1959 begonnenen grundlegenden Sanierung der Kirche. 3. die seit dem frühen Mittelalter (bis ins 18. Jh.) häufig begegnende bauliche Nachahmung der Jerusalemer Grabeskirche, ausgeführt als eigenständiger Kirchenbau (meist als Rundbau, v. a. in der Romanik) oder als eingebaute Grabkapelle in eine bestehende Kirche. 4. die bes. im Spätmittelalter aus Stein oder Holz geschaffene plastische Darstellung des Felsengrabes mit dem Leichnam Christi, der umgeben ist von schlafenden Wächtern, trauernden Frauen und Engeln. Entsprechende → Andachtsbilder dienten der Verehrung des Leichnams Christi im Grab, in älterer Zeit bes. am → Karfreitag und -samstag.

Heiliges Jahr von Papst Bonifaz VIII. eingeführtes, seit 1470 alle 25 Jahre begangenes Jubiläums- oder Jubeljahr (bei den Israeliten „Jobeljahr") der kath. Kirche zur inneren Erneuerung und Heiligung der Gläubigen. Das Heilige Jahr, an dem ein durch eine Jubiläums- → Bulle verkündeter Jubiläums- → Ablaß erlangt werden kann, wird an → Weihnachten begonnen mit der feierl. Öffnung der → Heiligen Pforte an der Peterskirche in Rom durch den Papst und mit deren Zumauerung wieder beendet. 1983 fand zuletzt ein außerordentl. Jubeljahr statt; das nächste Heilige Jahr wird 2000 gefeiert.

Heiliges Land (lat. terra sancta) seit dem 4. Jh. Bez. für den geograph. Raum im Nahen Osten, in dem die Frühgeschichte Israels und des → Urchristentums lokalisiert wird (im AT Palästina).

Heiliges Offizium (lat. Congregatio Sancti Officii, kurz Sanctum Officium) 1587 unter Papst Sixtus V. eingeführte Bez. der 1542 errichteten „Congregatio Romanae et universalis Inquisitionis" (→ Inquisition) zur Sicherung der Glaubens- und Sittenlehre. Die Aufgaben der unter Papst Paul VI. nach dem → Vaticanum II 1965 offiziell aufgelösten Kardinalskongregation innerhalb der → Römischen Kurie wurden der → Glaubenskongregation übertragen.

Heiliges Römisches Reich (lat. Sacrum Romanum Imperium, Abk. S. R. I.) erstmals 1157 begegnende, seit 1254 offiz. Bez. für den Herrschaftsbereich des abendländischen Römischen Kaisers und der in diesem Bereich verbundenen Reichsterritorien: seit 1033 im wesentl. die drei König- oder Teilreiche (lat. regna) Deutschland, Italien, Burgund. Die Hinzufügung des Beiwortes „sacrum" (heilig) zum Reichstitel erfolgte gleichsam als Reaktion auf die „Entsakralisierung" des Kaisertums im → Investiturstreit des 11./12. Jh.s, wodurch die Idee des → Sakralen Herrschertums nach außen hin sichtbar gemacht werden sollte (und mußte). Die Reichstitulatur wurde in der dt. Fassung seit Kaiser Karl IV. (1355–78), dann im 15./16. Jh. und gelegentl. im 18. Jh. mit einem Zusatz erweitert und lautete: Heiliges Römisches Reich Deutscher Nation. – Dieses Imperium war in der Nachfolge des antiken Römischen Reiches im Westen und in Konkurrenz zum Oströmischen, Byz. Reich des Ostens entstanden und wurde in der Kaiserkrönung des Frankenkönigs Karls des Großen durch Papst Leo III. (am Weihnachtsfest 800) erneuert. Nach dem Verfall des Fränkischen Reiches (eingeleitet mit dem Vertrag von Verdun im Jahr 843) wurde die Römische Kaiserwürde des Westens in der Salbung und Krönung des dt. Königs Ottos I. des Großen durch Papst Johannes XII. (Lichtmeßtag 962) wiederhergestellt. Damit war der seither gültige, gewohnheitl. Rechtsanspruch des dt. Königs auf die Kaiserwürde begründet, eine Tradition, die 844 Jahre währte und erst ihr Ende fand, als der Habsburger Franz II. in Wien am 6. August 1806 die röm. Kaiserwürde niederlegte. Krönung und Weihe des dt. Königs zum Römischen Kaiser erfolgten trotz mancher Abweichungen, vor allem im Spätmittelalter, in Rom durch den Papst, zuletzt im Jahr 1452. 1530 wurde mit Karl V. in Bologna zum letzten Mal ein Kaiser vom Papst gekrönt. Die mit dem Reich von Anfang an aufs engste verbundene → Reichskirche war mit ihren geistl. → Reichsständen und → Kurfürsten-Erzbischöfen von Mainz, Köln und Trier, ihren Fürstbischöfen und Reichsäbten integrierender Bestandteil des Reichs bis zum Zusammenbruch in der großen → Säkularisation am Beginn des 19. Jh.s.

Heiligkeit → Seine Heiligkeit

Heiligsprechung → Kanonisation

Heiligung nennt man die durch die heiligmachende → Gnade ermöglichte Mitwirkung des Menschen an Wachstum und Vollendung der → Rechtfertigung: durch Beobachtung der Gebote Gottes und der Kirche, durch Frömmigkeit und ein Leben aus dem Glauben, wobei Glaube und Liebe zusammenwirken.

Heilsarmee (engl. Salvation Army) nach 1865 vom Methodisten W. Booth in den Londoner Elendsvierteln gegr., heute weltweit verbreitete Rettungsgemeinschaft zur → Evangelisation und sozialen Hilfe für Menschen in Not.

Heiltum ältere Bez. für → Reliquie, allgem. eine → heilige Sache. Der Heiltums-, Kirchen- oder Reliquienschatz einer Kirche oder eines Klosters war im Heiltumsbuch verzeichnet und wurde zu bes. Anlässen, z. B. hohen Festen und → Wallfahrten, in der Heiltumsschau „gewiesen", d. h. gezeigt und erklärt. Die Reichskleinodien gehörten zu den kostbarsten Heiltümern des → Heiligen Römischen Reiches.

Helvetisches Bekenntnis → Confessio Helvetica

Henotikon (gr. = vereinigend) Edikt des oström. Kaisers Zenon von 482, mit dem die kirchl. Einheit zwischen den Anhängern des → Monophysitismus und den Vertretern des Konzils von Chalcedon (451, → Dyophysitismus) herbeigeführt, zugleich die monophysitischen Kirchen Ägyptens an das Reich gebunden werden sollten.

Heraldik → Wappen

Herbst des Mittelalters dt. Titel des 1919 erschienenen niederländischen Werks „Herfstij der middeleeuwen" des zuletzt in Leiden lehrenden Historikers Johan Huizinga (1872–1945). Seine „Studien über Lebens- und Geistesformen des 14. und 15. Jahrhunderts in Frankreich und in den Niederlanden" (so der Untertitel) zählen bis heute zu den bedeutendsten Leistungen der Kultur- und Geistesgeschichtsschreibung. Der Titel des in viele Sprachen übersetzten Buches wurde in der Geschichtswissenschaft zum Inbegriff für die wie der Herbst vielfarbige und -gestaltige Welt des abendländischen Spätmittelalters, für eine Welt an der Schwelle zu einer neuen Zeit, die spätestens mit Beginn des 16. Jh.s (→ Reformation) begonnen hat.

Herrengebet das → Vaterunser

Herrenmahl → Abendmahl

Herrenrast → Christus in der Rast

Herrgottswinkel seit dem 16. Jh. eine auch Hl. Hinterecke genannte Ecke in der Wohnstube (meist in der Nähe des Eßtisches), in der das Kruzifix hängt, auch heute noch bes. gebräuchl. in kath. (v. a. ländl.) Gegenden Europas. In ev. Ländern befindet sich dort oft ein Brett mit der Bibel, einem Gesangbuch oder Erbauungsliteratur.

Herrnhuter Brüdergemeine aus dem → Pietismus hervorgegangene ev. Kirchengemeinschaft zur Verwirklichung der urchristl. Brüderlichkeit. Sie entstand 1727 durch die Vereinigung verschiedener pietistischer und schwärmerischer Gruppen zu einer „Erneuerten Brüderunität" durch Nikolaus Ludwig Graf von Zinzendorf (1700–60), auf dessen Besitzungen in der Oberlausitz Reste der → Böhmischen Brüder sich 1722 niedergelassen und den Flecken Herrnhut gegr. hatten. Für das rel. Leben der heute weltweit verbreiteten, auch Huterische Brüder oder Brüderunität genannten Gemeinschaft, die durch ihr Bekenntnis zur → Confessio Augustana 1748 die staatl. Anerkennung in Sachsen erreicht hatte, sind nach dem Grundsatz der „brüderl. Liebe" u. a. die tägl., duch „Losungen" erschlossene Bibellektüre, die „Versammlungen", d. h. → Abendmahls-, Predigt- und Kindergottesdienste sowie das Kirchenlied.

Herz-Jesu-, Herz-Mariä-Genossenschaften → Kongregationen

Hesychasmus eine auf Johannes Hesychastes († 559) und Symeon den neuen Theologen († 1022) zurückgeführte, 1351 von der byz. Kirche anerkannte Form des ostkirchl. Mönchtums, bei der durch Ruhe (gr. = hesychia, Hesychasten = die Ruhenden), Kontemplation und Konzentration, begleitet von einer bestimmten Atemtechnik und der ständigen Wiederholung eines Gebets zu Jesus, die mystische Gottesschau ermöglicht werden sollte (auch im Hesychasterion, der Einsiedelei). → Palamismus

Heterodoxie (gr. heterodox = von anderer Meinung, andersgläubig) im Gegensatz zur → Orthodoxie die Anders- oder Falschgläubigkeit, auch die → Häresie.

Hexagramm (gr.) ein sechsstrahliger Stern in Form von zwei übereinander gelegten Dreiecken, der Davidsstern.

Hexapla (gr. = sechsfältig) Bibelwerk des Origenes († 254), das in sechs Spalten (Kolumnen) den hebr. Urtext, dessen Umschrift in gr. Buchstaben und vier voneinander abweichende gr. Bibelübersetzungen, u. a. der → Septuaginta, enthält.

Hexenwahn, Hexenverfolgung, Hexerei 1. das Wort „Hexe" (von ahd. hagazussa = Zaunreiterin, d. h. die von der Gehöfteinfriedung, dem hag, aus Schadenstiftende) in der Bedeutung als nachtfahrende, schädigende Zauberin ist seit dem 13. Jh. gebräuchl. Eine weitere Bez. der Hexe als „herbaria" (lat. = Kräuter) läßt auf eine Frau schließen, die als Giftmischerin den Schadenzauber (lat. = maleficium, Malefiz), die Hexerei, praktizierte. Als Sammelbegriff entwickelte sich das Wort „Hexe" aus Elementen der verschiedensten Kulturbereiche, aus einem teilweise uralten, in Märchen, Sagen und Mythen, im → Aberglauben und in archaisch-magischen Vorstellungen enthaltenen Zauber- und Gespensterglauben, aus einer in der antiken Philosophie und Religion sowie in der Bibel überlieferten Annahme der Existenz nicht-menschl., personaler, für das Böse in der Welt verantwortl. Wesen, böser Geister, finsterer Mächte, der → Dämonen, des Satans und Teufels. 2. Durch die Übernahme antiken Gedankengutes entwickelte der hl. Augustinus (354–430), wirkmächtigster Theologe für die lat. Kirche, die Lehre vom Dämonenpakt, die in der Theologie des Mittelalters von 1230–1430 zur „wissenschaftl." Begründung des Hexenglaubens herangezogen wurde. Sie fand Eingang in die systemat. Hexenlehre des „Malleus maleficarum" (lat. = Hexenhammer), eines 1487 veröffentlichten Werks der → Dominikaner und Angehörigen der → Inquisition Jakob Sprenger und Heinrich Institoris, das bis 1669 in 29 Auflagen erschien. Zuvor hatte Papst Innocenz VIII. mit der Bulle „Summis desiderantes" von 1484 die Hexerei (und die damit verbundenen Malefizien, Zauberei und Unzucht mit Dämonen, mit dem Incubus und Succubus [lat.], dem auf- bzw. untenliegenden nächtl. Buhlteufel) mit → Ketzerei, → Apostasie und Hingabe an den Teufel gleichgesetzt, wobei geistl. und weltl. Rechtsüberlieferungen schon seit dem 12. Jh. die zur Ketzerei gerechneten Delikte der Zauberei (Magie) und Hexerei enthielten. 3. Mit der „Hexenbulle" wurden gerichtl. Verwaltungsmaßregeln zur Beseitigung des Zauber- und Ketzerwesens durch die Inquisition unter Mithilfe der weltl. Justiz erlassen. Zusammen mit dem „Hexenhammer" waren damit die Grundlagen für einen epidemieartig um sich greifenden Hexenwahn geschaffen, dem bis zum Ende des 18. Jh.s Tausende unschuldiger Menschen, v. a. Frauen, zum Opfer fielen: durch die in den Hexenprozessen durchgeführten Hexenproben (→ Gottesurteil) wurden sie als „Zauberinnen" entlarvt, durch die → Folter vielfach zu „Geständnissen" und zur Denunziation weiterer Zauberer und Hexen gezwungen, um am Ende hingerichtet, meist verbrannt zu werden. 4. Vorbereitet durch die → Cautio criminalis des → Jesuiten Friedrich von Spee (1631) und die Einwände früher Gegner des Hexenwahns, dann v. a. des Juristen Christian Thomasius (1655–1728) in seinem Werk „De crimine magiae" (lat. = Über das Verbrechen der Zauberei) von 1701 und das daraus resultierende Edikt von Preußen (1714), mit dem die Hexenprozesse der Regierung und den Justizbehörden übertragen wurden, brachte erst der Sieg der Vernunft mit dem Vordringen der Toleranz im Jh. der → Aufklärung das Ende der Hexenverfolgungen und -prozesse, die über Jh.e hinweg zu den schlimmsten Verirrungen und geistigen Epidemien der christl.-abendländischen Welt, die Jesu Gebot der Nächstenliebe und Barmherzigkeit vergessen hatte, zählen.

Hierarchie (gr. = hl. Ursprung, hl. Ordnung) seit Pseudo-Dionysius Areopagita (um 500) Bez. für die kirchl. Ämterordnung in den Stufen Bischof, Presbyter, Diakon (→ Weihegrade).

Hierokratie (gr. = Priesterherrschaft) Bez. für den Vorrang der geistl. vor der weltl. Gewalt, im bes. des mittelalterl. Papsttums seit der → Gregorianischen Reform.

Hieromonachos (gr.) in den orth. Kirchen der zum Priester geweihte Mönch.

Hieronymiten, Hieronymitaner Sammelbez. für verschiedene im 14. Jh. entstandene, heute erloschene → Eremiten- und → Laien-Gemeinschaften, die nach dem Förderer des Mönchtums und der Askese, dem hl. Kirchenvater und Bibelübersetzer (→ Vulgata) Hieronymus (331/40–419/20) benannt wurden und u. a. in der → Armen- und Krankenpflege wirkten (→ Hospital), u. a. die → Jesuaten.

Hierosolyma gr.-lat. Name von → Jerusalem.

High Church (party) → Anglikanische Kirche

Hilfe für Brüder 1980 als Ergänzung zu → Brot für die Welt gegr. Hilfsaktion der dt. ev. Kirchen für missionarische Aufgaben in der Dritten Welt.

Hilfsbischof → Auxiliarbischof

Hilfsgeistlicher, -priester → Gesellpriester, → Kaplan, → Koadjutor, → Kooperator, → Supernumerarius

Hilfswerk der EKD 1945 als Ev. Hilfswerk gegr., seit 1957 mit der → Inneren Mission im → Diakonischen Werk als Dachverband zusammengeschlossen.

Himmel (lat. caelum [engl. heaven], im Unterschied zu firmamentum [engl. sky]) weniger Ort, als vielmehr Zustand der Verklärung und Seligkeit, zu dem Gott Engel und Menschen berufen hat. In der Theologie ist Himmel der dreifaltige Gott selbst, der dem Menschen Anteil an seinem Leben gibt und insofern vom Menschen unverlierbar gewonnen ist.

Himmelpforte, Himmelsp(f)orten häufig begegnender Name für Klöster, bes. der → Zisterzienser (von lat. Porta Coeli, → Domus Dei).

Himmlisches Jerusalem nach Offb 21,2 „die heilige Stadt, das neue Jerusalem, von Gott her aus dem Himmel" herabgekommen, in der → Ikonographie aller Kunstepochen als Symbol für die neue Welt Gottes und das → Paradies reich entfaltet und ausgestaltet. So wird etwa die gotische → Kathedrale als Abbild des himmlischen → Jerusalem gedeutet (→ Gotik).

Hirsauer Reform von der um 830 gegr. → Benediktiner-Abtei Hirsau im Schwarzwald ausgehende monastische Erneuerungsbewegung, die entstand, als sich Abt Wilhelm (1069–91) 1073 der Reform von → Cluny anschloß und u. a. die direkte Unterstellung der zur Hirsauer → Observanz gehörenden Klöster unter den Papst erreichte (Privileg Gregors VII. von 1075; → Gregorianische Reform). Dadurch gelangte die Cluniazensische Reform in Deutschland zu größerem Einfluß. Im → Investiturstreit gehörten die Hirsauer zu den energischsten Anhängern der päpstl. Partei im Kampf gegen die Kaiser Heinrich IV. und Heinrich V. Von großer Bedeutung wurden bis zum etwa 1150 einsetzenden Niedergang die Hirsauer Schreib- und „Bauschule" (als Sammelbegriff für den Typ der an Hirsauer Klöster orientierten dreischiffigen, flachgedeckten Säulen- → Basilika).

Hirt des Hermas um 130–140 in Rom von Hermas (freigelassener Sklave, kleiner Geschäftsmann) verfaßte Schrift des Frühchristentums (fünf Visionen, 12 Gebote, zehn Gleichnisse). Hauptthema ist Aufruf zu Buße und Vollkommenheit und einmalige Sündenvergebung nach der Taufe. → Apostolische Väter

Hirtenbrief Bez. für das nach dem Vorbild der → Apostel-Briefe verfaßte, auch Pastorale genannte (Rund-) Schreiben eines Diözesanbischofs oder einer Bischofskonferenz an die Diözesanen über rel. oder kirchl. Fragen, in Deutschland seit dem 18. Jh. gebräuchl., v. a. als → Fasten-Hirtenbrief.

Hirtengewalt → Jurisdiktion, → Kirchengewalt

Hirtenstab → Ring und Stab

Historie (gr.-lat.) → Geschichte, → Historiographie

Historienbibeln bes. im Spätmittelalter begegnende volkstüml., meist bebilderte Darstellungen und Nacherzählungen (→ Historie) der bibl. Geschichte.

Historienmalerei bildl. Darstellung geschichtl., auch sagenhafter und dichterischer Ereignisse (→ Historie), üblich v. a. im alten Orient, in Antike, Mittelalter und seit dem Barock, bes. im 19. Jh.

Historiographie (gr.-lat.) Darstellung historischen Geschehens, d. h. der → Geschichte, also Geschichtsschreibung.

Historische Theologie → Theologie

Hochaltar im Unterschied zu den Seiten- oder Nebenaltären der urspr. meist über der → Krypta „hochgelegene" Haupt- → Altar, der bes. kostbar gestaltet sein konnte (u. a. mit Altarbild, → Retabel, → Tabernakel, Säulenaufbau). Seit dem → Vaticanum II wird gewöhnl. vom → Volksaltar aus die Eucharistie gefeiert.

Hochamt (lat. missa cantata/solemnis) im Unterschied zur ledigl. gelesenen Messe (lat. missa lecta) die bes. festl. (auch von Chor und Orchester) gestaltete Feier der hl. → Messe (als Bischofsmesse Pontifikalamt genannt), bei der u. a. Teile der liturg. Texte, z. B. das Evangelium und das Hochgebet, durch den oder die Zelebranten singend vorgetragen werden.

Hochfest → Feste

Hochkirche → Hochkirchliche Bewegung

Hochkirchliche Bewegung in der → Anglikanischen Kirche die in der → Reformation 1534 entstandene, „High Church" oder „Anglo-Catholics" genannte und an der kath. Kirche orientierte theol. Richtung, die in der → Oxfordbewegung des 19. Jh.s zum Höhepunkt gelangte und in Deutschland in die → Hochkirchliche Vereinigung mündete. Die auch als Anglokatholizismus bez. Strömung hält an dem durch → Apostolische Sukzession übertragenen kirchl. Amt, an den → Sakramenten und den sakramentalen Charakter der Liturgie fest. Zu einer Krise im Selbstverständnis der Hochkirche, die ausdrücklich die → Ökum. Bewegung und die Bildung von ev. → Kommunitäten unterstützt, kam es durch den 1992 gefaßten Synodalbeschluß der Anglikanischen Kirche, Frauen zum Priesteramt zuzulassen.

Hochkirchliche Vereinigung (seit 1935 mit dem Zusatz: „des Augsburgischen Bekenntnisses") 1918 erfolgter Zusammenschluß von dt. prot. Theologen und Laien zur Verwirklichung der in der → Hochkirchlichen Bewegung formulierten Ziele, durch die eine „ev. Katholizität" erstrebt wird. Die Vereinigung, die sich seit 1947 „Ev.-ökum. Vereinigung des

Augsburgischen Bekenntnisses" nennt, tagt seit 1945 im ehem. Benediktiner-Kloster Alpirsbach und fördert die → Ökum. Bewegung.

Hochmeister der Obere (Ordensmeister) des → Deutschen Ordens, dem → Großmeister anderer geistl. → Ritterorden entsprechend.

Hochrelief die hochgestellte Form eines → Reliefs, z. B. ein an einer Kirchenwand oder einem Pfeiler angebrachtes → Epitaph.

Hochschulen (kirchliche) 1. wissenschaftl. Einrichtungen in kirchl. Trägerschaft, die neben den → Theol. Fakultäten an staatl. Universitäten Aufgaben in Forschung und Lehre wahrnehmen. Der größte kirchl. Hochschulträger in Deutschland ist die kath. Kirche mit einer kath. Universität (Eichstätt), sechs selbständigen Theol. Fakultäten, einer Philos. Fakultät, drei Philos.-Theol. Hochschulen und acht Fach-Hochschulen. Diesen stehen auf ev. Seite gegenüber eine Gesamthochschule (Neuendettelsau-Heilsbronn), zwei Hoch- und zehn Fachhoch-Schulen. 2. Neben diesen kirchl. gab es in Bayern staatl. (kath.) → Lyzeen, die 1923 in Philosophisch-theologische Hochschulen umbenannt wurden und fast ausschließl. der Priesterbildung dienten; sie wurden seit den sechziger Jahren als (Kath.-) Theol. Fakultäten Universitäten eingegliedert.

Hochstift im Unterschied zum → Bistum, dem Gebiet der geistl. → Jurisdiktion (Amtsbezirk) eines → Bischofs, war das Hochstift im → Heiligen Römischen Reich bis zum Untergang der → Reichskirche in der → Säkularisation von 1802/03 der → reichsunmittelbare Besitz (→ Stift), über den der Bischof als Fürstbischof die volle Landeshoheit (unter dem Kaiser), die weltl. Herrschaft innehatte. Neben diesem inner- und außerhalb des Bistums gelegenen reichsunmittelbaren Territorialbesitz umfaßte das auch geistl. Fürstentum genannte Hochstift mittelbaren Grundbesitz, d. h. Territorien, die zwar unter anderer Landeshoheit standen, aber zum bischöfl. Stuhl gehörten. Auch der reichsunmittelbare Grundbesitz großer nichtbischöfl. → geistlicher Fürsten des Reiches (z. B. der Reichsabteien, der Fürstäbte und -pröpste) wurde als Hoch- bzw. Fürststift bez; der weltl. Besitz eines → Erzbischofs wurde Erzstift, der drei geistl. → Kurfürsten und Erzbischöfe von Mainz, Köln und Trier Kurstift oder Kur-Erzstift genannt. Die genaue Unterscheidung des weltl. Territorialbesitzes vom geistl. Zuständigkeitsbereich wurde stets beachtet, auch wenn in Dokumenten der alten Zeit nicht selten ein uneinheitl., unscharfer Gebrauch der Begriffe Bistum, Hochstift, Stift und → Domkapitel begegnet.

Hochwürden, Hochwürdig, Hochwürdigst (lat. Reverendus, Reverendissimus, Abk. Rev., dt. Hw. bzw. Hwst.) in der kath. Kirche die v.a. früher allgem. gebräuchl. Anrede und Ehrenbez. der Geistlichen (Hochwürdiger Herr, Abk. H. H., auch Hochehrwürden); bei Bischöfen, Kardinälen und Prälaten ist auch heute die Anrede „Hochwürdigst“ (Hochwürdigster Herr) gebräuchlich.

Hodegetria (gr. = Wegweiserin, Führerin) oft begegnender Typus des byz. Marienbildes, bei dem die → Gottesmutter (stehend oder als Halbfigur dargestellt) das segnende Jesuskind auf dem linken Arm hält und mit der rechten Hand auf den göttl. Knaben als den Heiland und Erlöser weist.

Hofbeichtvater der ständige → Beichtvater am Hof kath. Fürsten, der nicht selten auch (einflußreicher) polit. Berater war. Im Zuge der → Gegenreformation hatten v. a. → Jesuiten seit dem späten 16. Jh. das Amt inne.

Hofbischof 1. an einigen Höfen kath. Fürsten früher der Vorsteher der → Hofkapelle, meist Erzhofkaplan genannt. 2. Am Hof des bayer. Kurfürsten in München z.B. bestand zur angemessenen kirchl. Repräsentation der Hofhaltung u.a. der Hausritterorden vom hl. Georg, für den Papst Benedikt XIV. 1741 die Aufnahme von sechs geistl. Rittern bewilligte, von denen der erste die bischöfl. Würde erhielt. So gab es von 1749–1817 einen eigenen Bischof für den Hausorden, der Ordens- oder Hofbischof, seine auf die kurfürstl. Residenz beschränkte → Jurisdiktion wurde Hofbistum genannt.

Hofgeistlicher der an einem kath. Fürstenhof tätige Geistliche, z.B. → Hofbeichtvater und → Hofkaplan.

Hofkapelle, Hofkaplan (lat. capella regis/regia bzw. capellanus regis; → Kapelle) unter den Karolingern Pippin dem Jüngeren und Karl dem Großen im 8. Jh. geschaffene Einrichtung des königl. Hofes. An dem später von allen europ. Fürstenhöfen übernommenen, aus der Idee des → Gottesgnadentums erwachsenen geistl. Hof nahmen die am Königshof tätigen Hofgeistlichen auch diplomat. Tätigkeiten (v.a. als Notare) wahr und leiteten die Hof- oder Reichskanzlei. Leiter der seit dem 10. Jh. aufs engste mit der → Reichskirche verflochtenen Hofkapelle war der Hof-, Erz- oder Erzhofkaplan, der mit dem → Erzkanzler der einflußreichste Berater des Königs und Kaisers war. Gewöhnl. wurden die v.a. im 10./11. Jh. und noch im 12. Jh. aus den → Kathedral- bzw. → Domkapiteln berufenen Hofkapläne meist zu Bischöfen erhoben, während der Erzkanzler im 11. Jh. das Amt des Erzkaplans übernahm. Seit dem Spätmittelalter war die Hofkapelle nur mehr eine auf rein rel. Aufgaben beschränkte Einrichtung.

Hofstaat (päpstlicher) → Päpstliche Familie

Höhere Weihen → Weihegrade

Höherer Klerus (lat. clerus maior) im Unterschied zum niederen → Klerus (lat. clerus minor) als einfachem Seelsorgeklerus die höheren Ränge der kath. Geistlichkeit, v.a. Stifts- und Domkapitel mit ihren → Dignitäten, → Bischöfe und → Kardinäle, dazu die Vorstände bes. der → Prälatenorden.

Hölle (von germ. hel) 1. Name für die in zahlreichen Religionen herrschende Vorstellung von der Unterwelt (Bereich des Todes, der Toten und Todesgottheiten, unterweltl. Dämonen, auch Straf- und Vergeltungsort für die Bösen); 2. in der christl. Theologie Bez. für jene Wirklichkeit, in welcher der Mensch nach Tod und Gottesgericht das Heil nicht erlangt hat und die Strafe der Verdammnis in ewiger Gottesferne erleidet.

Homiliar(ium) (lat. [liber] homiliarius) im Mittelalter eine nach der Perikopenordnung des → Kirchenjahres angelegte Sammlung von → Homilien, auch das die Homilien enthaltende Buch.

Homilie, Homiletik (von gr. homilein = reden: Versammlung, Unterredung, Unterricht) Auslegung einer → Perikope der Bibel in der christl. → Predigt, in der kath. Kirche als herausragende Verkündigungsform die verpflichtend zur → Eucharistiefeier an Sonn- und Feiertagen gehörende Meßpredigt bez. Homiletik (als Begriff im 17. Jh. erstmals belegt) ist die Lehre von der christl. Predigt und ihrer Geschichte; sie gehört als theol. Disziplin zur Praktischen Theologie. → Homiliar(ium).

Homöer Vertreter der theol. Meinung, der Sohn (Jesus Christus) sei dem Vater (Gott) zwar nicht wesensgleich, aber doch ähnlich (gr. homoios). Im Gegensatz dazu bestritten die radikalen Arianer (→ Arianismus) auch die Ähnlichkeit von Gottvater und Sohn (→ Anhomöer).

Homöisch (von gr. homoios = ähnlich) die Ähnlichkeit, nicht Wesensgleichheit von Gottvater und Sohn vertretend.

Homousianer Anhänger der vom Konzil von Nicäa (325) als kirchl. Lehre festgehaltenen Glaubensüberzeugung, daß der Sohn (Jesus Christus) dem Vater (Gott) wesensgleich (gr. homousios) ist.

Homöusianer Vertreter der theol. Meinung, daß der Sohn dem Vater nicht wesensgleich (gr. homousios), sondern nur wesensähnlich (gr. homoiusios) sei.

Honoriusfrage (lat. causa Honorii) Begriff für die grundsätzl. Frage, ob ein Papst in einer → ex cathedra getroffenen Glaubensentscheidung irren könne, also für die Frage nach der päpstl. Rechtgläubigkeit, dem Umfang seiner Unfehlbarkeit (Infallibilität) und dem Verhältnis von Papst und → Konzil. Sie resultierte aus der Entscheidung Papst Honorius' I. (625–638) für den einen Willen in Christus (→ Monotheletismus). Die erst nach seinem Tod erarbeitete Lehre von den zwei Willen und zwei Energien in Christus wurde auf dem 6. Ökum. Konzil von Konstantinopel (680/81) zum → Dogma erhoben und über die Anhänger des Monotheletismus und Monenergismus, darunter Honorius, das → Anathem verhängt; die Sentenz wurde auf das 7. und 8. Ökum. Konzil von 787 bzw. 869/70 erneuert. Während in der byz. Kirche die Verurteilung Honorius' als → Häretiker während des Mittelalters bekannt blieb, kam es in der lat. Kirche erst im 15. Jh. zur (Wieder-) Aufnahme des in den Quellen nicht genannten „Falls Honorius".

Horarien (von lat. hora = Stunde) im Mittelalter gebräuchl. Auszüge aus dem → Brevier.

Horen (gr.-lat. = Tagzeiten, Stunden) die „Stunden", d.h. Gebets- oder Tagzeiten des → Stundengebets; das → Brevier ist das liturg. Buch mit den Texten der Horen.

Horologium in der gr.-orth. Kirche das liturg. Buch für das → Stundengebet.

Hosanna, Hosianna (hebr. = Hilf' doch, Ps 118, 25) urspr. ein Hilferuf, wandelte sich die Gebetsformel zum heute gebräuchl. Jubelruf.

Hospital, Spital, Spittel (lat. hospitale, hospitalia, hospitium = Hospital, Herberge, von hospes = Gast, Gastfreund; im frz. Hôtel-Dieu von hôtel = Gasthaus, Herberge und Dieu = Gott) nach der Botschaft Jesu im Evangelium hat das Leben des Christen seine Mitte in der dienenden Liebe, in der → Caritas und in der → Barmherzigkeit gegenüber dem Nächsten. → Almosen, → Armen- und Krankenpflege wurden zu Inbegriffen der Nächstenliebe und Barmherzigkeit, zum Kennzeichen der gelebten → Nachfolge Christi. Hatten seit dem 4. Jh. Mönche, Stifte und Klöster den Hauptteil der in den frühchristl. Gemeinden von Anfang an wahrgenommenen Sorge um die Armen, Witwen, Waisen und Kranken, aber auch der → Pilger-Betreuung (bes. in unwegsamen Gegenden und an Wallfahrtsorten), zuerst im frühchristl. Xenodochium (gr. = Fremdenherberge) übernommen (hier war der „hospitalarius" [lat.] der Mönch, der die Gäste, Pilger und Kranke betreute), so setzten jetzt die → Laien der Städte das Hilfswerk an den Bedrängten in weit größerem Ausmaß als bisher fort. Diese Entwicklung ist auf dem Hintergrund der → Armutsbewegung des 11.–13. Jh.s, der Änderung der gesellschaft. Struktur und den tiefgreifenden sozialen Umwälzungen mit der zunehmenden Verstädterung, zu betrachten. Ein Fürst oder Edelherr, ein Patrizier, ein wohlhabender Bürger oder auch eine ganze Familie ließ in einer Stadt oft weitläufige Gebäude für Alte und Kranke, für Obdachlose und Arbeitsunfähige, für Witwen und Waisen errichten. Die frommen → Stifter bauten eine Kirche oder Kapelle dazu und bestellten einen Priester zur tägl. Messe und geistl. Betreuung – damit war die Stunde des Spitalwesens gekommen. Über ganz Europa hinweg verbreiteten sich bes. vom 13.–15. Jh. in Städten und deren Umland, in Dörfern und ländl. Gegenden kleinere und größere (Bürger-) Spitäler, Pfründnerhäuser, Hospize oder Hospitäler, die – ausgestattet mit reichem Stiftungsbestand an Kunstwerken und → Reliquien – auch zu (städtebaulichen) Wahrzeichen wurden (die ältesten noch erhaltenen Bauwerke sind bedeutende Zeugnisse spätmittelalterl. Architektur, z. B. Brügge, Beaune und Lübeck). Vor allem in den Wirtschaftszentren Nordfrankreichs, Flanderns, Norditaliens, der Toskana und in den großen europ. Städten wurden zahlreiche Bürgerhospitäler, mit Beginn des 15. Jh.s auch sogenannte General- oder Großhospitäler eingerichtet. Sie standen vom 13. Jh. an meist unter dem Patronat des Heiligen Geistes (Heilig-Geist-Spital), das sich von den bibl. Aussagen herleitete, in denen der Heilige Gottgeist als Vater der Armen, als Tröster, Ruhe und Stärke der Schwachen, als Licht der Herzen und mächtiger Beistand erscheint. – Die in vielen Ämtern und Einrichtungen der Kirche, in Orden und Klöstern, durch → Barmherzige Brüder und Schwestern, → Johanniter, → Hieronymiten, Jakobusorden, Heiliggeistbrüder, → Hospitaliter und → Antoniter, in Hospizen, Hospitälern, Pest-, Blatter- und Leprosenhäusern (auch Leprosorien oder Gutleuthäuser), in Alten- und Pflegeheimen, auch in Narren- oder Tollhäusern über Jh.e geübten Werke der Barmherzigkeit wurden als Vorbild von der → Aufklärung im 18. Jh. übernommen. Der Wohlfahrtsgedanke ging schließlich in die öffentl. Fürsorge und Sozialversicherung ein. Das Spital wandelte sich zu Klinik und Krankenhaus, zu Waisenhaus, Pflege- und Altenheim, zur (Nerven-) Heilanstalt und zum Sterbe-Hospiz.

Hospitaliter Sammelbez. für die → Hospital-Orden, die im Zeitalter der → Kreuzzüge zur → Pilger- und Krankenfürsorge entstanden, so die ritterl. Hospitaliter (u. a. → Deutscher Orden, → Johanniter, Jakobusorden, → Lazarusorden, die bürgerl. Hospitaliter (u. a. → Antoniter, Heiliggeistbrüder) und weitere Hospitalbruderschaften, Brüder- und Schwesterngemeinschaften. Hospitaliter bzw. Hospitalschwestern werden auch die bes. im 19. Jh. zur → Armen- und Krankenpflege gegr. Gemeinschaften genannt, z. B. die → Barmherzigen Brüder und Schwestern.

Hospiz → Hospital

Hostie (lat. = Opfer, Opfertier, Schlacht-, Sühnopfer) das in allen christl. Kirchen in Erinnerung an das Opfer Christi, an das letzte → Abendmahl für die → Eucharistiefeier bzw. den Abendmahlsgottesdienst verwendete Weizenbrot, das in der lat. Kirche seit dem 9. Jh. ungesäuert ist (→ Azymiten) und seit dem 11./12. Jh. als kleine dünne Scheiben für die → Kommunion hergestellt und Hostie genannt wird. → Altarsakrament

Hostienfrevel, -schändung die histor. wie theol. völlig unhaltbare, seit dem Hochmittelalter (→ Transsubstantiations-Lehre auf dem 4. Laterankonzil von 1215) in verschiedenen Fällen erhobene Beschuldigung gegen ehrfurchtslose Christen, Hexen (→ Hexenwahn) und bes. Juden, konsekrierte → Hostien geschändet und damit die erneute → Passion Christi verursacht zu haben, wobei angebl. Blut- und Erscheinungswunder eingetreten seien. Die (in Legenden verbreitete) Verleumdung diente u. a. als Vorwand oder nachträgl. Rechtfertigung für die Verfolgung, Vertreibung und Ermordung von Juden (→ Antisemitismus) und führte auch zu → Bluthostien-Wallfahrten.

Hostienwunder → Bluthostie

Hugenotten 1. Anhänger des vom → Calvinismus geprägten frz. → Protestantismus, die frz. → Reformierten. Die Bez. begegnet erstmals 1559/60 für die Vertreter des „sogenannten reformierten Glaubens" (frz. Religion Prétendue Réformée, Abk. R. P. R.) als „huguenauds", als „huguenots d'état" und „huguenots de religion" (wobei dies vielleicht auf den Bezug zu den Genfer Reformierten hinweist: „huguenauds" von „aignos" = Eidgenossen). Der seit der zweiten Hälfte des 16. Jh.s gebräuchl. (Spott-) Name wurde am Ende des 17. Jh.s zur Selbstbez., v. a. für die in Folge der Hugenottenkriege aus Frankreich geflohenen Hugenotten, die Zuflucht (frz. refuge) in anderen europ. Ländern suchten und daher urspr. „Réfugiés" (frz. = Flüchtlinge) genannt wurden; deren Nachfahren nennen sich bis heute aber Hugenotten. 2. Nachdem die frz. Reformierten 1559 ihre erste nationale Synode in Paris abhalten konnten, kam es 1562 mit dem Blutbad von Vassy zum gewaltsamen Vorgehen der kath. Partei (unter François de Guise), das zu den Hugenottenkriegen führte (mit Unterbrechungen v. a. 1562–1629). 1572 ereilte die Hugenotten in der → Bartholomäusnacht ein schreckliches Massaker, bei dem u. a. ihr Führer Gaspard de Coligny ermordet wurde. Die Führung (u. a. gegen die Heilige → Liga von Péronne, 1576–95) übernahm Heinrich von Navarra, als Heinrich IV. 1589–1610 König von Frankreich, der 1593 zum kath. Glauben übertrat und den Hugenotten, die am Ende des 16. Jh.s etwa 8% der Gesamtbevölkerung (großenteils aus dem Adel) ausmachten, mit dem → Edikt von Nantes im Jahr 1598 die freie Religionsausübung und eine polit. Sonderstellung sicherte. Unter König Ludwig XIV. (1643–1715) folgten, eingeleitet durch die Eroberung der Hugenotten-Festung La Rochelle 1628 durch Kardinal Richelieu, die schwersten Verfolgungen, die mit der Aufhebung des Gnaden- Edikts von Nantes durch das Edikt von Fontainebleau im Jahr 1685 ihren Höhepunkt fanden. Bis zu 250 000 Hugenotten ergriffen in der Folge die Flucht v. a in die Niederlande und die Schweiz, nach England und Deutschland. Den in Frankreich verbliebenen Hugenotten gewährte erst das Toleranzedikt Ludwigs XVI. von 1787 die freie Religionsausübung; durch die → Französische Revolution erhielten sie schließlich volle rel. und bürgerl. Freiheiten.

Hugenottenstil der im Vergleich zum süddt.-österr. → Barock nüchterne und schmucklose, in den Niederlanden und im prot. Deutschland seit Ende des 17. Jh. verbreitete und an der frz. Barockarchitektur angelehnte Baustil der → Hugenotten.

Hugenottenpsalter die bedeutendste, 1562 fertiggestellte Sammlung frz. Psalmenlieder der → Reformations-Zeit, auch Genfer (Lied-) Psalter genannt.

Huldigung → Adoration

Humanismus (von lat. humanum = menschlich) seit dem 19. Jh. übliche Epochenbez. für die (zuerst in Italien, dann in Frankreich, Spanien, England, Deutschland und den Niederlanden) von Gelehrtenkreisen, Fürstenhöfen und den Päpsten getragene, geistesgeschichtl. überaus wirkmächtige Bewegung des 14.–16. Jh.s, die durch den Rückgriff auf die klassische und christl. Antike das Ideal edlen Menschentums und vollendeter Menschlichkeit zum Prinzip ihrer Lebensanschauung erhob (auch → Renaissance-Humanismus genannt). Sie betonte eine von Tradition und übermächtiger (auch kirchl.) Autorität befreite humanist. Geisteshaltung, die dem freien Willen des Menschen zwar einen Vorrang einräumte, aber stets dem christl. Glauben verpflichtet blieb (daher auch als lat. docta pietas = gelehrte Frömmigkeit bez. wurde). Insbes. wurden hierbei die

Schriften des hl. Augustinus (354–430) herangezogen. Hauptvertreter in Deutschland und den Niederlanden waren Erasmus von Rotterdam (1469–1536; 1524: Diatribe de libero arbitrio = Über den freien Willen), Konrad Celtis, Johannes Reuchlin und Ulrich von Hutten (→ Dunkelmännerbriefe); zu den vom Humanismus beeinflußten zahlreichen Vertretern der → Reformation gehörten Ph. Melanchthon, H. Zwingli, J. Calvin, nicht dagegen M. Luther. Mit dem in der → Aufklärung einsetzenden Neu- oder Zweiten Humanismus des 18. und bes. 19. Jh.s erfolgte ebenso wie mit dem sog. Dritten Humanismus des 20. Jh.s eine Rückbesinnung auf die Menschheits- und Bildungsideale sowie die (Selbst-) Erziehung der gr.-röm. Antike, z.B. in der Förderung der alten Sprachen im Humanist. Gymnasium. Allen Humanismen gemein ist das Bemühen um Humanität, um eine bes. von Bildung und Erziehung geprägte Gestaltung des Lebens und der Gesellschaft, in der Menschenwürde und freie Persönlichkeitsentfaltung die höchsten Werte sind.

Humerale → Amikt

Humiliaten (von lat. humilis = demütig, gering) urspr. eine → Bruderschaft von Wollwebern und Tuchmachern, ging die Bewegung in der zweiten Hälfte des 12. Jh.s aus der → Armutsbewegung in der Lombardei hervor. 1184 wurden ihre Anhänger mit den ihnen nahestehenden → Waldensern als → Häretiker exkommuniziert, nach der in Teilen erfolgten Aussöhnung aber 1201 als dreigegliederter rel. Orden päpstl. bestätigt. Die in der Lombardei, der Toskana und in Umbrien wirkenden Ordensmitglieder versorgten die arme Bevölkerung v.a. mit Wolle und Tuch, sie wurden auch zu Aufgaben in der kommunalen Verwaltung herangezogen. Nachdem noch im späten Mittelalter die Humiliaten-Terziaren, die zeitl. als erste Gemeinschaft des → Dritten Ordens in Erscheinung getreten war, untergegangen war, wurden 1571 die beiden anderen Gruppen des Ordens (regulierte → Chorherren und Chorfrauen sowie Brüder und Schwestern) von Papst Pius V. aufgehoben. In einigen it. Klöstern sind heute nur mehr die Humiliatinnen in der → Armen- und Krankenpflege tätig.

Hungertuch (lat. velum quadragesimale) ein (Leinen-) Tuch, das in der lat. Kirche seit dem 10. Jh., bes. im Spätmittelalter, während der → Fasten-Zeit zur Verhüllung des → Altars verwendet, dann auch im → Chor (im Chorbogen) angebracht wurde. Das später auch mit Bildern und Symbolen von der → Passion Christi bemalte oder bestickte, in manchen Gegenden heute noch (oder wieder) gebräuchl. Fastentuch sollte urspr. die „Verhüllung" der Gottheit Christi während seines Leidens deutlich machen.

Hussiten Anhänger verschiedener, auf den tschechischen Vor- → Reformator Jan Hus (ca. 1369–1415) zurückgeführter tschechisch-frühnationaler und (kirchen-) revolutionärer (Aufstands-) Bewegungen in Böhmen (Hussitismus). Sie entstanden in Folge der Verbrennung Hus' 1415, der auf dem Konzil von Konstanz (1414–18) als Ketzer zum Tod auf dem Scheiterhaufen verurteilt wurde, nachdem er dort die Aufgabe seiner auf dem → Wyclifismus beruhenden Lehre verweigert hatte. Die beiden nach ihrer jeweiligen Lehre unterschiedenen Richtungen der Hussiten bestanden in den gemäßigten → Calixtinern (→ Böhmische Brüder) und den radikal-sektiererischen → Taboriten. Hus' Feuertod führte zum Aufstand der Hussiten gegen König Sigismund, den man neben dem Papst als dafür Schuldigen betrachtete; die Revolte entwickelte sich zu den Hussitenkriegen der Jahre 1419–36. Nachdem das Konzil von Basel (1431) die → Prager Kompaktaten anerkannt hatte, schlossen der König und die Calixtiner 1433 Frieden. Die endgültige Beilegung der Kriege erfolgte 1436 mit den Iglauer Kompaktaten.

Huterische Brüder → Herrnhuter Brüdergemeine

Hymnar(ium) (gr.-lat.) in der Liturgie der lat. Kirche eine Sammlung von → Hymnen für das → Stundengebet.

Hymne, Hymnus (gr.) in allen Religionen gebräuchl. feierl. Lob- und Preisgesang.

Hypostase (gr. das Darunterstehende) Fachbegriff zur Bez. von Eigenstand, Besonderheit und Personhaftigkeit jeder der drei göttl. Personen in der → Trinität; er entspricht dem lat. persona. In der Unterscheidung von Hypostasis (Person) und Ousia (Wesen) bestand der entscheidende Fortschritt im nachnizänischen trinitätstheol. Ringen. Das Konzil von Chalcedon (451) brachte christolog. die Klärung, daß in der Hypostase (des Logos) menschl. und göttl. Natur unvermischt und ungetrennt geeint sind (hypostatische Union).

I

Idiorrhythmische Klöster (von gr. idios = eigen und rythmos = Takt, Maß) vermutl. in Zusammenhang mit dem → Hesychasmus seit Ende des 14. Jh.s auf dem → Athos entstandene Klöster, in denen die Mönche im Unterschied zur → zönobitischen Lebensweise ein Leben in Idiorrhythmie führen, d. h. unabhängig von einer Regel, von einer geistl. Leitung und selbstbestimmt, in → Askese, mit eigenem Haushalt und Privatbesitz. Gemeinschaft pflegen sie nur beim Gottesdienst, bei Zusammenkünften anläßl. hoher Feste und in der demokrat. Verwaltung und Leitung des Klosters.

Idolatrie, Idololatrie (gr.) die Anbetung von Idolen (gr. eidolon = Abbild), im bes. die auch Bilder- und Götzendienst (→ Ikonolatrie) genannte Anbetung und Verehrung von Bildern, in denen die reale Gegenwart einer Gottheit angenommen wird (→ Bilderverehrung).

Igumen → Hegumene

IHS → Christogramm

Ikone, Ikonen (gr. eikon = Bild) seit dem 4. Jh. bezeugte, mit dem Kult der orth. Kirchen eng verbundene, hochverehrte hl. Bilder, meist auf Holz oder Stoff gemalte Darstellungen Gottes, der → Trinität, der → Gottesmutter und von → Heiligen, auch als Email, Treibarbeit, Mosaik, Intarsien oder Flachrelief in Stein oder Holz ausgeführt. Die nach strenger rel. Vorschrift, früher v. a. von Mönchen in den Klöstern für die Liturgie (→ Ikonostas), dann auch zur priv. Verehrung gefertigten und geweihten Ikonen gelten seit dem → Bilderstreit im 8./9. Jh. als treue Abbilder des jeweil. himml. oder geschichtl. Urbildes, an dessen hl. Kräften die Bildwerke teilhaben und insofern dem → Gnadenbild vergleichbar sind. → Ikonographie

Ikonodulen, Ikonodulie → Bilderstreit

Ikonographie (gr. = Bilderbeschreibung, → Ikone) seit dem 19. Jh. als Teil der Kunstwissenschaft die Bestimmung und Beschreibung bildl. Darstellungen, ihrer Inhalte, Themen oder Elemente, allgem. die Wissenschaft vom Inhalt der Kunstwerke, die Bildkunde.

Ikonoklasmus, Ikonoklasten → Bilderstreit

Ikonolatrie (gr.) Anbetung und Verehrung von Bildern (→ Ikone), im → Bilderstreit der Vorwurf gegen die → Bilderverehrung. → Idolatrie

Ikonostas, Ikonostase (gr.) in orth. Kirchen eine zwischen Altar und Gemeinderaum angebrachte dreitürige Bilderwand aus Holz, die mit zahlreichen → Ikonen geschmückt ist.

Ill. Abk. für → Illustris

Illuminaten (lat. = Erleuchtete) 1. allgem. Anhänger von Gemeinschaften, die Erleuchtung durch Verbindung mit der Geisteswelt anstrebten, so etwa in Spanien die → Alumbrados; 2. als Orden ein 1776 in Ingolstadt vom antikath., antijesuit. → Freimaurer Adam Weishaupt gegr. Geheimbund mit drei Ordensklassen zur Durchsetzung der → Aufklärung und Förderung der Humanität durch wissenschaftl.-rationale Erkenntnis und sittl. Vervollkommnung des Einzelnen. Die in Beziehung zur Freimaurerei stehende, in Deutschland und Österreich verbreitete Bewegung, der u.a. Goethe, Mozart, Mirabeau und A.v. Knigge angehörten, wurde 1785 in Bayern verboten und aufgelöst, 1896 wiederbegr. 1925 entstand der „Weltbund der Illuminaten".

Illustris (lat. = erleuchtet, glänzend, berühmt, vornehm, erlaucht, Abk. Ill.) Anrede und Titel der Fürsten des → Heiligen Römischen Reiches, auch der → geistl. Fürsten, bis 1630 (als Illustrissimus) der → Kardinäle (→ Eminenz).

Imitatio Christi → Nachfolge Christi

Immediat (lat. = unmittelbar) allgem. eine im weltl. (staatl.) Bereich der höchsten Gewalt bzw. obersten staatl. Instanz, z.B. dem Kaiser oder einem Landesherrn, *unmittelbar*, also direkt unterstellte Person, Behörde oder dieser zukommende Sache; im → Heiligen Römischen Reich waren, im Unterschied zu den mediaten Landständen oder → Mediatherrschaften, Immediatstände bis 1803/06 die → reichsunmittelbaren Stände, so die Reichsstädte, Reichsklöster, -stifte und -abteien oder die Reichsfürsten und die Reichsritterschaft.

Immediatgemeinden kirchenrechtl. Begriff für ev. Gemeinden, die unmittelbar (→ immediat) dem Träger der obersten Kirchengewalt, der Kirchenleitung, unterstehen, damit von der ordentl. Gemeindeverfassung herausgenommen sind, dann auch für Gemeinden mit einem unabhängigen Rechtsstand, z.B. Militär-, Anstalts- und Personalgemeinden sowie für Gemeinden mit bes. Bekenntnisstand.

Immerkuh (Ymerkue, Ymberku, Ymmerchüe) das vertragsmäßig „immerfort" bestehende Recht auf Nutznießung einer Kuh (Milch, Butter, Käse), die (regional unterschiedlich) bis ins 17. Jh. Teil des Einkommens eines niederen Geistlichen sein konnte. Die Immer- oder Eiserne Kuh war in der Regel bei einem benachbarten Bauern eingestellt.

Immerwährender Reichstag → Reichsstände und Reichstag

Immunität (lat. immunitas, emunitas = Freisein, Freiheit, hier: von Leistungen, → Abgaben) 1. Bez. für einen seit der röm. Antike begegnenden Sonderrechtsstatus für bestimmte Einrichtungen und Personen sowie für deren Güter, der diese von der herrschaftl. Gewalt befreite, insbes. die Befreiung des Grundbesitzes von öffentl. Abgaben und Lasten, die in spätantiker Zeit auf kirchl. Besitz und auf den → Klerus (als Befreiung von der ordentl. Gerichtsbarkeit) ausgeweitet wurde. 2. Durch die Verleihung von Immunitätsprivilegien an kirchl. Institutionen, an Bischöfe und Klöster seit dem 8. Jh., bes. häufig im 10./11. Jh., erlangte der dt. König über die mit Immunitäten versehenen Bistümer allmähl. die Kirchenherrschaft (→ Eigenkirche), etwa durch die direkte Übertragung der Kirchen-→ Vogtei. Der auf diese Weise aus dem Zuständigkeitsbereich der Grafen herausgenomme kirchl. Grundbesitz bildete die Grundlage für das → Reichskirchen-System, dann für die → Reichsunmittelbarkeit und die Reichsstandschaft der → geistl. Fürsten (→ Reichsstände und Reichstag). Die Königsherrschaft über die Kirche wurde in der → Gregorianischen Reform mit ihrer Forderung nach → Freiheit der Kirche seit dem 11. Jh. in Frage gestellt und im → Investiturstreit heftig bestritten. Das Wormser Konkordat von 1122 schränkte die Königsherrschaft auf die Verleihung der → Regalien ein. 3. In einem engeren Sinn war mit Immunität auch der Schutz für einen Bezirk (Mundat genannt) bez., für die bes. Privilegien galten, so in den Bischofsstädten (mit dem Bischof als Stadtherrn) die Domkirchen mit → Domfreiheit, die Wohngebäude des Bischofs und des Domklerus sowie der bischöfl. Hintersassen. Daraus entwickelte sich der kirchl. Anspruch auf völlige Befreiung bestimmter kirchl. Einrichtungen und (geistl.) Personen von Abgaben (Steuern) und von der weltl. Rechtsprechung sowie auf das Recht der Gewährung von → Asyl. Im 17./18. Jh. bildete die Immunität einen immer wieder umstrittenen Gegenstand im Verhältnis von Kirche und Staat, in einem letzten Höhepunkt in der zweiten Hälfte des 18. Jh.s im Zuge der → Aufklärung, bes. in Bayern und Österreich, bis zum Ende der Reichskirche und des

→ Heiligen Römischen Reiches 1803/06. Reste der Immunität bestehen heute u. a. im kirchl. Asyl.

Imperium Romanum → Römisches Reich

Impetrant → Supplikant

Imprimatur (lat. es darf gedruckt werden) in der kath. Kirche der Vermerk für die kirchl. Druckerlaubnis, der sich meist auf der Rückseite des Titelblattes einer Veröffentlichung befindet. Die Erlaubnis oder → Approbation durch den zuständigen Ortsordinarius hat zum Ziel, Schriften zurückzuweisen, die dem rechten Glauben, der authentischen Lehre der Kirche über Glauben und Sitten widersprechen, wobei die kirchl. Aufsicht (→ Zensur) über Bücher bis ins 15. Jh. zurückreicht. → Index

Independenten (engl. independents = Unabhängige) in der Anglikanischen Kirche seit 1642 Name für die Anhänger einer Ende des 16. Jh.s entstandenen, von → Calvinismus und Puritanismus (→ Puritaner) geprägten Bewegung, die selbständige, von weltl. Obrigkeit (Staatskirche) und Bischofsamt (episkopale und presbyteriale Kirchenverfassung) unabhängige Einzelgemeinden (engl. congregation = Gemeinde) forderten, daher auch Kongregationalisten genannt und verfolgt wurden. Nach einer ersten Auswanderung der Kongregationalismus-Anhänger 1602 nach Leiden und Amsterdam zogen seit 1620 die → Pilgrim Fathers (→ Dissenters) nach Amerika. Seit 1689 (→ Toleranzakte) staatl. formell anerkannt, aber noch bis 1828 unterdrückt, ist die ref. → Freikirche des Protestantismus heute am stärksten in den USA verbreitet.

Index (der verbotenen Bücher, lat. = Index librorum prohibitorum) in der kath. Kirche die vom → Heiligen Offizium erstellten Verzeichnisse der ausdrückl. verbotenen (indizierten) Bücher, eigentl. die diesen Listen zugrundeliegenden Verbote (Indizierungen) von Büchern und Schriften, deren Lektüre nicht erlaubt war (ausgenommen die zu Studienzwecken benötigten). Ein erster Index wurde 1559 unter Papst Paul IV. veröffentlicht, der letzte (fortgeführt seit 1571 von der Indexkongregation, seit 1918 vom Hl. Offizium) 1948. Im Zuge des → Vaticanum II wurde der Index 1965 abgeschafft. → Zensur

Indulgenz → Ablaß

Indult (lat. = Gnadenerweis, Zugeständnis, von lat. indulgere = nachgeben, bewilligen) in der kath. Kirche ein Sonderzugeständnis, das seitens eines kirchl. Oberen zugunsten einer Person oder Sache gemacht wird, z. B. als päpstl. Gnaden- oder Gunsterweis die vorübergehende oder ständige Befreiung von kirchl. Gesetzen oder die Überlassung von kirchl. → Privilegien, z. B. die Vergabe einer kirchl. → Pfründe durch die weltl. Gewalt.

Infallibilität (lat. = Unfehlbarkeit) → Päpstlicher Primat

Informativprozeß in der kath. Kirche das im → CIC/1983 festgelegte und durch den päpstl. Gesandten (→ Apostolischer Nuntius) durchzuführende Verfahren zur Feststellung der → kanon. Eignung eines Bischofskandidaten und zur Vorbereitung des → Definitivprozesses (→ Bischofswahl).

Inful (lat. infula = Binde, als Kopfschmuck, dt. auch Infel) die → Mitra; infuliert: zum Tragen der Mitra berechtigt (z. B. infulierte → Prälaten).

In hoc signo vinces (lat. = in diesem Zeichen wirst du siegen) ungenaue lat. Übersetzung der gr. Inschrift eines Kreuzes, das nach der Legende Konstantin dem Großen vor der für ihn siegreichen und die → Konstantinische Wende einleitenden Entscheidungsschlacht gegen Kaiser Maxentius an der Milvischen Brücke nördl. von Rom im Jahr 312 erschienen sein soll.

Initiale (lat. von initium = Anfang) bes. im Mittelalter reich verzierter und farbig ausgestalteter Anfangsbuchstabe in Urkunden, Handschriften, Büchern, Evangeliaren, meist zu Beginn von Kapiteln oder Seiten.

Inkardination (lat.) die Eingliederung, Einordnung eines → Klerikers in ein bestimmtes → Bistum nach Empfang der Weihen oder nach Entlassung (→ Exkardination) aus seiner bisherigen Diözese. Der Begriff leitet sich her von dem urspr. an einer röm. Haupt- oder Bischofskirche dauernd wirkenden Kleriker (→ Kardinal) und wurde dann auf alle einem Bistum zugehörigen (inkardinierten) Geistlichen übertragen.

Inkarnation (lat. = „Ins Fleisch Kommen") seit dem 2. Jh. Bez. (in Anlehnung an des gr. sarkosis) für das Geheimnis der Fleischwerdung (= Menschwerdung) des dem Vater gleichwesentl. göttl. Logos (Joh 1, 14), Jesu Christi, zum Heil der Menschen: „Gott in Christus – das Heil der Welt" (J.M. Sailer).

Inklusen, Reklusen (lat. = die Eingeschlossenen, Klausner) seit dem 4. Jh. zuerst im östl. Mönchtum (→ Anachoreten), seit dem 9. Jh. im ganzen Abendland begegnende Form des Eremitentums, bei der sich Männer und Frauen für längere Zeit oder lebenslänglich in einer meist bei einer Kirche oder einem Kloster angebauten Zelle oder Klause einschließen oder einmauern ließen, um ein Leben in strengster → Askese, in Gebet und Buße zu führen. Die Lebensform des In- oder Reklusentums, das seit dem 12. Jh. vermehrt auch von Frauen (Klausnerinnen) geübt wurde und als „Gipfel der Vollkommenheit" galt, erlosch im 17. Jh., nachdem es im Lauf des 15. Jh.s zunehmend an Bedeutung verloren hatte.

Inkompatibilität (lat.) die Unvereinbarkeit zweier oder mehrerer kirchl. Ämter in einer Hand (→ Kumulation), von der in älterer Zeit der Papst durch → Dispens befreien konnte.

Inkorporation (lat. = Einverleibung) im kath. Kirchenrecht die vom zuständigen kirchl. Oberen veranlaßte, seit dem Konzil von Trient (1545–63) dem Papst vorbehaltene, dauernde Angliederung eines → Benefiziums (gewöhnl. einer → Pfarrei) an eine jurist. Person, d. h. an einen Bischofsstuhl, ein Kloster, Dom- oder Stiftskapitel. Die im hohen und späten Mittelalter häufig geübte Praxis der „Einverleibung" hatte sich seit dem 11. Jh. aus der Schenkung einer Kirche (mit → Pfründe) an ein Stift oder Kloster entwickelt, wobei vermögensrechtl. Überlegungen ausschlaggebend waren; denn mit der Sicherung der Seelsorge und der ausreichenden Versorgung des an der Kirche tätigen Seelsorgepriesters sollte zugleich ein wirtschaftl. Nutzen für das Kloster oder Stift verbunden sein. Der Inhaber einer inkorporierten Pfarrei hieß Pfarrvikar (→ Vikar) und erhielt die Stelle gewöhnl. auf Grundlage des Präsentationsrechts (→ Patron). Die meisten Inkorporationsverhältnisse sind der → Säkularisation 1802/03 untergegangen, bestanden aber in manchen Gegenden zum Teil weiter.

Inkulpat (von lat. culpa = Schuld) Bez. für den eines schweren Vergehens Beschuldigten vor dem Verhör im → Inquisitionsprozeß, der danach Inquisit genannt wurde.

Inkulturation → Akkomodation

Inkunabel (lat. incunabula = Windeln, Wiege) Name für die ersten Drucke von etwa 1450–1500 (→ Buchdruck), die noch „in den Windeln" lagen, daher auch Wiegen- oder Frühdrucke genannt werden. Die mit metallenen Einzellettern gedruckten Bücher und Einblattdrucke suchten in jener Zeit noch die mittelalterl. Handschriften zu imitieren.

Innere Mission von J. H. Wichern 1848/49 als „Centralausschuß für die Innere Mission der Deutschen Evangelischen Kirche“ begr. Einrichtungen und Anstalten freier christl. Wohl- und Liebestätigkeit (→ Diakon, Diakonie, → Bethel) der dt. ev. Kirchen, die 1957 im → Diakonischen Werk aufgegangen sind.

In partibus infidelium (lat. = in Landen der Ungläubigen, Abk. i.p.i.) in älterer Zeit Zusatz für die Titulatur eines Nicht-Diözesanbischofs (→ Weihbischof), der auf einen früheren, untergegangenen Bischofssitz geweiht ist und deshalb Titularbischof genannt wird.

Inquisition, Inquisitionsprozeß Inquisition (lat.) ist die Bez. für die Untersuchung durch kirchl. Institutionen und die daraufhin durchgeführte Verfolgung durch die weltl. Gewalt gegen → Häretiker (Ketzer) zur Reinerhaltung des Glaubens. Infolge der engen Verbindung von geistl. und weltl. Gewalt in der Alten Kirche nach der → Konstantinischen Wende war es zur Ketzergesetzgebung und -verfolgung (Gesetze Gratians gegen → Arianismus und → Donatismus, Codex Theodosianus von 438) gekommen. Auf dieser Grundlage wurde die Inquisition im Kampf v. a. gegen die → Katharer des 12./13. Jh.s zentralisiert und systematisch ausgebaut. Die Namen von Denunzianten und Zeugen wurden seit dem Ausbau des Inquisitionsprozesses im 13. Jh. dem betroffenen Inquisiten nicht mitgeteilt, Verteidigung nicht zugestanden, Anhörung nicht immer zugestanden (→ Inkulpat). Papst Gregor IX. nahm den Bischöfen die Inquisition aus der Hand und richtete 1231/32 die zentralisierte röm. Inquisition ein, die sich aber auf die Dauer nur in den südl. Ländern halten konnte (als weltl.-kirchl. Inquisition bes. ausgeprägt in Spanien seit 1478). Papst Innocenz IV. genehmigte 1252 die Einführung der → Folter im Ketzerprozeß. Häresie wurde seit dem 13. Jh. als Majestätsverbrechen (→ crimen laesae maiestatis) bestraft, im Spätmittelalter mit dem Hexenprozeß verbunden, dieser als Inquisitionsprozeß geführt (→ Hexenwahn). Inquisition und Inquisitionsprozeß erfuhren in den konfessionellen Kämpfen des 16./17. Jh.s als Ketzerprozeß eine starke Belebung. Als Maßnahme der → Gegenreformation errichtete Papst Paul III. 1542 das sog. → Heilige Offizium in Rom. Die Inquisition bestand in einigen kath. Ländern bis ins 19. Jh. Nachdem das → Vaticanum II mit der Erklärung über die Religionsfreiheit 1965 stillschweigend auf die mit weltl. Zwang verbundene Inquisition verzichtet hatte, wurde die alte Inquisitionsbehörde in die → Glaubenskongregation umgewandelt.

I. N. R. I. Abk. für lat. Iesus Nazarenus Rex Iudaeorum = Jesus von Nazareth, König der Juden, lat. Form der Inschrift, die Pontius Pilatus nach Joh 19,19 am Kreuz Christi anbringen ließ.

Inschrift → Epigraphik

Insignien → Liturgische Gewänder

Installation (lat.) frühere Bez. für die Einsetzung eines → Abtes oder → Kanonikers in sein geistl. Amt durch die feierl. Einweisung (Bestallung) auf seinen Platz im → Chor (lat. stallum), dann für die Besitzeinweisung oder → Investitur nach Verleihung einer → Pfründe. Gelegentl. begegnet der Begriff auch für die Bestellung eines Pfarrers.

Institutio canonicorum, Institutiones Aquisgranenses → Aachener Institutio oder Regel

Integralismus (von lat. integer = unversehrt, rein) Bez. für eine aus der → Kath. Bewegung hervorgegangene, bes. in der zweiten Hälfte des 19. und am Beginn des 20. Jh.s ausgeprägte stark päpstl. orientierte (→ Ultramontanismus), streng konservative Richtung des → Katholizismus mit dem Ziel, die kath. Kirche in ihrer Gesamtheit von den jeweiligen Zeitströmungen (→ Modernismus) unversehrt (integer) zu halten; heute auch als → Fundamentalismus bez.

Integrierte Gemeinde in der kath. Kirche seit 1968 Bez. für eine seit 1945 entstandene Gemeinschaft von Laien und Priestern, die 1978 kirchl. anerkannt und 1985 als öffentl. Verein errichtet wurde. Sie strebt u. a. nach einem gemeinsamen Leben von Familien und Alleinstehenden, nach Verbindung von → apostol. Leben und apostol. (kirchl.) Amt sowie nach Überwindung des „Urschismas" zwischen Judentum und Christentum.

Interdikt (lat. = Untersagung, Verbot) im kath. Kirchenrecht neben → Exkommunikation und → Suspension eine der kirchl. Beugestrafen, heute (c. 1332 → CIC/1983) nur noch als persönl. Interdikt vorgesehen. Seit dem 11. Jh. beinhaltete diese Kirchenstrafe als Personalinterdikt das gegen Einzelne oder Personengemeinschaften gerichtete Verbot der Teilnahme an gottesdienstl. Handlungen und der Sakramentenspendung bzw. deren Vornahme, als Lokalinterdikt gegen einen bestimmten Ort (Kirche, Gemeinde) bzw. ein bestimmtes Gebiet (Land, Stadt, Bistum). V.a. letzteres war bes. im Hoch- und Spätmittelalter ein von den Päpsten oft gebrauchtes Instrument gegen die weltl. Gewalt.

Interim → Augsburger, → Leipziger, → Regensburger Interim

Interkalarfrüchte, -gefälle, Interkalarien (lat. fructus intercalares, von intercalaris = eingeschaltet) die Erträgnisse (Einkommen oder Einkünfte) aus der → Pfründe eines → Benefiziums während der Vakanz, also in der Zeit zwischen → Erledigung und Wiederbesetzung; in Deutschland heute weitestgehend unbedeutend geworden.

Interkommunion (von → Kommunion) kath. Bez. für → Abendmahlsgemeinschaft.

Internationaler Rat Christlicher Kirchen (engl. International Council of Christian Churches) 1948 in Amsterdam als Gegenorganisation zum → Ökum. Rat der Kirchen gegr., lehnt die Vereinigung u. a. die Beteiligung der orth. Kirchen und der (röm.-) kath. Kirche am ökum. Gespräch ab.

Internuntius → Apostolischer Nuntius

Inthronisation (lat. = Thronerhebung, Stuhlsetzung) die feierl. (symbol.) Einführung von → Papst und → Bischof in ihre Ämter durch die Besteigung des päpstl. bzw. bischöfl. Stuhles (→ Cathedra). Allerdings ist sie in der kath. Kirche rechtl. ohne Belang, weil der Papst die volle und höchste Gewalt in der Kirche mit der Annahme seiner Wahl übernimmt, der Bischof durch Präsentation der päpstl. Ernennungsschreibens Besitz von seinem Bistum ergreift (Besitzergreifung). In der → Anglikanischen Kirche erfolgt durch die Inthronisation die Einsetzung der Bischöfe in den „Besitz" der Diözese mit allen Rechten und Pflichten.

Introitus (Antiphona ad introitum, von lat. introire = hineingehen) in der Liturgie der Eingangs- oder Eröffnungsgesang, auch Begleitgesang zum Einzug am Beginn des Gottesdienstes. Er bestand urspr. aus lat. → Antiphon und Psalmversen, die inhaltl. zum Thema der Feier oder der Zeit im → Kirchenjahr hinführen sollte, weswegen deren Anfangsworte als Namen des jeweil. Sonntags dienen, z. B. → Gaudete, → Laetare. Heute sind auch andere Gesänge oder Gemeindelieder üblich.

Inventar (von lat. invenire = finden, erlangen) 1. Bestand oder Bestandsverzeichnis, etwa ein Verz. von Archivalien, auch → Repertorium genannt; 2. Güterverzeichnis, z. B. eines Klosters, das wichtige Aufschlüsse über seine Geschichte enthalten kann, daher (für seine Frühgeschichte) eine wichtige Quelle darstellt (→ Salbuch, → Urbar); 3. die Ausstattung und Einrichtung z. B. einer Kirche (→ Kirchenausstattung).

Investitur, Investiturstreit (lat. investitura = Einkleidung; lat. vestis = Gewand, Kleid, Bekleidung) 1. Investitur ist allgem. der aus germ.

Rechtsvorstellungen hervorgegangene abschließende und symbol. Akt der Übertragung oder Übergabe eines Amtes bzw. Besitzes, z. B. eines → Lehens: durch die Überreichung eines (Ab-) Zeichens (z. B. Fahne, Schwert, Zepter, Stab, Handschuh) wurde der Eigentumsübergang rechtsgültig. 2. Daran anknüpfend erfolgte auf der Grundlage des Eigenkirchenwesens (→ Eigenkirche) mit der Investitur seit dem frühen Mittelalter auch die förml. Einweisung eines Geistlichen in ein kirchl. Amt (→ Pfründe) und seine → Belehnung durch den Eigenkirchen- oder Lehnsherrn. In bes. Weise wurde im 10./11. Jh. die Investitur von → Bischöfen und → Äbten in ihre weltl. Besitzrechte (wodurch sie → geistl. Fürsten über ein → Hochstift wurden) und ihre geistl. Zuständigkeiten von den Königen als selbstverständl. (Gewohnheits-) Recht geübt und war (im → Heiligen Römischen Reich) gerade dadurch ein Wesenselement des → Reichskirchensystems. Die Übertragung von Bistümern und Großklöstern (u. a. Abteien) im Vorgang der Investitur wurde durch die Übergabe von → Ring und Stab durch den König symbol. vollzogen. 3. Um die Einsetzung der Bischöfe und Äbte in ihre Ämter, um die Frage ihrer Investitur, entbrannte in der zweiten Hälfte des 11. Jh.s der Investiturstreit genannte folgenschwere Zusammenstoß zwischen dem Papsttum (das als erneuertes → „Reformpapsttum" aus der allgem. rel.-kirchl. Erneuerungsbewegung [→ Cluny] um die Mitte des 11. Jh.s hervorgegangen war) und dem frz., engl. und dt. Königtum. Der Konflikt geriet zum offen ausgetragenen Kampf zwischen den beiden Gewalten, zur grundsätzlichen Auseinandersetzung um den Vorrang im Verhältnis von weltl. und geistl. Gewalt (→ Zwei-Gewalten-Lehre), als mit Kardinal Humbert von Silva Candida († 1061) die radikale Richtung der röm. Reformbewegung die Führung übernahm: im dritten seiner 1057/58 geschriebenen drei Bücher „Adversus simoniacos" (lat. = Gegen die Simonisten) brandmarkte Humbert die Vergabe kirchl. Ämter gegen Geld als → Simonie und wandte sich vehement gegen die bestehende Praxis der Investitur von Geistlichen durch weltl. Herren, also durch → Laien (Laieninvestitur), und gab zugleich klar zu verstehen, daß ihm auch der König als Laie galt. Papst Gregor VII. (1073–85) entwickelte diese Vorstellungen in seinem → Dictatus papae von 1075 weiter (→ Gregorianische Reform) und machte das Verbot der Investitur von Geistlichen durch Laien neben dem Kampf gegen die als → Nikolaitismus geschmähte Priesterehe und die Simonie zum wirksamsten Hebel seiner Forderung nach → Freiheit der Kirche als einem Freisein von kirchenfremden, also auch weltl. Eingriffen. Weil dieses Programm zusammen mit dem Verbot jegl. Laieninvestitur eine erhebl. Schwächung bes. des dt. Königs in seinem sakralen Selbstverständnis (→ Sakrales Herrschertum) und in seiner Reichspolitik bedeutete, kam es zum Machtkampf zwischen Königtum und Papsttum, für den der zum geflügelten Wort gewordene Gang des von Papst Gregor VII. gebannten Königs Heinrich IV. nach → Canossa Inbegriff für die grundstürzende Wende im Verhältnis der beiden Gewalten ist: im Investiturstreit stießen zwei Rechtswelten hart aufeinander – das alteingewurzelte königl. Gewohnheitsrecht auf der einen, das sich auf Gottes Satzung berufende geistl. Recht auf der anderen Seite. Aus den Kämpfen ging das Papsttum schließl. als geistl. Vormacht im Abendland mit dem Anspruch der Weltgeltung hervor. Zugleich wurde im Zeitalter des Investiturstreits die Entsakralisierung des Herrschers wie überhaupt des gesamten polit. Bereichs eingeleitet, demgegenüber das Recht der lat. Kirche fortan überall im Sinn der unbeschränkten, auf den → Jurisdiktionsprimat gestützten Papstgewalt (lat. plenitudo potestatis) mit einer allumfassenden Primatsdoktrin weitergebildet. So betrachtet, kann füglich von der „ersten europ. Revolution" (K. Leyser) gesprochen werden. 4. Zum formellen Abschluß des Investiturstreits kam es zuerst in Frankreich (1104), ausgehend von der genaueren Unterscheidung zwischen Kirchenamt (lat. Spiritualia) und Kirchengut (lat. Temporalia, Regalien), dann in England (1107). Für das Reich wurde der Kompromißfriede im Wormser Konkordat von 1122 zwischen Kaiser Heinrich V. und Papst Calixtus II. geschlossen (auch Calixtinum genannt). Demnach verzichtete der König auf die Investitur mit Ring und Stab, also auf die Verleihung der geistl. Befugnisse (der Spiritualia), die fortan der geistl. Gewalt vorbehalten blieb; jedoch hatte ihm der gewählte Bischof oder Abt den Treueid zu leisten und wurde dann vom König mit dem weltl. Kirchenbesitz durch Verleihung der Regalien (Temporalien) belehnt, symbol. vorgenommen mit dem Zepter. Seit dem Wormser Konkordat erfolgte im Heiligen Römischen Reich die Investitur eines Bischofs in der Reihenfolge: Wahl (durch das → Domkapitel), Belehnung, Weihe; für Italien und Burgund bestimmte der Vertrag die Weihe nach erfolgter Wahl und vor der Belehnung.

Invitatorium (lat.) Gebetseinladung zu Beginn der → Messe, im bes. die Eröffnung des → Stundengebets in der → Antiphon.

Invokation (lat.) Anrufung Gottes oder der Heiligen als Eingangsformel einer Urkunde, symbol. als → Chrismon und/oder verbal gestaltet (z. B. lat. In nomine sanctissimae trinitatis = Im Namen der allerheiligsten Dreifaltigkeit).

Invokavit (lat. = er hat [mich] gerufen) vom lat. Anfangswort des → Introitus übernommener Name des ersten Sonntags in der → Fastenzeit (Sonntag nach → Aschermittwoch).

Inzens → Rauchfaß

i.p.i. Abk. für → in partibus infidelium.

Irenik, Irenismus (von gr. eirene = Friede) allgem. das angesichts gegensätzl. Positionen auf Ausgleich und Frieden gerichtete Bemühen, im bes. um eine friedl. Auseinandersetzung zwischen den → Bekenntnissen mit dem Ziel gegenseitiger Aussöhnung.

Irisches Mönchtum mit der Christianisierung Irlands (lat. Hibernia oder Scotia) und der Errichtung von Bistümern durch den hl. Patrick im 5. Jh. entwickelte sich, bedingt durch die Abgeschiedenheit der Insel, ein ganz eigentüml., stark monastisch geprägtes und eben dadurch von der lat.-röm. bestimmten Kirche unterschiedenes Kirchenwesen mit zahlreichen (seit dem 6. Jh. entstandenen) Klöstern, das auch Irische Mönchskirche, Iroschottische Kirche genannt wird. Jeder Stamm (clan) unterhielt sein eigenes Kloster, dessen Abt (oder ein diesem unterstellter Mönch) die Bischofsweihe empfing, die eigentl. dem Bischof vorbehaltene geistl. → Jurisdiktion mit den Weihehandlungen übte und als Klosterbischof bez. wird. Von Irland gelangte das Christentum noch im 6. Jh. nach Schottland, das von den Römern erst Caledonia, später Scotia minor (kleiner) – im Unterschied zu Scotia maior (größer) als Name für Irland (daher Iroschotten) – genannt wurde. Das irisch-keltische Mönchtum, das lange an älteren Kirchenbräuchen festhielt, war von strengster → Askese und Buße geprägt (→ Bußbücher). Viele irische Mönche gingen, getrieben vom asketischen Ideal der Heimatlosigkeit, auf missionarische Wanderschaft um der Liebe Christi willen (lat. peregrinatio propter Christum/pro Christi/Dei amore), auch als → Wanderbischöfe (→ Chorbischof); deren meist kleine Niederlassungen wurden dabei zu wichtigen Ausgangspunkten der → Mission auf dem Festland, wo als bedeutendster Vertreter der keltischen Missionskirche der hl. Kolumban der Jüngere († 615) wirkte. Sie erfaßte das ganze Fränkische Reich (daher auch irofränkisches Mönchtum oder Irofranken genannt) und leitete so den Durchbruch des benediktinischen Mönchtums (→ Benediktiner) ein. Die Schottenklöster trugen die Tradition des vom 6.–12. Jh. zu hoher (auch kultureller) Blütezeit gelangten, bes. im 16./17. Jh. durch schwerste Zerstörungen (Wikinger, Engländer) zerrütteten irisch-iroschottischen Mönchtums in Teilen bis ins 19. Jh. weiter, obwohl seit dem 11./12. Jh. die → Benediktregel auch in Irland ihren Siegeszug angetreten hatte.

Iroschotten, Iroschottische Kirche → Irisches Mönchtum

Irregularität (lat.) im kath. Kirchenrecht das Verbot, das → Weihesakrament zu empfangen oder auszuüben; im Unterschied zu den Weihehindernissen sind Irregularitäten von Dauer.

Irrlehre → Häresie, → Ketzerei

Irvingianer, Irvingianismus → Katholisch-Apostolische Gemeinden

Itala → Vetus Latina

Ite, missa est (lat. = Geht, die Messe ist zu Ende, d.h. die [gottesdienstl.] Versammlung ist entlassen; heute: Gehet hin in Frieden) in der lat. Liturgie der kath. Eucharistiefeier der Schlußruf, von dem sich das Wort → Messe herleitet. Die Gemeinde antwortet mit „Deo gratias" (lat. = Dank sei Gott dem Herrn).

Itio in partes (lat. = Auseinandertreten in Parteien) allgem. die Unterscheidung (Trennung) einer Versammlung in Parteien und Stände, im bes. die im Reichstag (→ Reichsstände und Reichstag) durch den → Westfälischen Frieden von 1648 eingeführte und bis zum Ende des → Heiligen Römischen Reiches 1806 übliche Scheidung in ein → Corpus evangelicorum und ein → Corpus catholicorum, wodurch bei Abstimmungen über Religionsangelegenheiten das Überstimmen der einen Religionspartei durch die andere unmöglich gemacht werden sollte: für einen gültigen Gesamtbeschluß waren übereinstimmende (freundschaftl.) Einzelbeschlüsse erforderlich.

I. U. Abk. für lat. Ius utrumque (lat. die beiden Rechte) Sammelbez. für das röm. und kanonische Recht (Corpus iuris civilis bzw. → Corpus iuris canonici), also für das jeweil. Recht der weltl. und geistl. Gewalt bzw. von Staat und Kirche; der in beiden Rechten erworbene Doktorgrad trug früher den Titel „Dr. iur.[is] utr.[iusque]" (lat. = Doktor beiderlei Rechts).

J

Jahresgedächtnis → Kirchweihe

Jahreskreis → Kirchenjahr

Jakobiner (frz. Jacobins) 1. in Frankreich urspr. die nach ihrem Kloster St. Jakob (frz. St. Jacques) in Paris benannten → Dominikaner (Jakobinerorden); 2. in der → Französischen Revolution auch die Anhänger der in diesem Kloster zusammengetretenen, 1794 aufgehobenen „Société des amis de la constitution" (frz. = Gesellschaft der Verfassungsfreunde), deren Kennzeichen die phrygische rote Wollmütze, ein antikes Symbol der Freiheit, war (Jakobinermütze).

Jakobiten 1. nach Jakob Baradaeus (Baradai), Bischof von Edessa († 578), benannte Angehörige der ostsyr.-monophysit. Jakobitischen Kirche, heute syr.-orth. Kirche genannt (→ Maroniten); 2. Anhänger des 1688 vertriebenen kath. Königs Jakob II. von England aus dem Hause Stuart.

Jakobusklauseln → Aposteldekret

Jansenismus nach dem Bischof von Ypern Cornelius Jansen (1585–1638) benannte rel. Bewegung innerhalb der kath. Kirche des 17./18. Jh.s, bes. in Frankreich, mit Zentrum im Kloster Port-Royal bei Versailles, das König Ludwig XIV. 1710 niederreißen ließ. Die Jansenisten, deren Hauptvertreter u. a. B. Pascal und P. Quesnel waren, vertraten eine am Denken des hl. Augustinus (354–430) orientierte Gnadenlehre, eine rigoristische Moralauffassung mit starker Betonung der → Prädestination und gerieten seit Mitte des 17. Jh.s in starken Gegensatz zur kath. Kirche, bes. zu den → Jesuiten, und zur königl. Religionspolitik, der u. a. in der Zerstörung Port-Royals und der päpstl. Verurteilung von 101 Thesen Quesnels mit der Bulle „Unigenitus" von 1713 seinen Höhepunkt fand. Damit war der allmähl. Niedergang des Jansenismus eingeleitet, der noch im 18. Jh. in den Niederlanden (→ Utrechter Kirche), in Italien, Österreich und nur zum geringen Teil in Deutschland Verbreitung gefunden hatte. Die Aufhebung des Jesuitenordens im Jahr 1773 und ein bes. in Frankreich verbreiteter → Antijesuitismus und → Antiklerikalismus werden als mittelbare Folgen der vom Jansenismus ausgelösten Unruhen betrachtet.

Jerusalem (gr.-lat. Hierosolyma) Stadt in Palästina, auf der Hochfläche über dem Kidrontal gelegen, im 11. Jh. v. Chr. von König David erobert und zur Hauptstadt seines Reiches (Juda, Israel, Jerusalem) erhoben, die „Mutterkirche" der Christen (Gal 4, 26), wo sich Jesu Leben und Wirken vollendeten; von Kaiser Konstantin dem Großen großzügig gefördert (Grabeskirche, → Heiliges Grab), wurde dem Bischof von Jerusalem auf dem Konzil von Nizäa (325) der Ehrenvorrang, 451 auf dem Konzil von Chalcedon die Patriarchenwürde zuerkannt. → Himmlisches Jerusalem

Jesuaten von Johannes Colombini 1360 in Siena gegr., den → Barmherzigen Brüdern ähnl. Gemeinschaft von Laien zur → Armen- und Krankenpflege, die bis zu ihrer wegen Bedeutungslosigkeit 1688 päpstl. verfügten Aufhebung (der 1367 gestiftete streng beschauliche weibl. Zweig bestand bis 1872) in vielen it. Städten und in Toulouse segensreich wirkte. Ihren Namen erhielten die „Apostolischen Kleriker des hl. Hieronymus" (so die eigentl. Ordensbez.; → Hieronymiten), weil sie ihre Predigten mit dem Ruf „Es lebe Jesus, gelobt sei Jesus!" begannen und beendeten.

Jesuiten die Mitglieder der Gesellschaft Jesu (lat. Societas Iesu, Abk. S. I., auch SJ; span. Compaña de Jesús), einer um den hl. Ignatius von Loyola (1491–1556) entstandenen, 1540 päpstl. bestätigten Ordensgemeinschaft streng zentralisierter Ausrichtung (mit dem auf Lebenszeit gewählten Ordensgeneral an der Spitze). Sie sind eine Gesellschaft von → Regularklerikern ohne feste Klöster, Ordenstracht und gemeinsames Chorgebet. Zu den drei feierlichen Gelübden auf die → Evangelischen Räte (Armut, Keuschheit, Gehorsam) geloben die Professen als viertes den strikten Gehorsam gegen den Papst. Bis 1600 waren die Jesuiten in sämtl. kath. europ. Ländern (in Deutschland seit 1540) verbreitet und wirkten entscheidend für die Durchsetzung der → Kath. Reform und → Gegenreformation. Zu ihrem Hauptbetätigungsfeld, der Ausbreitung des Glaubens durch Seelsorge und Predigt (auch → Jesuitendichtung, → Jesuitendrama), → Exerzitien und Werke der → Caritas (Krankenpflege), gehörten die Pflege der Wissenschaften, das Erziehungs- und höhere Schulwesen, die Einrichtung von Kollegien mit Internaten, von → Marianischen Kongregationen, Gymnasien, Lyzeen und → Jesuitenuniversitäten. Dazu kam schon seit dem 16. Jh. eine intensive, von → Akkomodation geprägte → Missions-Tätigkeit in Asien, Afrika, Mittel- und Südamerika (→ Jesuitenstaat). Der im Zeitalter der → Aufklärung einsetzende → Antijesuitismus führte zur (auch polit. bedingten) Aufhebung der Gesellschaft Jesu 1773 durch Papst Clemens XIV. Der 1814 wiederhergestellte Orden erfuhr, im 19. Jh. als Vorkämpfer des → Ultramontanismus geziehen, wiederholt schwere Bedrückung, so während des → Kulturkampfes (→ Jesuitengesetz), aber auch im 20. Jh. unter dem Nationalsozialismus, dem u.a. Rupert Mayer und Alfred Delp zum Opfer fielen. Heute umfaßt die in allen Lebensbereichen wirkende Gesellschaft Jesu weltweit elf Assistenzen, 82 Provinzen und rund 20000 Angehörige.

Jesuitendichtung von → Jesuiten seit Ende des 16. Jh.s bis ins 18. Jh. meist in neulat. Sprache verfaßte Gedichte zur rel. Erziehung, Seelsorge und Erbauung, bes. auch im → Jesuitendrama. Von größter Bedeutung waren hierbei u.a. Jakob Balde († 1668) und Friedrich von Spee († 1635, → Cautio criminalis).

Jesuitendrama, Jesuitentheater als Teil der → Jesuitendichtung das von Jesuitenkollegien meist in neulat. Sprache aufgeführte, rel.-werbende geistl. Schauspiel (Drama), das v.a. im Dienst der Glaubenspropaganda (z.B. durch die Darstellung der → ecclesia triumphans) stand und im Theater des → Barocks mit grandios gestalteten Dekorationen und Bühnenbildern, mit Gesang, Tanz und Massenszenen zur reichsten Entfaltung gelangte.

Jesuitengesetz 1872 erlassenes, 1917 aufgehobenes Reichsgesetz, das als eine der ersten Maßnahmen des → Kulturkampfes die → Jesuiten im Deutschen Reich verbot. In der Folge wurden die als Vorkämpfer der → Katholischen Bewegung und des → Ultramontanismus verdächtigten Angehörigen des Ordens aus Deutschland vertrieben.

Jesuitenstaat Name für die im 17. Jh. durch → Jesuiten in Paraguay, Uruguay und Panama gegr. Missionsgesellschaften, die in → Reduktionen zusammengefaßt und dem span. König unterstellt waren.

Jesuitenstil Bez. für den prunkvollen, bes. am Vorbild von Il Gesù in Rom (1568–84) orientierten kirchl. Baustil des 17. Jh.s der → Jesuiten in Italien, Österreich und Süddeutschland.

Jesuitentheater → Jesuitendrama

Jesuitenuniversitäten Sammelbez. für die seit dem 16. Jh. urspr. im Dienst der → Katholischen Reform und → Gegenreformation stehenden, in vielen Ländern verbreiteten Studienanstalten der → Jesuiten (Kollegien, Gymnasien, Lyzeen, Hochschulen), auch für ihr Wirken in philos. und theol. → Fakultäten kath. Universitäten. Zu deren bedeutendsten zählen auch heute die → Gregoriana und das → Collegium Germanicum in Rom.

Jesus das Christentum gründet in dem histor. Ereignis von Leben, Wirken, Verkündigung, Leiden, Tod und Auferstehung Jesu von Nazaret. Dieses Ereignis wird, abgesehen von vereinzelten Spuren in der Profanliteratur, ausschließl. bezeugt in den Schriften des NT. In ihnen ist geschichtl. Aussage (historischer Jesus) und Glaubenszeugnis (verkündigter → Christus des Glaubens) so eng miteinander verquickt, daß sich die Rekonstruktion eines „Leben Jesu" als unmöglich erwies. Gleichwohl ist die „Rückfrage" nach dem histor. Jesus legitim. Die moderne → Exegese hat Kriterien entwickelt, die im Kerygma eine histor. Jesus-Überlieferung erkennen lassen, und ist nach Überwindung einer skept. Ära (Bultmann) wesentl. zuversichtlicher: zentral ist die Reich-Gottes-Verkündigung Jesu, als deren Ausdruck und Entfaltung seine Wunder und Zeichen, seine Hinwendung zu den Leidenden und Kranken, zu den Sündern und Ausgestoßenen, auch seine Lebensform (in Armut, Ehelosigkeit, Gehorsam zum Vater) gelten können. Tragender Grund seiner Sendungsautorität ist die Beziehung zu Gott, den er in exklusiver Weise Abba, Vater, nennt (Abba-Relation), und als dessen „Sohn" er sich weiß. Von daher kommt ihm auch die Vollmacht zur Sündenvergebung zu, ein göttl. Privileg. Ohne daß er ausdrückl. einen Hoheitstitel für sich beanspruchte, wurde in seinem Verhalten und Auftreten der göttl. Anspruch hinreichend deutlich (implizite Christologie). Gegen alle Widerstände bleibt Jesus seiner Sendung treu. Der → Passions-Bericht, ältestes Überlieferungsmaterial, bezeugt das im Sinne des Gottesknechtes stellvertretend für die Sünder bewußt und frei angenommene Todesschicksal Jesu. Nach dem Letzten → Abendmahl wird er verraten, als Messiasprätendent und Gotteslästerer verurteilt, den Römern ausgeliefert und wohl am Rüsttag des Paschafestes im Jahr 28 am → Kreuz hingerichtet. Seine Jünger bezeugen, daß Gott in der Auferweckung Jesu von den Toten sich zu ihm bekannt und damit alle ins Unrecht gesetzt habe, die ihn meinten verurteilen zu müssen. Die Erscheinungen des Auferstandenen vor ausgewählten Jüngern sind der Grund der → Oster-Botschaft. Sie wird begleitet durch das Auffinden des leeren Grabes, das auch von den Gegnern nicht bestritten wird. Im Licht des Ostersieges können nun die Hoheitstitel „Messias", „Kyrios", „Sohn Gottes" auf Jesus angewandt werden, ohne in einem nur polit. Sinne mißverstanden zu werden. Erleuchtet durch den H. Geist verstehen die Apostel die Heilsbedeutsamkeit von Tod und Auferstehung Jesu: „Einer ist Gott, Einer auch Mittler zwischen Gott und den Menschen, der Mensch Christus Jesus" (1 Tim 2,5). In der Identität des vorösterl. ird. Jesus mit dem als auferstanden verkündigten Christus besteht der Ansatzpunkt jeder → Christologie. „Jesus ist der Christus" lautet das Grundbekenntnis christl. Glaubens, so daß Jesus Christus gleichsam zum Eigennamen des Herrn wurde: „Gott in Christus – das Heil der Welt" (J.M. Sailer).

Jesuskind → Christkind

Jesusorden → Rosenkreuzer

Joachimitismus nach dem Theologen und → Zisterzienser Joachim von Fiore (it. Gioacchino da Fiore, um 1130–1202) benannte Lehre von den drei → Zeitaltern: der Zeit Gottvaters des AT, des Gottessohnes und der Kirche des NT, deren Ende er für das Jahr 1260 festlegte, und der darauffolgenden Zeit des Hl. Geistes, der Mönchskirche. Seine der Heiligen Schrift entnommene prophet. Geschichtsdeutung wurde von der franziskanischen Bewegung im Hoch- und Spätmittelalter vielfach aufgegriffen und aktualisiert und erwies sich auch für die polit. Geschichte der Neuzeit als wirkmächtig (→ Chiliasmus). Der von Joachim 1190 gegr. Orden der Florenser oder Floriazenser wurde Ende des 16. Jh.s wieder mit den Zisterziensern vereinigt.

Jobeljahr (hebr. jobel = Posaune) Erlaß- oder Freijahr der Juden. Nach Lev 25, 8–54 sollte nach sieben Sabbatjahren das 50. Jahr als Jubeljahr gefeiert werden, verbunden mit Schuldenerlaß, Sklavenfreilassung und Rückgabe verkauften oder verpfändeten Grundbesitzes. Es wurde zum Vorbild für das kirchl. → Jubiläum.

Johanna (Frau Jutte) → Päpstin Johanna

Johanniter (Malteser) einer der drei großen geistl. → Ritterorden, der seit etwa 1050 aus einem dem hl. Johannes dem Täufer geweihten → Hospital in Jerusalem hervorging und sich seit dem 1. → Kreuzzug (1099) zu einem rel. (geistl.) Orden mit der Verpflichtung zur Betreuung der Palästina-Pilger und der Krankenpflege entwickelte. Im Vorderen Orient und im Abendland, bes. an → Wallfahrts-Orten, in frz. und it. Hafenstädten wurden im Verlauf des 12. Jh.s zahlreiche Niederlassungen und Hospitäler des Ordens eingerichtet, dessen Regel sich um 1155/60 nach der → Augustinusregel unter Beiziehung der → Templer-Regel herausbildete. Zur gleichen Zeit entstand auch ein militär. Ordenszweig mit adeligen Rittern. Mit dem Fall Akkons im Jahr 1291 verlor der Ritter, priesterl. Ordenskapläne und Brüder umfassende und in „Zungen" gegliederte Orden, an dessen Spitze der → Großmeister und das Generalkapitel standen, seine letzte Festung in Palästina, weshalb der Ordenssitz zuerst nach Zypern, 1309/10 nach Rhodos verlegt wurde (daher der Name Rhodesier, auch Hospitaliter). Nach der Eroberung der Insel 1522 durch die Türken erhielten die Johanniter (ein schwarzer Mantel mit weißem, achtspitzigem Johanniterkreuz ist ihre Ordenstracht; im Feld trugen sie einen roten Rock mit weißem Kreuz) 1530 Malta, damit auch den Namen „Malteser". Als militär. Orden verhinderten sie bis ins 18. Jh. den Ansturm der Türken auf Europa entscheidend. Nach dem Verlust seiner Besitzungen in Frankreich, 1798 Maltas und 1809 im → Heiligen Römischen Reich infolge der → Säkularisation wurde der Sitz des heute streng rel. Ordens 1834 nach Rom verlegt; gegenwärtig ist er internat. in der Alten- und Krankenpflege, in der Betreuung von Verwundeten, Kriegsopfern, Flüchtlingen und im Unfall-Hilfsdienst (seit 1953 Malteser-Hilfsdienst) mit vielen Tausend freiwilliger Hilfskräfte. Die in mehreren europ. Ländern vertretenen prot. Zweige des Ordens, die aus der 1810 aufgehobenen prot. → Ballei Brandenburg seit 1812 entstanden waren, unterhalten eigene Häuser für sozial-karitative Aufgaben. Ihnen gehören Johanniterschwesternschaft, -unfallhilfe und -hilfsgemeinschaften an.

Josephinismus Begriff für die in Teilen rücksichtslose, streng diktierte → Staatskirchen-Politik Kaiser Josephs II. (1765/80–90), eines der Hauptvertreter des aufgeklärten → Absolutismus, die in bes. Weise geprägt war vom Gedankengut der → Aufklärung. Sie zielte v. a. auf die staatl. Beeinflussung des (inner-) kirchl. Lebens (Besetzung der Bistümer und Pfarreien, → Nominations-Recht, Verbot der Ausstellung von → Reliquien) sowie des Bildungs- und Sozialwesens (wobei die Religion als Erziehungsmittel und die Kirche als staatl. Erziehungsanstalt betrachtet, die Geistlichen dementsprechend als Staatsbedienstete behandelt wurden), ferner auf die freie Religionsausübung (→ Toleranzedikte), die Aufhebung der nicht der Erziehung und → Armen- und Krankenpflege dienenden, rein kontemplativen (weil „nutzlosen") Klöster und Ordensniederlassungen sowie eine neue Bistumseinteilung. Bereits im sog. Theresianismus unter Josephs Mutter Maria Theresia (1740–80) waren seit 1763 verschiedene kirchenpolit. Bestrebungen faßbar geworden: als oberste Schirmherrin über die Kirche (lat. suprema advocata ecclesiae, Kirchen-→ Vogtei) nahm die Kaiserin – freilich noch in weitgehendem Einvernehmen mit der Kirche – das Recht in Anspruch, u. a. das theol. Studium zu regeln, für Ausbildung und Disziplin des Klerus zu sorgen, das Klostervermögen staatl. Aufsicht zu unterziehen und Vorschriften über das innerklösterl. Leben zu erlassen. Die von Maria Theresia auch im staatl. Bereich getroffenen Maßnahmen führten unter Joseph II. u. a. zu einer Reform des Justizwesens, zur Abschaffung der Leibeigenschaft und Gründung von Wohlfahrtseinrichtungen. Der Josephinismus war von jenen grundstürzenden Ideen der „Vernunft" geleitet, die in → Französischer Revolution und → Säkularisation ihre volle Entfaltung erfuhren. → Amortisationsgesetze

Jubiläum, Jubiläumsjahr, Jubeljahr (lat. iubilare = vor Freude singen; iubilus, iubilum = Jauchzen, Jubel) beeinflußt vom jüd. → Jobeljahr enwickelte sich in der kath. Kirche das Jubiläum als Fest- oder Gedenkfeier aus einem bes. Anlaß; seit 1300 werden in bestimmten Abständen ode aus bes. Anlaß Jubeljahre gefeiert, die mit päpstl. Gnadenerweisen verbunden sind und an denen ein spez. → Ablaß, der Jubiläumsablaß, gewonnen werden kann. → Heiliges Jahr

Juden (hebr. Jehudi, im AT Israeliten) urspr. Name für die Angehörigen des Stammes Juda, dann für alle zum Südreich Juda (932–586 v. Chr.) gehörenden Menschen, seit 450 v. Chr. (Rückkehr aus dem babylon. Exil) aller Israeliten.

Judenchristen die Reich-Gottes-Predigt Jesu richtete sich zuerst an das jüd. Gottesvolk; die ersten Jünger und alle Apostel waren Juden. Der schon im AT angelegte und in Jesu Predigt verstärkte Universalismus sowie auch die vielfach erfahrene Ablehnung des → Evangeliums von seiten jüd. Repräsentanten führte noch in apostol. Zeit zur Öffnung der Kirche auf die Heiden hin (vgl. Apg). In der Antike bestanden noch lange Gemeinden der Juden- und → Heidenchristen in der einen Kirche.

Judengasse in den Städten ein eigenes Wohngebiet (auch Ghetto) für Juden, das seit dem 3. → Laterankonzil (1179) vorgesehen war.

Judenverfolgungen → Antisemitismus

Judika (lat. = richte!) vom Anfangswort des → Introitus übernommene Bez. für den 5. Fastensonntag, den 2. Sonntag vor → Ostern.

Jugendweihe 1. als Gegensatz zur → Konfirmation bei → Freireligiösen die seit 1859 abgehaltene feierl. Einführung schulentlassener Jugendlicher in die Erwachsenen- und Arbeitswelt; 2. in der ehemal. DDR war sie seit 1954 Teil des staatl. reglementierten pseudo-rel. Brauchtums: in einer kultisch gestalteten Veranstaltung legten die Jugendlichen nach achtjährigem Schulbesuch feierl. ihr Gelöbnis auf den Staat ab.

Junge Gemeinde (in der DDR) nach 1945 aufgekommener Begriff für die jüngeren (nicht fest organisierten) Gemeindemitglieder innerhalb der örtl. Gemeinden in der ehemal. DDR, die 1952/53 von Staats- und Parteifunktionären als „Agentenzentrale“ der Bundesrepublik Deutschland und der USA entlarvt werden sollte.

Jungfrauenweihe (lat. consecratio et benedictio virginum) seit dem 4. Jh. bezeugte, der → Mönchsweihe angeglichene und vom Bischof vorgenommene Weihe weibl. → Religiosen, bis zum 10. Jh. auch der in der Welt lebenden Jungfrauen, die urspr. in einem Weihegebet und der anschließenden Überreichung des Schleiers bestand. Die seit dem Ende des Mittelalters außer Gebrauch gekommene Weihe erfuhr seit dem 19. Jh. eine Neubelebung und wird heute, im kath. Kirchenrecht vorgesehen und als → Sakramentale betrachtet, vielfach gespendet.

Jungfräulichkeit freiwillige sexuelle Enthaltsamkeit (→ Keuschheit) und Verzicht auf ein ehel. Leben (→ Ehelosigkeit, → Zölibat), einer der drei → Evangelischen Räte.

Jüngster Tag, Jüngstes Gericht → Endzeit

Jurisdiktion, Jurisdiktionsprimat in der kath. Kirche meint Jurisdiktion (lat. = Rechtsprechung) die kirchl. Gerichtsbarkeit mit allen Funktionen hoheitl. → Kirchengewalt, Gesetzgebung, Rechtsprechung und Verwaltung. Für das aus den Kämpfen im → Investiturstreit als geistl. Vormacht im Abendland hervorgegangene Papsttum wurde die Ausbildung eines festen und zugleich beanspruchten weltumfassenden Rechts zum wichtigsten Instrument seiner Politik. Das überkommene kirchl. Recht wurde in fast allen Punkten erneuert, zur allgem. Geltung gebracht und im Sinne der allumfassenden röm. Primatsdoktrin umgestaltet, ergänzt und neugefaßt. Fortan wurde das Recht der lat. Kirche (→ Kirchenrecht) im Sinn der unbeschränkten Papstgewalt im Jurisdiktionsprimat hinsichtl. des Glaubens, der Sittenlehre, der Disziplin und Leitung der Gesamtkirche weitergebildet. Dieser Vorrang oder Primat (von lat. primus = der erste) des Papstes erfuhr im → Vaticanum II (1962–65) jedoch eine Ergänzung durch die Lehre von der Kollegialität der Bischöfe: das → Bischofskollegium, dem alle gültig geweihten Bischöfe angehören, ist zusammen mit dem Papst und nie ohne den Papst Träger der höchsten und vollen Gewalt über die Kirche, ausgeführt im Ökum. → Konzil und durch andere vom Papst veranlaßte oder frei angenommene Handlungen aller Bischöfe.

Jus → I. U.

K

Kadavergehorsam negativ gebr. Bez. für den von Ignatius von Loyola in den Konstitutionen der Gesellschaft Jesu (→ Jesuiten) geforderten → Gehorsam der Ordensmitglieder gegen Gott und den Vorgesetzten, so, als seien sie ein Leichnam (lat. „si cadaver essent"). Das Wort wurde (zumal als gegen den Militarismus von den Sozialdemokraten seit Ende des 19. Jh.s gebrauchtes) als Synonym für den willenlosen, „blinden Gehorsam" zunehmend zweckentfremdet.

Kaiserswerther Verband Zusammenschluß dt. → Diakonissenhäuser, dessen erstes 1836 von Th. Fliedner in Kaiserswerth (heute Stadtteil von Düsseldorf) gegr. wurde.

Kalendarium (lat.) Verz. der kirchl. Gedenk- und Festtage, im Mittelalter auch mit astronomischen Angaben versehen; das älteste ist für das Jahr 354 belegt. Die heutige Form ist das → Direktorium.

Kalender, Kalenderreform (von lat. Calendae = erster Tag des Monats, Kalenden) → Gregorianischer Kalender

Kalixtiner → Calixtiner

Kalligraphie → Buchkunst

Kalogeros (gr.) im Byz. Reich der Vertreter (auch Gesandter) des Patriarchen bei Metropoliten und in Klosterfragen.

Kalotte (frz.) aus der seit dem späten 15. Jh. getragenen kleinen, runden Kopfbedeckung (Kappe) der Männer im 16./17. Jh. entstandene Form des → Pileolus.

Kalvarienberg (lat. Calvaria = Schädel, Schädelförmiger Berg, aram. Golgotha = Schädelstätte) zum Gedenken an die Kreuzigung Jesu auf Golgotha (bei Luther: Golgatha) nachgeahmter Hügel oder hügelförmige Erhöhung (Kreuzberg) mit der plast. Darstellung der Kreuzigungsgruppe am Ende eines → Kreuzwegs, v. a. an → Wallfahrts-Orten, in der Bretagne als Calvaires bes. eindrucksvoll gestaltet.

Kalvinismus, Kalvinisten → Calvinismus

Kamaldulenser nach der Einsiedelei Camaldoli (Toskana) benannter, Anfang des 11. Jh.s vom hl. Romuald von Ravenna († 1027) gegr. strenger Zweigorden der → Benediktiner, der → Eremitentum und klösterl. Leben (→ Koinobiten) verbindet. Die Männer- und Frauenklöster bzw. Einsiedeleien umfassende Kongregation (mit weißer Ordenstracht) war in vielen europ. Ländern verbreitet und besteht heute in einer kleinen Zahl klösterl. Niederlassungen.

Kamillianer vom hl. Camillo de Lellis 1582 gegr. Orden für Werke der → Caritas, bes. zur Pflege der Kranken und Sterbenden, daher auch „Väter vom guten Tod" genannt. Die Angehörigen (→ Regularkleriker) der weltweit verbreiteten Gemeinschaft sind wie die im 19./20. Jh. gegr. Frauengemeinschaften der Kamillianerinnen vorwiegend in Krankenhäusern, Heilanstalten, Pflege- und Altenheimen und in der Betreuung Suchtkranker tätig (auch in ordenseigenen Häusern).

Kämmerer, Kammerherr (lat. S. Romanae Ecclesiae Camerarius, von lat. camera = Raum mit gewölbter Decke) 1. eines der vier alten Hofämter, urspr. der Aufseher über den Schatz (Schatzmeister, lat. thesaurarius), dann auch (im Verlauf des Mittelalters ausschließl.) über die Gemächer eines Herrschers, als dessen persönl. Diener; 2. im → Heiligen Römischen Reich zu den → Erzämtern gehörendes Amt (Erzkämmerer); 3. die nach Rangstufen unterschiedenen Geistlichen und Laien zur persönl. Bedienung des Papstes (auch → Kubikular) und der → Camerlengo.

Kampanile → Campanile

Kanon (gr. = gerade Stange, Stock; Richtschnur, Leitfaden, Regel, Verzeichnis, Register; lat. = canon) 1. im Christentum die Schriften der → Bibel, die als echt, d. h. als von Gott offenbartes Wort, als inspiriert anerkannt sind (Kanon der hl. Schriften); 2. das Hochgebet der → Eucharistie als wesentl. Bestandteil der hl. → Messe (Meßkanon); 3. im kath. Kirchenrecht die einzelne Rechtsnorm (kirchl. Rechtsvorschrift, kirchenrechtl. Norm), auch die Gesamtheit der kirchenrechtl. Normen (lat. canones), d. h. das in den Kanones (gegenwärtig im → CIC/1983) festgelegte Recht (lat. ius) der kath. Kirche, daher Kanonisches Recht (lat. ius canonicum) genannt; 4. kirchenamtl. Verzeichnis der Heiliggesprochenen (→ Kanonisation).

Kanones → Kanon

Kanonikalhof → Domherr, → Kollegiatkapitel

Kanonikat (lat.) Amt und Würde eines → Kanonikers, → Chor- bzw. → Domherrn in → Kollegiat-, → Stifts- und → Domkapitel (Kollegiat-, Kanonikats- oder Chorherrenstift), früher auch die damit verbundene → Pfründe.

Kanoniker (lat. clericus canonicus) für das Jahr 535 erstmals belegte Bez. für → Chorherren, die gemeinsam Liturgie feiern und ein Leben nach den „canones" (→ Kanon) führen, d. h. nach dem Vorbild der Mönche sich zu einem gemeinsamen Leben (lat. vita communis/canonica/apostolica) nach einer bestimmten Regel verpflichten; der Begriff läßt sich auch herleiten vom amtl. Verzeichnis, in dem die dauernd tätigen Geistlichen einer → Bischofsstadt oder → Bischofskirche eingetragen waren. Zu einer ersten „Regulierung" der (vom Mönchtum unterschiedenen) kanonikalen Lebensweise (Kanonikerreform) kam es durch die → Aachener Regel von 814. Kanoniker und → Kanonissen, die der aus der → Gregorianischen Reform entwickelten Kanonikerreform des 11./12. Jh.s folgten und sich einem Leben in Gemeinschaft nach einer bestimmten Regel (lat. regula) mit den → Gelübden verschrieben, werden – im Unterschied zu den einfachen oder Säkular-Kanonikern (lat. canonici saeculares) in → Dom- oder → Kollegiatkapitel – Regularkanoniker (lat. Canonici Regulares) oder regulierte Chorherren bzw. Chorfrauen genannt; deren bedeutendste sind die nach der → Augustinusregel lebenden → Augustiner-Chorherren und → Prämonstratenser.

Kanonikerreform → Aachener Regel, → Chorherren

Kanonisation in der kath. Kirche die seit dem 13. Jh. allein dem Papst vorbehaltene feierl. Aufnahme eines Zeugen des Glaubens, eines Dieners bzw. einer Dienerin Gottes in den → Kanon, d. h. in das Verzeichnis der → Heiligen, ihre „Erhebung zur Ehre der Altäre", die Heiligsprechung (lat. canonizatio, canonisatio). Hervorgegangen aus der → Heiligenverehrung, gilt die von Papst Johannes XV. am 31.1.993 vollzogene Heiligsprechung Bischof Ulrichs von Augsburg als die erste sicher bezeugte Kanonisation, die im Verlauf des 11. Jh.s zum Heiligsprechungsprozeß oder -verfahren, heute vor der röm. → Ritenkongregation geführt, ausgebildet wurde. In ihm werden Martyrium bzw. heroische Tugendhaftigkeit der Heiligen, → Märtyrer oder → Bekenner, die auf deren Fürsprache und Wirken hin geschehenen Wunder und eine seit langem bestehende Verehrung (→ Wallfahrt) bezeugt und in den Kanonisationakten festgehalten. Durch die Heiligsprechung, der auch die → Beatifikation vorausgehen kann, erfolgt die kirchl. Zulassung der öffentl. Heiligenverehrung.

Kanonisches Recht (lat. ius canonicum) das in den Kanones (→ Kanon) festgelegte kath. → Kirchenrecht.

Kanonissen (lat. canonissa) seit dem Spätmittelalter Bez. für → Chorfrauen. Das lat. Adjektiv „canonica" ist der in gr. Quellen seit dem 4. Jh. belegte Begriff für eine fromme Frau, die auf einer Liste (→ Kanon) eingetragen war, später allgem. für Frauen, die ein rel. Leben führten. Mit dem in der lat. Kirche erst seit dem 8. Jh. begegnenden lat. Wort „canonicae" (zu lat. sanctimoniales = Gottgeweihte) als Parallelbildung zu „canonicus" (→ Kanoniker) waren weibl. → Religiosen bez., die zwar ohne → Gelübde, aber gemäß den kirchl. Vorschriften (lat. canones) in Gemeinschaft (mit oder ohne Eigentum) lebten und sich insofern von anderen Frauengemeinschaften wie den → Beginen unterschieden. In der → Aachener Regel wurden die Chorfrauen eine vom Geist der → Benediktregel inspirierte, nach strengen Vorschriften gemeinsam lebende Gemeinschaft genannt, an deren Spitze eine → Äbtissin (lat. abbatissa canonica) stand. Im Zuge der in der → Gregorianischen Reform des 11./12. Jh.s entwickelten Kanonikerreform nahmen einige Chorfrauen an Kanonissenstiften (wie die → Chorherren) die → Augustinusregel an. Sie nennen sich seither regulierte Chorfrauen, Regularkanonissen oder Augustiner-Chorfrauen (→ Augustiner-Chorherren). Oft aber behielten die Kanonissenstifte ihre bisherige Lebensweise bei. Bei ihnen kamen das gemeinsame Leben und die Beobachtung der Klausur immer mehr außer Übung, die Verweltlichung nahm zu. Die Kanonissenstifte (seit dem späten Mittelalter auch Frauen-, Fräulein- oder → Damenstifte genannt) wurden in steigendem Maße zu „Versorgungsanstalten" für Mädchen aus adeligem Hause. Die sogenannten Säkular-Kanonissen waren ungebunden, sie konnten sich nach Belieben außerhalb des Stiftes aufhalten, aus diesem austreten und heiraten. Nur die Äbtissin oder andere Amtsinhaberinnen legten die Gelübde ab. Die adeligen Stiftsdamen verfügten über Einkommen aus einer festgelegten Zahl von → Pfründen, hatten Privatbesitz und waren an keine Gelübde gebunden. Viele Stifte wurden → reichsunmittelbar und von Reichsäbtissinnen geleitet. Die meisten Damenstifte in Deutschland gingen in den Wirren der → Reformation unter oder wurden in prot. Damenstifte umgewandelt.

Kanonist (lat. canonista) Gelehrter und Lehrer des → Kanonischen Rechts und der → Kanonistik.

Kanonistik wissenschaftl. Erforschung und Lehre des → Kanonischen Rechts (Kirchenrechtswissenschaft). Als theol. und jurist. Disziplin behandelt sie systemat. die Rechtsordnung der Kirche in Vergangenheit und Gegenwart.

Kanontafeln (früher) drei auf dem → Altar aufgestellte oder liegende Tafeln, die (als Gedächtnisstütze) Teile der feststehenden Texte für die Feier der hl. → Messe enthielten.

Kantate (von lat. singen) 1. seit 1620 gebräuchl. Bez. (it. cantada, cantate = Singstück) für eine mehrteilige, aus lyrischen und dramat. Texten bestehende Vokalkomposition mit instrumentaler Begleitung, die im → Barock an die Stelle von → Motette und Madrigal trat und bes. in den dt. ev. Kirchen als geistl. Kantate die Hauptform der Kirchenmusik für alle Sonn- und Feiertage darstellte (v. a. die Choral-Kantaten J. S. Bachs, 1685–1750); 2. vom ersten Wort des → Introitus (lat. = Singet [dem Herrn ein neues Lied], nach Ps 98,1) übernommener Name für den 4. Sonntag nach Ostern.

Kantor (lat., → Kantate) in der Liturgie allgem. der Vorsänger, im → Gregorianischen Gesang auch der Leiter der Schola, an Kathedral- und Klosterkirchen früher ausschließl. von Klerikern, seit dem Spätmittelalter vom Chormeister wahrgenommenes Amt; in den ev. Kirchen seit dem 16. Jh. der Leiter des Kirchenchores (→ Kantorei), der gewöhnl. auch als Organist fungierte.

Kantorei (lat., → Kantate) im Mittelalter der an Dom- und Klosterschulen bestehende Gesangschor, später eine als Sing- → Bruderschaft tätige Sängervereinigung; seit dem späten 15. Jh. auch ein weltl. Sängerchor an den Fürstenhöfen (Hofkantorei). Bedeutend wurden seit dem 16. Jh. die Schulkantoreien in den Städten (z. B. die Thomasschule in Leipzig). Heute begegnet der Begriff auch zur Bez. für einen kirchl. Laienchor.

Kanzel (lat. = Schranke, Gitter, Kanzelle) die im 13. Jh. (u. a. unter dem Einfluß der → Bettelorden) entstandene Form des erhöhten, meist an einen Pfeiler des Langhauses oder in der Vierung angebrachten und über eine Treppe erreichbaren Predigtplatzes in einer Kirche, der sich aus dem bei den → Chorschranken errichteten → Ambo und dem → Lettner entwickelte (auch Lettnerkanzel). Seit der späten → Gotik, bes. in → Barock und → Rokoko sind Treppenaufgang, Brüstung, Kanzelkorb und der über diesem befestigte Schalldeckel meist kostbar ausgestattet und reich verziert (z. B. mit Darstellungen der → Evangelisten und → Kirchenväter). In ev. Kirchen begegnet häufig die Vereinigung von

→ Altar und Kanzel zum Kanzelaltar. Hier blieb die Kanzel ein wesentl. Element für Kirchenraum und Gottesdienst, während in kath. Kirchen in der Regel nicht mehr von der Kanzel aus gepredigt wird.

Kanzelgemeinschaft → Abendmahlsgemeinschaft

Kanzellen → Chorschranken

Kanzelparagraph während des → Kulturkampfes durch 1876 erlassenes Gesetz in das dt. Strafgesetzbuch eingeführter, 1953 aufgehobener Straftatbestand, der eine den öffentl. Frieden gefährdende, schriftl. oder mündl. Verkündigung oder Erörterung staatl. Angelegenheiten durch Geistliche (z. B. in der Predigt von der → Kanzel) mit Strafe bedrohte.

Kanzlei → Apostolische Kanzlei

Kapelle (lat. capella, oratorium, sacellum) 1. ein bes. Zwecken dienender kleiner Kirchenraum, als selbständiger Sakralbau (z. B. Friedhofskapelle, früher häufig mit → Karner, Brückenkapelle oder Kapellen in Wald und Flur) oder als kirchl. Annexraum, d. h. als eigener Kultraum in einem Kirchengebäude (z. B. Tauf-, Toten- oder Grabkapelle), hier bes. im Mittelalter um den → Chor oft zu Chorkapelle, Kapellenchor oder -kranz gereiht, im Seitenschiff oder in Schlössern und Burgen. Die Bez. leitet sich her vom Betraum der fränkischen Könige, in dem ein Teil des Mantels (lat. cappa) des hl. Martin von Tours († 397), den er mit einem Bettler teilte, als → Reliquie aufbewahrt wurde; der Vorsteher und Aufseher dieser „capella S. Martini" war der capellanus, der → Kaplan. Noch im Frühmittelalter ging das Wort Kapelle auf die → Hofkapelle und die Beträume der Burgen und Pfalzen (→ Pfalzkapelle), dann auf die übrigen kleineren Kirchenräume über. 2. Kapelle hieß urspr. auch ein Sängerchor, der die reine Vokalmusik (a capella) pflegte, seit dem 16. Jh. ist sie Bez. für eine Gruppe von Musikern, das Orchester.

Kapitel (von lat. caput = Kopf; capitulum = Köpfchen, Abschnitt, Hauptstück) 1. kurze Inhaltsangabe am Beginn eines Buches, eines Buch- bzw. Textabschnitts (Kapitelüberschrift), in den → Stiften und → Klöstern z. B. der Vortrag eines Abschnitts der Ordensregel oder der Konstitutionen, mit dem die Versammlung der gemeinsam lebenden Weltkleriker, der Stifts- oder → Chorherren bzw. Ordensleute eingeleitet wird. 2. Von daher ging das Wort auf den Ort der Versammlung (Kapitelsaal, -stube) und auf die Versammlung selbst über, d. h. auf die berechtigten Mitglieder eines Ordens bzw. Klosters (der Gliederung entsprechend als → Konvents-, → Provinz- und → Generalkapitel, auch als Schuldkapitel zu Bekenntnis und Abstellung von Ordnungsverstößen), dann auch auf die → Dom-, → Kollegiat- und → Stiftskapitel und deren Mitglieder, die (Dom- und Stifts-) Kapitulare. 3. Kapitel bez. auch die in einem → Dekanat zusammengefaßte Geistlichkeit in ländl. Gegenden (Land- oder Ruralkapitel).

Kapitell (von lat. capitulum = Köpfchen, → Kapitel) der oberste Teil einer Säule, eines Pfeilers oder → Pilasters, der diese und die darauf ruhende Last (Gewölbe) verbindet. Zum Grundtypus im Abendland wurde, auch im Sakralbau, das antike (dorische, ionische und korinthische) Kapitell, das in allen Stilepochen einen großen Formenreichtum erfuhr (Figuralkapitelle in → Romanik und → Gotik) und seit der → Renaissance wieder in der antiken Form verwendet wurde.

Kapitelsvikar (Kapitularvikar, lat. vicarius capitularis) der vom → Domkapitel mit der Leitung und Verwaltung eines Bistums bei → Erledigung (Sedisvakanz) beauftragte → Administrator und → Vikar.

Kapitular → Kapitel, → Kapitelsvikar

Kapitularien (lat.) die nach der Einteilung in → Kapitel benannten Gesetze (Satzungen), auch → Edikte, für kirchl. und weltl. Angelegenheiten der fränkischen Herrscher (Merowinger und Karolinger), wichtiger Bestandteil für die → Karolingische Reform.

Kapitulation → Wahlkapitulation

Kaplan (lat. capellanus) urspr. Aufseher und Wächter des Aufbewahrungsortes der Mantelreliquie des hl. Martin von Tours (→ Kapelle), ein → Kleriker der → Hofkapelle des fränkischen Königs (→ Erzkaplan) und der päpstl. Kapelle, ging der Name seit dem Spätmittelalter allgem. auf die Inhaber einer an Kapellen und → Altären gestifteten → Pfründe über, auch auf alle Geistlichen, die nicht → Pfarrer sind, und für die Ordenskapläne in den geistl. → Ritterorden (z. B. → Johanniter). Nach geltendem kath. Kirchenrecht sind Kapläne → Hilfsgeistliche eines Pfarrers, abwechselnd auch → Kooperator, in manchen Gegenden → Vikar genannt.

Kappadokier (die drei Kappadokier) seit 1850 Bez. für die in den theol. Auseinandersetzungen um die → Trinität im 4. Jh. höchst bedeutenden Theologen Basilius von Caesarea in Kappadokien (Landschaft im östl. Kleinasien), dessen Bruder bzw. Studienfreund Gregor von Nyssa und Gregor von Nazianz.

Kappe → Cappa

Kappeler Landfrieden die in Kappel an der Züricher Grenze geschlossenen Friedensabkommen von 1529 und 1531, deren letztes nach der Niederlage der → Reformierten im Krieg gegen die altgläubigen Kantone zustandekam; im Verlauf dieser Schlacht war auch Huldrych Zwingli (→ Zwinglianismus) gefallen.

Kapuze (lat., zu → cappa) eine Art Kopfbedeckung, die über den Hals reicht, gewöhnl. mit einem Umhang oder Mantel verbunden und bis heute Teil von Ordensgewändern ist (→ Kapuziner).

Kapuzinade Anfang des 18. Jh.s belegte Bez. für eine Predigtweise, die in der Sprache des Volkes, zudem mit lauter Stimme und reich an Gebärden gehalten wurde; auch → Kapuziner- → Predigt genannt.

Kapuziner neben → Franziskanern und → Minoriten einer der drei selbständigen Zweige des Ersten franzisk. Ordens, der 1528 aus einer Reformgruppe um die Franziskaner- → Observanten Matthäus von Bascio und Ludwig von Fossombrone entstand, um den Orden zum urspr. Ideal eines strengen franzisk. Lebens in → Armut zurückzuführen. Er breitete sich rasch aus und wirkte – als typ. Orden der → Kath. Reform – v. a. durch die → Predigt in allen europ. Ländern in der Rekatholisierung, im Vorderen Orient, in Afrika und Teilen Amerikas in der → Mission. Die Ordenstracht der meist Bart tragenden Kapuziner besteht in einem braunen Habit mit langer, spitzer → Kapuze, weißem Strickgürtel und Sandalen.

Kapuzinerinnen → Felizianerinnen

Kardinal (lat. cardo = Türangel, cardinalis = zur Türangel gehörig, im Angelpunkt, d. h. an wichtiger Stelle stehend, vorzüglich) 1. urspr. der an einer Haupt- oder → Bischofskirche in und außerhalb Roms, also an wichtiger Stelle, einem „Dreh- und Angelpunkt" wirkende, „inkardinierte" → Kleriker (lat. clericus cardinalis; auch → Inkardination). Daraus entwickelte sich die um 1100 abgeschlossene Gliederung der Gemeinschaft von Kardinälen, des Kardinalskollegiums (auch Hl. Kollegium genannt), in die drei Klassen: Kardinalbischöfe (lat. episcopi cardinales) der → suburbikarischen Bistümer um Rom, der an den röm. Hauptkirchen tätigen Kardinalpriester (lat. presbyteri cardinales) und der Kardinal- und Pfalzdiakone (lat. diaconi cardinales), denen die Aufsicht über die → Armen- und Krankenpflege in den verschiedenen Regionen Roms oblag. 2. Im 11. Jh., bes. seit Papst Leo IX. (1049–54) entwickelte sich das Kardinalskollegium – über die bisher v.a. liturg. Hilfsdienste hinaus – zu einer Körperschaft, die fortan dem Papst in der Regierung der Gesamtkirche zur Seite stand. Parallel dazu verlief die Ausbildung der → Römischen Kurie als Zentralbehörde der röm. Kirchenleitung. Der Ausbau beider Institutionen war um die Mitte des 12. Jh.s abgeschlossen. Seit Ende des 12. Jh.s werden auch nichtröm. Bischöfe in das bes. im 15./16. Jh. einflußreiche Kardinalskollegium aufgenommen; ihnen wird dabei eine röm. Titelkirche übertragen. 3. Nach geltendem kath. Kirchenrecht stellt das Kardinalskollegium mit dem Kardinaldekan (lat. decanus cardinalis, zugleich Bischof von Ostia) an der Spitze den Senat des Papstes dar, den die Kardinäle als nächsthöchste Würdenträger der kath. Kirche wählen und von dem sie ihrerseits ernannt (kreiert) werden. Das alleinige Recht der → Papstwahl war seit dem auf der bedeutenden → Lateran-Synode im Frühjahr 1059 verabschiedeten Papstwahldekret Papst Nikolaus' II. den Kardinälen allmähl. zugewachsen, endgültig 1179 (seit 1971 verlieren die Kardinäle mit Vollendung des 80. Lebensjahrs ihr aktives Papstwahlrecht). Sie sind als Kardinal- → Präfekten Leiter der Behörden der Röm. Kurie, der in der → Kath. Reform 1588 geschaffenen Kardinals- oder Kurien- → Kongregationen, deren hauptamtl. tätigen Kardinäle Kurienkardinäle genannt werden. Die Vollversammlung der Kardinäle wird (Kardinals-) → Konsistorium genannt; der Kardinalkämmerer (→ Camerlengo) führt nach → Erledigung des → Apostolischen Stuhles, in der Zeit der Sedisvakanz, die wichtigsten Geschäfte und wirkt an der Vorbereitung des → Konklave entscheidend mit. 3. Kardinalsamt (Kardinalat) und Kardinalskollegium durchliefen im Verlauf ihrer Geschichte verschiedene Veränderungen, deren letzte im Umkreis des → Vaticanum II erfolgten. Insbes. wurde die unter Papst Sixtus V. 1586/87 festgelegte Zahl von 70 Kardinälen (6 Bischöfe, 50 Priester, 14 Diakone) überschritten (erstmals unter Papst Johannes XXIII. 1958), alle Kardinäle sind jetzt auch geweihte Bischöfe und gehören somit zum → Bischofskollegium. Innerhalb der dreistufigen Gliederung des Kardinalskollegiums, die ledigl. einen internen Rang darstellt, wurde die bischöfl. Klasse durch die Aufnahme der → Patriarchen der unierten Ostkirchen erweitert. 4. Seit 1630 führen die Kardinäle den Titel → Eminenz; sie haben bes. Privilegien inne und eine eigene Tracht: neben den bischöfl. Insignien (→ Liturgische Gewänder) das Kardinalspurpur ihrer Kleidung und den → Kardinalshut.

Kardinaldatar → Apostolische Datarie

Kardinalkämmerer → Camerlengo

Kardinallegat (lat. Legatus a latere = Gesandter von Seiten [des Papstes]) ein als persönl. Vertreter (→ Apostolischer Nuntius) des → Papstes entsandter → Kardinal.

Kardinalnepote → Nepotismus

Kardinalpräfekt Leiter (→ Präfekt) einer Kardinals- → Kongregation.

Kardinalprotektor mit der Schirmherrschaft (und Aufsicht) u. a. über Orden, Kongregationen, Bruderschaften, kirchl. Vereine, früher auch über Länder und Nationen betrauter → Kardinal.

Kardinalshut Kopfbedeckung des → Kardinals als Zeichen seiner Würde (auch Roter Hut genannt), ein flachrunder, breitkrempiger roter Hut mit 15 Knoten und Quasten an seitl. herabhängenden Schnüren; heute nur noch sehr selten getragen, nachdem die seit 1245 übliche Überreichung des Kardinalshutes 1969 durch die Aufsetzung eines → Pileolus und eines rotfarbigen → Biretts ersetzt wurde. Als → Attribut begegnet er stets in der bildl. Darstellung des hl. → Kirchenvaters Hieronymus (→ Vulgata).

Kardinalskollegium → Kardinal

Kardinalskongregationen → Kongregation

Kardinalskonsistorium Vollversammlung der → Kardinäle in Rom, auch → Konsistorium genannt.

Kardinalstaatssekretär der dem Papst direkt zugeordnete Leiter des päpstl. Staatssekretariates, heute der wichtigsten Behörde der → Römischen Kurie. Er ist zugleich für die Außenpolitik des → Apostolischen Stuhles und für die Verwaltung (Präfektur) der → Vatikanstadt verantwortlich. Das stets von einem → Kardinal bekleidete Amt hatte sich aus der mittelalterl. Einrichtung des fürstl. Geheimsekretärs (lat. secretarius secretus) entwickelt, für den um 1550 erstmals die Bez. Staatssekretär begegnet, und sich bis Ende des 17. Jh.s gegenüber dem → Nepotismus durchsetzen können.

Kardinaltugenden (von lat. cardinalis = vorzüglich; → Kardinal) die aus der antiken, v. a. platonischen Ethik übernommenen vier Haupt- oder Grundtugenden der christl., durch Thomas von Aquin († 1274) formulierten Sittenlehre, aus denen alle anderen Tugenden abgeleitet werden können: Klugheit (Weisheit), Gerechtigkeit, Besonnenheit (Mäßigkeit) und Tapferkeit.

Kardinalvikar (lat. Vicarius Urbis) Titel des → Generalvikars des Bischofs von Rom, d. h. des Papstes.

Karenz, Karenzjahr (lat. carentia = das Nichthaben; annus carentiae = Verzichtjahr, Sperrfrist) die Wartezeit für den neuen Inhaber einer → Pfründe bis zur Zulassung zur → Residenz und der Erlangung des (vollen) Einkommens (der Nutznießung), auf das er über einen bestimmten Zeitraum hinweg (bis zu ein Jahr lang) verzichten mußte.

Karfreitag, -samstag → Kartage

Karitas → Caritas

Karmeliten Angehörige des Ordens der Brüder der Seligen Jungfrau vom Berge Karmel, einer der vier großen → Bettelorden der kath. Kirche; benannt nach dem Berg Karmel im → Heiligen Land, wo im 9. Jh. v. Chr. der Prophet Elija lebte. Dort hatte sich im späten 12. Jh. (nach der Eroberung Palästinas durch die → Kreuzfahrer) eine Gruppe von → Eremiten niedergelassen, die als → Anachoreten in strengster → Askese und → Armut dem Ideal der → Nachfolge Christi lebten. Eine erste, 1226 päpstl. bestätigte Regel wurde nach der Übersiedlung der Gemeinschaft nach Europa von Papst Innocenz IV. 1247 geändert, der Orden dadurch den → Franziskanern und → Dominikanern gleichgestellt, womit die Möglichkeit der Niederlassung in den Städten eröffnet war. Verfallserscheinungen seit dem späten 14. Jh. führten zu Reformbestrebungen mit dem Ruf nach Rückkehr zur strengeren → Observanz, aus denen im 15. Jh. die Karmelitinnen und ein → Dritter Orden hervorgingen. Nach der Erneuerung des Karmels im Sinne der Regel von 1247 u. a. durch die Heiligen Theresia von Avila († 1582) und Johannes vom Kreuz († 1591), die beiden großen spanischen Vertreter der → Mystik, entstand durch Abtrennung vom bisherigen (Beschuhten) Karmeliter-Orden (auch → Konventualen) 1593 der „Orden der Unbeschuhten Karmeliten. Beide Orden fanden Verbreitung in vielen europ. und lateinamerik. Ländern, wirkten in bes. Weise in Seelsorge, Wissenschaft und in der → Mission. Nach dem beinahe völligen Untergang in der → Säkularisation kam es im 19. Jh. zu einem bedeutenden Neubeginn des bis heute weltweit tätigen Ordens, dessen Tracht ein brauner Habit und Ledergürtel, Skapulier und Kapuze ist. Unter den kath. Orden zählen v. a. die weibl. Zweige der Karmelitinnen zu den größten beschaulichen Frauengemeinschaften; deren bekannteste Angehörige im 20. Jh. sind die hl. Theresia vom Kinde Jesu († 1897 in Lisieux, 1997 zur Kirchenlehrerin erhoben) und die selige Konvertitin aus dem Judentum Edith Stein († 1942 unter dem NS-Regime).

Karner (lat. = Beinhaus, Fleischkammer) seit dem Mittelalter bes. in Süddeutschland und Österreich üblicher kapellenartiger Bau auf einem → Friedhof, in dem Schädel und Gebeine (lat. ossa, daher auch Ossuarium) aufgeschichtet sind. In Karnern (auch → Kärrner, Gerner), die mit einem → Altar ausgestattet waren, konnten auch hl. → Messen für die Toten gelesen werden.

Karneval (it.): in roman. Ländern und im Rheinland gebräuchl. Bez. für die von närrischem Brauchtum begleitete und der österl. → Fastenzeit vorausgehende, gewöhnl. am 11. 11. beginnende Zeit (→ Fastnacht, auch Fasching). Der Begriff leitet sich wahrscheinl. her von lat. carne levare oder levale (= Fleisch wegnehemen bzw. Fleischwegnahme), wird aber auch als carrus navalis (lat. = festl. Umzug mit einem Räderschiff), volkstüml. als carne vale (lat. = Fleisch, leb' wohl!) gedeutet.

Karolingische Reform die im 8./9. Jh. von den karolingischen Herrschern gestützte, von der → Angelsächsischen Mission eingeleitete kirchl. Reformbewegung im Fränkischen Reich, in deren Verlauf, v. a. unter Karl dem Großen (768–814) und Ludwig dem Frommen (814–40), auf Grundlage von → Kapitularien und → Synoden die Kirchenverfassung neugeordnet wurde, insbes. durch die Errichtung von → Bistümern und → Kirchenprovinzen, die Regulierung des Gemeinschaftslebens der → Kanoniker durch die → Aachener Regel (814) und die gleichzeitige Förderung des → Mönchtums. Den Reformbemühungen lag das polit. Programm einer Renovatio imperii (lat. = Erneuerung des [Röm.] Reiches) zugrunde, die zu einer Wiederaufnahme antiker und frühchristl. Traditionen, damit zu einer Reform der Sprache (Latein), der Schrift („Karolingische Minuskel" als vereinfachter Buchschrift mit kleinen Buchstaben), der Bildung und der Kunst führte („Karolingische Renaissance"). Im Zuge dieser Reformen kam es auch zu einer Durchsicht und Vereinheitlichung (Revision) liturg. und kirchenrechtl. Schriften, die zu einem wichtigen Bestandteil der Karolingischen Reform überhaupt wurden.

Kärrner alte Schreibweise für → Karner, Bez. auch für den (Leichen-) Karrenschieber, d. h. Totengräber.

Kartäuser streng beschaulicher → Eremiten-Orden der kath. Kirche, der 1084 in der Bergwildnis der Grande Chartreuse (lat. Cartusia = Kartause) nördl. von Grenoble entstand, wo sich der hl. Bruno von Köln († 1101) mit sechs Gefährten niedergelassen hatte, um ein strenges Einsiedlerleben zu führen. Die auf Grundlage der → Consuetudines von 1125 erstellten → Konstitutionen des Ordens wurden 1143 und 1176 päpstl. bestätigt, seit 1155 wird ein jährl. → Generalkapitel (mit dem Generalprior an der Spitze, stets der → Prior der Grande Chartreuse) abgehalten. Nachdem nahezu alle Kartausen, die in ihrer Anlage eine Verbindung des Einsiedler- mit dem Gemeinschaftsleben darstellen, der → Säkularisation zum Opfer gefallen waren, kam es im 19. Jh. zu einem neuen Aufschwung des Ordens (mit dem seit 1145 bestehenden weibl. Zweig der Kartäuserinnen), dessen Tracht eine weiße Soutane mit weißem Ledergürtel, weißem Skapulier mit Kapuze ist.

Kartage die Haupttage der → Karwoche: → Gründonnerstag, Karfreitag (als Gedächtnistag der Kreuzigung Christi [→ Passion] in der kath. Kirche ein → Fast- und → Abstinenztag) und Karsamstag.

Kartellverband kath. dt. Studentenvereine → Cartellverband

Karwoche (ahd. kara = Sorge, Kummer, Wehklagen) in den christl. Kirchen die mit dem → Palmsonntag beginnende Woche vor → Ostern (auch Stille oder Heilige Woche, lat. Hebdomada sancta, genannt), in der das Gedächtnis von Leiden und Tod (→ Passion) Jesu Christi feierl. begangen wird, v. a. an den in der Liturgie bes. ausgestalteten und von reichem Brauchtum begleiteten → Kartagen.

Kasel (lat. casula) das liturg. Obergewand des Priesters bei der Feier der hl. → Messe, das Meßgewand (→ Liturgische Gewänder).

Kastler Reform die Ende des 14. Jh.s von der → Benediktiner-Abtei Kastl in der Oberpfalz ausgehende erste benediktin. Reform des Spätmittelalters in Süddeutschland, die bis in das 15. Jh. hinein zwar viele Klöster erfaßte, jedoch von weniger weitreichendem Einfluß war als die Reformbewegungen der → Bursfelder Kongregation und der → Melker Reform.

Kastrat → Eunuch

Kasualien, Kasualpraxis: in der prot. und kath. Seelsorge bes. (Bedarfs-) Fälle (lat. casus) pastoralen Handelns außerhalb des festen Gottesdienstplans, z. B. Taufe, Konfirmation, Trauung, Beerdigung.

Katafalk (it.-frz.) schwarz verhängtes Gerüst für den Sarg bei Trauerfeiern.

Katakomben (gr.-lat.) unterirdische Begräbnisstätten (→ Krypta) des frühen Christentums im Mittelmeerraum (bes. in Rom und Neapel), die aus einem weitverzweigten Netz von oft in mehreren Stockwerken liegenden Gängen bestehen, in deren Wänden sich Grabnischen oder -kammern befinden. Die Bez. geht auf den Bestattungsort des hl. Sebastian an der Via Appia südl. von Rom zurück (lat. Coemeterium [Ruhestätte] ad catacumbas). Von bes. Bedeutung sind die röm. Katakomben aus dem 2.–4. Jh., die Christen in der Zeit der → Christenverfolgungen auch als Zufluchtsstätten aufsuchten. Die darin erhaltenen Inschriften, Wand- und Deckenmalereien sind herausragende Zeugnisse für die (Kunst-) Geschichte des Frühchristentums. Die im 8./9. Jh., bes. seit Ende des 16. Jh.s diesen entnommenen und als → Reliquien überaus begehrten Gebeine nannte man Katakombenheilige.

Katechese (von gr. katechein = unterrichten, belehren) die christl. Glaubensunterweisung (auch → Katechismus, → Katechumenat), bes. im vorbereitenden Taufunterricht der Katechumenen durch den Katecheten; sie ist in ihrer histor. Entwicklung von → Christenlehre und schulischem Religionsunterricht zu unterscheiden, dient aber heute auch zur Bez. für diese Unterrichtsformen.

Katechetik die Wissenschaft von der Vermittlung des christl. Glaubens in der → Katechese, als Pastoraltheologie und Religionspädagogik eine theol. Disziplin.

Katechismus (gr. = Unterricht, Lehre) seit dem Frühchristentum die mündl. Glaubensunterweisung (→ Katechese, → Katechumenat), bes. der Taufbewerber (Katechumenen); seit der → Reformation Bez. für das Lehrbuch des christl. Glaubens, meist in Frage und Antwort. In den ev. Kirchen erlangten große Bedeutung M. Luthers Großer und Kleiner Katechismus von 1529, in den ref. Kirchen der → Heidelberger Katechismus von 1563. In der kath. Kirche wurde der → Catechismus Romanus von 1566 maßgebend, zuvor der für das Volk bestimmte Katechismus des hl. Petrus Canisius von 1555. Die heutigen meist gebräuchl. dt. Katechismen sind der Ev. Erwachsenen- bzw. Gemeindekatechismus (1975 bzw. 1979), der Kath. Erwachsenenkatechismus (2 Bde., 1985–95) und der Katechismus der kath. Kirche (1993, lat. Catechismus catholicae ecclesiae).

Katechumenat (gr.) seit frühchristl. Zeit die Vorbereitungszeit der Taufbewerber (Katechumenen oder Kompetenten), in einigen ev. Landeskirchen der Konfirmanden; allgem. auch die christl. Glaubensunterweisung, die → Katechese.

Katene (gr.-lat. = Kette) seit dem 6. Jh. gebräuchl. Sammlung und Aneinanderreihung ausgewählter Bibelauslegungen der → Kirchenväter.

Katharer Anhänger der größten → Sekte des Mittelalters, die sich selbst meist Gute Christen/Männer bzw. Frauen nannten. Während in Frankreich der Name → Albigenser gebräuchl. war, begegnete zuerst in Deutschland, dann Italien (dort auch Patarener) ihre Benennung als Katharer, herzuleiten von gr. katharos = rein (it. gazzari). Von daher wurde auch → Ketzer zur allgem. Bez. der Anhänger dieser der → Häresie geziehenen → Armutsbewegung, die in der zweiten Hälfte des 11. Jh.s durch die Trennung von den → Bogomilen entstand und sich im Verlauf des 12. Jh.s über Süd-, West- und Mitteleuropa stark verbreitete und bes. unter den → Laien erheblichen Anklang fand. Eigene Kirchen (später mit Hierarchie und Bistümern) der Katharer wurden v. a. auf dem Balkan, in Nord- und Südfrankreich, seit 1145 im Rheinland und seit 1155 in Italien errichtet. Ihre von → Dualismus, → Manichäismus und Seelenwanderung geprägte Zweigötterlehre nahm ein böses Prinzip (den Teufel, den bösen Gott des AT) an, das in ständigem Kampf mit dem guten Prinzip, dem guten Gott des NT und seinem reinen Engel Jesus Christus lag. Damit verlor Christus seine Stellung als Erlöser; die Selbsterlösung wurde durch Ablehnung der irdischen Welt und radikale → Askese (u. a. Enthaltung von Ehe und Fleischgenuß) als möglich betrachtet, wobei nur die Reinen oder Vollkommenen (lat. perfecti) im Unterschied zu den Gläubigen (lat. credentes) Heilsgewißheit haben konnten. Mit zunehmendem Einfluß der allmähl. in verschiedene Richtungen zerfallenen Bewegung (von der die Albigenser der in Lehre und Organisation geschlossenste Teil blieben) kam es zu großangelegten kirchl. Gegenmaßnahmen (Predigt und Mission) sowie kaiserl. und städtischen Erlassen, dann zu ihrer Bekämpfung durch → Kreuzzüge (Albigenserkriege) und die → Inquisition. Die päpstl. geförderte Armutsbewegung der → Franziskaner und → Dominikaner am Beginn des 13. Jh.s vermochte als „Auffangbecken" den Katharismus entscheidend zurückzudrängen. Schon 1230 war er in Deutschland, bis 1250 auch andernorts beseitigt. Unbedeutende Reste der Sekte bestanden in manchen Gegenden bis ins 14./15. Jh.

Kathedra → Cathedra

Kathedrale, Kathedralkirche (lat. ecclesia cathedralis) bes. in England, Frankreich und Spanien übliche Bez. für die Hauptkirche eines (→ Erz-) → Bischofs, also die nach seinem Bischofsstuhl, der → Cathedra, benannte → Bischofskirche, in Deutschland und Italien auch → Dom genannt. In der Geistes- und Kunstgeschichte ist die „Zeit der Kathedralen" im hohen und späten Mittelalter Inbegriff der → Gotik.

Kathedralentscheidung eine unfehlbare Entscheidung des → Papstes → ex cathedra (Infallibilität).

Kathedralkapitel das → Kapitel an einer → Kathedrale und → Bischofskirche, also das → Domkapitel.

Kathedralklerus der an einer → Bischofskirche (→ Kathedrale) wirkende → Klerus, aus dem das → Domkapitel hervorging.

Kathedralschule Schule an einer → Bischofskirche, die → Domschule.

Kathedralsteuer (lat. cathedraticum, auch synodaticum) die früher oft auf → Synoden zu entrichtenden jährl. Abgaben der Kirchen, → Pfründen und → Bruderschaften einer → Diözese an die → Kathedrale.

Katholikentag → Deutscher Katholikentag

Katholikos (gr. = allgemein) urspr. der Vertreter des → Patriarchen von Antiochien, heute Titel der Oberhäupter verschiedener autokephaler orientalisch-orth. Kirchen, z. B. der → Armenischen, Georgischen, Syrischen, Äthiopischen und der → Nestorianischen Kirche.

Katholisch (gr. = das Ganze betreffend) zunächst nicht → Bekenntnis, sondern Dimension und Wesensmerkmal der Kirche, die von Jesus Christus gesandt ist, im Hl. Geist den universalen Heilswillen Gottes und das in Jesus Christus für alle und ein für allemal erwirkte Heil zu verkünden und zu vergegenwärtigen.

Katholisch-Apostolische Gemeinden 1832–35 im Geist der → Adventisten entstandene Religionsgemeinschaften, die an die baldige Wiederkunft Christi glaubten und die Ämter und Ordnungen der Urkirche wiederherstellen wollten; die auch begegnende Selbstbez. Irvingianer leitet sich her von dem schottischen Theologen und → Presbyterianer Edward Irving († 1834), der nach Kontakten mit den → Darbysten „Engel" in der Londoner Kath.-Apostolischen Gemeinde wurde. → Neuapostolische Gemeinde

Katholische Akademikergemeinschaften → Cartellverband

Katholische Aktion allgem. Bez. für die Mitarbeit der → Laien am → Apostolat in der kath. Kirche (Laienapostolat), die – vorbereitet durch die kath. Soziallehre und das kath. Vereinswesen seit Ende des 19. Jh.s – unter Papst Pius XI. (1922–39) organisiert und bis zum → Vaticanum II (1962–65) nachhaltig gefördert wurde.

Katholische Arbeiterbewegung (Abk. KAB) im Rahmen der christl.

→ Arbeiterbewegung und parallel zu den Gesellenvereinen (→ Kolpingwerk) Mitte des 19. Jh.s in Deutschland entstandene Zusammenschlüsse kath. Arbeiter(-vereine), seit 1968 Kath. Arbeitnehmer-Bewegung genannt.

Katholische Arme → Waldenser

Katholische Bewegung Sammelbez. für verschiedene reaktionär-restaurative Bewegungen in der kath. Kirche, bes. in Frankreich, Deutschland und Italien (auch polit. Katholizismus genannt). Sie entstanden auf dem Hintergrund der auf dem Wiener Kongreß 1815 geschaffenen polit. Neuordnung im Geist der Restauration, in deren Folge das seit der → Säkularisation vielfach zerrüttete Kirchenwesen der Länder durch eine Reihe von → Konkordaten mit dem Heiligen Stuhl neu organisiert und das neue bürgerl. Selbstbewußtsein der Katholiken bedeutend gestärkt wurden. Mit polit. Mitteln kämpfte die Bewegung, die zur Bildung kath. Parteien (→ Zentrum) führte, für die Freiheit der Katholiken gegenüber dem Zugriff des Polizeistaates. Bes. der 1814 wiederhergestellte Orden der → Jesuiten beeinflußte die Entwicklung des Katholizismus (→ Ultramontanismus), der sich unter den Pontifikaten Gregors XVI. (1831–46) und noch stärker Pius' IX. (1846–78) in einer Haltung feindseliger Abwehr fortschreitend von allen „Neuerungen" distanzierte. Dabei wurde die notwendige Diskussion um die im Zeitalter der → Aufklärung aufgebrochene Auseinandersetzung um Glauben und Wissen, Offenbarung und Vernunft nicht offen ausgetragen, sondern unterdrückt. Dies wiederholte sich in mehreren „Schüben" durch das ganze 19. Jahrhundert, zuletzt in den die Kirche tief verstörenden Kämpfen um → Reformkatholizismus, → Integralismus und → Modernismus am Ende des 19. und Beginn des 20. Jh.s. Folgenschwer wirkte sich dabei die Haltung der kath. Kirche zur aufbrechenden und dann drängenden „Sozialen Frage" (→ Sozialenzykliken) aus.

Katholische Briefe seit dem 2.Jh. Bez. für die (im Unterschied zu den urspr. an bestimmte Gemeinden gerichteten) Sendschreiben des NT, die an die gesamte Christenheit adressiert sind (Jak, Jud, 1 u. 2 Petr, 1–3 Joh).

Katholische Kirche die Kirche, die von Christus berufen ist, allen Geschöpfen das Evangelium zu verkünden (Mk 16,15); sie ist „in Christus gleichsam das Sakrament, das heißt Zeichen und Werkzeug für die innigste Vereinigung mit Gott wie für die Einheit der ganzen Menschheit" (Lumen Gentium 1 [Vaticanum II]) und von ihrem Wesen her → katholisch. Seit dem Mittelalter wird die → lat. (röm.) Kirche mit der kath. Kirche gleichgestellt (röm.-kath. Kirche) im Unterschied zu den orth. und dann im 16.Jh. zu den ev. Kirchen. Im Hinblick auf eine neue Verhältnisbestimmung zu den anderen Kirchen und kirchl. Gemeinschaften legte das Vaticanum II in der Kirchenkonstitution „Lumen gentium" fest, die eine, heilige, katholische und apostolische Kirche Christi sei verwirklicht (lat. subsistit) in der kath. Kirche, die vom Nachfolger Petri, dem Papst, und den Bischöfen in Gemeinschaft mit ihm geleitet wird (Lumen Gentium 8).

Katholische Liga → Liga

Katholische Majestät Titel der span. Könige, 1496 von Papst Alexander VI. an Ferdinand II. von Aragonien und Isabella von Kastilien verliehen, auch Kath. Könige, Kath. Königspaar, Allerkatholischste Majestät.

Katholische Ostkirchen → Unierte Kirchen

Katholische Reform Selbst*besinnung* und innere Erneuerung der kath. Kirche im 16./17. Jh., im Unterschied und als Ergänzung zur → Gegenreformation als Selbst*behauptung*, entscheidend ausgelöst durch die → Reformation. In Umsetzung der Reformdekrete des Konzils von Trient (1545–63) wurden die Erfordernisse der Seelsorge in den Vordergrund gestellt, die bischöfl. Gewalt gestärkt und die Priester-Bildung bes. durch die Errichtung von → Seminarien verbessert. Die kath. Lehre wurde im → Catechismus Romanus zusammenfassend dargestellt, ihre Verkündigung damit auf eine neue Grundlage gestellt.

Katholische Studierende Jugend → Bund Neudeutschland

Katholizismus (von → katholisch) im weitesten Sinn die Gesamtheit aller das → Bekenntnis betreffenden Erscheiungsformen der (röm.-) kath. Kirche, jene (geistes-) geschichtl. und weltanschaul. Haltungen und Wirkungen, die von ihrem Geist und ihrer Lehre geprägt sind.

Katholizität neben Einheit, Heiligkeit und → Apostolizität eines der vier Wesensmerkmale der Kirche (lat. notae ecclesiae) gemäß dem → Nicaeno-Constantinopolitanum.

Kelch (von lat. calix) das in der Feier des → Abendmahls und der hl. → Messe verwendete (Edelmetall-) Gefäß für den (konsekrierten) Wein (Meßkelch, auch Ziborium), gewöhnl. bestehend aus Fuß, Schaft mit Knauf und der → Cuppa. Die künstler. Ausdrucksformen gelangten bei der Gestaltung der Meßkelche in allen Jh.n zu höchster Vollendung

(z. B. der sog. Tassilokelch in Kremsmünster, um 780); in neuerer Zeit sind vermehrt auch schlichtere Ausführungen nach Form (Becher) und Material (z. B. Ton) im Gebrauch. Das zum Reinigen des Kelches in der Liturgie verwendete Kelchtüchlein heißt Purifikatorium.

Kelchkommunion Darreichung und → Kommunion des (konsekrierten) Weines in der Feier des → Abendmahls bzw. der hl. → Messe. Die in der lat. Kirche seit dem Hochmittelalter allein dem Priester vorbehaltene Kelchkommunion stieß seit dem Spätmittelalter vermehrt auf heftige Kritik. Verschiedene Bewegungen (→ Calixtiner, → Hussiten) forderten die Kelchkommunion auch für die Laien (Laienkelch), damit den Empfang des Abendmahls unter beiderlei Gestalt (lat. sub utraque specie), d. h. Brot und Wein. In der → Reformation kam es um diese Frage vielfach zum offenen Konflikt. Für die kath. Kirche erlaubte das → Vaticanum II (1962–65) die Kelchkommunion wieder.

Keltische (Missions-) Kirche → Irisches Mönchtum

Kerygma (gr. = das durch den Herold Ausgerufene) Bez. für die → Predigt Jesu und die urchristl. Verkündigung von Jesus Christus und dem → Evangelium. In der prot. und kath. Theologie des 20. Jh.s wurde der Begriff zum Programm für eine zeit- und sachgemäße Verkündigung des Wortes Gottes.

Kerze vielleicht auf die Etrusker zurückgehendes, aus Wachs, Talg, Paraffin oder Stearin hergestelltes Beleuchtungsmittel mit einem (meist aus Baumwollfäden geflochtenen) Docht in der Mitte, das seit frühchristl. Zeit in den Kult Eingang fand. Die Osterkerze symbolisiert als Licht Christi (lat. lumen Christi) den auferstandenen Herrn.

Kerzenweihe → Lichtmeß

Ketzer, Ketzerei (mhd. Ketter) von den → Katharern abgeleitet, wurde der Begriff seit dem Mittelalter allgem. auf Irrlehrer bzw. Irrlehre, die → Häresie, seit der → Reformation auch wechselseitig auf die jeweils Andersgläubigen übertragen.

Ketzergesetzgebung → Inquisition

Ketzerkataloge vom 2.–8. Jh. angelegte Verzeichnisse von → Ketzern und Ketzereien.

Ketzerprozeß → Inquisition

Ketzertaufstreit Bez. für die Auseinandersetzung über die Gültigkeit der von Häretikern (→ Häresie) gespendeten Taufe, die zwischen Bischof Cyprian von Karthago und Papst Stephan I. (254–57) geführt wurde. Dieser erkannte die Gültigkeit der Ketzertaufe an und widersprach damit der Auffassung Cyprians (und anderer nordafrikan. Theologen), nach der die Taufe bei der → Konversion eines Häretikers zu wiederholen sei. In der lat. Kirche setzte sich der von Stephan I. vertretene röm. Standpunkt seit Augustinus (354–430) durch, wonach jede (also auch von einem → Ketzer) legitim gespendete Taufe gültig sei.

Ketzerverfolgung → Inquisition

Keuschheit (lat. castitas) in der christl. Überlieferung die Tugend des rechten, sittl. geordneten Verhaltens, des Maßhaltens und der Selbstzucht des Menschen in Bezug auf sein Sexualleben; bei kath. → Religiosen ist sie Teil der geistl. Standespflichten, eingebunden in die → Evangelischen Räte. Zum → Gelübde der Keuschheit gehört die → Ehelosigkeit (→ Jungfräulichkeit, → Zölibat).

Kinderkreuzzug der 1212 von Vendôme und den Rheinlanden ausgehende → Kreuzzug mehrerer Tausend etwa zehn- bis fünfzehnjähriger Kinder, von denen die meisten unterwegs zu Tode kamen, andere in Palästina als Sklaven verkauft wurden.

Kirche, Kirchen von gr. kyriake [oikia], kyriakón = Gotteshaus, eigentl. zum Herrn gehörig, dem Herrn geweihtes Haus abgeleitet, ist das Wort die Übersetzung von gr. ekklesia, lat. → ecclesia und bedeutet 1. das Gotteshaus, das Haus Gottes (lat. → Domus Dei), Haus der christl. Gottesverehrung, dem Gottesdienst geweihtes Gebäude (kath. durch Konsekration oder Benediktion, ev. durch Widmung) und 2. die Gemeinschaft der an Jesus Christus Glaubenden (lat. communio fidelium), ist damit zugleich 3. Sammelbez. für die organisierte Gestalt, die institutionell, rechtl. und sozial geformte (und als Hierarchie gegliederte) Organisation der christl. Religionsgemeinschaften und ihrer Geschichte, wie sie in vorliegendem Lexikon darzustellen versucht werden.

Kirche Jesu Christi der Heiligen der letzten Tage → Mormonen

Kirche und Staat 1. die Frage nach dem rechten Verhältnis der Christen zum Gebot Gottes und gleichzeitig zur weltl., staatl. Autorität, damit die Frage nach der rechten Zuordnung von Kirche und Staat ist so alt wie das Christentum selbst. Jesu Äußerung zur Steuerfrage: „So gebt dem Kaiser, was dem Kaiser gehört, und Gott, was Gott gehört" (Mt

22, 21) erfuhrt bei Paulus eine Konkretisierung, als er in das Rom Kaiser Neros (54–68) schrieb: „Jeder leiste den Trägern der staatl. Gewalt den schuldigen Gehorsam. Denn es gibt keine staatl. Gewalt, die nicht von Gott stammt; jede ist von Gott eingesetzt. Wer sich daher der staatl. Gewalt widersetzt, stellt sich gegen die Ordnung..." (Röm 13,1f.). 2. Die Geschichte des Verhältnisses von Kirche und Staat ist geprägt vom Mit- und Nebeneinander von christl. Religion und Staatlichkeit, die in der Zeit der Urkirche beginnt und von den ersten → Christenverfolgungen über den Weg zur Staatsreligion seit der → Konstantinischen Wende, das spätantike und frühmittelalterl. Kirchenwesen mit der Ausbildung der → Zwei-Gewalten-Lehre, über → Investiturstreit, → Reformation, → Aufklärung, → Säkularisation, → Kultur- und → Kirchenkampf bis zum → Kruzifix-Beschluß. 3. In der Bundesrepublik Deutschland gehören die Beziehungen zwischen Staat und Kirchen, die den Status von öffentl.-rechtl. Körperschaften haben, hinsichtl. der Gesetzgebung und der Verwaltung zwar ganz überwiegend zur Kompetenz der Länder und sind durch → Konkordate bzw. → Kirchenverträge geregelt; die Grundlagen des Religions- und Staatskirchenrechts sind jedoch im Grundgesetz festgelegt: während Art. 4 Abs. 1 und 2 das Grund- und Menschenrecht der → Glaubens-, → Gewissens- und Religionsfreiheit garantiert, enthält Art. 140 die staatskirchenrechtl. Bestimmungen; in Übernahme des Art. 137 der Weimarer Reichsverfassung von 1919 ist hier die rel.-weltanschauliche Neutralität des Staates verankert und in dem Satz ausgedrückt: „Es besteht keine Staatskirche." Selbst wenn es auch heute keine → Staatskirche gibt und der Staat sich nicht zu einem Glauben bekennt, schützt er die christl. Bekenntnisse, die Kirchen und Religionsgemeinschaften und arbeitet mit ihnen zusammen. Das Verhältnis von Staat und Kirche in Deutschland war nie, wie etwa in Frankreich und den USA, durch eine Trennung und einen ausdrückl. → Laizismus geprägt; sie stehen in einem auf „Wertoffenheit" und wecheselseitigem Verständnis begründeten Verhältnis der „Koordination" und „Kooperation". Die gilt bes. für den Religionsunterricht, der ordentl. Lehrfach ist, für die Gewährleistung eines freien Schulwesens, das auch für konfessionelle Ausprägungen offen sein muß, für die Berechtigung zur Erhebung der → Kirchensteuer, für die Garantie der Staatsleistungen als Wiedergutmachung staatl. Unrechts, bes. durch die → Säkularisation, für die Gewährleistung des kirchl. Eigentums und der Vermögensrechte, für die Militär- und Anstaltsseelsorge, schließlich für den garantierten Bestand der Theol. Fakultäten an staatl. Universitäten, wobei die Kirchen ein verbrieftes Mitspracherecht bei der Besetzung theol. Lehrstühle und Professuren haben.

Kirche von England → Anglikanische Kirche

Kirche von Utrecht → Utrechter Kirche

Kirchenältester → Presbyter

Kirchenamt → Amt, kirchliches

Kirchenasyl → Asyl

Kirchenausstattung das gesamte → Inventar einer Kirche, das → Kirchengerät, auch Kirch- oder Glockenturm, Kirchturmuhr und Sakristei.

Kirchenaustritt die in *rechtl.* Form wirksame Trennung einer natürl. Person (in Deutschland möglich mit dem vollendeten 14. Lebensjahr) von seiner Kirche oder Religionsgemeinschaft, die im rel. neutralen Staat mit seiner garantierten → Glaubens- und → Gewissensfreiheit als staatl. respektierter Akt ermöglicht wird (nach dem Glaubensverständnis der kath. Kirche durch die Taufe aber eigentl. nicht möglich ist). Erste Kirchenaustrittsgesetze gehen auf die Zeit des → Kulturkampfs zurück. Der Austritt muß vor einer staatl. Stelle erklärt werden und hat (in Deutschland) die Befreiung von der Pflicht zur → Kirchensteuer zur Folge. Bedingt durch vielfältige inner- und außerkirchl. Ursachen kam es in den letzten Jahren zu einem Höchststand an Kirchenaustritten in Deutschland, von denen die ev.-luth. und die röm.-kath. Kirche in bes. Weise betroffen sind. Er kann als vorläufiger Höhepunkt einer seit Beginn des 20. Jh.s in mehreren Wellen erfolgten „Kirchenaustrittsbewegung" betrachtet werden. – Im Unterschied zum Kirchenaustritt heißt der Übertritt in eine andere christl. Kirche → Konversion.

Kirchenbann → Bann

Kirchenbau ein dem christl. Gottesdienst und der Liturgie dienendes, im Innern mehr oder weniger reich ausgestattetes Gebäude, der Sakralbau, der im Abendland v. a. durch die Formen des Zentralbaus und der → Basilika, der → Hallen- und Saalkirche, auch durch Verbindungen dieser Formen bis ins 20. Jh. herein bestimmt war. Nach Rang und Funktion werden dabei u. a. unterschieden: → Bischofskirchen, → Dom, → Kathedrale, → Münster, → Pfarr-, → Hospital-, → Kloster-, → Stifts- und → Wallfahrtskirchen, → Kapellen, → Baptisterien, → Oratorien, → Karner.

Kirchenbezirk → Kirchenkreis

Kirchenbücher → Matrikel

Kirchenburg → Wehrkirche

Kirchenchor → Chor

Kirchendiener → Mesner

Kirchendisziplin → Kirchenzucht

Kirchenfabrik → Kirchengut, → Kirchenstiftung

Kirchenfürsten → Geistliche Fürsten

Kirchengebote Bestimmungen, die für das Glaubensleben einer Kirche von bes. Bedeutung sind, in der kath. Kirche z.B. Sonn- und Feiertagspflicht, Teilnahme an der → Eucharistie, → Fasten- und → Abstinenz-Gebote, jährl. → Beichte; in den ev. Kirchen in bes. Lebensordnungen umschrieben, die aber nicht als Gebote im eigentl. Sinn zu verstehen sind.

Kirchengemeinde → Gemeinde

Kirchengemeinschaft → Abendmahlsgemeinschaft

Kirchengerät (auch liturg. Gerät) die in der Liturgie der christl. Kirchen benötigten Gegenstände, z.B. der → Kelch, und die → Paramente, in einem weiteren Sinn auch die → Kirchenausstattung.

Kirchengeschichte Bez. 1. für die geschichtl. Entwicklung der christl. Kirche (und der christl. Kirchen), 2. für die theol. Disziplin, die deren histor. Erforschung betreibt. Die → Kirche hat einen geschichtl. Anfang in Jesus Christus und in der um ihn sich bildenden frühen Gemeinschaft der Jünger und Apostel. Sie geht einem (im Glauben faßbaren) Ziel entgegen in der Wiederkunft Christi zum Gericht. Ihr Lauf in der → Geschichte hat sich an den Anfängen und am Ziel auszurichten.

Kirchengeschichtsschreibung ihre Anfänge liegen im NT (bes. Apg), ihre Grundlagen schuf v. a. Eusebius von Caesarea († um 339/40) durch seine Weltchronik und seine Kirchengeschichte. Das abendländ. Mittelalter kannte im Grunde nur christl. Historiographie, nicht eigentl. → Kirchengeschichte, auch wenn dieser Begriff seit dem 12. Jh. gelegentl. begegnet. Bis zum Hochmittelalter entwickelte die beherrschende kirchl. Geschichtsschreibung v. a. vier literar. Formen (mit fließenden Übergängen): Welt- → Chroniken, → Annalen, → Viten

(Biographien und Legenden) und Gesta. Der mittelalterl. → Theologie fehlte ein eigener Traktat über die Kirche (zumindest kam sie über Ansätze kaum hinaus). Die theol. Reflexion über die Kirche setzte in größerem Maße erst im Hoch- und Spätmittelalter ein, nach dem Kampf der „zwei Gewalten" im → Investiturstreit und jetzt in Verbindung mit der Lehre vom → Päpstl. Primat. Die bedeutendsten kirchengeschichtl. Werke des Spätmittelalters entstanden zu den bewegenden zeitgeschichtl. Themen → Abendländisches Schisma und den Reformkonzilien von Konstanz und Basel. Neue Impulse brachten krit. Sinn und philolog. Interesse der Humanisten (→ Humanismus), bes. ihre zunächst philolog. Quellenkritik, die hinüberleitete in die konfessionelle Kirchengeschichtsschreibung des → Reformations-Zeitalters. Fortan bestimmten einseitige Polemik und Apologetik auf Jh.e die kath. und prot. Kirchengeschichtsschreibung, die in wesentl. Teilen → Papstgeschichtsschreibung war. Gleichzeitig zeigten sich aber auch Anfänge einer wissenschaftl. (histor.-krit.) Kirchengeschichtsschreibung, die auf der Grundlage krit. Quelleneditionen im 17./18. Jh. zur Entfaltung kamen. Das neu erwachte wissenschaftl. Bewußtsein baute fortschreitend konfessionelle Polemik und falsche Apologetik bzw. Panegyrik der Kirchengeschichts- und Papstgeschichtsschreibung ab. Die entscheidende Wende leitete hierbei L. v. Ranke (1795–1886) ein. – Bis heute überwiegt die Periodisierung der Kirchengeschichte in Altertum, Mittelalter und Neuzeit (Neueste Zeit).

Kirchengewalt (lat. potestas ecclesiastica) die von Christus, dem Herrn der Kirche, den Aposteln und ihren Nachfolgern verliehene Teilhabe an seiner eigenen Vollmacht zur Erfüllung ihrer Sendung zum Heil der Menschen. Wegen ihres Ursprungs im geschichtl. Christusereignis bedarf sie der kontinuierl. Weitergabe, die seit apostol. Zeit durch Gebet und Handauflegung erfolgt (→ Ordination). Innerhalb der einen Kirchengewalt sind zu unterscheiden (nicht zu trennen) die Weihegewalt (lat. potestas ordinis) und die Hirtengewalt (lat. potestas iurisdictionis; → Jurisdiktion). Die Weihegewalt wird durch die Ordination verliehen und ist daher unverlierbar. Die Jurisdiktionsgewalt wird durch einen eigenen Akt (Berufung zu einem bestimmten Amt, Delegation) übertragen und kann wieder entzogen werden. Die vom Vaticanum II neu betonte Einheit wird insofern sichtbar, als die Weihevollmacht die Voraussetzung ist für die Übernahme eines mit Jurisdiktionsgewalt verbundenen Amtes.

Kirchengliedschaft Glaube und Taufe begründen nach dem Zeugnis des NT unwiderruflich (→ Character indelebilis) das „Gliedsein" am Leib Christi, der die Kirche ist. In der kath. Kirche kam es zur Herausbildung der Lehre vom dreifachen Band, wodurch die Voraussetzungen der Kirchengliedschaft definiert sind: 1. Empfang der Taufe, 2. Bekenntnis des rechten Glaubens, 3. Anerkennung der hierarchischen Leitung der Kirche (→ Hierarchie). Die damit behauptete Identifizierung von Kirche mit kath. Kirche wurde vom Vaticanum II modifiziert. Die eine, durch die Taufe begründete Kirche „subsistiert" (ist verwirklicht) in der kath. Kirche, d. h. auch nichtkath. Christen sind Glieder der Kirche. Der in Ländern mit staatl. eingezogener → Kirchensteuer mögliche Kirchenaustritt hebt die Kirchengliedschaft nicht auf, hat aber (wie jede durch formalen Akt vollzogene Distanzierung von der Kirche) bestimmte rechtl. Konsequenzen. So wird im → CIC/1983 jeder aus der Kirche ausgetretene Christ im Eherecht wie ein Ungetaufter behandelt. → Kirchenmitgliedschaft

Kirchengut das gesamte materielle Vermögen einer Kirche (Kirchenvermögen) und ihrer jurist. Personen, das aus Grundbesitz, Stiftungen (→ Kirchenstiftung), → Kollekten, → Kirchensteuer und der Gesamtheit des Grundbesitzes (→ Kirchenlehen) besteht.

Kirchenjahr die erstmals 1589 belegte Bez. für das christl. Festjahr, auch liturg. Jahr oder Jahr des Heils genannt, d. h. die Gliederung des Jahres durch die Abfolge der im Gottesdienst gefeierten Sonntage und Wochen, der Feste und Festzeiten zu Gedächtnis und Vergegenwärtigung der Heilstaten Gottes, der Christusgeschichte. Im Abendland beginnt es am ersten → Advent, umschließt den Weihnachtsfestkreis (Advent, → Weihnachten, → Epiphanie), den Osterfestkreis (→ Fasten- oder → Passionszeit, → Karwoche, → Ostern, Christi Himmelfahrt, → Pfingsten, → Trinitatis), schließlich die Zeit nach Trinitatis (ev.) bzw. die Sonntage im Jahreskreis (kath.).

Kirchenkampf allgem. jede Art von Kirchenverfolgung, im bes. die willkürl. Zwangs- und Unterdrückungsmaßnahmen des Nationalsozialismus gegen die Kirchen in Deutschland, die ihren Höhepunkt seit 1937 erreichten. Hitlers Absicht, den „Vernichtungskampf" gegen das Christentum bis zum Ende zu führen, hatte sich seit 1933 immer mehr gesteigert. In den Tagebüchern des Reichspropagandaministers Joseph Goebbels findet sich unter dem 24. Mai 1942 u. a. der folgende Eintrag: „Unerbitterlich ist im Verlaufe des vergangenen Winters der Entschluß des Führers geworden, die christlichen Kirchen nach dem Sieg zu vernichten." Kirchl. Reaktionen stellten innerhalb der ev. Kirchen etwa die Ausbildung der → Bekennenden Kirche 1933/34, innerhalb der kath. Kirche die Enzyklika Papst Pius' XI. „Mit brennender Sorge" von 1937 dar. Aus beiden Kirchengemeinschaften gingen bei vielfacher, schwerster Bedrückung (Verhaftungen, Internierungen in Konzentrationslager und Verbote kirchl. Einrichtungen) zahlreiche Persönlichkeiten des Widerstandes und → Blutzeugen hervor.

Kirchenkreis (auch Kirchenbezirk) die Zusammenfassung von ev. Kirchengemeinden mit den Organen: Bezirks- bzw. Kreissynode, Bezirkskirchenrat und das nach → Landeskirchen unterschiedl. bez. geistl. Amt des → Superintendenten, → Propstes oder → Dekans, weshalb auch die Bez. → Sprengel begegnet.

Kirchenlatein die bis heute gebräuchl. Form der lat. Sprache für die Liturgie und amtl. Verlautbarungen der lat. Kirche.

Kirchenlehen (lat. feudum ecclesiasticum) das seit dem 7./8. Jh. zu → Lehen gegebene → Kirchengut (Grundbesitz oder Herrschaftsrechte), das im → Heiligen Römischen Reich als Reichskirchengut reichslehnbarer Besitz der → geistl. Fürsten, in der → Säkularisation 1802/03 vollständig beseitigt wurde. Seit dem → Investiturstreit im 11./12. Jh. verfolgten die Päpste, v.a. Innocenz III. (1198–1216), eine Lehnspolitik, so daß bis zum 13. Jh. ein weitverzweigtes Netz lehnsrechtl. Abhängigkeitsverhältnisse verschiedener Reiche vom Papsttum entstand. Das „feudum datum" (lat. = gegebenes Lehen) war ein vom Papst aus dem → Patrimonium Petri verliehenes, das „feudum oblatum" ein anderes (uneigentl.) Lehen, dessen Vergabe dem → Apostolischen Stuhl zustand. Krummstablehen wurden vom Bischof oder Abt aus dem jew. Eigenbesitz des Bistums bzw. der Abtei, Pfarrlehen aus dem Pfarrbesitz verliehen.

Kirchenlehrer (lat. doctores ecclesiae) in der kath. Kirche seit der Spätantike Ehrentitel für herausragende theol. Lehrer und Kirchenschriftsteller in Nachfolge der → Kirchenväter. Papst Paul VI. (1963–78) ernannte mit den Heiligen Theresia von Avila und Katharina von Siena erstmals Kirchenlehrerinnen, 1997 folgte ihnen die hl. Theresia vom Kinde Jesu von Lisieux.

Kirchenlied das von der Kirchengemeinde im Gottesdienst gesungene geistl. Lied (auch Gemeindegesang), seit dem 18. Jh. meist in der jeweiligen Volkssprache (für die dt. Sprache von M. Luther im 16. Jh. eingeführt). In den ev. Kirchen wird mit Kirchenlied auch der → Choral bez. → Kirchenmusik

Kirchenmitgliedschaft in den ev. Kirchen wird sie von → Kirchengliedschaft unterschieden. Im Gegensatz zur Gliedschaft in der Kirche als einer unsichtbar-geistl. Größe, die durch die Taufe begründet wird, betrifft die Kirchenmitgliedschaft die Kirche als Körperschaft menschl. Rechts, konkret die einzelne → Landeskirche.

Kirchenmusik die für den christl. Gottesdienst bestimmte Musik, meist als Vokalmusik (→ Kirchenlied), ohne oder mit Instrumentalbegleitung (hierbei mit der Orgel häufig als Hauptinstrument); sie ist mit der der abendländischen Musikentwicklung aufs engste verbunden, vom → Hymnus in frühchristl. Zeit über den → Gregorianischen Gesang, → Motette, Madrigal, → Oratorium, → Messe, → Kantate bis zu zeitgenössischen Formen der (elektronischen) Musik. → Kirchentonarten, → Cäcilianismus

Kirchenordnungen allgem. Anweisungen und Regelsammlungen für Verfassung, Disziplin, Liturgie und Seelsorge der Kirchen; aus frühchristl. Zeit sind bedeutend → Didache und → Didaskalia. Die Dekrete des Konzils von Trient (1545–63) haben in der kath. Kirche diese Tradition fortgeführt. In den aus der → Reformation hervorgegangenen Kirchen wurden nahezu alle Kirchenordnungen von den weltl. Obrigkeiten erlassen und wurden zur Grundlage für die Ausbildung von ev. → Kirchenverfassung und → Kirchenzucht.

Kirchenorganisation Bez. für die Schaffung einer „kirchl. Infrastruktur", d.h. die Errichtung von → Kirchenprovinzen, → Bistümern und → Pfarreien.

Kirchenpatron Schutz- und Titel- → Heiliger einer kath. Kirche.

Kirchenpfleger → Heiligenmeister

Kirchenpräsident das geistl. Amt des Leiters (Bischofs) der ev. Landeskirche von Anhalt, Hessen-Nassau und Pfalz.

Kirchenprovinz in der kath. Kirche die kirchenrechtl. (kanonische) Zusammenfassung mehrerer → Bistümer oder → Diözesen, die auch → Suffraganbistümer genannt werden, unter einem → Metropoliten, der zugleich Erzbischof ist; daher wird die Einrichtung der Kirchenprovinz auch als Metropolitanverband oder -verfassung, auch Provinzialverfassung bez. In der Ev. Landeskirche Preußens und der Ev. Kirche der Altpreußischen Union wurden die den preußischen Provinzen entsprechenden regionalen Verwaltungseinheiten bis 1945 ebenfalls Kirchenprovinzen genannt (→ Ev. Kirche der Union).

Kirchenrat in ev. → Landeskirchen der Titel von Geistlichen, Amtstitel hauptamtl. → Pfarrer, von landeskirchl. Sachbeauftragten und von ev. regionalen und überregionalen Selbstverwaltungsorganen (→ Kirchenvorstand, Konsistorialpräsident [→ Konsistorium], Landes-, Oberkirchenrat); im → Ökum. Rat der Kirchen für den Weltkirchenrat.

Kirchenrecht (lat. ius ecclesiasticum) 1. die Gesamtheit der von einer Kirche erlassenen Normen zur Regelung des kirchl. Gemeinschaftslebens, im Unterschied zum Staatskirchenrecht als äußerem Kirchenrecht. Weil das Kirchenrecht vom jeweil. Selbstverständnis der einzelnen Kirche abhängig ist (allgem. wird in den christl. Kirchen zwischen göttl. und menschl. Recht unterschieden), muß ein röm.-kath., orth., ev., anglik. usw. Kirchenrecht unterschieden werden. 2. In der kath. Kirche ist entsprechend den beiden Rechtskreisen zwischen dem Recht der lat. Kirche (röm.-kath. Kirchenrecht, lat. ius canonicum, → Kanon, → Kanonisches Recht) und dem Recht der mit der kath. Kirche → Unierten Kirchen (→ CCEO, → CICO) zu unterscheiden. In der lat. Kirche des Abendlandes wurde bis 1918 das → Corpus Iuris Canonici die wichtigste Quelle des Kirchenrechts, das vom → CIC/1917, dieser wiederum vom → CIC/1983 abgelöst wurde. Daneben gab und gibt es konziliäre Rechtsquellen (Sammlungen der → Konzils-Beschlüsse), verschiedene päpstl. Rechtsquellen, → Konkordate und partikulare Kirchenrechtsquellen. 3. Das nicht einheitlich gefaßte Kirchenrecht der ev. Kirchen ist überwiegend Einzelkirchenrecht; es umfaßt göttl. Recht (Vorschriften der Bibel, v. a. des NT) und menschl. Recht, hier bes. die → Bekenntnisschriften, die Grundordnung der → EKD von 1948 sowie die Grundordnungen der → Landeskirchen und ihrer kirchl. Zusammenschlüsse. 4. Kirchenrecht dient auch zur Bez. für die theol. Disziplin der Kirchenrechtswissenschaft, der → Kanonistik.

Kirchenreform für viele Reformen und Reformbemühungen in allen Jh.n begegnender Begriff in der Kirchengeschichte (→ Ecclesia semper reformanda), im bes. für die Epoche der „Kirchenreform und des Reformpapsttums" (1046–1122), die daraus erwachsene → Gregorianische Reform, den → Investiturstreit und die → Kath. Reform.

Kirchenregiment → landesherrliches Kirchenregiment

Kirchenschatz (lat. thesaurus ecclesiae) 1. unter Papst Clemens VI. (1342–52) erstmals belegte lehramtl. Bez. für die im Himmel verwahrten und von der Kirche verwalteten Verdienste Christi und der → Heiligen, über die die Kirche beim → Ablaß verfügt, wenn sie auf diesen Schatz zur Tilgung zeitl. Sündenstrafen zurückgreift. 2. Der Begriff begegnet auch als Bez. für → Kirchengut oder Kirchenvermögen und → Heiltum.

Kirchenschiff → Schiff

Kirchenslawisch die Sprache der bibl. und liturg. Bücher der orth. Slawen, die sich aus dem Altkirchenslawischen (oder Altbulgarischen) des 9.–11. Jh.s entwickelte und später Bestandteile der slawischen Nationalsprachen orth. Gebiete aufnahm; sie gehört neben Gr., Lat., Got., Ahd. und Angelsächs. zu den ältesten Schriftsprachen Europas.

Kirchenspaltung → Schisma

Kirchensprache die in Liturgie, Predigt und Rechtsprechung jeweils gebräuchl. Sprache der christl. Kirchen, zunächst allgem. Gr., im Abendland seit dem 3. Jh. Lat. (→ Kirchenlatein), im Osten die Landessprachen, ebenso in den ev. Kirchen seit der → Reformation, in der kath. Kirche seit dem → Vaticanum II (1962–65).

Kirchenstaat das in Schenkungen der Spätantike (→ Patrimonium Petri) grundgelegte, in seinen Anfängen auf die sog. → Pippinischen Schenkung von 754 zurückreichende ehem. Herrschaftsgebiet des Papsttums in Mittelitalien. Nach wechselnden Besitzverhältnissen im Mittelalter wurde der neuzeitl. Kirchenstaat durch Papst Julius II. (1503–13) gefestigt, nach zeitweiligem Verlust durch → Französische Revolution und Napoleon auf dem Wiener Kongreß (1815/16) wiederhergestellt, 1870 von it. Truppen schließlich erobert. Mit den → Lateranverträgen von 1929 wurde der souveräne Staat der → Vatikanstadt (it. Stato della Città del Vaticano) geschaffen.

Kirchensteuer von der röm.-kath. Kirche, den ev. Kirchen und anderen Kirchen (Religions- oder Kirchengemeinschaften) als Körperschaften des öffentl. Rechts erhobene, in Deutschland von staatl. Finanzbehörden eingezogene Abgabe ihrer Mitglieder, die zwischen 6% und 10% der Lohn- bzw. Einkommenssteuer beträgt. Sie stellt hier eine „Spezialität" des (in Dänemark und in einigen Schweizer Kantonen modifizierten) kirchl. Finanzwesens dar und wurde im 19. Jh. als Mittel zur Selbstfinanzierung der Kirchen staatlicherseits eingeführt. Die Erhebung von Kirchensteuer (in anderen Ländern → Kirchgeld genannt) als Zuschlagssteuer zur Einkommenssteuer erfolgt auf Grundlage von Art. 137 Abs. 6 der Weimarer Reichsverfassung und Art. 140 Grundgesetz im Rahmen der allgem. Ermächtigung von Kirchensteuern durch den Landesgesetzgeber. Bei → Kirchenaustritt entfällt die Kirchensteuer.

Kirchenstiftung (lat. fabrica ecclesiae, Kirchenfabrik, -gebäude, -ärar,

-fonds, -kasse, Fabrikgut) das einer örtl. Kirche gehörige, urspr. gestiftete Vermögen, Kirchenvermögen oder → Kirchengut genannt.

Kirchenstrafe im kath. Kirchenrecht (kirchl. Strafrecht) Besserungs- oder Beuegestrafen, Sühn- oder Vergeltungs- (Vindikativ-) Strafen, die bei Übertretung einer kirchl. Norm über Kirchenangehörige verhängt werden: → Anathem, → Bann, → Exkommunikation, → Interdikt; in ev. Kirchen → Kirchenzucht.

Kirchentag → Deutscher Evangelischer Kirchentag, → Deutscher Katholikentag

Kirchentheorie behandelt Wesen, Gestalt und Funktionen der ev. Kirchen und entwickelt, auf Grundlage der luth. Theologie und reformator. Lehrentscheidungen, eine Theorie der Kirche als Institution in der modernen Gesellschaft und erörtert ihre Funktionen in der Lebensgeschichte des heutigen Menschen; insofern versteht sie sich als Erneuerung der → Kybernetik.

Kirchentonarten (Kirchentöne) neuzeitl. Fachbegriff für die im Mittelalter und bis zum 17. Jh. maßgebenden Kriterien (modi oder toni genannt) der „tonalen" Unterscheidung einstimmiger Melodien, dann auch mehrstimmiger Sätze bis zur Entwicklung des Dur-Moll-Tonartensystems, das aus den Kirchentonarten entstand. → Kirchenmusik

Kirchenväter die Lehrer und Schriftsteller der Alten Kirche, auf deren heiligmäßiges Leben und rechtgläubige Lehren man sich seit dem 4. Jh. als Zeugen des Glaubens berief. Als die vier großen → Kirchenlehrer und -väter des Ostens bzw. Westens gelten die Heiligen Athanasius (um 296–373), Basilius der Große (um 330–79), Gregor von Nazianz (329/30–389/90) und Johannes Chrysostomus (347–407) bzw. Ambrosius (um 339–397), Hieronymus (um 345–420), Augustinus (354–430) und Papst Gregor I. der Große (590–604).

Kirchenverfassung die rechtl.-organisat. Grundordnung des kirchl. Lebens: in den ev. → Landeskirchen die seit dem Ende des → landesherrlichen Kirchenregiments (1918) über die → Barmer Theologische Erklärung und die → Bekenntnisschriften entwickelten (organisationsrechtl.) Bestimmungen, die die jeweil. rechtl. Zustände auf Gemeindeebene, Kirchenkreis und Gesamtkirche regeln, in der kath. Kirche die im → CIC/1983 grundgelegten Verfassungsnormen mit dem Gundprinzip der → Hierarchie, durch welches das wechselseitige Verhältnis zwischen Gesamtkirche mit ihrem Oberhaupt, dem Papst, und den Teilkirchen bestimmt ist und in den → Konzilien, → Synoden und im → Bischofskollegium sichtbar wird.

Kirchenvermögen → Kirchengut, → Kirchenstiftung

Kirchenverträge allgem. vertragl. Vereinbarungen zwischen Kirche und Staat zur Regelung der wechselseitigen Zuständigkeiten und Beziehungen, im ev. Kirchenrecht z. B. zwischen den einzelnen Bundesländern und den → Landeskirchen, im kath. Kirchenrecht durch das → Konkordat.

Kirchenvogtei → Vogt, Vogtei

Kirchenvolk die Angehörigen einer Kirche, auch die Besucher eines Gottesdienstes (Kirchgänger).

Kirchenvorstand in ev. → Landeskirchen der Gemeinde- → Kirchenrat, das mit Leitungs- und Verwaltungsaufgaben betraute Kollegialorgan; im Gebiet der früher zu Preußen gehörenden Diözesen der Verwaltungsrat für das Vermögen der Pfarrgemeinde.

Kirchenzehnt → Zehnt

Kirchenzucht (auch Kirchendisziplin) in den ev. Kirchen Maßnahmen zum Schutz der kirchl. und sittl. Ordnung, z. B. durch Ausschluß vom → Abendmahl, in der kath. Kirche als → Kirchenstrafe bez.

Kirchgeld in einigen Ländern erhobener Beitrag für die Kirchenmitgliedschaft. → Kirchensteuer

Kirchhof urspr. jeder um- oder eingefriedete Bezirk um eine Kirche, dann der → Friedhof.

Kirchlich zur Kirche gehörig.

Kirchliche Hochschulen → Hochschulen

Kirchspiel der → Sprengel einer Kirche, im bes. der Bezirk einer → Pfarrei (Pfarrbezirk,- gebiet).

Kirchweihe (lat. anniversarium/dedicatio ecclesiae) 1. in der kath. Kirche die im Lauf des 1. Jahrtausends entwickelte feierl. Weihe oder Weihung (Konsekration) einer Kirche durch den Bischof auf den Titel seines → Patrons, anfangs durch Einholung und Beisetzung von → Reliquien in oder unter dem → Altar, durch Salbung des Altars, seit dem 8. Jh. allgem. auch durch die Weihe des ganzen Gebäudes. Seit dem 9. Jh. wird das Gedächtnis der Kirchweihe als jeweil. Kirchweihfest, das häufig mit dem Fest des Kirchenpatrons zusammenfällt, mit vielfältigem Volksbrauchtum, in vielen Gegenden bis weit ins 20. Jh. herein als Feiertag im jeweiligen Ort begangen (Kirchtag, bayer.-österr. Kirta, niederdt. Kirmes [= Kirchmesse], Kerb u. a. genannt) 2. Nach ev. Verständnis ist Kirchweihe die Ingebrauchnahme einer Kirche durch einen ersten Gottesdienst.

Klarissen, Klarissinnen nach der hl. Klara von Assisi (Klara von Favarone, 1193–1253) benannter und von ihr zusammen mit dem hl. Franz von Assisi 1212 begr., 1253 päpstl. bestätigter weibl. Zweig (Zweiter Orden) der → Franziskaner. 1263 bestätigte Papst Urban IV. eine Regelerleichterung für die rasch sich ausbreitende Gemeinschaft, die ihren Klöstern gemeinsamen Besitz und feste Einkünfte gestattete; die Klarissen dieser → Observanz bildeten den selbständigen Ordenszweig der Urbanistinnen. Die weitere Entwicklung der Gemeinschaften verlief weitgehend parallel zu denen der Franziskaner. Aus der Reformbewegung um die hl. Colette Boylet († 1447) entstanden die Klarissen-Coletinnen. Im Anschluß an die → Kapuziner bildete sich der Reformzweig der Klarissen-Kapuzinerinnen (1538 erstes Kloster). Die Frauenklöster der heute in vielen Ländern tätigen Klarissen mit einer auf Zeit gewählten → Äbtissin und strenger → Klausur sind selbständig, auf nat. Ebene meist zu Föderationen zusammengeschlossen.

Klassizismus in der Kunstgeschichte Bez. für den Stil, der seit 1770/80 das → Rokoko ablöste, die klaren, gesetzmäßigen Formen der klass. gr.-röm. Antike zur Norm erhob und bis etwa 1830 die bildende Kunst maßgeblich bestimmte.

Klausner → Inkluse

Klausur (lat. = Verschluß) 1. der innerhalb eines → Klosters ausschließlich den → Religiosen vorbehaltene, abgeschlossene Wohnbereich zur Wahrung der klösterl. Abgeschiedenheit; formell bedeutet sie das Verbot für Ordensleute, den Klausurbereich unerlaubt zu verlassen, für Außenstehende, diesen unerlaubt zu betreten. Unterschieden werden strenge oder päpstl. Klausur für Orden mit feierl. → Gelübden und einfache oder bischöfl. Klausur für Gemeinschaften mit einfachen Gelübden. 2. Bez. für die unter Aufsicht angefertigte Prüfungsarbeit an Schulen und Universitäten.

Klemensschwestern → Barmherzige Brüder und Schwestern

Klerikal (gr.-lat.) die kath. Geistlichkeit, den → Klerus betreffend, (streng) kirchl. gesinnt.

Klerikalismus (→ klerikal) als negativ besetztes polit. Schlagwort bez. der Begriff das Machtstreben und die gesteigerte Einflußnahme der kath. Geistlichkeit im öffentl. (polit.) Leben oder, innerhalb der kath. Kirche, die ständige Bevormundung der → Laien durch den → Klerus. → Antiklerikalismus

Kleriker (lat. clericus) seit dem 3./4. Jh. Bez. für einen dem → Klerus angehörigen Geistlichen, häufig auch für den Gehilfen des Priesters (→ Koadjutor). Das Wort begegnet im frühen und hohen Mittelalter auch für einen des Lesens und Schreibens kundigen Sekretär oder Kanzleibeamten. → Regularkleriker

Klerisei alte, auch abschätzig gebrauchte Bez. für → Klerus oder Geistlichkeit.

Klerus (gr. kleros = Los, erloster Anteil, zugewiesenes Landlos, lat. clerus, ordo/status clericalis) in der kath. Kirche der im Unterschied zu den → Laien für die Übernahme der Weihe- und Leitungsgewalt berufene und bestimmte Personenstand, nach → Weihegraden als niederer und → höherer Klerus. Die Aufnahme in den Klerikerstand erfolgte bis zum → Vaticanum II (1962–65) durch die den Weihen vorausgehende Erteilung der → Tonsur; die Entlassung (nicht jedoch der Verlust des Weihecharakters) aus dem Klerus und die Rückführung in den Laienstand erfolgt durch → Laisierung.

Klerusbildung → Dom-, → Kloster-, → Latein-, → Hochschule, → Lyzeum, → Phil.-Theol. Hochschule, → Theol. Fakultäten

Klingelbeutel der an einer Stange befestigte, oft mit einem Glöckchen versehene kleine Sack zum Einsammeln der → Kollekte, im übertragenen Sinn auch Bez. für jedes derartige Behältnis.

Kloster (lat. claustrum = abgeschlossener Raum) der gemeinsame Aufenthaltsort von → Religiosen, d.h. Männern und Frauen, die ihr Leben den → Evangelischen Räten weihen. Das bis heute nicht einheitl. verwendete Wort (lat. coenobium, monasterium, abbatia, cella) bez. den von der Außenwelt abgeschlossenen Wohnbereich (→ Klausur), den klösterl. Gebäudekomplex, den klösterl. Kirchenbau und die klösterl. Gemeinschaft (→ Konvent). Die Entstehung von Klöstern seit dem 4. Jh. ist auf dem Hintergrund des seit frühchristl. Zeit geübten gemeinsamen Lebens der → Anachoreten, → Eremiten und → Koinobiten zu verstehen. Während in der Ostkirche die von Anfang an lose Anordnung der Klosterbauten oft beibehalten wurde (→ Athos), entwickelte sich innerhalb des abendländischen Mönchtums vom 6.–11. Jh. der von der → Benediktregel geprägte und bestimmende Klostertyp: in den oft weiträumigen, von einer Mauer umgebenden Klosteranlagen mit ihren wirtschaftl. Einrichtungen (Klosterökonomien), Werkstätten, Stallungen, Gesindehäusern und → Hospitälern konzentrierte sich das rel. Leben der Mönche und Nonnen im wesentl. auf einen Bezirk: Kirche, Kreuzgang, Refektorium, Dormitorium, Kapitel (Ideal-Plan einer Großkloster-Anlage ist der Klosterplan von St. Gallen aus dem frühen 9. Jh.). Bes. die (Groß-) Klöster des Früh- und Hochmittelalters, deren rechtl. Interessen gewöhnl. durch den → Vogt (Kirchen- oder Klostervogt) vertreten wurden, besaßen zudem einen sehr ausgedehnten Grundbesitz; mit ihren → Klosterschulen, Schreib- und Malschulen (→ Skriptorium, → Buchkunst) sowie → Bibliotheken waren sie bis zur Entstehung der Universitäten um 1200 die wichtigsten Stätten zur Pflege und Weitergabe der Bildung im Abendland. Ihre Leistungen auf allen Gebieten der Kultur, der Geistes- und Naturwissenschaften sind zu allen Zeiten von herausragender Bedeutung. Mit den neu entstandenen Orden, bes. den → Bettelorden des 13. Jh.s, kam es auch zu einer Neustrukturierung der nunmehr vermehrt auch in den Städten errichteten Klöster, zu Zusammenschlüssen in → Konföderationen, → Kongregationen oder Unterstellung unter eine zentrale Ordensleitung. → Reformation, → Französische Revolution und → Säkularisation führten in den meisten Ländern zu schwersten Erschütterungen und Zerstörungen, damit zu einem nicht zu ermessenden kulturellen Verlust. → Doppelkloster, → Abtei.

Kloster-, Stiftspfarrei die mit einem → Kloster bzw. → Stift durch → Inkorporation verbundene → Pfarrei, deren Seelsorge durch einen Angehörigen des jeweil. Klosters bzw. Stifts wahrgenommen wird.

Kloster-, Stiftsschule die seit dem frühen Mittelalter an einem Kloster (auch → Domkloster) bzw. → Stift bestehende Schule, die nach Aufbau und Inhalt wie die → Domschulen eingerichtet war (herausragend u. a. St. Gallen, Fulda, Reichenau, St. Emmeram, Lüttich).

Klosterbischof → Irisches Mönchtum

Klosterfamilie die vielgliedrige und gestufte Gesamtheit aller direkt oder indirekt zu einem Kloster gehörenden Menschen.

Klosterkammer die 1818 in Hannover eingerichtete staatl. Behörde zur Verwaltung des ev. Kirchenvermögens (Hannoverscher Klosterfonds).

Klostersturm Bez. für die Aufhebung und Zerstörung von Klöstern in der → Reformation, bes. seit Ende des 18. Jh.s in der → Französischen Revolution und in der großen → Säkularisation.

Klostervogt → Vogt, Vogtei

Kluniazensische Reform, Kluny → Cluny

Knabenlese (türk. Devširme) im Osmanischen Reich die seit dem 14. Jh. in Form eines Tributs (Knabenzins) praktizierte gewaltsame Wegnahme von Kindern der christl. Untertanen, ihre Zwangsislamisierung und Verwendung als Sklaven und Freigelassene des Sultans, im Palast-, Militär- und Staatsdienst. Die bis 1826 bestehende, bis zu 100 000 Mann starke Elitetruppe des türk. Heeres, die Janitscharen (türk. = neue Truppe), wurde anfangs ausschließlich aus islamisierten Christensklaven gebildet, von denen jeder fünfte Knabe ausgehoben wurde.

Knabenseminar kath., meist bischöfl. Einrichtung (Internat, → Seminar, → Konvikt) des 19./20. Jh.s zur Vorbereitung von Gymnasialschülern auf das Priestertum.

Koadjutor (von lat. cum/con = mit, adiuvare = helfen) 1. allgem. der geistl. Gehilfe, bei Bischöfen der vom Papst bestellte Koadjutorbischof (→ Auxiliarbischof) mit oder ohne Aussicht oder Recht der Nachfolge (lat. cum spe/iure successionis); die bis zum Ende der → Reichskirche bestehenden Koadjutorien, d. h. die gewöhnl. vom → Domkapitel oder Bischof vorgenommene Wahl bzw. Bestellung von Koadjutoren erfolgten zur Sicherung der Kontinuität bes. bei → Erledigungen eines bischöfl. Stuhles, v. a. auch im Rahmen der → Reichskirchen-Politik verschiedener Fürstenhäuser (→ Sekundogenitur); 3. in kath. Bistümern ältere Bez. für den Amtsgehilfen des Pfarrers, den → Kaplan (→ Kooperator, → Gesellpriester, → Supernumerarius, Pfarr- → Vikar).

Koblenzer Gravamina → Emser Kongreß

Kodex → Codex

Kodifikation systemat. Erfassung und Darstellung aller geltenden Normen eines Rechtsgebiets oder des gesamten Rechts in einem Gesetzbuch, dem → Codex.

Koinobiten, Koinobitentum (von gr. koinos bios = gemeinsames Leben; gr. koinobion, lat. coenobium = → Kloster; koinobita bzw. coenobita = der im Kloster Lebende, Zönobit) die im Orient aus Zusammenschlüssen von → Anachoreten und → Eremiten (anfangs in Lauren, → Laura) entwickelte asketisch-monastische Lebensform, bei der eine größere Zahl von → Mönchen zu einem Leben in Gemeinschaft an einem Ort unter einheitl. Leitung vereint sind, im Unterschied zum Leben in → idiorrhythmischen Klöstern. Erster Organisator des Koinobiten- oder Zönobitentums war der „Mönchsvater" Pachomius († 347), ihr theol. Lehrer Basilius von Caesarea († 371), dessen Mönchsregeln durch Johannes Cassianus († 430/35) dem lat. Westen vermittelt wurden; entfaltet in rund 30 verschiedenen Klosterregeln, erhielt diese durch die → Benediktregel seit dem 6./7. Jh. ihre entscheidende Ausprägung im Abendland.

Kollar (lat. = Halsfessel) der „Priesterkragen"; das von Geistlichen außerhalb der Liturgie (früher) häufig getragene schwarze Brusttuch oder Hemd mit Stehkragen, in den eine weiße, als v-förmiger, quadratischer oder rechteckiger Ausschnitt zu sehende Binde integriert ist.

Kollation (von lat. conferre = übertragen, vergleichen) 1. die Verleihung oder Übertragung eines kirchl. Amtes, einer → Pfründe durch den Kollator; 2. die halbe Sättigung, der (Abend-) Imbiß an Tagen des → Fastens, im Kloster eine kleine Stärkung für den Gast; 3. Spendung von Sakramenten; 4. Vergleich einer Abschrift mit ihrer Vorlage auf Richtigkeit oder Abhängigkeit hin (Textvergleich, Teil der Textkritik).

Kolleg, Kollegien (lat., wörtl.: das gemeinsame Lesen, Gemeinschaft) seit dem 16. Jh. Bez. für die akadem. Vorlesung an Universitäten und (Hoch-) Schulen (vgl. engl. college, frz. collège), dann für kath. Studienanstalten (→ Hochschulen), für die Schulen (Gymnasium) mit Internat der → Jesuiten. Im Zuge der Bildungsreformen in Deutschland seit Ende der sechziger Jahre des 20. Jh.s wurde für die letzten zwei Gymnasialklassen der Oberstufe das Kollegstufensystem eingeführt.

Kollegialismus, Kollegialsystem nachdem Anfang des 17. Jh. im ev. Kirchenrecht die Ausübung des → landesherrl. Kirchenregiments durch die Landesherrn mit dem → Episkopal- und → Territorialsystem legitimiert wurde, setzte sich im 18.Jh., angeregt durch den Naturrechtsgedanken Th. Hobbes', die Theorie des Kollgialsystems durch: danach kommt die oberste kirchl. Gewalt nicht dem Landesherrn, sondern der gesamten Kirchengemeinde (einschl. des Landesherrn) zu. → Konsistorium

Kollegiatkapitel, Kollegiatstift geistl. Körperschaft (Kollegium) von Säkular- → Kanonikern oder → Chorherren an einem → Stiftskapitel, einer Stifts-, Kollegiat- oder Kapitelskirche (lat. ecclesia collegiata), die nicht → Bischofskirche ist. Die von den → Domherren des Domkapitels zu unterscheidenden, auch Stiftsherren oder -kanoniker genannten Weltgeistlichen eines Kollegiatstifts besaßen priv. Eigentum und wohnten in der Nähe der Kollegiatkirche in eigenen Kanonikalhöfen oder Pfründnerhäusern. Ihr gemeinsames Leben beschränkte sich gewöhnl. auf die Durchführung feierl. Gottesdienste und den → Chordienst in der Stiftskirche sowie auf regelmäßige → Kapitel-Sitzungen. Die meist den Aufgaben der Pfarrseelsorge und dem Schuldienst, in den Bischofsstädten auch der Bistumsverwaltung verpflichteten Kollegiatstifte, von denen einige bedeutende im → Heiligen Römischen Reich die → Reichsunmittelbarkeit erlangten und → Reichsstifte wurden, gingen zu einem Teil in der → Reformation, fast gänzlich in → Französischer Revolution und → Säkularisation unter.

Kollegium (lat. collega = Mitgewählter) Jesus hat die Apostel nicht einzeln, sondern je zu zweit auserwählt und zum Zwölferkreis zusammengeführt. Unbeschadet der besonderen Rolle des Petrus als Sprecher und Garant der Einheit bildet somit das Kollegium als Gemeinschaft Gleichberechtigter die Urgestalt des apost. Amtes. Das Vaticanum II hat die Zugehörigkeit des einzelnen Bischofs zum → Bischofskollegium neu in Erinnerung gebracht. Der Papst als oberster Repräsentant der einen Kirche steht nicht selbstherrlich den Bischöfen gegenüber, sondern ist ihnen kollegial verbunden und entscheidet in Einheit mit ihnen. Dem → Kardinalskollegium kommt die Papstwahl zu.

Kollekte (lat.) 1. urspr. die Versammlung der Menschen sowie die Sammlung der zur → Eucharistie mitgebrachten (Liebes-) Gaben für die Armen und Kranken (→ Agape), ihre Einsammlung in oder nach dem Gottesdienst, heute in Form der Geldsammlung auch für die Kirche und für kirchl. Hilfsaktionen; 2. das → Almosen-Sammeln der → Bettelorden (→ Terminieren); 3. alte Bez. für ein kurzes Gebet (Sammel- oder Altargebet) in der hl. Messe. → Kollektor

Kollektor (lat.) der (Ein-) Sammler der → Kollekte, bes. der Almosen der Bettelorden und (als päpstl. Beamter) der → Abgaben an den → Apostolischen Stuhl.

Kölner Ereignis Verhaftung, Internierung und Absetzung des Kölner Erzbischofs Clemens August von Droste zu Vischering (1835–45) durch die preußische Regierung im Jahr 1837 (auch Kölner Kirchenstreit, Kölner Wirren); im Konflikt zwischen kath. Kirche und preußischem Staat, der auf dem Hintergrund des Hermesianismus und des → Mischehenstreits entstanden war, lehnte Droste jegliches staatl. Aufsichtsrecht über die Kirche, insbes. die Mischehengesetze, ab.

Kölner Erklärung in ihr brachten rund 200 dt.-sprachige Theologieprofessoren 1989 ihre „Besorgnis" über den Leitungsstil der röm.-kath. Kirche, bes. im Hinblick auf die Verfahrensweise bei Bischofsbestellungen, die Erteilung und Entziehung der Lehrerlaubnis und Fragen der Sexualmoral zum Ausdruck.

Kölner Krieg der zwischen dem 1582 zum → Protestantismus übergetretenen Kurfürst-Erzbischof Gebhard Truchseß von Waldburg und dem an dessen Stelle 1583 zum Erzbischof gewählten Herzog Ernst von Bayern entbrannte Kampf um das Erzstift Köln, damit um die kath. Mehrheit im Kurfürstenkolleg. Der 1585 für die auf Seiten Herzog Ernsts kämpfenden bayer. und span. Truppen siegreich verlaufene Krieg sicherte den kath. Glauben im Nordwesten Deutschlands und begründete die bis 1761 währende → Sekundogenitur des bayer. Fürstenhauses der Wittelsbacher im Erzbistum und Kurfürstentum Köln.

Kolpingwerk 1849 von dem kath. Priester und „Gesellenvater" Adolf Kolping (1813–65) begr. internat. Organisation kath. Gesellenvereine zur rel.-sittl., sozialen, berufl. und polit. Bildung und Erziehung kath. (anfangs Handwerks-) Gesellen, heute alle Lehrberufe umfassend. Die örtl. Kolpingvereine, die Kolpingfamilien, denen auch Frauen als Mitglieder angehören, unterhalten meist ein Kolpinghaus (Gesellenhospiz). An der Spitze der Einrichtung steht der vom Familienrat gewählte Generalpräses.

Kolumban-Regel von Kolumban (dem Jüngeren, um 543–615), dem wichtigsten Vertreter des → Irischen Mönchtums auf dem europ. Festland, für die drei von ihm gegr. Klöster Annegray, Luxeuil und Fontaines um 595 verfaßte „Regula monachorum" (lat. = Regel für Mönche), die in zehn Kapiteln Bestimmungen über das geistl. Leben der Mönche und über die Organisation klösterl. Lebens enthält. Das Werk Kolumbans, seine Klostergründungen und seine Regel, setzte eine das ganze Frankenreich erfassende monastische Bewegung in Gang, die nach der Hereinnahme der → Benediktregel in die irofränkischen Klöster seit etwa 628 dem benediktinischen Mönchtum zum Durchbruch verhalf (→ Karolingische Reform, → Aachener Regel).

Kommemoration (lat. = Gedenken) in der kath. Liturgie die Gedächtnisfeier, z. B. → Allerseelen, als Gedächtnisfürbitte für Lebende und Verstorbene Teil des → Kanons der hl. → Messe. → Diptychon

Kommendatarabt (lat. [abbas] commendatarius) im Mittelalter ein nur nomineller → Abt, auch Laienabt genannt: → Klerikern, → Bischöfen, → Kardinälen, auch → Laien konnten die Verwaltung und v. a. Nutznießung einer → Kommende, d. h. einer klösterl. → Pfründe und ihrer Einkünfte, übertragen werden, ohne die entsprechenden Pflichten übernehmen zu müssen. Kommendataräbte übten oft auch eine beschränkte → Jurisdiktion über das Kloster aus, was schließlich vom → Apostolischen Stuhl verboten wurde. Die bis zum Konzil von Trient (1545–63) bestehende Einrichtung der Kommendataräbte führte nicht selten zum Niedergang klösterl. Zucht und zur Schädigung des Stiftungsvermögens.

Kommende (von lat. commendare = anvertrauen) 1. die urspr. nur befristet, seit dem 8. Jh. auch lebenslang übertragene geistl. → Pfründe, deren Inhaber (lat. commendatarius) nur die Einkünfte bezog, von den damit verbundenen Pflichten jedoch befreit war. In bes. Weise wurden Abteien als Kommenden vergeben, deren Inhaber → Kommendataräbte genannt. Das Kommendenwesen war bis in die Neuzeit weitverbreitet, v. a. in Frankreich, Spanien und in den Ländern Italiens, wo vielfach die Landesherren das Besetzungsrecht (→ Investitur) innehatten; in Verbindung mit der Pfründenhäufung (→ Kumulation) kam es daher nicht selten zu einer Ausweitung dieser Form der Nutznießung auf kirchl. Pfründen aller Art. In der → Säkularisation gingen die meisten Kommenden, deren Verleihung seit 1514 dem → Apostolischen Stuhl vorbehalten war, unter. 2. In den → Ritterorden wird die selbständige Niederlassung ebenfalls Kommende genannt, an ihrer Spitze steht der Commendator oder → Komtur.

Kommunikant Empfänger der → Kommunion.

Kommunion (lat. communio = Gemeinschaft, Teilhabe) der Empfang des → Abendmahls, der in der hl. → Messe konsekrierten Gaben von Brot und Wein; in der kath. Kirche wesentl. Teil der Eucharistie, der in keinem Gottesdienst fehlen darf. In der lat. Kirche beschränkte sich seit dem Hochmittelalter die Kommunion für die → Laien auf den Empfang der konsekrierten → Hostie, die auf dem 4. Laterankonzil (1215) als mindestens einmal jährl. zu empfangende → Oster-Kommunion (mit Osterbeichte) verpflichtend vorgeschrieben wurde. Seit dem → Vaticanum II (1962–65) ist die → Kelchkommunion für Laien wieder möglich. Gewöhnl. wird die Kommunion im Rahmen des Gottesdienstes empfangen, daneben gibt es die Kommunion für Kranke und Sterbende. → Erstkommunion, → Interkommunion

Kommunitäten (von lat. communitas = Gemeinschaft) 1. im Bereich der ev. Kirchen die im 19./20. Jh. hervorgetretenen, als Aufbruchs- und Erneuerungsbewegung zu verstehenden geistl. geprägten Gemeinschaften (Genossenschaften) von Männern und Frauen (→ Gemeinschaftsbewegungen), auch Brüder- und Schwesternschaften zur konkreten Verwirklichung der → Nachfolge Christi, bes. in seelsorgl.-diakonischen Diensten, die in vielen Bereichen den Orden und Kongregationen der kath. Kirche, bes. den → Säkularinstituten der neuesten Zeit vergleichbar sind. Ihr Entstehen erfolgte im Rahmen einer umfassenden Neuorientierung, die im → Pietismus des 17./18. Jh.s, v.a. in der → Herrnhuter Brüdergemeine vorbereitet war. Als unmittelbare Vorformen können die im 19. Jh. eingerichteten → Diakonenanstalten (→ Diakonissenhäuser), in der → Anglikanischen Kirche die im Gefolge der → Oxfordbewegung entstandenen Ordensgemeinschaften betrachtet werden. Die teilweise nach den → Evangelischen Räten lebenden, gegenwärtig in großer Vielfalt bestehenden ökum. ausgerichteten ev. Kommunitäten können in drei Gruppen unterschieden werden: Brüder- und Schwesternkommunitäten gemeinsamen Lebens (u.a. die Communauté de → Taizé), Brüder- und Schwesternschaften ohne endgültige Lösung aus Familie und Beruf (z.B. die auf den → Berneuchener Kreis zurückgehende Ev. Michaelsbruderschaft) und neue Gemeinschaften der Diakonie. Zu den großen Gemeinschaften gehören neben den genannten auch der ev. Zweig der → Johanniter, die Pfarrer-Gebets-Bruderschaft, Ev. Marienschwesternschaft und die Christusbruderschaft. 2. Bez. für die Gesamtheit der Klosterangehörigen, den → Konvent.

Kompanation → Konsubstantiation

Kompetent (lat. = Bewerber) → Katechumene

Komplet (von lat. complere = erfüllen, beenden) im → Stundengebet der kath. Kirche das Abend- und Schlußgebet.

Kompromißwahl (lat. electio per compromissum) eine in der → Reichskirche begegnende Form der → Bischofswahl, bei der ein oder mehrere vom → Domkapitel beauftragte Geistliche (Kompromissare genannt) den Wahlvorgang unabhängig leiteten.

Komtur (lat. commendator) 1. in den → Ritterorden das dt. Wort für den Vorsteher einer selbständigen Niederlassung, Komturei oder → Kommende genannt, von denen mehrere eine → Ballei bilden; 2. Inhaber einer höheren, zwischen Ritter- und Großkreuz liegenden Klasse eines Verdienstordens.

Konfession (lat. → confessio) → Bekenntnis

Konfessionalismus seit dem 19. Jh. meist negative Bez. für das Vordringen (auch Konfessionalisierung) eines rel. → Bekenntnisses in Bereiche, die außerhalb des Religiösen liegen, oder seine einseitige Überbewertung gegenüber den Traditionen der Gesamtkirche, auch als konfessionelle Abschließung sowie strenge und ausschließliche Bekenntnistreue bez.

Konfessionell das → Bekenntnis (Konfession) betreffend.

Konfessioneller Absolutismus → Absolutismus

Konfessionelles Zeitalter Begriff der Geschichtsschreibung (auch Zeitalter der → Bekentnisse) zur Kennzeichnung der Epoche des 16./17. Jh.s, die in bes. Weise vom Prinzip der Religionspolitik, dem Ringen zwischen kath. und ev. (prot.) Glauben bestimmend war, d. h. für das Zeitalter der → Reformation, → Gegenreformation, → Katholischen Reform und des → Dreißigjährigen Kriegs. Konfessioneller → Absolutismus.

Konfessionskriege → Religionskriege

Konfessionskunde die aus der theol. Disziplin der Symbolik entwickelte vergleichende wissenschaftl. Untersuchung von Eigenart und Lehre verschiedener rel. → Bekenntnisse, früher auch Kontroverstheologie genannt.

Konfessionsschule → Bekenntnisschule

Konfessor → Bekenner

Konfirmation (lat. Befestigung, Stärkung, Bestätigung) 1. in den ev. Kirchen die im 16. Jh. anstelle der kath. → Firmung eingeführte feierl. Bestätigung der Taufgelübdes durch die → Einsegnung der getauften Jugendlichen, mit der diese nach ein- bis zweijährigem Konfirmandenunterricht als aktive Mitglieder in die Gemeinde eingeführt und zum

→ Abendmahl zugelassen werden; 2. in der kath. Kirche bez. der Begriff wie die → Approbation allgem. die päpstl. Bestätigung verschiedener Vorgänge, insbes. die dem Papst vorbehaltene Bestätigung eines neugewählten → Bischofs, wobei bis zum Ende der → Reichskirche gewöhnl. nicht die Konfirmation als Beginn der bischöfl. Regierung, sondern allein die Wahl durch das → Domkapitel gezählt wurde.

Konföderation (lat. = Bündnis) Zusammenschluß von → Kongregationen eines Ordens.

Konfraternität → Bruderschaft

Kongregation (von lat. congregare = die Herde [grex] zusammenführen) 1. Zusammenschluß mehrerer Klöster bei gleicher → Observanz unter einen Oberen (Abtpräses, -primas, Generalabt, Erzabt; → Abt), z.B. → Bursfelder, → Windesheimer Kongregation; 2. seit dem 16. Jh. entstandene Gemeinschaften der kath. Kirche, die im Unterschied zu den Orden nur einfache → Gelübde ablegen und nach einer Regel, aber ohne → Chordienst und → Klausur leben (z.B. Herz-Jesu-, Herz-Mariä-Genossenschaften); 3. Orden und Kongregationen werden seit dem → Vaticanum II (1962–65) und dem → CIC/1983 zusammen mit den → Säkularinstituten rel. Einrichtungen des gottgeweihten Lebens (lat. Instituta religiosa) genannt; 4. in der kath. Kirche allgem. fromme Vereinigungen, meist für → Laien, zu einem rel. Leben mit Werken der Nächstenliebe, auch Gemeinschaften des christl. Lebens genannt (z.B. → Marianische Kongregation); 5. die kollegial verfaßten Behörden der → Römischen Kurie zur Verwaltung der kath. Kirche unter der Leitung des Papstes, deren Mitglieder → Kardinäle, auch Diözesanbischöfe sind (z.B. die → Glaubenskongregation) werden Kongregationen, auch Kurien- oder Kardinalskongregationen (lat. Sacrae Congregationes) genannt.

Kongregationalismus, Kongregationalisten → Independenten

Kongrua (lat. congrua sustentatio) das feste (Mindest-) Einkommen zum Lebensunterhalt („Existenzminimum") aus einer → Pfründe.

Konklave (lat. = abgeschlossenes Gemach) nach dem Vorbild it. Kommunen seit 1241 eingerichteter, streng abgeschlossener Versammlungsort der → Kardinäle für die → Papstwahl; Bez. auch für die Gesamtheit der zur Wahl versammelten Kardinäle.

Konkordanz (lat. Übereinstimmung) dem Register vergleichbare, alphabet. geordnete Zusammenstellung der in einem oder mehreren

Büchern vorkommenden Wörter und Begriffe mit Angabe ihrer Fund- oder Belegstellen, z. B. eine Bibelkonkordanz.

Konkordat (von lat. concordare = einig sein, übereinstimmen) ein zwischen dem → Heiligen Stuhl und einem Staat (auch dessen Gliedstaaten) geschlossener, völkerrechtl. verbindl. Vertrag zur Regelung kirchl.-staatl., d. h. „gemischter" Angelegenheiten. Die Bez. wurde zum ersten Mal auf dem Konzil von Konstanz (1414–18) verwendet, sonst begegnen lat. Begriffe wie conventio und pactum. Als ältestes derartiges Vertragswerk gilt das 1122 geschlossene und bis 1806 gültige Wormser Konkordat, das den → Investiturstreit formell beendete.

Konkordienbuch (von lat. concordia = Übereinstimmung) die 1580 veröffentl. Sammlung luth. → Bekenntnisschriften; sie umfaßt das → Apostolische Glaubensbekenntnis, → Nicaeno-Constantinopolitanum, → Athanasianisches Glaubensbekenntnis, die → Confessio Augustana mit Melanchthons → Apologie, die → Schmalkaldischen Artikel, Melanchthons Traktat von der Gewalt und Obrigkeit des Papstes, Luthers Kleinen und Großen → Katechismus sowie die → Konkordienformel von 1577.

Konkordienformel (lat. Formula Concordiae) luth. → Bekenntnisschrift (Formel) von 1577, die eine Auslegung der → Confessio Augustana enthält und im → Konkordienbuch aufgenommen ist.

Konkubinat (lat. = Zusammenliegen) die dauernde außerehel. Geschlechtsgemeinschaft („wilde Ehe") zwischen Mann und Frau, seit dem Konzil von Trient (1545–63) unter Strafe verboten. Bes. seit dem späten Mittelalter begegneten vermehrt Klagen auch über Geistliche, die als „Konkubinarier" im Konkubinat lebten.

Konsekration in der kath. Kirche die → Weihe einer Person oder Sache, in bes. Weise von Brot und Wein in der hl. → Messe (→ Transsubstantiation).

Konsistorialkongregation in der → Römischen Kurie eine aus → Kardinälen zusammengesetzte → Kongregation zur Vorbereitung des → Konsistoriums und zur Besetzung hoher kirchl. Ämter, v. a. zur Bestellung der Bischöfe durch den Papst.

Konsistorialpräsident → Konsistorium

Konsistorialrat in den ev. Landeskirchen wie → Kirchenrat Amtstitel für höhere Beamte einer Verwaltungsbehörde. → Konsistorium

Konsistorialverfassung, -system → Konsistorium

Konsistorium (lat. = Versammlung, Sitzung, von consistere = sich aufhalten) 1. in der kath. Kirche die Vollversammlung der → Kardinäle unter Vorsitz des Papstes. Seit der Reform der → Römischen Kurie unter Papst Sixtus V. (1588), bei der die Kardinals- → Kongregationen eingerichtet wurden, verlor das Konsistorium an Bedeutung und bildet heute meist nur noch den feierl. Rahmen für verschiedene Anlässe (z.B. bei Kardinalsernennungen); 2. Bez. für das Offizialat (→ Offizial), seltener für das → Domkapitel, in Österreich auch für das → Ordinariat; 3. in einzelnen ev. → Landeskirchen die erstmals 1539 in Wittenberg eingerichtete, kollegial verfaßte zentrale Verwaltungsbehörde (gewöhnl. auch zur Wahrnehmung des → landesherrlichen Kirchenregiments), ein dem Landeskirchenamt entsprechendes Kollegium von Theologen und Juristen unter dem Vorsitz des Bischofs oder Konsistorialpräsidenten bzw. dem (Ober-) → Kirchenrat (Konsistorialverfassung, -system).

Konsolationen (lat. = Tröstungen, Zuspruch) vom Klerus als Beitrag zum Unterhalt jährl. zu entrichtende (urspr. freiwillige) Geldzahlungen (Pflichtabgaben) an den Bischof.

Konsole (frz.) aus der Mauer vorspringender Tragstein zur Auflage von Architekturteilen (Bögen, Balken, Gesimse) und (auch als Wandgestell) für Figuren oder andere Gegenstände der Kleinkunst. → Pendentif

Konstantinische Schenkung (lat. Constitutum Constantini) angebl. Urkunde Kaiser Konstantins des Großen (→ Konstantinische Wende), durch die der Kaiser die Würde des Papstes Silvester I. (314–35) und dessen Nachfolger über seine eigene kaiserl. gesetzt und dem Papst die Herrschaft über Rom, die Provinzen Italiens und den Westen des Röm. Reiches mitsamt den Inseln übertragen habe; die wahrscheinl. aus der Mitte des 8. Jh.s stammende Fälschung – als solche im 15. Jh. nachgewiesen (Lorenzo Valla, Nikolaus von Kues) – gewann durch ihre Aufnahme u.a. in die → pseudo-isidorischen Dekretalen des 9. Jh.s große Bedeutung und wurde vom Papsttum seit der → Gregorianischen Reform häufig zur Stützung weltl. Machtansprüche gebraucht.

Konstantinische Wende Bez. für das epochale Ereignis der Hinwendung Kaiser Konstantins des Großen (306–37) zum Christentum, die in einem Prozeß allmähl. gegenseitiger Annäherung zwischen weltl. und geistl. Gewalt (→ Kirche und Staat) im Verlauf des 3. Jh.s sich abgezeichnet und im Edikt des Kaisers Galerius von 311 Ausdruck gefunden hatte: es ordnete die Einstellung der → Christenverfolgungen für das Römische

Reich an und stellte durch reichsrechtl. Duldung den christl. Glauben den anderen Kulten gleich. Ausschlaggebend für die Wende war der Sieg, den Konstantin in der Entscheidungsschlacht an der Milvischen Brücke nördl. von Rom (vor der ihm nach der Legende ein Kreuz mit der Inschrift → „in hoc signo vinces" erschien) über Kaiser Maxentius am 28.10.312 errang und mit dem er zum Herrscher über den westl. Teil des Reiches wurde. Im Februar 313 erzielte er mit dem Kaiser des östl. Reichsteils Licinius in Mailand eine Übereinkunft (Mailänder Edikt, Absprachen, Konvention oder Vereinbarung genannt), nach der die volle Religions- und Kultusfreiheit und die Rückgabe von Kirchengütern an die Christen verfügt wurden. Mit seinem Sieg über Licinius errang Konstantin 324 die Alleinherrschaft, das Christentum wurde in der Folge die alleingültige Religion im Römischen Reich. → Konstantinopel

Konstantinopel (lat. Constantinopolis) die vom röm. Kaiser Konstantin dem Großen (280–337, → Konstantinische Wende) 326 neu geschaffene, 330 eingeweihte Hauptstadt des Römischen Reiches, die bis dahin den Namen → Byzanz trug, heute Istanbul heißt. Die mit der polit. Bedeutung Konstantinopels als eines der fünf vornehmsten Sitze der Christenheit (→ Patriarch, → Pentarchie) als der neuen Hauptstadt des östl. Reichsteils begründete Rangerhöhung fand im Kanon 3 des Konzils von Konstantinopel (381) sinnenfällig Ausdruck: „Der Bischof von Konstantinopel soll den Ehrenprimat [Ehrenvorrang] nach dem Bischof von Rom [= Papst] haben, denn diese Stadt ist das neue Rom." Mit dem Sitz ist seit dem 6. Jh. der Titel „Ökumenischer Patriarch" verbunden (bis heute Ehrenvorrang in den orth. Kirchen).

Konstitutionen → Constituta

Konsubstantiation (lat.) im Unterschied zur → Transsubstantiation die (auch Kompanation genannte) Lehre M. Luthers, wonach sich im → Abendmahl Leib und Blut Christi mit Brot (lat. panis) und Wein nach Art einer Koexistenz verbinden, ohne deren Substanzen zu verwandeln, somit keine → Realpräsenz eintritt. → Ubiquitätslehre

Kontaktreliquie → Reliquie

Kontemplation → Beschauung

Konvent (lat. = Zusammenkunft) 1. in Klöstern die Versammlung der → Konventualen, die das Konvents- → Kapitel bilden, auch die Gesamtheit der Klosterangehörigen (→ Kommunität) und das Kloster selbst; 2. Versammlung der Geistlichen eines ev. → Kirchenkreises.

Konventualen (lat.) 1. die stimmberechtigten Mitglieder einer klösterl. Gemeinschaft im → Konvents-Kapitel, bes. der → Bettelorden; 2. Name für die → Minoriten; 3. bei den → Karmeliten die mildere Richtung.

Konversen (lat. = Bekehrte) 1. im 4./5. Jh. die zu einem Leben in → Buße und → Askese be- oder umgekehrten Christen; 2. seit dem 7. Jh. Klosterangehörige, die im Unterschied zu den im Kindesalter dem Kloster übergebenen Knaben (→ Oblaten) als Erwachsene in das Kloster eintraten (Konversenbrüder), auch Konverseninstitut genannt; 3. seit dem 11. Jh. eine neue Art des → Laienmönchtums, das durch die stärkere Scheidung der Mönche in Priester- oder Chormönche auf der einen sowie in Laienbrüder und -schwestern auf der anderen Seite entstand: bei gemildeter Askese gehörten diese Religiosen dem Kloster zur Verrichtung verschiedener Arbeiten an.

Konversion (lat., wie → Konversen) im Christentum allgem. der Wechsel des → Bekenntnisses (Konfessionswechsel) durch Übertritt des Konvertiten in eine andere christl. Kirche (nach vorausgehendem → Kirchenaustritt).

Konvikt (lat. = Zusammenleben) ein Wohnheim (Stift, Internat) für Schüler und Theologiestudenten, früher das (bischöfl.) Knabenkonvikt oder Knaben- → Seminar zur geistl. Erziehung bes. für spätere Priesteramtskandidaten.

Konzil (lat. concilium, gr. → Synode) nach dem Vorbild des → Apostelkonzils die rechtmäßige Versammlung kirchl. Würdenträger, v.a. von Bischöfen, zur Klärung von Glaubens- und Sittenfragen, zur Festlegung kirchl. Disziplin und Organisation. Unterschieden werden Partikularkonzilien oder -synoden (Provinzial-, Nationalkonzilien) und Ökumenische (Allgemeine) Konzilien, welche die Gesamtkirche repräsentieren. Das 1. Ökum. Konzil tagte 325 in Nicäa. Von den orth. Kirchen werden nur die sieben Ökum. Konzilien des 1. Jahrtausends anerkannt; die kath. Kirche zählt darüber hinaus (mit Großsynoden des Mittelalters und der Neuzeit) bis heute 21 Ökum. Konzilien, zuletzt Trient 1545–63, → Vaticanum I 1869/70 und → Vaticanum II 1962–65 (siehe die Liste im Anhang dieses Lexikons). Im Protestantismus gelten die → Dordrechter Synode (1618/19) als eine Art Allgem. Konzil der ref. Kirche; die → Lambethkonferenzen gelten als Konzilien der Anglikanischen Kirche.

Konziliare Idee, Konziliarismus theol.-kanonist. Doktrin, wonach das Allgem. → Konzil als Repräsentation der ganzen Christenheit die höchste Autorität in der Kirche besitze, über dem Papst stehe und diesen nötigenfalls absetzen könne. Diese Auffassung wurzelte im Denken der Christenheit des 1. Jahrtausends, gewann bes. Bedeutung seit dem 12./13. Jh. (Johannes von Paris, † 1306), wurde weitergeführt im 14. Jh. durch Marsilius von Padua (→ Defensor pacis) und Wilhelm von Ockham (→ Ockhamismus); sie war bes. ausgeprägt im Großen → Abendländischen Schisma (1378–1417). Trotz häufiger päpstl. Verurteilung wirkte die Doktrin bis ins 19. Jh. nach.

Kopten, Koptische Kirche die seit dem 5. Jh. entstandene selbständige christl. monophysit. Kirche Ägyptens, deren Leitung der → Patriarch von Alexandria (seit dem 11. Jh. mit Sitz in Kairo) innehat; seit 1895 ist ein kleiner Teil unter einem eigenen Patriarchen mit Rom uniert.

Korporale (von lat. corpus = Leib, Körper) ein in der hl. → Messe als Unterlage auf dem → Altar für → Hostie, → Kelch und → Patene gebrauchtes quadrat. Leinentuch. → Antimension

Krankensalbung → Sakrament

Kredenz (lat.) Tisch im Altarraum für die zum → Abendmahl benötigten Gegenstände.

Kreierung (lat., sprich: Kre-ierung) Ernennung eines → Kardinals durch den Papst.

Kreispfarrer → Dekan

Kreuz (lat. crux) 1. seit prähistor. Zeiten nachweisbares, mannigfaltige Formen und Symbolbedeutungen aufweisendes Zeichen; 2. in der Antike galt die Hinrichtung am Kreuz als schändlichste Todesart (langsamer Tod durch allmähl. Ersticken, öffentl. Zurschaustellung des Delinquenten); 3. im Christentum ist das Kreuz Sinnbild der → Passion Christi, seiner Auferstehung und Wiederkunft und damit Christi selbst: es ist das spezifische Glaubenssymbol des Christentums, weil es die im Opfer- und Kreuzestod Christi vollzogene Erlösung des Menschen von Sünde und Tod, seine Befreiung von allem Bösen versinnbildlicht und als „Baum des Lebens" zum Zeichen der Hoffnung und Versöhnung geworden ist. Daher steht das Kreuz auch am Beginn der → Nachfolge Jesu, der zu seinen Jüngern sagte: „Wer mein Jünger sein will, der verleugne sich selbst, nehme sein Kreuz auf sich und folge mir nach" (Mt 16,24). 4. In bes. Weise hat Paulus die christl. Botschaft als eine Botschaft des Kreuzes verkündet (z. B. Kol 1,20; 1 Kor 1,18–23). Die Theologie des

Kreuzes (lat. Theologia crucis) ist das Kennzeichen der Lehre M. Luthers, der Gott nirgendwo anders finden will als im gekreuzigten Christus (Leidenstheologie). 5. Zusammen mit dem → Kruzifix wurde das Kreuz spätestens seit dem 4. Jh. zum bis heute weitestverbreiteten (Segens-) Zeichen; mit dem Kreuzzeichen „bekreuzigen" sich Menschen in Gebet, Gottesdienst und jeder Lebenslage.

Kreuzaltar im Mittelalter der im Unterschied zum → Hochaltar für den Volksgottesdienst bestimmte, auch Laienaltar genannte Altar, der sich in der Mitte des → Langhauses oder vor dem → Lettner befand.

Kreuzbrüder → Kreuzherren

Kreuzbund 1896 begr. kath. Verband zur Bekämpfung des Alkoholmißbrauchs und zur therapeut. Unterstützung Suchtkranker. → Gemeinschaftsbewegung(en)

Kreuzerhöhung am 14. September gefeiertes Fest zum Gedächtnis der feierl. Aufstellung des Kreuzes in der Kreuzeskirche Kaiser Konstantins des Großen in Jerusalem am 13.9.335; urspr. als Begleitfest am folgenden Tag eingeführt, überragte es bald das Hauptfest der → Kirchweihe dieser Basilika. In den orth. Kirchen wird es auch als Fest der Kreuzauffindung durch die Kaiserin Helena, die Mutter Konstantins, begangen.

Kreuzfahrer Teilnehmer an einem → Kreuzzug

Kreuzgang (lat. ambitus) überdeckter Um- oder Wandelgang (meist mit Gewölbe) um einen vier- oder rechteckigen Hof oder (Kreuz-) Garten neben Dom-, Stifts- und bes. Klosterkirchen, dessen Arkaden (auf Säulen oder Pfeilern) zum Hof hin offen sind.

Kreuzherren (Kreuzbrüder) Name mehrerer kath. Ordensverbände, deren Mitglieder mit einem Kreuz gekennzeichnet sind, im engeren Sinn die Angehörigen von → Hospital- und → Ritterorden, die im 12./13. Jh. im Zusammenhang mit den → Kreuzzügen entstanden sind.

Kreuzritter 1. Teilnehmer an einem → Kreuzzug; 2. Angehöriger eines geistl. → Ritterordens, bes. des → Deutschen Ordens (Kreuzritterorden).

Kreuzschwestern → Barmherzige Brüder und Schwestern

Kreuzweg nach den Berichten des NT der Leidensweg des kreuztragenden Jesus in Jerusalem vom Ort seiner Verurteilung bis zur Kreuzigungsstätte Golgotha und zum → Heiligen Grab. Seit dem Mittelalter gingen christl. Jerusalempilger diesen Weg zum Gedenken an die → Passion Christi; im Spätmittelalter kam es im Abendland zur Nachahmung des Leidenswegs durch die → Kalvarienberge und zu den 14 Kreuzwegstationen, d.h. durch Kapellen oder Bilder gekennzeichneten Haltepunkten des Kreuzwegs, die auch in die Kirchen übertragen wurden und gewöhnl. mit Bildtafeln entlang der Kirchenwände dargestellt sind. Die heute bes. in → Fastenzeit und → Karwoche übliche Kreuzwegandacht fand durch die → Franziskaner weite Verbreitung.

Kreuzwerkzeuge → Passion Christi

Kreuzzeichen → Kreuz

Kreuzzug, Kreuzzugsbewegung 1. mit dem Begriff „Kreuzzug" ist allgem. ein im Mittelalter von der Kirche ausgerufener oder unterstützter Krieg gegen → Heiden und → Häretiker umschrieben. Er diente dem Ziel, den rechten Glauben zu verbreiten oder wiederherzustellen und wurde z.B. in Livland gegen die Heiden, in Südfrankreich gegen die → Albigenser geführt, mehrfach auch von den Päpsten gegen christl. Herrscher im Abendland propagiert. 2. Im bes. werden als Kreuzzüge die von den Päpsten ausgerufenen Kriegsfahrten vom Ende des 11. bis zum Ende des 13. Jh.s in das → Heilige Land zu dessen Befreiung von der islam. und zur Errichtung der christl. Herrschaft über das → Heilige Grab in Jerusalem bez. (→ Ritterorden) 3. Für die Entstehung der in einem breiten Strom rel. Ideen eingebetteten Kreuzzugsbewegung sind vielschichtige Momente anzuführen, bes. der Gedanke der Pilgerschaft und → Wallfahrt zum Grab des Herrn (lat. expeditio/iter/peregrinatio in terram sanctam – die zeitgenössischen Quellen gebrauchen das Wort „Kreuzzug" noch nicht), wobei der Verlust der hl. Stätten (erstmals 1071) als Folge der Sünde gedeutet wurde. Dementsprechend wurde in der Kriegshandlung zur Befreiung Jerusalems, weil im Dienst des christl. Heilsprozesses stehend und im Anschluß an Augustinus als → Gerechter Krieg betrachtet, ein Weg zur Seligkeit erkannt, identifizierten sich die Kreuzfahrer als „Soldaten Christi" (lat. milites Christi), die der Gedanke antrieb, durch die Kriegsteilnahme den „Himmel zu erwerben". Deshalb waren vor dem Gewinn des in Aussicht gestellten Kreuzzugs-→ Ablasses Reue und Buße des einzelnen unbedingte Voraussetzungen; damit waren der Schritt zum „Kriegsdienst für Christus" (lat. militia Christi) als einem „Gottesdienst", die positive Wendung der Kirche zum Krieg und die Einheit des Gegensatzes von → Kreuz und Schwert vollzogen, die „Theologie des Krieges" und der → Heilige Krieg institutionalisiert. Diese Instrumentalisierung des Krieges für die kirchl. Politik, die Einbindung der Kreuzzugsidee in einen heilsgeschichtl. und geschichtstheol. Rahmen waren geradezu die Konsequenz aus den grundstürzenden Ereignissen, die sich im und seit dem → Investiturstreit vollzogen hatten und in Clermont 1095 in den Aufruf zum 1. Kreuzzug (1096–99) unter Papst Urban II. (1088–99) mündeten (→ Deus lo volt).

Krieg → Gerechter Krieg, → Heiliger Krieg, → Kreuzzug

Krippe (Weihnachtskrippe) seit dem Spätmittelalter belegter, seit dem 17. Jh. auch in den Privathäusern gepflegter Brauch, den „Stall" (Geburtsgrotte, Futtertrog) von Bethlehem, in dem Jesus geboren wurde, und das Weihnachtsgeschehen plastisch, später auch als Krippenspiel szenisch darzustellen. Die vielfach höchst kunstvoll gestalteten Krippen sind wichtige Zeugnisse der Volksfrömmigkeit und bis heute weit verbreitet.

Krönung → Sakrales Herrschertum

Krummstab (lat. lituus) der Bischofsstab, auch der Äbte und Äbtissinnen, Teil der → Pontifikalien (→ Ring und Stab). In der → Reichskirche wurden die Territorien der → geistlichen Fürsten (→ Hochstift) auch Krummstablande genannt, daher auch die v. a. im 18. Jh. begegnende Wendung: „Unterm Krummstab ist gut leben (ruhen)".

Krummstablehen → Kirchenlehen

Kruzifix (lat. = der ans Kreuz Geschlagene, der Gekreuzigte) seit spätantik-frühmittelalterl. Zeit übliches → Kreuz mit der Figur (Corpus) des gekreuzigten Christus.

Kruzifixbeschluß, -urteil am 10. 8. 1995 veröffentl. Beschluß des 1. Senats des Bundesverfassungsgerichts vom 16. 5. 1995, wonach die (staatl. angeordnete) „Anbringung eines Kreuzes oder Kruzifixes in den Unterrichtsräumen einer staatlichen Pflichtschule, die keine [→] Bekenntnisschule ist" (wie es § 13 der Schulordnung für Volksschulen in Bayern vorsieht), gegen das Grundrecht auf Religionsfreiheit gemäß Art. 4 Abs. 1 des Grundgesetzes für die Bundesrepublik Deutschland verstoße (→ Glaubensfreiheit). Die Entscheidung fand in der öffentl. Diskussion breiten Niederschlag und führte zu teilweise leidenschaftl. Debatten über den Symbolgehalt des Kreuzes und seines „Wertes", zugleich über das Verhältnis von → Kirche und Staat.

Krypta (gr.-lat., von gr. kryptein = verbergen) urspr. das → Grab oder die Grabkammer eines → Märtyrers (auch in den → Katakomben), seit dem Frühmittelalter unter → Chor oder → Altar befindlicher Kultraum mit Altar, Aufbewahrungsort von → Reliquien und Grabstätte (Gruft) geistl. und weltl. Würdenträger.

Kryptocalvinismus (von gr. kryptein = verbergen) Bez. für den im 16. Jh. v.a. in Kursachsen vertretenen „heimlichen → Calvinismus", d.h. den von Ph. Melanchthon beeinflußten luth. Glauben, der bes. in der → Abendmahlslehre der Auffassung Calvins zuneigte.

Kubikular (von lat. cubiculum = Schlafzimmer) neben → Kämmerer Bez. für einen persönl. Bediensteten des Papstes.

Küchenlatein (lat. Latinitas culinaria) seit Beginn des 16. Jh.s im → Humanismus belegte abfällig-spöttische Etikettierung des als schlecht und verderbt empfundenen Universitäts- und „Mönchs"-Lateins des Spätmittelalters. → Dunkelmännerbriefe

Kukulle (lat.) als Teil der Mönchskleidung (Kutte) bestimmter Orden ein bei feierl. Anlässen getragenes mantelähnliches Übergewand mit weiten Ärmeln, früher ein Schulterumhang mit Kapuze.

Kult, Kultus (von lat. colere = bebauen, pflegen, [ver-] ehren) allgem. die in bestimmter Ordnung sich vollziehende, an hl. Orte und Zeiten gebundene Ausdrucksform (→ Ritus) rel. Empfindens und Erlebens einer Gemeinschaft oder Gemeinde zur Feier dieser Gemeinschaft mit dem Göttlichen, mit Gott, zur Reinigung, Versöhnung und Verehrung, in den christl. Kirchen vollzogen in der Feier des → Gottesdienstes (→ Liturgie) und im Gebet.

Kulturkampf von R. Virchow († 1902) geprägte Bez. für die in den Jahren 1871–87 ausgetragenen schweren Auseinandersetzungen zwischen dem preußischen Staat mit seiner Politik des → Liberalismus und der sich diesen Bestrebungen widersetzenden und ihre Lehrautorität betonenden kath. Kirche (→ Katholische Bewegung, → Syllabus, → Vaticanum I, → Infallibilität, → Ultramontanismus). Verschiedene staatl. Maßnahmen, u.a. → Jesuitengesetz, → Kanzelparagraph, Einführung der Zivilehe und des Schulaufsichtsgesetzes, stießen auf heftigen Widerstand auch in der kath. Bevölkerung.

Kumulation (lat.) Häufung von geistl. Ämtern und → Pfründen (lat. cumulatio beneficiorum) in einer Hand, v.a. von → Kanonikaten, dann auch von → Bistümern und → Hochstiften, die im Rahmen einer → Reichskirchen-Politik verschiedener Fürstenhäuser bes. seit dem 16./17. Jh. oft praktiziert wurde und bis zum Ende des → Heiligen Römischen Reiches auch im Dienste dynastischer Interessen (→ Sekundogenitur) stand; sie wurde vom → Apostolischen Stuhl weitestgehend gebilligt und durch → Dispense von der → Inkompatibilität ermöglicht, obwohl das Konzil von Trient (1545–63) 1547 beschlossen hatte, daß man nicht mehr als eine Metropolitan- oder Kathedralkirche besitzen durfte, sei es als Titel oder Kommende. Diese Bestimmung wurde auch auf die übrigen Präbenden ausgedehnt, in der dritten und letzten Sitzungsperiode des Konzils (1563) zudem bestimmt, daß bei Kathedral- und Pfarrkirchen jede Kumulation verboten sein sollte. Für die Reichskirche beschränkte Papst Clemens XII. 1731 die Zahl der dt. Kathedralkirchen, die in einer Hand vereinigt werden durften, auf zwei.

Kunst → Christliche Kunst, → frühchristliche Kunst

Kurat (lat. cura = Sorge, Fürsorge, Pflege) in der kath. Kirche ein (Hilfs-) Geistlicher mit eigenem Zuständigkeitsbereich in der Seelsorge oder Seelsorgebezirk (Kuratie oder Pfarrvikarie).

Kur, Kür (von mhd. kiesen = prüfen, wählen, küren) 1. die Wahl des dt. Königs durch die → Kurfürsten; 2. Kurztitel für ein Kurfürstentum bzw. einen Kurfürsten, z. B. Kurmainz, Kurerzbischof von Mainz.

Kurfürsten im → Heiligen Römischen Reich die drei geistl. und vier (später sechs) weltl. Reichsfürsten, die seit dem 12. Jh. das (1257 alleinig geübte, 1356 durch die → Goldene Bulle bestätigte) Recht innehatten, den dt. König zu „küren", d.h zu wählen (→ Kur): die Erzbischöfe von Mainz, Köln und Trier, der Pfalzgraf bei Rhein, der Herzog von Sachsen, der Markgraf von Brandenburg und (seit 1289) der König von Böhmen. 1623 erhielt Bayern die pfälzische Kur, die 1777 mit der 1648 für die Pfalz neugeschaffenen achten Kur zusammenfiel, 1692 bzw. 1709 Hannover eine neunte Kurwürde. Seit 1489 bestand im Reichstag (→ Reichsstände und Reichstag) das Kurfürstenkolleg als erste Kurie unter Führung von Mainz (lat. electores oder principes electores imperii). → Erzämter

Kuriale geistl. oder weltl. Beamter an der → Römischen Kurie, auch Kurialist.

Kurialer Zentralismus, Kurialismus → Papalismus

Kurialtaxen an die → Römische Kurie zu entrichtende → Abgaben (→ Taxen).

Kurie → Römische Kurie

Kurienkardinal ein hauptamtl. an der → Römischen Kurie wirkender → Kardinal.

Kurienkongregationen → Kongregation

Kurienreform → Römische Kurie

Kustode → Kustos

Kustodia (lat.) liturg. Gefäß zur Aufbewahrung der konsekrierten großen → Hostie für die → Monstranz im → Tabernakel.

Kustodie (lat.) bei den → Franziskanern die Untergliederung einer Ordens- → Provinz (heute auch Kommissariat genannt), deren Vorsteher der → Kustos ist.

Kustos, Kustode (lat. = Wächter) 1. mit dem → Kanonikat verbundenes Amt in → Dom- und → Stiftskapitel (→ Domkustos); 2. Vorsteher einer → Kustodie.

Küster → Mesner

KV Abk. für Kartellverband kath. dt. Studentenvereine. → Cartellverband

Kybernetik (gr. = Leitung) theol. Lehre von der ev. Kirchen- und Gemeindeleitung, → Kirchentheorie.

Kyriale (gr.) in der kath. Kirche ein liturg. Buch mit Auszügen aus dem → Graduale und einer Sammlung von Meßgesängen (→ Gregorianischer Gesang).

Kyrie (eleison) (gr. = Herr [erbarme dich]) alter christl. Gebetsruf, im Wechsel mit „Christe eleison" am Beginn des Gottesdienstes; Teil der gesungenen → Messe.

Kyrios (gr. = Eigentümer, Herr) 1. antiker Herrschertitel; 2. Würdetitel Christi als Ausdruck seiner Gottheit; 3. in der → Septuaginta häufige Übersetzung des hebr. Gottesnamens Jahwe.

L

La Divina Commedia → Die Göttliche Komödie

Laie (gr. laos = Volk, laikos = zum Volk gehörig) 1. urspr. ein Nicht- → Kleriker, ein (des Lesens und Schreibens) Unkundiger; 2. in der kath. Kirche, großenteils auch in den orth. Kirchen, jeder durch das Taufsakrament der Kirche als dem Leib Christi und dem Volk Gottes eingegliederte Glaubende, der nicht das Weihesakrament empfangen hat, wohl aber teilhat am gemeinsamen Priestertum aller Gläubigen. Zwischen Laie und → Hierarchie besteht kein gradueller (etwa moralischer oder wertmäßiger), sondern ein „wesenhafter Unterschied" (Lumen Gentium 10); 3. die Bez. des röm.-dt. Königs (→ Sakrales Herrschertum) als Laien und die von ihm vorgenommene → Investitur als Laieninvestitur war mitursächl. für den Ausbruch des Investiturstreits des 11./12. Jh.s und die dadurch eingeleitete erste europ. Revolution.

Laienabt → Kommendatarabt

Laienaltar → Kreuzaltar

Laienapostolat → Katholische Aktion

Laienbewegung 1. Sammelbez. für die in den ev. Kirchen im 19. Jh. von der → Erweckungsbewegung geprägten vereinsartigen Zusammenschlüsse mit mission. Zielsetzung und Betonung des Weltauftrages jedes getauften Christen; 2. in der zweiten Hälfte des 20. Jh.s enstanden auch in der kath. Kirche zahlreiche „Bewegungen" (it. movimenti), die oft von Laien gegr., bei aller Verschiedenheit darin übereinkommen, in Zusammenarbeit mit der kirchl. → Hierarchie den Weltauftrag der Laien ernst zu nehmen (Neue geistliche Bewegungen; → Katholische Aktion).

Laienbruder, -schwester volkstüml. Bez. für Mitglieder von Orden und rel. Gemeinschaften, die nicht → Kleriker bzw. nicht → Chorfrauen sind. Ihre Aufgaben liegen v.a. im prakt. Arbeitsbereich. Heute besteht in den kath. Verbänden die Absicht, die histor. gewordenen Unterschiede zu überbrücken. → Frater, → Soror, → Konversen

Laieninvestitur → Freiheit der Kirche, → Gregorianische Reform, → Investitur, → Sakrales Herrschertum

Laienkelch, -bewegung → Calixtiner, → Kelchkommunion

Laien-Kirche 1. Kirchenraum für → Laien, in vielen Großklöstern der älteren Zeit eine eigene, meist kleinere Seelsorgekirche (auch Pfarrkirche) neben der Klosterkirche, damit der klösterl. → Chordienst nicht beeinträchtigt und gleichzeitig der Pfarrseelsorge (z. B. Taufe, Trauung, Totengottesdienste) Genüge getan wurde; 2. Bez. für das Kirchen- → Schiff (→ Langhaus) oder Teile einer Klosterkirche, die vom → Chor der Mönche und Kanoniker getrennt, den Laien zugewiesen und mit einem Laien- oder → Kreuzaltar für den Gottesdienst versehen waren. Alte Anlagen der Stifte und Klöster mit zwei Kirchen sind vielerorts bis heute erhalten.

Laienmönchtum das christl. → Mönchtum war in seinem Anfängen im Osten und Westen ein → Laien-Mönchtum, doch wurden frühzeitig auch Priester in die Gemeinschaften aufgenommen, v. a. im Interesse der Liturgiefeiern innerhalb der Klöster, da die Eucharistiefeier stets dem Priester vorbehalten war. Erst seit dem 9. Jh. verlangten abendländische Synoden, daß der → Abt (der benediktinischen) Klöster die Priesterweihe empfangen habe oder solle. Auch die Anfänge der neuen Orden der Reformbewegungen des 10.–13. Jh.s waren noch vorwiegend vom Laienmönchtum geprägt. → Laienbruder, -schwester

Laienpredigt 1. in der Geschichte die → Predigt von Mitgliedern rel.-apostol. Bewegungen im 12./13. Jh. (u. a. → Humiliaten, → Waldenser). Auswüchse und Mißbrauch führten noch im Hochmittelalter zu ihrem Verbot. 2. Gegenwärtig wird die Möglichkeit der Laienpredigt in der kath. Theologie neu diskutiert als Frage, ob die Predigt in der Eucharistiefeier auch von Laientheologen gehalten werden kann. Da jedoch die Verkündigung des → Evangeliums die wichtigste Aufgabe des geweihten Amtsträgers ist und Verkündigung und Eucharistie den einen Kultakt darstellen, in dem der Bischof oder Presbyter „in Person des Hauptes Christus" (lat. in persona Christi capitis) handelt, setzt die Wortverkündigung in der Eucharistiefeier die sakramentale Weihe voraus. Die Laien sind kraft Taufe und Firmung zum Glaubenszeugnis befähigt und berufen und können zur Mitarbeit mit dem Bischof und den Priestern bei der Ausübung des Dienstes am Wort berufen werden, auch zur Predigt in einer Kirche in den verschiedensten Formen eines nichteucharistischen Gottesdienstes.

Laienschiff → Laien-Kirche

Laisierung „Rückversetzung" eines Klerikers in den Laienstand. Da die sakramentale Weihe einen → Character indelebilis verleiht, ist mit Laisierung entweder die Feststellung der Ungültigkeit der Weihe oder das Verbot der Ausübung der Weihevollmacht gemeint.

Laizismus eine in der Religionskritik der → Aufklärung wurzelnde polit.-weltanschaul. Grundhaltung, welche die Beeinflussung des öffentl. Lebens durch die Kirche ablehnt und den Klerus auf seine geistl. und unpolit. Tätigkeitsfelder einschränken will (Trennung von → Kirche und Staat).

Lambethkonferenzen seit 1867 etwa alle zehn Jahre abgehaltene Versammlungen der anglikanischen Bischöfe der ganzen Welt zur Behandlung von Glaubens- und Sittenlehren im Lambeth-Palast in London.

Lamm Gottes → Agnus Dei

Landbischof → Chorbischof

Landdekan → Dekan

Länderkonkordat → Konkordat der Regierungen einzelner Bundesländer mit dem Heiligen Stuhl, dementsprechend → Kirchenverträge zwischen Landesregierungen und ev. → Landeskirche.

Landesbischof in einigen ev. → Landeskirchen Titel des leitenden Geistlichen.

Landesbistum im Staatskirchenrecht der → Aufklärung wurzelnde, staatskirchenrechtl. Territorialismus genannte Tendenz, auch in kath. Territorien (ähnl. wie in prot. → Landeskirchen) staatl. und kirchl. Grenzen durch Errichtung von Landesbistümern in Übereinstimmung zu bringen; sie wurde teilweise verwirklicht in Diözesan- und Ordensreformen des 18./19. Jh.s, auch durch → Konkordate und → Kirchenverträge der neueren Zeit.

Landesherrliches Kirchenregiment in allen ev. → Landeskirchen die von 1525 meist bis zum Ende der Monarchien 1918 vom jeweiligen Landesherrn ausgeübte Kirchenhoheit (→ Summepiskopat). Erhebl. Einflüsse der als sakral empfundenen weltl. Macht (Kaiser, Könige, Fürsten; auch → Sakrales Herrschertum) auf den geistl. Bereich seit dem 4. Jh.

(→ Konstantinische Wende), später auch in den → Missions-Kirchen des Ostens und Westens führten häufig zu Spannungen, so im Zeitalter des → Investiturstreits. Das bereits im abendländischen Mittelalter ausgebaute Landeskirchentum mit seiner territorialen weltl. (staatl.) Kirchenhoheit erfuhr seine rechtl. Festlegung in der → Reformation seit 1525, im → Heiligen Römischen Reich durch den → Augsburger Religionsfrieden von 1555 (→ Cuius regio, eius et religio). Tatsächl. wurde die Kirchenordnung gewöhnl. durch → Konsistorien in landesherrl. Auftrag gewahrt.

Landeskirche allgem. die auf ein Territorium (Land) beschränkte und (meist) mit dessen Grenzen übereinstimmende Kirchenorganisation, im bes. die aus der → Reformation hervorgegangenen Gliedkirchen der → EKD mit eigenem Bekenntnisstand (ev.-luth., ref., uniert). → Freikirche

Landkapitel → Dekanat

Landvolkbewegung (kath.) → Dorfkirchenbewegung

Langhaus der meist von West nach Ost zum Hauptaltar gerichtete (geostete) Hauptteil einer Kirche vor dem → Chor oder Querhaus, das im Spätmittelalter häufig durch den → Lettner vom Chor abgesondert war.

Lapsi (lat. Gefallene, vom Glauben Abgefallene) Christen, die in den → Christenverfolgungen seit Kaiser Decius (249–51) Schwäche zeigten und/oder den Kaiserkult anerkannten: Thurificati (durch Weihrauchopfer), Libellatici oder Sacrificati (durch falsche Opferbescheinigungen) und Traditores (durch Auslieferung christl. Bücher); über ihre Wiederaufnahme in die Kirche und die Gültigkeit der von ihnen gespendeten Sakramente gab es lange Streitigkeiten.

Laetare (lat. = Freue dich [Jerusalem]) nach dem → Introitus benannter 4. Fastensonntag (4. Sonntag der Passionszeit, auch Mittfasten), mit freudiger Grundstimmung der Liturgie und Weihe der → Goldenen Rose durch den Papst, daher auch Rosensonntag genannt.

Latein, Lateinische Sprache (lat. lingua Latina) seit dem Aufstieg → Roms in der antiken Welt wurde die urspr. von indogerm. Stämmen in der mittelit. Landschaft Latium gesprochene Sprache Weltsprache. Das Latein der Spätantike (in der es zum Durchbruch der Volkssprachen [Vulgärlatein], aus denen die roman. Sprachen hervorgingen, kam) wurde zur Sprache der → Liturgie der abendländischen → lat. Kirche, im sog. Mittellatein auch Sprache der Wissenschaft im Mittelalter und war nach „Reinigung" (des → „Küchenlatein") im → Humanismus (Neulatein, Neoklassik) bis ins 19. Jh. herein als Wissenschaftssprache gebräuchl. In der kath. Kirche wurde die Sprache als → Kirchenlatein bis zur Gegenwart bewahrt, als Liturgiesprache kam es jedoch zu einem starken Rückgang seit dem → Vaticanum II (1962–65).

Lateiner in der Geschichte oft begegnende Bez. für die Angehörigen der mit dem röm. Papst verbundenen abendländischen → lat. Kirche, im Gegensatz zu den „Griechen" oder allgem. den orth. Kirchen des Ostens.

Lateinische Kirche Bez. für den Teil der kath. Christenheit, der im Unterschied zu den → Unierten Ostkirchen in der → Liturgie das → Latein gebraucht. → Lateiner

Lateinisches Kaiserreich/Kaisertum nach Eroberung → Konstantinopels im 4. Kreuzzug (1204) aus Teilen des → Byz. Reiches mit westl.-lat. Hierarchie errichtet, bestand es bis 1261. Bis zum Fall Konstantinopels im Jahr 1453 verblieb dadurch eine erhebl. Schwächung des Byz. Reiches.

Lateinschule im Mittelalter → Dom-, Stifts- oder Klosterschulen, später auch Ratsschulen der Städte, bes. nach der → Reformation, in denen → Latein Hauptunterrichtsfach war. In der Zeit des → Humanismus kam es auch zur Aufnahme des Griechischen, manchmal auch des Hebräischen. Die Lateinschulen (zum Teil auch Fürstenschulen) leiteten im 18./19. Jh. in die moderne Schule über.

Lateran, Lateranpalast päpstl. Palast in Rom; der 64 von Kaiser Nero beschlagnahmte Palast der röm. Adelsfamilie der Plautii Laterani wurde 312 von Fausta, Gemahlin Kaiser Konstantins des Großen (306–37), den Bischöfen von Rom als Wohnung übergeben; dazu gehört die Lateranbasilika (San Giovanni in Laterano), als röm. Bischofskirche „Haupt und Mutter aller Kirchen". Der Lateranpalast war bis ins Spätmittelalter Hauptresidenz der Päpste, dann der → Vatikan. Basilika und Palast, heute exterritorial zur Vatikanstadt gehörig, waren Ort zahlreicher → Konzilien und Synoden, darunter in der kath. Zählung die Ökum. Laterankonzilien I (1123), II (1139), III (1179), IV (unter Papst Innocenz III. 1215) und V (1512–17).

Laterankonzilien → Lateran

Lateranverträge abgeschlossen 1929 im → Lateran zwischen dem Apostolischen Stuhl und dem Königreich Italien, vertreten durch den „Duce" Benito Mussolini, brachten sie die Bereinigung der seit Ende des → Kirchenstaates (1870) offenen „Römischen Frage" in drei Verträgen: Festlegung des souveränen Staates der → Vatikanstadt (it. Stato della Città del Vaticano) um → Vatikan und Peterskirche (dazu exterritoriale Bereiche), Finanzabkommen (zur Entschädigung der seit Ende des Kirchenstaates entstandenen Verluste) und → Konkordat mit dem Königreich Italien. Die Staatsverträge fanden 1947 Eingang in die Verfassung der Republik Italien.

Latitudinarismus (von lat. latitudo = Breite) theol. Richtung in der Anglikanischen Kirche bes. im 17. Jh., die für Toleranz (Weitherzigkeit) gegenüber anderen prot. → Bekenntnissen, zum Teil auch gegenüber dem → Deismus eintrat.

Laudes (lat. = Lobpreisungen) das Morgenlob in → Brevier und → Stundengebet.

Laudes regiae (lat.) königl. Lobpreisungen, → Akklamationen für den König (Kaiser) in der Krönungsliturgie und zu festl. Anlässen (→ Sakrales Herrschertum).

Laura (gr. Lawra = enge Gasse) seit dem 4. Jh. eine halb- → koinobitische Eremitensiedlung von Mönchen in der Ostkirche, die (ähnlich der → idiorrhythmischen Lebensweise) für sich leben und nur gelegentl. zum gemeinsamen Gottesdienst einfanden; später auch Name für bedeutende Klöster, z. B. die Höhlen-Laura in Kiew und Kloster-Laura auf dem → Athos.

Lauretanische Litanei Marien- → Litanei der kath. Frömmigkeit, benannt nach dem it. Wallfahrtsort Loreto (dort 1531 gebraucht), bestehend aus Lobpreisungen und Ehrentiteln der Gottesmutter.

Laxismus (lat.) im Gegensatz zum → Rigorismus eine unbekümmerte moral. Haltung und Lebensweise (z. B. auch in der Beobachtung der Klosterregel); kirchl. verurteilte Richtung der kath. Moraltheologie, die Handeln auch dann für erlaubt hält, wenn nur geringe Wahrscheinlichkeit für Erlaubtheit spricht.

Lazaristen (Vincentiner) eine 1624 von Vincenz von Paul in Paris gegr. Gemeinschaft von Weltpriestern mit priv. → Gelübden, benannt nach dem ersten Mutterhaus Saint-Lazare. Aufgaben: Volks- und v. a. Heidenmission in allen Erdteilen. Bez. auch für den → Lazarusorden.

Lazarusorden, Lazaristen nach Lazarus von Bethanien, den Jesus von den Toten erweckt hat (Joh 11,1–44), benannte rel. Genossenschaften zur Krankenpflege, u. a. der in Palästina zur Zeit der → Kreuzzüge. entstandene frz. → Ritterorden (→ Hospitaliter vom hl. Lazarus) zur Pflege der Aussätzigen.

L. B. Abk. für lat. Liber Baro = Freiherr, Baron.

Legat, Legation → Apostolischer Legat, → Apostolischer Nuntius, → Kardinallegat

Legat des Heiligen Apostolischen Stuhles (lat. Legatus S. Apostolicae Sedis) im Mittelalter, teilweise auch später, mit bes. Befugnissen verbundener Titel mancher → Metropolitansitze (z. B. Nidaros/Trondheim, Norwegen), in der Neuzeit fast ausschließl. als Ehrentitel (z. B. Salzburg) gebraucht.

Legende (von lat. legere, das zu Lesende) allgem. die literar. Darstellung hl. Ereignisse, einer vorbildhaften Lebensgeschichte oder einzelner Teile daraus, dann Bez. für die Lesung eines Abschnittes aus dem Legendar oder Martyrologium, dann für die volkstüml.-lehrhafte Erzählung eines Heiligenlebens (→ Heiligenlegende) oder einer bibl. Begebenheit, grundsätzl. mit Anspruch eines histor. Kerns (im Unterschied zu Sage und Märchen). Die ältesten christl. Legenden befinden sich in → apokryphen (nicht zu den anerkannten Schriften der Bibel gehörenden) → Evangelien und → Apostelgeschichten des Frühchristentums. Mit der fortschreitenden Heiligenverehrung und → Hagiographie erlangten im Mittelalter bes. Wertschätzung die „Dialoge", Wundergeschichten Papst Gregors I. (590–604), und die Sammlung von Heiligen-Legenden in der um 1265 verfaßten „Legenda aurea" (lat. Goldene Legende) des Bischofs Jacobus de Voragine († 1298), die berühmteste Legendensammlung im Mittelalter. Legenden wurden Ausgangspunkt für zahlreiche Dichtungen und bildl. Darstellungen.

Legion Mariens (lat. Legio Mariae) 1921 in Irland gegr. kath. Laienorganisation für Apostolat (Hausbesuche) und Selbstheiligung mit betonter marianischer Ausrichtung, heute weltweit verbreitet.

Legist (von lat. lex = Gesetz) im Mittelalter Rechtsgelehrte, die das röm. Recht auslegten (bedeutend v. a. in Italien und Frankreich) und oft im Kampf gegen die → Kanonisten standen, weil sie verstärkt das Herrscherrecht auch gegenüber kirchl. Ansprüchen verteidigten, deshalb als Vorbereiter des → Absolutismus betrachtet werden können. → Dekretist

Lehen, Lehenswesen (lat. feodum, feudum, daher Feudalismus) ausgedehntes, oft erbl. Nutzungsrecht an einer fremden Sache, das sich in der Verleihung (Belehnung) durch den Eigentümer (Lehensherrn) gründet und eingebunden ist in ein gegenseitiges Treueverhältnis, bedeutsam auch im kirchl. Bereich (→ Kirchenvermögen). Das grundsätzliche Ende erfolgte mit dem Abbau des Feudalsystems durch die → Französische Revolution und ihre Folgen.

Lehrbeanstandungsverfahren (kath.), **Lehrzuchtverfahren** (ev.) dienen im Falle eines Zweifels an der Übereinstimmung einer theologischen Meinung mit der Lehre der Kirche der Prüfung der Rechtgläubigkeit und Treue zur Überlieferung.

Leichensynode in den Wirren rivalisierender röm.-mittelitalischer Adelsgruppen hielt Papst Stephan VI., eine Kreatur der Partei der Spoletaner, im Januar 897 auf einer Synode schauerliches Gericht über die aus dem Grab gezogene, halbverweste Leiche des Papstes Formosus (891–96). → Dunkles Jahrhundert

Leiden Christi → Passion

Leidenstheologie → Kreuz

Leidenswerkzeuge → Passion

Leipziger Disputation theol. Streitgespräch zwischen Luther, Karlstadt und Dr. Eck im Juni/Juli 1519 in Leipzig hauptsächl. über → Prädestination und Autorität von → Papst und → Konzilien, deren Irrtumslosigkeit Luther bestritt.

Leipziger Interim Übergangsregelung vom Dezember 1548, die eine erhebl. Abschwächung des → Augsburger Interims durch den Einfluß des Kurfürsten Moritz von Sachsen (zugunsten der Lutheraner) auf Kaiser Karl V. bedeutete.

Leistungsreligion → Werkerei

Lektionar (von lat. legere = lesen) 1. Lesepult (→ Ambo) zum Auflegen liturg. Bücher, in den Ostkirchen und in der kath. Kirche das Buch, das ausschließl. oder hauptsächl. die Schriftlesungen enthält, die im offiz. Gottesdienst (Messe, Stundengebet) vorgelesen werden; 2. in den ev. Kirchen das Buch mit den liturg. Lesestücken in der Ordnung des → Kirchenjahres.

Lektor (von lat. legere = lesen) 1. Lehrer an einer Hochschule; 2. Kleriker der zweiten (in der Ostkirche einzigen) Stufe der früheren niederen Weihen (Lektorat); 3. Laie als Vorleser (Vorsänger) in der kirchl. Liturgie, 4. in ev. Kirchen teilweise auch in der Pfarrvertretung zum Abhalten von Lesegottesdiensten berechtigt.

Lektorium → Lettner

Lesepult → Ambo

Lettner (lat. lectorium = Lesepult, mhd. lecter) v. a. im Mittelalter die monumentale Lese- und Sängerbühne (aus Stein, selten aus Holz) in Kathedral-, Stifts- und Klosterkirchen, auch in Pfarrkirchen mit → Kapitel zum → Chordienst, die den Klerikerchor vom Laienschiff (→ Laien-Kirche) trennt. Dadurch entstehen zwei gesonderte, gegeneinander aber nicht völlig abgeschlossene gottesdienstl. Bereiche. Lettner wurden in der abendländischen Kirche seit dem 12./13. Jh. eingebaut und waren – im Unterschied zur → Ikonostase (Bilderwand) der Ostkirchen – meist mit Altären unter der Bühne (für den Gottesdienst der Laien, stets mit dem → Kreuzaltar) versehen. Die erhöhte Lettnerbühne war häufig reich gestaltet und vom Chor durch Treppen zugänglich. Vorgänger ist der spätantik-frühmittelalterl. → Ambo. Der Lettner diente der feierl. Verlesung von → Epistel und → Evangelium in der Eucharistie, der Predigt (seit dem Spätmittelalter auf die → Kanzel verlegt), für liturg. Gesänge, gelegentl. zur Aufstellung der Orgel, häufig zur feierl. Gestaltung der Osterliturgie, zum Vorzeigen von Reliquien und anderen → Heiltümern. In Europa wurden die Lettner seit dem 17. Jh. meist abgebrochen, weil man sie im → Barock als raumstörend empfand, auch das Volk enger mit dem Gottesdienst am Hauptaltar verbinden wollte.

Letzte Ölung (heute Krankensalbung) → Sakramente

Leuenberger Konkordie → Arnoldshainer Konferenz

Leutpriester (lat. plebanus) vom 12.–16. Jh. Bez. für Seelsorger als Inhaber (oder Vertreter eines Inhabers) einer Pfarr- → Pfründe.

Leviten als Nachkommen Levis (Sohn Jakobs und der Lea) im AT Angehörige bestimmter Priestergruppen; in der Alten Kirche auch Bez. der → Diakone, in der kath. Liturgie der Assistenz (Subdiakon, Diakon) beim feierl., „levitierten" Hochamt (Levitenamt). Eine Neuordnung erfolgte durch Reformen des → Vaticanum II.

Libellatici → Lapsi

Liber censuum Romanae ecclesiae (lat.) Verz. der Steuereinnahmen (→ Census) des Heiligen Stuhles vom 12.–15. Jh.

Liber Diurnus Romanorum Pontificum (lat.) Kanzlei- und Formularbuch der Römischen Kurie, das etwa vom 7.–11. Jh. in Gebrauch war und Formulare für päpstl. Urkunden und häufig wiederkehrende Formeln enthielt.

Liber Pontificalis (lat. = Papstbuch) eine Art offiziöse, wohl etappenweise fortgesetzte → Papstgeschichtsschreibung im Mittelalter, die mit Petrus beginnt und seit dem 8. Jh. offenbar zeitgenöss. Eintragungen anonymer kurialer Beamter im oder nach dem Pontifikat enthält. Zum festen Bestand gehören im allgem.: Papstname (evtl. mit Ordnungszahl und später mit abgelegtem Taufnamen), Nationalität und Herkunft, Name und Stand des Vaters, Dauer des Pontifikates, Nennung der päpstl. Erlasse, Anzahl der Weihen, Bautätigkeit, Todesdatum, Bestattungsort, Dauer der folgenden → Sedisvakanz.

Liber sextus/septimus → Corpus Iuris Canonici

Libera bis zu den Änderungen durch das → Vaticanum II regelmäßiger Bestandteil der kath. Totenliturgie: Segensgebet (lat. Anfangsworte: Libera me Domine = Befreie mich Herr) über den Sarg bzw. die → Tumba (stellvertretend für den Sarg) oder im Anschluß an den Beerdigungsgottesdienst (→ Requiem) über das Grab; Totenliturgie und damit verbundene rel. Bräuche regional sehr unterschiedlich.

Liberale Theologie eine der Hauptrichtungen der prot. Theologie des 19. Jh.s (bes. in Deutschland), die von → Aufklärung, Rationalismus und → Liberalismus ihren Ausgang nahm und sich zu einer grundsätzl. Kritik an der dogmat., exeget. und kirchl. Überlieferung sowie an allen → Erweckungsbewegungen entwickelte. Fortschrittsgläubig und kulturbejahend erstrebte sie eine „vernünftige“ Religion und ein eth. Christentum. Eine bleibende, bis zur Gegenwart fortwirkende Leistung liegt in der Entwicklung der histor.-krit. Methode in Exegese, Kirchen- und Dogmengeschichte.

Liberaler Katholizismus (frz. Catholicisme libéral) in der kath. Kirche des 19. Jh.s von Frankreich und Belgien ausgehende Bestrebungen, liberales und demokrat. Denken in Kirche und Theologie stärker zur Geltung zu bringen. Von → Ultramontanismus und röm.-neuscholast.

Zentralismus verdächtigt und scharf bekämpft, wurde die Bewegung im Streit um → Reformkatholizismus und → Modernismus päpstl. verurteilt und ausgeschaltet.

Liberalismus (von lat. liber = frei) Richtung des Denkens und polit. Handelns, welche die Einzelpersönlichkeit und ihr Recht auf Freiheit in den Vordergrund, zugleich die Beschränkung der staatl. Gewalt auf ein Mindestmaß fordert; seine Blütezeit hatte er im 19. Jh.

Libertas ecclesiae → Freiheit der Kirche

Libri Carolini (lat. = Bücher Karls des Großen) von Karl dem Großen veranlaßte Widerlegung der (mißverstandenen) Beschlüsse des 2. Konzils von Nicäa (787) über die → Bilderverehrung auf der Synode von Frankfurt 794; Verfasser ist wahrscheinl. Theodulf von Orléans und/oder andere Hoftheologen.

Libri poenitentiales (lat.) → Bußbücher

lic. theol., lic. iur. can. → Lizentiat

Lichtfreunde → Protestantische Freunde

Lichtmeß (Mariä Lichtmeß, Fest Mariä Reinigung, heute wieder Herrenfest: Darstellung des Herrn; 2. Februar) benannt nach der bes. → Kerzen-Weihe und Lichterprozession der kath. Kirche, bis Mitte des 20. Jh.s auch bedeutsam für das Wirtschaftsjahr (in der Landwirtschaft Dienstbotenwechsel).

Liebe → Caritas

Liebesmahl → Agape

Liebeswerk Kirche in Not/Ostpriesterhilfe vom belgischen Prämonstratenser Werenfried van Straaten nach dem Zweiten Weltkrieg initiiertes Hilfswerk; als „Speckpater" sorgte van Straaten für das leibliche und seelische Wohl vieler Deutscher in der Nachkriegszeit.

Life and Work (engl. = Leben und Arbeit) 1919 vom schwedische Erzbischof N. Söderblom begr., wie → Faith and Order zur → Ökum. Bewegung gehörender Ökum. Rat (Konferenz) für „Praktisches Christentum" mit einer ersten Weltkonferenz 1925 in Stockholm (Vorläufer des

→ Ökum. Rates der Kirchen), der durch eth.-prakt. Arbeit eine Einigung der Kirchen anstrebte.

Liga (lat.-span.-frz.) Bez. für Bündnisse, v.a. vom 15.–17. Jh., seit der → Reformation meist für Bündnisse kath. Staaten oder Stände, u.a.: Liga von Cambrai (1508); Heilige Liga von Cognac (1526); Heilige Liga von 1538, die Kaiser Karl V., Papst Paul III. und die kath. Reichsstände gegen den prot. → Schmalkaldischen Bund vereinigte; Heilige Liga von Péronne (1576), ein Bündnis der frz. Katholiken (unter Führung der Guisen) gegen die → Hugenotten; Kath. Liga von 1609, die die meisten kath. Reichsstände unter Führung Maximilians I. von Bayern gegen die prot. → Union verband; Heilige Liga von 1684 zur Abwehr der Türken zwischen dem röm.-dt. Kaiser, Papst, Polen und Venedig.

Liguorianer → Redemptoristen

Lima-Erklärung auf der Weltkonferenz 1982 in Lima erstellte Texte der Kommission für Glauben und Kirchenverfassung des Ökum. Rates der Kirchen über Taufe, Eucharistie und Amt.

Lipsanothek gr. Bez. für Reliquiar (→ Reliquie).

Litanei (gr.-lat.) nach alttestamentl. und antikem Vorbild Gebetsform der christl. Liturgie, in den orth. Kirchen Ektenie genannt: gesungenes oder gesprochenes Wechselgebet zwischen Vorbeter und Gemeinde, wobei kurze Bitten oder Anrufungen meist gleichbleibend beantwortet werden; bekannteste Formen in der kath. Kirche sind Allerheiligen- und → Lauretanische Litanei.

Litterae apostolicae → Breve

Liturgie (gr. = Leistung oder Stiftung für die Volksgemeinschaft, dann bes. auf den → Kult bezogen) 1. allgem. der gemeinsame, in geregelter Form verlaufende → Gottesdienst der christl. Kirchen. Nach einer frühen Phase freier Improvisation (bei einigermaßen einheitl. Grundgestalt) begegnen seit dem 3./4. Jh. kirchl. Festlegungen, bald auch die Bildung von „Liturgie-Familien" um die großen kirchl. Metropolen (→ Antiochien in Syrien, → Alexandrien in Ägypten, → Rom, → Jerusalem, später → Konstantinopel). 2. Als Haupttypen der östl. Liturgien entwickelten sich gr. (Alexandrien), koptische (Ägypten), äthiopische (der koptischen eng verwandt), gr. (Antiochien), west- und ostsyrische, byz. (von den oriental. Liturgien am weitesten verbreitet) und armenische Liturgie. 3. Die Liturgie-Entwicklung im lat. Westen, wo Rom seit etwa 600 auf stärkere Einheitlichkeit drängte, war durch das Nebeneinander eines ausgeprägt abendländischen (röm.-afrikanischen) und eines stärker vom Osten beeinflußten („gallischen") Typs geprägt. Die Haupttypen im Westen sind: Röm. (seit der Jahrtausendwende absolut vorherrschend und nach dem Konzil von Trient [1545–63] in einheitl. Büchern für die lat. Liturgie festgelegt), Altspan. (wenig zutreffend „mozarabisch" genannt), Ambrosianische der Mailänder Kirche (benannt nach Ambrosius von Mailand, † 397), Altgallische („gallikanische") und Keltische (der Altgallischen nahe verwandte) Liturgie der keltischsprechenden Teile Europas, bes. Irlands und seiner Einflußgebiete. 4. Zu allen Zeiten gab es Veränderungen, Liturgiereformen und regionale Sonderformen, auch in Klöstern und Orden. In der kath. Kirche (des lat. Ritus) brachte – nach Jh.n der röm.-lat. Vereinheitlichung – das → Vaticanum II v. a. durch die Ermöglichung der Volkssprache seit 1969 erhebl. Veränderungen in allen liturg. Bereichen (→ Eucharistiefeier, Spendung der → Sakramente, → Stundengebet). 5. In den Ostkirchen bez. Liturgie allein den eucharist. Gottesdienst. 6. Im Verständnis der ev. Kirchen heißt Gottesdienst, daß Gott seiner Kirche Wort (der Heiligen Schrift) und Sakrament schenkt und die Gemeinde durch Lob und Dank antwortet. In der Liturgie findet der Gottesdienst unmittelbaren Ausdruck. Impulse zu liturg. Reformen und Veränderungen haben in den letzten Jahrzehnten auch die ev. Kirchen erfaßt. 7. Die liturg. Bücher enthalten die Texte der offiz. festgelegten und geregelten Liturgie. 8. Liturg. Farben kennzeichnen in der kath. Kirche die jeweil. Farbe der → liturg. Gewänder und → Paramente. Die fünf liturg. Farben (Weiß, Rot, Grün, Schwarz und Violett) wurden schon im Hochmittelalter gebraucht und in der offiz. Ausgabe des „Röm. Meßbuches" (lat. Missale Romanum, 1570) durch Pius V. festgelegt. In der Barockzeit verwendete man an Marienfesten auch in Deutschland anstelle der weißen Festfarbe häufig „himmelblaue" Meßgewänder. Für den 3. Adventssonntag (→ Gaudete) und den 4. Fastensonntag (→ Laetare) wurden in den Domkirchen rosenfarbene Paramente gebraucht, was in Pfarr- und Klosterkirchen bis zur Gegenwart häufig nachgeahmt wird. Die Liturgiereformen seit dem Vaticanum II führten zur freieren Gestaltung auch im Gebrauch der liturg. Farben und Gewänder, auch mit Rücksicht auf andere Farbensymbolik außereurop. Völker.

Liturgische Bücher → Liturgie

Liturgische Farben → Liturgie

Liturgische Gewänder, → Paramente und Insignien 1. die liturg. Gewänder sind die von der Alltagskleidung verschied. Gewänder und

Insignien (lat. = Abzeichen), die Weltgeistliche und Ordensleute in der → Liturgie nach kirchl. Vorschrift tragen. Die liturg. Gewänder des christl. → Kultes gehen auf die gewöhnl. oder festtägl. Gewandung und die weltl. Amtsinsignien zurück, wie sie in der Spätantike im gr.-röm. Kulturbereich üblich waren. Während sich am Übergang von der Spätantike zum Mittelalter, bes. unter germ. Einfluß, die Männertracht grundlegend änderte, bewahrte der Kult die alte antike Form. Seit dem 9. Jh. zeichnen sich in der abendländischen Kirche liturg. Farbregelungen ab, die im Hochmittelalter zu den fünf liturg. Farben (Weiß, Rot, Grün, Schwarz und Violett) ausgebaut wurden. In den ev. Kirchen wurden häufig (Amts-) Gewänder des gehobenen Bürgertums (z.B. Ratsherren) mit Variationen als liturg. Gewandung konserviert; manche → Landeskirchen haben die liturg. Gewänder der kath. Kirche beibehalten. 2. Bis zu den Vereinfachungen und Veränderungen nach dem → Vaticanum II bestanden die priesterl. Meßgewänder der kath. Kirche (lat. Ritus) in folgenden Stücken, in der Reihenfolge des Anlegens: → Schultertuch (→ Amikt oder Humerale), → Albe, → Zingulum, → Stola, → Manipel, → Kasel (Meßgewand in der entsprechenden liturg. Farbe). 2. Liturg. Gewänder und Insignien des lat. Ritus der kath. Kirche sind ferner: → Chorrock und → Rochett, → Pluviale, → Dalmatik und Tunicella, → Mitra (Inful), liturg. Handschuhe (gr.-lat. chirotecae), von Bischöfen und infulierten Prälaten getragen, liturg. Fußbekleidung (Pontifikalstrümpfe und -schuhe der Bischöfe und Äbte), → Birett und → Pallium. 3. Weitere liturg. Insignien der Bischöfe, Äbte und anderer hoher Prälaten, denen dies zusteht, sind → Ring und Stab, → Pektorale und das den Erzbischöfen nach Empfang des Palliums vorangetragene erzbischöfl. Kreuz. Stab und Pektorale werden auch von Äbtissinnen bestimmter Orden getragen. → Pontifikalien

Liturgisches Gerät → Kirchengerät

Liturgisches Jahr → Kirchenjahr

Lizentiat seit Entstehen der Universitäten im Hochmittelalter dem Bakkalaureat (→ Bakkalaureus) folgender akadem. Grad, der heute noch in einzelnen (Kath.-) Theol. Fakultäten vergeben wird als Lizentiat der Theologie (lat. licentiatus theologiae, Abk. lic. theol.) und Lizentiat des Kanonischen Rechtes (lat. licentiatus iuris canonici, Abk. lic. iur. can.); akadem. Grad auch anderer Studiengänge.

Loccumer Richtlinien in Loccum, einem Ort in Niedersachsen westl. des Steinhuder Meeres, erstelltes „Ökumenisches Verzeichnis der biblischen Eigennamen nach den Loccumer Richtlinien", nach denen die Bücher der Heiligen Schrift abgekürzt werden (→ Einheitsübersetzung). Das dort im 12. Jh. gegr. Zisterzienserkloster wurde im 16. Jh. zu einem ev. Kloster, 1952 auch zu einem Zentrum der landeskirchl. Arbeit u. a. mit Ev. → Akademie. Der ev.-luth. Landesbischof von Hannover trägt den Titel „Abt zu Loccum". → Klosterkammer

Logos (gr. = Wort) im Christentum Bez. der göttl. Person Christi innerhalb der → Trinität.

Logos-Sarx-Christologie Bez. für christol. Entwürfe vor dem Konzil von Nicäa, die sich v. a. auf Joh 1,14 („und das Wort [gr. logos] ist Fleisch [gr. sarx] geworden") stützen und annehmen, in Christus bestehe eine unmittelbare und seinshafte Einheit zwischen der zweiten göttl. Person (dem Logos) und dem menschl. Fleisch (ohne Seele). Die Logos-Sarx-Christologie bereitete die spätere kirchl. → Christologie vor, weil sie den Logos als Träger der menschl. Natur Jesu sehen lehrte, bis die Einsicht reifte, daß in der → Hypostase des Logos göttl. Natur und unversehrte menschl. Natur (mit Vernunftseele beseeltes Fleisch) geeint sind.

Lollarden (niederländisch-engl.) 1. volkstüml. Bez. für die → Alexianer (herrührend von der leise singenden, „lallenden" Begräbnisbegleitung); 2. Anhänger J. Wyclifs (Wyclifiten, → Wyclifismus), die als Laienprediger seine Lehren verbreiteten, der sektierer. → Begarden-Bewegung verwandt waren, später verfolgt und unterdrückt wurden.

Lossprechung → Absolution

Los-von-Rom-Bewegung papstfeindl. Bewegung der österr. Deutschnationalen seit Ausgang des 19. Jh.s, die nach einer prot. ausgerichteten Nationalkirche strebten; sie war, wirksam bis zum Zweiten Weltkrieg, bes. in Böhmen und in der Steiermark verbreitet und führte zu Massenaustritten aus der röm.-kath. Kirche. Ähnl. Bewegungen zu dieser Zeit gab es auch in anderen Ländern.

Lothringer Reform eine von Lothringen, v. a. vom Kloster Gorze (deshalb auch als Gorzer Reform bez.) im 10. Jh. ausgehende Erneuerungsbewegung des → Benediktiner-Ordens neben der Cluniazensischen Reform (→ Cluny). Bei strenger Beachtung der Benediktregel stellten sich die zugehörigen Klöster stärker in den Dienst der Bischöfe und des Reiches.

Low Church (Party) → Anglikanische Kirche

Ludus de Antichristo (lat. = Spiel vom → Antichrist) in einer Handschrift aus dem Kloster Tegernsee überliefertes weltanschauliches → Endzeit-Spiel in lat. Versen aus dem 12. Jh.

Lüftlmalerei bes. in Südbayern und in der österr. Alpenregion seit der Barockzeit verbreitete Malereien an Außenfassaden („an der Luft“) der Häuser, fast ausschließl. mit rel. Motiven.

Lukianisten (Syllukianisten) Schüler und Anhänger des Lukian von Antiochien (ca. 240/50–312), die eine arian. Christologie vertreten (→ Arianismus). Ob Arius aber tatsächlich zu den Schülern Lukians zählte, ist ebenso umstritten wie die zeitweise angenommene Begründung der antiochen. Exegetenschule durch Lukian.

Lutheran World Federation → Lutherischer Weltbund

Lutheraner Anhänger des luth. → Bekenntnisses, zurückgehend auf Martin Luther (1483–1546). → Luthertum

Lutherische Barocktheologie heute stärker in Gebrauch kommende Bez. für → altprot. Orthodoxie.

Lutherische Kirchen auf der Grundlage der allgem. luth. → Bekenntnisschriften entstandene → Staats-, Volks- und → Freikirchen. Sie gehören teils der → Ökum. Bewegung an, stehen ihr teils auch ablehnend gegenüber; größtenteils sind sie im → Luth. Weltbund vertreten. Die bedeutendsten nat. Zusammenschlüsse der luth. Kirchen befinden sich in Deutschland, Österreich und der Schweiz, dazu in den USA. → Evangelische Kirchen.

Lutherische Renitenz → Altlutheraner

Lutherischer Weltbund (engl. Lutheran World Federation) 1947 gegr. freie Vereinigung von ev.-luth. Kirchen, die aus dem 1923 entstandenen Lutherischen Weltkonvent hervorgegangen ist. Oberste Instanz ist die aus Delegierten der Mitgliedskirchen gebildete Vollversammlung, die alle fünf Jahre zusammentritt, sonst durch den Präsidenten und den Exekutivausschuß, der den Generalsekretär bestellt, geleitet wird. Die Hauptgeschäftsstelle befindet sich in Genf. Die dt. Mitgliedskirchen sind im „Deutschen Nationalkomitee des Lutherischen Weltbundes“ zusammengeschlossen, das seit 1948 besteht. Ihm gehören u. a. die Gliedkirchen der → Vereinigten Evangelisch-Lutherischen Kirche in Deutschland (VELKD) an.

Lutherrock Bez. für die Amtstracht der luth. Geistlichen: einreihiger, schwarzer, hochgeknöpfter Gehrock, mit oder ohne → Beffchen getragen.

Luthertum 1. die von Martin Luther (1483–1546) inspirierte und formulierte Weise des Christseins und der Theologie sowie die ihr entsprechende Frömmigkeitshaltung; 2. Gesamtbez. für alle der luth. → Reformation und ihren → Bekenntnisschriften verpflichteten kirchl. Gemeinschaften, die → luth. Kirchen. → Sola scriptura

LXX Abk. für → Septuaginta.

Lyzeum (von gr. lykeion) höhere Lehranstalt, im neuzeitl. Gymnasium häufig ausgebaute oder weitergeführte Oberstufe (in Frankreich als lycée heute noch übl. Bez.), die in kath. Territorien (auch in Nachfolge der → Dom- oder Klosterschulen) meist die volle schulische Ausbildung des → Klerus in sich schloß. Lyzeen wurden in den Universitätsreformen des frühen 19. Jh.s zurückgedrängt oder ausgeschaltet, in Bayern beibehalten und unter König Ludwig I. (1825–48) neu organisiert, 1923 in Philos.-theol. → Hochschulen umgewandelt (mit stärkerer Angleichung an Universitäten), in den Bildungsreformen bes. seit den sechziger Jahren als (Kath.-) → Theol. Fakultäten Universitäten eingebaut.

M

M. Abk. für → Mater

M. A. → Magister

Madonna (it. = „meine Herrin") Bez. für die → Gottesmutter Maria, meist mit Jesuskind dargestellt.

Madonnentragen → Frauentragen

Magdalenerinnen nach der hl. Maria Magdalena benannte, auch Büßerinnen, Reuerinnen oder Weißfrauen genannte Gemeinschaft des 13. Jh.s zur Bekehrung „gefallener" und „gefährdeter" Mädchen und Frauen, durch die → Reformation fast völlig beseitigt.

Magdeburger Zenturien 1559–74 erschienene erste große prot. Kirchengeschichte, als Gemeinschaftsarbeit von luth. Theologen (v. a. Matthias Flacius Illyricus), den „Magdeburger Zenturiatoren", verfaßt. Ihr Name rührt von der Einteilung der Geschichte nach Jh.n her (lat. centum = hundert). Kath. Gegenstück sind die → Annales ecclesiastici.

Magister (von lat. magis = mehr, Meister, Vorsteher) 1. in Byzanz einer der höchsten Titel; 2. im Mittelalter höchster Grad der → Artistenfakultät (Abk. M. A. = Magister Artium), heute noch in zahlreichen Universitätsfakultäten üblich. 3. Magister S. Palatii (Magister des Hl. Palastes), Titel des päpstl. Hoftheologen, traditionell aus dem → Dominikaner-Orden.

Magisterregel (lat. Regula Magistri) die „Regel des Meisters", die im Umkreis von Rom am Beginn des 6. Jh.s als umfangreiche, sehr genaue Regelung des mönchischen Lebens begegnet. Benedikt nahm beträchtl. Teile aus ihr auf und verband sie mit der → Augustinusregel. Magisterregel und → Benediktregel waren im 6. Jh. die bedeutendsten Mönchsregeln in Italien. Daneben gab es, ähnl. wie in Gallien, andere Klosterregeln.

Magnifikat (lat.) Bez. des in Lk 1, 46–55 als Preislied Mariens bei der Begegnung mit Elisabeth überlieferten Hymnus (liturg. Vesperhymnus), benannt nach dem Anfangswort in der → Vulgata (Hochpreiset [meine Seele den Herrn]); vertont in vielen bedeutenden Kompositionen.

Mährische Brüder → Böhmische Brüder

Maiandacht seit Mitte des 19. Jh.s tägl. an Abenden des „Marienmonats" Mai gehaltene, sehr volkstüml. kath. Marien- → Andacht. → Marienverehrung

Mailänder Edikt (Absprachen, Konvention, Vereinbarung) → Konstantinische Wende

Majestät → Apostolische Majestät, → Katholische Majestät

Majestätsbeleidigung → Crimen laesae maiestatis

Majoristen 1. Kleriker, welche die höheren Weihen (lat. ordines maiores) empfangen hatten: Subdiakonat und Diakonat (Unterschied: → Minoristen); 2. Anhänger des spätref. Theologen Georg Major (Meier, 1502–74), der die Bedeutung der guten Werke betont hatte („niemand wird durch böse Werke selig, und niemand ohne gute Werke") und so in den Verdacht geraten war, einer Werkgerechtigkeit das Wort zu reden. In dem sich entzündenden Majoristischen Streit war N. von Amsdorff Majors Hauptgegner. Die → Konkordienformel von 1577 erklärt die guten Werke für notwendig, aber nicht für verdienstvoll oder heilsverursachend.

Makedonianer → Pneumatomachen

Malefizium → Hexenwahn

Mallersdorfer Schwestern nach dem Mutterhaus im ehem. Benediktinerkloster Mallersdorf (Niederbayern) benannte Mitglieder der 1855 in Pirmasens gegr. „Religiösen Genossenschaft der Armen Franziskanerinnen von der Heiligen Familie zu Mallersdorf". Das Mutterhaus wurde 1869 nach Mallersdorf verlegt. Von Anfang an karitativ tätig, wurden sie seit dem späten 19. Jh. eine der stärksten und karitativ vielseitigsten (bes. in der Krankenpflege tätigen) klösterl. Frauengemeinschaften in Deutschland, mit Niederlassungen in außerdt. Ländern.

Malleus maleficarum → Hexenwahn

Malteser → Johanniter

Mandäer (auch Nazoräer) alte gnost. Täufersekte (→ Gnosis) in Mesopotamien mit vielschichtiger, vom → Dualismus geprägter Mythologie und umfangreichem Kult, die in Resten bis zur Gegenwart besteht.

Mandorla (it.) im Unterschied zum → Nimbus ein mandelförmiger Heiligenschein um die ganze Gestalt, die fast ausschließl. bei Christus- und Marienbildern, im Früh- und Hochmittelalter auch zur Darstellung des → Sakralen Herrschers verwendet wurde.

Mandrit gr. Bez. für Bewohner eines → Klosters (gr. mandra) der Ostkirchen. → Archimandrit

Mandyas (gr.) in der Liturgie getragener Mantel orth. Bischöfe.

Manichäismus von Mani begr. synkretist. Erlösungsreligion, die vom pers. Raum ausging und vom 3.Jh. an zwischen Westeuropa und Ostasien fast ein Jahrtausend lang lebendig war. Welt und Mensch seien aus den zwei entgegengesetzten Prinzipien von Geist und Materie, Licht und Finsternis, Gut und Böse zusammengesetzt (eigener Mythos vom Sündenfall), daher schlecht (→ Dualismus). Der Weg zum Heil, die Selbsterlösung, bestehe in der durch strenge → Askese mögl. Erkenntnis seiner selbst und der Gesetzmäßigkeiten der Welt (→ Gnosis), der Erlösung in der Trennung des Geistes von der Verstrickung in die materielle Welt und in der Rückkehr in das Reich des Lichtes. Elemente des Manichäismus leben in manchen Formen neuzeitl. Esoterik fort.

Manipel (lat. manipulus) früher in der Liturgie am linken Unterarm getragener Zierstreifen, der aus dem profanen antiken Schweißtuch entwickelt und dann der → Stola nachgebildet wurde (→ Liturgische Gewänder).

Mansionar (lat. mansio = Wohnung) von daher rührende dt. Bez. für → Mesner (Sakristan, Kirchendiener).

Mantellaten → Serviten

Manuale (lat. manus = Hand) 1. Handbuch für die Liturgie mit Anweisungen; 2. Handklaviatur der Orgel und anderer Tasteninstrumente im Unterschied zum Pedal (lat. = Fuß).

Mappa (lat. = Tuch) 1. Altartuch; 2. Schulter-Velum des → Akoluthen; 3. Tuch zum Bedecken von → Kelch und → Patene (auch Mappula).

Marburger Religionsgespräch Treffen zwischen Luther, Melanchthon, Zwingli, Ökolampad u. a. auf Veranlassung des Landgrafen Philipp von Hessen 1529 in Marburg; in den 15 „Marburger Artikeln" wurden Einheit und Unterschied im Verständnis der Einsetzungsworte Jesu in der reformator. → Abendmahls-Lehre festgehalten.

Maria → Gottesmutter

Marianer → Caraccioliner

Marianische Kongregationen nach Alter, Geschlecht und Ständen gegliederte kath. Vereinigungen (→ Kongregation), die intensives rel. Leben mit betonter → Marienverehrung anstreben, bes. gepflegt von → Jesuiten.

Marianisten (Marienbrüder, -töchter) von G.-J. Chaminade (1761–1850) gegr. Kongregation von weitgehend gleichberechtigten Priestern und Laien, seit 1816/17 Männer und Frauen umfassender Ordensverband für rel. Erziehung und Unterricht, heute weltweite tätig in Schulen aller Art (mit betonter Elitebildung).

Mariannhiller Missionare nach der ehem. Abtei Mariannhill in Natal (Südafrika) benanntes, seit Ende des 19. Jh.s erfolgreichstes kath. Missionszentrum in Südafrika, das durch Bildungseinrichtungen für die einheimische Bevölkerung, wirtschaftl., soziale und kulturelle Tätigkeit der Mönche führend ist. Mit Rücksicht auf die Missionsarbeit wurde die Abtei 1909 vom → Trappisten-Orden getrennt und in eine eigene Missions-Kongregation umgewandelt. Niederlassungen auch in Ländern Europas.

Marienbrüder, -schwestern → Marianisten

Marienfeste → Marienverehrung

Marienschwesternschaften zahlreiche nach der → Gottesmutter Maria benannte rel. Gemeinschaften der kath. Kirche.

Marienverehrung Sammelbez. für alle Formen der priv. oder öffentl. Verehrung der → Gottesmutter Maria, v. a. in der kath. Kirche und in allen Ostkirchen. Daneben entwickelten sich Formen der Verehrung, die von einer von der Theologie weitgehend unabhängigen Volksfrömmigkeit getragen werden, mit manchmal fließenden Grenzen zum → Aberglauben. In der kath. Theologie kommt der Gottesmutter eine von der → Heiligenverehrung abgesetzte gesteigerte Verehrung zu, die aber von der Anbetung, die allein Gott gebührt, deutlich unterschieden wird. Die Marienverehrung entstand im Osten und wurde allmähl. in der lat. Kirche übernommen, auch in den Marienfesten. Seit dem 12. Jh. wurde das → Ave Maria das neben dem → Vaterunser am weitesten verbreitete Gebet, später in den → Rosenkranz eingebaut. Durch Liturgie, Predigt, Legende und Mirakel wurde die allzeitige Hilfsbereitschaft und Hilfsmächtigkeit Marias propagiert, in der Mariendichtung besungen und an den vielen großen und kleinen Marienwallfahrtsorten (z.B. Altötting, Loreto) gepflegt, bes. an Orten von Marienwundern und neuerdings Marienerscheinungen (Lourdes, Fátima, Medjugorje). Angerufen wurde und wird Maria in vielfältigen Lebensnöten seit dem Mittelalter; dazu gehören Marienmedaillen, Marienbildchen (früher auch als Schluckbildchen bei bestimmten Krankheiten). Eine Reihe von Tieren und Pflanzen wird mit Maria in Verbindung gebracht (z.B. Marienkäfer, Mariendistel, Kräuterweihe am Fest Mariä Himmelfahrt). Die zahlreichen Marienfeste des kath. → Kirchenjahres galten bis zu den Einschränkungen im späten 18. Jh. als arbeitsfreie Tage, häufig auch als bäuerl. Termine. Als Vorname begegnet Maria sehr oft, in kath. Ländern seit der Barockzeit manchmal auch als zweiter Taufname für Knaben. Die Marienverehrung steht bis heute in einem breiten Rahmen der Volksfrömmigkeit.

Maristen (Gesellschaft Mariens) 1824 vom frz. Priester J.-C.-M. Colin gegr. Priester- und Laienbrüder umfassende Kongregation, deren Mitglieder hauptsächl. in Jugenderziehung, Seelsorge und Weltmission tätig sind. Die Kongregation der Maristen-Schwestern wirkt v.a. in der Mädchenerziehung.

Maristen-Schulbrüder 1817 gegr., 1903 endgültig bestätigte Laien-Kongregation für Erziehung und Unterricht der männl. Jugend, mit derzeit etwa 300000 Schülern aller Schularten in Europa und Lateinamerika.

Markioniten, Markionitische Kirche benannt nach dem gnost. christl. Theologen und Sektengründer Markion († nach 160 in Rom), der einen vom → Dualismus geprägten Ditheismus (doppelter → Theismus) lehrte: dem Schöpfer- und Rachegott des (von ihm verworfenen) AT steht der gute Gott des NT im Scheinleib Jesu gegenüber. Seit 144 kam es zur selbständigen Kirchenbildung mit strenger → Askese; durch harte Verfolgung im 4./5. Jh. weitestgehend unterdrückt.

Maroniten nach dem hl. syr. Mönch Maro († vor 423) benannte Völkerschaft syr. Christen, v.a. im Libanon, auch in Amerika. Im Hoch-

und Spätmittelalter (1181, 1445) kam es zur Union mit der röm. Kirche (→ Unierte Kirchen).

Marranen (von span. marrano = Schwein) (Schimpf-) Name der seit dem 14./15. Jh. (zwangs-) getauften Juden in Spanien und Portugal, die oft ihren alten Glauben und jüd. Riten heimlich beibehielten, seit Ende des 15. Jh.s von der → Inquisition schwerst verfolgt wurden und vielfach auswanderten.

Marterl (gr.) Kreuz, Tafel oder Säule aus Holz oder Stein mit Inschrift zum Gedenken an einen (tödl.) Verunglückten, gewöhnl. am Ort des Unglücksfalls, bes. in Bayern und Österreich üblich und nicht zu verwechseln mit → Martersäule und → Votivtafel.

Martersäule zum Gedächtnis der „Marterung" (gr.), des Leidens (der → Passion) Christi errichtete Säule mit Kreuz und den Leidenswerkzeugen, auch Passionssäule genannt, im Unterschied zum → Marterl.

Martin-Luther-Bund 1853 entstandene, nach Martin Luther (1483–1546) benannte Einrichtung der dt. luth. Kirchen zur Betreuung von Lutheranern in der → Diaspora (v.a. in Übersee), seit 1947 „Diasporawerk der ev.-luth. Kirche Deutschlands".

Märtyrer, Martyrer (gr. = Zeuge) Blutzeuge, der für Glauben und christl. Tugend starb (das Martyrium erlitt). → Bekenner, → Heilige

Märtyrerakten Quellen (→ Akten) über → Märtyrer, über Martyrien in den → Christenverfolgungen.

Märtyrerkult → Heiligenverehrung

Martyrologium → Märtyrer- und → Heiligen-Gedenkbuch der kath. Kirche, seit 1584 als „Martyrologium Romanum" kirchenamtl.

Mater (lat. = [ehrwürdige] Mutter, Abk. M.) Titel und Anrede der Angehörigen verschiedener Frauenorden und -kongregationen der kath. Kirche. → Ordensnamen

Mater Dolorosa (lat. = schmerzensreiche Mutter) die → Gottesmutter Maria im Leiden um die → Passion ihres Sohnes Jesus Christus, in der bildenden Kunst meist dargestellt mit einem oder sieben Schwertern in der Brust.

Matrikel (von lat. mater = Mutter) 1. amtl. Verzeichnis von Personen oder Sachen, z. B. der an einer Universität Immatrikulierten; 2. kirchenamtl. Verzeichnis der Bistums- bzw. Kirchenleitung über Pfarreien, Geistlichkeit und sonstige kirchl. (auch schulische) Einrichtungen eines Gebietes, in den erhaltenen Quellen beginnend meist mit → Abgaben-Verzeichnissen (→ Tax-Listen) im Spätmittelalter.; 3. amtl. Pfarrmatrikeln (Kirchenbücher) über Taufen, Sakramentenspendung, Tod und Begräbnis der Gemeindemitglieder, bis zur staatl. Registerführung im 19./20. Jh. auch im staatl. Bereich rechtsverbindlich.

Matutin (lat. hora matutina = Morgenstunde; Mette) 1. urspr. den → Laudes, später dem mitternächtl. → Stundengebet (→ Nokturn) der Mönche und Nonnen entsprechender Teil des priesterl. Stundengebets (→ Brevier); 2. in der luth. → Agende liturg. Gottesdienst; 3. feierl. Gestaltung in der Christmette an → Weihnachten und in den Metten der → Karwoche (Passionszeit).

Mauriner nach dem hl. Maurus (Schüler des hl. Benedikt) benannte, 1618 gegr. und von der Abtei St-Germain-des-Prés in Paris zentral geleitete frz. Benediktiner-Reformkongregation; sie ist ausgezeichnet durch wissenschaftl. Tätigkeit, bes. in der Entwicklung histor.-krit. Methode, für ganz Europa beispielgebend durch Quelleneditionen zur Kirchengeschichte. Sie konzipierten auch die „Gallia Christiana", die zum Vorbild der → Germania Sacra wurde.

Mechitharisten von Abt Mechithar von Sebaste 1701 in Konstantinopel gegr., mit der kath. Kirche unierter armen. Orden mit → Benediktregel.

Mediatherrschaft (in der → Reichskirche) im → Heiligen Römischen Reich zu einem geistl. Reichsstand (Fürstbischof, Reichsabt) gehörende Herrschaft außerhalb des → reichsunmittelbaren Territoriums, damit einer anderen Landeshoheit unterstehend. → Mediatisierung

Mediatisierung (von lat. mediare = halb-sein, in der Mitte stehen, mittelbar) der Verlust der → immediaten Stellung, im → Heiligen Römischen Reich die Aufhebung der → Reichsunmittelbarkeit und die gleichzeitige Unterwerfung unter die Landeshoheit eines anderen (meist weltl.) Reichsstandes. Reichsunmittelbare Stifte und Klöster wurden von solchen Maßnahmen nicht selten bedroht. Die größten Mediatisierungsaktionen brachten die prot. → Reformation und der Auflösungsprozeß des Heiligen Römischen Reiches, der seit dem → Reichsdeputations-Hauptschluß 1803 die Mediatisierung der meisten kleineren weltl. Reichsstände, das Ende aller geistl. Reichsstände und die → Säkularisation fast aller Stifte und Klöster (auch der nicht-immediaten) herbeiführte.

Mediävistik (von lat. medium aevum = Mittelalter) Wissenschaft zur Erforschung des Mittelalters.

Medicaea editio humanist. Geist und das Bestreben der Röm. Kurie zur Vereinheitlichung der Liturgie führten im 16./17. Jh. zu einer Reform des → Gregorianischen Gesangs (Chorals); am bedeutendsten wurde dabei die (kirchenrechtl. priv.) Edition der Medicaea (aus der Druckerei des Kardinals Medici, Rom 1614/15), die in der Choralreform seit Ausgang des 19. Jh.s hauptsächl. durch die Editio Vaticana unter Papst Pius X. (1903–14) abgelöst wurde.

Meditation → Beschauung

Melchiten (Melkiten, aram. = Königliche) Christen in Syrien, auch Ägypten und Palästina, die dem Glaubensbekenntnis von Chalcedon (451), gegen die → Monophysiten der Umgebung, anhingen. Wegen ihrer Anlehnung an die byz. Kirche wurden sie von der röm. Kirche als → Schismatiker betrachtet. Seit dem 17. Jh. sind sie etwa zur Hälfte mit Rom → uniert.

Meletianisches Schisma auf Bischof Meletios von Lykopolis († nach 325) in Oberägypten zurückgehende und nach ihm benannte Spaltung zwischen Meletianern und der Kirche von Alexandrien. Meletios hatte zur Zeit der Diokletian. → Christenverfolgung außerhalb seines Bistums Weihen gespendet, während sich der zuständige Bischof Petros I. von Alexandrien verborgen gehalten hatte. Nach seiner Exkommunikation bestritt Meletios umgekehrt den in der Verfolgung Gefallenen (→ Lapsi) die Kirchenzugehörigkeit und bildete mit seinen zahlreichen Anhängern die „Kirche der Märtyrer". Das Konzil von Nizäa (325) bemühte sich vergebl. um eine Überwindung des Schismas. In den arian. Streitigkeiten standen Meletianer auf der Seite der Arianer (→ Arianismus). Anhänger des Meletios sind bis ins 8. Jh. nachweisbar.

Melker Reform eine der drei benediktin. Reformbewegungen Deutschlands im Spätmittelalter (neben → Bursfelder Kongregation und → Kastler Reform), benannt nach der Benediktiner-Abtei Melk in Niederösterreich. Sie griff von Österreich aus auch auf bayer. und schwäbische Abteien sowie auf Klöster der angrenzenden Gebiete über und wurde von weltl. und geistl. Fürsten gefördert.

Memento mori (lat. = Denk' an den Tod!) schriftl. oder bildl. Erinnerung an den Tod und die entsprechende christl. Vorbereitung, die liturg. auch in der Auflegung des Aschenkreuzes an die Gläubigen an → Aschermittwoch Ausdruck findet.

Memorandum → Denkschrift

Memoria (lat. = Erinnerung) christl. Totengedenken in mehrfacher Form, auch im Grab- oder Totenmal mit Inschrift.

Menäen (gr.) „Monatsbücher" zur Liturgie der gr.-orth. Kirche mit entsprechenden Texten für Fest- und Heiligentage (Gebete, Hymnen, Heiligenviten; → Synaxarion).

Mendikanten → Bettelorden

Mendikantenstreit → Armutsbewegung

Mennoniten nach Menno Simons († 1561) benannte Anhänger der vom ref. Bekenntnis Calvins geprägten → Freikirchen mit Erwachsenentaufe, strenger Kirchenzucht und Sittenstrenge, teilweise Kriegsdienst- und Eidverweigerung, heute hauptsächl. in den Niederlanden, in Nord- und Südamerika verbreitet.

Menologion (gr.) dem → Martyrologium entsprechendes liturg. Buch der orth. Kirchen.

Mensa (lat. = Tisch) 1. → Altar-Platte (mit → Reliquien); 2. im Mittelalter das Einkommen des Bischofs (lat. mensa episcopalis, Mensalgut); 3. Studenten-Kantine.

Mercedarier (von lat. = Gnade, Barmherzigkeit) 1218 in Barcelona als → Ritterorden von Laien und Klerikern gegr. „Orden der seligen Jungfrau Maria der Barmherzigkeit zur Erlösung der Gefangenen" (zum Loskauf christl. Gefangener von den Muslimen), seit dem frühen 14. Jh. → Bettelorden, seit dem 19. Jh. hauptsächl. in der Jugenderziehung und Mission tätig.

Mesner (von lat. mansionarius) Bez. für den Sakristan (→ Sakristei), → Küster, → Kirchendiener in kath. Kirchen.

Messalianer syr. Name für gr. Euchiten, Anhänger einer im 5. Jh. in Kleinasien und Syrien verbreiteten, auf dem Konzil von Ephesus (431) verurteilten enthusiast.-spiritualist. Richtung des östl. Mönchtums, die allein durch Gebet das Böse überwinden wollten.

Messe (lat. missa, von dimissio = Entlassung am Ende des → Gottesdienstes, daher Entlassungsruf der lat. Meßliturgie: → Ite, missa est = Geht, die Messe ist zu Ende!) 1. seit Ende des 5. Jh.s Bez. für die → Eucharistiefeier, den Hauptgottesdienst der Christen, die auf das Letzte → Abendmahl Jesu mit seinen Jüngern vor dem Leiden und auf Jesu Auftrag zurückgeht: Tut dies zu meinem Gedächtnis (Lk 22,19). Bei Bewahrung der wesentl. Grundstruktur erfuhr die Eucharistiefeier in den → Liturgien des Ostens und Westens verschiedene Gestaltungen. 2. Für die kath. Kirche des Westens wurden für Mittelalter und Neuzeit bes. bedeutsam die lat. Liturgiesprache (→ Latein) und die fortschreitende Vereinheitlichung; das Missale Romanum (Röm. Meßbuch, herausgegeben im Auftrag des Konzils von Trient durch Pius V.) wurde seit 1570 für die ganze abendländische, „lateinische" Kirche verpflichtend. Nach mehreren liturg. Reformen brachte das → Vaticanum II (1962–65) eine umfassende Liturgiereform, die maßgebl. die Eucharistiefeier betraf und die Volkssprache in der Liturgie ermöglichte (neues röm. Meßbuch 1970). Bei Anwesenheit mehrerer Priester (und Bischöfe) wird heute gewöhnl. von der Möglichkeit der Konzelebration (gemeinsame Meßfeier) Gebrauch gemacht, auch im → Konvent- → Amt. 3. Die in der lat. Liturgie unveränderl. Bestandteile → Kyrie, → Gloria, → Credo, → Sanctus (mit → Benedictus), → Agnus Dei sind im → Gregorianischen Gesang und in der Polyphonie oft vertont worden, v.a. für die Liturgie des Hochamtes. 4. Von den urspr. mit Gottesdienst verbundenen (Jahr-) Märkten leiten sich die heutigen wirtschaftl. Veranstaltungen, z.B. Buchmesse, ab, auch Kirmes (Kirchmesse; → Kirchweihe). → Meßopfer

Messias (hebr., urspr. Maschiach = Gesalbter) 1. im AT kultisch-rel. Bez. für den Hohepriester und König (v.a. David), der im prophet. Schrifttum als Heiland, Gottesknecht, Menschensohn, Gottkönig der → Endzeit erwartet wird; 2. in NT (→ Christus) und Christentum Hoheitstitel Jesu, in dem die Erfüllung der alttestamentl. messian. Verheißungen gesehen wird.

Meßbuch → Messe

Meßdiener → Ministrant

Meßgewand → Kasel

Meßintention → Applikation

Meßkanon → Kanon

Meßopfer seit den Auseinandersetzungen der → Reformations-Zeit wurde in der kath. Kirche der Opfercharakter der → Messe (in Erinnerung an Letztes → Abendmahl und Kreuzestod Christi) gegenüber dem Mahlcharakter stark betont. Das Konzil von Trient (1545–63) bez. die Eucharistie als „wahres und eigenes Opfer".

Meßpriester → Altarist

Meßstipendium → Applikation

Methodismus (gr.-engl.) aus der Anglikanischen Kirche hervorgegangene Erweckungsbewegung. Ihre Anfänge liegen in einem Studentenkreis in Oxford unter den Brüdern C. H. und J. Wesley (um 1730), die „methodisch" Frömmigkeit übten. Starken Einfluß empfingen sie vom → Pietismus und entfalteten später eine umfangreiche Missionstätigkeit. Die Ev.-methodist. Kirche (entstanden 1968 aus der Union der Bischöfl. Methodistenkirche mit der → Ev. Gemeinschaft) ist eine weltweit verbreitete ev. → Freikirche pietist. Prägung (in Deutschland seit dem 19. Jh.) mit rund 70 000 Angehörigen in vier Konferenzen (wobei mehrere Distrikte eine „jährl. Konferenz" bilden) mit etwa 660 Gemeinden. Sie ist Mitglied des → Ökum. Rates der Kirchen und unterhält Kirchengemeinschaft mit der EKD. → Albrechtsleute, → Dissenters

Metropolit (gr.) → Bischof einer Metropole (Hauptstadt), Vorsteher einer → Kirchenprovinz (→ Erzbischof), Vorsitzender der zugehörigen → Suffraganbischöfe; seine → Kathedrale ist die Metropolitankirche, sein → Domkapitel das Metropolitankapitel; das Metropolitangericht ist Berufungsinstanz der Suffragangerichte.

Metropolitanverband, -verfassung → Kirchenprovinz

Mette → Matutin

Militärbischof in manchen Ländern zur Militärseelsorge beauftragter → Bischof (früher auch Feldbischof).

Militia Christi → Kreuzzug

Millenarismus → Chiliasmus

Milvische Brücke (Schlacht an der) → Konstantinische Wende

Mindere Brüder, Minderbrüder → Franziskaner

Mindere Regularkleriker → Caraccioliner

Minimen → Paulaner

Minister (lat. = Diener) u. a. Bez. für den → Cellerar

Ministerienspiele → Mysterienspiele

Ministrant (von lat. minister = Diener) Diener bei kath. Gottesdiensten, bes. der Meßdiener (→ Messe).

Minoristen Kleriker, welche die niederen Weihen (lat. ordines minores) empfangen hatten: Akolyth, Exorzist, Lektor und Ostiarier (Unterschied: → Majoristen).

Minoriten (lat. fratres minores = mindere Brüder) im Unterschied zu den strengeren → Observanten die gemilderte Richtung der → Franziskaner (auch Konventualen genannt), seit 1517 selbständiger Zweig der franziskan. Ordensfamilie.

Minutant → Abbreviator

Mirakelbücher (von lat. miraculum = Wunder) Aufzeichnungen von Gebetserhörungen und wunderbaren Begebenheiten an Wallfahrtsorten, bes. vom Spätmittelalter bis zur Barockzeit.

Mischehe eine zwischen Angehörigen verschiedener → Bekenntnisse und Religionen geschlossene Ehe; Mischehenstreitigkeiten zwischen kath. → Kirche und Staat gab es in vielen Ländern des 19. Jh.s (auch → Kölner Ereignis).

Mischregel in der Forschung der letzten Jahrzehnte wird vom Zeitalter der Mischregel oder Mischregeln (7.–9. Jh.) gesprochen, als in vielen Klöstern Teile der → Kolumbanregel mit der → Benediktregel „vermischt“ Anwendung fanden.

Misereor (lat. = ich erbarme mich) 1959 gegr. jährl. Fastenopfer-Aktion der dt. Katholiken zur Linderung von Hunger und Elend in der Welt.

Miserere (lat. = Erbarme dich!, Anfang von Ps 51) Bez. für (oft gestiftete) Fastenandachten und Vertonungen des Bußpsalms 51.

Miserikordie (lat. = Barmherzigkeit) kleines Stützbrett mit Konsole, das an der Unterseite der Klappsitze im → Chorgestühl angebracht ist und zur Erleichterung des langen Stehens (daher der Name) während des Chorgebetes diente.

Miserikordienbild → Erbärmdebild

Missale Romanum → Liturgie, → Messe

Missio canonica (lat. kanon. Sendung) im kath. Kirchenrecht die Übertragung von Vollmacht, d. h. kirchenrechtl. verbindl. Beauftragung zu einem kirchl. Dienst durch den zuständigen Bischof. Bei → Klerikern im Unterschied zur Übertragung der Weihegewalt die Übertragung der Hirtengewalt in den Grundämtern Papst (lat. misso divina), Bischof und Pfarrer. Bei → Laien die offiz. Sendung, im Auftrag der Kirche zu verkündigen, z. B. Religionsunterricht zu erteilen.

Mission (lat.) Sendung zur Glaubensverbreitung nach dem Missionsbefehl Jesu (u. a. Mt 28,19 f.). → Angelsächsische Mission, → Evangelisation, → Innere Mission, → Volksmission

Missionar der zur Glaubensverkündigung (→ Mission) Beauftragte.

Missionarinnen der Nächstenliebe 1950 von Mutter Theresa, dem „Engel der Armen" (1910–97), gegr. Kongregation (Sitz in Kalkutta) zur Sorge für verlassene Sterbende, Waisenkinder und Kranke (Lepra), heute in ähnl. Bereichen weltweit tätig.

Missionsbenediktiner → Ottilianer

Missionsgesellschaften in zahlreichen Kirchen verbreitete Körperschaften zur Ausbildung und Unterstützung von → Missionaren in der Glaubensverbreitung.

Missionswissenschaft theol. Disziplin, die Grundlagen, Geschichte, Methoden, Geographie und Statistik der → Mission untersucht.

Missouri-Synode aus verschiedenen dt. luth. Einwanderer-Gemeinden 1847 begr. zweitgrößte amerik. luth. Kirche, die, streng konfessionell ausgerichtet, Kirchengemeinschaft mit den luth. → Freikirchen in Europa unterhält.

Mit brennender Sorge → Enzyklika

Mitra (gr.-lat. = Kopfbinde) oder → Inful (lat. = Binde, als Kopfschmuck) Kopfbedeckung und Würdezeichen (Insignie) der → Bischöfe und aller „infulierten" → Prälaten für den liturg. Bereich (→ liturgische Gewänder). Unter dem Einfluß von AT und NT wurde in der lat. Kirche des frühen Mittelalters eine Kopfbedeckung, v. a. für Bischöfe, eingeführt, die man bald ausschließl. Mitra nannte. Ältestes Zeugnis einer päpstl. Mitra-Verleihung ist die von 1049 für Erzbischof Eberhard von Trier; als erster → Abt empfing Egelsinus von Canterbury 1069 die Mitra. Als liturg. Würdezeichen der Bischöfe hat sie sich im 11./12. Jh. in der ganzen abendländischen Kirche durchgesetzt und war bald auch von Äbten und → Pröpsten der Klöster sowie anderen hohen Geistlichen sehr begehrt. Der anfängl. Formenreichtum der bischöfl. Mitra wurde rasch von der Mitra mit zwei Cornua (lat. = Hörner, nach oben spitz auslaufende Schilde der in der Mitte eingebuchteten kegelförmigen Kopfbedeckung) abgelöst, die als Symbole des AT und NT gedeutet wurden. Die Mitra wurde allmähl. kostbar geschmückt, mit zwei rückwärts zum Nacken laufenden Bändern geziert und zum Prunkstück der Pontifikalbekleidung (→ Pontifikalien) ausgestaltet. Nach Kostbarkeit und Funktion wurden verschiedene Gestaltungen der Mitra unterschieden. Mitren werden auch in verschiedenen ref. Kirchen getragen, welche die Traditionen der mittelalterl. Kirche bewahren wollten, so in der Anglikanischen Kirche und in der (ev.-luth.) Kirche Schwedens.

Mittagsläuten → Angelus

Mittelalter (lat. medium aevum) in der europ. Geschichte die nicht eindeutig begrenzte, in Früh-, Hoch- und Spätmittelalter eingeteilte Zeit zwischen Altertum und Neuzeit (etwa 500–1500). Im Mittelalter entstand aus der Verbindung von Christentum, antikem Erbe und Germanentum eine neue abendländische Geisteshaltung. Das Wort wurde im Zeitalter von → Renaissance und → Humanismus urspr. abwertend gebraucht, seit 17./18. Jh. in der Geschichtswissenschaft Epochenbegriff.

Mittellatein → Latein

Mittelschiff das mittlere → Schiff des → Langhauses einer mehrschiffigen Kirche. → Aula

Mittfasten → Laetare

Modalismus (von lat. modus = Art und Weise) in der Theologie der → Trinität die irrige Meinung, Vater, Sohn und Geist bezeichneten nur verschiedene (dem Menschen so erscheinende) Seinsweisen des einen

Gottes, nicht aber die drei → Hypostasen (Personen), in denen das eine göttl. Wesen verwirklicht ist (→ Monarchianismus, → Sabellianismus).

Moderamen → Moderator

Moderator (lat. = Mäßiger, Leiter) 1. Vorsitzender einer reformator. Synode oder eines Moderamens (dreiköpfiges Präsidium reformator. Synoden). 2. Nebenpräsident in der Leitung des → Vaticanum II.

Modernismus (von lat. modernus = neu, modern) in → Aufklärung, → Liberalismus und → Liberaler Theologie wurzelnde Richtung der kath. Theologie des 19. Jh.s. Er stellt einen umfassenden Versuch dar, in kath. Kirche und Theologie den Erfordernissen der modernen, fortschrittsgläubigen Welt gerecht zu werden. Die harten, leidenschaftl. ausgetragenen Kämpfe erreichten ihren Höhepunkt in den letzten Jahren des Pontifikats Papst Leos XIII. (1878–1903), noch verstärkt unter Pius X. (1903–14). Die Furcht vor „Modernisten" und „Modernismus" steigerte sich bis zur Psychose und führte zu schärfster päpstl. Verurteilung durch das Dekret „Lamentabili" und die Enzyklika „Pascendi" (1907). Seit 1910 wurde von den kath. Klerikern der → Antimodernisteneid gefordert, der 1967 durch Paul VI. abgeschafft wurde.

Monarchia Sicula (lat. = „Sizilische Monarchie") Begriff des Staatskirchenrechts: das von den Königen Siziliens (Neapel-Sizilien) beanspruchte, häufig umstrittene Recht auf die Kirchenhoheit über die Insel, das sich auf das Privileg Papst Urbans II. für Roger I. von Sizilien (1098) stützte und bis 1864/67 geübt wurde.

Monarchianismus (gr. monarchia = ein Ursprung) Sammelbez. für frühkirchl. theol. Bestrebungen, die Einheit und Einzigkeit Gottes (→ Monotheismus) mit dem Zeugnis des NT von der Sendungsautorität Jesu Christi in Einklang zu bringen, den Monotheismus jedoch nur durch Leugnung der wahren Gottheit Jesu Christi meinten wahren zu können (→ Adoptianismus, → Antitrinitarier, → Sozinianer, → Unitarier).

Monarchischer Episkopat → Bischof

Monasterium (gr.-lat.) das → Kloster (mit Kirche) und → „Münster".

Monastisch (gr.-lat.) mönchisch (→ Mönch, Mönchtum)

Monastische Reformen → Ordensreformen

Mönch, Mönchtum (gr. monachos, lat. monachus = der allein, „einzigartig" Lebende) 1. Mönch im strengen Sinn ist Mitglied der Mönchs- oder monastischen → Orden, das Mönchtum ist die Lebensform des Mönches. Im allgem. hat das innerklösterl., monast.-liturg. Leben den Vorrang gegenüber der Tätigkeit nach außen. Der Mönch ist an sein Kloster gebunden (lat. stabilitas loci), zumindest an den Orden; im Regelfall lebt er in klösterl. Gemeinschaft, manchmal als → Eremit. 2. Zu den kath. Mönchsorden gehören die → Benediktiner, → Kamaldulenser, → Vallombrosaner, → Silvestriner, → Olivetaner, → Zisterzienser, → Trappisten, → Kartäuser. In einem weiteren Sinn werden auch die Mitglieder der → Bettelorden Mönche genannt (sie halten Chorgebet, doch die Außentätigkeit überwiegt), schließl. die Mitglieder aller Orden des Mittelalters, ausgenommen die → Chorherren- und Kanoniker-Orden, ausgenommen meist auch die Mitglieder der → Ritterorden. 3. Die Mitglieder der in der Neuzeit entstandenen Ordensgemeinschaften, beginnend mit den → Jesuiten im 16. Jh., sind keine Mönche, sondern meist → Regularkleriker, die aber generell als Ordensleute (Anrede → Pater) bez. werden. 4. Das Mönchtum ist eine in der Religionsgeschichte weit verbreitete Erscheinung einer von Männern, seltener von Frauen (die weibl. Entsprechung ist die → Nonne), vorübergehend oder auf Lebenszeit gewählten besitz- und ehelosen Existenzweise. Die Zielsetzung ist rein religiös. Diese Lebensweise kann sich in klösterl. Gemeinschaft, als Eremitentum oder als heimatlose Wander- → Askese vollziehen. Das christl. Mönchtum hat seine Wurzeln im → Evangelium, ist in seiner Idealgestalt, die in der Geschichte in immer neuen Ansätzen gesucht wurde, die völlige Hingabe an Gott in der → Nachfolge Christi durch die → Evangelischen Räte (Armut, ehelose Keuschheit, Gehorsam), häufig nicht nur als Selbstheiligung verstanden, sondern verbunden mit christl.-karitativem Wirken in der Welt.

Mönchschor → Chor

„Mönchslatein" → Küchenlatein

Mönchsweihe in der frühen Zeit des → Mönchtums der Empfang des Mönchskleides als Zeichen der Absage an die Welt und der Ganzhingabe an Gott, im Osten und Westen liturg. reich ausgestaltet. Ihr angeglichen wurde die → Jungfrauenweihe. Mönchs- und Jungfrauenweihe des Mittelalters wurde in der abendländischen Neuzeit abgelöst durch die rechtl. Formen der → Einkleidung, des → Noviziates und der → Profeß, verbunden mit dem Ablegen der → Gelübde.

Monenergetisch-monotheletischer Streit → Monotheletismus

Monepiskopat → Bischof

Monialis mittellat. Bez. für → Nonne.

Monophysitismus (gr. = Lehre von einer einzigen Natur [Jesu]) von Eutyches (→ Eutychianischer Streit, → Räubersynode) in häret. Verabsolutierung früherer Konzeptionen verfestigte Lehre, wonach die menschl. Natur Jesu völlig in der göttl. aufgegangen sei wie ein Honigtropfen im Meer. Der Begriff geht auf die Formel des Apollinaris von Laodicea (→ Apollinarismus) zurück, der in Gegenreaktion gegen den → Arianismus eine naturhafte Einheit des Logos mit dem menschl. Fleisch (gr. = mia physis) gelehrt hatte. Von Monophysitismus als einer häret. Christologie spricht man dann aber v. a., wenn die Formel des Konzils von Chalcedon (451) von der hypostatischen Einheit der menschl. und göttl. Natur (→ Hypostase) nicht akzeptiert und eine phys. Einheit behauptet wird. Monophysit. Kirchen sind u. a. die → Koptische und → Armenische Kirche.

Monotheismus philos. oder rel.-theol. Position, die von der Existenz eines einzigen, transzendenten, absoluten und personalen göttl. Wesens überzeugt ist. Bereits die gr. Philosophie stieß zur Vorstellung von einem einzigen letzten Prinzip der Wirklichkeit vor. Der Monotheismus ist charakterist. für Judentum, Christentum und Islam. Diese sind nicht eigentl. drei verschiedene Religionen, sondern unterschiedl. Antworten auf die Selbstmitteilung des einen und einzigen Gottes. Der christl. → Trinitätsglaube bedeutet nicht eine Abkehr vom Monotheismus, sondern dessen Radikalisierung (K. Rahner), insofern er auf die definitive Selbsterschließung des einen Gottes in der personalen Unterscheidung von Vater, Sohn und Geist antwortet.

Monotheletismus (gr.) als abgemilderte Variante des → Monophysitismus vertretene Lehre von nur einem Willen Christi, fast gleichbedeutend mit Monenergismus (gr. = eine Fähigkeit). Sie geht sachl. auf das christolog. Ringen im Umfeld des Konzils von Chalcedon (451) zurück und löste im 7. Jh. den monenerget.-monothelet. Streit aus: Hauptkontrahenden waren Sergius (610–38, Erzbischof von Konstantinopel) als Vertreter des Monotheletismus und Maximus Confessor (580–662), der das Verhältnis von Energie und Willen zu Natur und Person klärte und zeigte, daß der Monotheletismus die menschl. Natur Jesu um den Willen verkürzt. Das 3. Konzil von Konstantinopel (680/681) verurteilte den Monotheletismus als → Häresie (→ Honoriusfrage).

Monsignore (it. = „mein Herr“, Abk. Msgr.) Titel höherer und niederer → Prälaten der kath. Kirche.

Monstranz (von lat. monstrare = zeigen; Ostensorium) kostbar geschmückter Schaubehälter der kath. Liturgie für die eucharist. Anbetung der → konsekrierten (großen) → Hostie, auf dem Altar „ausgesetzt“ oder in Prozessionen getragen, auch für → Reliquien. → Fronleichnam.

Montanismus eschatolog.-rigorist. Sekte des 2.Jh.s um den Phrygier Montanus, der als Ekstatiker zusammen mit den ekstat. Frauen Prisc(ill)a und Maximilla neue Prophezeiungen des Hl. Geistes empfing und als dessen Sprachrohr verkündete: baldiges Weltende, strenge Sittlichkeit (Verbot der Zweitehe, strengeres Fasten) und Bußdisziplin, Zurückdrängen der kirchl. Hierarchie zugunsten eines charismat. Prophetentums. Bedeutendster Anhänger wurde der afrikan. Kirchenschriftsteller Tertullian (150–220), der sich kurz vor dem Jahr 207 von der kath. Kirche Karthagos ab- und dem Montanismus zuwandte. In kleinen Gruppen hielt sich die Bewegung mehrere Jh.e lang.

Moralische Aufrüstung → Oxfordgruppenbewegung

Morgenland Bez. für den Orient (von lat. sol oriens = aufgehende Sonne).

Morgenländische Kirche nichtamtl. Bez. der Kirchen im → Morgenland, der → Ostkirche, und der Gesamtheit der mit Rom → unierten Kirchen.

Morgenländisches Schisma Spaltung (→ Schisma) der Christenheit in die gr.-byz. oder gr.-orth. geprägte Ostkirche und die lat. geprägte Westkirche, nach langer Entfremdung ausgedrückt in der wechselseitigen → Exkommunikation zwischen Rom und Konstantinopel im Jahr 1054, den Zeitgenossen in der Tragweite nicht bewußt.

Morgenläuten → Angelus

Mormonen (Kirche Jesu Christi der Heiligen der letzten Tage) eine von J. Smith um 1830 gegr. amerik. Religionsgemeinschaft, die sich auf das „Buch Mormon“, die „Heilige Schrift der Ureinwohner Amerikas“ stützt.

Motette (it. motetto) mehrstimmiger Gesang ohne Instrumente, Vokalsatz kunstreich verwobener Stimmen.

Motuproprio (lat. = aus eigenem Antrieb) päpstl. Erlaß aus Inititative des Papstes.

Mozzetta (von it. mozzare = abschneiden) aus dem verkürzten (weil abgeschnittenen) Mantel entstandener mantelartiger Schulterumhang aus Tuch oder Seide, der bis zum Ellbogen reicht; sie ist ein auszeichnendes, über → Chorrock oder Rochett getragenes Kleidungsstück für Kleriker höherer Ränge (Papst, Kardinäle, Bischöfe, Kanoniker u. a.), auch Teil des Ordenskleides verschiedener männl. Gemeinschaften, dementsprechend von unterschiedl. Farbe.

Mundat → Immunität

Münster (von gr.-lat. → monasterium) urspr. die gesamte Klosteranlage, dann die Kirche eines Klosters oder Kapitels (Stiftskirche), auch die große Kirche einer Stadt.

Musik → Kirchenmusik

Muspilli (ahd. = Weltuntergang) als Bruchstück erhaltenes, wahrscheinl. im 9. Jh. im bayer. Sprachraum entstandenes Gedicht vom Weltuntergang.

Mutter → Mater

Muttergottes → Gottesmutter

Mutterhaus 1. im kath. Ordenswesen ein Kloster, von dem aus andere Häuser gegr. wurden, heute meist die leitende Niederlassung; 2. Ausbildungs- und Aussendestätte kirchl. Krankenschwestern (z. B. ev. → Diakonissen).

Mystagoge (gr.) Priester, der in die Mysterien (von gr.-lat. → mysterium = Geheimnis, feierl., esoterische Geheimkulte der gr.-röm. Spätantike) einführt, dementsprechend mystagogisch predigt.

Mysterienspiele (Ministerienspiele) Bez. für die im 14./15. Jh. in Frankreich entstandenen großen geistl. Dramen (Schauspiele) des Mittelalters, die Szenen aus der Heilsgeschichte darstellen, v. a. aus der Passion Christi (→ Passionsspiel).

Mysterium (gr.-lat. Geheimnis, Geheimlehre) 1. rel.-geschichtl. Mysterien (→ Mystagoge); 2. in der kath. Dogmatik ein → Glaubensgeheimnis (z. B. Menschwerdung Gottes in Christus [→ Inkarnation]; Sakrament); 3. in der Ostkirche Bez. für die Liturgie der Eucharistie.

Mystik (von gr. myein = einweihen) 1. rel.-wissenschaftl. allgem. eine Erfahrung der göttl. (transszendenten) Wirklichkeit, die das gewöhnl. Bewußtsein und die rationale Erkenntnis übersteigt. 2. Christl. Mystik ist schon in der Heiligen Schrift mehrfach bezeugt, z. B. beim Apostel Paulus, und hat in der Geschichte vielfache Ausprägungen in allen christl. Kirchen gefunden, bes. bei gottverbundenen Frauen und Männern, häufig in Klöstern, der → Beschauung und Betrachtung eng verbunden. Im Unterschied zu nichtchristl. Erscheinungsformen, etwa im Buddhismus, wird in der christl. Mystik der individuelle Personkern nie „ausgelöscht", auch nicht in der Ekstase (gr. = Entrückung), sondern bleibt stets gewahrt.

N

Nachfolge Christi (lat. Imitatio Christi) Anliegen der Christus-→ Mystik und des prakt. Christentums, die auf die mehrfache Forderung Jesu an seine Jünger zurückgehen, ihm nachzufolgen und ihn nachzuahmen (Mt 16,24–28; Joh 8,12; Mk 8,34–9,1; Lk 9,23–27). Ihre Verwirklichung ist zu allen Zeiten bes. ausgeprägt bei → Märtyrern, → Heiligen und → Asketen, im → Mönchtum, in der → Armen- und Krankenpflege, im → Hospital-Wesen, in den → Armutsbewegungen des Mittelalters (Bernhard von Clairvaux, Franz von Assisi [→ Franziskaner], → Katharer) und wirkte weiter in der → Devotio moderna, v. a. durch das Büchlein von der „Nachfolge Christi" (lat. De imitatione Christi, etwa 1450), das Thomas von Kempen zugeschrieben wird (→ Brüder [Schwestern] vom gemeinsamen Leben). Große Bedeutung erlangte sie auch bei Ignatius von Loyola (→ Jesuiten), in der span. Mystik des 16./17. Jh.s, bei Charles de Foucauld († 1916), Arbeiterpriestern des 20. Jh.s, Mutter Theresa, dem „Engel der Armen" († 1997; → Missionarinnen der Nächstenliebe), und den von ihnen ausgelösten Bewegungen, bei allen Diensten der christl. → Barmherzigkeit und → Caritas. Bei den Reformatoren steht über der Nachahmung die Nachfolge im Glauben (im Rahmen der mit Christus geschenkten → Rechtfertigung), im → Pietismus kam es wieder zur stärkeren Betonung der Leidensnachfolge (→ Leidenstheologie).

Nächstenliebe Gebot Jesu (christl. Hauptgebot), u. a. ausgedrückt durch → Almosen, → Armen- und Krankenpflege, → Barmherzigkeit, → Caritas, → Hospital, → Nachfolge Christi.

Nachtmahl → Abendmahl

Nag' Hammadi Ort in Oberägypten, wo 1945/46 13 kopt. Handschriften einer christl.-gnost. Gruppe aus dem 2. Jh. gefunden wurden, u. a. ein Thomas-Evangelium

Naherwartung baldige Erwartung der → Parusie.

Name der Rose → Der Name der Rose

Namenstag der mit der → Heiligenverehrung in der → Kath. Reform des 16./17. Jh.s verstärkt einsetzende kath. Brauch, das Heiligenfest des Namenspatrons bes. zu feiern.

Narthex (gr.) Binnenvorhalle der altchristl. und byz. → Basiliken.

Nationalkirche im Unterschied zur Welt- und Volkskirche eine auf die polit. Grenzen einer Nation beschränkte Kirche, in der Geschichte oft unter Staatskirchenhoheit (→ Landeskirche, → Staatskirche).

Nationalkonzil → Konzil

Navikulum (lat. = Schifflein) Gefäß in Form eines Schiffchens für den → Weihrauch in der kath. und orth. Liturgie.

Nazaräer alter Beiname Jesu (von Nazareth), dann auch Name der frühen Christen, später der → Judenchristen in Syrien.

Nazarener Maler des 1809 von Overbeck und Pforr in Wien gegr., seit 1810 in Rom vereinigten „Lukasbundes" (u.a. Cornelius, W. Schadow, Schnorr von Carolsfeld), die eine Erneuerung der Kunst auf rel. Grundlage erstrebten.

Nazoräer → Mandäer

Nebenaltar → Altar

Negro Spiritual → Gospel

Nekrologien (von gr.-lat. = Totenbücher) kalenderartige Verzeichnisse der Namen verstorbener Mitglieder, Stifter, Wohltäter und Verbrüderter (→ Gebetsverbrüderung) einer geistl. Gemeinschaft (z. B. Kloster, Kapitel, Ordensprovinz), deren jährl. an ihrem Todestag im Gebet gedacht werden soll. Anfänge derartiger Verzeichnisse liegen in der christl. Spätantike und am Beginn des Frühmittelalters; seit dem 8. Jh. wurden sie entweder nach Todestagen meist ohne Jahresangabe (Totenkalender) oder nach Todesjahren (Totenannalen) angelegt. Sie sind wichtige Geschichtsquellen, bes. für Sprachwissenschaft und → Genealogie.

Neologie (gr. = „neue Lehre") Bez. für eine Richtung in der prot. Theologie zwischen 1740 und 1790, die in Absetzung von der luth. Orthodoxie sich der Aufklärung öffnete und das christl. Dogma mit deren Kritik zu versöhnen suchte, freilich zumeist unter Preisgabe des Offenbarungscharakters der kirchl. Lehre.

Neophyt (gr. = Neugeborener) frühkirchl. Bez. für den durch die Initiationssakramente Taufe, Firmung und Eucharistie in die Kirche aufgenommenen und zum neuen Leben in Christus wiedergeborenen Menschen.

Nepotismus (von lat. nepos = Enkel, Neffe, Nachkomme) Begünstigung der Nepoten (Anverwandten), in der Geschichte das Bestreben geistl. und weltl. Machthaber, Verwandten und anderen Günstlingen über das rechte Maß hinaus Vorteile zu verschaffen. Vornehml. berühmt und berüchtigt ist der Nepotismus der Päpste, der im Mittelalter und in der Neuzeit häufig begegnet, aber differenziert zu beurteilen ist. Dem päpstl. Nepotismus entsprachen ähnl. Praktiken vieler Bischöfe, Domkapitel und Großklöster sowie die Verwandtenbegünstigung im weltl.-polit. Bereich zu allen Zeiten.

Nestorianische Kirche nicht alle antiochen. Bischöfe billigten die Einigung zwischen Cyrill von Alexandrien und Johannes von Antiochien 433, mit der der → Nestorianische Streit beigelegt werden sollte. Einige von ihnen schlossen sich mit ihrem Klerus der ostsyr. Kirche an, die auf der Synode von Seleukia 486 offiz. den Namen Nestorianische Kirche annahm und möglicherweise wegbereitend für den Islam wurde.

Nestorianischer Streit theol. Kontroverse in der ersten Hälfte des 5. Jh.s um die rechte Formulierung der Personeinheit Jesu bei gleichzeitiger Unterscheidung von göttl. u. menschl. Natur. Er wurde ausgelöst durch die den antiochen. Theologen entgegenkommende Kompromißformel des Nestorius (428–31, Erzbischof von Konstantinopel) von Maria als Christotokos (Christusgebärerin) statt Theotokos (Gottesgebärerin, → Gottesmutter). Hauptgegner des Nestorius war Cyrill von Alexandrien, der Nestorius die Trennung von göttl. und menschl. Natur in Jesus Christus (nur moralische Einheit; Bewährungschristologie) vorwarf. Auf einer alexandrin. Synode 430 verteidigte Cyrill in 12 Anathematismen die Personeinheit Christi, geriet dabei allerdings mit seiner Rede von der nicht nur wesenhaften, sondern auch naturhaften Einheit Christi in gefährl. Nähe zur apollinarist. Formel von der „mia physis" (→ Apollinarismus). Um die Personeinheit Christi zu wahren, bekannte sich das Konzil von Ephesus (431) zum bereits traditionellen Titel Theotokos für Maria. Obwohl der Titel „Christotokos" auch orthodox verstanden werden kann, wurde Nestorius abgesetzt; er kehrte in sein antiochen. Kloster zurück und starb vermutl. 451 im oberägypt. Exil. 433 einigten sich Cyrill von Alexandrien und Johannes von Antiochien auf die Formel von Ephesus. Erst der Tomus Leonis (449) und das Konzil von Chalcedon (451) brachte mit der Formulierung der → hypostatischen Union Klarheit. Nestorius sah sich durch die weitere Entwicklung (wohl nicht ganz zurecht) bestätigt. → Nestorianische Kirche

Neuapostolische Gemeinde (Neuapostolische Kirche) aus der Kath.-Apostol. Gemeinde um 1860 entstandene christl. Religionsgemeinschaft, deren Angehörige sich selbst auch als → Apostelbrüder bez. Ihre Lehre ist an die ref. Kirche Calvins angelehnt.

Neudeutschland → Bund Neudeutschland

Neuendettelsauer Missionsgesellschaft 1841 vom ev.-luth. Pfarrer W. Löhe in Neuendettelsau bei Ansbach gegr. (mit Hauptmissionsgebieten in Neuguinea und Brasilien); das 1854 ebenfalls von Löhe gegr. → Diakonissenhaus umfaßt zahlreiche karitative Anstalten und Fachschulen.

Neumen (gr.-lat. = „Wink") im → Gregorianischen Gesang Bildzeichen zur Melodienführung seit dem 9. Jh. über dem Text aufgezeichnet, zunächst noch ohne Linien, seit dem 12. Jh. zur quadrat. Notenschrift entwickelt.

Neuprotestantismus von E. Troeltsch eingeführte Kategorie zur Deutung der prot. Kirchengeschichte, im bes. der von der → Aufklärung geprägten Erscheinungsformen des ref. Christentums seit der zweiten Hälfte des 17. Jh.s. Während die → Reformation selbst und der sog. Altprotestantismus noch dem Mittelalter zugehören, ist der Neuprotestantismus auf die moderne Welt ausgerichtet.

Neuscholastik Erneuerung der scholast. Philosophie und Theologie im 19. Jh. nach einer Periode des Niedergangs. Sie erfuhr große Förderung durch die Empfehlung des Studiums der Werke des Thomas von Aquin durch die Enzyklika „Aeterni Patris" (1879) Papst Leos XIII. Die stark apologet. und rational ausgerichtete Neuscholastik (auch röm. Theologie genannt) wurde Mitte des 20. Jh.s als führende theol. Richtung in der kath. Theologie abgelöst durch ein mehr heilsgeschichtl. Denken im Rückgriff auf die Theologie der Kirchenväter („Nouvelle Théologie"). → Scholastik

Neuzeit Epochenbegriff für die Zeit seit Ende des → Mittelalters (etwa 1500), spätestens für die Zeit seit Beginn der → Reformation, als Neuere bzw. Neueste Zeit untergliedert für die Zeit seit 1789 und seit 1917.

Nicaenum → Nicaeno-Constantinopolitanum

Nicaeno-Constantinopolitanum → Glaubensbekenntnis der ökum. Konzilien von Nicäa und Konstantinopel. In Nicäa (325) war ein traditionelles Taufbekenntnis um die christolog. Artikel erweitert worden, die jede Unterordnung des Sohnes unter den Vater (→ Arianismus) ausschließen. In Konstantinopel (381) wurden zur Präzisierung der Lehre vom Hl. Geist gegen die → Pneumatomachen weitere Bestimmungen eingefügt, die die Gottheit und → Hypostase des Geistes feststellen. Ökum. anerkannt, wurde das Nicaenoconstantinopolitanum v. a. zum → Symbolum der Ostkirche. Anlaß zu ökum. Kontroversen bot die Einfügung des → Filioque in der Westkirche.

Niederbronner Schwestern 1849 von E. Eppinger zu Niederbronn (Elsaß) gegr., 1866 päpstl. bestätigte Gemeinschaft zur → Armen- und (Haus-) Krankenpflege, im dt. Sprachraum Bez. für die Mitglieder der „Kongregation der Schwestern vom Allerheiligsten Heiland". Die Schwestern wirken heute in Deutschland und den angrenzenden Ländern meist in Kranken- und Altenheimen sowie in der Jugenderziehung.

Niedere Weihen → Weihegrade

Niederer Klerus → Höherer Klerus

Niederkirchliche Bewegung → Anglikanische Kirche

Nihil obstat (lat. = „es steht nichts dagegen") 1. im kath. Eherecht Bez. für die Feststellung der Erlaubtheit einer Eheschließung durch die bischöfl. Aufsichtsbehörde; 2. wo staatskirchenrechtl. dem verantwortl. Ortsbischof durch das → Konkordat ein Aufsichtsrecht bei der Besetzung theol. Lehrstühle an staatl. → Fakultäten eingeräumt wird, ist das „Nihil obstat" die vom zuständigen Bischof erteilte Unbedenklichkeitsbescheinigung als Voraussetzung für die Berufung durch den Staat.

Nikolaitismus (gr.) 1. angebl. nach dem in Apg 6,5 genannten Nikolaus von Antiochia benannte christl.-gnost. Sekte (nach Offb 2) in Kleinasien. 2. Im Mittelalter (→ Gregorianische Reform, → Reformpapsttum) nannte man nicht im → Zölibat lebende Kleriker Nikolaiten.

Nimbus (lat. = Wolke, Nebel) in der bildl. Darstellung zur → Heiligenverehrung der auch Glorie, Gloriole oder Glorienschein genannte „Heiligenschein" um das ganze Haupt, während den Seligen nur „Strahlen" um das Haupt als → Attribute zukommen.

Nizänum → Nicaeno-Constantinopolitanum

Nokturn (von lat. nox = Nacht) Teil des nächtl. kirchl. → Stundengebets. Bis zu den Reformen des → Vaticanum II war die → Matutin gewöhnl. in drei Nokturnen gegliedert, jeweils bestehend aus drei Psalmen und drei Lesungen.

Nolasker → Mercedarier

Nominalismus philos.-erkenntnistheoret. Position des Spätmittelalters, wonach die Allgemeinbegriffe bloße Namen (lat. nomina) sind, denen kein wirkl. Sein entspricht.

Nomination (lat. = Ernennung) 1. allgem. die Be- oder Ernennung für ein Amt; 2. im Staatskirchenrecht die seit dem 15. Jh. praktizierte, auch in → Konkordaten festgelegte Nomination eines Kandidaten für ein höheres Kirchenamt, bes. für das Bischofsamt, durch den Landesherrn aufgrund eines päpstl. → Privilegs. Mit dem Ende der meisten kath. Monarchien ist das landesherrl. Nominationsrecht nach dem Ersten Weltkrieg weitestgehend erloschen.

Nomokanon (von gr. nomos = Gesetz und → Kanon) in der gr.-orth. Kirche eine Sammlung staatsrechtl. und kanonist. Texte.

Non (lat. nona hora = neunte Stunde, etwa 15 Uhr) die letzte der „kleinen Horen" des → Stundengebets.

Nonkonformisten → Dissenters

Nonne (lat.) urspr. eine gottgeweihte Jungfrau, v.a. in klösterl. Gemeinschaft (männl. Entsprechung → Mönch), heute ein Mitglied einer weibl. Ordensgemeinschaft in → Klausur, im weiteren Sinn jede Ordensfrau oder „Klosterfrau".

Nonnenchor → Chor

Norbertiner → Prämonstratenser

Normaljahr (lat. annus decretorius) das Jahr 1624. Im → Westfälischen Frieden (1648) wurde festgelegt, daß der Besitzstand der geistl. Güter und die rel. Verhältnisse entweder aufrechtzuerhalten oder gemäß den im Jahr 1624 bestandenen Zuständen wiederherzustellen seien. Dadurch wurden Änderungen vor diesem Jahr als rechtsgültig anerkannt, bes. die Rekatholisierung Böhmens.

Notgottes → Schmerzensmann

Nothelfer in der kath. → Heiligenverehrung 14 Heilige, die meist ein bes. grausames → Martyrium erlitten haben und in allen oder speziellen Nöten angerufen werden. Ihr Kult entstand im Spätmittelalter, die leicht variierende Zusammensetzung der Gruppe in dieser Form: Achatius, Ägidius, Christophorus, Cyriacus, Dionysius, Erasmus, Eustachius, Georg, Pantaleon, Vitus, dazu die hl. drei Jungfrauen Barbara, Margareta und Katharina. Ihr bekanntester Wallfahrtsort ist Vierzehnheiligen bei Bamberg.

Notre-Dame (frz.) in der mittelalterl. → Marienverehrung wurzelnde, bes. in der Zeit der → Gotik in Frankreich als Kirchentitel gebräuchl. gewordener Ehrentitel der → Gottesmutter Maria, im dt. Sprachgebrauch „Unsere Liebe Frau".

Novatianer nach dem gelehrten röm. Gegenbischof Novatian, der wegen der milderen Bußpraxis der röm. Kirche gegenüber schwach gewordenen Christen der Verfolgungszeit (→ Lapsi) sich 251 gegen Papst Cornelius weihen ließ, benannte Anhänger einer rigorist. Gegenkirche vom 3.–7. Jh., die als sittenstrenge, „reine" Vorläufer der → Katharer gelten.

Novene (von lat. novem = neun) in der kath. Frömmigkeit seit der Barockzeit beliebte neuntägige → Andacht, die der Pfingstnovene (Apg 1, 13) nachgebildet ist und priv. oder öffentl. durchgeführt wird zur Vorbereitung auf ein festl. Ereignis oder in einem bes. Anliegen.

Noviziat (von lat. novitius = Neuling, Novize) die im kath. Kirchenrecht geforderte Zeit der Vorbereitung und Erprobung im Ordensleben, die unter Leitung des Novizenmeisters bzw. der Novizenmeisterin der → Profeß vorausgehen muß.

Numismatik (lat. gr.-lat.) Fachbez. für Münzkunde.

Nuntiatur, Nuntius → Apostolische Nuntiatur, → Apostolischer Nuntius

Nuntiaturstreit der durch die Errichtung einer neuen päpstl. Nuntiatur in München (1784) ausgelöste Streit um den Einfluß des Papstes auf die → Reichskirche, der durch die Emser Punktation von 1786 (→ Emser Kongreß) seinen Höhepunkt fand.

Nürnberger Anstand (Nürnberger Religionsfriede) 1532 zwischen Kaiser Karl V. und dem prot. → Schmalkaldischen Bund geschlossener Vertrag, der den luth. Reichsständen gegen „Türkenhilfe" bis zum Konzil bzw. nächsten Reichstag freie Religionsübung zugestand. → Frankfurter Anstand

O

O. A. M. D. G. Abk. für → Omnia ad maiorem Dei gloriam.

Oberacht → Aberacht

Oberhirte gewöhn. Bez. für → Bischof.

Oberkirchenrat oberste Verwaltungsbehörde einiger ev. → Landeskirchen in Deutschland (Vorsitzender ist jeweils der Landesbischof), auch Amtsbez. für die Mitglieder der ev. Kirchenkanzlei.

Oberprokurator, Oberprokuror im zarist. Rußland seit 1721 (Abschaffung des Patriarchates durch Peter den Großen) der Vertreter („Auge") des Zaren im → Heiligen Synod bis 1917.

Oblate, Oblation (lat. oblatus = der Dargebrachte, von offerre = darbringen, opfern) 1. in der Alten und mittelalterl. Kirche Bez. für Kinder, die von Eltern oder Vormündern Gott bzw. dem Kloster „dargebracht" und für das klösterl. Leben bestimmt wurden. Der für Buben und Mädchen geltende Brauch bezog sich auf Vorbilder im AT, wurde schon im frühen Mönchtum, hauptsächl. in → Benediktiner-Klöstern geübt, blieb nicht unwidersprochen, wurde in der kath. Kirche aber erst durch das Konzil von Trient 1563 beseitigt, das zur Gültigkeit der → Profeß ein Mindestalter von 16 Jahren vorschrieb. Daneben gab es seit dem 7. Jh. Oblaten (auch lat. donati = Geschenkte), die sich aus rel. Gründen einem Kloster weihten und ein Versprechen ablegten; dieses Oblaten-Institut besteht auch in vielen Mönchs- und Nonnenklöstern der Gegenwart in verschiedenen Formen (Chor-, Brüder-, Schwestern-Oblate). Seit dem 13. Jh. gab es auch den Brauch, daß Könige nicht mehr dienstfähige Laien (meist Soldaten) Klöstern zur lebenslangen Versorgung als Oblaten zuwiesen, praktisch als → Pfründner. 2. Von den im Kloster lebenden Oblaten sind zu unterscheiden Männer und Frauen, die in der Welt leben, sich aber durch Oblation einem Kloster oder Orden nach Art der → Terziaren anschließen. 3. Oblation war zudem der in der frühen Kirche gebräuchl. Name für die → Eucharistiefeier; von da ging die Bez. über auf die eucharist. Gaben Brot und Wein, auch auf die im → Opfergang dargebrachten Reichnisse. In den meisten christl. Kirchen wird auch das dünne Brotgebäck, das zur Eucharistiefeier bzw. zum → Abendmahls-Gottesdienst gebraucht wird, Oblate genannt. 4. Oblaten bzw. Oblatinnen nennen sich auch die Mitglieder mehrerer kath. rel. Genossenschaften des 19./20. Jh.s, die meist einfache → Gelübde ablegen, z. B. die Oblaten des hl. Franz von Sales.

Oblei (gr.-lat. eulogium, lat. obleia, oblegium, oblagium, oblata) 1. die geopferte Gabe (als Bestellung einer einzelnen Messe [Meßstipendium, → Applikation] oder Errichtung einer Meß-Stiftung); 2. in anderer Bedeutung bez. der Begriff einen in Klöstern zur Aufbesserung der Lebenshaltung bestimmten Fundus (Fonds), in weltgeistl. Stiften die stiftungsmäßige Ergänzung der Präbenden (→ Pfründe); 3. diese Stiftungen sind im Obleibuch verzeichnet (folio 10 recto aus dem Obleibuch des Stiftes Öhringen aus der Mitte des 15. Jh.s wurde als Bildvorlage für den Umschlag des vorliegenden Buches verwendet); 4. Obleipfarreien sind im Mittelalter die → inkorporierten Pfarreien.

Obödienz (lat. = Gehorsam) 1. im kath. Kirchenrecht und in der Kirchengeschichte die Pflicht des Klerikers bzw. Ordensmitgliedes zu → Gehorsam gegen den geistl. Oberen (Papst, Bischof, Ordensoberer u. a.), übernommen im Obödienzversprechen, auch Gehorsams-→ Gelübde von Ordensangehörigen. 2. Im → Abendländischen Schisma (1378–1417) Bez. für die Anhängerschaft eines Papstes.

Obsequien → Exsequien

Observanten (von lat. observare = beobachten, einhalten) Anhänger einer Reformbewegung der → Franziskaner im 14. Jh., deren Ziel die strenge Einhaltung der Regel des hl. Franz von Assisi gegenüber der milderen Auslegung der → Minoriten (Konventualen) war. 1517 trennte Papst Leo X. die Observanten von den Konventualen, so daß zwei selbständige Zweige der franziskan. Ordensfamilie entstanden.

Observanz (lat., wie → Observanten) in der kath. Kirche die Gewohnheit einer begrenzten Gruppe, die in den Mönchsorden gewöhnl. mit einer strengeren Auslegung der Ordensregel verbunden ist.

Occamismus, Ockhamismus Schule und Lehre des → Franziskaner-Theologen Wilhelm von Ockam (1285/90–ca.1348). Im → Universalienstreit lehnte er den Realismus ab, der den Allgemeinbegriffen ein wahres Sein zusprach, und wandte sich dagegen zum je Einzelnen zu. Damit wurde er zum Wegbereiter des → Nominalismus und auch der empir. Naturwissenschaften. In der Gottesfrage führte Ockham den Ansatz des Duns Scotus von der absoluten Freiheit Gottes (lat. potentia Dei absoluta) fort, die sich nur an die von ihr selbst gesetzte Ordnung (lat. potentia Dei ordinata) gebunden habe.

Oculi (lat. = die Augen) Name des 3. Fastensonntags (Passionssontags) nach den Anfangswort des lat. → Introitus (Meine Augen sehen stets zum Herrn, Ps 25,15).

Offertorium (von lat. offerre = darbringen) in der lat. Liturgie Eingangslied zur Opferung (Gabenbereitung) der Eucharistiefeier.

Offizial (von lat. officium = Pflicht, Amt, Dienst, Gottesdienst) 1. im kath. Kirchenrecht der in Gerichtssachen den Bischof vertretende Leiter des Offizialates; er wird dabei von Vize-Offizialen unterstützt. Das Amt wurde seit dem Hochmittelalter (gegen die Macht der → Archidiakone) ausgebildet; 2. in der Geschichte manchmal auch Bez. für → Generalvikar.

Ökonom → Cellerar

Ökumene (gr. oikumene = der ganze bewohnte Erdkreis) die gesamte Weltkirche. → Ökumenische Bewegung

Ökumenisch die gesamte Weltkirche betreffend (z.B. ökum. → Konzilien), seit der → Ökum. Bewegung auch im Sinne von: die Wiedergewinnung der sichtbaren Einheit der gesamten Christenheit anzielend.

Ökumenische Bewegung Sammelbez. für die Tätigkeiten und Unternehmungen der christl. Kirchen, das Gemeinsame herauszuarbeiten, das Trennende zu überwinden und die sichtbare Einheit wiederzugewinnen. In größerem, auch organisierten Stil begann sie im 19. Jh.: 1845 → Ev. Allianz, 1855 Weltbund des → CVJM, 1895 Christl. Studentenweltbund, 1910 Weltmissionskonferenz. Zwei Richtungen bildeten sich heraus: 1. ökum. Konferenz für „Praktisches Christentum" (→ Life and Work, 1925 Stockholm), 2. „Glaube und Kirchenverfassung" (→ Faith and Order, 1927 Lausanne). Diese schlossen sich 1948 in Amsterdam zum „Weltrat der Kirchen" zusammen. Die ökum. Bewegung wurde durch das → Ökumenismusdekret des → Vaticanum II (Unitatis redintegratio) von kath. Seite begrüßt.

Ökumenischer Gottesdienst Liturgie unter Leitung von Repräsentanten verschiedener → Bekenntnisse. Nach kath. Auffassung setzt die gemeinsame Eucharistie als Höhepunkt gottesdienstl. Feierns und Darstellung der Einheit der Kirche die Einheit im Glauben voraus. (→ Abendmahlsgemeinschaft)

Ökumenischer Patriarch seit dem 6. Jh. (Ehren-) Titel des → Patriarchen von → Konstantinopel, der damaligen „Hauptstadt" der → Ökumene.

Ökumenisches Konzil, ökumenische Konzilien → Konzil (siehe die Liste der ökum. Konzilien im Anhang dieses Lexikons).

Ökumenischer Rat der Kirchen (engl. World Council of Churches; Gegenbewegung: → Internationaler Rat Christl. Kirchen) 1948 als Zusammenschluß der ökum. Konferenzen für „Praktisches Christentum" (→ Life and Work) und „Glaube und Kirchenverfassung" (→ Faith and Order) entstanden. → Ökum. Bewegung

Ökumenismusdekret (lat. Unitatis redintegratio = „Rückintegration der Einheit") das → Vaticanum II reagierte damit auf die → Ökum. Bewegung, die sie begrüßt und ermutigt; gleichzeitig werden in diesem Dekret die kath. Prinzipien des Ökumenismus vorgelegt.

Okzident → Abendland

Oktav (von lat. octo = acht) in der kath. Liturgie bis zu den liturg. Reformen des → Vaticanum II die Nachfeier der Hochfeste des → Kirchenjahres mit Abschluß am 8. Tag, heute nur noch Weihnachts- und Osteroktav.

Ölberg 1. in der Bibel häufig genannter Höhenzug östl. von Jerusalem, jenseits des Kidron, an dessen westl. Fuß der Garten Gethsemane liegt, wo Christus nach dem Letzten → Abendmahl blutigen Schweiß vergoß, während die drei ihn begleitenden Jünger schliefen, und gefangen wurde (Beginn der → Passion). 2. Der am Ölberg betende und von einem Engel gestärkte Christus mit den schlafenden Jüngern wurde seit dem Spätmittelalter häufig an Kircheneingängen zur frommen Einstimmung bildl. dargestellt, gleichzeitig begannen die Ölbergandachten (an Donnerstagen der Passionszeit).

Olivetaner Orden des hl. Benedikt auf dem Monte Oliveto („Ölberg" bei Siena), eine Kongregation des → Benediktiner-Ordens, die 1313 mit einigen Einsiedlern begann und im 14./15. Jh. erhebliche Bedeutung in Italien erlangte; im 19. Jh. fast völlig erloschen, sind sie seit 1960 den Benediktinern angeschlossen.

Omnia ad maiorem Dei gloriam (lat. = alles zur größeren Ehre Gottes, Abk. O. A. M. D. G.) Wahlspruch der → Jesuiten, an vielen Kirchen und Altären angebracht.

Omophorion (gr.) breites, mit gr. Kreuzen (Doppelkreuzen) geschmücktes und dem → Pallium entsprechendes Band, liturg. Gewandstück und Würdezeichen der Bischöfe der gr., armen., syr. und unierten koptischen Kirche.

Opfer 1. in allen Religionen verbreitet; 2. im NT ist das entscheidende Ereignis der Opfertod Jesu am → Kreuz; während die kath. Kirche im Meßopfer (→ Eucharistie) die Gegenwärtigsetzung (nicht Wiederholung) des Opfers Christi feiert, lehnten die Reformatoren den Opfercharakter der Messe ab, weil das Kreuzesopfer Christi einzigartig und unwiederholbar sei. 3. Heute wird auch in der kath. Theologie der Mahlcharakter (Opfermahl) stärker dargestellt.

Opfergang in der Liturgie der abendländischen (lat.) Kirche bis ins 11. Jh. geübter, heute wieder öfters aufgenommener Brauch, Gaben im Gottesdienst zum Altar zu tragen, die später als Liebesgaben verteilt werden sollen. In manchen kath. Gegenden wird der Opfergang heute noch regelmäßig geübt beim Begräbnisgottesdienst (mit Geldspende).

Ophiten (gr. = Schlangenanbeter) Anhänger verschiedener gnost.-dualist. Sekten im 2.–4. Jh., welche die Paradieses-Schlange als Vermittlerin göttl. Erkenntnis verehrten, auch Ophianer, Sethianer oder Sethiten genannt.

O. P. N. Abk. für lat. → Ora pro nobis.

Opus Dei (lat. = Werk Gottes) „Personalprälatur vom Hl. Kreuz und Opus Dei", 1928 in Madrid von dem span. Priester J. Escrivá de Balaguer y Albás (1902–75) als eine Vereinigung kath. Christen gegr.; 1930 wurde eine weibl. Abteilung, 1943 die priesterl. Gesellschaft vom Hl. Kreuz eingerichtet. Das Opus Dei wurde 1950 päpstl. endgültig approbiert, 1982 durch Johannes Paul II. als → Personalprälatur errichtet. Nach eigener Aussage sind Ziel und Aufgabe des seit Ende des Zweiten Weltkriegs weltweit verbreiteten Opus Dei der Dienst an den Teilkirchen, in allen Bereichen der Gesellschaft ein tiefes Bewußtsein für die Berufung des Christen zur Heiligkeit und damit zum → Apostolat wecken zu helfen. Die Vereinigung ist bis heute innerhalb und außerhalb der kath. Kirche auch umstritten.

Ora et labora (lat. = Bete und arbeite) Kurzformel für das Wirken der → Benediktiner.

Ora pro nobis (lat. = Bitte für uns, Abk. O. P. N.) Bittruf an → Heilige.

Oratorianer Mitglieder einer kath. Weltpriestervereinigung, die aus Zusammenkünften von Weltpriestern im Oratorium (lat. = Betsaal) des Priesterhauses ihres Gründers, des hl. Philipp Neri (1515–95), in Rom entstand. Diese Geistlichen entschlossen sich zu einem gemeinsamen Leben in Gebet und intensiver Seelsorge. Die in vielen Ländern verbreiteten Oratorien zählen seither zahlreiche Angehörige vorbildlichen Wandels und hoher Gelehrsamkeit in ihren Reihen.

Oratorium (lat.) 1. Betraum, kleine Kirche; 2. Vertonung rel., später auch weltl. Texte für Chor, Soli und Orchester, teilweise für die szenische Darstellung bestimmt.

Orden, Ordensstand (lat. ordo = Ordnung, Stand, Regel; die dem Stand entsprechende Lebensweise) 1. der Ordensstand bez. die dauernde gemeinschaftl. Lebensweise, in der sich Christen über die allgem. christl. Lebensführung hinaus auch zur Befolgung der → Evangelischen Räte durch die → Gelübde des Gehorsams, der ehelosen Keuschheit und der Armut verpflichten. Die Mitglieder der Gemeinschaft leben unter einem gemeinsamen Oberen und nach gemeinsamer Lebensordnung (u. a. Ordensregel, Konstitutionen). Das Ziel des Ordenslebens ist rel. bestimmt, doch können die Ordensangehörigen häufig in allen Bereichen des kirchl. und öffentl. Lebens tätig werden, wobei oft vorrangige Aufgaben schon durch die Regel gegeben sind (z. B. Schule, Erziehung, Armen- und Krankenpflege, Mission). Namen, Einrichtung und Lebensweise sind in der kath. Kirche durch das Ordensrecht festgelegt. Zu bes. Wertschätzung trug stets der hohe Einsatz von Orden und einzelnen Mitgliedern im Dienst der Kirche, aber auch in weiten Bereichen geistig-kulturellen Lebens und sozial-karitativer Tätigkeit bei. Über viele Jh.e hinweg, beginnend an der Wende von der Spätantike zu abendländischem Frühmittelalter, wurden Klöster und Orden oft die alleinigen oder doch vorrangigen Lehrer und Begleiter der Völker. 2. Das → Mönchtum der Ostkirchen blieb im wesentl. den in der Frühzeit entwickelten Formen verbunden, während die abendländische Kirche das → koinobitische Mönchtum in einer Vielzahl neuer Formen ausgestaltete. 3. Außer der Unterscheidung in männl. und weibl. Orden werden in der kath. Kirche folgende Hauptgruppen unterschieden: a) Regular-→ Kanoniker, b) Mönchs-Orden (monastische Orden), c) → Bettelorden (Mendikanten), d) → Regularkleriker-Orden (16./17. Jh.), e) → Ritter-Orden. Einen neuen Typus stellen die → Personalprälaturen dar. 4. Nach Lebensweise und Wirken unterscheidet man Beschauliche (kontemplative) und Tätige Orden, dazu Gemischte Orden (die → Beschauung und äußere Tätigkeit verbinden) und nach dem kirchl. Stand der überwiegenden Mitgliederzahl → Priester- und → Laien-Orden.

5. In den ref. Kirchen entstanden im 19./20. Jh. verschiedene rel. Gemeinschaften (Bruder- und Schwesternschaften, → Kommunitäten), die nach Lebensweise und Aufgaben den kath. → Säkularinstituten vergleichbar sind.

Orden von der Heimsuchung Mariens → Salesianerinnen

Ordensgeneral → Generalat

Ordenshabit → Habit

Ordenskleid, -tracht 1. die für eine Ordensgemeinschaft durch Regel, Konstitutionen und Herkommen festgelegte einheitl. Kleidung. Sie war zunächst der Kleidung der einfachen, arbeitenden Bevölkerung angepaßt und entwickelte sich durch die Satzungen bald zur Standestracht. Im Mittelalter diente v. a. die → Benediktregel (Kap. 55) als Vorbild. Die weibl. Zweige schlossen sich allgem. den männl. Orden an. Die Orden und Kongregationen der Neuzeit, auch die männl. Gesellschaften des 19./20. Jh.s, gestalteten ihre Kleidung meist im Anschluß an den Weltklerus. In den letzten Jahrzehnten sind in der kath. Kirche (bes. bei Frauen-Verbänden) starke Vereinfachungen des Ordenskleides eingetreten. 2. Bei der Aufnahme in die Gemeinschaft wird das Ordenskleid in der feierl. Zeremonie der Einkleidung überreicht.

Ordensprovinz seit dem Hochmittelalter die regionale Gliederung der meisten neuen Orden (z. B. → Bettelorden) unter eigener Leitung (Provinzoberer, Provinzial) und eigenem Aufgabenbereich, die ordensrechtl. umschrieben sind.

Ordensreformen (auch monastische Reformen) Reform (lat. reformare = reformieren) ist im Mittelalter allgem. die v. a. auf kirchl. Einrichtungen bezogene Wiedergewinnung der urspr. Gestalt. Reformbestrebungen gibt es in den Orden und ordensähnl. Gemeinschaften zu allen Zeiten. Einzelne Epochen sind bes. stark von Reformtendenzen geprägt, in der abendländischen Kirche z. B. das 11./12. Jh. In der Geschichte erwiesen sich Reformen nicht selten als problematisch: während eine Verbesserung erwartet wurde, kam tatsächl. nur eine (oft rigorose) Veränderung, die sich bald als zweifelhaft erwies. → Cluny, → Hirsauer → Kastler, → Lothringer, → Melker Reform

Ordensregel (von lat. regula = Form, Regel, Regelbuch) 1. in den Ordensverbänden (die oft vom Ordensstifter stammende) schriftl. gefaßte Lebensordnung der Gemeinschaft, die von der Kirche anerkannt oder förml. approbiert ist; 2. in einem weiteren Sinn gehören dazu auch alle die Regel erläuternden Ausführungsbestimmungen verbindlichen, normativen Charakters (u. a. → Konstitutionen, → Consuetudines, Deklarationen), auch ungeschriebenes Gewohnheitsrecht.

Ordinariat (von lat. ordo = Ordnung) 1. das → Bischöfliche Ordinariat ist die oberste Verwaltungsstelle eines kath. Bistums unter Leitung des Generalvikars; 2. Amt eines ordentl. Hochschulprofessors (→ Ordinarius).

Ordinarius (lat., → Ordinariat) 1. im kath. Kirchenrecht der ordentl. Inhaber der → Kirchengewalt auf territorialer Ebene (lat. ordinarius loci = Ortsordinarius): → Papst, regierender → Bischof, freier → Abt oder → Prälat, → Apostolischer Administrator; 2. personaler Ordinarius: → Ordens-Oberer, → Militärbischof; 3. ordentl. Hochschulprofessor; 4. veraltete und regionale Bez. für Klassleiter an höheren Schulen.

Ordination (lat.) 1. in der kath. Kirche die Weihe eines Klerikers durch einen rechtmäßig geweihten Bischof innerhalb des dreistufigen Weihesakramentes (lat. sacramentum ordinis): Diakon, Priester, Bischof (→ Weihegrade); 2. in den ev. Kirchen wird der Unterschied von Klerikern und Laien abgelehnt, das allgem. → Priestertum betont. Die Ordination in Rechte und Pflichten des Amtes (Wortverkündigung, Sakramentsverwaltung, Schlüsselamt) geschieht im Gemeindegottesdienst durch einen von der Kirchenleitung beauftragten Amtsträger unter Assistenz zweier Ordinierter; heute ist auch die Ordination von Frauen üblich.

Ordinationsregister → Weiheregister

Organische Artikel → Edikt von Nantes

Orient → Morgenland

Orientalisch-orthodoxe Kirchen → Orthodoxe Kirchen

Origenistische Streitigkeiten theol. und kirchenpolit. Auseinandersetzungen um die Rechtgläubigkeit und richtige Interpretation der Schriften des Origenes (185–254), bes. die vermeintl. Lehre von der Allversöhnung (gr. Apokatastasis) und andere dogmat. und metaphys. Lehren wie etwa die Präexistenz (nicht Re- → Inkarnation) der Seele. 1. Origenismusstreit: Ende des 4. Jh.s; Anhänger des Origenes: Johannes von Jerusalem und Rufinus von Aquileja, Gegner: Hieronymus, Epiphanius von Salamis und Theophilus von Alexandrien; 2. Origenismusstreit: ausgelöst durch eine von dem Edessener Mönch Stephan bar Sudaili zum System verhärtete und verfälschte Lehre des Origenes. Im Vorfeld des II. Konzils von Konstantinopel wurden 553 15 vermeintl. Irrtümer des Origenes verurteilt. In der Folge kam es zur Vernichtung weiter Teile des immensen Werkes des Origenes; nur Bruchteile im gr. Original, v.a. Homilien in (zuverlässiger) lat. Übersetzung blieben erhalten. Nach neueren Forschungen war Origenes in den wesentl. Fragen des Glaubens rechtgläubig.

Orthodox, Orthodoxie (gr. rechtgläubig) 1. orthodox ist die Bez. für eine Lehre, Person oder Kirche, die in Übereinstimmung mit dem überlieferten kirchl. Dogma steht (Gegensatz: heterodox, häretisch). 2. In diesem Sinne ist sie Selbstbez. der → orth. Kirchen (Ostkirchen). 3. Prot. Orthodoxie nennt (nannte) man die Theologie zwischen dem → Augsburger Religionsfrieden (1555) und der Zeit des → Pietismus und der → Aufklärung (bis Ende des 17. Jh.s), die den Bestand ref. Lehren festlegte.

Orthodoxe Kirchen → orthodox nannten sich urspr. die Kirchen, welche die Konzilsbeschlüsse von Nizäa (325), Ephesus (431) und Chalcedon (451) (→ Christologie) annahmen und sich gegenüber abspaltenden Gruppen als „rechtgläubig“ verstanden. Heute versteht man unter orth. Kirchen alle → Ostkirchen ([alt-] orientalische, oriental.-orth.) Kirchen, die aus der → byzantinischen Kirche hervorgegangen sind und im Gefolge des → Morgenländischen Schismas (Kirchentrennung zwischen Rom und Konstantinopel seit 1054) sich von der → Lateinischen (Röm.) Kirche des Westens getrennt haben. Nur kleine Gruppen haben sich als → Unierte Kirchen Rom wieder angeschlossen. Gegenwärtig setzt sich die orth. Christenheit aus einer Reihe → autokephaler (selbständiger) Kirchen zusammen, die sich aufgrund ihrer Gleichförmigkeit in Liturgie, Theologie und Hierarchie als Einheit fühlen. Der Ökum. Patriarch von → Konstantinopel hat einen Ehrenvorrang.

Orthodoxie → Orthodox

Ortsordinarius → Ordinarius

Osiandrischer Streit benannt nach dem luth. Theologen Andreas Osiander (1498–1552): seine Lehre, wonach die → Rechtfertigung durch die sündentilgende „Einwohnung Christi“, des Wortes, im Glaubenden sowie durch den Glauben selbst geschehe, führte zum Streit (Gegner waren → Philippisten und → Gnesiolutheraner), der in der → Konkordienformel im Sinne Ph. Melanchthons beigelegt wurde.

Osservatore Romano (it. = Röm. Beobachter) 1861 gegr. Tageszeitung, seit 1929 in der → Vatikanstadt; im Unterschied zu den → AAS nur offiziöses Organ des Apostolischen Stuhles.

Ossuarium → Karner

Ostensorium (von lat. ostendere = zeigen) → Monstranz

Osterfeststreit in frühchristl. Zeit der Streit um den Termin des Osterfestes zwischen kleinasiat., syr. und judenchristl. Gemeinden, die am jüd. Passah-Termin (14. Nisan, von daher Quartodecimaner genannt) festhielten, und der röm.-heidenchristl. Gemeinde, die Ostern am Sonntag nach dem jüd. Passah feierte. Der unter Papst Viktor I. verschärfte Streit wurde durch das Konzil von Nizäa (325) zugunsten Roms entschieden. Unsicherheiten hinsichtl. des Passah-Termins wurden durch Dionysius Exiguus um 525 (→ Ostertafel) beseitigt; seitdem wird Ostern am Sonntag nach dem ersten Frühlingsvollmond gefeiert.

Osterkanon → Ostertafel

Ostermärlein eine in Osterpredigten eingeflochtene heitere Erzählung (auch → Anekdote, → Exempel), die zum Freudenfest der Kirche das „Ostergelächter" (lat. risus paschalis) hervorrufen sollte. Der vom Spätmittelalter bis ins 18. Jh. übliche Brauch wurde von Protestanten bekämpft und führte bei Entartungen auch zum Einschreiten der kath. Obrigkeit.

Ostern (ahd.) höchstes und ältestes Fest des → Kirchenjahres, an dem die Auferstehung Jesu von den Toten, das Pascha Domini, gefeiert wird als der alles tragende Grund christl. Glaubens. (→ Ostertermin)

Ostertafel (lat. tabula paschalis, Osterkanon) gibt in Tabellenform den bewegl. → Ostertermin an. Größte Bedeutung erlangte die Ostertafel des Abtes Dionysius Exiguus (um 525), durch die sich die Jahreszählung „nach Christi Geburt" (n. Chr.) in der christl. Welt durchzusetzen begann.

Osterspiel → Passionsspiel

Ostertermin → Osterfeststreit

Osterzettel → Beichtzettel

Ostiarier (lat. = Pförtner) früher Bez. für einen Kleriker, der die erste der vier Niederen Weihen erhalten hat (→ Weihegrade).

Ostkirche, Ostkirchen (unscharfe) Bez. für die Gesamtheit der östl. (oriental.) und/oder → orthodoxen und/oder → unierten Kirchen des nichtlat. Ritus.

Ostrom, Oströmisches Reich → Byz. Reich

Ostung 1. in den Religionen vielfach begegnende „Orientierung" des Gebetes nach Osten; 2. aus der Alten Kirche übernommene, seit dem 10. Jh. allgem. übliche (aber nicht immer exakte) West-Ost-Richtung des christl. Kirchenbaus (Altar im Osten), die als Hinwendung zu Christus, dem Licht der Welt, gedeutet wird; 3. entsprechende Ostung begegnet auch bei Bestattungen.

Ottilianer (Missionsbenediktiner) Mitglieder der Missionskongregation der Benediktiner von St. Ottilien (bei Landsberg am Lech), die vom Beuroner Benediktiner-Pater A. Amrhein 1884 in Reichenbach am Regen begr. wurde (seit 1887 in St. Ottilien) und weite Missionsgebiete in Ost- und Südafrika, Korea, China (Mandschurei) übernahm. Ihr zugeordnet sind die Missionsbenediktinerinnen von Tutzing.

Oxfordbewegung (engl. Oxford-movement) in der Anglikanischen Kirche eine 1832 aus der → hochkirchl. Bewegung hervorgegangene Erneuerungsbewegung, die sich gegen → Liberalismus und Säkularisierungstendenzen in Staat und Gesellschaft wandte, auf das altkirchl. Verständnis von Kirche, Amt, Sakrament und Liturgie zurückgriff und die Anglikanische Kirche als Mittelweg zwischen dem röm. Katholizismus und dem Protestantismus ansah. Bedeutendster Konvertit aus dieser Bewegung war der spätere Kardinal John Henry Newman (1801–90).

Oxfordgruppenbewegung 1921 von F. Buchman gegr. christl. Bewegung mit dem Ziel, den Menschen durch Anleitung zur Sündenerkenntnis und vertrauenden Gotteshingabe zu bessern. Aus ihr entstand 1938 die „Moralische Aufrüstung" (engl. Moral Re-Armament, auch Caux-Bewegung, nach dem Sitz der europ. Zentrale am Genfer See), die eine Veränderung der Welt durch die Änderung des Einzelnen gemäß den „Vier Absoluten" Ehrlichkeit, Reinheit, Selbstlosigkeit und Liebe für möglich hält und anstrebt.

P

P. Abk. für → Pater

Pactum Ottonianum → Constitutio Romana

Paganismus (lat. paganus = ländlich) das Heidentum, heidnische Bestandteile in christl. Glauben und Brauch.

Palamismus (gr.) nach dem hl. Grigorios Palamas († 1358/59), byz. Theologen, Schriftsteller und Mönch auf dem → Athos, Erzbischof von Saloniki, Hauptvertreter des → Hesychasmus, benannte theol.-myst. Ausprägung des gr. Mönchtums.

Palatina → Bibliotheca Palatina

Palimpsest → Buch

Palla (lat.) heute ein meist über Karton gezogenes Leinentüchlein, mit dem der Kelch bei der hl. Messe bedeckt wird.

Pallium (lat. = Hülle) urspr. mantelähnl. Oberkleid der Römer, wurde es seit dem 6. Jh. von den Päpsten übernommen und bald von ihnen an Bischöfe als päpstl. Auszeichnung übertragen. Seit der Mitte des 9. Jh.s wurde es als Pflicht der Erzbischöfe deklariert, sich das Pallium vom Papst zu erbitten, vor dessen Empfang sie ihre Metropolitangewalt nicht ausüben durften. Die Gestalt des Palliums hat sich stark verändert. Heute ist es eine päpstl. und vom Papst an die Erzbischöfe (und manche hohe Prälaten als päpstl. Auszeichnung verliehene) Insignie. Es wird über dem Meßgewand (→ Kasel) als knapp handbreites weißwollenes Band, in das sechs schwarze Kreuze eingestickt sind, getragen und aus der Wolle zweier Lämmer hergestellt, die der Papst am Fest der hl. Agnes (21. Januar) segnet, muß vom Papst erbeten werden und wird dem Erzbischof ins Grab mitgegeben. Aus dem Pallium ging das → Rationale (lat.) mancher Bischöfe hervor, ein Schulterschmuck, der heute noch von einigen Bischöfen (Eichstätt, Paderborn, Toul, Krakau) über dem Meßgewand getragen wird (→ Liturgische Gewänder).

Pallottiner (Gesellschaft des kath. Apostolates) 1834/35 vom Priester V. Pallotti in Rom gegr. kath. Priestergemeinschaft ohne Gelübde, aber mit dem Versprechen zum gemeinsamen Leben nach den → Evangelischen Räten; heute weltweit in Seelsorge und Mission tätig, ähnlich in karitat., schulischen und missionar. Aufgaben der 1843 gegr. weibl. Zweig der Pallottinerinnen. Aus der Marienverehrung der Gemeinschaft ging das von dt. Pallottinern seit dem Ersten Weltkrieg in Vallendar-Schönstatt (bei Koblenz) aufgebaute „Schönstatt-Werk" hervor, eine später weltweite Bewegung zur Vertiefung des rel. Lebens und des Wirkens der → Laien (seit 1964 von den Pallottinern unabhängig).

Palmarum (lat.) → Palmsonntag

Palme des Martyriums → Attribut der → Märtyrer (in der Hand getragener Palmzweig) zum Zeichen des Sieges über den Tod.

Palmsonntag (lat. Dominica Palmarum) Sonntag vor Ostern, mit dem die → Karwoche beginnt, benannt nach Palmweihe und -prozession in Erinnerung an den Einzug Jesu in Jerusalem.

Panhagia (gr. = die Allheilige) in den orth. Kirchen Beiname und Ehrentitel der → Gottesmutter Maria, ihr Bild (auch in der → Ikonostas) und unter Anrufung Mariens geweihtes Brot.

Panorthodoxe Bewegung (gr.) Bestrebung zur Zusammenführung der verschiedenen orth. Kirchen, auch zu einem Panorthodoxen Konzil.

Pantheismus (gr. = „Allgöttlichkeit") philosoph. Lehre, wonach das All Gott sei; Natur und Gott werden gleichgesetzt. → Theismus

Pantokrator (gr. = Allherrscher) 1. Ehrentitel für Gott und den auferstandenen Christus; 2. Darstellung des thronenden, segnenden, lehrenden Christus in der christl., bes. byz. Kunst, häufig in der → Apsis der Kirchen.

Papalismus, Papalsystem im Gegensatz zum → Episkopalismus Bez. für die päpstl.-zentralist. Kirchenverfassung der kath. Kirche, auch Kurialer Zentralismus, Kurialismus (→ Römische Kurie) oder papale Theorie genannt.

Papas (gr. = Vater) Name für Weltgeistliche der gr.-orth. Kirche.

Papat → Papsttum, auch Regierungsdauer eines Papstes.

Papismus (besser: „Papacaesarismus" [vgl. → Caesaropapismus]) 1. Wort zur Kennzeichnung des päpstl. beanspruchten Vorrangs der geistl. vor der weltl. Gewalt; der von Papst Gregor VII. in seinem → Dictatus papae von 1075 erhobene Anspruch kam unter Innocenz III. (1198–1216) zu höchster Entfaltung; 2. verächtl. Bez. für Hörigkeit gegenüber Papst und → Römischer Kurie.

Papst, Papsttum Amt und Institution des Oberhauptes der kath. Kirche. Das gr.-lat. Wort pappas, papa (= Vater), im Osten urspr. Titel für Äbte, Bischöfe und Patriarchen, ist in Rom seit dem 4. Jh. bezeugt, seit Ausgang der christl. Spätantike im lat. Westen zunehmend dem Bischof von Rom vorbehalten, festgelegt durch Papst Gregor VII. (→ Dictatus papae, 1075); heute Bez. für den „Bischof von Rom, Stellvertreter [lat. Vicarius] Jesu Christi, Nachfolger des Apostelfürsten [Petrus], das Oberhaupt der Gesamtkirche, Primas von Italien, Erzbischof und Metropoliten der röm. Kirchenprovinz, Souverän des Staates der Vatikanstadt". Da in der Antike und im Mittelalter die „Rechtmäßigkeit" des Pontifikates nicht in allen Fällen zu klären ist (z. B. bei den zwei bzw. drei Papstreihen des → Abendländisches Schismas), wird neuerdings auf eine fortlaufende Zählung der „rechtmäßigen" Päpste verzichtet (Papstliste im Anhang dieses Lexikons). → Gegenpapst, → Papstabsetzung, → Papstwahl

Papstabsetzung häufig umstrittene, meist gewaltsame Entfernung röm. Bischöfe in Spätantike und Mittelalter durch weltl. Macht (Kaiser, Adelsgruppen) und Synoden, so im → Dunklen Jahrhundert und auf dem Allgem. Konzil von Konstanz (1414–18) zur Beilegung des Großen → Abendländischen Schismas.

Papstfabeln mittelalterl. Erdichtungen, die I. v. Döllinger unter diesem Titel krit. untersucht hat (1863). Dazu gehört u. a. die Fabel von der → Päpstin Johanna.

Papstfinanz (Päpstl. Finanz) Einkommen des röm. Bischofsstuhles (und dessen Verwaltung), geschichtl. aus → Patrimonium Petri, → Kirchenstaat, Schenkungen und pflichtmäßigen → Abgaben aus der Gesamtkirche, bes. ausgebaut seit dem Hochmittelalter und im päpstl. Stellenbesetzungs- und Finanzsystem des 14. Jh.s (Papsttum in → Avignon), heute festgelegt im → Kirchenrecht.

Papstgeschichtsschreibung Teil der → Kirchengeschichtsschreibung, der sich bes. mit → Papst und Papsttum beschäftigt.

Päpstin Johanna Mitte des 13. Jh.s taucht in Chroniken die Fabel auf, nach Papst Leo IV. (847–55) habe eine Päpstin Johanna den röm. Bischofsstuhl eingenommen. Die Fassungen der Fabel weichen stark voneinander ab; weiteste Verbreitung fand sie durch die Chronik des Martin von Troppau († 1278): Ein Mädchen aus Mainz habe in Athen studiert und sein unter Verheimlichung seines Geschlechtes nach Rom gekommen und wegen seiner Gelehrsamkeit 855 als Johannes Anglicus zum Papst gewählt worden; nach mehr als zwei Jahren Regierung sei die „Päpstin" bei einer Prozession zum Lateran niedergekommen, an dieser Stelle gestorben und begraben worden. Die Unhaltbarkeit der Legende ist längst erwiesen. Die Fabel wurde dennoch, teilweise bis ins 20. Jh. herein, aufgegriffen und wird heute gelegentl. für eine „feministische Theologie" herangezogen.

Päpstliche Familie (lat. Familia pontificia) heute päpstl. Hofstaat und Mitarbeiter (Kleriker, Laien) in der Regierung und des Staates der → Vatikanstadt, festgelegt in der Kurienreform Papst Pauls VI. 1968 und im geltenden → Kirchenrecht; im weiteren Sinn gehören zu ihr alle → Kardinäle und Inhaber hoher päpstl. Auszeichnungen (z. B. → Prälaten).

Papstliche Kanzlei → Apostolische Kanzlei

Päpstliche Kapelle (it. Capella pontificia) 1. Gesamtheit der geistl. und weltl. Würdenträgern, die an feierl. liturg. Handlungen des Papstes teilnehmen (seit 1968 nur noch die direkt mitwirkende Thronassistenz); 2. die für den Gottesdienst im → Vatikan zuständige Sängergruppe (Capella Sixtina).

Päpstlicher Primat (lat. primatus = Vorrang) Ehren- und Rechtsstellung des Papstes, die dogmat. v. a. auf dem Vaticanum I 1870 festgelegt (Konstitution „Pastor aeternus") und auf dem Vaticanum II 1964 bestätigt wurde und kirchenrechtl. im → CIC/1983 umschrieben ist. „Pastor aeternus" handelt von der Einsetzung des apostol. Primats in Petrus, von der beständigen Fortdauer in den röm. Päpsten, von der Gewalt und dem Wesen des Primats, vom unfehlbaren Lehramt des Papstes. Der Papst besitzt den Universalepiskopat, d. h. er ist Träger der „vollen und obersten Gewalt der Rechtsentscheidung (iurisdictio) [→ Jurisdiktion] in der ganzen Kirche" in Sachen der Glaubens- und Sittenlehre, der Disziplin und Kirchenleitung. In den Universalepiskopat eingebaut ist die lehramtl. Unfehlbarkeit (Infallibilität): „Der Römische Papst, wenn er [→] ex cathedra spricht, d. h., wenn er in Ausübung seines Amtes als Hirte und Lehrer aller obersten Autorität eine Lehre, den Glauben oder die Sitten betreffend, als von der gesamten Kirche festzuhalten definiert, besitzt durch den göttlichen Beistand, der ihm im hl. Petrus verheißen ist, die Unfehlbarkeit, mit der der göttliche Erlöser seine Kirche bei Definierung einer Lehre in Sachen des Glaubens und der Sitten ausgestattet haben wollte: und deshalb sind solche Definitionen des Römischen Papstes unabänderlich aus sich selbst und nicht aus der Zustimmung der Kirche (ex sese, non autem ex consensu Ecclesiae)." Die Glaubenslehre (mit Einschluß der kirchenrechtl. Festlegungen) und die Entwicklung in histor.-krit. Betrachtung sind hierbei zu unterscheiden. Anspruch und Anerkennung des päpstl. Primates geschahen unter erhebl. Schwankungen und blieben schließl. auf die lat. Kirche des Westens beschränkt, endgültig seit dem → Morgenländischen Schisma (1054) und den Strukturveränderungen, die „Kirchenreform" und → „Reformpapsttum" des 11./12. Jh.s heraufgeführt hatten.

Papstschismen Spaltungen (→ Schisma) in der Besetzung des röm. Bischofsstuhles, geschichtl. vom 3. bis zum 15. Jh. öfters erfolgt, verursacht durch strittige Wahlen (Einmischung durch weltl. und klerikale Einflüsse auf die → Papstwahl), bes. im 11./12. Jh. (→ Investiturstreit, → Gregorianische Reform; Steit mit den Staufern), im Großen → Abendländischen Schisma 1378–1417 (zwei, seit 1409 drei Papstreihen), zuletzt auf dem Konzil von Basel (→ Gegenpapst Felix V. 1439–49).

Papstvatizinien → Papstweissagungen

Papstwahl urspr. die Wahl des röm. Bischofs durch „Klerus und Volk von Rom", wurde seit dem 4. Jh. der Einfluß der röm. Kaiser wirksam, im 5.–10. Jh. in erhebl. Maß der röm.-mittelitalischen Aristokratie, im 9.–11. Jh. der fränk. und dt. Könige und Kaiser. Seit dem Papstwahldekret von 1059 war die Wahl des → Papstes fortschreitend, dann ausschließl. den → Kardinälen vorbehalten, seit dem 13. Jh. im → Konklave, mit Zweidrittelmehrheit der Wähler. Kleine Änderungen der im → Kirchenrecht festgelegten Papstwahl gab es bis zur Gegenwart. Wählbar ist grundsätzl. jeder männl. kath. Christ.

Papstweissagungen (Papstvatizinien) verschiedene Voraussagen über das → Papsttum; am bekanntesten ist die angeblich von Erzbischof Malachias von Armagh (Irland, † 1148) verfaßte „Papstweissagung des hl. Malachias", die wohl 1590 entstand und im Druck zuerst in der Sammlung „Lignum vitae" des Benediktiners Arnold von Wion 1595 erschien. Das mit einiger Wahrscheinlichkeit dem hl. Philipp Neri (1515–95) zugeschriebene Werk enthält in 111 kurzen Sinnsprüchen eine Charakteristik der Papste von Cölestin II. (1143) bis zum letzten Papst („Petrus Romanus") am Weltende.

Parabel (gr. = Vergleichung, Gleichnis) literar. Gattung, die eine allgem.-gültige (v.a. sittl.) Wahrheit an einem Beispiel veranschaulicht (etwa die Parabel vom verlorenen Sohn in Lk 15).

Paradies (pers. = eingehegter Park) 1. bibl. Bez. für den Garten Eden (Gen 2), Aufenthaltsort der ersten Menschen vor dem Sündenfall, aber auch (neben Scheol) Aufenthaltsort der verstorbenen Gerechten bis zur Himmelfahrt Christi („Vorhölle"); 2. theol. kann Paradies sowohl den Zustand des Heilseins in Heiligkeit und Gerechtigkeit vor dem Sündenfall als auch, gleichbedeutend mit → Himmel, den Zustand endgültigen Erlöstseins durch Christus und der Teilhabe am Leben des dreifaltigen Gottes meinen (→ Endzeit, → Himmlisches Jerusalem); 3. in Anspielung an das bibl. Paradies wird so auch (von frz. parvis) der mit Mauer und Säulenumgang umfriedete, gartenartig bepflanzte Vorhof oder die überdeckte Vorhalle (Portalvorbau, → Atrium) an der Frontseite frühchristl. und mittelalterl. Kirchen Gotteshäuser genannt, wohl auch als Symbol für das Paradies als „Vorhimmel", durch das man in die Kirche (symbol. Darstellung des Himmlischen Jerusalem) gelangt.

Paramente (lat. paramenta) Kirchen- und Meßgewänder, Altarschmuck (→ Liturgie, → Liturgische Gewänder).

Pariser Bluthochzeit → Bartholomäusnacht

Parlatorium (lat.) Sprechraum in Klöstern.

Parochie → Bistum, → Gemeinde, → Pfarrei

Partikularkonzil, -synode Teil- → Konzil, einer → Kirchenprovinz oder eines Landes (Nationalkonzil).

Parusie (gr. = Gegenwart, Ankunft) die glorreiche Wiederkunft Christi am Jüngsten Tag zum Gericht. NT bezeugt verschiedentl. die Erwartung der nahe bevorstehenden Parusie (Naherwartung) im Urchristentum, die sich zur Stetsbereitschaft läutert.

Passauer Vertrag 1552 in Passau geschlossenes Abkommen, das den Anhängern der luth. → Confessio Augustana vorläufige Duldung einräumte, das → Augsburger Interim ablöste und den Weg zum → Augsburger Religionsfrieden ebnete.

Passion (lat. passio = Leiden) v.a. Leiden und Sterben Jesu Christi in den Berichten der vier → Evangelien, ausführl. vorgetragen in der Liturgie der → Karwoche, vergegenwärtigt in jeder → Eucharistiefeier (→ Abendmahl), in → Fasten- und Passionszeiten des → Kirchenjahres, von größter Bedeutung für christl. → Mystik (→ Leidens- und Kreuztheologie) und → Frömmigkeit vom Mittelalter bis zur Gegenwart: das Zeichen des → Kreuzes Christi ist wichtigstes Symbol des Christentums. 2. Zur szenischen Darstellung gelangte die Passion in → Passionsspielen, Karfreitags- und Leiden-Christi-Prozessionen, reiche musikal. Gestaltung erfährt sie u. a. in Passionen (J.S. Bach, † 1750) und wird bes. seit dem Spätmittelalter bildl. sichtbar gemacht in Kreuzigungsgruppen und → Kalvarienbergen, in → Andachts- und → Erbärmdebildern, in den Passions-, Leidens- oder Kreuzwerkzeugen (lat. arma Christi = Waffen Christi): Kreuz, Lanze, Geißel, Nägel. 3. Passion ist außerdem Bez. für Leiden und Sterben der → Märtyrer und die Berichte hierüber.

Passionisten auf den hl. Paul vom Kreuz (1694–1775) zurückgehende, heute weltweit verbreitete kath. Klerikerkongregation (vom Leiden Christi), deren Mitglieder sich die bes. Verehrung der → Passion Christi (v. a. durch Volksmissionen und geistl. Übungen) zur Aufgabe machen. Ihr zugehörig ist ein streng kontemplativer weibl. Zweig, die Passionistinnen.

Passionssäule → Martersäule

Passionsspiel Leiden und Sterben Jesu Christi (→ Passion) in dramatischer Gestaltung, neben dem Osterspiel der bedeutendste Typus des mittelalterl. geistl. Spiels, mit Blütezeit im 15. und 16. Jh. Passionsspiele waren bes. beliebt im dt.-sprachigen Raum; die meisten beschränkten sich nicht auf eine Darstellung der Passion, sondern bezogen die ganze Heilsgeschichte des AT und NT ein. Sie münden meist in ein Osterspiel. Die Aufführung der Spiele erfolgte außerhalb des Kirchenraumes und erstreckte sich über zwei oder drei Tage, oft mit Tausenden von Mitwirkenden. Neben wenigen lat. gibt es zahlreiche dt. Passionsspiele. Der Protestantismus brachte seit dem 16. Jh. einen starken Rückgang. Nur in kath. Gebieten blieb das Passionsspiel über das 16. Jh. hinaus lebendig. Erhebliche Einschränkungen und Verbote brachten vielerorts Reformen der Aufklärungszeit. Bis heute haben sich große Passionsspiele in Oberammergau (Oberbayern) und in Erl (Tirol) erhalten. An manchen kath. Orten werden heute alte Passionsspiele neubelebt oder neu eingeführt.

Pastor, Pastorin (lat. pastor = Hirt) regional verschiedene Anrede und (Dienst-) Bez. ev. und kath. Geistlicher.

Pastoralbriefe Name für 1 und 2 Tim und Tit im NT. Inhaltlicher Schwerpunkt aller drei Briefe ist u. a. das Hirtenamt in der Kirche, seine Ausübung und Eignungskriterien.

Pastorale → Hirtenbrief

Pastoralkonferenz Seelsorgekonferenz in der kath. und den ev. Kirchen (Pfarrkonferenz).

Pastoralkonstitution (lat. Gaudium et spes = Freude und Hoffnung) das → Vaticanum II reagierte damit auf die Herausforderung der Moderne (u. a. Atheismus, Irrelevanz des Glaubens für die Weltgestaltung). Sie setzt an bei den existentiellen Grunderfahrungen und der Heilsfrage aller Menschen und verkündet in einem ersten Hauptteil Christus als die Antwort auf die tiefste Sehnsucht des Menschen. Der zweite Hauptteil legt konkrete Folgerungen für die Weltgestaltung vor.

Pastoralreferent(in) seit dem → Vaticanum II in der kath. Kirche Laienhelfer(in) mit abgeschlossenem Theologiestudium in Seelsorge und Verwaltung. → Gemeindereferent(in)

Pastorat Amtswohnung des → Pastors.

Pataria, Patarener (it. = „Lumpenpack") in der zweiten Hälfte des 11. Jh.s eine gegen Feudaladel und den zugehörigen höheren Klerus gerichtete rel.-soziale Aufstandsbewegung in der Lombardei mit Zentrum in und um Mailand. → Gregorianische Reform, → Investiturstreit, → Katharer

Pate, Patin (von lat. pater = Vater) als Tauf- und/oder Firmpate Zeuge der Sakramentenspendung mit der Verpflichtung, für die rel. Erziehung des „Patenkindes" mitzusorgen; die Patenschaft begründet in der kath. Kirche „geistl. Verwandtschaft".

Patene (lat.) kleiner flacher Teller (golden oder vergoldet) für die → Hostie bei Eucharistie und Abendmahl.

Pater (lat. = Vater) Anrede und Titel (mit dem Ordensnamen) für kath. Ordenspriester (auch → Priestermönch).

Paternoster (lat.) das → Vaterunser

Patriarch (gr.-lat. = „Erzvater") 1. die Erzväter Israels (v. a. Abraham,

Isaak und Jakob, König David); 2. Amts- und Ehrentitel der kath. und orth. Kirchen; er war in der Alten Kirche verbunden mit den fünf vornehmsten (Patriarchen-) Sitzen der Christenheit (→ Rom, → Konstantinopel [Ökumenischer Patriarch], → Alexandrien, → Antiochien, → Jerusalem; → Pentarchie); 3. in der kath. Kirche Titel des → Papstes (Patriarch des Abendlandes) und kath.- → unierter Oberhäupter; 4. in der Geschichte auch Ehrentitel der Bischöfe von Aquileija-Grado, Goa (Patriarch von Ostindien), Lissabon, Venedig und Madrid (Patriarch von Westindien).

Patriarchat Gebiet der → Jurisdiktion eines → Patriarchen, in der Alten Kirche der Patriarchen von → Rom, → Konstantinopel, → Alexandrien, → Antiochien, → Jerusalem, bes. festgelegt durch Kaiser Justinian I. (527–65, → Pentarchie); die Grenzen waren dabei oft umstritten.

Patriarchensitze → Patriarch, → Pentarchie

Patricius (von lat. = Vater) 1. spätröm.-byz. Hoftitel, den in der Regel der kaiserl. → Exarch von Ravenna, der Dux von Rom und die Statthalter in Sizilien und Afrika führten; er wurde auch an fremde Fürsten verliehen, um sie dem Byz. Reich einzugliedern. 2. Bes. Bedeutung bekam bis ins 12. Jh. der Titel „Patricius Romanorum" (als Schutzherr der röm. Kirche), wobei der Rechtscharakter nicht einheitlich war.

Patrimonium Petri (lat.) Grundbesitz (Vermögen) des hl. Petrus, d.h. der in der Spätantike durch Schenkungen erworbene Grundbesitz des Papsttums, wesentl. Bestandteil des späteren → Kirchenstaats.

Patristik, Patrologie (gr. pater = [Kirchen-] Vater) Patristik ist die Lehre und Erforschung der frühesten Epoche der → Kirchengeschichte (→ Alte Kirche), benannt nach den Kirchenvätern. Sie endet im Westen mit Isidor von Sevilla († 636) und im Osten mit Johannes von Damaskus († um 750). Unter Patrologie versteht man gewöhnl. die Wissenschaft von der → frühchristl. Literatur.

Patron, Patronat (lat. pater = Vater, Hausherr) 1. Patron ist ein → Heiliger oder → Engel als bes. Schutzpatron einer Kirche, eines Standes oder Berufes (Zunftpatrone, Patrone der Ritter, Bauern, Viehpatrone), eines Landes, einer Stadt, eines Bistums, eines Ordens oder einer Person (Namenspatron = hl. Namensträger des in der Taufe gegebenen Vornamens, gefeiert im alljährl. → Namenstag). Jede Kirche (Haus Gottes) ist zunächst Gott geweiht, steht aber nach kath. und orth. Verständnis unter einem bes. Glaubensgeheimnis (z.B. Verklärung

Christi, Heilig-Kreuz) oder der Schutzherrschaft eines Heiligen, dessen Fest alljährl. als Patrozinium gefeiert wird (→ Kirchweihe). 2. Patron ist zudem im kath. und ev. Kirchenrecht der Träger eines Patronates; es geht auf den Stifter (und dessen Rechtsnachfolger) einer Kirche oder eines kirchl. Benefiziums (z.B. Meßstiftung) zurück und umfaßt Rechte und Pflichten am Stiftungsobjekt (Baulast, Unterhalt). Zu den wichtigsten Rechten gehört das Präsentationsrecht, d.h. der Patronatsinhaber kann der zuständigen kirchl. Stelle (Bischof, Konsistorium) den Pfarrer oder Benefiziaten rechtsverbindl. präsentieren, d.h. vorschlagen (→ Eigenkirche). Präsentationsrechte betreffen auch die meisten → Inkorporationen. Patronatsherr ist meist ein Laie, kann aber auch ein Kleriker oder eine jurist. Person (Gemeinde, Universität, Regierung) sein.

Patrozinium → Patron, Patronat

Paulaner 1454 vom hl. Franz von Paula in Kalabrien als Orden der „Eremiten vom hl. Franz von Assisi", bald der Minimen (lat. minimus = der Geringste) genannter sehr strenger Orden mit Privilegien der → Bettelorden. Der zugehörige weibl. Zweig sind die Minimitinnen oder Paulanerinnen.

Paulikianer Anhänger einer sich auf den Apostel Paulus berufenden, seit dem 7. Jh. im Vorderen Orient und auf dem Balkan verbreiteten christl. Sekte mit gnost.-dualist. Lehre (→ Gnosis, → Dualismus), die u.a. → Bogomilen und → Katharer beeinflußte.

Pauliner um 1250 gegr. als Eremiten-Kongregation in Ungarn gegr. Orden der Brüder des hl. Paulus, des ersten Eremiten (gemeint ist der ägypt. Einsiedler Paul von Theben † 341). War die Gemeinschaft im Spätmittelalter in einigen europ. Ländern verbreitet, gibt es heute nur wenige Klöster (Krakau und Wallfahrtsort Tschenstochau in Polen).

Pauperes Christi → Waldenser

Pax (lat. = Friede) häufiger schriftl. und mündl. Friedensgruß, bes. bei Ordensleuten.

Pax Christi (lat. = Friede Christi) 1944 in Frankreich gegr. kath. → Friedensbewegung zur Völkerverständigung aus christl. Geist.

Pax Dei → Gottesfried

Paxtafel (von lat. pax = Friede) reich verzierte Kußtafel, die früher zur

Weitergabe des Friedenskusses in der Liturgie der Eucharistiefeier benutzt wurde.

Pazifismus → Friedensbewegung

Peinliche Frage → Folter

Pektorale (lat. pectus = Brust) zu Papst, Kardinälen, Bischöfen, Äbten und Äbtissinnen gehöriges, meist kostbar ausgeführtes Brustkreuz zur liturg. Gewandung.

Pelagianischer Streit theol. Auseinandersetzung um die Gnadenlehre des Pelagius († nach 418) zwischen ihm, seinen Anhängern (Pelagianern), die seine Lehre radikalisierten, und Vertretern der Kirche (v. a. Augustinus). Der brit., von asket. Eifer erfüllte Mönch Pelagius lehnte um 400 in Rom die kirchl. Auffassung von der → Erbsünde ab und lehrte, der Mensch werde im Zustand des Adam vor dem Sündenfall geboren (daher Ablehnung der Kindertaufe), könne aus eigener Kraft die Gebote Gottes erfüllen und selbst sein ewiges Heil wirken. Die Erlösungstat Jesu besteht demnach nur darin, ein Beispiel für gottgefällige Lebensgestaltung gegeben zu haben. Augustinus wandte sich in zahlreichen Schriften gegen Pelagius. Nach den Synoden von Karthago und Mileve (416) und den Päpsten Innozenz I. (417) und Zosimus (418) verurteilte auch das Konzil von Ephesus (431) den Pelagianismus. → Semipelagianer, → Prädestination

Pentarchie (gr. = „Fünfherrschaft") im staatskirchl. Verständnis Kaiser Justinians I. (527–65) die Theorie von fünf grundsätzl. gleichgeordneten → Patriarchaten des Byz. Reiches (→ Rom, → Konstantinopel, → Alexandrien, → Antiochien, → Jerusalem), welche die → Ökumene repräsentieren.

Pentateuch (gr. = Fünfrollenbuch) Bez. für die fünf Bücher Mosis im AT (Gen, Ex, Lev, Num, Dtn).

Pentekoste → Pfingsten

Peregrinatio propter Christum (pro Dei/Christi amore) → Irisches Mönchtum

Perikope (gr.) Abschnitt der Heiligen Schrift (→ Epistel oder → Evangelium) zur Verlesung im christl. Gottesdienst, festgelegt seit der Spätantike in Perikopenordnungen, aufgezeichnet im Perikopenbuch.

Perill. Abk. für lat. perillustris = sehr ehrenvoll, sehr angesehen: früher Anrede und Titel für hochgestellte weltl. und geistl. Personen.

Personalgemeinde, -pfarrei im Unterschied zum Gemeinde- oder Pfarrgebiet eine Gemeinde oder Pfarrei für bestimmte Personen oder Stände (z. B. Militärpfarrei, Hochschulgemeinde).

Personalprälatur neue, allgem. so umschriebene Rechtsfigur der kath. Kirche: „Klerikale Zweckverbände weltgeistlichen Charakters, die zur Erfüllung besonderer apostolischer Aufgaben unter eigener Leitung [Personal- → Prälat] und mit eigenen Statuten vom Apostolischen Stuhl errichtet werden; ihnen können auch Laien angehören" (H. Schmitz). 1982 wurde das → Opus Dei durch Papst Johannes Paul II. als Personalprälatur errichtet.

Petent → Supplikant

Peterspfennig (lat. Denarius/Census S. Petri) im Mittelalter die zunächst von England freiwillig gezahlte Abgabe an den → Papst, die allmähl. auch für andere Länder (Polen, Dänemark, Norwegen, Schweden) verpflichtend wurde. Seit 1860 ist er eine freiwillige jährl. Zahlung der Katholiken für den Unterhalt von Papst und Röm. Kurie.

Pfaffe (gr.-got.) im Mittelalter unbelastete, seit der → Reformation verächtl. gebrauchte Bez. für einen Geistlichen.

Pfalzkapelle (lat. palatium = Pfalz) → Kapelle der fränkischen Könige an ihrem jeweiligen Aufenthaltsort, der Pfalz.

Pfarradministrator → Administrator

Pfarrbann → Pfarrzwang

Pfarrbezirk → Kirchspiel

Pfarrei (von gr.-lat. parochia = Parochie, Sprengel, Pfarrei; mittellat. parricus = eingeschlossener Raum, „Pferch") 1. in der kath. Kirche der unterste kirchenrechtl. selbständige Teilverband eines Bistums, der von einem → Pfarrer oder dessen kanon. Vertreter (→ Administrator) in Unterordnung unter den Bischof und im Zusammenwirken mit dem Pfarrgemeinderat geleitet wird. Regel ist die Territorialpfarrei mit klaren Grenzen (mit Pfarrkirche und ggf. zugehörigen → Filialkirchen), daneben gibt es auch → Personalgemeinden und -pfarreien und Anstaltspfarreien mit festgelegten Pfarrechten. Heute führen oft auch Priester, die Personengruppen betreuen, die Bez. Pfarrer, z.B. Studenten- und Jugendpfarrer. 2. In den ev. Kirchen ist die Pfarrei der territorial und konfessionell begrenzte Bezirk der → Gemeinde.

Pfarrer (lat. parochus) 1. im kath. Kirchenrecht der vom Bischof als Seelsorger für eine → Pfarrei bestellte Geistliche (meist Weltpriester); 2. im ev. Kirchenrecht der durch → Ordination und Amtsübertragung nach Wahl durch die Kirchengemeinde oder Einsetzung durch die Kirchenbehörde mit der Verwaltung beauftragte Geistliche. 3. Die Bez. Pfarrer und → Pastor werden konfessionell und regional verschieden gebr.

Pfarrernotbund → Bekennende Kirche

Pfarrgemeinderat in kath. Pfarreien der auf Zeit gewählte beratende Laienrat.

Pfarrkonkurs (von lat. concursus = Wettbewerb) in bestimmten kath. Ländern eine seit den Reformen der → Aufklärungs-Zeit festgesetzte Prüfung, die Voraussetzung der Bewerbung um eine Pfarrei ist.

Pfarrlehen → Kirchenlehen

Pfarrökonomie wirschaftl. Ausstattung einer → Pfarrei bzw. eines → Benefiziums, früher fast nur mit Grund und Boden; sie wurde in Deutschland seit etwa 1900 fortschreitend in Pachtverhältnisse umgewandelt und ist heute fast ausschließl. ersetzt durch Gehaltsregelungen in Geld.

Pfarrprovisor, -verweser → Administrator

Pfarrschulen im Mittelalter an Pfarrkirchen von weltl. und geistl. Obrigkeit häufig angeordnete Einrichtung von Schulen für allgem. und rel. Unterweisung.

Pfarrverband durch gesellschaftl. Veränderungen und Priestermangel in dt. Diözesen vorgenommener Zusammenschluß mehrerer → Pfarreien unter einheitl. geistl. Leitung bei Erhaltung der Rechtsstellung der einzelnen Pfarreien.

Pfarrvikar → Vikar

Pfarrzwang (Pfarrbann) im Mittelalter festgelegte, heute im kath. Kirchenrecht weitgehend aufgehobene oder gelockerte strenge Bindung der Pfarrangehörigen an die Pfarrei, wonach Taufe, Eheschließung, Begräbnis, Sonntagsgottesdienst, Beichte und Osterkommunion beim bzw. vom zuständigen → Pfarrer erfolgen mußten. Dem entspricht im ev. Kirchenrecht die Bindung des Gemeindegliedes an seine zuständige Kirchengemeinde (Pfarramt).

Pfingstbewegung Sammelbez. zunächst aus der amerik. baptist.-methodist. Erweckungsbewegung um 1890 entstandener uneinheitl. organisierter, enthusiast. christl. Gemeinschaften. → Charismatische Bewegungen

Pfingsten (von gr. Pentecoste = fünfzig) 1. alttestamentl. Wochenfest 50 Tage nach Pessach; 2. vorisraelit. Erntefest, das heilsgeschichtl. mit dem Gedächtnis der Übergabe der Gesetzestafeln auf dem Sinai verknüpft ist; 3. christl. wurde es neu geprägt durch die Geistsendung am Pfingsttag (Apg 2).

Pfründe (ahd., von lat. praebere = darreichen, gewähren, daher Präbende) das mit einem kirchl. Amt, z.B. → Pfarrei, → Benefizium, → Dom- und Stiftskapitel dauernd verbundene Einkommen des Pfründeninhabers (Pfründners) aus Land, Geldvermögen, Reichnissen.

Pfründenhäufung → Kumulation

Pfründhaus → Kollegiatkapitel

Phelonion (gr. = Mantel) der → Kasel ähnl. mantelartiges Meßgewand des orth. Priesters.

Philippisten Bez. für die Anhänger der Lehre Philipp Melanchthons im 16. Jh., v.a. hinsichtl. → Christologie, → Abendmahls-Lehre, guten Werken und freiem Willen. → Gnesiolutheraner, → Adiaphoristische Streitigkeiten, → Kryptocalvinismus

Philosophie (gr. = Liebe zur Weisheit) 1. im weitesten Sinne Bez. für alle Bemühungen des menschl. Denkens (ohne Rückgriff auf das Licht der göttl. Offenbarung, → Theologie), begriffl. (d.h. nicht mytholog.) Herkunft, Sinn und Ziel der Gesamtwirklichkeit, insbes. der menschl. Existenz zu ergründen. Nach I. Kant beschäftigt sich die Ph. mit folgenden vier Fragen: „Was kann ich wissen? Was soll ich tun? Was darf ich hoffen? Was ist der Mensch?". Dem entspricht eine Einteilung der philos. Disziplinen in Erkenntnislehre und Metaphysik bzw. Ontologie, Moralphilosophie (Ethik), Philos. Gotteslehre und Anthropologie. Theologie als systemat. Glaubensreflexion vollzog und vollzieht sich immer in Anknüpfung und krit. Auseinandersetzung mit dem philos. Denken. 2. Es war die epochale Leistung der Kirchenväter, den christl. Glauben in den Begriffen der hellenist.-philos. Tradition darzustellen und ihn so vermittelbar zu machen für die geistige Welt des Mittelmeerraumes. Dabei kam es zu meist erhebl. Bedeutungsübergängen, etwa hinsichtl. der Begriffe theos, psyche, prosopon, ousia, allegoria usw., die ihrer hellenist. Bedeutung entkleidet und vom Inhalt der Offenbarung her spezif. christl. geprägt wurden, so daß man besser von Ent-Hellenisierung als von Hellenisierung sprechen sollte. 3. Eine entscheidende Epoche hinsichtl. des Verhältnisses von Philosophie und Theologie ist die → Scholastik. Analog zum Vorgehen der Kirchenväter gelang es v.a. Thomas von Aquin, in krit. Rezeption der (durch arab. Wissenschaftler vermittelten) Philosophie des Aristoteles, philos. Begrifflichkeit (Hylemorphismus) für die Theologie fruchtbar zu machen und die dogmat. Begrifflichkeit auf lange Sicht entscheidend zu prägen. 4. Die Frage, ob der Philosophie damit nicht zu große Bedeutung eingeräumt wurde, ob mit der Rezeption der philos. Begrifflichkeit ein Verrat an spezif. bibl. Denken einherging, sollte eine der großen Streitfragen der → Reformation werden. Das gründliche Studium der Philosophie (theol. → Propädeutik), sowohl geschichtl. als auch systemat., ist für den Theologen unbedingt notwendig, um erstens die eigene Theologie verstehen zu können, und zweitens in krit. Auseinandersetzung mit den geistesgeschichtl. Strömungen der Gegenwart das Offenbarungszeugnis je neu verständlich zur Sprache bringen zu können als Gottes Antwort auf die Frage, die der Mensch nicht nur stellt, sondern existentiell ist.

Philosophisch-theologische Hochschulen → Hochschulen

Photianisches Schisma Spaltung (→ Schisma), die durch die Exkommunikation des Photios, Erzbischofs von Konstantinopel (858–67 und 877–86), durch Papst Nikolaus I. 869/70 eingetreten ist. Vorausgegangen war ein Streit zwischen Photius und seinem Vorgänger Ignatius, der nur bedingt resigniert hatte. Im Verlauf der Auseinandersetzung appellierte Ignatius an den Papst, Photius legte seinerseits beim Papst Beschwerde ein. 863 erklärte Nikolaus I. Photius für abgesetzt, worauf dieser in einem Rundschreiben das → Filioque für häretisch und 867 seinerseits den Papst für abgesetzt erklärte. Infolge eines Thronwechsels in Konstantinopel mußte noch im selben Jahr Photius seinem Vorgänger auf dem Bischofsstuhl weichen. Eine Synode mit päpstl. Gesandtschaft schloß Photius 869/70 aus der Kirche aus. Das Schisma wurde in der Folge bedeutsam wegen der erstmaligen Inanspruchnahme des Filioque als dogmat. Differenz zwischen Ost- u. Westkirche.

Photismos (gr. = Erleuchtung) frühkirchl. Bez. für die → Taufe; Photizomenen (gr. die erleuchtet werden) ist im Osten die Bez. für die Taufbewerber (→ Katechumenen); sie heißen im Westen Kompetenten oder Electi. (lat. = Bewerber bzw. Auserwählte).

Piaristen (von lat. pius = fromm) auf „fromme Schulen" des span. Priesters J.v. Calasanza († 1648) in Rom zurückgehender kath. → Regularkleriker-Orden zur Erziehung und Unterrichtung der Jugend. Er ist entsprechend dem Gründungsideal in vielen Ländern tätig.

Pietà (it. = Erbarmen, Frömmigkeit) in Malerei und Plastik, v.a. in Spätgotik und Barock, weitverbreitete Darstellung der Gottesmutter Maria mit dem Leichnam Jesu auf dem Schoß (→ Andachtsbild).

Pietismus (von lat. pietas = Frömmigkeit) rel. Bewegung im → Protestantismus vom späten 17. bis Ende des 18. Jh.s., die sich als Vollendung der → Reformation und Überwindung der als starr empfundenen „altprot. Orthodoxie" verstand und unter betonter Einbeziehung des Gefühls Innerlichkeit, individuelle Frömmigkeit und Selbstheiligung erstrebte. Der Pietismus übte deutliche Einflüsse auf kath. Christen und → Erweckungsbewegungen (z.B. → Herrnhuter Brüdergemeine).

Pilaster (frz.) in der Architektur ein flacher Vorsprung aus der Wand zur Verstärkung der Wand nach Art der Säule (→ Kapitell).

Pileolus (lat.) aus der → Kalotte entstandenes, auch Zucchetto genanntes Scheitelkäppchen kath. Geistlicher, das nach Rang verschiedenfarben ist (z.B. weiß beim Papst, rot beim Kardinal).

Pilger, Pilgerfahrt → Wallfahrt

Pilgerväter → Pilgrim Fathers

Pilgrim Fathers (engl. = Pilgerväter) Bez. für die erste Gruppe der nach Nordamerika ausgewanderten engl. → Puritaner, die 1620 mit dem Schiff „Mayflower" landete (auch → Dissenters).

Pippinische Schenkung (Pippinisches Schenkungsversprechen) auf dem Reichstag von Quiercy an Ostern 754 vom fränkischen König Pippin dem Jüngeren (741–68, seit 751 König) Papst Stephan II. (752–57) gegebene Garantie, die früheren byz. Gebiete Italiens (u. a. Exarchat von Ravenna, Dukat von Rom) wiederherzustellen; sie bedeutete den Höhepunkt im Bund des Papsttums mit den Franken, zugleich den Bruch mit der bisherigen langobardenfreundlichen fränkischen Politik. Papst Stephan salbte daraufhin Pippin und seine Söhne erneut zum König und verlieh ihnen den wichtigen Patricius-Ehrentitel, den bisher der byz. Exarch von Ravenna geführt hatte. Er gewährte Pippin auch alle geistl. Unterstützung bei der Ausschaltung dessen Bruders Karlmann von der Regierung. Noch 754 führte der Frankenkönig anstelle der bisherigen gallikanischen die röm. Liturgie im Frankenreich ein; 756 erzwang er vom Langobardenkönig Aistulf die Herausgabe des Exarchats und sonstiger Eroberungen, die er nun urkundl. dem Apostolischen Stuhl überwies. Damit war der → Kirchenstaat grundgelegt und zugleich auch ein entscheidender Schritt zur völligen Lösung des italischen → Patrimonium Petri aus dem byz. Reichsverband getan.

Pius-Vereine in Deutschland und Österreich seit 1848 bestehende, nach Papst Pius IX. (1846–78) benannte kath. Vereine zur Förderung der rel. Freiheit.

Plazet (lat. = es gefällt) allgem. Erlaubnis und Zustimmung, v. a. im → Staatskirchenrecht die Genehmigung kirchl. Verlautbarungen durch den Staat (vom Spätmittelalter bis ins 20. Jh.).

Pleban (lat.) → Leutpriester

Plenarablaß → Ablaß

Plenarkonzil im kath. Kirchenrecht ein Partikular- → Konzil mehrerer → Kirchenprovinzen.

Pluviale (lat. = Regenschutzmantel) langer, um die Schultern getragener, meist Rauchmantel genannter Mantel in liturg. Farbe, der auf der Brust durch eine Schließe zusammengehalten und von Priestern und Bischöfen bei bestimmten feierl. Handlungen getragen wird, z. B. bei Sakramentsandachten und -prozessionen, oft auch in Violett oder Schwarz bei Beerdigungen.

Plymouth-Brüder → Darbysten

p.m. Abk. für → pontifex maximus und lat. piae memoriae = seligen Angedenkens.

Pneumatologie (gr. to pneuma = der Geist) Teilgebiet der Dogmatik bzw. Systemat. Theologie: die Lehre von der göttl. Natur, Wirksamkeit und Person (Hypostasie) des Hl. Geistes. Dogmengeschichtl. fand die Lehrentwicklung ihren Abschluß auf dem Konzil von Konstantinopel (381), wo in Reaktion auf die → Pneumatomachen, das Konzil von Nicäa (325) präzisierend, vom Geist gelehrt wird: „der Herr (= Gott) ist und lebendig macht, der vom Vater ausgeht, der mit dem Vater und dem Sohne zugleich angebetet und verherrlicht wird. Der gesprochen hat durch die Propheten".

Pneumatomachen (gr. = Geistbekämpfer; auch Makedonianer) Sammelbez. für verschiedene Theologen des 4. Jh.s, welche die kirchl. Lehre von der Gottheit und Personalität des Hl. Geistes (→ Pneumatologie) bestritten und ihn entweder als obersten Engel, als Geschöpf oder als Zwischenwesen zwischen Gott und den Menschen dachten. Theol. wurden sie von den → Kappadokiern (Gregor von Nyssa, Basilius dem Großen) bekämpft und vom Konzil von Konstantinopel (381) zurückgewiesen.

Pönitent (lat.) der Büßende, Beichtende.

Pönitentialien → Bußbücher

Pönitentiar (von lat. poena = Strafe, → Buße) 1. ein Bußpriester oder → Beichtvater, der auch in den dem Bischof vorbehaltenen, „reservierten" Fällen (Reservatfällen) die → Absolution erteilen kann; 2. der Großpönitentiar an der → Apostolischen Pönitentiarie ist mit bes. Absolutionsvollmachten ausgestattet.

Polytheismus → Theismus

Politischer Katholizismus oft mißbrauchtes Schlagwort für polit. Kräfte im 19./20. Jh., welche kath. Sozial-, Schul- und Kulturpolitik sowie Morallehre mit polit. Mitteln durchsetzen wollen (→ Kath. Bewegung).

Pontifex maximus (lat. = „oberster Brückenbauer" [lat. pons = Brücke] oder Bischof, Abk. p.m.) 1. urspr. heidnischer röm. Oberpriester, dann kaiserl. Titel; 2. seit Papst Leo I. (440–61) Ehrentitel der Päpste, bes. ausgeprägt in der Renaissance.

Pontificale → Rituale

Pontifikalien (von lat. pontifex = Bischof) in der kath. Kirche alle dem → Bischof und den zu ihrem Gebrauch befugten höheren Geistlichen zukommenden Insignien (Abzeichen), bes. → Mitra, → Ring und Stab, → Pektorale. Seit Beginn des Hochmittelalters wurde der Gebrauch von Mitra und Stab von Päpsten und Konzilien vielen Äbten und Pröpsten der → Prälatenklöster („infulierte Prälaten"), auch anderen höheren Klerikern durch Privileg gestattet, so auch den ersten → Dignitäten der → Dom- und Stiftskapitel. Das Recht auf Pontifikalien wurde 1968 (im Zuge des → Vaticanum II) stark eingeschränkt. Pontifikalien werden außerdem Handlungen genannt, bei denen nach den liturg. Vorschriften Mitra und Stab benutzt werden, z. B. Pontifikalamt, -vesper.

Pontifikat (lat.) Regierungsdauer des Papstes oder eines Bischofs (→ Episkopat).

Pope (russ., von gr. pappas = Vater) 1. urspr. Titel des Weltgeistlichen in Griechenland, Rußland und auf dem Balkan; 2. im Russ. seit dem 19. Jh. abwertende, verächtl. Bez. für orth. Geistliche.

Pornokratie (gr. = „Hurenregiment") Bez. für die Zeit des Papsttums in den Jahren 904–32 im → Dunklen Jahrhundert, als die Römerin Marozia („Mariechen") die Stadt Rom und den Kirchenstaat weitgehend beherrschte.

Porta coeli → Domus Dei

Portal (lat. porta = Pforte) monumental gestalteter Eingang, bes. zu Palästen und Kirchen.

Portatil(e) (von lat. portare = tragen) der im Früh- und Hochmittelalter bes. kostbar ausgestattete Trag- oder Reise- → Altar.

Porticus (von lat. porta = Pforte) als Säulenhalle gestalteter Vorbau an der Haupteingangsseite von (Kirchen-) Gebäuden.

Portiunkula (lat. = „kleine Pforte") 1. Name der Marienkapelle bei Assisi (Santa Maria degli Angeli), die vom hl. Franz von Assisi († 1226, → Franziskaner) restauriert und im 16. Jh. mit einer großen Basilika überbaut worden ist; 2. der Portiunkula-Ablaß ist ein vollkommener → Ablaß, der als Toties-quoties-Ablaß (lat. = „so oft, wie oft", d. h. mehrmals tägl., sooft man nach Empfang von → Beichte und → Kommunion die dafür privilegierte Kirche besuchte und die vorgeschriebenen Gebete verrichtete) „gewonnen" werden konnte (bis zu den liturg.

Reformen des → Vaticanum II), urspr. am jährl. Weihetag der Portiunkulakirche und in Franziskanerkirchen gewährt, dann durch päpstl. → Privileg auf Pfarr- und andere Kirchenräume ausgedehnt wurde.

Post Christum natum (lat.) nach Christi Geburt. → Ante Christum natum

Postglossator → Glossator

Postille (von lat. post illa verba = nach jenen Worten [des → Evangeliums]) 1. im späten Mittelalter die schulmäßige Auslegung der Bibel bzw. einzelner Abschnitte; 2. seit der → Reformation das Predigtbuch zu den Sonn- und Festtagen des → Kirchenjahres (bes. zu den → Perikopen) für den Prediger oder als → Erbauungsbuch für das Volk. Weitverbreitet waren M. Luthers Kirchenpostille (1527) und die kath. Hauspostille von L. Goffiné († 1719), genannt „die Goffiné".

Postulat (lat. = Forderung, Gesuch) im kath. Ordensrecht eine dem → Noviziat vorausgehende Probezeit zum Kennenlernen des Lebens im Ordensstand.

Postulation (lat. = Forderung, Gesuch) eine bei der Besetzung eines kirchl. Amtes seit dem 12. Jh. begegnende Besonderheit der Wahl: wenn eine geeignete Person wegen eines Hindernisses, von dem gewöhnl. → Dispens erteilt wird, für das Amt u.a. eines Bischofs, Abtes oder einer Äbtissin nicht gewählt werden kann, können die Wähler an den Oberen, dem die Wahlbestätigung zusteht, sonst an den Papst das Gesuch um Verleihung des Amtes und der Dispens von Mängeln richten (in der → Reichskirche z.B. häufig bei → Kumulation).

pp, p.p. Abk. für lat. papa (→ Papst).

Präbende → Pfründe

Prädestination (lat. = Vorherbestimmung) der von Gott seit Ewigkeit aus Liebe gefaßte Beschluß, auf dem Wege einer geschichtl. Heilsordnung allen Menschen das ewige Heil zu ermöglichen (universaler Heilswille Gottes: 1 Tim 2,4). 1. Der Heilswille Gottes hebt die Freiheit des Menschen nicht auf. Das in Christus für alle Menschen erwirkte und von der Kirche durch die Zeiten vermittelte Heil muß vom Menschen in Freiheit gläubig angenommen und in einem Leben in Liebe gewirkt werden. Die Auseinandersetzung mit Pelagius (→ Pelagianischer Streit) veranlaßte Augustinus zu einigen extremen Aussagen hinsichtl. der Auswahl nur weniger innerhalb der Menschheit (als „massa damnata") zum ewigen Heil durch Gott. Das kirchl. Lehramt wies erstmals auf der Synode von Arles (473) mit den Thesen des Presbyters Lucidus eine absolute Vorherbestimmung einzelner entweder zum Heil oder zur Verdammnis und die damit verbundene Aufhebung des freien Willens zurück. 2. Die Frage der Prädestination rückte v. a. in der Reformationszeit ins Zentrum theol. Denkens. M. Luther lehrt in „De servo arbitrio" (lat. = Über den „geknechteten" Willen) im Zusammenhang seiner → Rechtfertigungslehre die absolute Vorherbestimmung: Gott allein wirke sowohl das Heil als auch das Unheil. Hierin wurde ihm aufs entschiedenste von Erasmus von Rotterdam widersprochen („De libero arbitrio", Über den freien Willen). Für die ref. Kirche Calvins wurde die Lehre von der doppelten Prädestination zu einem der Hauptkennzeichen: Gott bestimme im Voraus einen Teil der Menschen zum Heil, einen anderen zum Unheil. Innerhalb des → Calvinismus wandten sich die → Arminianer in den Niederlanden gegen die Prädestinationslehre. 3. Sie wurde schließl. von K. Barth in dem Sinne modifiziert, daß Christus als die doppelte Prädestination in Person stellvertretend für alle die Verwerfung auf sich genommen habe, so daß es keine zur Verdammnis Vorherbestimmten mehr gebe.

Prädikant (von lat. praedicare = verkünden, predigen) ev. (Hilfs-) Prediger.

Präfation (lat. = Eingangsworte, Vorrede) das in der Liturgie nach Zeiten des → Kirchenjahres und Festen variierende große Lob- und Dankgebet der → Eucharistie und des ev. → Abendmahlsgottesdienstes, das im → Sanctus ausklingt.

Präfekt (lat. = der Vorgesetzte) 1. als Kardinalpräfekt der Leiter einer Kardinals- → Kongregation; 2. → Apostolischer Vikar/Präfekt; 3. Leiter rel. Vereinigungen, z. B. → Marianischer Kongregationen; 4. als Präfektur wird auch die Verwaltung der Vatikanstadt bez., die dem → Kardinalstaatssekretär obliegt.

Prager Kompaktaten 1433 geschlossener Vertrag zwischen Vertretern des Konzils von Basel und der gemäßigten Partei der → Hussiten, u. a. mit dem Zugeständnis der → Kommunion unter beiden Gestalten für Laien in Böhmen und Mähren.

Pragmatische Sanktion von Bourges auf der Synode von Bourges verkündetes frz. Staatsgesetz von 1438, das den Einfluß des Papstes auf die Kirche Frankreichs stark verringerte (→ Gallikanismus).

Präkonisation (lat. = Verkündung) Bekanntmachung einer Bischofsbestellung durch den Papst.

Praktisches Christentum → Life and Work

Prälat (lat. = hervorgehoben) 1. in der kath. Kirche im engeren Sinn der Träger ordentl. → Jurisdiktion im äußeren Bereich (Diözesanbischof oder gleichgestellter Amtsinhaber); 2. im weiteren Sinn der Inhaber eines hohen kirchl. Amtes; 3. meist Kurzbez. für päpstl. Ehrenprälat (ohne Jurisdiktion), derzeit in drei Rangstufen gegliedert: Apostolischer Protonotar, Päpstlicher Ehrenprälat (bis 1968 Hausprälat), Päpstlicher Kaplan (bis 1968 Päpstlicher Geheimkämmerer; in Deutschland → Monsignore); 4. in Österreich und Bayern häufig Bez. für Äbte und Pröpste der → Prälatenklöster; 5. in einzelnen dt. ev. Landeskirchen ein geistl. Mitglied bzw. Amtsträger bestimmter kirchl. Verwaltungsorgane.

Prälatenbank im → Heiligen Römischen Reich auf dem Landtag die Kurie des geistl. Standes, auf dem Reichstag das zur geistl. Bank gehörende Kollegium der nicht → gefürsteten → Prälaten im Reichsfürstenrat, das in der schwäbischen und rheinischen Prälatenbank zusammengefaßt war.

Prälatenorden herkömml. Bez. für die Orden, deren Stifts- und Klostervorstände Äbte und Pröpste, damit in der Regel infulierte → Prälaten sind (→ Pontifikalien), in Deutschland und Österreich gewöhnl. die Orden der → Augustiner-Chorherren und → Prämonstratenser, der → Benediktiner und → Zisterzienser.

Prälatur (lat.) 1. Würde und Stellung eines → Prälaten; 2. höheres Kirchenamt; 3. praelatura nullius: eine selbständige Prälatur (Abtei) oder selbständiges höheres Kirchenamt mit eigenes Gebiet, das keinem Bistum eingegliedert ist; 4. → Personalprälatur

Prämonstratenser 1. vom hl. Norbert von Xanten (1080/85–1134, seit 1126 Erzbischof von Magdeburg) 1121 als Eremitengemeinschaft in Prémontré, einem unwegsamen Felsental bei Laon (lat. Praemonstratum [pratum monstratum], heute Prémontré im Département Aisne), gegr., 1126 päpstl. bestätigter Chorherrenorden, mit den → Augustiner-Chorherren der bedeutendste der regulierten Chorherrenorden (→ Chorherren, → Kanoniker), dessen Angehörige nach ihrem Stifter auch Norbertiner genannt werden. Der Gemeinschaft liegt die strengere Fassung der → Augustinusregel (lat. Ordo monasterii) zugrunde, die ein von völliger Armut und äußerster Bußfertigkeit geprägtes Leben mit Fasten und

Schweigen, ausgedehntem Chorgebet und Handarbeit vorschreibt. Gleichzeitig wird die seelsorgerl. Tätigkeit in bes. Weise betont. Durch deren Verbindung mit dem klösterl. Gemeinschaftsleben wurde der Orden zu einer Neuerscheinung in der Ordensgeschichte. Die um 1130 abgefaßten → Consuetudines wurden zur Grundlage für die Vereinheitlichung der Kleidung (sie besteht in Talar, Skapulier, Zingulum und Birett aus weißer Wolle, dazu im → Chor das Rochett, im Winter auch die Almuzia und die Cappa, ein weißer Mantel, oft auch mit Kapuze), die Gestaltung des Lebensunterhalts, die Sitten und Einrichtungen; gleichzeitig wurde die Rolle des „Vaterabtes" eingeführt (bis 1790 war der Abt von Prémontré zugleich Generalabt, der seit 1937 in Rom residiert). Gemäß dem → Filiations-Prinzip akzeptierte ein neugegr. (Tochter-) Kloster das Aufsichtsrecht seines Mutterklosters. Dieses hatte seinerseits wieder ein Mutterkloster über sich. Oberstes Kloster dieses „familiären" Verbandes von Müttern, Töchtern und Geschwistern war das Prämonstratenserstift in Prémontré, wo sich die Vorsteher aller Stifte einmal im Jahr einfanden. Schließlich wurde von den → Zisterziensern das Organisationsmodell des → Generalkapitels übernommen, das alljährl. am 9. Oktober in Prémontré stattfand (zum letzten Mal 1736). Die Einführung des Zirkariensystems (mit eigenen Ordensprovinzen) um 1200 führte zu einer engen Zusammenfügung des Ordens, der sich bis zum 13./14. Jh. rasch über ganz Europa ausbreitete und zur Zeit seiner höchsten Blüte über 3000 Stifte und Klöster zählte. Die seit dem 14./15. Jh. allgem. übliche Betreuung von Pfarreien bildet bis zum heutigen Tag das Hauptbetätigungsfeld vieler Klöster der Prämonstratenser, v. a. in Deutschland, Frankreich, Belgien und Böhmen. Als Ordensleute besitzen sie das keinem anderen Orden gewährte (1750 bestätigte) Privileg, ohne bes. → Dispens des Apostolischen Stuhls Pfarr- und andere Seelsorgestellen erlangen zu können. 2. Prämonstratenserinnen: als Zweiter Orden gingen sie hervor aus den → Chorfrauen oder → Kanonissen, die im 11./12. Jh. die Augustinusregel angenommen und die feierl. Ordensgelübde abgelegt hatten. Ihren Ursprung führen sie auf den hl. Norbert zurück (daher werden sie auch Norbertinerinnen genannt) und verehren zusammen mit ihm die selige Ricuera (Ricovera) von Clastre als Stifter. 3. Nach großen Verlusten im 15. Jh. durch Hussitenstürme und Türkenkriege, im 16. Jh. durch die → Reformation brachten 17./18. Jh. einen neuen Aufschwung (in Süddeutschland und Österreich sind die Barock- und Rokokokirchen der Prämonstratenserstifte Zeugnis für die neue Blüte, so die weltberühmte Wieskirche bei Steingaden). Die → Klosterstürme am Ende des 18. und Beginn des 19. Jh.s führten zum nahezu völligen Untergang des Ordens, der heute in über 70 selbständigen Klöstern (meist Abteien) weltweit verbreitet ist. Zur Ordensfamilie gehören auch der → Dritte Orden des hl. Norbert für Weltleute und der im 18. Jh. nach franziskan. Vorbild gegr. Dritte Orden der Prämonstratenser.

Prangertag in manchen dt. Regionen seit dem Spätmittelalter volkstüml. Bez. für das → Fronleichnams-Fest, an dem die an Gottesdienst und Prozession Beteiligten „prangen“, d. h. festl. Schmuck aufwenden.

Präsentationsrecht → Patron, Patronat

Praesentia regis → Reichskirche

Präses (lat. = Vorsitzender) 1. Bez. für verschiedene Ämter in den ev. Kirchen, z. B. Präses der Synode der EKD; 2. in der kath. Kirche geistl. Vorstand eines kirchl. Vereins, z. B. Präses des → Kolpingwerkes.

Precist → Supplikant

Predella (it. = Fußschemel) 1. oberste Altarstufe, auf welcher der Priester vor dem → Altar steht; 2. mit dem Aufkommen der → Flügelaltäre im 15. Jh. Bez. für den Untersatz des Altar- → Retabels (zwischen Altartisch und Altaraufbau), der häufig mit Darstellungen der Apostel mit Christus oder der vier Evangelisten versehen war.

Predigerorden → Dominikaner

Predigt (zu lat. praedicare = öffentl. bekanntmachen, verkünden): im heutigen Sprachgebrauch meist die im Gottesdienst der christl. Kirchen stattfindende geistl. Rede von der Kanzel oder am Ambo. Andere mögliche Bezüge zeigen die Bergpredigt in Mt 5–7, die Kreuzzugspredigten des Mittelalters, Predigten in Rundfunk und Fernsehen oder auf Kirchen- bzw. Katholikentagen. Im Unterschied zu anderen Weisen der Vermittlung (z. B. Kunst, Musik) ist die Predigt an die Sprache und meist an einen Bibeltext gebunden. Sie ist von den frühchristl. Anfängen an bestimmte Menschen und ihre Situationen gerichtet, soll das Wort Gottes verkünden und auslegen, zur christl. Einkehr mahnen und Trost spenden. Der Stellenwert im Gottesdienst schwankte in der Geschichte und in den einzelnen Kirchen. In der kath. Kirche steht die → Messe (Eucharistiefeier) im Mittelpunkt, doch gewann die Predigt seit dem Vaticanum II an Bedeutung. In den ref. Kirchen ist die Predigt (verbunden mit dem Predigtamt) der wesentl. Teil des Gottesdienstes, doch wird dem liturg. Bereich und dem Sakrament zunehmende Aufmerksamkeit geschenkt. Nach der Blütezeit der Predigt im Hoch- und Spätmittelalter (→ Minoriten und v. a. → Dominikaner als „Predigerorden") erreichte die Predigt in den Glaubenkämpfen des 16./17. Jh.s bes. Bedeutung als Kontroverspredigt (häufig auf allen Seiten sehr polemisch) und eine neue Blüte in der breit ausladenden Barockpredigt, im Spätmittelalter und in der Barockzeit oft gewürzt durch kräftige, manchmal recht derbe → Exempel („Predigtmärlein"). Die gesprochene und gedruckte Predigt ist stets wertvolle Quelle der Sprachentwicklung und des Lebens in allen Bereichen, weit über den unmittelbaren rel. Bezirk hinaus; man denke etwa an den Zisterzienser Bernhard von Clairvaux († 1153), die Franziskanerprediger Berthold von Regensburg († 1272) und David von Augsburg († 1272), an Johannes Geiler von Kaysersberg († 1510), an Martin Luther († 1546) und den großen Barockprediger Abraham a Sancta Clara († 1709). → Homilie

Prekarie (lat. preces = Bitten) seit dem 6. Jh. ausgebildetes kirchl. Recht der Landleihe an einen Kleriker zu dessen Lebensunterhalt, Vorstufe des → Benefiziums.

Presbyter (gr. = der Ältere, der an Alter und Stand Vorgerückte) 1. Gemeinde- und Kultvorsteher der Urkirche, der schon um 100 hinter den Episkopen (Bischöfen) zurücktritt; 2. im kath. Kirchenrecht der geweihte Priester (→ Priesterweihe, → Weihegrade); 3. in verschiedenen dt. ev. Kirchen Mitglied des Gemeindekirchenrates. – Über das altfrz. „prestre" kam der Begriff als „Priester" ins Deutsche. Die Übersetzung „Älteste" ist zumindest mißverständl., insofern nicht an Greise, sondern an Amtsträger gedacht ist, und Priester nicht vom heidn. Kultpriester (lat. sacerdos), sondern von Presbyter kommt. (→ Archipresbyter)

Presbyterialverfassung (oft gleichbedeutend mit Synodalverfassung) Typus ref. Kirchenverfassung. Die kirchl. Leitungs- u. Dienstfunktionen werden von einem gewählten Gremium (Synode) wahrgenommen, in dem Laien und Ordinierte gleichberechtigt zusammenwirken.

Presbyterianer (gr., von → Presbyter) 1. in einem weiteren Sinn alle ref. Kirchenverbände, deren Ordnung auf der Presbyterialverfassung beruht; 2. im engeren Sinn jene ref. Kirchengemeinschaften, die im 16. Jh., von Schottland ausgehend, v. a. unter J. Knox und A. Melville die calvinist.-hugenott. Synodalverfassung verwirklichten und sich seit dem ausgehenden 16. Jh. nach England, Wales und den USA verbreiteten; daneben gibt es freikirchl. Abspaltungen. → Dissenters

Presbyterium (gr., von → Presbyter) 1. allgem. die Geistlichkeit; 2. ev. Gemeindekirchenrat; 3. → Altar-, → Chor- und → Kleriker-Raum einer Kirche.

Priester → Presbyter

Priesterehe 1. in der kath. Kirche wird von den Priestern als Angleichung an die Lebensform Jesu die → Ehelosigkeit verlangt. In der Antike galt das Ideal des Enthaltsamkeitszölibats (verheiratete Priester lebten ab der Weihe enthaltsam), das sich unter dem Einfluß des Mönchtums zum Ehelosigkeitszölibat fortentwickelte. Von Papst Siricius (385) gefordert, wurde dieser → Zölibat von Papst Leo I. (440–61) auf den → Subdiakonat ausgedehnt. Nach Lockerung der Zölibatsdisziplin erklärte im Zuge der → Gregorianischen Reform Papst Innozenz II. (1139) die Ehe zum Weihehindernis (ab Subdiakonat). 2. Im Unterschied zur Praxis der röm.-kath. Kirche sind die Priester in den orth. Kirchen verheiratet (nicht die Bischöfe).

Priestermönch ein → Mönch, der die Priesterweihe empfangen hat (auch Chormönch genannt). → Pater

Priesterorden herkömml. → Orden und Religiosen-Verbände, deren Mitglieder überwiegend die → Priesterweihe (durch den Bischof) empfangen haben.

Priesterseminar → Seminar

Priestertum aller Gläubigen (allgemeines Priestertum) 1. nach 1 Petr 2,9 der Verkündigungs- und Seelsorgeauftrag aller Christen; 2. nach kath. und orth. Glaubenslehre das bes. Priestertum in der → Hierarchie, Weihesakrament in den drei Stufen: → Diakon, → Priester, → Bischof (→ Weihegrade).

Priesterweihe nach kath. und orth. Glaubenslehre die zweite Stufe des dreigliedrigen Weihesakramentes (→ Diakon, Priester, → Bischof; → Weihegrade), die nur von einem ordnungsgemäß geweihten Bischof gespendet werden kann und unerläßliche Voraussetzung zur Feier der → Eucharistie, des → Bußsakramentes und der Krankensalbung (früher Letzte Ölung genannt; → Sakramente) ist.

Prim (lat. prima hora = erste Stunde) war im klösterl. → Stundengebet die Morgen- → Hore vor Verteilung der Tagesarbeit, die als Morgengebet in das → Brevier-Gebet einging. Seit der kath. Liturgiereform 1964 entfällt sie für Weltkleriker und Ordensleute ohne → Chordienst.

Primae praeces, preces → Erste Bitten

Primas (lat. = der Erste) in der kath. Kirche dem gr. → Exarchen vergleichbarer Titel des ersten → Bischofs mancher Länder, heute in der Regel nur noch Ehrentitel. In der Geschichte waren mit dem Metropolitansitz des Primas gewisse Rechte über andere → Metropoliten und Bischöfe eines Landes, Reiches oder einer Nation verbunden, z. B. Einberufung und Vorsitz des National- → Konzils, Annahme von → Appellationen, Weihe der Metropoliten, Krönung des Fürsten (Königs). In der → Reichskirche war der Erzbischof von Mainz „Primas Germaniae". Andere Metropoliten des Reiches (Salzburg) führten vorübergehend diesen Würdetitel.

Primat, Primatialgewalt → Päpstlicher Primat, → Jurisdiktion

Primissarius → Frühmesser

Primiz (lat. primitiae = Erstlingsgaben) erste hl. Messe des neugeweihten kath. Priesters, in der Regel festl. begangen.

Prior, Priorin (lat. = der Erstere, der Obere) im kath. Ordenswesen 1. der zweite Obere einer → Abtei (zugleich Stellvertreter des Abtes); 2. der Obere eines selbständigen → Klosters eines Mönchsordens, das nicht Abtei ist (Priorat); 3. der Obere eines Klosters oder einer Niederlassung verschiedener Orden; 4. in Frauenkonventen entspricht ihm die Priorin; 5. → Ritterorden kennen für höhere Ränge den Titel Groß-Prior.

Priszillianismus auf den span. Asketen (Bischof?) Priscillian (hingerichtet 385) zurückgeführte Irrlehre, die Elemente der → Gnosis und des → Manichäismus aufnahm und in den göttl. Personen ledigl. drei Erscheinungsweisen Gottes sah.

Privileg (lat. = Vorrecht, Vergünstigung) 1. allgem. ein von der zuständigen höheren Instanz gewährtes Ausnahmerecht, das entweder von einer Verpflichtung entbindet oder zu einem bes. Handeln berechtigt (z. B. Gebrauch der → Pontifikalien durch Äbte in Mittelalter und Neuzeit). Im kath. Kirchenrecht sind ihm ähnlich → Indult und → Dispens; 2. feierl. Privileg wird die spezielle Form der Papsturkunde genannt, die bei bes. wichtigen Anlässen vom späten 11. bis ins 13. Jh. verwendet wurde. Besondere äußere Kennzeichen dieser Urkundenform sind beim Schlußteil (Eschatoll) die Rota (links) und das Bene-Valete-Monogramm (rechts), dazwischen die eigenhändige Unterschrift des Papstes und darüber in drei Kolumnen die Unterschriften der Kardinäle, gegliedert nach dem → Weihegrad (links die Kardinalpriester, in der Mitte die Kardinalbischöfe, rechts die Kardinaldiakone).

Privilegierter Altar → Altar

Probabilismus (von lat. probabilis = vertretbar, annehmbar, wahrscheinlich) in der kath. Moraltheologie die Lehre, nach der man im Zweifel über die Erlaubtheit oder Unerlaubtheit einer Handlung der probablen, d. h. auf gute (vertretbare) Gründe sich stützenden Meinung folgen darf, auch wenn die entgegengesetzte Meinung probabler ist. In den Moralstreitigkeiten der kath. Kirche des 17./18. Jh.s wurde dieses System v. a. von → Jesuiten vertreten, von Jansenisten (→ Jansenismus) als „Jesuitenmoral" scharf bekämpft. → Tutiorismus

Prodatar → Apostolische Datarie

Profan (lat. = vor dem Tempelbezirk liegend) weltlich, nicht geweiht, nicht dem Heiligen zugehörig, alltäglich. Davon abgeleitet: Profanierung (Überführung von einer sakralen in eine weltl. Bestimmung, z. B. eines Kirchengebäudes), Profanation oder Profanisierung (Entweihung, Mißbrauch des Heiligen), Profangeschichte (im Unterschied zu Heils- oder Kirchengeschichte die „Weltgeschichte").

Professio fidei (lat. = Bekenntnis des Glaubens) alle Gläubigen sind in der → Nachfolge Jesu zum → Bekenntnis ihres Glaubens (in Wort und Tat) verpflichtet und durch Taufe und Firmung auch dazu befähigt. Erwachsene Taufbewerber legen sie vor der → Taufe ebenso ab wie → Konvertiten vor der Aufnahme in die Kirche (→ Glaubensbekenntnis). Zur Vergewisserung ihrer Treue zum überlieferten Glauben der Kirche wird vor der Übernahme verantwortl. Kirchenämter von den Kandidaten verlangt, persönl. vor einem Träger oberhirtl. Gewalt in jeweils vorgeschriebener Form das Glaubensbekenntnis abzulegen.

Profeß (lat. = Bekenntnis, Versprechen) Ablegen der klösterl. → Gelübde durch den Professen, der dadurch dem Kloster-Verband eingegliedert wird. Das kath. Ordensrecht unterscheidet feierl., einfache, zeitl. (zeitl. begrenzte) und ewige (lebensslängl.) Profeß.

Prokurator (lat. = Verwalter, Stellvertreter) 1. im Kirchenrecht der mit Vollmacht ausgestattete Vertreter einer Amts- oder Privatperson; 2. → Cellerar

Promulgation (lat.) öffentl. Bekanntmachung einer Rechtshandlung (z. B. des → CIC/1983).

Pronuntius (lat.) → Apostolischer Nuntius, der → Kardinal ist.

Propädeutik (gr. = Vorausbildung, Einführung) entwickelt aus dem mittelalterl. Studium der → Septem artes liberales, ist sie die in den Studienordnungen theol. Fakultäten vorgesehene Hinführung der Studierenden zum Erwerb der zum Studium der Theologie erforderlichen hilfswissenschaftl. Kentnisse und Fertigkeiten, insbes. der bibl. Sprachen, der → Philosophie und ihrer Begrifflichkeit. Neuerdings erweist sich zunehmend eine grundlegende Einführung in zentrale Themen des christl. Glaubens zu Beginn des Studiums als notwendig („Grundkurs des Glaubens").

Propagandakongregation (lat. das zu Verbreitende, von propagare = verbreiten) 1622 von Papst Gregor XV. errichtete päpstl. → Kongregation zur Verbreitung des Glaubens (lat. Congregatio de Propaganda Fide, Zentrale der Welt- → Mission).

Propst (von lat. praepositus = der Vorgesetzte) in der kath. Kirche 1. Titel der ersten → Dignitäten der → Domkapitel (Dompropst) und → Kollegiatkapitel (Stiftspropst); 2. Bez. für den Vorstand eines Chorherren-Stiftes (z. B. der → Augustiner-Chorherren, dem → Abt der → Benediktiner vergleichbar); 3. im → Heiligen Römischen Reich Titel → geistl. Fürsten (Fürstpropst); 4. Titel von Pfarrern bedeutender Kirchen (z. B. ehemaliger Kathedralen); 5. Feldpropst hieß früher der oberste Geistliche des Heeres in Preußen, Bayern und Österreich (später Feld- bzw. Armee- oder → Militärbischof); 6. in ev. Kirchen Deutschlands und Skandinaviens (mit Finnland) ist Propst, neuerdings auch Pröpstin, dem → Superintendenten vergleichbarer Titel für Inhaber eines höheren geistl. Amtes.

Propstei (von → Propst) 1. dem Hauptkloster unterstehendes Außenkloster unter Leitung eines Propstes; 2. Sprengel in einigen dt. ev. Landeskirchen.

Proskynese (gr. = Fuß-, Kniefall) 1. kniefällige Verehrung eines Gottes, auch eines Herrschers (v. a. im Byz. Reich); von daher fand sie Eingang in Riten der kath. und orth. Kirche, auch in das frühere Papstzeremoniell. → Adoration, → Prostratio

Prostratio (lat.) das Sich-Niederwerfen, das der ganzen Länge nach am Boden Sich-Hinstrecken, liturg. am Beginn der kath. → Karfreitags-Zeremonien und bei bestimmten Weihen, während die → Allerheiligen-Litanei über dem Weihekandidaten gesungen wird, auch die tiefe Verehrung und Anbetung (→ Adoration) des → Allerheiligsten durch Niederknien mit beiden Knien und tiefer Verneigung des Hauptes. → Proskynese

Protektor (lat.) Beschützer, → Kardinalprotektor.

Protestantenbund → Deutscher Protestantenverein

Protestantenpatent Verordnung Kaiser Franz Josephs I. von 1861, die den österr. Protestanten volle Gleichberechtigung mit den Katholiken gewährte.

Protestantenverein → Deutscher Protestantenverein

Protestantische Freunde (Lichtfreunde) 1841 in Gnadau begr. freirel. Gemeinschaft, die seit 1859 mit dem → Deutschkatholizismus im Bund freirel. Gemeinden vereinigt ist (→ Freireligiöse Bewegungen und Gemeinden).

Protestantismus (Protestanten) (von lat. protestari = öffentl. bezeugen, verkünden) Gesamtheit der aus der → Reformation des 16. Jh.s hervorgegangenen christl. Kirchen und Bewegungen, benannt nach der feierl. Verwahrung (Protestation) der ev. Reichsstände gegen die kaiserl. Religionspolitik auf dem Reichstag zu Speyer 1529.

Protonotar → Apostolischer Protonotar

Providierung → Provision

Provinz → Kirchen-, → Ordensprovinz

Provinzial → Ordensprovinz

Provinzialbischof → Suffraganbischof

Provinzialkonzil → Konzil (Synode) einer → Kirchenprovinz.

Provinzialverfassung → Kirchenprovinz

Provinzkapitel Versammlung (→ Kapitel) der Klostervorstände einer → Ordensprovinz nach Maßgabe der jeweil. Ordensregel.

Provision (lat. provisio canonica, von providere = vorsehen, sorgen für) im kath. Kirchenrecht die kanonische Besetzung (Verleihung, Providierung) eines kirchl. Amtes.

Prozession (von lat. procedere = voranschreiten) der im Christentum von antiken Kulten übernommene feierl. kirchl. Umzug (Umgang), in der kath. Kirche → Bittgang oder -prozession, → Flur- und Stadtumgang sowie theophorische Prozession, in denen das → Allerheiligste in der → Monstranz unter einem → Baldachin mitgetragen wird; am bekanntesten ist hierbei die → Fronleichnamsprozession.

Psalmen (gr. psalmos = Saitenspiel, zum Saitenspiel vorgetragenes Lied) eine Sammlung von 150 Liedern des AT, die in der christl. Überlieferung pauschal dem König David zugeschrieben wurden („Psalmen Davids"). Sie fanden früh Eingang in Liturgie und priv. Gebet der Christen, ebenso in das → Stundengebet der Orden und das → Brevier der Kleriker. Den gehobenen Sprechgesang nach den Psalmtönen (v. a. im → Chorgebet) wird Psalmodie genannt (→ Gregorianischer Gesang).

Psalter (lat.) 1. Buch der → Psalmen im AT; 2. im Mittelalter das liturg. Textbuch der Psalmen mit den → Antiphonen zur feierl. Rezitation im → Stundengebet; 3. in der kath. Frömmigkeit auch Bez. für den (freudenreichen, schmerzhaften und glorreichen) → Rosenkranz.

Pseudepigraphie (gr. = „falsche" Zuweisung der Autorschaft eines literar. Textes) 1. in der Antike, die nicht das moderne Urheberrecht kannte, oft praktiziert zur Erhöhung der Autorität und des Ansehens; 2. in der prot. Tradition bez. man die deuterokanon. Bücher als → Apokryphen, alles darüberhinausgehende unechte alttestamentl. Schrifttum als Pseudepigraphen (kath.: Apokryphen).

Pseudo-isidorische Dekretalen wohl um die Mitte des 9. Jh.s in der Kirchenprovinz Reims entstandenes größtes Fälschungswerk des Mittelalters. Die → Dekretalen des angebl. Isidor enthalten neben echtem Konzilsmaterial und vielen Auszügen aus den Kirchenvätern echte, gefälschte und verfälschte, mosaikartig ineinandergemischte Bestandteile, v. a. Synodalbeschlüsse, Papstbriefe, fränkische Reichsgesetze und die → Konstantinische Schenkung. Die → Fälschungen beabsichtigen offenkundig, die Stellung der Bischöfe gegenüber den Metropoliten und Synoden zu stärken; die Macht des Papsttums wird zudem indirekt stark betont und herausgestellt: der Papst erscheint als Schützer der Bischöfe und Wahrer kirchl. Freiheit gegenüber dem Übermacht der Metropoliten und der fränkischen Reichsgewalt. Alle Synoden der Kirchenprovinzen bedurften der päpstl. Bestätigung, sämtl. Rechtsfälle der Person eines Bischofs waren Sache des Papstes. Diese Vorstellungen bedeuteten eine Umschichtung der kirchl. Rechtsordnung. Bes. seit der → Gregorianischen Reform gewann Pseudo-Isidor breiteren Eingang ins gesamte Kirchenrecht, allerdings wurde der Einfluß der pseudo-isidorischen Fälschungen auf die Entwicklung des päpstl. → Primats lange Zeit überschätzt, wie H. Fuhrmann in seinen gründl. Untersuchungen zeigen konnte, denn: „Die Totalisierung der Kirche zu einer Papstkirche wäre fraglos auch ohne sie erfolgt."

Pult → Ambo

Purgatorium → Fegfeuer

Puritaner (engl., von lat. purus = rein) anfangs Spottname, dann Selbstbez. der Anhänger einer unter König Eduard VI. (1547–53) einsetzenden, calvinist. geprägten Bewegung (Puritanismus) in England, welche die Lösung der engl. von der kath. Kirche vollenden wollte, Episkopalsystem, Liturgie und Lehre der Anglikanischen Kirche bekämpfte. Als → Presbyterianer oder kongregationalist. → Independenten wurden sie wichtige Ursache des Bürgerkriegs in England und der Auswanderung vieler Puritaner in die USA (→ Pilgrim fathers). Der Puritanismus mit seiner rigorosen Ethik, Reinheit der Lebensführung, strengem Arbeitsethos und eines alles durchdringenden Biblizismus prägte weitestgehend Religiosität, Volkscharakter und Literatur in England und den USA.

PX → Christogramm

Pyxis (gr. = Büchse) liturg. Gefäß der christl. Kirchen zur Aufbewahrung der konsekrierten → Hostien, in der kath. Kirche bes. der großen Hostie für die → Monstranz. → Ziborium

Q

Quadragesima (lat. = vierzig) die vierzigtägige → Fasten-Zeit.

Quadrivium → Septem Artes Liberales

Quäker (engl. = Zitterer) anfangs Spottname, dann Selbstbez. der Anhänger einer von G. Fox († 1691) in England Mitte des 17. Jh.s begr. rel. Gemeinschaft (engl. Society of Friends = Gesellschaft der Freunde), die Kirche, Sakrament, Priestertum und Dogma ablehnen und einen schlichten Bibelglauben sowie die Einwohnung des Hl. Geistes als „inneres Licht" in jedem Menschen lehren. Im „schweigenden Gebet" warten sie in ihren Versammlungen oft stundenlang auf das plötzl. „Aufstrahlen" des „inneren Lichtes" in einem Mitglied. Die Quäker, die sich weltweit sozial-karitativ engagieren, fordern unbedingte Wahrhaftigkeit und Ehrlichkeit, Anspruchslosigkeit und Abstinenz; sie lehnen Krieg, Sklaverei, höfliche Heuchelei und Eid ab und wurden deshalb immer wieder auch verfolgt.

Quartierfreiheit eine Art Asylrecht, Immunität und Zollfreiheit, die von den auswärtigen Gesandten beim Hl. Stuhl für ihre Gesandtschaftspaläste gefordert, dann auf die Umgebung („ihr Quartier") und alle Häuser mit ihrem Wappenschild ausgedehnt wurde. Diese Ausweitung geriet zum schweren Hindernis einer geordneten Rechtspflege und führte Ende des 17. Jh.s zum schwersten Konflikt (Quartierstreit) mit König Ludwig XIV. von Frankreich.

Quartodecimaner → Osterfeststreit

Quatember (von lat. quattuor tempora = vier Zeiten) die vier liturg. Bußwochen und Fastenzeiten des → Kirchenjahres (die Wochen nach dem dritten Advents-, dem ersten Fastensonntag, nach Pfingsten und nach dem dritten Septembersonntag), die früher häufig als → Ordinations-Zeiten und Termine für Zahlungen gebraucht wurden.

Quickborn Name eines konfessionellen dt. Jugendbundes mit Zentrale in Burg Rothenfels am Main, der innerhalb der Jugendbewegung 1909 aus kath. abstinenten (Verzicht auf Alkohol und Nikotin) Schülergruppen entstanden ist.

Quietismus (von lat. quies = Ruhe) 1. in vielen Religionen (v.a. im Buddhismus) begegnende Lehre von der Seelenruhe des Menschen mit dem Ziel der tatenlosen Passivität; 2. im Christentum wurde der Quietismus als Vorwurf gegen den → Hesychasmus sowie die Brüder und Schwestern des freien Geistes erhoben, in der kath. Kirche 1687 und 1699 päpstl. verurteilt. Einflüsse gingen über auf → Pietismus, → Quäker und die empfindsame Literatur des 17.–19. Jh.s.

Quinisextum Name der II. Trullanischen Synode (im Herbst 691 von Kaiser Justinian II. im Trullus, dem Kuppelsaal des byz. Kaiserpalastes einberufen; → Trullanum). Sie sollte gegenüber dem stark röm. beeinflußten 6. ökum. Konzil (Konstantinopel 680/681 = I. Trullanische Synode) die Bedeutung Konstantinopels als Neu-Rom stärker zur Geltung bringen. Diesem Zweck dienten 102 Kanones, die als Ergänzung der dogmat. Beschlüsse des V. und VI. ökum. Konzils Erlasse disziplinärer Art enthalten und fast ausschließl. die kirchl. Verhältnisse des Ostens berücksichtigen.

Quinquagesima (lat. = der fünfzigste Tag) in der kath. Kirche Bez. für den Sonntag vor → Aschermittwoch, in den ev. Kirchen → Estomihi.

Quinquennalfakultäten (lat. = Fünfjahresvollmachten) vom → Apostolischen Stuhl den Bischöfen anläßl. ihrer Fünfjahresberichte jeweils auf fünf Jahre gewährte Vollmachten (→ Fakultäten) zur Erteilung von bestimmten → Dispensen, über die jährl. Rechenschaft abgegeben werden muß.

Qumran Ruine Q (= Chirbet Qumran) im Ostteil der Wüste Juda nordwestl. des Toten Meeres, 1952–1956 ausgegraben u. archäolog. untersucht. Es handelt sich um die Überreste einer Art Kloster, das von einer den Essenern nahestehenden jüd. Sekte ca. 150 v. Chr. erbaut und 68 n. Chr. während des jüd. Krieges zerstört wurde. 1947 hatten Beduinen in nahegelegenen Höhlen bibl. und andere Handschriften aus bibl. Zeit gefunden. Unter den Bibelhandschriften befinden sich hebr. Texte, die man bisher nur gr. kannte. Die Schriften von Qumran sind mittlerweile fast vollständig ediert. „Enthüllungsartig" aufgemachte Theorien über vermeintl. Geheimhaltungsstrategien entbehren jeder Grundlage. Die gefundenen Texte ermöglichen ein Bild von Leben und Theologie der Sekte: sie geht zurück auf den „Lehrer der Gerechtigkeit" (ca. 150 v. Chr.), vermutl. ein Priester und Schriftausleger. Ihre Kennzeichen: strenge Gesetzesobservanz, Schriftstudium, Waschungsriten, streng hierarch. Ordnung, Gütergemeinschaft, Erwartung eines priesterl. und eines königl. Messias u.a. Die Erforschung der Schriften, die einen hochinteressanten Einblick in die neutestamentl. Zeit gewähren und die Einbettung des → Urchristentums ins Judentum, gleichzeitig aber auch seine überraschende Originalität zeigen, ist noch nicht abgeschlossen.

R

Raskolniken → Altgläubige

Rationale → Pallium

Rationalismus → Aufklärung

Räubersynode (lat. latrocinium) von Papst Leo I. geprägte Bez. für das von Kaiser Theodosius II. auf Betreiben Dioskurs von Konstantinopel 449 nach Ephesus einberufene Reichskonzil, auf dem den päpstl. Legaten der Vorsitz verweigert, ein klärendes Schreiben Leos unterdrückt und der monophysit. Mönch Eutyches rehabilitiert wurde (→ Eutychianischer Streit).

Rauchfaß (lat. thuribulum) ein an Ketten hängendes, seit dem 6. Jh. oft kunstvoll gestaltetes Metallgefäß, das im Inneren eine Pfanne für glühende Kohlen zur Einlage des → Weihrauchs enthält und zu den vorgeschriebenen Räucherungen (Inzens, von lat. incendere = anzünden, räuchern) in der feierl. Liturgie der kath. Kirche (z.B. Amt, Vesper, Begräbnisritus) gebraucht wird, verstärkt in den Ostkirchen. Der zugehörige Weihrauch wird im → Navikulum, das neben dem Rauchfaßträger ein weiteres Mitglied des liturg. Dienstes trägt, aufbewahrt und mit einem Löffelchen auf die Glut gelegt.

Rauchmantel → Pluviale

Raudnitzer Reform vom Augustiner-Chorherrenstift Raudnitz in Böhmen ausgehende → Chorherren-Reformbewegung im Spätmittelalter, die Klöster in Böhmen, Mähren, Schlesien und Polen und Süddeutschland.

Realienstreit → Universalienstreit

Realpräsenz (lat.) die wirkl. Gegenwart Christi in den → konsekrierten eucharist. Gestalten von Brot und Wein. Sie ist Glaubensüberzeugung der kath., orth. und ev. Christen, wenngleich das Zustandekommen theol. jeweils unterschiedl. erklärt wird (→ Transsubstantiation, → Ubiquitätslehre) und nach Luther die Realpräsenz auf die

→ Abendmahlsfeier beschränkt ist. Von Zwingli und Calvin wurde sie bestritten.

Rechtfertigungslehre hartumkämpfte theol. Lehre, bes. im Zeitalter der → Reformation: nach M. Luther wird der Mensch gerechtfertigt (d. h. er kann vor Gott bestehen) *allein* aus Gnade, durch den Glauben, um des Kreuzestodes Christi willen; nach kath. Lehre ist Rechtfertigung die in der Erlösung durch Christus gegr. innere Heiligung und Gerechtmachung, d. h. des Menschen Heil erfordert auch eigenes Mitwirken. Nach gegenseitigen Lehrverwerfungen und vier Jh.n des „Auseinanderlebens" luth. und kath. → Bekenntnisses begann im Rahmen der → Ökum. Bewegung des 20. Jh.s eine Rückbesinnung auf die Einheit im Glauben, wie sie im → Apostolischen Glaubensbekenntnis vorgegeben ist. Ein außerordentl. wichtiger Schritt zu einer gegenseitigen Annäherung wurde mit der Anfang 1997 vorgelegten „Gemeinsame[n] Erklärung zur Rechtfertigungslehre" gemacht, die vom Lutherischen Weltbund und dem Päpstlichen Einheitsrat nach drei Jahrzehnten intensiver Beratungen erarbeitet wurde. Sie hebt die Übereinstimmung in den Grundwahrheiten der Rechtfertigungslehre hervor und betont, daß die verbleibenden Unterschiede nicht mehr kirchentrennend seien. Zu dieser Erklärung gibt es aber auch unüberhörbare kritische Stimmen auf beiden Seiten.

Reconquista (span. = Rückeroberung) vom 8. Jh. bis 1492 der Kampf der christl. Staaten der Iberischen Halbinsel zur Rückgewinnung der von den (islam.) Mauren beherrschten Teile.

Recursus ab abusu/ad principem → Appellatio ab abusu

Redemption (lat. = Erlösung) in der Bußdisziplin (→ Buße, → Bußsakrament) der lat. Kirche des Mittelalters die Umwandlung schwerer, in den → Bußbüchern vorgeschriebener Bußleistungen in leichtere Leistungen oder die entgeltliche Abwälzung von Bußschulden, die im → Ablaß weiterlebte.

Redemptoristen (von lat. redemptor = Erlöser) Kongregation des heiligsten Erlösers (auch Erlösermissionare), eine 1732 vom hl. Alfons Maria di Liguori im Königreich Neapel gegr. kath. Klerikergemeinschaft mit den Hauptaufgaben: eindringliche → Volksmissionen, geistl. Übungen sowie andere Mittel der → Buße und Bekehrung. Die im 18./19. weitverbreitete Gemeinschaft war öfters umstritten (teils begründet in der ordensfeindl. Einstellung vieler Regierungen, aber auch in der oft derb-drastischen, theatralischen Art der Volksmission, die viele Priester und Bischöfe als geschmacklos empfanden).

Reduktionen (span.) in den port. und span. Kolonien in Südamerika, bes. im Gebiet des heutigen Paraguay (seit 1608) die von → Jesuiten (vereinzelt auch anderen Orden) angelegten Indianersiedlungen (zu deren Schutz gegen Ausbeutung und Versklavung) mit weitgehender Gemeinwirtschaft und -eigentum unter Leitung eines Ordensgeistlichen, die mit der wachsenden Jesuitenfeindlichkeit, v.a. durch den Einfluß des port. Staatsmannes Pombal († 1782) zerstört wurden.

Refektorium (von lat. reficere = wiederherstellen, erquicken; altdt. Remter) in Klöstern der Speisesaal für die gemeinsamen Mahlzeiten. Großklöster der Barockzeit errichteten manchmal (heizbares) Winter- und ein (kühles) Sommerrefektorium, ähnl. dem Winter- und Sommer-→ Chor für das Chorgebet.

Reform, Reformen → Ecclesia semper reformanda, → Ordensreformen, → Reformation, → Reformpapsttum

Reform der Kirche an Haupt und Gliedern (lat. Reformatio ecclesiae in capite et in membris) wiederholt erhobene Forderung des Spätmittelalters nach grundlegender Erneuerung am Haupt (Papsttum und Röm. Kurie) und der gesamten Christenheit, die von einzelnen Schriftstellern und auf den „Reformkonzilien" des 15. Jh.s nachdrückl. erhoben wurde.

Reformaten von → Rekollektionshäusern der → Observanten ausgegangener, im 16. Jh. entstandener sehr strenger Zweig des → Franziskaner-Ordens in Italien, der von Papst Leo XIII. 1897 mit den Observanten zu der einen franziskanischen Ordensfamilie vereinigt wurde.

Reformatio Sigismundi (lat. = „Reformation [Kaiser] Sigismunds") zur Zeit des Konzils von Basel um 1439 verfaßte → Flugschrift unbekannter Autorenschaft, die mit leidenschaftl. Worten eine Reform des weltl. und geistl. Standes verlangt (u.a. Forderung der Aufhebung der bäuerl. Leibeigenschaft).

Reformation (lat. reformatio = Erneuerung, Neugestaltung) während im Mittelalter mit der Bez. die Wiederherstellung der urspr. Form gemeint war (bezogen v.a. auf die Erneuerung der Kirche), nannten sich im 16. Jh. Glaubenserneuerung und kath. Erneuerungsbewegung „Reformation". Seit L. v. Ranke († 1886) wird mit dem Begriff gewöhnl. die ev. Bewegung des 16. Jh.s umschrieben. Im Vergleich zu den Reformbestrebungen, die sich schon seit Ende des 14. Jh.s abgezeichnet hatten, gilt die Reformation als Ereignis von größter Tragweite, Auswirkung und epochaler Bedeutung: sie veränderte das polit., wirtschaftl., soziale sowie rel.-geistige Leben und führte zur Auflösung der Glaubenseinheit im Abendland durch die „Glaubensspaltung“; nach der traditionellen Periodisierung der Weltgeschichte beginnt mit ihr eine neue Zeit – die Neuzeit. Die Reformation nahm von Deutschland ihren Ausgang und erfaßte (oder berührte zumindest) in verschiedenen Ausprägungen ganz Europa. Aus ihr gingen nicht nur prot. Christentum (→ Protestantismus), neue → Bekenntnisse und Kirchen hervor, sie unterwarf die alte (kath.) Kirche auch einer tiefgreifenden Veränderung. War allen Reformatoren gemeinsam zunächst die Absicht, die Reinheit des Urchristentums im Geist der Heiligen Schrift wiederherzustellen, ist die Reformation der leidenschaftlichste Kampf der gesamten Kirchengeschichte um die wahre Gestalt des Christentums. Sie war wesentl. das Werk Martin Luthers (1483–1546), der im Spätjahr 1517 mit seinen Thesen hervorgetreten ist und sich dabei gegen die Praktiken des → Ablaß-Handels (Geldablaß) wandte, die im Zusammenhang mit dem Neubau der Peterskirche in Rom geübt wurden. Die rasche Ausbreitung und Festigung der reformator. Bewegung waren aber nur möglich, weil sich im Spätmittelalter, auf dem Hintergrund von → Renaissance und → Humanismus die rel., geistesgeschichtl. und auch polit. Voraussetzungen dafür herausgebildet hatten. Der Ruf nach „Reform der Kirche an Haupt und Gliedern“ verstummte nicht mehr, nachdem die „Reform“- → Konzilien des 15. Jh.s (Pisa 1409, Konstanz 1414–18, Pavia-Siena 1423/24, Basel-Ferrara-Florenz 1431–43) letztlich wirkungslos geblieben waren. Hinter den äußerl. blühenden Frömmigkeitsformen im vielfarbenen → „Herbst des Mittelalters“ verbarg sich ein tiefes Unbehagen an den vielfach verweltlichten und materialist. betonten innerkirchl. Zuständen (auch innerhalb der Römischen Kurie), ein echtes Bedürfnis nach rel. Erneuerung, das sich nunmehr verstärkt bemerkbar machte und bes. im Jahrzehnt von 1520–30 sich mit aller Macht Bahn brach. Im → Heiligen Römischen Reich brachte der → Augsburger Religionsfriede von 1555 die reichsrechtl. Gleichstellung der (luth.) Augsburger Konfession (→ Confessio Augustana) mit der alten kath. Kirche; die ref. Kirche Calvins (→ Calvinismus) erlangte erst im → Westfälischen Frieden (1648) als drittes Bekenntnis reichsrechtl. Anerkennung; „Täufer“ und „Schwärmer“ blieben ausgeschlossen. Aus der Reformation gingen drei große Konfessionskirchen hervor: die → ev.-luth. Kirchen, die ref. Kirchen Calvins (mit Einschluß Zwinglis, → Zwinglianismus) und die → Anglikanische Kirche. Die Reaktion der kath. Kirche zeigte sich nach Jahrzehnten schwerer Erschütterung in der Festlegung wichtiger Glaubenslehren auf dem Konzil von Trient (1545–63), in der → Katholischen Reform und → Gegenreformation. Die Konfessionskarte im mittleren Europa gewann ihre bleibende Ausprägung im Westfälischen Frieden nach dem → Dreißigjährigen Krieg.

Reformationsfest ev. Fest zum Gedächtnis der → Reformation, anfangs an verschiedenen Tagen gefeiert (je nach Einführung der Reformation in den Ländern); nach kursächsischem Vorbild setzte sich seit 1667 der 31. Oktober (Hervortreten Luthers mit den Thesen) als Reformationstag in den ev. Landeskirchen Deutschlands durch.

Reformatoren die führenden Vertreter der → Reformation des 16. Jh.s: M. Luther, H. Zwingli, J. Calvin und ihre Mitarbeiter.

Reformierte Kirche Sammelbez. für die auf die → Reformatoren H. Zwingli und J. Calvin zurückgehenden prot. Glaubensgemeinschaften (→ Zwinglianismus bzw. → Calvinismus). Die bedeutendsten ref. Kirchen Europas bestehen in der Schweiz, in Schottland, in den Niederlanden, in Deutschland und in Ungarn. Die größte ref. Kirche ist die Vereinigte Presbyterianische Kirche in den USA.

Reformierter Bund 1884 in Marburg (Lahn) begr. Vereinigung dt. ref. Gemeinden, die sich 1934 der → Bekennenden Kirche anschloß und seit 1948 Glied der → EKD ist.

Reformierter Weltbund (engl. Alliance of the Reformed Churches throughout the World holding the Presbyterian Order) 1875 in Edinburgh begr. Organisation der ref. Kirchen (seit 1949 mit Sitz in Genf), die stark in der → Ökum. Bewegung engagiert ist.

Reformkatholizismus Ende des 19. Jh.s geprägte Bez. für zeitgemäße Reformbestrebungen in der kath. Kirche. → Integralismus, → Modernismus, → Katholische Bewegung

Reformkonzilien → Reformation

Reformpapsttum mit dem Vordringen kirchl. Reformdenkens im 10./11. Jh. bereitete sich eine deutliche Wende in der abendländischen Kirche vor. Sie führte, den Zeitgenossen anfangs keineswegs bewußt, in den 100 Jahren von etwa 1050–1150 zur tiefgreifenden Umwandlung in Kirche und Gesellschaft. Reformbewegungen des → Mönchtums und der → Chorherren entscheidenden Anteil. Fortschreitend wurde das → Papsttum und die sich bildende → Römische Kurie in diese Entwicklung einbezogen; das Papsttum übernahm zunehmend die Führung und gewann dann seine neue „gregorianische" Gestalt (benannt nach Papst Gregor VII., 1073–85; → Gregorianische Reform, → Investiturstreit).

Regalien (lat. = Königsrechte) wirtschaftl. nutzbare Hoheitsrechte (z. B. Zoll-, Markt-, Münz-, Bergrecht) im Mittelalter, die im → Heiligen Römischen Reich bis zum Ende (1806) an die → geistlichen Fürsten (geistl. → Reichsstände) bei deren Amtsantritt übertragen wurden. → Investitur

Regens (lat.) in der kath. Kirche gewöhnl. der Leiter des Priester-→ Seminars.

Regensburger Buch der von Kaiser Karl V. dem → Regensburger Religionsgespräch von 1541 vorgelegte Entwurf zum → Bekenntnis-Vergleich.

Regensburger Interim → Regensburger Religionsgespräche

Regensburger Konvent und Bündnis auf Betreiben des Legaten L. Campeggio nach dem Nürnberger Reichstag von 1524 betriebene Einung kath. Reichsstände im Juni/Juli 1524 zur Durchführung des → Wormser Ediktes, Reform des Klerus, Überwachung der Predigt, Bücherzensur, zum Verbot des Studiums in Wittenberg und zur gegenseitigen Hilfe bei Aufruhr. Das Bündnis bedeutete den ersten offiz. Schritt zur kath. Reform, aber auch den Beginn der konfessionellen Parteibildung, die im → Dessauer Bündnis (1525) und im Gotha-Torgauer Bündnis (1526) fortgesetzt wurden.

Regensburger Religionsgespräche 1. nach Abbruch der Religionsgespräche in Hagenau und Worms wurde im April/Mai 1541, anläßl. des Regensburger Reichstags, in Anwesenheit Kaiser Karls V. und der päpstl. Legaten G. Contarini und G. Morone das erste „Regensburger Religionsgespräch“ geführt; die hierbei verglichenen Artikel nahm der Kaiser als „Regensburger Interim“ in den Reichstagsabschied auf. 2. Von Januar bis März 1546 ließ Karl V. ein neues Religionsgespräch in Regensburg durchführen, obwohl das Konzil von Trient (1545–63) bereits seine Tätigkeit aufgenommen hatte. 3. Im November/Dezember 1601 fand in Regensburg ein weiteres Religionsgespräch statt, vereinbart von Herzog Maximilian I. von Bayern und Pfalzgraf Philipp-Ludwig von Neuburg, wobei es v. a. um die Heilige Schrift als einzige Glaubensquelle ging.

Regesten (lat. = „Ereignisse“, Verzeichnisse) zeitl. geordnete Auszüge (mit wesentl. Inhalt), bes. mittelalterl. Urkunden (v. a. Regesten der Kaiser, Könige, Päpste).

Regina coeli (lat. = Himmelskönigin) marianischer Hymnus im → Stundengebet der österl. Zeit.

Regionalbischof in der kath. Kirche der Gegenwart Bez. für einen Hilfsbischof (lat. episcopus auxiliaris), dem unter Leitung des Diözesanbischofs eine bestimmte Region des (Erz-) Bistums zur pastoralen Betreuung zugewiesen ist.

Register (lat.) in der Geschichte ein amtl. Verzeichnis rechtl. Vorgänge, z. B. Register der päpstl. Kanzlei.

Regnum und Sacerdotium in der Verbindung und Gegenüberstellung Regnum (lat. = Königreich, Königsherrschaft) und Sacerdotium (lat. = Priestertum, -herrschaft) sinngemäß gebr. für weltl. und geistl. Gewalt (→ Zwei-Gewalten-Lehre).

Regula magistri → Magisterregel

Regularkanoniker → Chorherren, → Kanoniker

Regularkleriker (lat. Clerici Regulares) die Mitglieder männl. kath. Ordensgemeinschaften, die im 16./17. Jh. im Zug der kath. Erneuerung entstanden sind und sich in freierer Form der Tradition des Ordenslebens anschlossen. Ihre Hauptaufgaben liegen in Seelsorge, Predigt, Volksmission, karitativer und schriftstellerischer Tätigkeit. Zu diesen Verbänden gehören u. a. die → Jesuiten, → Theatiner, → Barnabiten, → Kamillianer und → Piaristen.

Reichnisse → Abgaben

Reichsabt, -äbtissin → Reichsabtei

Reichsabtei bzw. Reichsstift (männl. oder weibl. Verbände) im → Heiligen Römischen Reich ein → Stift oder → Kloster, das → Reichsunmittelbarkeit und Reichsstandschaft (→ Reichsstände und Reichstag) sowie im Fürstenrat des Reichstags eine Viril- oder Kuriatstimme führte.

Reichsacht → Acht, → Aberacht

Reichsbischof → Bischof der → Reichskirche.

Reichsbruderrat → Bruderräte

Reichsdeputations-Hauptschluß Beschluß über die Festlegung der Gebietsentschädigungen an die dt. Fürsten für Verluste links des Rheins (an Frankreich) durch die letzte außerordentl. Reichsdeputation vom 25.2.1803, formell eine Ausführungsbestimmung des Friedens von Lunéville (1801), der die frz. Revolutionskriege (→ Französische Revolution) beendete. Die wesentl. Teile stellten materiell ein frz. Diktat dar. Er führte die größte territoriale Umwälzung herbei, die sich bis dahin in Deutschland vollzogen hatte. Der Hauptschluß verfügte im einzelnen die Verteilung des Besitzes der → mediatisierten, d.h. ihrer → Reichsunmittelbarkeit beraubten und säkularisierten → Reichsstände. Auch die meisten der kleineren weltl. Reichsstände, darunter fast alle Reichsstädte, wurden in den Prozeß der Mediatisierung hineingezogen. Die → Säkularisation als Mediatisierung umschloß alle geistl. Reichsstände mit ihrem Annex (→ Hochstifte, → Domkapitel, Reichsstifte und Reichsklöster (→ Reichsabteien), ausgenommen noch auf wenige Jahre den Staat des Kurerzkanzlers und Erzbischofs Dalberg, den → Johanniter- und → Deutsch-Orden. Doch wurden auch sämtliche nicht-unmittelbaren, also landsässigen Stifte und Klöster der Verfügungsgewalt der Landesherren übergeben, d.h. der Aufhebung nach Gutdünken. Mit wenigen Ausnahmen wurden die landsässigen Stifte und Klöster in Deutschland (ausgenommen die Habsburger Lande) anderen Zwecken zugeführt, vielfach ganz oder teilweise zerstört. Erhalten blieb in der Regel nur das Ortskirchenvermögen zum Seelsorgedienst in den Pfarreien.

Reichsepiskopat Gesamtheit der Bischöfe der → Reichskirche.

Reichskanzlei → Erzkanzler

Reichskirche allgem. die Kirche eines christl. Reiches (auch Staats- oder Nationalkirche), im Altertum die Kirche des Röm. (Byz.) Reiches seit dem 4. Jh.; im Abendland bes. die Kirche des → Heiligen Römischen Reiches seit den Anfängen unter Karl dem Großen (768–814) und Otto dem Großen (936–73) bis zum förml. Ende 1806. Sie war wie das ganze Reich eine aristokratische Institution feudaler, lehnsrechtl. Ausprägung. Was sie unter den Ottonen (Sachsen) im 10. Jh. einigte und zur Reichskirche werden ließ, war ihr reichsrechtl. Status, der unter schweren Verlusten auch den Sturm der prot. → Reformation überdauerte und im → Westfälischen Frieden (1648) erneut reichsrechtl. Bekräftigung fand. Als solche bildete sie einen integrierenden Bestandteil des Reiches, das wiederum mit dem König und Kaiser an der Spitze einer sakralen Idee verpflichtet war (→ Sakrales Herrschertum). Die ottonische Reichskirche verband die Stämme des Fränkischen Reiches, stützte zugleich die Zentralgewalt des sakralen König- und Kaisertums, integrierte die herzogl.

Gewalten und Stammesregionen, festigte und bewahrte die Einheit des Reiches sowie seines durch den gesalbten König und Kaiser verkörperten Rechtes, damit des nach außen und innen zu sichernden Friedens. Auf der Grundlage älterer Besitz- und Herrschaftsrechte wurde das → „geistliche Fürstentum" im Reich unter den Königen und Kaisern aus sächsischem und salischem Haus im 10./11. Jh. zu seiner im ganzen Abendland einzigartigen Stellung ausgebaut („ottonisch-salisches Reichskirchensystem"). Die engste Verbindung des Reichsoberhauptes mit der Kirche zeigt sich auch darin, daß drei Mitglieder des bevorrechtigten → Kurfürsten-Kollegiums Erzbischöfe des Reiches sind (Mainz, Köln und Trier), wobei der Kurfürst-Erzbischof von Mainz als → Erzkanzler des Reiches die angesehenste und einflußreichste Stellung unter allen Prälaten des Reiches einnahm. Zwar brachte der → Investiturstreit eine erhebl. Minderung des königl. Einflusses bei der Bestellung der Bischöfe und der Äbte der Großklöster; der Kompromiß zwischen Kaiser und Papst im Wormser Konkordat (1122) sicherte zwar die freie kanonische Wahl, gab dem König aber durch seine „Anwesenheit" (lat. praesentia regis) weiterhin vielfache Möglichkeiten des Einwirkens auf die geistl. Wähler und v. a. das Recht der Investitur des Gewählten in die weltl. Besitz- und Herrschaftsrechte. Für die Bestellung der Reichsbischöfe blieben die Bestimmungen des Wormser Konkordates grundlegend bis zum Ende des alten Reiches im Jahr 1806; das 1448 abgeschlossene → Wiener Konkordat führte u. a. die päpstl. → Konfirmation der kanonischen Bischofswahlen im Reich ein. In der Reichskirche zeigte sich der kaiserl. Einfluß bis zuletzt durch Entsendung von Wahlkommissären, durch Einmischung in die Kandidatenvorschläge, nach vollzogener Wahl durch die Übertragung der mit dem Bischofsstuhl verbundenen Reichslehen und Regalien an den Neugewählten. Zu den begehrten kaiserl. Handlungen gehörten ferner die Wahrung kirchl. Rechte, die Erteilung von Privilegien, die Bestätigung eines alten oder neugeschaffenen Rechtszustandes und nicht zuletzt die dem Kaiser vorbehaltene Erhebung innerhalb der Adelsklasse. Bis zum Zusammenbruch der Reichskirche in der großen → Säkularisation von 1802/03 waren starke Träger des Reichskirchenbewußtseins neben den Reichsprälaten selbst die adeligen → Domkapitel der Reichsbistümer, ähnlich die Kapitel der übrigen Reichsstifte und Reichsklöster.

Reichskonkordat am 20. 7. 1933 zwischen der nationalsozialist. Regierung des Dt. Reiches und dem Hl. Stuhl abgeschlossenes → Konkordat; daneben blieben die Länderkonkordate mit Bayern, Preußen und Baden in Kraft.

Reichskrone → Sakrales Herrschertum

Reichsstände und Reichstag im → Heiligen Römischen Reich waren Reichsstände die Reichsfürsten, Reichsgrafen, Reichsprälaten und Reichsstädte, die Reichsstandschaft besaßen und damit neben dem Röm.-dt. Kaiser in der Neuzeit das Reich repräsentierten (Kaiser und Reich). 1. Reichsstandschaft war das aus der → Reichsunmittelbarkeit einer natürl. (z. B. Reichsfürst) oder jurist. Person (z. B. Reichsstift), mit Ausnahme der Reichsritter und der Reichsdörfer, erwachsene Recht, im Reichstag eine Virilstimme zu führen oder sich an einer Kuriatstimme zu beteiligen. Virilstimme war das Recht, im Reichsfürstenrat als einzelner eine eigene Stimme abzugeben. Im Unterschied davon konnte die Kuriatstimme von einem Stimmberechtigten in einem Kollegium nur mit anderen zusammen als Gesamtstimme abgegeben werden. Der Reichsfürstenstand umfaßte → geistl. Fürsten (an Zahl überwiegend) und weltl. Fürsten. 2. Der Reichsfürstenrat war im 15. Jh. als Kurie des Reichstags in der Auseinandersetzung der Fürsten mit dem → Kurfürsten-Kollegium (Kollegium der drei geistl. und vier weltl. Kurfürsten, die den König/Kaiser wählten) entstanden. Im Reichsfürstenrat schlossen sich die eine Virilstimme führenden Reichsfürsten sowie die Kuriatstimme führenden Reichsgrafen, die reichsständischen Herren (in Grafenbänken) und die nicht-gefürsteten Prälaten (in Prälatenbänken) zusammen. Der Reichsfürstenrat (Fürstenbank) gliederte sich in eine von Salzburg geführte geistl. Bank und eine von Österreich geführte weltl. Bank. Die Reichsgrafen und reichsständischen Herren bildeten seit 1653 im Reichsfürstenrat vier Grafenbänke, die wetterauische, schwäbische, fränkische und westfälische Bank. Zur geistl. Bank im Reichsfürstenrat gehörten gegen Ende des alten Reiches 37 Stimmen: 35 geistl. Reichsfürsten mit Virilstimme und zwei Kuriatstimmen, d. h. die Vorstände von etwa 40 reichsunmittelbaren Stiften und Klöstern, die in der schwäb. und rhein. Prälatenbank zusammengefaßt waren. Kraft alter kaiserl. Privilegien besaßen auch die Vorstände verschiedener Reichsstifte eine Virilstimme. Nach dem Reichstagsbeschluß von Regensburg 1641 konnten die vom Kaiser ernannten Reichsfürsten die Rechte der Reichsstandschaft nur ausüben, wenn sie ein die Reichsunmittelbarkeit besitzendes Gebiet erworben hatten. Reichsstandschaft wurde nur dann begründet, wenn auch die Aufnahme in ein Kollegium des Reichstags erfolgte. 3. Der Reichstag war im Heiligen Römischen Reich die Vertretung der Reichsstände gegenüber dem Kaiser, jahrhundertelang vom König/Kaiser von Zeit zu Zeit berufen, seit 1663 als „Immerwährender Reichstag" (ständiger Gesandtenkongreß) in Regensburg tagend. Seit 1489 gliederte sich der Reichstag in drei Kurien oder Kollegien: Kurfürstenkollegium, Reichsfürstenrat (mit den genannten Grafen- und Prälatenbänken) und Reichsstädte-Kollegium. Der Reichstag löste sich am 1. 8. 1806 auf.

Reichsstift → Reichsabtei

Reichstag → Reichsstände und Reichstag

Reichsunmittelbarkeit (→ Immediat-Stand im Unterschied zum Mediat-Stand) kam im → Heiligen Römischen Reich allen natürl. und jurist. Personen zu, die nicht der Landeshoheit eines Fürsten (Landesherrn, auch einer Reichsstadt), sondern nur dem König/Kaiser im Rahmen der Reichsverfassung (→ Reichsstände und Reichstag) unterstanden. Dazu gehörten die Reichsstände, mit ihnen die reichsständischen → geistl. Fürsten, Reichsstifte und Reichsklöster (→ Reichsabtei). Sie hatten ihren Gerichtsstand in den Reichsgerichten und wurden im Zusammenbruch des Reiches und der → Reichskirche 1803/06 mediatisiert, größtenteils aufgehoben.

Reisealtar → Portatile

Rekatholisierung → Gegenreformation

Rekluse → Inkluse

Rekollekten (lat. = die Zurückgezogenen, innerlich Gesammelten) erwuchsen im 16./17. Jh. aus den Rekollektionshäusern der franziskan. → Observanten in Spanien, Frankreich, Flandern und im Rheinland, die wegen ihrer Armutsliebe und Bußstrenge geschätzt, in Frankreich auch als Feldgeistliche tätig waren. In der → Französischen Revolution fast ausgelöscht, wurden sie durch die Union von 1897 mit dem → Franziskaner-Orden vereinigt (→ Reformaten). Rekollektinnen nennen sich strenge Reformzweige von Frauenorden. Einige strenge Rekollektionshäuser, die aus Einsiedeleien in Italien und Spanien hervorgegangen sind, bestehen in den franziskan. Orden bis heute.

Rekonziliation (lat. = Aussöhnung) im kath. Kirchenrecht die Lossprechung (→ Absolution) eines Büßenden (z.B. vom Kirchen- → Bann), auch die erneute Weihe einer entweihten, „geschändeten" Kirche oder eines Friedhofs.

Relief (frz.) in der Bilhauerkunst ein aus einer Fläche herausgearbeitetes oder eingetieftes plast. Bildwerk (→ Hochrelief).

Religion (lat. religio = „Rückbindung") Gewissenhaftigkeit, Genauigkeit; Andacht, Frömmigkeit, Gottesfurcht, Glaube; Gottesdienst, Kult; Heiligkeit; rel. Verpflichtung, Genossenschaft, Orden, Klostergemeinschaft. – Allgem. die gesamte, das menschl. Dasein durchwaltende Art der Existenz, die auf das Numinose, auf Transzendenz, Erfahrung höherer Macht und die Überzeugung einer übernatürl. Offenbarung bezogen ist. Mit der Religion befassen sich u. a. Theologie, Religionswissenschaft, -phänomenologie, -soziologie und -psychologie und -philosophie.

Religionsedikte staatl. Erlaß (→ Edikt), der sich auf Religion und ihre Ausübung im Staat bezieht, z. B. Mailänder Edikt (→ Konstantinische Wende), → Edikt von Nantes, → Toleranzedikte.

Religionsfreiheit → Glaubensfreiheit, → Gewissensfreiheit

Religionsfriede Bez. für die in der → Reformation zur Sicherung der Rechte der ev. → Reichsstände geschlossenen Verträge, so → Nürnberger Anstand (1532), → Augsburger Religionsfriede (1555).

Religionsgesellschaften Begriff des dt. Staatskirchenrechts, der (ohne zu Inhalten Stellung zu nehmen) rechtl. organisierte Vereinigungen von Anhängern einer bestimmten rel. Überzeugung bez. soll.

Religionsgespräche seit Beginn der → Reformation des 16. Jh.s zwischen Theologen verschiedener kirchl. Parteien zum Ausgleich konfessioneller Verschiedenheiten geführte Gespräche (Disputationen).

Religionskriege die aus rel. Gründen geführten Kriege, im bes. die Glaubens- oder Konfessionskriege des 16./17. Jh.s (→ Dreißigjähriger Krieg) oder die auch heute von großer Gewalt begleiteten Auseinandersetzungen zwischen Protestanten und Katholiken in Nordirland.

Religiosen im kath. Kirchenrecht die weibl. und männl. Mitglieder rel. Orden und Gemeinschaften.

Religiöse Institute (lat. Instituta religiosa) seit → Vaticanum II (1962–65) und → CIC/1983 gebr. Oberbegriff für → Orden und → Kongregationen der kath. Kirche, die mit den → Säkularinstituten zu den Einrichtungen (Instituten) des gottgeweihten Lebens gehören.

Reliquiar (lat.) Behälter zur Aufbewahrung einer → Reliquie.

Reliquie, Reliquienverehrung, Reliquienkult (lat. reliquiae = Überreste) Reliquien oder, als ältere Bez., Heiltümer (→ Heiltum) sind in der kath. Kirche und in den orth. Kirchen Überreste der Körper von

→ Heiligen und Seligen (Gebeine), im weiteren Sinn alle Dinge und Gebrauchsgegenstände, die sie im Leben benützt haben, oder Dinge, die mit ihrem toten Körper in Berührung gekommen sind (Kontaktreliquien). Die christl. Reliquienverehrung begann in der Alten Kirche mit der Verehrung der → Martyrer-Gräber. Seit dem 4. Jh. errichtete man über den Grabstätten Altäre und Kirchen (→ Krypta), bald ausgedehnt auf andere verehrungswürdige Personen. Der Besitz eines Martyrer- oder gar → Apostel-Grabes gab einer Kirche, dem dazugehörigen Bischofssitz oder Kloster hohes Ansehen, auch großen Zulauf in → Wallfahrten, was das Bestreben nach Reliquienerwerb im ganzen Mittelalter gewaltig steigerte und manchmal zu Reliquienschacher und Betrug führte. Reliquien wurden in kunstvollen Reliquienschreinen (z.B. Dreikönigenschrein im Kölner Dom) oder kleineren Behältern (Reliquiaren, gr. Lipsanothek) aufbewahrt, an Festen ausgestellt und in der Heiltumsschau „gewiesen", d.h. gezeigt und erklärt. Gegenüber der scharfen Ablehnung des Reliquienkultes durch die prot. → Reformation hielt die kath. Kirche im Rahmen ihrer → Heiligenverehrung an der Reliquienverehrung fest (Konzil von Trient, 1545–63); doch sollten Mißstände unbedingt vermieden werden. Im Zeitalter des → Barocks erlebte der Reliquienkult einen neuen Höhepunkt, wobei jetzt „heilige Leiber" als kostbar gezierte Skelette und Gebeine sichtbar in die Altäre eingebaut wurden. Bes. Klöster bemühten sich jetzt um „heilige Leiber" aus Rom, da man die in den wiederentdeckten → Katakomben Bestatteten durchweg für Martyrer der altchristl. → Christenverfolgungen hielt. Reliquienverehrung – meist in Verbindung mit Totenkult – findet sich auch in fast allen außerchristl. Religionen und Kulturen.

Remanenzlehre (Remanentismus) eucharistietheol. Auffassung, derzufolge nach der → Konsekration der Gaben die Substanzen von Brot und Wein zurückblieben (lat. remanere). Sie widerspricht der → Transsubstantiationslehre und wurde vom Konzil von Trient zusammen mit der → Konsubstantiations- und Impanationslehre zurückgewiesen.

Reminiscere (lat. = Gedenke [Herr, deiner Barmherzigkeit]) nach den Anfangsworten der lat. Liturgie Name des zweiten Fastensonntags.

Remonstranten → Arminianismus

Remter → Refektorium

Renaissance (frz. = Wiedergeburt) kulturgeschichtl. Begriff, der im engeren Sinn Kultur und Kunst an der Wende vom Mittelalter zur Neuzeit bez., bes. das Italien des 15. und 16. Jh.s, aber auch auf andere Zeitalter (z. B. Karoling. Renaissance; → Karolingische Reform) angewendet wird. Unterstützt vom → Humanismus brachte die Renaissance eine Umformung des geistigen Lebens in allen seinen Bereichen, auch die Lösung des Menschen aus der mittelalterl. Ordnung und ihren Lebensnormen, den Autonomieanspruch des Individuums und ein neues, nicht mehr kirchl. geprägtes staatspolit. Denken.

Renaissancepapsttum mit Nikolaus V. (1447–55) begann die enge Verbindung des → Papsttums mit → Humanismus und → Renaissance, die bis in die zweite Hälfte des 16. Jh.s reichte. Papsttum und Kirche sollten als führende Kulturmacht zu neuem Ansehen gebracht werden, doch wurde das drängende Problem der Kirchenreform von den Renaissancepäpsten zu wenig beachtet. Alle Förderung der Künste und Wissenschaften durch die Päpste dieser Epoche konnte über rel. Substanzverlust und Verweltlichung nicht hinwegtäuschen, so daß im 16. Jh. die rel. Revolution (→ Reformation) ausbrach.

Rendant (frz.) Zahlmeister, Rechnungsführer, auch Verwalter der Kirchenkasse.

Renovabis (lat. = du wirst erneuern) 1993 von der kath. Dt. Bischofskonferenz gegr. Hilfswerk v. a. zum kirchl., sozial-karitativen Wiederaufbau in den (bis zur Wende 1989 kommunist.-sozialist.) Ländern im östl.-südöstl. Europa.

Renovatio imperii → Karolingische Renaissance, → Sakrales Herrschertum

Repertorium (lat. = auf-, wiederfinden) v. a. für Bestände der → Archive und → Bibliotheken gebr. wissenschaftl. Nachschlagewerk (Verzeichnis). → Inventar

Requiem in der kath. Liturgie die (feierl.) Messe (Seelenamt) für Verstorbene, gefeiert anläßl. der Beerdigung oder allgem. zum Gedächtnis der Verstorbenen. Der Name leitet sich her von den lat. Anfangsworten der röm.-lat. Liturgie: Requiem aeternam dona eis, Domine... (Ewige Ruhe schenke ihnen, Herr...). Die vom Chor gesungenen lat. Texte (des Requiem) wurden vielfach vertont, z. B. im 16. Jh. von Palästina, im 18./19. Jh. von Mozart, Cherubini, Bruckner, Verdi, Bizet. Dem „Deutschen Requiem“ von J. Brahms liegen ausgewählte Texte der Luther-Bibel zugrunde.

Reservat, Reservation (lat. = Vorbehalt, Sonderrecht) im kath. Kirchenrecht Bez. für den Vorbehalt kirchengewaltl. Befugnisse: 1. der causae maiores (lat. = „höhere Angelegenheiten"; dem Papst vorbehaltene Entscheidungen), 2. von Sünden und Sündenstrafen (Reservatfälle; Papst, Bischof oder Ordensoberen vorbehaltene Lossprechung [→ Absolution] bestimmter Sünden), 3. von Kirchenämtern (dem Papst vorbehaltene Besetzung bestimmter Ämter, v. a. Bischofs- und Kardinalsernennungen), 4. Mentalreservation (geheimer Gewissensvorbehalt).

Reservatum ecclesiasticum (lat. = geistl. Vorbehalt) → Augsburger Religionsfriede

Residenz (lat.) 1. Wohnsitz eines Staatsoberhauptes, Fürsten oder hohen Geistlichen; 2. Residenpflicht: Pflicht des Beamten, am oder beim Dienstort zu wohnen; im kath. und ev. Kirchenrecht die Verpflichtung aller Träger von kirchl. Ämtern (Bischöfe, Pfarrer usw.), zur ordnungsgemäßen Wahrnehmung der Geschäfte am Dienstort zu wohnen; für Bischöfe wurde sie betont eingeschärft durch das Konzil von Trient (1545–63), häufig jedoch durch päpstl. → Dispens durchbrochen (→ Absenz). → Karenz

Resignation, resignieren (lat.) Verzicht auf ein (kirchl.) Amt. → Erledigung

Responsoriale (von lat. respondere = antworten) Sammlung der Responsorien (→ Responsorium) des kirchl. → Stundengebets (→ Antiphon).

Responsorium (lat.) liturg. Wechselgesang mit Kehrvers (z. B. nach den Lesungen und Kapiteln im kirchl. → Stundengebet), auch eine Form des → Graduale, gesungen in der responsorischen Psalmodie (→ Psalm).

Restitutionsedikt im → Dreißigjährigen Krieg 1629 von Kaiser Ferdinand II. erlassenes → Edikt, das eine Rückgabe aller seit dem → Passauer Vertrag (1552) durch die Protestanten eingezogenen, ehedem kath. Kirchengüter befahl. Eine Durchführung war nur in den kaiserl. Erblanden einigermaßen möglich. Nach dem polit. Umschwung seit 1630 verzichtete der Kaiser (Ferdinand III.) für das Reich 1635 vorläufig, 1648 endgültig auf den Vollzug.

Retabel (frz.) → Altar-Aufsatz, meist auf dem Altartisch (Mensa) stehendes, mit ihm (oft durch die → Predella) fest verbundenes Altarbildwerk u. a. aus Stein und Holz; in Deutschland und den Niederlanden seit dem Spätmittelalter weitverbreitet in der Form des geschnitzten und gemalten → Flügelaltars, in der Renaissance und im Barock meist als monumentaler Aufbau mit gemaltem Altarblatt. → Diptychon

Reverendus (lat. = der zu Verehrende, Abk. Rev.) 1. Ehr-, Hochwürden: Titel und Anrede kath. Geistlicher; 2. R. P. (Abk. für lat. Reverendus Pater = Ehrwürdiger Vater): Titel kath. Ordensgeistlicher; 3. Reverendissimus (lat. = Hochwürdigster Herr): Titel kath. → Prälaten; 4. Reverend (engl., Abk. Rev.): Titel und Anrede der Geistlichen in engl.-sprachigen Ländern.

Rezeß (lat.) 1. Auseinandersetzung, Vergleich, schriftl. niedergelegtes Ergebnis von Verhandlungen (Vertrag), öfters auch im → Staatskirchenrecht der älteren Zeit; 2. in der lat. Liturgie Gebet des Priesters und Bischofs nach der Eucharistiefeier.

Rheinische Missionsgesellschaft 1828 aus Barmener, Kölner und Weseler Missionsgesellschaft zusammengeschlossener ev. Missionsverband, der heute bes. in Afrika und Asien tätig ist (auch Barmer Mission genannt).

Rigorismus (lat. rigor = Härte, Starre) im Gegensatz zum → Laxismus das unbeugsame, starre Festhalten an Grundsätzen, v. a. in der Moral.

Ring und Stab (Bischofs-, Hirtenstab) Insignien (Abzeichen) eines geistl. Amtes (→ Bischöfe, → Äbte; → Pontifikalien), überreicht zur sinnenfälligen Einweisung (→ Investitur), gewöhnl. verbunden mit dem Weiheritus. Die Verleihung von Bischofsstühlen und Großklöstern durch den König „mit Ring und Stab“ bildete einen wesentl. Hintergrund des → Investiturstreites im 11./12. Jh.

R. I. P. Abk. für lat. Requiescat (Requiescant) In Pace = Ruhe (Sie mögen ruhen) in Frieden.

Risorgimento (it. = Wiedererstehung) nat. Einigungsbewegungen in Italien im 19. Jh. mit dem Ziel eines „Italia unita“ (das geeinigte Italien), das mit der Eingliederung des → Kirchenstaates 1870 im wesentl. erreicht wurde.

Ritenkongregation von Papst Sixtus V. 1588 gegr. Kardinals- → Kongregation für die lat. Liturgie sowie für Heilig- und Seligsprechungsprozesse (→ Kanonisation) der kath. Kirche.

Ritenstreit (Akkomodationsstreit) im 17./18. Jh. die Auseinandersetzung um die Anpassung (→ Akkomodation) von kath. Lehre und Liturgie an fernöstl. Gedankengut und Lehre, die zeitweilig mit größter Schärfe zwischen → Jesuiten (die eine weitgehende Anpassung erstrebten) und → Dominikanern sowie → Franziskanern (die eine Assimilierung scharf ablehnten) andererseits ausgetragen wurde. Die Päpste Clemens XI. (1704) und Benedikt XIV. (1742) entschieden gegen die Jesuiten. Folge war, daß das Christentum in China und Indien weitgehend als fremd empfunden wurde und den einheimischen Religionen unterlag.

Ritterorden (geistliche) 1. in Verbindung mit der → Kreuzzugs-Bewegung seit der zweiten Hälfte des 11. Jh.s in Palästina entstandene Verbindung von Mönchtum und Rittertum. Die Aufgaben der Ritterorden waren urspr. die Begleitung der Pilger zu den hl. Stätten, ihr Schutz gegen Überfälle und die → Armen- und Krankenpflege an diesen Pilgern; später kam hinzu die Verpflichtung zur Verteidigung der hl. Stätten, der Kampf gegen Muslime und Heiden sowie die Verteidigung der christl. Staaten. 2. Die drei bedeutendsten geistl. Ritterorden waren die → Johanniter (Malteser), die → Templer und der → Deutsche Orden. Der im frühen 13. Jh. bestehende Orden der Schwertbrüder in Livland wurde schon 1237 dem Deutschen Orden eingegliedert. 3. Die Ordensregeln entstanden in Anlehnung an die Ordensregeln der Zeit, bes. im Anschluß an → Zisterzienser und regulierte → Chorherren. Die streng zentralisierte Verfassung stellte an die Spitze der jeweil. Ordensleitung den Großmeister (Johanniter, Templer) oder Hochmeister (Deutscher Orden). Die Ritterorden waren gewöhnl. in drei Gruppen gegliedert: adeliger Ritter für Pilgerschutz und Waffendienst, Ordenskapläne für geistl. Funktionen, dienende Brüder für Waffendienst und handwerkl. Arbeiten. Als Kriegerstand verpflichteten sich die Ritter außer den drei übl. → Gelübden zum Waffendienst. 4. In veränderter, auch den geschichtl. Gegebenheiten angepaßter Gestalt bestehen der Johanniter- und der Deutsche Orden in der kath. Kirche bis heute, wobei sie als Orden im engeren Sinn streng rel. ausgerichtet sind. 5. Neben diesen drei großen Ritterorden entstanden im Hoch- und Spätmittelalter noch über zwei Dutzend kleinere, meist regional beschränkte geistl.-weltl. Ritterorden, auch einige weibl. Zweige. Die meisten von ihnen fielen Säkularisationen und polit. Veränderungen zum Opfer; mehrere bestehen in streng rel. Prägung oder als monarch., staatl. bzw. päpstl. Verdienstorden fort. Zu den vornehmsten (bis heute bestehenden) Ritterorden dieser letzten Gruppe gehört z. B. der 1429 von Herzog Philipp dem Guten von Burgund zu Ehren des Apostels Andreas, zum Schutz des christl. Glaubens und zur Verteidigung der Kirche gestiftete Orden vom Goldenen Vlies.

6. Der Ritterorden vom Heiligen Grab ging hervor aus der Kreuzzugsbewegung, näherhin aus dem Ritterschlag am → Heiligen Grab zu Jerusalem (erstmals bezeugt um 1335), den der hohe und niedere Adel des Abendlandes auf der Fahrt ins Heilige Land erwarb. Seit dem 16. Jh. war die Ritterwürde nicht mehr auf den Geburtsadel beschränkt, ihre Verleihung wurde durch päpstl. Privileg Vorrecht des → Franziskaner-Guardians vom Berg Sion in Jerusalem. Im 19./20. Jh. wurde der Orden durch Päpste neu konstituiert.

Ritterschaft (christl./geistl.) → Kreuzzug

Rituale (von → Ritus) das auch → Agende genannte liturg. Buch der kath. Kirche, das die vorgeschriebenen Texte (Gebete und Anweisungen zum Vollzug) für die Spendung der → Sakramente und Sakramentalien enthält, ausgenommen die im → Missale enthaltenen Meßtexte. Als Richtschnur für die Diözesan-Ritualien gab Papst Paul V. 1614 das lat. Rituale Romanum heraus. Im Gefolge der Liturgiereformen erscheinen seit 1969 neue Ritualien (lat. und in den Landessprachen) der kath. Kirche. Dem Rituale für Priester entspricht das Pontificale für Bischöfe. Die großen Orden haben vielfach eigene Ritualien herausgebracht.

Ritualmord 1. Tötung eines Menschen in ritueller Handlung (→ Ritus); 2. Anschuldigung der Römer gegen die Christen (aus falsch verstandener → Abendmahls-Lehre); 3. seit dem Hochmittelalter v. a. die christl. Anschuldigung gegen die Juden wegen angebl. ritueller Tötung christl. Kinder. Obwohl mehrfach als unhaltbar erwiesen, wurden derartige Behauptungen Anlaß vieler Judenpogrome (→ Antisemitismus).

Ritus (lat. = Religionsbrauch, Sitte) weitgehend dem → Kult entsprechende Bez. urspr. für den Ablauf rel. Handlungen. In der kath. Kirche ist mit dem Begriff eine Teilgemeinschaft umschrieben, die in liturg. Handlungen den gleichen Ritus befolgt, z. B. die lat. oder oriental. Riten. Ritus kann u. a. auch den unterschiedl. Grad der Feierlichkeit im liturg. Vollzug oder liturg. Sonderbräuche einzelner Orden bedeuten.

Rochett (lat. rochettum) → Chorrock mit engen Ärmeln; die Bez. werden im dt. Sprachgebrauch kaum unterschieden.

Rogate (lat. = Bittet!) nach den Eingangsworten der lat. Liturgie Name des fünften Sonntags nach Ostern.

Rokoko (von frz. rocaille = Muschelwerk) Stilphase (im wesentl. ein Dekorationsstil) der europ. Kunst (Spätzeit des → Barocks) mit Ausgangspunkt um 1720–30 in Frankreich, die auf alle Länder europ. Kultur übergriff und bis etwa 1780 reichte. Das kirchl. Rokoko ist bes. ausgeprägt im kath. Süddeutschland.

Rom (lat. Roma) Hauptstadt des Röm. Reiches (und Italiens), in der → Pentarchie erster der fünf → Patriarchen-Sitze neben → Konstantinopel, → Alexandrien, → Antiochien, → Jerusalem, Sitz des → Papstes, Mittelpunkt der kath. Kirche.

Romanik (Romanischer Stil) erster universaler Kunststil des abendländischen Mittelalters, der zu höchster Ausprägung seit Ende des 10. Jh.s bis in die Mitte des 12. Jh.s, als Spätromanik bis in die Mitte des 13. Jh.s gelangte. Die Anfänge aus spätantiken Formen und der Übergang zur frühen → Gotik sind nach Ländern verschieden. Bedeutendster Kirchenbau in Deutschland ist der Dom der Salier in Speyer.

Rombesuch → Visitatio ad limina

Römisch-katholisch zur → kath. Kirche gehörig.

Römische Frage → Lateranverträge

Römische Kongregationen → Kongregationen

Römische Kurie (lat. Curia Romana) die päpstl. Zentralbehörden (auch der Päpstliche Hof) in Rom, im Zeitalter des „Reformpapsttums" seit 1050, bes. seit der → Gregorianischen Reform bis etwa 1150 ausgebaut und bis zur Gegenwart öfters reformiert und neuorganisiert, so von Sixtus V. (1585–90), Pius X. (1903–14) und Paul VI. (1963–78).

Römischer Katechismus → Catechismus Romanus

Rorate (lat. = Tauet [Himmel]) nach den Anfangsworten der Liturgie benannte gesungene Messe (auch Engelamt) frühmorgens im → Advent.

Rosarium → Rosenkranz

Rose → Der Name der Rose, → Goldene Rose

Rosenkranz (lat. rosarium) symbol. gedeutet als Kranz geistl. Rosen, ist er in der kath. Kirche ein außerliturg. betrachtendes Gebet, das privat und in Gemeinschaft, auch als kirchl. Andacht verrichtet wird. Sein Inhalt ist die Betrachtung der christl. Heilsgeschichte im Rahmen der → Marienverehrung, von der Verkündigung der Menschwerdung Christi bis zur himml. Vollendung. Die Anfänge im Hochmittelalter sind legendarisch verklärt. Im ausgehenden 15. Jh. erhielt der Rosenkranz seine bis heute bestehende Grundgestalt, die in Deutschland diese Ausprägung gefunden hat: am Beginn das → Apostolische Glaubensbekenntnis, Erweckung von Glaube, Hoffnung und Liebe, dann der Hauptteil aus fünf Gesätzen (je ein → Vaterunser und zehn → Ave Maria mit variierenden, dem Ave Maria eingefügten „Geheimnissen"). Man unterscheidet den freudenreichen, schmerzhaften und glorreichen Rosenkranz (jeweils in der vorhin genannten Gestalt), so daß der aus diesen drei Rosenkränzen bestehende Gesamtrosenkranz insgesamt 150 Ave Maria ergibt, in Anlehnung an die 150 → Psalmen deshalb auch → Psalter genannt wird. 1716 wurde das Rosenkranzfest eingeführt, der Oktober von Papst Leo XIII. (1878–1903) als Rosenkranzmonat bestimmmt. Der Rosenkranz wurde v.a. von Ordensleuten eifrig verbreitet, auch durch Rosenkranz-→ Bruderschaften, da er als eine Art → Stundengebet betrachtet wurde und wird. Die einzelnen Gebete werden an einer aus „Perlen" (meist aus Holz oder Perlmutt) zusammengesetzten Schnur oder Kette abgezählt, die in einem Kreuz endet und, oft kostbar ausgeführt, ebenfalls Rosenkranz genannt wird.

Rosenkreuzer nach einem legendären Gründer Chr. Rosenkreutz im 14./15. Jh. benannte Gemeinschaft, die wahrscheinl. aus Geheimbünden des 15.–18. Jh.s mit soz.-reformer., okkultist.-theosoph. Tendenzen hervorgegangen ist und erhebl. Einflüsse auf die → Freimaurerei übt.

Rosensonntag → Laetare

Rota Romana → Sacra Romana Rota

Rotulus, Rodel, Rotel (lat. = Rädchen, Rolle) eine vom 1.–5. Jh. neben → Codex und Wachstäfelchen gebräuchl. Form des Buches (aus Papyrus oder Pergament) als Buchrolle, deren Textspalten um einen Stab mit Knauf an beiden Enden gewickelt waren. Im Mittelalter wurde der Rotulus beibehalten für liturg. Schriften, für bes. umfangreiche Urkunden, Namenverzeichnisse, v.a. für die Aufzeichnung der in einer kirchl. Gemeinschaft (Kloster) Verstorbenen (Totenroteln genannt)

Rotunde (lat.) Rundbau und runder Saal, meist mit Kuppeldach.

R. P. → Reverendus

Rubriken (von lat. ruber = rot) urspr. rotgehaltene Überschrift, Inhaltsangabe oder → Initiale in mittelalterl. Handschriften, dann die rotgedruckte Anweisung für den Ritus kirchl. Zeremonien und den Gebrauch liturg. Texte in liturg. Büchern der kath. Kirche (→ Agende, → Missale, → Rituale).

Ruralbischof → Chorbischof

Ruraldekan → Dekan

Ruralkapitel → Dekanat

Russisch-orthodoxe Kirche die nach Lehre, Liturgie und Frömmigkeitsprägung ganz der orth. Kirche zugehörige Kirchengemeinschaft, die aber durch ihre bes. Geschichte (bis 1917 die Staatskirche Rußlands) und durch typ. russ. Züge eine eigenständige Ausprägung erhielt (slaw. Liturgie und Kirchensprache, russ. Mönchtum). Die Christianisierung seit Ende des 10. Jh.s nahm hauptsächl. von Konstantinopel ihren Ausgang. Nach dem Fall Konstantinopels 1453 fühlte sich Moskau (in der Nachfolge des älteren Zentrums Kiew) als das „dritte Rom" zum Erben berufen. 1589 kam es zur Errichtung eines endgültig von Konstantinopel unabhängigen Moskauser → Patriarchats, das 1721 durch den → Heiligen Synod ersetzt, 1917 wiederhergestellt wurde. Schwerste Verfolgung erlitt die russ.-orth. Kirche, die heute stark in der → Ökumene engagiert ist, unter der bolschewistischen Diktatur bis weit in die zweite Hälfte des 20. Jh.s herein.

S

S. Abk. für lat. → Sanctus

Sabellianismus auf Sabellius (220 in Rom exkommuniziert) zurückgehende Häresie im 3./4. Jh., welche die die Dreifaltigkeit Gottes (→ Trinität) leugnete und insofern eine Variante des → Monarchianismus und → Modalismus darstellt. Sie lehrte, daß die Dreiheit in Gott nur scheinbar bestehe. Mit der Menschwerdung höre Gott auf, Vater zu sein, und mit der Himmelfahrt, Sohn zu sein.

Sacco di Roma (it.) Plünderung Roms durch span., it. und dt. Söldner Kaiser Karls V. nach der Erstürmung 1527.

Sacerdotium (lat.) Priestertum, Priesterherrschaft → Regnum

Sacra Romana Rota (lat. = Hl. Röm. Rota) unter Papst Innocenz III. (1198–1216) entstandener oberster Gerichtshof der → Röm. Kurie; das gewöhnl. nur Rota genannte privilegierte Prälatenkollegium ist höchste Appellationsinstanz in kirchl. Prozessen.

Sacrificati → Lapsi

Sacrum Romanum Imperium (Abk. S. R. I.) lat. Bez. des → Heiligen Römischen Reiches vom 13. Jh. bis zu seinem Ende 1806.

Saeculum obscurum → Papst

Sakkelarios (gr.) im Byz. Reich der oberste Überwacher der Finanzbehörden.

Sakkeliu (gr.) Aufseher über die Verwaltung der Kirchengemeinden von → Konstantinopel.

Sakral (lat.) → heilig, den Gottesdienst betreffend, im Unterschied zu → profan oder → säkular.

Sakrales Herrschertum 1. die Krönung war und ist in verschiedenen Kulturen Teil der feierl. Einsetzung des Herrschers. Sie erfolgte im alten Orient üblicherweise durch den Priester, in Byzanz seit 457 durch den Patriarchen, wodurch wie bei der Salbung zum Ausdruck gebracht werden sollte, daß der Herrscher von Gott auserwählt war und besondere Gaben besaß. Für das westl. Krönungszeremoniell, das spätantikbyz. Vorbildern folgte, blieben die Schilderungen in den Königsbüchern des AT (z.B. 1 Kön 1,38–53) grundlegend. Salbung und Krönung bildeten den wichtigsten Bestandteil der Königs- und Kaiserweihe zur Sichtbarmachung und Verstärkung des Heils des Herrschers. Von entscheidender Bedeutung für die Entfaltung des christl. Königsgedankens zum → Gottesgnadentum im Abendland wurde die Königsweihe Pippins im Jahr 751, denn seither war die Stellung des Herrschers im Frankenreich sakral begründet; und als Karl der Große zusammen mit seinen Söhnen Pippin und Ludwig dem Frommen 781 von Papst Hadrian II. das „königliche Diadem" empfing, war der Weg für die Wiedererrichtung des westl. Kaisertums mit der Krönung Karls in Rom am Weihnachtstag des Jahres 800 durch Papst Leo III. bereitet. Die Kaiserkrönung Ludwigs des Frommen 816 durch Papst Stephan IV. in Reims schließl. war grundlegend für die feierl. Handlung als einheitl. kirchl.-liturg. Akt, bei dem fränkische Königssalbung und byz. Krönung miteinander verbunden waren. 2. Die Weihe und Krönung des Sachsen Otto I. zum König der Deutschen am alten karolingischen Zentrum in Aachen im Jahr 936 durch die Erzbischöfe von Mainz und Köln erfolgte ebenso wie seine Salbung und Krönung zum Kaiser der Römer in Rom durch den Papst am Lichtmeßtag des Jahres 962 zur sakralen Legitimierung seines Königtums. Er begründete damit den 844 Jahre währenden, bis zum Ende des → Heiligen Römischen Reiches (als der Habsburger Franz II. in Wien am 6.8.1806 die Kaiserwürde niederlegte) gültigen gewohnheitl. Rechtsanspruch des dt. Königs auf die röm. Kaiserwürde. Krönung und Weihe des dt. Königs zum Römischen Kaiser erfolgten trotz mancher Abweichungen, v.a. im Spätmittelalter, in Rom durch den Papst, zuletzt im Jahr 1452. 1530 wurde mit Karl V. in Bologna zum letzten Mal ein Kaiser vom Papst gekrönt. 3. Nach dem alttestamentl. Vorbild des Priesterkönigs Melchisedek wurde dem Herrscher eine einzigartige Zwischenstellung zwischen → Laie und Priester eingeräumt: durch die den entscheidenden Akt im Krönungszeremoniell bildende kirchl. Salbung an Haupt, Schultern, Brust und Armen nimmt der König eine neue Gestalt an, wie auch der Christ durch die Taufe zu einem neuen Menschen wird; er verändert sich zum „typus Christi" und wird gleichsam „deifiziert", d.h. unsterblich (E. Kantorowicz hat diese zweifache, sterbliche und unsterbliche Natur des gesalbten Königs mit der Formel von den zwei Körpern des Königs umschrieben). Er ist Stellvertreter Christi auf Erden (lat. vicarius Christi in terris), Gesalbter des Herrn (Christus Domini), Abbild Gottes (imago

Dei), Heiland der Welt (salvator mundi), Beschützer der Kirche (defensor ecclesiae). Seines Amtes ist es, Lenker des christl. Namens zu sein und den Glauben zu steuern. Als Gesalbten des Herrn, → Christus Domini, so wie auch der Bischof ein Gesalbter des Herrn ist, hatte die Synode von Hohenaltheim des Jahres 916 den König zum ersten Mal bez. und den ihm geleisteten Eid als Sakrament, dessen Bruch als Sakrileg bewertet, gemäß dem bibl. Spruch: „Tastet meine Gesalbten nicht an" (Ps 105,15; 1 Chr 16,22). Auf den Bildern dieser Epoche setzt Christus selbst dem Kaiser, dem Herrscher von Gottes Gnaden, die Krone aufs Haupt, über dem, wie im Aachener Liuthar-Evangeliar (10. Jh.), auch die Hand Gottes schwebt. Dementsprechend wurde Ottos I. Königswürde in ihrer sakralen Einzigartigkeit hervorgehoben, v. a. in der Vita seines Bruders, des Kölner Erzbischofs Brun, die dessen → Kaplan Ruotger 968/969 verfaßte: durch das enge Zusammenwirken des Königs Otto und des Priesters Brun sei zu Ottos Herrschaft ein königl. Priestertum (lat. regale sacerdotium) hinzugetreten, dienten der Dienst am Reich und der Dienst an der Kirche dem Ziel der Ordnung des Reichs und der Sicherung des Friedens. 4. Von daher wird auch verständlich, daß die Herrschaft der ottonisch-salischen Sakralkönige in bes. Weise auf die Bischöfe angewiesen war, nachdem sie deren herausragende Rolle für die Integration des Reichs erkannt hatten. Symbol dafür ist, daß der Herrscher den Reichsbischöfen und Reichsäbten → Ring und Stab überreichte und sie damit in ihr Amt – im Dienst der → Reichskirche und des Reiches zugleich – einwies. Unter Kaiser Heinrich III. (1039–56) kam der sakrale Charakter des frühmittelalterl. Königtums – symbolisiert durch die Herrschaftsinsignien Szepter, Schwert, Reichsapfel, (Himmels-) Mantel, → Heilige Lanze und v. a. Reichskrone –, kam die Harmonie der weltl. und geistl. Gewalt unter Führung des Herrschers am schönsten zur Darstellung und erreichte ihren letzten Höhepunkt. Sichtbarer Ausdruck dafür war nicht zuletzt das damals größte Gotteshaus der abendländischen Christenheit, der Dom zu Speyer, die Grablege der Salier. Im revolutionären Streit der Päpste mit den Königen und Kaisern des Abendlandes um die Frage der → Investitur war im 11. Jh. jedoch die entscheidende Wende im Verhältnis der beiden Gewalten, damit auch die Entsakralisierung des Sakralen Herrschertums eingeleitet: die erste europ. Revolution (K. Leyser) wurde ausgelöst durch den Gebrauch eines Wortes, das die Päpste nunmehr auf die christl. Herrscher zu übertragen begannen, als sie die von diesen vorgenommene Investitur von Geistlichen als *Laien*-Investitur verurteilten und verboten.

Sakrament (lat. = Heiliges, zunächst Fahneneid, für gr. mysterion) kraft seiner geistigen Selbsttranszendenz begegnet der Mensch Gott in personaler Unmittelbarkeit. Insofern er aber seiner Natur nach leibhaft, welthaft und geschichtl. ist, nimmt die Begegnung mit Gott in der Gnade und im Glauben sichtbar konkrete Gestalt an. Als von Christus zum Zeichen der innigsten Vereinigung zwischen Gott und den Menschen und der Menschen untereinander berufen, ist die Kirche selbst das Ursakrament (Lumen Gentium 1). Die schon in der Urkirche praktizierten und im NT bezeugten liturg. Zeichenhandlungen werden seit der Mitte des 12. Jh.s als „Sakramente" bez. Nach scholast. Definition sind sie hl. Zeichen, die das Heil, das sie anzeigen, auch bewirken. Wenn weiter die „Einsetzung" durch Christus genannt wird, dann ist dies nicht in jedem Falle im Sinne eines ausdrückl. Stiftungswortes zu verstehen. Vielmehr wuchsen die Sakramente in der Dynamik des Heilshandelns Christi für die Menschen im Herzen der Urkirche. Sie wirken dadurch, daß sie vollzogen werden (lat. ex opere operato), setzen aber, um im Empfänger fruchtbar werden zu können, die glaubensmäßige „Empfangsbereitschaft" voraus. Die Feststellung der Siebenzahl der Sakramente (Taufe, Firmung, Eucharistie, Buße, Krankensalbung, Weihesakrament, Ehe) im Mittelalter, in der kath. Kirche nach der überkommenen Praxis endgültig festgelegt durch das Konzil von Trient (1545–63), führte zur Unterscheidung von Sakramenten und → Sakramentalien. M. Luther ließ nach seinem Schriftprinzip nur → Taufe und → Abendmahl als Sakramente gelten; zur Sakramentalität der → Buße verhielt er sich nicht eindeutig, da das ganze Leben eine Buße sei.

Sakramentalien Weihe- und Segenshandlungen in der kath. Kirche. Als fürbittendes, mit sinnl. Zeichen verbundenes Gebet der Kirche für Menschen in den verschiedenen Lebenssituationen erfüllen die sie eine wichtige Aufgabe in der alltägl. Konkretisierung des Glaubens.

Sakramentar im Abendland ein liturg. Buch für den Vorsteher der Eucharistie und mit ihr verbundener Feiern. Es enthält die dem Zelebranten zukommenden Gebete und zumeist eine kurze Darstellung der gesamten Messe (z. B. das Gelasianum, benannt nach einer falschen Zuschreibung an Gelasius I., das nur in einer Abschrift aus der Mitte des 8. Jh.s erhalten ist, ein verbindl. Jahressakramentar darstellt und zahlreiche gallische Einflüsse aufweist). Seit dem hohen Mittelalter wird das Sakramentar durch das → Missale verdrängt.

Sakramentierer im 16. Jh. luth. (abwertende) Bez. für Leugner der Gegenwart Christi (→ Realpräsenz) im → Abendmahl, auch für → Schwarmgeister.

Sakramentshäuschen → Tabernakel

Sakrarium (von lat. sacer = heilig) 1. Aufbewahrungsort für hl. Gegenstände, → Sakristei; 2. Senkgrube hinter dem Haupt- → Altar und in der Taufkapelle, die dazu dient, das Wasser von gottesdienstl. Waschungen, die Reste oder die Asche gebrauchter geweihter Sachen aufzunehmen; 3. Bez. für kleines Heiligtum und → Kapelle

Sakrileg (lat.) 1. Kirchenraub, Gottesraub (z.B. unwürdiger Empfang der → Kommunion); 2. Entweihung des Heiligen oder gottgeweihter Personen, Religionsfrevel.

Sakristan → Mesner

Sakristei (von lat. sacer = heilig) allgem. ein Nebenraum (Anbau) der Kirche, im bes. der Aufenthalts- und Ankleideraum der Geistlichen und Ministranten sowie der Aufbewahrungsort für liturg. Gewänder und Geräte, betreut vom → Mesner (Sakristan).

Sakrosankt (lat.) hochheilig, unverletzlich.

Säkular (von lat. saeculum = Zeitalter, Jh., irdische Welt) weltlich, im Unterschied zu geistlich.

Säkularinstitute in der kath. Kirche Genossenschaften von Gläubigen (Klerikern und Laien), die durch ein gottgeweihtes Leben nach Vollkommenheit der christl. Liebe in der Welt streben und zur Heiligung der Welt von innen her beizutragen suchen. Die Mitglieder leben in ihrer weltl., berufl. und familären Umgebund oder in kleinen Gemeinschaften, von denen aus sie „in der Welt" wirken. Dazu gehören: → Weihe, Wirken in der Welt, → Apostolat (Zeugnis in der Welt), Bindung an die Gemeinschaft. Nach Anfängen im 16./17. Jh. erlangten die Säkularinstitute erst im 20. Jh. erhebl. Bedeutung; unter Papst Pius XII. entstand 1947 das erste Grundgesetz für diese Genossenschaften, die heute sehr zahlreich und weitverbreitet sind, wobei Frauengemeinschaften überwiegen. Den Säkularinstituten ähnl. sind manche Gemeinschaften der ev. Kirchen der Gegenwart (→ Kommunitäten, → Bruderschaften).

Säkularisation (von lat. saeculum = Zeitalter, Jh., irdische Welt) 1. im weiteren Sinn jede „Verweltlichung" geweihter Personen oder Sachen, auch das Ausscheiden der Religiosen aus dem Ordensstand, der Kleriker aus dem Klerus, die Aufhebung von Klöstern, die Profanation von Kirchen und sakralen Geräten; 2. im engeren Sinn die ohne kirchl. Genehmigung vollzogene Enteignung kirchl. Einrichtungen (Bistümer, Stifte, Klöster, Pfründen) und ihr Gebrauch zu profanen Zwecken. Derartige Enteignungen und Zweckentfremdungen von Kirchengut, die gewaltsame Überführung in weltl. Besitz und weltl. Nutznießung hat es seit den Zeiten der Alten Kirche immer wieder gegeben; sie wurden in den Verhandlungen zum → Westfälischen Frieden (1648) erstmals von den Vertretern Frankreichs als „Säkularisation" bez. Säkularisationen größten Umfangs brachte die prot. → Reformation im 16./17. Jh., im 18. Jh. in vielen kath. Ländern schon vor Ausburch der → Französischen Revolution. 3. Die eigentl., die große Säkularisation nennt man den umfassenden Enteignungsprozeß der kath. Kirche um 1800, die unmittelbar angestoßen wurde durch Frz. Revolution und Napoleonische Kriege und sich vom Ausbruch der Revolution 1789 bis zur europ. Neuordnung im → Wiener Kongreß 1815 erstreckte. Betroffen waren fast alle Länder Europas und Lateinamerikas. 4. Zum → Heiligen Römischen Reich: → Reichsdeputations-Hauptschluß von 1803. 5. Im späteren 19. und 20. Jh. gab es immer wieder Aufhebungen, Vertreibungen und Konfiskationen von Klöstern und kirchl. Besitz, bes. massiv in Frankreich 1905, mit aller Härte in den kommunist. Diktaturen und durch den Nationalsozialismus.

Säkularisierung (lat.) 1. Bez. für den Vorgang der → Säkularisation; 2. allgem. die Verweltlichung rel. Begriffe und Vorstellungen, Lösung menschl., gesellschaftl. und staatl. Ordnungen aus Bindungen an eine Religionsgemeinschaft; in der abendländischen Neuzeit gegenüber dem Christentum bis zur Gegenwart voranschreitend.

Säkularkanoniker → Kanoniker, → Chorherren, → Kollegiatstift

Säkularkleriker Weltgeistliche, im Unterschied zu Ordensgeistlichen.

Salbuch (ahd. sal, sala = Besitzübertragung) Güterverzeichnis, → Inventar, → Urbar.

Salbung → Sakrales Herrschertum

Salesianer Don Boscos seit 1947 Name der 1857 von G. Don Bosco in Turin gegr. kath. Gesellschaft des hl. Franz von Sales zur Betreuung und Ausbildung (gefährdeter) Jugendlicher, die seit 1875 auch eine rege Missionstätigkeit entfaltet.

Salesianerinnen Mitglieder des 1610 vom hl. Franz von Sales und J. F. F. de Chantal begr. kath. Ordens von der Heimsuchung Mariä (daher auch Visitantinnen genannt), der Beschaulichkeit mit Krankenbetreuung und Jugenderziehung verbindet.

Salvation Army → Heilsarmee

Salvator (lat.) Retter, Erlöser, Heiland; im Christentum Name für Jesus Christus.

Salvatorianer (lat.) Gesellschaft des Göttlichen Heilandes (→ Salvator), 1881 gegr. kath. Ordenskongregation zur Seelsorge, Jugendbetreuung und Mission.

Salve Regina (lat. = Sei gegrüßt, Königin) bekannteste der Marianischen → Antiphonen, die am Schluß des → Stundengebetes gebetet oder gesungen wird. Nach diesem Gesang zu Ehren der → Gottesmutter ist die Salve-Andacht, seit dem 15./16. Jh. eine beliebte marianische Volksandacht in der kath. Kirche.

Sancta Sedes → Heiliger Stuhl

Sanctum Officium → Heiliges Offizium

Sanctus (lat. = → heilig) Anfang und Bez. des Lobgesangs, in dem die → Präfation in allen christl. Liturgien des Ostens und Westens ausklingt; bedeutende Vertonungen (mit dem → Benedictus) innerhalb der lat. → Messe.

Sankt → Sanctus

Sanktimonialen (lat. = Gottgeweihte, Fromme) Ordensfrauen, Nonnen.

Sarkophag (gr. = fleischessend) im ganzen Altertum bekannter monumentaler, meist reich geschmückter Sarg aus (Kalk-) Stein, Ton, Metall oder Holz, seit dem Mittelalter häufig Bez. für Prunkgrabmäler für hochgestellte Persönlichkeiten geistl. und weltl. Standes in Kirchen und Gruften.

Satan → Teufel

Säulenheiliger, -steher → Stylit

Schauspiel (geistliches) szenische Darstellungen aus der → Heilsgeschichte (Heilige Schrift) und aus dem Leben der → Heiligen (auch → Passionsspiel), bes. ausgeprägt im Spätmittelalter und Barock (→ Jesuitendrama); in der kath. Kirche bis heute fortlebend.

Schema (gr.) 1. in orth. Kirchen das Mönchskleid; 2. auf → Konzilien Entwürfe für → Dekrete.

Schematismus (gr.-lat.) seit dem 18. Jh. Personalverzeichnisse über den Klerus kath. Bistümer, heute auch über das gesamte Personal im Kirchendienst (Kleriker und Laien).

Schiff (Kirchenschiff) das meist von West nach Ost (geostete) Laienhaus (→ Langhaus, → Laienkirche) des christl. Kirchenbaus, an das sich meist nach Osten der → Chorraum anschließt; in großen (mehrschiffigen) Kirchen werden Mittel-, Seiten- und Querschiff unterschieden.

Schisma (gr.) in der kath. und den orth. Kirchen die Spaltung in der → Hierarchie ohne Verletzung der Glaubenslehre in wesentl. Punkten. Anhänger der Spaltung sind Schismatiker, im Unterschied zu → Häretikern und → Apostaten. → Abendländisches Schisma, → Morgenländisches Schisma, → Papstschismen

Schmalkaldische Artikel von M. Luther 1536 für den → Schmalkaldischen Bund verfaßte → Bekenntnisschrift, über die man auf dem kommenden Konzil verhandeln wollte und die später in das → Konkordienbuch aufgenommen wurde.

Schmalkaldischer Bund von Kurfürst Johann von Sachsen, Landgraf Philipp von Hessen, anderen Fürsten und mehreren Städten in Schmalkalden (Sachsen) am 27. 2. 1531 geschlossener Bund zur Verteidigung des ev. Glaubens gegen die Religionspolitik Kaiser Karls V. Das Bündnis wurde bald zum Mittelpunkt der antihabsburgischen Kräfte in Europa, dem sich später weitere dt. Fürsten und Städte anschlossen. Im Schmalkaldischen Krieg wurde der Bund 1547 bei Mühlberg/Elbe von Karl V. geschlagen und zerfiel.

Schmerzensmann als → Andachtsbild die bes. im Spätmittelalter begegnende bildl. Darstellung des leidenden Christus (auch „Notgottes" genannt). → Ecce homo, → Erbärmdebild

Schnitzaltar → Flügelaltar

Schola (gr.-lat. = Schule) 1. im Mittelalter eine Vereinigung von Lehrern und Schülern zur Pflege des → Gregorianischen Gesangs; 2. in der Liturgie die Vorsängergruppe (→ Antiphon, → Kantor); 3. allgem. Bez. für die Schule im Mittelalter (→ Domschule, → Klosterschule).

Scholaster, Scholasticus (gr.-lat.) 1. im Mittelalter der gelehrte Vorsteher einer → Dom-, → Kloster- oder Stiftsschule, auch der bischöfl. Beauftragte für das Schulwesen im Bistum; 2. bis zur Gegenwart Titel (→ Dignität) in → Dom- und → Stiftkapiteln.

Scholastik

Scholien (gr.) erklärende Randbemerkungen zu antiken Autoren und zur Bibel (→ Glossa ordinaria).

Schönstatt-Werk → Pallottiner

Schottenklöster → Irisches Mönchtum

Schreinaltar bes. in der späten Gotik (und Neugotik des 19. Jh.s) übl. Aufbau (→ Retabel) über dem → Altar-Tisch (Mensa), wobei hl. Gestalten figürl. in einem „Schrein" gefaßt sind; meist durch seitl. Flügel bereichert (→ Flügelaltar).

Schriftauslegung → Exegese

Schriftsinn → Hermeneutik

Schulbrüder (Institut der Brüder christl. Schulen) größte, heute weltweit tätige kath. Laienkongregation für Erziehung und Unterricht, gegr. vom frz. J. B. de La Salle (1651–1719), der Schulen für die Armen einrichtete. Nach schweren Verlusten in der → Französischen Revolution kam es seit dem 19. Jh. zu einem neuen Aufschwung. In Deutschland werden auch die → Maristen häufig nur Schulbrüder genannt.

Schuldbekenntnis → Confiteor

Schuldkapitel → Kapitel

Schulschwestern allgem. kath. Frauenorden und -gesellschaften, die sich hauptsächl. der Schule und Erziehung widmen; ausgesprochene Schulorden sind die → Ursulinen und → Englischen Fräulein. Im engeren Sinn werden in Deutschland und Österreich v. a. die von der seligen Theresia von Jesu Gerhardinger (1797–1879) gegr. → Armen Schulschwestern von Unserer Lieben Frau so genannt.

Schultertuch (lat. Humerale) um die Schulter gelegtes weißes Tuch unter der → Albe oder dem → Chorrock (Rochett), auch → Amikt genannt.

Schutzengel → Engel

Schutzmantelmadonna seit dem späten Mittelalter Darstellung der → Gottesmutter mit ausgebreitetem Mantel, von dem geistl. und weltl. Stände der Christenheit umschlossen sind.

Schwabacher Artikel von M. Luther 1529 verfaßtes, nach der Stadt Schwabach bei Nürnberg benanntes Glaubensbekenntnis, das u. a. zur Grundlage der → Confessio Augustana von 1530 wurde.

Schwarmgeister (Schwärmer) im weiteren Sinn alle chiliast., apokalypt. und spiritualist. Gruppen der Kirchengeschichte, im engeren Sinn die von M. Luther nach den Ausschreitungen in Wittenberg angeprangerten → „Sakramentierer", die er der Spiritualisierung der Sakramente zieh, v. a. → Täufer, Schwenckfelder und Zwickauer Propheten.

Schweigepflicht → Beichtgeheimnis

Schweißtuch der Veronika → Vera Icon

Schweizergarde allgem. Bez. für die seit dem Spätmittelalter rekrutierten Soldaten aus der Schweiz, bes. für die 1505 von Papst Julius II. angeworbene Truppe aus ledigen schweizer. Söldnern, die bis heute Ehrenwache im → Vatikan ist (Uniform: rot, gelb, blau).

Schweizerischer Studentenverein → Cartellverband

Schwenckfelder (Schwenckfeldianer) → Schwarmgeister

Schwertbrüder → Ritterorden

Schwertmission Bez. für → Mission mit hartem (gewaltsamem) Einsatz der fürstl.-staatl. Gewalt, z. B. in Teilen der mittelalterl. Germanen- und Slawenmission, die gleichbedeutend mit den Zwangsbekehrungen und -taufen in der Geschichte ist.

Schwester → Soror

Schwestern vom Guten Hirten Kongregation der kath. Kirche, die auf eine frz. Schwesterngenossenschaft von 1644 zurückgeht; 1829 zweigten sich von ihr die heute weltweit verbreiteten Frauen vom Guten Hirten ab, die zur Seelenrettung und Betreuung gefährdeter Mädchen und (auch gefangener) Frauen durch rel. Unterweisung, liebevolle Behandlung und Beschäftigung in häusl. und wirtschaftl. Arbeit wirken. Häuser der „Guten Hirtinnen" finden sich häufig im Bereich großer Städte und sind bes. bedeutsam für Lateinamerika und Missionsgebiete.

Schwesternschaften → Bruderschaften

Sedes Apostolica → Apostolischer Stuhl

Sedile, Sedilien (lat.) Sitze des Klerus innerhalb der Liturgie, gewöhnl. im → Presbyterium der Kirchen.

Sedisvakanz (lat. = Freisein des Stuhles) die Zeit zwischen → Erledigung und Wiederbesetzung eines höheren kirchl. Amtes (Papst, Bischof, Äbte).

Seelbuch (lat. liber anniversariorum = Buch der Jahrtage) Verz. der gestifteten → Seelenmessen und Jahrtage.

Seelenbeschreibung in der kath. Kirche seit dem Konzil von Trient (1545–63) Hausbesuche des Seelsorgeklerus am Ende der österl. Zeit mit Feststellung der Gläubigenzahl und Prüfung der → Beichtzettel, im kath. Deutschland meist geübt bis zur Mitte des 20. Jh.s.

Seelenmesse, -amt hl. → Messe bzw. Amt (→ Requiem) für Verstorbene am Begräbnistag und im späteren Totengedenken (Jahrtagsmesse).

Seelgerät bes. im Mittelalter übl. fromme (Gebets- oder Meß-) Stiftungen zum eigenen oder der Verstorbenen Seelenheil.

Seelhäuser früher Bez. für Leichenhäuser.

Seelkammer → Totenkeuche

Seelnonne (frühere) Bez. für Leichenfrau.

Seelsorge (lat. cura animarum) geistl. Betreuung der Gläubigen durch Wort (Verkündigung), Katechese, Sakramentenspendung und Hilfe in allen Lebenslagen. Sie ist Aufgabe der christl. Pfarrgeistlichkeit und der in Gemeinden und Pfarreien mit ihr betrauten Personen.

Seelsorgehelfer(in) → Gemeindereferent(in)

Seelsorgepriester in der kath. Kirche der amtl. zur Seelsorge bestellte und verpflichtete Geistliche (u. a. Pfarrer, Kurat).

Segen (von lat. signum = Zeichen, lat. benedictio [→ Benedictus], benedicere = segnen, lobpreisen) in der Religionsgeschichte oft mit magischen Vorstellungen verbunden, christl. in Kult oder in jeder Lebenslage über Personen oder Sachen verbundene Geste, Spruch, Segenszeichen und -gebet, wodurch göttl. Heil, Gesundheit usw. herabgerufen wird. Segnungen erfolgen im liturg. und außerliturg. Bereich, in der Liturgie regelmäßig eingebunden in einer Formel zur Entlassung. → Apostolischer Segen, → Absegnen, → Aussegnung

Seine Heiligkeit (lat. Sanctitas sua/vestra, auch Euere Heiligkeit) im Mittelalter Ehrentitel und Anrede des Bischofs, dann aber ausdrückl. dem Papst vorbehalten und manchen hohen Würdenträgern der orth. Kirchen.

Seitenaltar (Nebenaltar) → Altar

Seitenschiff → Schiff

Sekret (lat. secreta oratio = heimliches Gebet, „Stillgebet") in der lat. Liturgie ältere Bez. für das Gebet über die Gaben Brot und Wein nach der Gabenbereitung (Opferung).

Sekte (von lat. secare = abschneiden) Bez. für eine kleinere, meist von einer christl. Kirche (durch → Häresie) abgespaltene rel. Gemeinschaft; auch in außerchristl. Hochreligionen gebräuchl. Daneben werden in neuerer und neuester Zeit zahlreiche selbständig entstandene und ausgebaute religionsähnl. Gruppierungen mit oft esoter. und scharf-autoritärer („psychagogischer") Bindung als Sekten bez.

Sekundiz (von lat. secundus = der Zweite) „Zweitfeier" zum 50-jährigen Jubiläum der → Primiz oder Ordens- → Profeß.

Sekundogenitur (lat. = „zweitgeboren", im Unterschied zur Primogenitur) 1. in der Erbfolgeordnung fürstl. Häuser das Recht des Zweitgeborenen (und seiner Nachkommen) auf bestimmte Vermögensteile und Titel; 2. in der → Reichskirche wurden häufig reiche → Pfründen (Bischofsstühle, Reichsstifte) als eine Art Sekundogenitur zur Versorgung nachgeborener Söhne kath. Dynastien benützt (→ Koadjutor).

Selbständige Evangelisch-Lutherische Kirche → Altlutheraner, → Freikirchen

Selig, Seligkeit (lat. beatus, beatitudo) nach christl. Glauben das vollkommene Heil und Glück des Menschen in der ewigen Anschauung Gottes im Himmel. → Alleinseligmachende Kirche

Seligpreisungen Bez. der bei Mt 5, 3–10 überlieferten eschatolog. Lobpreisungen und Verheißungen („acht Seligkeiten") in der Bergpredigt Jesu.

Seligsprechung → Beatifikation

Seminar, Seminarien in der kath. Kirche Ausbildungsstätten künftiger Priester (Kleriker), die nach Anfängen im Spätmittelalter durch das Konzil von Trient (1545–63) vorgeschrieben, meist jedoch erst viel später verwirklicht wurden, im 19. und bis zur Mitte des 20. Jh.s zur größten Entfaltung gelangten. Unterschieden werden Knabenseminare (Studienseminare) für die gymnasiale Ausbildungsstufe, Priesterseminare für die philos.-theol. und pastorale Ausbildung künftiger Priester, die regional verschieden auch → Konvikt oder → Alumnat genannt wurden. In den ev. Kirchen bestehen vergleichbare Einrichtungen, z. B. „Stifte" und Predigerseminare zur pastoralen Ausbildung.

Seminaristicum (lat.) in der kath. Kirche seit dem Konzil von Trient (1545–63) eine festgelegte → Abgabe zur Gründung und zum Unterhalt der Diözesan- → Seminarien („Seminarsteuer").

Semipelagianer seit dem 16. Jh. Bez. für eine Gruppe gallischer Theologen (Johannes Cassian, Vinzenz von Lérins, Faustus von Reji), die zwischen → Pelagianern und der von Augustinus entfalteten kirchl. Gnadenlehre zu vermitteln suchten; sie vertraten dabei die Theorie, daß der Mensch auf dem Weg der Heiligung den ersten Schritt aus eigener Kraft tun könne. Damit wird allerdings das Zueinander von göttl. Gnade und menschl. Freiheit in einen primitiven → Synergismus aufgelöst. Die Lehre der Semipelagianer wurde von der 2. Synode von Orange 529 (unter Vorsitz des Caesarius von Arles) verurteilt.

Sendgericht (von gr.-lat. → Synode) aus den bischöfl. Visitationen des Frühmittelalters entstandenes kirchl. Gericht, das Strafen für Verstöße gegen göttl. und kirchl. Recht verhängen konnte; es war anfängl. für Geistliche und Laien zuständig, später auf letztere allein beschränkt. Die Rechtsprechungsgewalt (Send, Sendgewalt, -herrlichkeit) lag zunächst beim → Bischof (Sendherr), seit dem 11. Jh. zunehmend bei den → Archidiakonen, manchmal auch bei → Pfarrern. Auswirkungen dieses Rechtsinstituts reichten bis zum Beginn des 19. Jh.s

Sentenz (lat. sententia = Ausspruch, Denkspruch, Meinung, Satz) 1. richterl. Urteil (z. B. Exkommunikationssentenz), kirchl. Lehrsatz; 2. Sentenzen nennt man die Sammlungen wichtiger Stellen aus den Schriften der Kirchenväter seit dem 5. Jh. als Grundlage des Studienbetriebs der mittelalterl. → Scholastik. Am bedeutendsten waren hierbei die Sentenzen des Petrus Lombardus („Magister Sententiarum", † 1160), die zum grundlegenden Lehrbuch der Theologie bis ins 16. Jh. und in ungezählten Sentenzenkommentaren behandelt wurden.

Separierte Lutheraner → Altlutheraner

Septem artes liberales (lat. = die sieben freien Künste) 1. Kenntnisse der spätantiken Bildung, über die der Freie verfügen sollte, mit den zwei Abteilungen: Trivium (lat. = „Dreierweg"): Grammatik, Rhetorik, Dialektik; Quadrivium (lat. = „Viererweg"): Arithmetik, Geometrie, Musik, Astronomie. Sie vermittelten ein Grundwissen und waren eingebettet in die lat. Sprache (→ Latein) und die → Philosophie; 2. sie waren bis zum Beginn der → Scholastik die Grundlage des mittelalterl. Bildungswesens und wurden gepflegt in → Dom-, → Kloster-, → Stifts- und → Kathedralschulen. In der abendländischen → Universität (seit etwa 1200) bildeten sie in der grundlegenden „Artistenfakultät" die unerläßl. Vorstufe (→ Propädeutik) zum Aufstieg in die drei höheren → Fakultäten (Theologie, jurist. und mediz. Fakultät). Diese Ordnung blieb, nach Ländern verschieden, bis in die Neuzeit herein, verbindlich. → Bakkalaureus, → Magister

Septuagesima (lat. = der siebzigste [Tag]) dritter Sonntag vor Beginn der → Fastenzeit, neunter Sonntag vor → Ostern.

Septuaginta (lat. = 70, Abk. LXX) gr. Übersetzung des hebr. AT, die im 3.–1. Jh. v. Chr. in Alexandrien (Ägypten) angefertigt wurde.

Sepulcrum (lat. Grab, Grabmal) Bez. für die kleine Vertiefung in der → Altar-Platte (Mensa) zur Aufnahme der Altar- → Reliquien.

Sequenz (lat. = Folge) in der lat. Liturgie aus dem → Halleluja entwickelter, seit der Mitte des 9. Jh. textierter → Hymnus zwischen → Epistel und → Evangelium; im kath. Gottesdienst heute noch gebräuchl. sind Oster-, Pfingst-, Fronleichnamssequenz, dazu → Dies irae

(Sequenz des Totenamtes) und die Mariensequenz → Stabat Mater; v. a. letztere wurden mehrfach kunstvoll vertont.

Ser. Abk. für lat. Serenissimus = Durchlauchtigster, bis ins 19. Jh. Titulierung regierender Fürsten, auch als Serenissima → Celsitudo.

Seraph, Seraphim (hebr.) bei Jes 6, 2f. genanntes himml. Wesen, das mit den Cherubim das Trishagion („dreimal Heilig") als Lobgesang singt.

Sermon (lat.) Rede, gelehrtes Gespräch, → Predigt.

Serviten (von lat. servus = Diener) im 13. Jh. aus einer → Bruderschaft entstandener kath. Orden der Diener Mariens: 1233 vereinigten sich sieben Brüder aus Florenz (die Sieben hl. Stifter) zum gemeinsamen Leben. Sie wirken heute in Europa und Übersee in Seelsorge und Volksbildung. Nach Art der → Bettelorden um die Mitte des 13. Jh.s ein weibl. Zweiter Orden (Servitinnen), im 14. Jh. ein → Dritter Orden; beide Zweige sind in der Jugenderziehung und in karitativen Bereichen tätig.

Servitien → Annaten

Servus servorum Dei (lat. = Knecht der Knechte Gottes) seit Papst Gregor I. dem Großen (590–604) gebräuchl. päpstl. Devotionsformel, seit dem → Reformpapsttum des 11./12. Jh.s fester Bestandteil päpstl. Schreiben. → Vicarius Christi

Sessio (lat.) Sitzungszeit oder -dauer eines → Konzils

Sethiten, Sethianer → Ophiten

Sexagesima (lat. = der sechzigste [Tag]) zweiter Sonntag vor Beginn der → Fastenzeit, achter Sonntag vor Ostern.

Sext (lat. hora sexta = sechste Stunde) die dritte der vier kleinen → Horen, die im → Stundengebet um 12 Uhr mittags gebetet wird.

Sieben freie Künste → Septem artes liberales

Siegburger Reform nach dem Kloster Siegburg im Rheinland benannte sog. jungcluniazensische Reform (→ Cluny) der dt. → Benediktiner seit dem 11./12. Jh., die durch eine starke Bindung an die Bischöfe gekennzeichnet war; Mittelpunkte waren neben Siegburg Köln und Deutz, sie strahlte über weite Teile Deutschlands aus und erfaßte rund 50 Klöster.

Siegel (von lat. signum = Zeichen, sigillum = kleines Bild) allgem. der Abdruck eines Siegelringes, -stempels oder -zylinders in eine weiche, später erhärtende Masse als Beglaubigungszeichen, auch als Verschluß von Schriftstücken (→ Bullen) Gefäßen, → Reliquien-Behältnissen, zum Schutz des Inhalts und zur Sicherung gegen Verfälschung. Nach dem Vorbild des Königs gingen seit dem 9./10. Jh. auch Bischöfe und Äbte, seit dem 11./12. Jh. auch die weltl. Fürsten zur Besiegelung ihrer Urkunden über. Als Siegelstoff wurde farbloses gefärbtes Wachs, weiches Metall (Blei), seit dem 16. Jh. Siegel-Lack verwendet. Im einzelnen befaßt sich mit der Siegelkunde die (hilfs-) wissenschaftl. Sphragistik.

Signatur → Apostolische Signatur

Silentium (lat. = Schweigen, Stille) die durch Ordensregel und Gewohnheit festgelegte Stille für Zeiten und Orte im geistl., bes. klösterl. Leben.

Silvester der nach dem Tagesheiligen, Papst Silvester I. (314–35), benannte letzte Tag des Jahres (31. Dezember).

Silvestriner eine Kongregation des → Benediktiner-Ordens, die auf Silvestro Guzzolini zurückgeht, der 1231 auf dem Monte Fano (Mittelitalien) ein Kloster baute. Seit 1233 bestand der weibl. Zweig der Silvestrinerinnen.

Simonie nach dem „Zauberer" Simon Magus (Apg 8,9) benannte Bez. für den Kauf oder Verkauf von geistl. Ämtern und Sachen; im kath. Kirchenrecht ist jeder unter Simonie geschlossene Vertrag ungültig, Simonisten verfallen schwersten Kirchenstrafen. Die Simonie wurde bes. angeprangert im → Investiturstreit.

Simultaneum (von lat. simul = zugleich) in der abendländischen Neuzeit das gleichzeitige Benutzungsrecht an kirchl. Einrichtungen (u. a. Kirchen [Simultankirche], Friedhöfe, Orgeln) durch verschiedene → Bekenntnisse, festgelegt durch Vertrag, Gesetz oder Herkommen in konfessionell gemischten Gebieten Deutschlands seit → Reformation und → Westfälischem Frieden. Manchmal wurden auch Kirchen geteilt, so daß etwa der → Chorraum der kath. Kirche und den Mönchen, das → Kirchenschiff der ev. Kirche zugeteilt war. Seit dem 19. Jh. wurde der Simultangebrauch an Kirchen meist friedl. zwischen den Kirchenleitungen gelöst, in Einzelfällen besteht er bis zur Gegenwart, stellt aber wohl ein in Auflösung befindliches Rechtsinstitut dar.

Simultanschule → Gemeinschaftsschule

Sinekure → Benefizium

Sixtinische Kapelle von Papst Sixtus IV. (1471–84) erbaute päpstl. Hauskapelle im → Vatikan, die kostbarste Fresken enthält, u. a. Deckenfresken und Jüngstes Gericht an der Stirnseite sind Hauptwerke Michelangelos.

Sizilianische Vesper in Palermo während der Ostermontagsvesper 1282 ausgebrochener Volkserhebung gegen die frz. Besatzung (König Karl I. von Anjou), der sich rasch über die ganze Insel ausbreitete.

Skapulier (lat. scapulare = Schulterkleid) Teil des Ordenskleides mancher kath. Orden und Gemeinschaften, ein breiter, von den Schultern bis zu den Füßen reichender Tuchstreifen, der über dem Ordensgewand (→ Talar, → Tunika) und Vorder- und Rückseite bedeckt. Es war in der → Benediktregel urspr. als Arbeitsschürze der Mönche gedacht und wurde dann in der genannten Art von Benediktinern und anderen Orden in verschiedenen Farben als Teil des Ordenskleides gestaltet. Ein verkleinertes Skapulier, bestehend aus zwei Wollstücken, die an einem Band über Schulter und Brust unter der Kleidung getragen werden, wird von → Bruderschaften, → Oblaten oder → Terziaren gebr.

Skete (gr.) im byz. Klosterwesen das Priorat (→ Dikaios).

Skrutinium (lat.) 1. in frühchristl. Zeit die Prüfung der → Katechumenen vor der Taufe; 2. in der kath. Kirche allgem. Durchsuchung, Sammlung und Prüfung bei einer geheimen Wahl, bes. die bischöfl. Prüfung der Kandidaten vor einer höheren Weihe.

Societas Jesu → Jesuiten

Sodale (lat.) veraltete Bez. für Mitglieder einer kath. → Bruderschaft (Sodalität) oder (Marianischen) → Kongregation.

Sola fide, sola gratia, solus Christus (lat. = allein aus Glauben, allein aus Gnade, allein Christus) von Martin Luther im Zusammenhang mit seiner → Rechtfertigungslehre aufgestellte Prinzipien, die besagen, der Mensch werde gerechtfertigt allein durch den Glauben (und nicht auch durch die Werke), allein aus Gnade (und nicht auch durch die Verdienste), und Christus allein sei der Mittler des Heils (nicht auch die Kirche), wobei er durch die Einfügung des „sola" die paulin. Rechtfertigungslehre radikalisierte. Das Konzil von Trient (1545–63) präzisierte in Reaktion darauf in seinem Rechtfertigungsdekret die kath. Lehre: das unverdienbare Gnadengeschenk der Rechtfertigung als Überführung des Menschen vom Stand des Sünderseins (in Adam) in den Stand der Gnade und die Annahme unter die Söhne Gottes durch den zweiten Adam Christus bedürfe zu ihrer Vollendung der freiwillentl. Annahme des Menschen, der ganzmenschl. Zustimmung zu ihr als einer Tat des Willens und des Verstandes sowie der daraus erwachsenen Früchte eines gottgefälligen Lebens. Die Mitwirkung des Menschen ist dabei nochmals von Gott getragen durch die erweckende und helfende Gnade.

Sola scriptura (lat. = allein durch die Schrift) in Anlehnung an die luth. Formulierung des → sola fide in späterer Zeit geprägte Zusammenfassung des prot. Schriftprinzips. Danach ist allein die Heilige Schrift des Alten und Neuen Bundes, und nicht auch die → Tradition (wie nach kath. Auffassung) exklusive Quelle und Bezugspunkt für Theologie und Verkündigung.

Sollizitation (lat. = Verführung) im kath. Kirchenrecht der mit schwerster Strafe bedrohte Mißbrauch des → Bußsakramentes zur sexuellen Verführung (lat. solliciatio ad turpia = Verführung zu Schändlichem).

Somasker aus der kath. Erneuerung in Italien im 16. Jh. hervorgegangener Regularkleriker-Orden, der von H. Aemiliani 1528 vorbereitet, 1532 in Somasca (Lombardei) gegr. wurde. Seine Hauptaufgaben sind: Seelsorge, Leitung von Armen- und Waisenhäusern und Jugenderziehung. Zwei kleinere weibl. Zweige wirken ebenfalls in der Betreuung Jugendlicher.

Sonntag 1. in der heidn. Antike dem Sonnenkult gewidmeter Tag; 2. im Christentum der erste Tag der Woche (lat. dies dominica = Herrentag, Tag des Herrn [it. domenica, frz. dimanche usw.]), an dem schon in apostol. Zeit der Tag der Auferstehung Christi gefeiert wurde. Unter Kaiser Konstantin I. dem Großen erging 321 die Verordnung der Sonntagsruhe (Verbot von Gerichtshandlungen und knechtl. Arbeit); 3. in der kath. Kirche besteht für die Gläubigen die Verpflichtung zur Teilnahme an der Eucharistie, in allen christl. Kirchen zur Sonntagsheiligung.

Soror (lat. = Schwester) Titel und Anrede (zum Ordensnamen) der Mitglieder verschiedener weibl. Orden und Kongregationen der kath. Kirche; im Dt. wird dafür „Schwester" gebraucht. → Laienbruder, -schwester.

Soteriologie → Christologie

Soutane (frz.) bis zu den Knöcheln reichendes, eng anliegendes Obergewand (Leibrock) der kath. Geistlichen mit 33 Knöpfen (sinnbildl. für die Lebensjahre Jesu), vom Papst weiß, von Kardinälen rot, von Bischöfen und Prälaten violett gerandet, sonst schwarz getragen.

Soziale Frage → Sozialenzykliken

Sozialenzykliken päpstl. Rundschreiben (→ Enzyklika) zu der seit dem 19. Jh. brennend gewordenen Sozialen Frage und zur Soziallehre der kath. Kirche: „Rerum Novarum" Leos XIII. (1891), „Quadragesimo Anno" Pius' XI. (1931), „Mater et Magistra" Johannes' XXIII. (1961), „Populorum Progressio" Pauls VI. (1967), „Laborem exercens" Johannes Pauls II. (1981) u.a.

Sozinianismus theol. System, das die Dreifaltigkeit Gottes (→ Trinität) und die Gottheit Jesu Christi ablehnt. Es ist nach den Italienern Lelio Socini (1525–1562) und seinen Neffen Fausto Socini (1539–1604) benannt; letzterer emigrierte nach Polen. Dort wurde Raków (Rakówer Katechismus) in der Nähe von Sandomierz zum Zentrum sozinian. Gemeinden. Der Sozinianismus nahm viele Elemente späterer Aufklärungstheologie vorweg.

Speisegitter → Chorschranken

Spektabilität (lat. = Ansehnlichkeit) im spätröm. (Byz.) Reich hoher Würdentitel; Anrede für den → Dekan einer Fakultät an Hochschulen.

Sphragistik (gr.) → Siegel

Spiritaner (von lat. spiritus = Geist) 1703 in Paris gegr. kath. Kongregation vom Hl. Geist für Unterricht und Mission.

Spiritual (lat. = geistlich) in kath. → Seminaren für Priestererziehung und in manchen Klöstern der für geistl. Bildung und Seelenführung der → Novizen und Religiosen zuständige Priester, streng beschränkt auf den inneren Bereich (→ forum internum).

Spiritualen im 13./14. Jh. die rigorist. Richtung der → Franziskaner (auch Eiferer); radikale Anhänger wurden von der Kirche als Häretiker verfolgt, mildere lebten in den → Observanten weiter. → Fratizellen

Spiritualia (lat.) geistl. Dinge, im Unterschied zu weltl. Dingen (Temporalia). → Investitur.

Spiritualität dt. Übersetzung des frz. spiritualité (von lat. spiritus = [Hl.] Geist). Der Begriff beinhaltet, über „Frömmigkeit" hinausgehend und spezifischer als „Religiosität", die vom Hl. Geist getragene geistl. Grundhaltung oder bes. Ausprägung der rel. Lebensweise in der → Nachfolge Christi. Man spricht von Ordens-Spiritualitäten, insofern jede Gemeinschaft in Orientierung am Gründer und dessen bes. Zielsetzung je eigene Formen und Schwerpunkte ausprägt.

Spirituals (engl.-amerik.) aus der farbigen Bevölkerung Nordamerikas stammende geistl. Gesänge (Negro Spirituals; → Gospel).

Spital, Spitalpfarrei, -kirche, Spittel → Hospital

Spolien (von lat. spolium = Beute, Raub) in der abendländ. Kirche des Mittelalters (in die Neuzeit hereinreichend) der bewegl. Nachlaß eines kath. Geistlichen. Einzugsrechte geistl. und weltl. Herren wurden im Mittelalter aufgrund von → Eigenkirchen-, → Regalien- und → Reservationsrecht gefordert (Spolienrecht, lat. ius spolii), auch wenn testamentar. über die Hinterlassenschaft verfügt war. Spolienrecht des Kaisers und Papstes wurde auch auf den Nachlaß geistl. Reichsfürsten angemeldet und war häufig umstritten.

Sprengel kirchl. (Bistum, Pfarrei, Nuntiatur) oder weltl. (Gericht) Amtsbezirk.

S. R. I. Abk. für lat. Sacrum Romanum Imperium, → Heiliges Römisches Reich.

Staatskirche, Staatskirchentum kirchenpolit. System, nach dem eine Religion Staatsreligion, d. h. das einzig zugelassene oder weitgehend bevorzugtes → Bekenntnis ist; außerchristl. heute v. a. in den arab. Staaten (Islam).

Staatskirchenrecht 1. allgem. das Recht zwischen dem Staat und den Religionsgemeinschaften (also nicht nur den Kirchen); es beinhaltet u. a. deren Selbstbestimmungsrecht, Fragen des Religionsunterrichts, die Stellung → theol. Fakultäten, Militärseelsorge und → Kirchensteuer. Rechtsquellen des Staatskirchenrechts sind das vom Staat (einseitig) gesetzte Recht (Verfassung, Gesetz, Verordnung) und das zwischen Staat und Religionsgemeinschaft vereinbarte Recht (Staatskirchenvertrag,

→ Konkordat, → Kirchenvertrag). Seit der → Reformation waren Fragen des Staatskirchenrechts von zentraler und herausragender Bedeutung für die Verfassung des → Heiligen Römischen Reiches. Heutige staatskirchenrechtl. Systeme reichen von einer strikten Trennung zwischen → Kirche und Staat (z. B. in Frankreich seit 1905) über Trennungssysteme mit unterschiedl. ausgestalteter Kooperation (z. B. in Deutschland und Italien) bis zum → Staatskirchentum (z. B. Skandinavien). 2. Staatskirchenrecht als wissenschaftl. Disziplin ist in Deutschland in jurist. Fakultäten dem öffentl. Recht, in theol. Fakultäten dem Kirchenrecht zugeordnet.

Staatskirchenrechtlicher Territorialismus → Landesbistum

Stab → Ring und Stab

Stabat Mater (lat. = die Mutter [Jesu] stand [beim Kreuz mit Schmerzen]) mittelalterl. marian. Sequenz und Brevierhymnus zum Fest der Sieben Schmerzen Mariens, mehrfach vertont.

Stabilität, Stabilitas loci (lat. = Ortsbeständigkeit) eine Grundhaltung christl. Spiritualität; als Standhaftigkeit in einer klösterl. Mönchsgemeinschaft das erste Glied der benediktin. Profeßformel, gemeint sind hierbei Treue zu Christi Lehre und Führung, Geduld im Kloster, gelobtes Festhalten an Ordensberuf und Regel in einer bestimmten Klosterfamilie

Stanzen (it.) von Raffael und seinen Schülern am Beginn des 16. Jh.s mit Wandmalereien geschmückte Festräume im → Vatikan.

Starez (russ. = der Alte) im Mönchtum der Ostkirchen ein älterer Mönch, der (noch heute auf dem → Athos) als bewährter Erzieher und Ratgeber junger Mönche berufen wird ; seit Mitte des 18. Jh.s die Starzen in Rußland als Seelsorger, Beichtväter und Ratgeber auch der Laien angesehen.

Starowerzen → Altgläubige

Starzen → Starez

Statio (lat. = Standort) in der frühen Kirche Versammlungsort zum Gottesdienst, später der päpstl. Gottesdienst (Stationsgottesdienst), der an bestimmten Tagen und Festen in bestimmten Stationskirchen Roms gefeiert wurde, bes. an allen Tagen der Fastenzeit.

Statusbericht (lat. status = Zustand) bischöfl. Bericht über den Stand seiner Diözese, der seit dem Spätmittelalter vom Papst anläßl. der → Visitatio ad limina gefordert, meist aber erst seit dem Konzil von Trient (1545–63) übl. wurde.

Sternsinger im kath. Deutschland geübter Brauch, daß Kinder und Jugendliche am Fest → Epiphanie, als „Hl. Drei Könige" verkleidet, Sammelaktionen für notleidende Kinder in der Welt durchführen.

Steyler Missionare und Missionsschwestern im dt. Sprachraum Bez. für die Mitglieder der „Gesellschaft des Göttlichen Wortes"; die Kongregation entstand 1875 aus dem Missionshaus St. Michael des dt. Priesters A. Janssen (1837–1909) in Steyl (wegen des → Kulturkampfes in den Niederlanden). Hauptaufgabe der großen und sehr leistungsfähigen kath. Gesellschaft war und ist Mission und Seelsorge, bes. in nichtchristl. und priesterarmen Ländern. Die Steyler Missionsschwestern leisten weltweit entsprechende Dienste in Erziehung und Unterricht, Alten- und Krankenpflege und Seelsorgehilfe in allen Bereichen.

Stift im engeren geschichtl. Sinn die (im Mittelalter) mit Grundvermögen („Stiftungen") ausgestattete, von Staat und Kirche zur jurist. Person erhobene Körperschaft eines → Dom-, → Kollegiat-, → Kloster- oder → Kanonissen- → Kapitels. Die Mitglieder heißen Stiftsherren, → Chorherren oder → Kanoniker bzw. Kanonissen oder Stiftsdamen. Aufgabe ist v. a. der → Chordienst an der Kollegiats- oder Stiftskirche. Das urspr. einheitl. Stiftungsvermögen wurde seit dem 9./10. Jh. meist in getrennten Präbenden (→ Pfründe) aufgeteilt, was bei späteren Gründungen regelmäßig erfolgte. Der Präbendgenuß des einzelnen Stiftsherrn, wozu auch eigener Haushalt im Kanonikalhof gehörte, unterschied die Stifte von den Klöstern, deren Mönche kein eigenes Einkommen haben durften. Seit dem 11./12. Jh. wurden zahlreiche Stifte in klösterl. Weise mit gemeinsamem Leben der Mitglieder gegr., so → Augustiner-Chorherren und → Prämonstratenser; andererseits haben seit dem Spätmittelalter einzelne große Mönchs- und Nonnenklöster die stiftische Organisation ganz oder teilweise angenommen, so daß die vollberechtigten Konventualen großer Benediktiner- und Zisterzienser-Klöster Österreichs sich als Stiftskapitulare bez., obwohl sie Mönche sind. 2. Die Bez. Stift ging auch auf die geistl. Fürstentümer (→ Hochstift, → Erzstift) und Reichsstifte (→ Reichsabtei) des → Heiligen Römischen Reiches über.

Stifterbild in der mittelalterl. Kunst die Darstellung des Stifters (der Stifter), z. B. plastisch am Stiftergrab, als Gemälde am Rand eines Altarbildes oder auf dem Seitenflügel eines Flügelaltars. Unterschied: → Dedikationsbild

Stiftskapitel → Domkapitel, → Kollegiatkapitel

Stiftsschule → Domschule, → Klosterschule

Stigma, Stigmatisierungen (gr. stigma = Stich, Brandzeichen von Sklaven) Auftreten von Wundmalen wie beim gegeißelten, mit Dornen gekrönten und gekreuzigten Jesus (bes. an Händen, Füßen und Herz) bei lebenden Personen als Folge intensiver Meditation der → Passion Christi. Ohne sich zu entzünden, bleiben die Wunden oft lange offen und widerstehen ärztl. Behandlung. Es sind etwa 300 Stigmatisierungen bezeugt (darunter Franz von Assisi).

Stola (gr.-lat.) urspr. ein langes Kleid, in der → Liturgie die zum breiten, um Hals und Schultern gelegten Streifen reduzierte Insignie, die dem Diakon, Priester und Bischof zwar gemeinsam, nach Weihegrad jedoch verschieden ist und in der Farbe des Meßgewandes getragen wird (→ Liturgische Gewänder).

Stolgebühren (Stolarien, von → Stola) in der kath. Kirche → Abgaben oder Reichnisse, die bei bestimmten Amtshandlungen der Geistlichen entrichtet werden (z.B. bei Taufe, Trauung, Begräbnis). Sie dienen zum Unterhalt der Geistlichen, Kirchendiener und kirchl. Einrichtungen. Ähnl. Taxen oder Gaben sind allen christl. → Bekenntnissen üblich.

Studentenvereinigungen (christl.) → Ökum. Bewegung, → Cartellverband

Studiten 1. Mönche des 463 gegr. berühmten Studion-Klosters in Konstantinopel (Gelehrtenzentrum mit bedeutender Schreibschule), das 1555 durch Türken endgültig zerstört wurde; 2. ukrain.-unierte Mönchsgemeinschaft seit 1900.

Studium generale (lat. = Generalstudium) → Universität

Stuhlfest in manchen Bistümern des dt. Sprachraums Bez. für das → Brautexamen.

Stundenbrüder, -schwestern in ev. Gebieten Deutschlands volkstüml. Bez. für Anhänger einer (pietist. geprägten) Frömmigkeit, die sich in der „Stunde“ (meist priv.) zu Gebet und Bibellesung versammeln, z. B. in Württemberg. → Stundisten

Stundenbuch (lat. horarium, frz. livre d'heures) seit dem 11. Jh. Sammlung der zunächst auf verschiedene Bücher (u. a. Psalter, Lektionar) verteilten Bestandteile des → Stundengebetes (Breviergebetes) der abendländischen Kirche, auch → Brevier genannt.

Stundengebet 1. in der kath. Kirche das Weltklerikern und Ordensleuten für bestimmte Tageszeiten (→ Horen) vorgeschriebene liturg. Gebet, zusammengefaßt im → Stundenbuch bzw. → Brevier; 2. im orth. Mönchtum das acht Gebetsstunden umfassende, teilweise zu drei Tagzeiten verkürzte Gebet (Offizium).

Stundisten Anhänger einer von dt. (württemberg.) Siedlern (→ Stundenbrüder, -schwestern) im 19. Jh. bei Odessa ausgehenden → Erweckungsbewegung (Stundismus) des freikirchl. russ. Protestantismus.

Stuttgarter Schulderklärung von Vertretern der → EKD gegenüber Vertretern der Ökumene in Stuttgart 1945 abgegebene Erklärung, mit der sie die kirchl. Mitschuld (nicht eine Kollektivschuld des dt. Volkes) am Unrecht des Nationalsozialismus bekannten.

Styliten (von gr. stylos = Säule) Säulensteher oder -heilige, die eine bes. strenge, ausgefallene Form christl. Askese übten, indem sie ihr Leben, ähnl. wie die → Dendriten auf einem hohen Baum, auf einer hohen Säule verbrachten. Nach Anfängen im 4. Jh. wurde Syrien Ausgangspunkt und Zentrum dieser Form der Selbstkasteiung, die ihren Höhepunkt im 5./6. Jh. hatte (einzelne Styliten gab es im Osten noch im 19. Jh.), im lat. Westen aber kaum Nachahmung fand (hier der Anachoret Wulflaich im 6. Jh. in den Ardennen). Die Plattform der Säule war von einem Geländer geschützt und erlaubte ein zeitweiliges Hinlegen des Asketen, jedoch wurde jegl. Schutz vor Sonne, Kälte und Regen abgelehnt. Dienende Jünger brachten über eine Leiter Nahrung, auch die Eucharistie, auf die Plattform. Die asket. Prinzipien des Verweilens an einem Art, des Unbehaustseins und das Stehen wurden hier bis zur äußersten Grenze getrieben.

Sub una/utraque specie → Kelchkommunion

Subdiakon (gr.-lat.) in der kath. Kirche der Inhaber des Subdiakonates (mit dem die Verpflichtung zu → Breviergebet und → Zölibat begann) der ersten Weihestufe der → Majoristen, in der orth. Kirche der letzten

Weihestufe der → Minoristen. Die kirchl. Tätigkeit war auf liturg. Assistenz beschränkt; der → Weihegrad wurde in der kath. Kirche 1972 abgeschafft.

Submersionstaufe Taufe durch (dreimaliges) Untertauchen des Täuflings v.a. im byz. Ritus. Sie versinnbildlicht das Begrabenwerden („Ersäuftwerden") des alten Menschen mit Christus und sein Auferstehen mit Christus zum neuen und unzerstörbaren Leben.

Subordinatianismus von zahlreichen Theologen vertretene Denkform im 2./3. Jh., die den Sohn dem Vater „unterordnet" (so das lat. Wort). Zu unterscheiden sind heilsgeschichtl. Subordinatianismus, der mit den vertieften Einsichten der weiteren Dogmenentwicklung vereinbar ist, und metaphys. Subordinatianismus (v.a. → Arianismus), der das christl. Dogma im Kern zerstört und durch das „Homousios" des Konzils von Nizäa (325) zurückgewiesen wurde.

Subprior in Klöstern und Stiften der/die Stellvertreter(in) des/der → Priors/Priorin.

Subregens Stellvertreter des → Regens.

Subsidium caritativum (lat. = „Liebesgabe") in der kath. Kirche eine urspr. freiwillige, später pflichtmäßige → Abgabe von bepfründeten Geistlichen für außerordentl. Bedürfnisse des Bistums.

Suburbikarische Bistümer (lat. sub urbe = vor der Stadt Rom) die (seit dem 12. Jh. in der Sechszahl festgelegten) Bistümer der → Kirchenprovinz Rom: Albano, Ostia, Porto-S. Rufina, Palestrina, Sabina-Poggio Mirteto, Frascati, Velletri. Ihre Inhaber (seit 1962 als Titularbischöfe) haben als → Kardinal-Bischöfe den höchsten Rang im Kardinalskollegium inne.

Successio Apostolica → Apostolische Sukzession

Suffraganbischof (lat. suffraganeus, von suffragium = Stimme, Wahl-, Stimmrecht; Hilfe, Unterstützung) 779 erstmals belegte amtl. Bez. für einen → Bischof, der innerhalb einer → Kirchenprovinz einem → Metropoliten unterstellt ist, diesem als Gehilfe mit Stimmrecht auf dem Provinzialkonzil zur Seite steht, daher auch Provinzialbischof (lat. episcopus provincialis) genannt wird und (bis zum 13. Jh.) bei der Wahl des Metropoliten fungiert. Die Entstehung von Suffraganbistümern erfolgte im Rahmen der allgem. kirchl. Verfassungsentwicklung, näherhin im Zusammenhang mit der Errichtung und Organisation der Bistümer (→ Bistum, → Diözese) sowie der Ausbildung des Metropolitanverbandes (Provinzialverfassung), wobei es in den ersten Jh.n des Frühmittelalters zu einer Trennung der Entwicklungslinien zwischen westl. und östl. Kirchenverfassung kam (Zuordnung des Bistums und seines Bischofs zu einem Metropolitanverband [Konzil von Nikaia 325], Zusammenfassung der Bistümer im 4./5. Jh. zu Kirchenprovinzen, in der Ostkirche zu → Eparchien, die von einem → Patriarchen bzw. → Exarchen geleitet wurden). Seit dem abendländ. Hoch- u. Spätmittelalter wurde die Bez. auch für Hilfs- oder → Weihbischöfe der Diözesanbischöfe gebraucht, heute ist sie allgem. auch für einen regierenden Bischof eines Suffraganbistums, das zu einer Kirchenprovinz gehört, üblich, jedoch seltener im Gebrauch.

Suffragium (lat., wie → Suffraganbischof) Abstimmung, Wahl, Stimmrecht; in der kath. Liturgie Fürbitten für andere, auch → Ablaß für Verstorbene „per modum suffragii" (als Fürbitte).

Sukzession → Apostolische Sukzession

Sulpizianer 1642 von J.-J. Olier, Pfarrer von St Sulpice in Paris, gegr. kath. Weltpriesterkongregation (ohne → Gelübde), die durch Frömmigkeit und hohe Bildung starke Ausstrahlungskraft zur Erneuerung des Klerus, bes. in der Priesterbildung, erlangte; den → Oratorianern geistesverwandt.

Summepiskopat (lat. summus episcopus = oberster Bischof) Bez. für den Landesherrn, der (in den reformator. Kirchen) im Rahmen des → landesherrl. Kirchenregiments auch höchste kirchl. Gewalt in seinem Territorium übt. → Kollegialsystem

Sünde als Wort, Tat oder Begehren (Tatsünde im Unterschied zur → Erbsünde) die freiwillentl. Verfehlung gegen die Liebe zu Gott und zum Nächsten und als solche ein Verstoß gegen die Vernunft, gegen die Wahrheit und das rechte Gewissen. Wie die Ursünde ist jede Sünde ihrem Wesen nach Auflehnung gegen Gott, selbst wie Gott sein und selbst Gut und Böse bestimmen zu wollen, die „bis zur Verachtung Gottes gesteigerte Selbstliebe" (Augustinus). Sünden werden unterschieden hinsichtl. ihres Gegenstandes, ihrer Schwere (Todsünde/läßliche Sünde) oder nach den Geboten, gegen die sie verstoßen. Jesu Hirtensorge galt in bes. Weise den Zöllnern und Sündern, denen er nachging, die er zur Umkehr zu bewegen suchte und mit denen er Mahlgemeinschaft hielt. Am Kreuz hat Jesus die Sünde der Welt und mit ihr den Tod als Folge (Gottferne) auf sich genommen und besiegt. Als „Ostergeschenk" übergibt er den Jüngern die Vollmacht zur Sündenvergebung (Joh 20,21).

Die Kirche kennt verschiedene Formen des Sündenbekenntnisses (→ Confiteor) und der Sündenvergebung (→ Taufe, → Bußsakrament). Zur vollständigen Sündenvergebung gehören auf seiten des Menschen Reue, Bekenntnis, Umkehr, Buße und, soweit möglich, Wiedergutmachung.

Superintendent (lat. = [Ober-] Aufseher, Übersetzung von gr. episkopos, → Bischof) 1. höherer ev. Geistlicher; 2. in der dt. ev. Kirchenverfassung Amtsbez. für den einen → Kirchenkreis (→ Ephorie) leitenden Geistlichen (auch → Dekan), Mittelinstanz zwischen Kirchenleitung und Gemeinden; die früheren General- bzw. Landes-Superintendenten führen heute meist den Bischofstitel.

Superior (lat. = der Obere) im kath. Ordensrecht Leiter eines Klosters oder eines klösterl. Verbandes (Ordensoberer).

Supernumerarius (lat. = der Überzählige) in der kath. Kirche früher ein „überzähliger" Hilfspriester (→ Gesellpriester), der in der Zeit des Priesterüberflusses im Unterschied zum Kooperator keine gestiftete Stelle innehatte und je nach Bedarf und finanziellen Möglichkeiten vom Pfarrer angestellt und wieder entlassen werden konnte. In Kriegs- oder anderen Notzeiten wurde die wirtschaftl. Lage der überzähligen Priester bes. prekär.

Superstition → Aberglaube

Supplik (lat.) Bittgesuch (-schrift) an den Papst, meist um Pfründenverleihung; die genehmigten Gesuche wurden seit dem 14. Jh. in eigene Supplikenregister der Röm. Kurie eingetragen. Supplikant ist der zugehörige Bittsteller, auch Impetrant, Petent, Precist genannt. → Datarie, → Petent

Suprema potestas, Supremat → Päpstlicher Primat

Suprematsakte (engl. Act of supremacy) Gesetz des engl. Parlaments von 1534, das König Heinrich VIII. und seinen Nachfolgern den Titel „einziges irdisches Oberhaupt der Kirche von England, genannt Anglikanische Kirche" (only supreme head in earth of the Church of England, called Ecclesia Anglicana) und damit den Supremat über die Anglikanische Kirche zuerkannte. Von Königin Maria der Katholischen wurde der Titel abgeschafft, von Elisabeth I. 1559 wieder eingeführt. Die Anerkennung der Suprematsakte wurde seit 1534 jedem engl. Staatsbeamten und Geistlichen im Suprematseid abverlangt, auf Eidverweigerung standen härteste Strafen, z. B. die Todesstrafe für Bischof J. Fisher und Lordkanzler Th. More. Der Eid wurde 1829 teilweise, 1867 gänzl. abgeschafft.

Suspension (lat. = Hemmung, Auf-, Enthebung) zeitweilige Dienst- oder Amtsenthebung eines Beamten, die im kath. Kirchenrecht das Recht auf Ausübung des geistl. Amtes oder auf Bezug des Amtseinkommens entzieht. Diese Kirchenstrafe kann über einzelne oder Gemeinschaften (Kapitel, Kloster) verhängt werden.

Sutane → Soutane

Syllabus (gr.-lat. = Zusammenstellung) Bez. für die Sammlung von 80 „Zeitirrtümern" (Syllabus errorum), die Papst Pius IX. 1864 (zusammen mit der Enzyklika „Quanta cura") anprangerte und verurteilte. Das Dokument war heftig umstritten, weil darin vieles verworfen wurde, was die Menschen als freiheitl. Fortschritt empfanden. Von integralist. Kreisen der kath. Kirche (→ Integralismus) wurde das Dekret „Lamentabili" Papst Pius' X. (1907) mit der Verurteilung des → Modernismus als „Neuer Syllabus" bez.

Syllukianisten → Lukianisten

Symbol (gr. symballo = die zwei getrennten Hälften zusammenwerfen) urspr. die auseinandergebrochenen, aber zusammengehörigen Teile eines Ringes oder Täfelchens, die ein Identifizieren oder Wiedererkennen ermöglichen. Von daher ist Symbol eine bes. Art von Zeichen, in dem das Bezeichnete zugleich anwesend und doch verborgen ist. Im Unterschied zum bloßen Zeichen spricht das Symbol aus sich selbst. Im Mittelalter erfuhr der Begriff im Zusammenhang mit den Auseinandersetzungen um die reale Gegenwart Christi (→ Realpräsenz) in der Eucharistie eine Abwertung („nur symbolisch"). Ursymbol ist der Gottmensch Jesus Christus, in dessen unverkürzter Menschheit die Gottheit anwesend ist. → Sakramente sind Realsymbole des in Christus gewirkten Heils.

Synagoge (gr. = Zusammenkunft) jüd. Versammlungsstätte zu Gebet und Belehrung. → Ecclesia und Synagoge

Synapte (gr.) im orth. Gottesdienst das wechselweise gebetete Fürbittgebet.

Synaxarion (gr.) 1. in den orth. Kirchen ein kurzgefaßter Festkalender mit Angaben über die Tagesheiligen, auch eine kurze Lebensbeschreibung oder Bemerkungen zu einem Heiligenfest im Menäum (gr. = Monatsbuch, → Menäen); 2. liturg. Buch mit den einzelnen genannten Notizen (Synaxarien).

Synaxis (gr.) in den orth. Kirchen die gottesdienstl. Versammlung und Abendmahlsfeier.

Syndikus → Apostolischer Syndikus

Syneisakten (gr.; lat. Virgines subintroductae) im Christentum im 3./4. Jh. verbreiteter Brauch der Askese: Mönche und Kleriker nahmen Jungfrauen und Witwen zur Erprobung und Festigung der Tugend zu sich und lebten mit ihnen in „geistl. Ehe" zusammen. Wegen offenkundiger Gefährdung und Mißständen wurde diese Sonderform bald verurteilt (z. B. in der → Benediktregel).

Synergismus (gr. = Zusammenwirken) 1. Begriff aus der Gnadenlehre, der in einem polem.-abwertenden Sinn eine Auffassung bez., wonach der begnadende Gott und der mit Freiheit ausgestattete Mensch das Heil so zusammen wirken, daß gewissermaßen jedem die Hälfte zukommt. Von prot. Seite wurde der kath. Seite bisweilen Synergismus vorgeworfen. In der Tat spricht das kath. Lehramt von „Mitwirkung" des Menschen, doch geht es dabei nicht um eine Verringerung des Gottseins Gottes und seiner Heilsinitiative, sondern um das Ernstnehmen der geschöpfl. Eigenwirklichkeit des Menschen, der in Freiheit die Gnade Gottes annehmen und als Bundespartner sein Heil wirken kann. Dabei erhebt und trägt die Gnade Gottes die menschl. Freiheit (habituelle Gnade, geschaffene Gnade, Heiligung). 2. Unter synergist. Streit versteht man die innerhalb der frühen ev. Theologie geführte Auseinandersetzung um den Anteil des freien menschl. Willens bei seiner Bekehrung.

Synkellos (gr.) „Zellengenosse" des Bischofs bzw. Patriarchen der Ostkirchen; später Ehrentitel für Bischöfe, z. B. Protosynkellos.

Synkretismus (gr.) Vermischung und Verschmelzung verschiedener Religionen, Konfessionen und Weltanschauungen.

Synod → Heiliger Synod

Synode (gr.-lat. = Zusammenkunft, Versammlung) 1. → Konzil; 2. in der kath. Kirche als Diözesansynode die repräsentative Versammlung der Geistlichen eines → Bistums unter Leitung des Bischofs, als Provinzialsynode die Zusammenkunft der Bischöfe einer → Kirchenprovinz unter Leitung des Metropoliten; → Bischofssynode; 3. in ev. Kirchen eine partikuläre oder überregionale Kirchenversammlung (Kirchenparlament), von unterschiedl. Autorität in Fragen des Glaubens, der Sitte und der kirchl. Ordnung; über den Kreissynoden stehen die Landessynoden der einzelnen → Landeskirchen, darüber die Generalsynoden (nach der jeweil. Kirchenverfassung; 4. als Ständige, Heilige Synode: ständiges Kollegium der Bischöfe der Ostkirche unter ihrem jeweiligen Oberhaupt (Patriarch, Metropolit, Katholikos); 5. im zarist. Rußland der → Heilige Synod als Organ der staatl. Kirchenlenkung (in der Zeit der Abschaffung des Patriarchats 1721–1917), heute in der russ.-orth. Kirche ein ständiges Kollegium unter Leitung des Patriarchen von Moskau.

Synodalstatuten Zusammenfassung und Veröffentl. der auf → Synoden ergangenen Anordnungen mit Gesetzeskraft, v. a. bezogen auf die Diözesansynode unter Leitung des Bischofs.

Synodalverfassung → Presbyterialverfassung

Synodaticum → Kathedralsteuer

Synopse, Synoptiker → Evangelien

Syntagma (gr. = Zusammenstellung) alte Bez. für eine Sammlung von Schriften (bes. kanonist. Werke), Aufsätzen, Bemerkungen verwandten Inhalts.

Synusiasten → Apollinaristen

T

Tabernakel (lat.) in den kath. Kirchen ein kunstvoll gearbeitetes Gehäuse zur Aufbewahrung des → Allerheiligsten (der konsekrierten Hostien in → Pyxis und → Kustodia). Vorformen waren eucharist. Taube und Sakramentshäuschen. Zum Tabernakel gehört das → Ewige Licht.

Taboriten radikale Richtung der → Hussiten, die in Tabor (Stadt in Südböhmen) eine chiliast. Theokratie (→ Chiliasmus) anstrebte (1420–50).

Tag des Herrn → Sonntag

Tagzeiten → Stundengebet

Taizé ordensähnl. Bruderschaft (frz. Communauté de Taizé) unter der Leitung ihres Gründers R. Schutz (geboren 1915), der sich 1940 in Taizé bei Cluny (Burgund) niederließ. 1949 verpflichteten sich unter ihm als Prior die ersten (ev.) Brüder der → Kommunität zu einem Leben in Gütergemeinschaft, Ehelosigkeit und unbedingtem Gehorsam. Inzwischen gehören auch Angehörige anderer → Bekenntnisse zu dieser Gemeinschaft, deren Berufung ökum. ausgerichtet, vom Streben nach der Einen Kirche geprägt und von großer, überkonfessioneller Bedeutung auch für die christl. Jugend ist.

Talar (lat. talaris = bis an die Knöchel reichend) in spätröm. Zeit langes Obergewand, dann langer und weiter, meist schwarzer Rock; Amtskleidung der Geistlichen, Richter und Professoren.

Taufbrunnen → Baptisterium

Taufe 1. grundlegendes → Sakrament der Eingliederung in die Kirche. Das äußere Zeichen besteht im „Wasserbad" (Besprengen oder Übergießen mit Wasser oder durch Eintauchen → Submersionstaufe) und im Wort (nach Mt 28,19): „auf den Namen des Vaters und des Sohnes und des Heligen Geistes". Die Taufe bewirkt die nicht mehr rückgängig zu machende (→ Character indelebilis) heiligende und rechtfertigende Eingliederung in das Gottesvolk des Neuen Bundes, die Vergebung aller Sünden und Sündenstrafen. Der Getaufte ist von der Schuld Adams befreit und mit der Kraft ausgestattet, das Böse zu besiegen. Im Hl. Geist

ist der Getaufte hineingegnommen in das Sohnesverhältnis Christi zum Vater. Als „mit Christus begraben werden" und „mit Christus auferstehen" (Röm 6) begründet die Taufe eine innige Schicksalsgemeinschaft mit Jesus Christus. Die Taufe auf den dreifaltigen Gott (→ Trinität) ist das Kriterium für das Christsein und die bei aller konfessionellen Verschiedenheit sich durchhaltende gemeinsame Basis aller Christen. 2. Die frühe Kirche entwickelte zur Vorbereitung Erwachsener auf die Taufe das → Katechumenat. Bei der Säuglingstaufe stehen Eltern und Paten stellvertrendend mit ihrem Glauben ein und übernehmen die Verpflichtung zur Katechese. Der kurzgefaßten Darstellung des Taufglaubens dienen die → Glaubensbekenntnisse. Sie finden Verwendung beim österl. und sonntägl. Taufgedächtnis.

Täufer aus der → Reformation Zwinglis seit 1525 hervorgegangene Bewegung, deren Anhänger (von Zwingli Anabaptisten = Wiedertäufer genannt) nach ihrer Ablehnung der Kinder- → Taufe und Forderung der Erwachsenentaufe benannt werden. Die Bewegung der Täufer oder Taufgesinnten ergriff die ganze Schweiz, dann Oberdeutschland, Mähren und Niederdeutschland, wo eine den → Chiliasmus predigende, gewalttägige Gruppe 1534/35 eine Schreckensherrschaft in Münster (Westfalen) errichtete. Seitdem wurden „Wiedertäufer" fast überall als ketzer. → Schwarmgeister und Revolutionäre hart verfolgt, obwohl die Mehrheit der Täufer und Taufgesinnten durchaus friedl. war. Weitergeführt wurde die Bewegung u. a. durch → Mennoniten und → Baptisten.

Taufkapelle → Baptisterium

Taufpate → Pate, → Taufe

Tausendjähriges Reich → Chiliasmus

Taxe (gr.-lat. = Anordnung, Gebühr) seit dem Mittelalter Bez. bes. für den amtl. festgesetzten Preis und festgelegte Gebühren; nach kath. Kirchenrecht die Gebühr, die für die Inanspruchnahme einer kirchl. Behörde erhoben wird. Seit dem 13./14. Jh. stellten Taxen eine wichtige Einnahmequelle der → Röm. Kurie dar (u. a. → Abgaben, → Annaten; → Papstfinanz).

Tedeum hymn. Lobgesang (lat. Te Deum laudamus = Dich, Gott, loben wir) der kath. Kirche, fälschl. Ambrosius von Mailand oder Augustinus zugeschrieben; er wird meist zum Abschluß großer Kirchenfeste angestimmt (worauf im dt. Sprachraum gewöhnl. das Lied „Großer Gott, wir loben dich" folgt).

Tempelherrn, -ritter → Templer

Templer (Templarii, benannt nach dem Tempel in Jerusalem) ältester der drei großen geistl. → Ritterorden, die in der Zeit der → Kreuzzüge in Palästina entstanden sind. Der Templer-Orden ging 1120 hervor aus einer Gruppe frz. Ritter zum bewaffneten Schutz und Geleit der Jerusalem-Pilger im Heiligen Land; seine Mitglieder waren Regular- → Kanoniker, nicht Mönche. Der Orden entwickelte sich zum stehenden Heer des Königreichs Jerusalems und anderer Kreuzfahrerstaaten. Die oberste Leitung hatte der aus der Klasse der adeligen Ritter gewählte Großmeister. Tapferkeit und Todesmut der Templer waren berühmt und gefürchtet, so daß in der Zeit erbitterter Kämpfe mit den Muslimen gefangenen Rittern meist sofort der Kopf abgeschlagen wurde. Von Päpsten reich privilegiert und von vielen Fürsten gefördert, gewann der Orden zahlreiche Niederlassungen in Europa, bes. in West- und Südwesteuropa. Nach dem Verlust des Heiligen Landes (Fall Akkons 1291) suchten die Templer zunächst auf Zypern ein neues Betätigungsfeld; bald jedoch traf sie schwere Verfolgung und Vernichtung. Die Hauptverantwortung dafür tragen König Philipp IV. der Schöne von Frankreich (1285–1314) und seine Berater, darunter Kanzler Wilhelm von Nogaret. Ein wesentl. Motiv war sicherlich die Eifersucht auf die gewaltige Macht und Autonomie des Ordens, dessen größter Besitz in Frankreich lag. Die Ordensschatzmeister der Templer-Niederlassung in Paris, der zugleich ein Mittelpunkt internat. Geldverkehrs war, waren auch die Verwalter des Staatsschatzes. Aufgrund von Denuntiationen und widerlichen (v.a. im Bereich der Sexualität liegenden) Anschuldigungen wurde die Vernichtung des Ordens durch Philipp IV. eingeleitet, der schwache Papst Clemens V. (1305–14), ein Franzose, unter schweren Druck gesetzt und allmähl. gefügig gemacht (bes. durch königl. Drohung mit dem Ketzerprozeß gegen Papst Bonifaz VIII.). Der König ließ 1307 eigenmächtig die etwa 2000 Templer in Frankreich mit dem Großmeister J. de Molay gefangensetzen und ihre Güter einziehen. Die Folter stand im Mittelpunkt der Templer-Prozesse in Frankreich und wurde auf das härteste eingesetzt; ihr entsprachen die „Geständnisse". Unter massivem Druck hob Clemens V. am 22.3.1312 auf dem Konzil von Vienne den Templer-Orden auf, weil er sich der Häresie schuldig gemacht habe und nutzlos geworden sei. Die Templer in Frankreich wurden entweder auf dem Scheiterhaufen verbrannt oder verschwanden im Kerker. Die vielerörterte Frage nach der Schuld des Templer-Ordens kann mit Bestimmtheit dahin beantwortet werden, daß der Orden in seiner Gesamtheit (er zählte einige tausend Mitglieder) unschuldig war. Die schweren Anschuldigungen sind nicht erwiesen, die belastenden „Geständnisse", weil durch Folter oder Angst vor der Folter erpreßt, wertlos. Untersuchungen in allen Ländern, die unabhängig von frz. Einfluß blieben (Spanien, England, Deutschland, Italien, Zypern), haben keinerlei bes. belastende Ergebnisse gebracht. Es besteht daher das scharfe Urteil zurecht, wonach das Ende des Templer-Ordens der ungeheuerste Justizmord der Geschichte sei (J. Haller). Spätere, teilweise esoter. Templer-Vereinigungen, stehen mit dem Ritterorden des Mittelalters in keinerlei geschichtl. Zusammenhang.

Temporalia (von lat. tempus = Zeit) weltl., „zeitlicher" Besitz, mit einem kirchl. Amt verbundene Einkünfte, im Unterschied zu → Spiritualia.

Tenebrae (lat. = Dunkelheit, Finsternis) 1. Anfangsworte des lat. Freitagsgebets (lat. tenebrae factae sunt... = es sind Finsternisse entstanden... [als die Juden den Herrn Jesus gekreuzigt hatten], das früher an Freitagen zum Läuten der großen Glocke (Freitagsglocke) gesprochen wurde; 2. Tenebraeandachten beruhten gewöhnl. auf Stiftungen für → Andachten zur → Passion Christi, meist an Freitagen der → Fastenzeit; 3. der Tenebraeleuchter ist in der kath. Liturgie ein seit dem Spätmittelalter bis zur Gegenwart zu den Trauermetten in der → Karwoche verwendeter Leuchter mit 12 oder 15 Stacheln zum Aufsetzen der Kerzen, die nacheinander gelöscht werden. Die Zahl der Kerzen (12–15) galten als Zeichen für Christus, die elf Apostel (ohne Judas), auch für die Gottesmutter, Maria von Magdala und Maria, die Frau des Klopas, die beim Kreuz standen (Joh 19,25).

Terminieren, Terminei (von lat. terminus = Grenze, Gebiet) das Almosensammeln rel. Verbände, bes. der → Bettelorden, in einem bestimmten Gebiet, das rechtl. festgelegt ist.

Territorialsystem im 17. Jh. entwickelte staatskirchenrechtl. Theorie zur Begründung des → landesherrl. Kirchenregiments, wonach dem Landesherrn unabhängig von seinem eigenen → Bekenntnis aufgrund seiner landesherrl. Souveränität die äußere (nicht die innere) Gewalt über die Kirche zukommt. Der Souverän bestimmt im Hinblick auf die Einheit seines Territoriums die Konfession seiner Untergebenen (→ cuius regio, eius religio). Es steht als Ausdruck des aufgeklärten Absolutismus sachl. und zeitl. zwischen → Episkopal- und → Kollegialsystem und wurde verschiedentl. auch von kath. Landesfürsten übernommen (→ Josephinismus).

Tertiarier, Tertiaren → Terziaren

Tertullianisten rigorist. Gruppe des → Montanismus, die in der Nachfolge Tertullians († nach 220) bis ins 5. Jh. bestand.

Terz (lat. hora tertia) die zweite der vier kleinen → Horen des → Stundengebets, die im Chordienst um 9 Uhr vormittags gebetet wird.

Terziaren, Tertiarier, Tertiaren (lat.) männl. und weibl. Angehörige eines → Dritten Ordens der kath. Kirche, u. a. → Franziskaner.

Testakte in England 1673 erlassenes, 1829 aufgehobenes Gesetz, das den Antritt eines öffentl., auch kirchl. Amtes u. a. von der Ablegung des Suprematseides (→ Suprematsakte) und der Ablehnung (Testeid) der kath. Abendmahlslehre abhängig machte.

Tetragramm (gr. = „Vierbuchstaben") Bez. für die vier hebr. Konsonanten des Gottesnamens JHWH (Jahwe).

Teufel (gr. diabolos = Durcheinanderbringer, Verleumder; hebr. satan = Ankläger) bibl. Name für den Bösen und Versucher, den gefallenen Engel (Luzifer), der sich mit seinem Anhang (→ Dämonen) gegen Gott aufgelehnt hat, zum Bösen verführt, dem Menschen das Gute neidet, das Vertrauen der Menschen zu Gott angreift. Insofern er als Un-Person gelten muß, kann man nicht an ihn „glauben". Versuche, die bibl. Rede vom Teufel als zeitbedingt mytholog. zu entlarven und als irrelevant abzutun, erwiesen sich ihrerseits als abhängig von oberflächl. aufklärer. Weltanschauung und nehmen die Dramatik des Bösen nicht ernst. Ein patholog. Teufelsglaube war hauptursächl. für den epidemieartigen Ausbruch des → Hexenwahns im Spätmittelalter.

Textkritik Prüfung der überlieferten Texte eines Werks zur Erschließung seiner Urfassung, die Vorarbeit für eine krit. Textausgabe ist.

Theatiner 1524 in Rom vom Priester Cajetan von Thiene und Giampietro Caraffa (damals Bischof von Chieti, lat. episcopus Theatinus, späterer Papst Paul IV. 1555–59) gegr. kath. Regularkleriker-Orden zur rel. Erneuerung des Klerus, der sich in Teilen Europas, in Lateinamerika und in der afrikanischen Mission ausbreitete. Daneben bestehen kleine weibl. Ordensgemeinschaften (Theatinerinnen).

Theismus (gr. theos = Gott) allgem. der Gottesglaube im Gegensatz zu → Atheismus als Leugnung der Existenz Gottes, im Gegensatz zu → Pantheismus und Panentheismus die Annahme einer personalen, außerhalb der Dinge waltenden Gottheit, die die Welt nicht nur erschaffen hat, sondern auch im Dasein erhält (im Unterschied zum → Deismus). Theismus kann als → Monotheismus oder Polytheismus (Glaube an eine Vielheit von Göttern) auftreten.

Themistianer → Agnoeten

Theodizee (gr. = Rechtfertigung Gottes) durch Leibniz 1710 eingeführte Bez. für die „Rechtfertigung" Gottes angesichts des von ihm zugelassenen Übels in der Welt.

Theologe (gr.) 1. Wissenschaftler der → Theologie; 2. Geistlicher; 3. Gottesgelehrter.

Theologia crucis (gr.-lat.) Theologie des → Kreuzes: Bez. M. Luthers für seine am Kreuz Christi und des Christen ausgerichtete → Rechtfertigungslehre, im Unterschied zur scholast.-spekulativen Theologie.

Theologia Deutsch („Der Franckforter") Titel einer myst. Erbauungsschrift aus der zweiten Hälfte des 14. Jh.s, deren Autor unbekannt (wohl ein Priester aus dem → Deutschen Orden) und von von J. Tauler beeinflußt ist. Sie wurde von Luther 1516 und 1518 eingeleitet und herausgegeben. Trotz ihrer Ablehnung durch Calvin, die Reformierten und auch die kath. Kirche (Indizierung 1612) fand sie weite Verbreitung und wurde frömmigkeitsgeschichtl. bedeutsam, auch als Bindeglied zwischen der mittelalterl., ref. und barocken Spiritualität.

Theologie (gr. theos und logos = „Sprechen" über Gott, Rede, Lehre und Wissenschaft von Gott) 1. seit dem Mittelalter Bez. für die systemat. Glaubensreflexion sowie die wissenschaftl. Erhebung, Darstellung und Durchdringung der gesamten Wirklichkeit von Welt und Mensch im Licht der Offenbarung. Bis dahin sprach man eher von „doctrina sacra", „sacra eruditio", „sapientia" (lat. = hl. Lehre, Gelehrtheit, Weisheit) u.a. im Gegensatz zur Theologie als Sammelbez. der „falschen Lehren" der Heiden. 2. Die Übernahme des Begriffs Theologie erfolgte auf der Grundlage eines tiefgreifenden Bedeutungswandels der Begriffe „Theos" und „Logos" durch die bibl. Offenbarung. Theos wurde zum Namen des Schöpfers der Welt, der als Urheber und Träger der Heilsgeschichte auf den Menschen zugeht und sich in Jesus Christus als Vater, Sohn und Heiliger Geist offenbart. Insofern sich Gott selbst in seinem Sohn, der der Logos ist, offenbart, ist Theologie Entfaltung, Aneignung und Durchdringung der Offenbarung. Die christl. Theologiegeschichte führte nach Ansätzen im NT (Joh, Paulusbriefe) über die frühen → Apologeten zur heilsgeschichtl. Konzeption bei Augustinus (354–430). 3. Im Mittelalter kam es nicht nur zur log. Unterscheidung von → Philosophie und Theologie sondern auch zur Ausbildung und Unterscheidung theol. Fächer. Der Trennung von Geschichte und Systematik (→ Exegese, vierfacher Schriftsinn) folgten in der Neuzeit weitere Differenzierungen und die Entwicklung der prakt. Fächer: 4. man unterscheidet heute allgem. Systemat. Theologie (Dogmatik, Fundamentaltheologie, Moraltheologie, christl. Soziallehre), Histor. Theologie (Exegese des AT und NT, Kirchengeschichte) und Prakt. Theologie (Kirchenrecht, Liturgiewissenschaft, Religionspädagogik, Pastoraltheologie, Homiletik).

Theologische Disziplinen → Theologie

Theologische Erklärung von Barmen → Barmer Theologische Erklärung

Theologische Fakultäten Hochschulinstitutionen (→ Fakultät) mit Promotionsrecht an staatl. → Universitäten oder in kirchl. Trägerschaft, in denen Theologie in Forschung und Lehre betrieben wird; sie sind zu unterscheiden von philos.-theol. Hochschulen ohne Fakultätsrang, die von klösterl. Verbänden getragen werden. In Deutschland ist die Theologie organisator. angesiedelt in einer konfessionsgebundenen Fakultät (als Fakultät/Fachbereich einer Universität oder als selbständige wissenschaftl. → Hochschule) oder außerhalb einer konfessionsgebundenen Fakultät in einer Universität (als institutionelle Einheit oder als Einzelprofessur/-lehrstuhl). Die rechtl. Stellung theol. Fakultäten an staatl. Universitäten und Hochschulen ist durch → Staatskirchenrecht, → Konkordate bzw. → Kirchenverträge geregelt.

Theologumenon (gr.) theol. Aussage, die nicht den Anspruch erhebt, als solche zur Lehre der Kirche zu gehören, sondern als Ergebnis theol. Forschung und der Bemühung um ein Verständnis des Glaubens Zusammenhänge zwischen verbindl. Glaubenssätzen herzustellen, die zu größerer Klarheit führen können.

Theologus (lat. canonicus theologus) Priester in einem → Dom- oder → Kollegiatkapitel, der in der Heiligen Schrift, in der Theologie und in allen Angelegenheiten der Seelsorge unterrichtet und Aufsicht führt. Nach dem Konzil von Trient (1545–63) sollte er womögl. Doktor der Theologie sein. Seit Einführung des → CIC/1983 ist das Amt des Theologus weitgehend abgeschafft worden.

Theophanie (gr. = Erscheinung Gottes) → Epiphanie

Theophorische Prozession kath. → Prozession, bei der das → Allerheiligste in der → Monstranz (gewöhnl. unter einem → Baldachin) mitgetragen wird (gr. theophorisch = „Gott tragend").

Theotokos → Gottesmutter

Theresianismus → Josephinismus

Thesaurus ecclesiae → Kirchenschatz

Thesenanschlag der später vielfach gefeierte, oft auch bildl. dargestellte Vorgang, wonach Martin Luther am 31.10.1517 an der Tür der Schloßkirche zu Wittenberg seine Thesen (u.a. zum → Ablaß) angeschlagen habe; er ist nach der neueren Forschung aller Wahrscheinlichkeit nach jedoch unhistor., so daß man besser vom öffentl. Hervortreten Luthers mit den Thesen spricht.

Thesenverteidigung (gr. thesis = Satz, Behauptung) Verteidigung eines aufgestellten Satzes oder mehrerer Sätze; sie war Bestandteil des Graduierungsverfahrens der Universiäten und wird auch in der Theologie teilweise bis zur Gegenwart geübt.

Thomaschristen christl. Gruppen an der Malabarküste, die ihre sicher sehr frühe Mission auf den Apostel Thomas zurückführen, zunächst von der ostsyr. Kirche abhängig waren, von den Portugiesen seit 1539 teilweise latinisiert wurden und heute in verschiedenen kirchl. Ausprägungen, zum Teil kath. und uniert, bestehen.

Thron und Altar aus dem Frz. um 1775 stammendes Schlagwort zur Kennzeichnung der überkommenen engen Verbindung von Kirche und Staat in den Monarchien. Seit dem Zeitalter der Restauration in der zweiten Hälfte des 19. Jh.s galt die Paarformel als Kernbegriff einer christl.-konservativen Staatsanschauung.

Thuribulum → Rauchfaß

Thurificati → Lapsi

Tiara (gr.-lat.) 1. Bez. für altoriental. Kopfbedeckungen; 2. aus der → Mitra entwickelte, von den Päpsten als Würdezeichen außerhalb der Liturgie (bei feierl. Anlässen) getragene Kopfbedeckung, die nach Vorstufen (im 12. Jh.) seit Bonifaz VIII. (1294–1303) mit einem zweiten Goldreif, seit Beginn des 14. Jh.s mit drittem Goldreif (lat. Triregnum = Dreifachkrone) geschmückt war und als Symbol des päpstl. Priester-, Hirten- und Lehramtes, auch als Sinnbild päpstl. Macht über Könige und Fürsten gedeutet wird. Sie wurde von Papst Paul VI. am 13. 11. 1964 demonstrativ abgelegt.

Tischlesung in Klöstern werden die gemeinsamen Mahlzeiten meist schweigend eingenommen. Außer dem Verlesen eines Abschnittes der Heiligen Schrift, der Ordensregel, dem Gedenken der Ordensheiligen und der Verstorbenen wird häufig ein geistl. Buch oder ein Werk passenden profanen Inhalts von einem Lektor (gewöhnl. ein jüngeres Mitglied) vorgelesen.

Tischtitel → Titel

Titel (lat.) im kath. Kirchenrecht Bez. für: 1. → Titelkirchen; 2. → Heilige und → Glaubensgeheimnisse, auf die eine Kirche geweiht ist (→ Patrozinium); 3. → Weihe-Titel (lat. titulus ordinationis) oder Tischtitel (lat. titulus mensae); bis zum → CIC/1983 durfte niemand ohne kanonischen Weihetitel (z. B. Vermögen, Pension, Benefizium), durch den der Unterhalt des Kandidaten (der Höheren Weihen) gewährleistet erschien, geweiht werden.

Titelkirche eine Kirche in Rom, die einem → Kardinal bei seiner Ernennung durch den Papst zugewiesen wird.

Titularbischof ein Nicht-Diözesanbischof. → Bischof, → Weihbischof.

Toleranz (lat. = Duldung) allgem. die Duldsamkeit gegenüber fremden und andersartigen Anschauungen, Sitten, Gewohnheiten, Rassen und Religionen. Davon zu unterscheiden ist die staatsrechtl. Gleichstellung der Bürger in der → Parität.

Toleranzakte (engl. Act of Toleration) nach der „Glorreichen Revolution" 1689 von König Wilhelm III. von Oranien erlassenes engl. Gesetz, das den prot. → Dissenters annähernd gleiche bürgerl. Rechte verlieh wie den Mitgliedern der Anglikanischen Kirche; Katholiken und Sozinianer blieben von der Toleranzakte ausgeschlossen.

Toleranzedikte in der Geschichte des Christentums staatl. Regelungen der Religionsverhältnisse, bes. zur Duldung (Tolerierung) bedrängter Minderheiten. Wichtigste Toleranzedikte (auch → Religionsedikt) sind: 1. Toleranzedikt von Mailand, ein 313 von den röm. Kaisern Konstantin dem Großen und Licinius 313 in Mailand erlassenes → Edikt, das den

Christen im Röm. Reich die gleiche gottesdienstl. Freiheit wie allen übrigen erlaubten Kulten einräumte und die Rückgabe von Kirchenvermögen verfügte (→ Konstantinische Wende); 2. Edikt von Nantes von 1598, erlassen vom frz. König Heinrich IV. zur Beendigung der → Hugenotten-Kriege (zugunsten der Hugenotten, 1695 von Ludwig XIV. aufgehoben); 3. Toleranzpatent Kaiser Josephs II. von 1781, das den größeren Gemeinschaften der nichtkath. (luth., ref., gr.-orth.) Christen in den Erblanden Kultusfreiheit und die gleichen bürgerl. Rechte wie den Katholiken einräumte.

Toleranzpatent → Toleranzedikte

Tonsur (lat.) das Scheren des Haupthaares zum Zeichen der → Buße und → Devotion. Folgende kirchl. Formen werden unterschieden: Paulustonsur (Totalschur), Petrustonsus (kreisförmige Scheiteltonsur), für Mönche ein großer, für Weltkleriker ein kleiner Kreis, Andreastonsur im → Irischen Mönchtum (Schur des Vorderschädels von Ohr zu Ohr). In der kath. Kirche ist die Tonsur heute weitestgehend außer Übung.

Torgauer Artikel Gutachten (ev.-luth. → Bekenntnisschrift) Melanchthons, Luthers, Bugenhagens und Jonas' für den sächs. Kurfürsten Johann zur Vorlage auf dem Reichstag zu Augsburg 1530, das von Melanchthon in die → Confessio Augustana eingearbeitet wurde.

Torgauer Bund Schutzbündnis ev. Reichsstände von 1526.

Tortur → Folter

Tote Hand (lat. manus mortua) das der Kirche zugewendete Vermögen, das für den rechtsgeschäftl. Verkehr im Hinblick auf die Übertragung von Eigentum „tot" ist, d. h. als Eigentum nicht übertragen werden kann (→ Amortisation).

Totenacker → Friedhof

Totengedenken → Memoria

Totenkeuche, Seelkammer in Gegenden Süddeutschlands und Österreichs Bez. für den → Karner im Friedhof, oft gestaltet als kleiner (angebauter) Raum mit Herrenrast-Darstellung (→ Christus in der Rast) und Ossuarium, auch für Nischen in Friedhofsmauern, die Totengebein enthielten. Der Brauch, bei Vollbelegung des Friedhofs Gräber zu öffnen und die Gebeine zum zweiten Mal zu bestatten, begegnet seit dem

12. Jh. Die hier zum → Memento mori aufgeschichteten Totenschädel waren häufig mit Namen, Beruf, Sterbedatum und Ornamenten beschrieben bzw. bemalt. Im Karner von Grassau (im Chiemgau) mahnte dazu ein Gemälde: „All Köpf seind Zeichnet biss an ein/Schreib drauf dein Namb/er ist der dein".

Totenmesse, -offizium → Seelenmesse, → Requiem

Totenroteln → Rotulus

Totentanz (frz. danse macabre) im Spätmittelalter (zunächst in Frankreich) und in der Barockzeit die zum → Memento mori gemalte oder graphische Darstellung eines vom Tod angeführten Reigens von Toten (mit Angehörigen aller Stände), eine „in Bild und Vers umgesetzte Volkspredigt" (H. Rosenfeld) zur Versinnbildlichung der Macht des Todes. In der Literatur entsprechend sind Totentanz-Dichtungen.

Tradition (lat. = Überlieferung, Weitergabe, Vermittlung) neben der Schrift die zweite Weise der Vermittlung der Offenbarung, deren eine Quelle die histor., ereignishafte Selbstmitteilung des dreifaltigen Gottes (→ Trinität) in Jesus Christus ist. Theologie wurzelt in der mündl. Verkündigung, durch die die Apostel das → Evangelium weitertrugen und die Kirche aufbauten; sie fand erst allmähl. zur schriftl. Form. Insofern setzt die Schrift die Tradition voraus. Tradition erweist sich somit als die bezeugende und autoritative Glaubensverkündigung, die, von Christus den Aposteln anvertraut, aufgrund dieser apostol. Herkunft und in histor. Kontinuität zu ihr ununterbrochen in der Kirche ausgeübt wird.

Traditionalismus allgem. eine Ideologie, die den Wert der Tradition verabsolutiert und sich ausschließl. rückwärtsgewandt jeder organischen Weiterentwicklung (etwa der Liturgie oder der Lehre) verschließt. Spez. Bez. für eine theol. Richtung des 19. Jh.s, die in antirationalist. Abwertung der menschl. Vernunft sich allein auf die tradierte Offenbarung stützen wollte. Er wurde vom → Vaticanum I als mit kath. Lehre unvereinbar verurteilt.

Traditionsbücher (lat. traditio = Übergabe, Überlieferung) Verzeichnisse von Schenkungen und Übereignungen, wie sie v. a. von Bischofsstühlen und Klöstern vom frühen bis ins hohe Mittelalter angelegt wurden, meist als Abschrift von Urkunden der Übergabe oder auch als bloße Traditionsnotiz über den Vorgang. Sie waren ein wichtiges Instrument zur Güterverwaltung und zur beweiskräftigen Sicherung des Besitzstandes. Seit dem 12. Jh. wird ein Übergang zu den

→ Urbaren (Güter- und Abgabenverzeichnisse großer Grundherrschaften) erkennbar.

Traditores → Lapsi

Tragaltar → Portatile

Traghimmel → Baldachin

Traktat (lat.) 1. (wissenschaftl., auch kurze) Abhandlung, z.B. Melanchthons „Tractatus de potestate et primatu papae", der im → Konkordienbuch enthalten ist; 2. rel. → Flugschrift.

Translatio(n) (lat.) 1. die Übertragung oder Umbettung der Gebeine eines hl. Leibes nach deren Auffindung (lat. inventio) und Erhebung (lat. → elevatio), die zum Ausgangspunkt der offiz. → Heiligenverehrung wurde. 2. die Versetzung eines Geistlichen (Bischofs); 3. Weitergabe eines geistl. Amtes; 4. translatio imperii (lat.): im Mittelalter die Lehre von der Übertragung des röm. Kaisertums auf die fränk. Könige (Kaiserkrönung Karls des Großen im Jahr 800), später auf die röm.-dt. Kaiser (962 Kaiserkrönung Ottos I. des Großen); → Sakrales Herrschertum, → Heiliges Römisches Reich.

Transsubstantiation (lat.) nach kath. Lehre Verwandlung der Substanz (nicht im chem., sondern im metaphys. Sinn: des Wesens) von Brot und Wein in Leib und Blut Christi bei der Feier der → Eucharistie. Sie wurde auf dem IV. Laterankonzil 1215 von Papst Innozenz III. zum Dogma erhoben, von M. Luther aus philos. Gründen als Deutung des Zustandekommens der → Realpräsenz abgelehnt.

Trappisten nach der frz. Abtei La Trappe in der Normandie benannte → Zisterzienser sehr strenger → Observanz. Der neben den → Kartäusern strengste kath. Orden wurde seit dem 17. Jh. ausgebaut. Daneben besteht der weibl. Zweig der Trappistinnen.

Trauung Bez. für die liturg. Feier, in der ein Brautpaar durch das Vermählungswort und die Bestätigung und den Segen der Kirche die → Ehe schließt (→ Sakramente).

Trennungschristologie Bez. für eine Richtung in der Theologie v.a. des 5. Jh.s, die in der Frage, wie sich göttl. und menschl. Natur Jesu zueinander verhalten, die Eigenständigkeit der menschl. Natur Jesu betont. Sie ist bes. für die antiochenische Tradition kennzeichnend und legt zurecht großen Wert auf die unverkürzte Menschheit Jesu, steht aber in Gefahr, die Personeinheit nicht genügend zum Ausdruck zu bringen. → Nestorianischer Streit, → Hypostase

Treuga Dei (lat.-altsächs. = „Treue Gottes") seit dem 11. Jh. innerhalb des → Gottesfriedens das Fehdeverbot an bestimmten Tagen und (Fest-) Zeiten.

Tridentinum (lat. Concilium Tridentinum) Kurzbez. für das Konzil von Trient (1545–63).

Triduum (lat. drei Tage) in der kath. Frömmigkeit → Andachten, die häufig verbunden sind mit Predigt und Anbetung vor ausgesetztem → Allerheiligsten in der → Monstranz über drei Tage hinweg.

Triforium (lat.) in roman. und got. Kirchen das Zwischengeschoß zwischen Arkaden und Fensterzone, entweder als offene Bogenreihen eines Laufgangs oder Blendbogenreihe.

Trinitarier Ende des 12. Jh.s von den hl. Johannes von Matha und Felix von Valois in Paris gegr., 1198 von Papst Innocenz III. bestätigter Orden von der heiligsten Dreifaltigkeit (→ Trinität) zum Loskauf und Austausch der Gefangenen (zwischen Christen und Muslimen), der sich bes. in Frankreich rasch ausbreitete und angebl. 900 000 Gefangene (Sklaven) losgekauft haben soll. Vom weißen Habit her wurden die Trinitarier in Österreich „Weißspanier" genannt. Der Orden ist heute noch in der Mission, in der Pfarrseelsorge und Seelsorge an Strafgefangenen tätig.

Trinität (lat. trinitas = Dreifaltigkeit Gottes) das zentrale christl. Glaubensgeheimnis und das Spezifikum christl. Gotteslehre, nicht Ergebnis philos. Reflexion über Einheit und Vielheit, sondern erkannt aufgrund der Offenbarung: das eine göttl. Wesen (gr. ousia) ist verwirklicht in den drei Personen von Vater, Sohn und Heiligem Geist. Histor. Ansatzpunkt ist die exklusive Beziehung Jesu zu seinem Vater (Abba-Relation), mit dem er sich in unvergleichl. Weise „eins", und von dem er sich doch unterschieden wußte, sowie die Verheißung des Hl. Geistes als des anderen Parakleten (gr. = Tröster und Mahner [bei Joh]). Bereits eine Vielzahl neutestamentl. Formeln bezeugt den Glauben an die Trinität Gottes. Zu unterscheiden sind „ökonomische Trinität" (Gott, insofern er in Schöpfung und Heilsgeschichte wirkt) und „immanente Trinität" (Gott, der in sich das Schenken und Empfangen von Liebe, das Gegenüber von Ich, Du und Wir und somit völlig unbedürftige Fülle und Vollkommenheit ist). Die ökonom. Trinität setzt die immanente voraus, die immanente wird aber nur erkannt aufgrund der ökonomischen. Weil Gott in sich Fülle der Liebe ist, kann er in Freiheit den Menschen ins Dasein rufen, der gerade nicht gebraucht wird (zur Überwindung göttl. „Einsamkeit") und somit „umsonst" geliebt werden kann. Christl. Existenz gründet in der → Taufe auf den Namen des dreifaltigen Gottes, alle Taufbekenntnisse (→ Glaubensbekenntnis, Symbolum) sind dementsprechend trinitar. aufgebaut. Die Trinitätslehre ist nicht nur ein Traktat der Theologie neben anderen, sondern durchgängiges Strukturprinzip. Das liturg. Gebet richtet sich an den Vater, vermittelt durch den Sohn im Hl. Geist. Die eschatolog. Vollendung ist die Aufnahme in das Leben und die Liebe des dreifaltigen Gottes.

Trinitatis Dreifaltigkeitsfest, der Sonntag nach → Pfingsten, 1334 für die ganze Kirche eingeführt. Ältestes „Ideenfest" im Kirchenjahr. In der ev. Kirche werden noch heute die Sonntage im weiteren Verlauf des → Kirchenjahres als „Sonntage nach Trinitatis" gezählt.

Triodion (gr.) liturg. Buch der Ostkirche mit den Texten der Fastenzeit.

Triptychon (gr.) geschnitzter oder gemalter dreiflügeliger Altaraufsatz (→ Flügelaltar).

Trishagion → Seraph, Seraphim

Triumphkreuz monumentale Darstellung Christi am Kreuz mit Maria und Johannes auf dem Triumphbalken (Triumpfbogen) hoch zwischen zwischen → Chor und → Langhaus, v. a. im Kirchenbau der Romanik.

Trivium → Septem artes liberales

Trullanum (lat.) Bez. für das 6. Allgem. (ökum.) Konzil von 680/81, das nach dem gewölbten Saal (gr. trullos) im Kaiserpalast zu Konstantinopel benannt ist, dann für die byz. Reichssynode 692 am gleichen Ort (mit deutlicher antiröm. Tendenz).

Tübinger Schule(n) die Universitätsstadt (seit 1477) Tübingen am Neckar mit ihren kath. und ev.-theol. Fakultäten hat mehrere bedeutende Schulen hervorgebracht: 1. kath.: begründet von J. S. Drey (1777–1853), gehören zu ihr u. a. J. B. Hirscher, J. A. Möhler, J. E. Kuhn, K. J. Hefele, F. A. Staudenmaier. Kennzeichen sind Überwindung des Rationalismus der → Aufkärung, Hinwendung zu den patrist. Quellen, tiefes Gespür für geschichtl. Werden, Entwicklung einer sakramentalen

Ekklesiologie; 2. ev., auch Ältere, „Supranaturalistische" oder, nach ihrem Begründer Ch. G. Storr (1746–1805), „Storrsche" Tübinger Schule genannt. Sie stellte sich gegen die → Neologen und jede Bibelkritik; 3. „Jüngere" oder „histor." Tübinger Schule werden die Schüler F. Ch. Baurs (D.F. Strauß, E.v. Zeller) genannt. Sie verbinden histor. Kritizismus mit dem Willen zum spekulativen System im Sinne des dt. Idealismus. 4. Von den jeweil. Gegnern wurde der Begriff „Tübinger Schule" als polem. Schlagwort benutzt, ihre Vertreter nach Möglichkeit von theol. Lehrstühlen ferngehalten.

Tugenden → Kardinaltugenden

Tugendrose → Goldene Rose

Tumba (gr.-lat.) die beim kath. → Requiem mit schwarzem Tuch verhüllte Scheinbahre (zum Ersatz des tatsächl. Sarges), heute weitgehend außer Gebrauch. → Katafalk, → Libera

Tunicella → Dalmatik

Tunika (lat.) 1. in der röm. Antike urspr. das kurzärmelige oder ärmellose, bis zu den Knien reichende Untergewand (Leibrock) von Männern und Frauen; 2. dem → Talar ähnliches Hauptkleid (Kutte) der Mönche, über dem → Skapulier und → Chorrock getragen werden; 3. im Mittelalter das Amtskleid des Diakons, an dessen Stelle die Tunicella (→ Dalmatik) trat.

Turiner Grabtuch ein seit Mitte des 14. Jh.s bezeugtes, seit 1578 im Dom von Turin aufbewahrtes Leinentuch (etwa 4 x 1 Meter), das Blutspuren und den Abdruck eines menschl. Körpers zeigt und deswegen als Grabtuch (Leichentuch) Jesu verehrt wird. Die Datierung ist umstritten; für die Zeit Jesu und Lokalisierung nach Palästina sprechen wichtige Gründe, die sich aus wissenschaftl. Untersuchungen der letzten Jahre ergaben.

Turmerlebnis Martin Luthers Erkenntnis, daß die „Gerechtigkeit Gottes" (Röm 1,17) in der → Rechtfertigung des Sünders aus dem Glauben bestehe. Da diese „Entdeckung" des gnädigen, barmherzigen Gottes wahrscheinl. im Turmzimmer des Augustiner-Eremitenklosters Wittenberg erfolgte, wird sie „Turmerlebnis" genannt und von Luther selbst als für ihn entscheidend betrachtet. Die zeitl. Festlegung ist umstritten.

Tutiorismus (von lat. tutior = größere Sicherheit) rigorist. Moralsystem, das im Gegensatz zum laxistisch eingestuften → Probabilismus eine freigewählte Handlung erst bei sicheren Gründen erlaubt. In den kath. Moralstreitigkeiten des 17./18. Jh.s wurde diese Lehre von den Jansenisten (→ Jansenismus) gegen → Jesuiten vertreten.

Tympanon (gr. = Handpauke) Giebelfeld des gr. Tempels, beim roman. und got. → Portal das Bogenfeld zwischen Türsturz und den Archivolten.

Typikon (gr.) in den orth. Kirchen das Brauchtums- und Regelbuch für das klösterl. Leben und Ritualbuch der Jahresliturgie.

U

Ubiquitätslehre (von lat. ubique = überall) spez. christolog. Lehre M. Luthers. Ausgehend von der Regel der Idiomenkommunikation, daß ein göttl. Attribut auch von der Menschheit Jesu ausgesagt werden könne, lehrt Luther das Erfülltsein des Alls von Christi Gegenwart (nach Eph 4, 10). Gegen die Kritik Zwinglis u. a. an der → Realpräsenz (Christus könne nicht zugleich zur Rechten des Vaters sitzen und auf den Altären der Welt gegenwärtig sein) wurde sie in abendmahlstheol. Zusammenhang in Stellung gebracht: der überall gegenwärtige Christus mache sich greifbar in den Gestalten von Brot und Wein.

Übungen (geistliche) → Exerzitien

U. I. O. G. D. Abk. für lat. Ut in omnibus glorificetur Deus (damit in allem Gott verherrlicht werde).

U. L. F. Abk. für → Unsere Liebe Frau.

Ultramontanismus (lat. ultra montes = jenseits der Berge, d.h der Alpen) im 19. Jh., bes. im dt. → Kulturkampf, meist verächtl. gebr. Bez. für eine streng-päpstl. Orientierung des → polit. Katholizismus, die heute in der Geschichtswissenschaft eher neutral verwendet wird.

Una-Sancta-Bewegung (lat. una sancta = eine heilige [Kirche]) eine kath. Form der → Ökum. Bewegung.

Unbeschuhte → Barfüßer

Unfehlbarkeit (des Papstes) → Infallibilität

Unierte Kirchen eine Gruppe voneinander unabhängiger Ostkirchen, die sich nach dem → Morgenländischen Schisma (1054) im Lauf der Jh.e als „Unierte" Rom wieder angeschlossen haben, mit dem Papsttum verbunden und Teil der kath. Kirche sind. Seit 18. 11. 1990 gibt es in der kath. Kirche den → Codex Canonum Ecclesiarum Orientalium (in Kraft seit 1. 10. 1991), der sich allein auf die mit dem → Apostolischen Stuhl (Rom) unierten oriental. Kirchen bezieht.

Uniformitätsakte (engl. Acts of uniformity) in der Anglikanischen Kirche bis heute gültige Gesetze in vier Fassungen (1549, 1552, 1559, 1662), welche die Einheitlichkeit von Liturgie und Kirchenverfassung nach dem → Common Prayer Book sicherstellen.

Union (lat. = Bund, Vereinigung) 1. Zusammenschluß der prot. Reichsstände 1608 unter Führung Friedrichs V. von der Pfalz (ohne Kursachsen), der 1621 zerfiel; 2. Vereinigung verschiedener, durch → Bekenntnis, → Liturgie, → Kirchenverfassung und/oder geschichtl. Entwicklung getrennter kirchl. Gemeinschaften.

Unionskonzilien die in der kath. Kirche ökum. Konzilien von Lyon (1274) und Ferrara-Florenz (1438/39), die eine nur kurzfristige Union der kath. mit der orth. Kirche beschlossen.

Unitarier (lat. = „Einheitler") aus dem Protestantismus hervorgehende Gruppierungen, die das Dogma der → Trinität als vermeintl. Abkehr vom strengen → Monotheismus ablehnen. Sie wurden vom Engländer J. Priestley (1733–1804), der 1794 in die USA auswanderte, in Amerika begr., wo heute noch mitgliedsstarke Unitariergemeinden bestehen.

Unitasverband → Cartellverband

Universalepiskopat → Päpstlicher Primat

Universalienstreit, Realienstreit in der mittelalterl. → Scholastik (12.–15. Jh.) die Streitigkeiten über das Verhältnis der Allgemeinbegriffe (lat. universalia) zu den Dingen (lat. realia), im bes. um die Frage, ob die Allgemeinbegriffe vor den Dingen oder nur in den Dingen oder nach den Dingen oder nur bloße Namen (lat. nomina, → Nominalismus) sind.

Universität eine der edelsten, bis heute dauernden Schöpfungen des mittelalterl. Abendlandes, verstanden als höchste Form der Lehr- und Lernanstalt. 1. Der urspr. Name dieser Einrichtungen war „Studium generale" (lat. = allgemeines, General-Studium), während „universitas" entweder die Gesamtheit der Lehrenden (lat. universitas magistrorum) oder die Gesamtheit der Studierenden (lat. universitas scholarium) bez. 2. Die Entstehung der frühen Universitäten stand im Zusammenhang tiefgreifender Umschichtungen im polit. und geistigen Leben des 12. Jh.s. Die herkömml. Bildungsstätten (→ Dom-, → Kloster-, → Stifts- und → Kathedralschulen) genügten den neuen geistigen Bedürfnissen nicht mehr. Die ältesten Universitäten wurden nicht „gegründet", sie entstanden vielmehr als spontane Bildungen durch den Zusammenschluß priv. Gelehrtenschulen: Schüler verschiedener Regionen strömten bei berühmten Lehrern zusammen. Kaiserl. und päpstl. Privilegien schützten und stabilisierten diese Einrichtungen durch Gewährung von Satzungsautonomie, eigener Gerichtsbarkeit, Lehr- und Steuerfreiheit, von Rechten zur Verleihung akadem. Würden, durch Sicherung freien Geleites und ähnl. Gerechtsame. V.a. Kaiser Friedrich I. (1152–90) sowie die Päpste Alexander III. (1159–81) und Honorius III. (1216–27) erteilten solche Privilegien. 3. Älteste Universitäten der genannten Art entstanden in Bologna, Oxford, Parma, Modena, Perugia, Padua, Neapel, Salamanca, Siena und Paris. Sie gliederten sich in → Fakultäten, wobei die Fakultäten der Theologie, des Rechtes und der Medizin als obere Fakultäten galten, die Artistenfakultät (die philos. Fakultät der Neuzeit) die untere Stufe bildete. Die propädeut. Studien der Artistenfakultät erwuchsen aus den Sieben freien Künsten oder besser Studienfächern (→ Septem artes liberales), wie sie die Spätantike ins frühe Mittelalter hinübergeführt hatte, gegliedert in das Trivium (Grammatik, Rhetorik, Dialektik) und das Quadrivium (Arithmetik, Geometrie, Musik, Astronomie). Das erfolgreiche Studium der Artistenfakultät bildete die unerläßl. Voraussetzung zum Aufstieg in eine der drei oberen Fakultäten. Bes. die Universitäten Paris und Bologna (Anfänge um 1200) dienten späteren Gründungen als Vorbild. Paris behielt über Jh.e den Vorrang in der Philosophie und Theologie, Bologna im Studium der Rechte. 4. Die Studierenden waren beim Eintritt in die Artistenfakultät oft noch sehr jung. Die meist armen Studenten lebten in klosterähnl. Kollegien und Bursen, in der Regel unter geistl. Leitung. Der Unterricht in allen Fakultäten hatte die Form der „lectiones" (Vorlesungen) und „disputationes" (krit. Streitgespräche) und wurde in lat. Sprache gehalten. Ihrer Herkunft nach bildeten die Studenten innerhalb der Fakultäten „Nationen". Die akadem. Grade der mittelalterl. Universitäten waren „baccalaureus artium", „magister artium", in den höheren Fakultäten – vielfach gleichbedeutend – „magister" (seit dem 16. Jh. auf die artist.-philosoph. Fakultät beschränkt), „licentiatus" und „doctor". Die akadem. Grade wurden im ganzen Abendland anerkannt, obwohl ein erfolgreiches Studium an einer der berühmtesten Universitäten, etwa in Paris, Bologna oder Oxford, höhere Wertschätzung fand. 5. Während die frühen Hohen Schulen spontane Bildungen darstellen, handelt es sich bei den späteren um Institutionen, die von den geltenden Autoritäten geplant und errichtet werden. Im Spätmittelalter erschien es immer mehr als Pflicht der größeren Fürsten oder auch einer bedeutenden Reichsstadt, für ihr Gebiet eine Universität zu gründen. Zu diesen Stiftungsuniversitäten gehören auch die ersten Universitäten im → Heiligen Römischen Reich: Prag (1348), Wien (1365), Heidelberg (1385), Köln (1388) und Leipzig (1409); die dt. Universitäten übernahmen für ihre Organisationsstruktur v. a. das Pariser Vorbild, damit auch die Fakultätsverfassung. Gegen Ende des 15. Jh.s zählte man in Deutschland 16 Universitäten, die allerdings recht unterschiedl. ausgestattet waren und dementsprechend stärkere bzw. geringere Strahlungskraft hatten. 6. Die Universitäten wurden zu den stärksten Trägern der europ. Bildung und des wissenschaftl. Fortschritts. Die alten Universitäten waren durchweg stark kirchl. geprägt. Sie blieben es auch nach der Kirchenspaltung des Reformationszeitalters. Für die Entwicklung der (luth.) → Reformation wurde die Universität Wittenberg, 1502 vom sächs. Kurfürsten Friedrich dem Weisen gestiftet, durch die Lehr- und Predigttätigkeit M. Luthers, seit 1517 von herausragender Bedeutung. 7. Erst mit dem Vordringen der → Aufklärung, mit der wachsenden „Säkularisierung" der abendländ. Welt, begann die entscheidende Wende. Für Deutschland – weit darüber hinaus wirksam – bedeuteten die Gründungen der Universitäten Halle (1694), Göttingen (1737) und Berlin (1810) die wichtigsten Markierungspunkte bis zu den tiefgreifenden, meist grundstürzenden Veränderungen des 20. Jh.s.

Unsere Liebe Frau (Abk. U. L. F.) im kath. Deutschland ehrende Bez. für die → Gottesmutter Maria, der in der mittelalterl. → Marienverehrung wurzelt und (wie in Frankreich → Notre Dame) zum vielfachen Titel von Kirchen (z. B. Liebfrauenkirche, -dom) wurde.

Urbanistinnen → Klarissen

Urbar (lat.) im Mittelalter das Güter- und Abgabenverzeichnis großer Herrschaften, auch der grundbesitzenden Klöster (→ Inventar, → Salbuch, → Traditionsbücher).

Urbi et orbi (lat. = der Stadt [Rom] und dem Erdkreis) der feierl. päpstl. Segen (→ Apostolischer Segen), heute meist von der äußeren Loggia der Peterskirche.

Urchristentum gegenüber dem Begriff → Urkirche (Urgemeinde) ein weiterer Begriff, der über die Ursprünge der Kirche in Jerusalem und Palästina hinaus auch die Ausbreitung auf die Heiden im Mittelmeerraum anzielt und somit den für die Kirche entscheidenden Zeitraum des Übergangs von der apostol. zur nachapostol. Zeit umfaßt (Apg). In ihm entstanden die Schriften des NT, er ist daher „normgebend" für die Kirche aller Zeiten.

Urgemeinde → Urkirche

Urkirche, Urgemeinde die älteste Christengemeinde von Jerusalem, deren geistgewirkte Entstehung (→ Pfingsten) mit der Geburt der Kirche überhaupt zusammenfällt. Nach dem Weggang des Petrus wurde sie vom „Herrenbruder" Jakobus geleitet (44–64), der im Zusammenhang des jüd. Krieges ins Ostjordanland floh. Sie ist mit dem → Judenchristentum in den folgenden Jh.n untergegangen.

Urkunde → Akten, → Diplomatik

Ursulinen als rel. Vereinigung 1535 konstituierter und bestätigter Orden der hl. Ursula, der auf die Bemühungen der hl. Angela Merici (1474–1540) zurückgeht, Mädchen und Frauen zu einem rel. Leben in allen Gefährdungen der Zeit zu führen. Er ist heute in vielen Kongregationen und einzelnen Klöstern einer der stärksten und weltweit tätigen weibl. Erziehungsorden der kath. Kirche.

Utraquisten → Calixtiner

Utrechter Kirche im Streit um den → Jansenismus die seit dem frühen 18. Jh. von Rom getrennte niederländ. Kirche mit → Apostolischer Sukzession, die seit 1889 in der → Utrechter Union mit den → Altkatholiken vereinigt ist.

Utrechter Union 1. die 1579 in Utrecht zustandegekommene Union, in der sich die (größtenteils ref.) nördl. Niederlande gegen die span. Herrschaft verbunden haben; 2. Zusammenschluß der dt. → Altkatholiken Deutschlands, der Niederlande, der Schweiz, Österreichs und der → Utrechter Kirche im Jahr 1889.

UV Abk. für Unitasverband. → Cartellverband

V

Vaganten (lat., in Frankreich Goliarden) im 12./13. Jh. fahrende Leute, bes. Schüler (Scholaren) und auch Kleriker (lat. clerici vagantes); zu ihr gehört die Vagantendichtung, die Lebensfreude und -genuß, Spiel, Liebe und Trunk besingt, weltl. und geistl. Herren oft verspottet; berühmt sind die → Carmina Burana.

Vakanz → Sedisvakanz

Valentinianer nach Valentinos aus Ägypten († um 160 auf Zypern) benannte Anhänger einer christl.-gnost. Sekte des 2. Jh.s. (→ Gnosis).

Vallombrosaner strenge, urspr. eremit. Abzweigung des → Benediktiner-Ordens, die auf den hl. Johannes Gualbertus, der 1037/39 in der Einsamkeit von Aquabella (später Vallombrosa genannt) bei Florenz ein Kloster gebaut hatte, zurückgeht. Die Gemeinschaft kämpfte leidenschaftl. gegen Priesterehe und → Simonie (→ Gregorianische Reform). Bis heute besteht auch ein kleiner weibl. Zweig.

Vaterunser (lat. Paternoster) im Christentum das Gebet des Herrn, ein von Jesus den Jüngern gegebener Gebetstext, der in zwei Versionen (Mt 6,9–13, Lk 11,2–4) überliefert ist. Es ist Bestandteil der Eucharistiefeier in allen christl. Kirchen.

Väter vom guten Tod → Kamillianer

Vätertheologie → Kirchenväter

Vaticana → Medicaea editio

Vaticanum I (1. Vatikanisches Konzil) in kath. Zählung das 20. Allgem. (Ökum.) Konzil der kath. Kirche, abgehalten unter Papst Pius IX. in Rom in St. Peter vom 8.12.1869–20.10.1870 (vertagt wegen des dt.-frz. Krieges und der Besetzung Roms durch das it. Königshaus Savoyen-Piemont). Das Konzil tagte in erregter Atmosphäre und verabschiedete zwei dogmatische Konstitutionen: über den kath. Glauben (24.4.1870; Schöpfung, Offenbarung, Glaubensakt, Glauben und Wissen); über die Kirche Christi (Konstitution „Pastor aeternus“ vom

18.7.1870: Umschreibung des → Päpstl. Primates mit Universalepiskopat und lehramtl. Unfehlbarkeit [Infallibilität] in Sachen des Glaubens und der Sitten).

Vaticanum II (2. Vatikanisches Konzil) in kath. Zählung das 21. Allgem. (Ökum.) Konzil der kath. Kirche, durchgeführt vom 11.10.1962–8.12.1965 in vier Sitzungsperioden unter den Päpsten Johannes XXIII. und Paul VI. Anders als auf dem Konzil von Trient (1545–63) und auf dem → Vaticanum I (1869/70) war die kath. Weltkirche repräsentativ vertreten. Durchschnittl. waren im Konzilsverlauf über 2000 stimmberechtigte Väter anwesend, davon jeweils ein gutes Drittel aus Europa und Amerika, ein knappes Drittel aus den übrigen Kontinenten. Als „Beobachter" (Observatores) waren – dies eine aufmerksam registrierte Neuerung – 93 Vertreter aus 18 nichtkath. christl. Kirchen und Gemeinschaften anwesend, darunter Reformationskirchen und Vertreter der russ.-orth. Kirche und des Ökum. Patriarchen von Konstantinopel. Nach der Absicht Johannes' XXIII. sollten innerkirchl. Reform und Festigung der Einheit die Aufgaben des Konzils sein (→ Aggiornamento). Das Vaticanum II wurde der stärkste Ausdruck der ernsten Besinnung der kath. Kirche auf die christl. Aufgaben in der modernen Welt. Erhebl. Widerstände gegen „Änderungen", die das Konzil für notwendig und fruchtbar hielt (z.B. → Liturgie-Reformen), traten schon während des Ablaufes hervor und haben sich in der Folgezeit zunächst verschärft. Auseinandersetzungen um die Verwirklichung der programmat. Aussagen dauern bis heute an.

Vatikan der in Rom auf dem vatikan. Hügel neben der Peterskirche erbaute päpstl. Palast, der mit etwa 1000 Sälen, Kapellen und Gemächern größte und an Kunstschätzen reichste der Erde. Kaiser Konstantin I. (306–37, → Konstantinische Wende) wies den Päpsten den → Lateran (neben der Bischofskirche S. Giovanni in Laterano) als Wohnung an und ließ über der tradierten Stelle des Petrusgrabes die gewaltige Basilika Konstantiniana bauen: die Petersbasilika. Die Anfänge einer päpstl. Wohnung bei St. Peter finden sich um 500. Seit Mitte des 15. Jh.s wurde die Bipolarität der röm. Papstresidenz Lateran/Vatikan aufgegeben, der Vatikan wurde fortan definitive Residenz der Päpste, seit dem Hochmittelalter und erneut von den → Renaissancepäpsten prunkvoll ausgebaut. Der Vatikan blieb auch nach Ende des → Kirchenstaates (1870) Residenz der Päpste und Sitz der → Röm. Kurie; in den → Lateranverträgen wurde der neue souveräne Staat der → Vatikanstadt (it. Stato della Città del Vaticano) geschaffen.

Vatikanische Konzilien → Vaticanum I, → Vaticanum II

Vatikanstadt (it. Stato della Città del Vaticano) 1929 durch einen Teil der → Lateranverträge (zwischen dem Heiligen Stuhl und dem Königreich Italien) geschaffener Staat der Vatikanstadt. Das Staatsgebiet umfaßt knapp 44 Hektar, die hier gelegenen Gebäude und Parkanlagen einschließl. der Petersbasilika und dem Petersplatz sowie die Vatikanischen Museen. Nicht zum Staatsgebiet gehören die Immobilien des Heiligen Stuhles in der Stadt Rom und deren Umgebung (Sommerresidenz → Castel Gandolfo) mit dem Privileg der Exterritorialität und der Befreiung von Enteignung und Besteuerung sowie jene Liegenschaften, die von der Enteignung und Besteuerung durch den it. Staat ausgenommen sind. Souverän der Vatikanstadt ist der Papst. Ihm steht die volle gesetzgebende, ausführende und rechtsprechende Gewalt über die Vatikanstadt zu. Bei → Sedisvakanz übt diese Vollmacht das → Kardinalskollegium, jedoch mit erhebl. Einschränkungen.

VELKD Abk. für → Vereinigte Evangelisch-Lutherische Kirche in Deutschland

Ven. Abk. für lat. venerabilis = ehrwürdig: Titel und Anrede kath. Ordensfrauen und (früher) der → Minoristen. Innerhalb eines → Beatifikations-Prozesses Titel des/der Seligzusprechenden nach Abschluß des bischöfl. → Informativprozesses.

Venia (legendi, docendi; lat.) Lehrbefugnis an Universitäten und Hochschulen, die Habilitationsrecht besitzen.

Vera Icon (lat. wahre → Ikone) „wahres Bild" Christi, das in einem der vier Kuppelpfeiler der röm. Peterskirche verwahrt wird. Nach einer in Rom verbreiteten Legende soll das → Andachtsbild entstanden sein, als Veronika (→ Anagramm aus vera icon) Jesus auf dem → Kreuzweg ein Schweißtuch reichte. Das „Haupt voll Blut und Wunden", das sich auf diesem Tuch abzeichnete, wurde u.a. in zahlreichen spätgot. Altären auf der → Predella dargestellt, die Legende im 18. Jh. als siebte Kreuzwegstation in die Kreuzwegandacht übernommen. → Turiner Grabtuch

Verbrüderungsbuch seit dem 8. Jh. ein bes. in Klöstern, später auch bei → Bruderschaften gebräuchl. Buch, in dem die Mitglieder der → Gebetsverbrüderung festgehalten sind.

Vereinigte Evangelisch-Lutherische Kirche in Deutschland (Abk. VELKD) 1948 gegr. Zusammenschluß von dt. luth. Kirchen. 1968 kam es zur Bildung einer „Vereinigten Evangelischen Lutherischen Kirche in der Deutschen Demokratischen Republik" (→ Evangelische Kirchen, EKD, → Bund der Evangelischen Kirchen in der DDR).

Versehgang (Versehen) Gang eines kath. Geistlichen zur Spendung der Sterbesakramente, auch zur Sakramentenspendung an Kranke. → Viaticum

Versenkung → Beschauung

Vesper (lat. = Abendstern, Abendzeit; lat. vespera = Abend) der liturg. Abendgottesdienst der kath. Kirche, einer der ältesten und wichtigsten Teile des → Stundengebetes. Sie erhielt außerhalb des Stundengebetes im Lauf der Zeit auch den Charakter einer Volks- → Andacht am Nachmittag oder Abend der Sonn- und Feiertage, entwickelte hier teilweise andere Stilgesetze und wird ähnl. in vielen ref. Kirchen gepflegt.

Vesperbild in Malerei und Plastik die → Pieta genannte Darstellung Marias mit dem Leichnam Jesu auf dem Schoß. Da Jesus von der „sechsten bis zur neunten Stunde" am Kreuz hing, ist Kreuzabnahme „ad vesperam" (lat. = am späten Nachmittag, gegen Abend) anzusetzen; von daher leitet sich der Name Vesperbild ab. → Andachtsbild

Vesperläuten → Angelus

Vetus Latina (lat. = Alte Lateinische [Bibelübersetzung]) frühe (fälschl. als Itala bez.) lat. Bibelübersetzungen vor der → Vulgata. Vetus-Latina-Texte werden neu gesammelt und herausgegeben vom 1945 begr. Vetus-Latina-Institut der Erzabtei Beuron.

Via antiqua/moderna (lat. = der alte/moderne Weg) via antiqua bez. die konservativ-realist. Position der → Scholastik im → Universalienstreit im Unterschied zur via moderna der nominalist. Position (→ Nominalismus). Beide Richtungen wirkten nach bis tief in das 16. Jh. hinein.

Viaticum (von lat. via = Weg) in der kath. Kirche das → Allerheiligste als Wegzehrung, d.h. als Vorbereitung auf die Reise in Ewigkeit für Schwerkranke und Sterbende (→ Versehgang).

Vicarius Christi (lat. = Stellvertreter Christi) der ältere Titel des Papstes, „Vicarius Petri" (lat. = Stellvertreter Petri), wurde seit Mitte des 12. Jh.s durch den im → Reformpapsttum (→ Gregorianische Reform) aufgekommenen Papsttitel „Vicarius Christi" ersetzt und seit Innocenz III. (1198–1216) bleibender Bestandteil der päpstl. Titulatur. → Servus servorum Dei

Vicarius Petri → Vicarius Christi

Vierung im Kirchenbau die Stelle, an der sich → Langhaus und Querhaus kreuzen.

Vierzigstündiges Gebet in der kath. Kirche der alte Brauch einer ununterbrochenen Gebetswache (Ewige Anbetung) vor ausgesetztem, d. h. in der → Monstranz ausgestelltem → Allerheiligsten, bes. während eines → Triduums (dreitägige Andacht) oder zur Sühne während der drei Faschingstage (Sonntag bis Dienstag vor → Aschermittwoch).

Vigil (lat. = Wache, Nachtwache) in der Gebetsordnung der alten Kirche eine nächtl. Gebetszeit, wie sie bes. von den Mönchen im Ablauf des tägl. → Stundengebetes gefeiert wurde. Seit dem 12. Jh. verlegte man die Vigilien häufig auf die frühen Morgenstunden oder rückte sie auf die Zeit vor Mitternacht hinauf. Daraus entstand im Spätmittelalter der Brauch, die Vigilien schon am Vorabend zu halten, was man in Chor- und Breviergebet „antizipieren" (lat. = vorwegnehmen) nannte. Die älteste und festlichste der Vigilien war die liturg. Feier der Osternacht, der andere Festvigilien nachgebildet wurden. Die Feier der Osternacht ist seit Mitte des 20. Jh.s überall in der kath. Kirche neu belebt worden.

Vikar (lat. vicarius = Stellvertreter) 1. im kath. Kirchenrecht Bez. für den Stellvertreter im geistl. Amt, z. B. → Apostolischer Vikar, → Kardinalvikar, → Kapitelsvikar, → Generalvikar, Pfarrvikar (lat. vicarius parochialis), regional auch Bez. für Hilfsgeistliche und Kapläne (auch → Koadjutor, → Inkorporation); 2. im ev. Kirchenrecht ist der Pfarrvikar (die Pfarrvikarin) ein als Gehilfe des Pfarrers oder als selbständiger Verwalter einer Kirchengemeinde anstelle eines Pfarrers tätiger Geistlicher, außerdem Kandidat/Kandidatin der ev. Theologie nach dem 1. theol. Examen mit der → Venia (concionandi) im Predigerseminar (Predigtamtskandidat) oder in der Pfarramtsausbildung.

Vinzentiner → Lazaristen

Vinzentinerinnen → Barmherzige Brüder und Schwestern

Vinzenzkonferenzen Name für die nach dem hl. Seelsorger und Ordensstifter Vinzenz von Paul († Paris 1660) benannten, im Rahmen der → Caritasbewegung vom Studenten A. F. Ozanam (1813–53, 1997 seliggesprochen) 1833 begr. Gruppen kath. Laien zur rel. und soz. Hilfe in Pfarreien und anderen Einrichtungen. Das weibl. Gegenstück ist die → Elisabethkonferenz.

Vision (lat.-frz.) übernatürl. Erscheinung oder Gesicht, bei myst. begabten rel. Persönlichkeiten als Traumgesicht oder „Schau" mit richtungweisendem Auftrags-, Offenbarungs- oder prophet. Charakter; sie ist meist zusammengesetzt aus Bild und innerem Hören (Audition). Der Unterschied zur Halluzination ist wissenschaftl. nicht zu klären. Im AT begegnen Visionen bei Propheten, im NT bei Stephanus und Paulus. In der christl. Tradition ist die „Unterscheidung der Geister" dringend gefordert.

Visitatio ad limina (Apostolorum), Visitatio (sacrorum) liminum (lat. = Besuch der [hl.] Schwellen [der Apostel], gemeint sind die Gräber der Apostelfürsten Petrus und Paulus in Rom) in der kath. Kirche die 1585 von Papst Sixtus V. festgelegte Verpflichtung der kath. Ortsoberhirten zum regelmäßigen Besuch des Papstes in Rom; sie ist verbunden mit der Berichterstattung über ihren Sprengel (→ Statusbericht).

Visitation (lat. = Besuch, Besichtigung) 1. im kath. Kirchenrecht als kanonische Visitation die Verpflichtung zur persönl. und regelmäßigen Besichtigung von Personen, Sachen, Anstalten und Orten durch den zuständigen Oberen (Bischof, Dekan) zur Erfüllung der Aufsichtspflicht sowie zur Fest- und Abstellung von Mängeln; 2. nach ev. Kirchenrecht ein mit seelsorgerl., brüderl. Hilfe und der Aufsicht über die kirchl. Arbeit verbundener Besuchsdienst; 3. die Visitation war bereits in der alten Kirche bekannt und wurde (unterschiedl.) in allen Jh.n geübt; 4. Visitationsakten (Protokolle über Verlauf und Ergebnisse der Visitation) liefern wertvolles kirchengeschichtl. und volkskundl. Quellenmaterial.

Vita, Viten (lat.) Leben, Lebenslauf, Lebensbeschreibung(en), Biographie (antiker und mittelalterl. Persönlichkeiten und → Heiliger).

Vita communis (lat.) gemeinsames Leben klösterl. Gemeinschaften (auch vita canonica = kanonisches, d. h. den → Kanones entsprechendes Leben, vita monastica = mönchisches, monast. Leben).

Vogt, Vogtei (lat. advocatus bzw. advocatia ecclesiae) Vogtei ist der von den christl. Herrschern des Abendlandes seit dem frühen Mittelalter wahrgenommene Schutz der Kirche, dann auch die von einem Vogt (lat. advocatus = Fürsprecher, Vertreter, Anwalt) geübte Gerichts- oder

Schirmherrschaft über geistl. Personen und Einrichtungen in weltl. Angelegenheiten, bes. vor Gericht, als Domvogt (lat. advocatus burgi oder maior) über eine Dom- oder Bischofskirche, ein Kloster oder ein Stift (auch → Eigenkirche). Karl der Große (768–814) schrieb Vögte allen Bistümern und Abteien des Fränkischen Reiches vor. Die Vogtei wurde zu einem entscheidenden Instrument zum Ausbau der Landeshoheit und war wegen der mit ihr verbundenen Rechte und Einkünfte beim Adel äußerst begehrt. Für Bistümer und Klöster wurde die mißbräuchl., eigensüchtige Übung der Vogteirechte nicht selten zur drückenden Last. Deshalb wuchs seit dem 11./12. Jh. das Bestreben der Klöster, über sich nur König (Kaiser) und Papst als Schützer zu haben, sich von bestehenden Vogtverhältnissen zu befreien, auch loszukaufen oder bei Neugründungen die Vogtei grundsätzlich zu vermeiden. Im einzelnen verlief die rechtl. Entwicklung der Vogtei über kirchl. Einrichtungen in sehr unterschiedl. Weise (bis zum Staatskirchenhoheit der → Reformation, des → Absolutismus und der → Aufklärung, verstanden als höchste Schutzinstanz der Kirche, lat. suprema advocatia ecclesiae). Der röm.-dt. König und Kaiser galt bis zum Ende des → Heiligen Römischen Reiches (1806) generell als Advocatus Ecclesiae (Schutzherr der Kirche), in bes. Maße als Schützer der Röm. Kirche.

Volksaltar in der kath. Kirche seit der Liturgiereform im Gefolge des → Vaticanum II (1962–65) volkstüml. Bez. für den neuen Haupt- → Altar der Kirchen, an dem der Priester der Gemeinde zugewandt (lat. versus populum) zelebriert.

Volksbund für Geistesfreiheit → Freireligiöse Bewegungen

Volksfrömmigkeit → Brauchtum, → Frömmigkeit

Volksmission in der kath. Kirche die in Pfarreien (überpfarrlich als Stadt- → Mission) durchgeführte rel. Woche zur rel.-sittl. Erneuerung der Gläubigen durch Predigten, Beichte und Kommunion. Nach Anfängen in der → Kath. Reform und → Gegenreformation des 16./17. Jh.s wurde sie bes. geübt in der Barockzeit und im 19./20. Jh. Ihre Hauptträger waren Ordensleute (→ Jesuiten, → Kapuziner, → Redemptoristen). In der Gegenwart wird sie nur noch selten durchgeführt oder ist durch andere Formen seelsorgl. Erneuerung ersetzt.

Volksverein für das katholische Deutschland von L. Windthorst und F. Hitze 1890 begr., 1933 vom NS-Regime verbotene Organisation des dt. Katholizismus mit starkem kulturpolit. und soz. Einsatz.

Vorkonziliar, Nachkonziliar in den Jahren nach dem → Vaticanum II (1962–65) verschiedentl. verwendete Kategorien zur Bez. kirchen- und theologiegeschichtl. Vorgänge und Grundhaltungen vor und nach dem Konzil, wobei die durch das Konzil angestoßenen Veränderungen (z. B. in der Liturgie oder im Hinblick auf die Einstellung zur modernen Welt) bes. betont werden.

Vortragekreuz ein u. a. bei → Prozessionen und → Begräbnissen (Leichenzug) vorangetragenes → Kreuz.

Votivgabe (von lat. vovere = feierl. versprechen, geloben, weihen) in Religionen Opfergabe und Weihegeschenk an Götter; im Christentum an Gott oder Heilige, bes. an → Wallfahrts-Orten (→ Votivtafel und plast. Darstellungen u. a. von Körperteilen und Tieren), die → Ex voto (aus feierl. Versprechen) gegeben werden.

Votivmesse (lat. missa votiva) eine hl. → Messe für ein bes. Anliegen oder zu einer bes. Feierlichkeit.

Votivtafel seit der röm. Antike bezeugte Tafel, die den Göttern als → Votivgabe dargebracht wurde; seit dem Spätmittelalter ist sie in den kath. Gebieten Europas, später auch in Lateinamerika weitverbreitet, bes. in der Barockzeit und teilweise im 19. Jh. Der Gebrauch besteht an → Wallfahrts-Orten in Bayern, Österreich und der Schweiz bis zur Gegenwart. Die Tafeln zeigen meist eine Kombination von → Stifterbild und Wunderdarstellung (mit dem Gnadenbild) und sind bedeutende Gegenstände der Volkskunde, -kunst und -frömmigkeit.

Vulgata (lat. editio vulgata = die allgemein verbreitete, gebräuchl. Ausgabe; lat. vulgus = Volk) in der Neuzeit Name der lat. Übersetzung der Heiligen Schrift, die vom hl. Kirchenvater Hieronymus (347–419) auf der Grundlage des hebr.- gr. Urtextes zum größten Teil durch Verbesserung älterer Vorlagen erstellt wurde. In der lat. Kirche des Mittelalters und der kath. Kirche der Neuzeit wurde sie *die* Bibelausgabe und war theologie- und frömmigkeitsgeschichtl. daher von größter Bedeutung. Das Konzil von Trient (1545–63) erklärte sie zum authentischen Bibeltext, obwohl man die Verbesserungswürdigkeit des überlieferten Textes seit dem 15./16. Jh. erkannt hatte und zunehmend auf den in krit. Editionen seit dem Zeitalter des → Humanismus erstellten hebr.-gr. Urtext zurückgriff. Im 20.Jh. wurde eine verbesserte, d. h. dem Urtext noch treuere Version der Vulgata (Neovulgata) erstellt; die revidierte Vulgata ist Grundlage für die lat. Liturgie der kath. Kirche (einschließl. des → Stundengebets).

W

Wahlkapitulationen (lat. capitulationes) 1. allgem. Urkunden, in denen ein Wahlkandidat Versprechungen abgab und sich auf bestimmte Positionen eidlich festlegte; 2. Wahlkapitulationen der → Bischöfe (gegenüber den wahlberechtigten) → Domkapiteln begegnen in der → Reichskirche seit dem 13. Jh. in fast allen dt. Bistümern. Ursachen für ihre Erstellung waren: Bewahrung bischöfl. Güter, ständische Forderungen und Anspruch auf Mitregierung der Domkapitel; von manchen Fürstbischöfen heftig bekämpft, von Papst Innocenz XII. 1695 verurteilt, waren sie dennoch bis zum Ende des alten Reiches in Gebrauch; 3. Wahlkapitulationen der Päpste gab es seit 1352, dann fast regelmäßig 1431–1730, obwohl sie von den Päpsten nach der Wahl jeweils aufgehoben und verurteilt wurden. Von Pius X. wurden sie 1904 streng verboten.

Waldenser (auch Arme von Lyon, Kath. Arme) Anhänger der vom reichen Kaufmann Waldes aus Lyon seit 1175 begründeten mittelalterl. → Laienbewegung mit → Bußpredigt und radikalem Ideal der → Armut. Die ordensähnl. Gemeinschaft, deren Armut Papst Alexander III. 1179 lobte, deren Predigt aber verbot, lehnte Liturgie, Sakramente (außer der Buße), Heiligenverehrung, Ablaß, Eidleistung, Totenmessen, Arbeit, Kriegsdienst, Todesstrafe und kath. Hierarchie ab. Ihre endgültige → Exkommunikation erfolgte durch das IV. Laterankonzil unter Innocenz III. im Jahr 1215. Sie verbreiteten sich dennoch v. a. in Südfrankreich, Italien, Spanien, Deutschland, Österreich und Böhmen. Teile der friedl. Waldenser vermischten sich mit → Katharern, → Hussiten und → Böhmischen Brüdern. Reste schlossen sich später dem → Calvinismus an und behielten nur in abgelegenen Gebirgstälern Oberitaliens (Savoyen, Piemont) bis heute einen eigenen Kirchencharakter.

Wallfahrt oder Pilgerfahrt (lat. peregrinatio) die Fahrt bzw. Fußwanderung zu hl. Stätten, Gräbern und → Reliquien von → Heiligen sowie → Gnadenbildern. Im christl. Bereich sind Wallfahrten, eng verbunden mit der → Heiligenverehrung, in der kath. Kirche und in allen orth. Kirchen weit verbreitet. Sie begannen frühzeitig mit dem Aufsuchen der hl. Stätten des Wirkens und Leidens Jesu im → Heiligen Land und der Verehrung der → Apostel- und → Martyrer-Gräber, anfangs der Gräber der Apostel Petrus und Paulus in Rom. Bald haben Klöster Gräber der

Heiligen, Reliquien hl. Personen und Gnadenbilder in ihren Kirchen bes. gepflegt, auch Erscheinungsorte von Heiligen. Seit dem Spätmittelalter – mit neuem Höhepunkt im Zeitalter des → Barock (17./18. Jh.) – wurden kath. Wallfahrtsfeste in Klöstern oder in von Ordensleuten betreuten Kirchen gewöhnl. mehrtätig, häufig ein bis zwei Wochen hindurch gefeiert, verbunden mit rel. Einkehr (Beicht- und Kommunionempfang), festl. Gottesdiensten, Predigten und Prozessionen, aber auch mit vielfachen weltl. Freuden. In der Neuzeit standen Marienwallfahrtsorte (Wallfahrten zu Marienbildern), welche die mittelalterlichen Fernwallfahrten (Jerusalem, Rom, Santiago de Compostela) ablösten, weit an der Spitze (z.B. Altötting in Bayern). Die größeren alten Klöster richteten fast regelmäßig im engeren Umkreis eine Wallfahrt ein („Hauswallfahrt"). – Das Bild vom „Leben als Pilgerfahrt" ist Ausdruck für die tiefe Sehnsucht des Menschen nach Heil und Gottes Nähe. Der Pilger machte sich zu allen Zeiten auf den beschwerlichen Weg zu weit entfernten hl. Stätten in dem Bewußtsein, vielleicht nie mehr wieder in seine Heimat zurückzukehren. Er begriff sich als „homo viator", als Mensch, der unterwegs ist zu seinem eigentlichen Ziel, um Hilfe zu erflehen in seinen Nöten und Sorgen, um Heilung von Krankheit und Abwendung von Unglück zu erbitten (→ Votivtafeln), um Buße zu tun und von der Sünde befreit zu werden, um nach erlangter Hilfe schließlich dem Geber alles Guten, der Gottesmutter und den Heiligen für mächtige Fürsprache zu danken.

Wanderbischof (lat. episcopus ambulans) spezielle Bez. für irische Mönche (→ Irisches Mönchtum), die seit dem 6. Jh. vergleichbar den → Chorbischöfen als Bischöfe ohne eigenes Bistum missionierend und predigend durch das Fränkische Reich zogen und bischöfl. Weihehandlungen vollzogen.

Wandlung → Transsubstantiation

Wappen (mhd. wapen = Waffe, Schildzeichen) ein farbiges Abzeichen, das eine Person, Familie, Körperschaft oder Institution repräsentiert und nach den Regeln der Wappenkunde (Heraldik) gestaltet sein soll. Der Wappenbrauch begegnet seit dem 12. Jh. beim Rittertum in West- und Mitteleuropa; seit dem 13. Jh. begannen auch Prälaten (Bischöfe, Äbte, Pröpste) im → Siegel, auf Denkmälern, in Kirchen und auf zugehörigen Geräten Wappen anzubringen, Klöster und Orden schlossen sich diesem Brauch an. Dabei ist zwischen dem Wappen der Institution (Bistum, Domkapitel, Kloster) und dem persönl. Wappen des Amtsträgers (Bischof, Abt) zu unterscheiden. Infulierte Prälaten zierten ihr Wappen mit → Mitra und Stab (→ Ring und Stab), bei geistl. Reichsständen des

→ Heiligen Römischen Reiches mit Hochgerichtsbarkeit kam dazu noch das Schwert. Die Regeln zum richtigen Wappengebrauch enthält die kirchl. Heraldik.

Wechselgesang → Responsorium

Wegzehrung → Viaticum

Wehrkirche, Kirchenburg eine befestigte, mit wehrhaften Einrichtungen (Mauer, Türme) umgebene Kirchenanlage, die in unruhigen, krieger. Zeiten auch vorübergehend Zuflucht der Bevölkerung war. Die im Mittelalter sehr verbreiteten Anlagen entwickelten sich v. a. in Siebenbürgen zu Kirchenburgen.

Weihbischof (Hilfs-, → Auxiliarbischof) ein Titularbischof, der den Diözesanbischof unterstützt und „in spiritualibus" (lat. = in geistl. Dingen) vertritt. Nach Anfängen im Früh- und Hochmittelalter waren Weihbischöfe seit dem Spätmittelalter in den großen Bistümern der → Reichskirche eine bleibende Einrichtung. Bis zur Gegenwart gibt es in sehr zahlreichen Diözesen der kath. Kirche einen oder mehrere Weihbischöfe (→ Regionalbischof). Weil die lat. Kirche beim Bischof an der Zuordnung zu einem festen Sitz festhält, werden Nicht-Diözesanbischöfe heute noch grundsätzlich auf einen (ehemaligen, untergegangenen) Bischofssitz geweiht, in älterer Zeit mit dem Zusatz i.p.i. (lat. in partibus infidelium = in Landen der Ungläubigen). → Bischof

Weihe (ahd. wih = → heilig; dazu auch → Weih-nachten, → Weihrauch) allgem. eine rel., kultische Handlung, durch die eine Person oder Sache in bes. Weise in den Dienst Gottes gestellt wird. Dazu gehören in der kath. Kirche (ähnl. in den orth. Kirchen) z. B. Abts- und Mönchsweihe, Jungfrauenweihe, Kirchen-, Glocken- und Friedhofsweihe, Häuser-, Brücken- und Fahrzeugweihe, Wasser-, Salz- und Kräuterweihe (an bestimmten Festtagen und Anlässen). Die Gebete für diese Weihen und Segnungen enthält das → Rituale (→ Agende), für die dem Bischof vorbehaltenen Weihen und Segnungen das Pontificale (→ Pontifikalien). Von diesen Weihen und Segnungen (→ Sakramentalien) sind in der kath. Kirche und den orth. Kirchen klar zu unterscheiden die dem Weihesakrament (lat. sacramentum ordinis) zugehörigen drei Stufen der → Ordination (→ Weihegrade): Diakonat, Presbyterat, Episkopat (Weihe zum Diakon, Priester, Bischof), die nur von einem ordnungsgemäß geweihten, in der → Apostolischen Sukzession (Weihenachfolge von den Aposteln her) stehenden Bischof durch Gebet und Handauflegung gespendet werden kann.

Weihegabe → Votivgabe

Weihegewalt → Kirchengewalt, → Ordination

Weihegrade in der kath. Kirche, in den orth. Kirchen und den in der → Apostolischen Sukzession stehenden Kirchen die zum Weihesakrament gehörenden drei Stufen: Diakonat, Presbyterat, Episkopat (Weihe zum → Diakon, → Priester, → Bischof). Diese sakramentale Weihe (→ Ordination) kann nur von einem ordnungsgemäß geweihten, in der Apostolischen Sukzession (Weihenachfolge von den Aposteln her) stehenden Bischof durch Gebet und Handauflegung gespendet werden. Bis zur klar sichtbaren Wiederherstellung dieser Dreigliederung durch das → Vaticanum II (1962–65) und die folgende Liturgiereform wurde in der kath. Kirche (lat. Ritus) die breiter gefächerte Stufenfolge von Weihegraden erteilt, wie sie aus bes. Funktionen in der → Alten Kirche erwachsen waren und der Reihe nach gespendet werden mußten: den Weihen vorgelagert war die Erteilung der → Tonsur (keine Weihe, nur amtl. Aufnahme in den → Kleriker-Stand). Niedere Weihen (lat. ordines minores): Ostiariat, Lektorat, Akoluthat; Höhere Weihen (lat. ordines maiores): Subdiakonat (entstanden im 3. Jh. als Abzweigung vom Diakonat, seit Papst Innocenz III. [1198–1216] zu den Höheren Weihen gerechnet, weil mit der Übernahme der Verpflichtung zum → Zölibat und → Brevier-Gebet verbunden), Diakonat, Presbyterat. Die Bischofsweihe (Episkopat) ist Vollendung oder höchster Grad des Weihesakramentes. Auch der röm. Papst ist der Weihe nach Bischof.

Weiheregister in der kath. Kirche ein amtl. oder priv. (vom → Weihe-Spender) geführtes Verzeichnis der erteilten Weihen (→ Weihegrade).

Weihesakrament → Weihe, → Weihegrade, → Ordination

Weihetitel → Titel

Weihnachten (Christfest, lat. natalis, nativitas Domini = Geburt des Herrn, mhd. wihe nahte; → Weihe) in allen christl. Kirchen das Fest der Geburt Christi am 25. Dezember (für die Westkirche 336 in Rom nachweisbar), in der Ostkirche an → Epiphanie (6. Januar). Das Weihnachtsfest wird vorbereitet durch → Advent und → Vigil (→ Heiliger Abend, Heilige Nacht). In der kath. Liturgie gibt es drei Weihnachtsmessen (in der Nacht, am Morgen, am Tag). Weihnachten ist das volkstümlichste christl. Fest mit reichem Brauchtum: Weihnachts- oder Christbaum, → Krippe, Bescherung, seit dem Mittelalter auch Weihnachtsspiele als Form des geistl. Dramas, in der Neuzeit Weihnachtsoratorien (H. Schütz, J. S. Bach), Weihnachtsmusik und zahlreiche Weihnachtslieder, darunter weltweit am bekanntesten „Stille Nacht, heilige Nacht" (J.Mohr-F.Gruber 1818).

Weihrauch (hl. Rauch, ahd. wih = heilig) ein beim Verbrennen wohlriechendes Harz, das schon in vielen altoriental. Kulturen und Religionen als Räucherwerk gebraucht wurde. Vom AT und antikem Brauch her ging die Verwendung des Weihrauchs frühzeitig in die Liturgie der christl. Kirche ein. Weihrauch, eingelegt auf glühende Kohlen ins → Rauchfaß, wird im feierl. Gottesdienst der kath. Kirche und der orth. Kirchen verwendet, bei Weihen und Segnungen, auch beim Begräbnis.

Weihwasser in der kath. (→ Sakramentale) und den orth. Kirchen geweihtes Wasser zur Besprengung (mit Weihwasserwedel, → Aspergill) und Selbstbekreuzigung („Weihwasser nehmen"), das auch bei den meisten liturg. und außerliturg. → Weihen und Segnungen (→ Segen) gebraucht wird; früher war die regelmäßige Besprengung der Gläubigen am Beginn (manchmal auch am Ende) des Sonntagsgottesdienstes (auch als Tauferinnerung) üblich.

Weimarana (lat. Editio Weimarana, Abk. WA) krit. Gesamtausgabe der Werke Martin Luthers (Weimar seit 1883).

Weissagung → Prophetie

Weistum (mhd. wistuom) im Mittelalter die Aufzeichnung des Gewohnheitsrechtes in Form von Rechtssprüchen, die rechtserfahrene Männer auf Anfrage abgaben; im engeren Sinn Bauernweistümer, die über die gewohnheitsrechtl. Beziehungen zwischen Grundherren und Grunduntertanen Aufschluß geben, daneben kirchl. → Send-Weistümer.

Weiße Väter, Weiße Schwestern (lat. patres albi, frz. pères blancs) nach ihrem weißen Ordensgewand benannte, 1868 vom frz. Erzbischof Ch.-M.-A. Lavigerie von Algier gegr. kath. Kongregation für die Afrika-Mission; zu ihrer Ergänzung richtete Lavigerie die Weißen Schwestern für die Missionsarbeit unter den Muslimen ein. Heute sind beide Gemeinschaften in vielen Ländern Europas, Afrikas und Amerikas tätig.

Weißer Sonntag (lat. dominica in albis) erster Sonntag nach Ostern, benannt nach den weißen Gewändern der früchristl. Täuflinge in der Osterwoche; häufiger Termin der → Erstkommunion.

Weltgeistlicher, -priester kath. Kleriker (Säkularkleriker), der keinem Orden und keiner Kongregation angehört.

Weltrat der Kirchen (Weltkirchenrat) → Ökum. Rat der Kirchen

„Weltreiche" nach der Vision Daniels (Dan 7) die in Tiergestalten auftretenden vier Reiche der Babylonier, Meder, Perser und Diadochen (Griechen), die durch Gottes Weltgericht vernichtet werden. In der geschichtstheol. Deutung der Daniels-Vision im Mittelalter wurde das Röm. Reich als das letzte der vier großen Weltreiche verstanden. Die „Lehre" von den vier Weltreichen wurde für das Selbstverständnis der karoling. und dt. Herrscherdynastien bedeutsam. Gemäß der „Translatio-Imperii-Theorie" (→ Translation, → Sakrales Herrschertum) war nur ein Übergang vom röm. zum dt. Reich denkbar, weil im Untergang des Röm. Reiches der Beginn des Weltendes gesehen wurde (so etwa Otto von Freising, Zisterzienserabt von Morimund und von 1138–58 Bischof von Freising, ein Onkel Friedrich Barbarossas, im Vorwort seiner Chronik oder Geschichte zweier Staaten, die den Höhepunkt mittelalterl. Geschichtsschreibung darstellt). Gleichbedeutend war im Anschluß an Augustins „Gottesstaat" (XXII,30) die noch übliche Einteilung der Geschichte in sechs → Zeitalter (lat. aetates), deren letztes die Zeit von Christus bis zum Weltende umspannt.

Werk Mariens → Fokolare

Werkerei Vorwurf M. Luthers gegen die „Leistungsreligion", d.h. Überbetonung menschl. Werke (Leistungen) in der Frömmigkeit des Spätmittelalters (→ Rechtfertigung).

Westfälischer Friede (lat. Pax Westphalica) die 1648 in Münster (Westfalen) und Osnabrück zwischen Kaiser und Reich, Frankreich, Schweden und deren Verbündeten abgeschlossenen Verträge, die den → Dreißigjährigen Krieg beendeten. Wichtige Bestimmungen waren u.a.: Wiederherstellung des → Augsburger Religionsfriedens von 1555 und des kirchl. Besitz- und → Bekenntnis-Standes nach dem → Normaljahr 1624, reichsrechtl. Anerkennung der ref. Kirche Calvins (→ Calvinismus) neben kath. Kirche und luth. → Confessio Augustana. Das Vertragswerk führte zu erhebl. territorialen Veränderungen im → Heiligen Römischen Reich und blieb bis zu dessen Ende grundlegend.

Westkirche im Unterschied zur → Ostkirche die → lat. Kirche des → Abendlandes.

Westminstersynode (engl. Westminster Assembly of Divines) 1643 vom Langen Parlament berufene Synode, die in ganz England die puritan.-presbyterian. Kirchlichkeit durchsetzen sollte. Sie war bes. für die ref. Kirche Schottlands wichtig und auch in der Anglikanischen Kirche einflußreich.

Westrom, Weströmisches Reich Bez. für die Westhälfte des Röm. Reich nach der Teilung durch Kaiser Theodosius I. (379–95), im Unterschied zum Oström., → Byz. Reich.

Wettersegen in der kath. Kirche vom Fest Kreuzauffindung (3. Mai) bis zum Fest Kreuzerhöhung (14. September) bes. in ländl. Gegenden übl. → Segens-Gebet zur Abwehr von Unwetter und um günstige Witterung für Feld und Wald am Ende der hl. Messe, das begleitet wird vom Läuten der (Wetter-) Glocke.

Widem, Widum, Widdum → Wittum

Wiederkunft Christi → Parusie

Wiedertäufer → Täufer

Wiederverheiratung Geschiedener nach kath. Verständnis ist die sakramentale → Ehe zwischen zwei Getauften Zeichen der unverbrüchl. Treue Gottes zu den Menschen und der Hingabe Christi an seine Kirche (Eph 5,32). Daraus ergibt sich die Unauflöslichkeit der Ehe und die Unmöglichkeit der nochmaligen sakramentalen Eheschließung nach Zerrüttung und Scheidung einer ersten Ehe. Die seelsorgl. Begleitung standesamtl. wiederverheiratet Geschiedener ist vordringl. pastorale Aufgabe, ihr offiz. Ausschluß von den → Sakramenten ein noch nicht gelöstes Problem.

Wiegendruck → Inkunabel

Wiener Kongreß vom 18.9.1814–19.6.1815 in Wien unternommener Versuch europ. Herrscher und Staatsmänner einer polit. Neuordnung Europas nach der → Französischen Revolution und den Napoleonischen Kriegen. Grundlegende Prinzipien sollten Legalität und Legitimität sein (mit restaurativer Tendenz). Hauptvertreter waren Metternich (Österreich), Kaiser Alexander I. (Rußland), Hardenberg (Preußen), Talleyrand (Frankreich) und Castlereagh (England). U.a. wurde der päpstl. → Kirchenstaat wiederhergestellt.

Wiener Konkordat 1448 geschlossener Vertrag zwischen dem röm.-dt. König Friedrich III. und Papst Nikolaus V. Nach Vorverhandlungen auf dem Aschaffenburger Fürstentag schloß Friedrich III. als Reichsoberhaupt (lat. „pro natione Alamanica") am 17.2.1448 in Wien mit dem Kardinallegaten Carvajal das → Konkordat, das Nikolaus V. am 19.3.1448 als päpstl. → Privileg verkündete; im wesentl. stellte es eine Wiederholung des 1418 in Konstanz mit der dt. Nation abgeschlossenen, auf fünf Jahre befristeten, nunmehr auf Dauer gültigen Konkordats dar. Obwohl nicht Reichsgesetz (weil nur vom Papst, nicht reichsrechtl. publiziert), blieb das Wiener Konkordat bis zum Ende des → Heiligen Römischen Reiches 1803/06 in Geltung. Um die Zustimmung aller geistl. und weltl. Reichsstände zu erhalten, mußte die Röm. Kurie den Territorialherren in späteren Sondervereinbarungen erhebl. Zugeständnisse machen, was für den Ausbau der → Landeskirchen im späten 15. und im 16. Jh. bedeutsam war. Da im Konkordat Bestimmungen zur Kirchenreform fehlten, wuchs die Mißstimmung gegen Papst und Kurie; sie schuf sich bald in den → Gravamina der dt. Nation neuen Ausdruck.

Wilhelmiten 1. von Wilhelm von Vercelli († 1142) gestiftete Gemeinschaft von → Benediktiner-Eremiten; 2. Eremiten des hl. Wilhelm des Großen von Maleval (Malavalle, † 1157), die seit Ende des 12. Jh.s in Italien, Frankreich, Deutschland, Böhmen, Ungarn und den Niederlanden verbreitet waren. Ihre Klöster (in Deutschland Grevenbroich und Gräfintal) gingen größtenteils in der → Reformation, die letzten im 19. Jh. unter.

Windenschwestern nach der in Frauenklöstern strenger → Klausur eingerichteten Drehwinde an der Pforte (zur Entgegennahme und Ausgabe von Gegenständen) benannte Schwestern, die den Verkehr zwischen Kloster und Außenwelt besorgten; heute bestehen vielfache Milderungen.

Windesheimer Kongregation ausgehend vom Kloster der → Augustiner-Chorherren Windesheim bei Zwolle (Niederlande), das 1387 von sechs → Brüdern vom gemeinsamen Leben zur Verbreitung der → Devotio moderna und der Reform der Chorherren-Stifte gegr. wurde. Sie breitete sich rasch in den Niederlanden, ganz Deutschland, Frankreich und der Schweiz aus. 1961 wurde die → Kongregation, deren Klöster sich bes. durch beschaul. Leben, eifrige Seelsorge und Seelenführung sowie durch gelehrte Bildung auszeichneten, durch päpstl. Dekret wiedererrichtet.

Wittenberger Konkordie (lat. Concordia Vitebergensis) nach schwierigen Verhandlungen 1536 in Wittenberg beschlossene Kompromißformel (→ Konkordie) zwischen M. Luther und M. Bucer zur → Realpräsenz Christi beim Empfang des → Abendmahls durch „Unwürdige".

Wittum (Widem, Widum, Widdum) 1. im germ. Recht die Gabe des Mannes an die Braut bei der Eheschließung, bes. zur Versorgung im evtl. Witwenstand; 2. in der kirchl. Rechtsgeschichte die Ausstattung einer Kirche v.a. mit Grundstücken und zugehörigen Gebäuden zum Unterhalt des Geistlichen (im Unterschied zu → Kirchengut und→ Kirchenstiftung); von daher leitet sich auch der Name „Widemhof" für Pfarrhof her.

World Council of Churches → Ökumenischer Rat der Kirchen

World Evangelical Fellowship → Evangelische Allianz

Wormser Konkordat (1122) → Investitur

Wortgottesdienst → Gottesdienst, in dessen Mitte die Verkündigung und Auslegung des Wortes Gottes steht, wie es in der Heiligen Schrift in Menschenwort überliefert ist, entweder als eigenständiger Gottesdienst (ev. Predigtgottesdienst) oder integrierter Bestandteil der Eucharistiefeier. Er umfaßt in der Regel Eröffnungsteil, eine oder mehrere Lesungen, die in den Perikopenordnungen festgelegt sind, Antwortgesang (Psalmen), Auslegung durch den bestellten Verkünder, Glaubensbekenntnis, Fürbitten, Vaterunser, Schlußgebet, Segen.

Wunder im NT nicht die spektakuläre Durchbrechung von Naturgesetzen, sondern Zeichen (gr. semeion [bei Joh]) der anbrechenden Gottesherrschaft in Jesu Predigt und Zuwendung zu den vielfältig kranken und leidenden Menschen (Heilungswunder). Die Naturwunder (z.B. Stillung des Seesturmes) zeigen Jesu Sendungsautorität und göttl. Vollmacht.

Wundmale Christi → Stigma

Wyclifismus Lehre des engl. Theologen und Kirchenreformers John Wyclif (Wiclif, ca. 1320–1384), die neben einer rigorist. Armutsforderung und der Ablehnung der kirchl. Hierarchie v.a. eine radikale (in seiner Haltung im → Universalienstreit, in dem er einen extremen Realismus vertrat, wurzelnde) Kritik an der → Transsubstantiationslehre enthielt. Die → Konsekration bewirke demnach nur die Heiligung von Wein und Brot, die nicht nur hinsichtl. der Akzidentien, sondern auch substanzhaft Wein und Brot blieben. Durch seine extremen Theorien verlor Wyclif die ihm anfängl. entgegengebrachten Sympathien. Nach verschiedenen kirchl. Verurteilungen wurden zuletzt 1415 auf dem Konzil von Konstanz 45 Schlußfolgerungen seiner Lehre verworfen, auf die Jan Hus (→ Hussiten) zurückgriff.

X, Y, Z

XP → Christogramm

Ymerkue → Immerkuh

Young Men's/Women's Christian Association (YMCA/YWCA) → Christlicher Verein Junger Männer

Zauberei → Hexenwahn

Zechpropst (lat. fabrica ecclesiae = Zeche) der Kirchen-, Heiligenpfleger oder Heiligenmeister; vom 13. bis Ende des 18. Jh.s Bez. des → Laien, der zusammen mit dem Pfarrer das → Kirchenvermögen verwaltet hat.

Zehnt urspr. der zehnte Teil (lat. decima) des Ertrages oder Einkommens; seit dem 4. Jh. erhob die Kirche, zunächst vereinzelt und auf freiwilliger Basis, nach Vorbild des AT einen Kirchenzehnten. In der abendländ. Kirche des Mittelalters waren Zehnte Abgaben von Gutserträgen an die → Pfarrkirche, die seit der karoling. Zeit geboten waren. Die Zehntpflicht trug wesentl. zur klaren Abgrenzung der Pfarrsprengel bei. Das alte Zehntrecht beendeten die → Französische Revolution und ihre Folgen. In einzelnen Orten Deutschlands haben sich aus dem alten Zehntrecht stammende Reichnisse an die Kirche (Naturalien bzw. Geld zur Ablösung) bis in die Gegenwart gehalten, z. B. Getreide-, Hopfen- und Flachszehnt.

Zeitalter Augustinus unterscheidet in seiner Geschichtstheologie sechs Zeitalter: 1. von Adam bis zur Sintflut, 2. von Noach bis Abraham, 3. von Abraham bis David, 4. von David bis zur babylon. Gefangenschaft, 5. von der babylon. Gefangenschaft bis zu Christus, 6. von Christus bis zur Vollendung der Welt (→ Weltreiche). Eine andere Einteilung unterscheidet dreifach in die Zeitalter „ante legem" (die Heilsgeschichte vor der Gesetzgebung am Sinai), „sub lege" (die Zeit unter dem Gesetz) und „sub gratia" (die mit Christus definitiv angebrochene Zeit unter der Herrschaft der Gnade). Eine grundlegende Abkehr von der christl. Geschichtstheologie stellt die Theorie Joachims von Fiore (→ Joachimitismus) dar, der die Zeitalter des Vaters (Alter Bund) und des Sohnes (Neuer Bund) unterscheidet von einem noch ausstehenden „Dritten Reich" des Hl. Geistes, die wirkungsgeschichtl. nicht nur die Geschichtsphilosophien des dt. Idealismus und alle späteren Theorien von „dritten Reichen", sondern auch in die innerweltl. Erwartungen eines → Paradieses auf Erden eingegangen sind.

Zelebration (lat. celebrare = feiern) Vollzug der Liturgie durch Bischof, Presbyter oder Diakon als Repräsentanten Christi (des Hauptes seiner Kirche), im Unterschied zur „tätigen Teilnahme" (lat. actuosa participatio) der → Laien. Von Konzelebration spricht man, wenn neben einem Hauptzelebranten ein weiterer oder mehrere Priester nach festgelegter Konzelebrationsordnung die Liturgie als Priester mitfeiern. Interzelebration nennt man die nach kath. Kirchenrecht verbotene (weil theol. sinnwidrige) gemeinsame Eucharistiefeier von einem kath. Priester und dem Repräsentanten einer anderen Kirche oder kirchl. Gemeinschaft.

Zelle (lat. cella) in der Antike zunächst Kammer und Gemach, v.a. der innerste Tempelraum für das Götterbild, dann für einen Grabbau; 2. das Christentum übernahm diesen Gebrauch des Wortes, doch wurde cella zur Bez. für den Aufenthaltsort des Mönches, dann für das ganze Kloster.

Zellenbrüder → Alexianer, → Begarden

Zellerar → Cellerar

Zelliten → Alexianer, → Begarden

Zensuren die Formen unterschiedlicher → Lehrbeanstandungen theol. Systeme durch das kirchl. Lehramt. Ein theol. Satz ist häretisch, wenn er einem Glaubensdogma widerspricht. → Index

Zensus → Census

Zentralkomitee der deutschen Katholiken 1952 als dt. Organisationsform der → Kath. Aktion gegr. Leitungsgremium der kath. Laienverbände Deutschlands.

Zentrum, Zentrumspartei seit 1870 Partei des polit. → Katholizismus in Deutschland, der im Parlament die Sitze in der Mitte (im Zentrum) zugewiesen waren. Sie ging aus der → Kath. Bewegung hervor und trat in Opposition zu Bismarck. 1911 erhielt sie eine feste Organisation als Deutsche Zentrumspartei; 1920 spaltete sich die Bayerische Volkspartei ab. Seit 1919 maßgebl. Regierungspartei, wurde das Zentrum am 5.7.1933 aufgelöst. Die Neugründung 1945 blieb ohne Bedeutung. Alte Mitglieder traten den neugegr. Parteien der CDU bzw. CSU bei (→ Christliche Demokratie).

Zeremoniale → Caeremoniale

Zeugen Jehovas 1852 in den USA gegr. → Sekte des 19./20. Jh.s, die mit dem Christentum nichts zu tun hat.

Ziborium (lat. cibus = Speise) 1. in der kath. Kirche seit dem Spätmittelalter der „Speisekelch", ein meist kelchförmiges verschließbares liturg. Gefäß zur Aufbewahrung der konsekrierten → Hostien in → Tabernakeln. Es ist häufig mit einem kostbaren Seidenmäntelchen umkleidet und wird in dieser Gestalt bei → Andachten sichtbar zur Verehrung aufgestellt. Die „Aussetzung" und Segnung mit dem Ziborium gilt als einfachere Form einer eucharist. Andacht, die klar von der eigentl. Eucharistiefeier zu unterscheiden ist. Bei größerer Festlichkeit, v.a. an → Fronleichnam, wird die konsekrierte große Hostie in der → Monstranz zur Anbetung ausgesetzt und in der → Prozession mitgetragen. 2. Bez. für den auf Säulen ruhende → Altar-Überbau (Ziborien- oder → Baldachin-Altar); das berühmteste Ziborium befindet sich über der → Confessio und dem Papstaltar der Peterskirche in Rom.

Zingulum (lat.) als einfacher Strick oder verziertes Band gebrauchter liturg. Gürtel zum Schürzen und Binden der → Albe, dann die breitere Binde um den → Talar, beim Welt- und Ordensklerus gewöhnl. schwarz, bei Bischöfen und Prälaten violett, bei Kardinälen rot, beim Papst weiß. Cingulum heißt auch der von vielen → Bruderschaften als Andachts- oder Abzeichen getragene und gesegnete Gürtel.

Zins → Census

Zion, Zionismus (Sion) Anhöhe des Tempelberges in Jerusalem, der symbol. für ganz Jerusalem, Israel und das ganze Volk Gottes, typolog. für die Kirche (Tochter Sion = Maria und Kirche) steht. Zionismus ist die von Th. Herzl (1860–1904) entscheidend vorangetriebene säkular-polit. Bewegung zur Rückkehr der Juden aus der Zerstreuung nach Palästina. Er mündete in die Gründung des Staates Israel im Jahr 1948.

Zirkumskriptionsbulle (lat.) im kath. Kirchenrecht der nach Vereinbarung mit der Staatsregierung ergehende päpstl. Erlaß (→ Bulle) zur

Umschreibung (lat. circumscriptio) der Grenzen eines kirchl. Sprengels (→ Kirchenprovinz, → Bistum).

Zirkumzellionen → Circumcellionen

Zisterzienser Angehörige eines in den Anfängen sehr strengen, von Weltflucht und Einsamkeit geprägten Reformordens der → Benediktiner, der aus der großen monast. Erneuerungsbewegung 1098 hervorgegangen und nach seinem Gründungskloster Citeaux in Burgund (lat. Cistercium) benannt ist. Der bald ganz Europa erfassende, eigentl. Aufbruch begann, als Bernhard von Clairvaux († 1153, → Bernhardinisches Zeitalter) im Jahr 1112 mit 30 jungen Männern in das Reformkloster Citeaux eintrat. 1118 wurden die Zisterzienser als selbständiger Orden mit → Benediktregel in strenger Auslegung konstituiert, die zentralisierte Verfassung des Ordens in der „Charta Caritatis" (lat. = Urkunde der Liebe) grundgelegt. Eine erste Blütezeit des Ordens, der bis heute einer der großen, weltweit verbreiteten, auch in Seelsorge und Unterricht tätigen → Prälatenorden ist, wurde im 12./13 Jh. v. a. in Frankreich, Deutschland, den Ostseeländern und in Skandinavien durch Mission, Bodenkultur, rel., geistigen und polit. Einfluß auf Kirche und → Kreuzzugsbewegung möglich. Seit 1132 besteht der weibl. Zweig der Zisterzienserinnen. 1892 verbanden sich Zisterzienser der strengen → Observanz zum eigenen Orden der → Trappisten. Das Ordenskleid der Zisterzienser ist die weiße (urspr. graue) → Kukulle, außerhalb des → Chors der weiße → Habit mit schwarzem → Skapulier und → Zingulum.

Zivilehe (bürgerl. Ehe) die nach staatl. Gesetzen vor dem Standesbeamten geschlossene Verbindung von Mann und Frau und das dadurch begründete Rechtsverhältnis. Die Einführung hat ihre Ursache in der Lehre der → Reformatoren, die → Ehe sei „ein weltlich Ding" (M. Luther). Die Zivilehe erscheint zuerst im 16./17. Jh. (als fakultative) in den Niederlanden und in Westfriesland. In der → Französischen Revolution wurde sie 1792 in Frankreich verpflichtend eingeführt und wurde in steigendem Maße üblich. In Deutschland ist sie seit 1875/76 obligatorisch (Ziviltrauung).

Zivilkonstitution des Klerus (frz. Constitution civile du clergé) am 12.7.1790 von der Konstituierenden Versammlung in Paris (→ Französische Revolution) beschlossene Neuorganisation der kath. Kirche in Frankreich: die 134 Bistümer wurden entsprechend der neuen Département-Einteilung auf 83 reduziert, die Besetzung der Bischofsstühle und Pfarreien durch polit. Wahlkörper angeordnet, die kanon. Institution der Bischöfe den Metropoliten, die Einsetzung der Pfarrer den Bischöfen übertragen, alle Kirchenstellen ohne Seelsorge aufgehoben. In Tradition des → Gallikanismus sollte die kath. Kirche Frankreichs zur Nationalkirche werden und die Verbindung des Klerus mit dem Papsttum weitgehend gelöst werden. Die Verpflichtung aller Kleriker zur Eidleistung auf diese Konstitution führte zur Spaltung in eine eidleistende (konstitutionelle) Kirche und Eidverweigerer, die hart verfolgt wurden. Nach schwerster Verstörung brachte erst das Napoleonische Konkordat von 1801 eine kanon. Neuordnung.

Zölibat (von lat. caelebs = ehelos, unverheiratet) in der kath. Kirche des lat. Ritus die geistl. Standespflicht, nicht zu heiraten und in → Keuschheit zu leben (→ Ehelosigkeit). Wesentl. vom Ideal des Mönchtums beeinflußt, auch zur Sicherung des Kirchenvermögens, erhob die lat. Kirche im Unterschied zu den Ostkirchen nach Ansätzen in der Spätantike im Mittelalter (bes. seit der → Gregorianischen Reform) die Zölibatsforderung fortschreitend zum kirchl. Gesetz für die Weltkleriker der höheren → Weihegrade (Subdiakon, Diakon, Priester, Bischof). Das kath. Kirchenrecht der Gegenwart (lat. Ritus) legt den Zölibat für Diakon, Priester und Bischof fest. Für verheiratete Männer besteht seit 1967 die Möglichkeit der Zulassung zum Ständigen Diakonat ohne Zölibatsverpflichtung. Da die Verpflichtung kirchl. Rechtes ist, besteht die Möglichkeit einer → Dispens oder gesetzl. Änderung. In den Ostkirchen sind (außer Mönchen und Nonnen) grundsätzl. nur die Bischöfe zum ehelosen Leben verpflichtet; deshalb werden sie in aller Regel aus den Reihen der Mönche gewählt.

Zollfreiheit → Quartierfreiheit

Zönobiten, zönobitische Klöster (lat. coenobita = der im → Kloster Lebende) latinisierte Form von → Koinobiten.

Zucchetto → Pileolus

Zufluchten (Sieben) eine kath. Frömmigkeitsform der Barockzeit (und des 19. Jh.s), bei der meist auf Altarbildern sieben zuverlässige Helfer dargestellt werden: die heiligste Dreifaltigkeit (→ Trinität), der gekreuzigte Christus, das Allerheiligste, die Gottesmutter Maria, Engel und Erzengel, die Heiligen (bes. Sterbepatrone) und die Armen Seelen.

Züricher Bibel die weitgehend von H. Zwingli (→ Zwinglianismus) 1525–31 in Zürich nach der → Septuaginta unter Rückgriff auf den hebr. Text erstellte volkstüml. Bibelübersetzung.

Zwangsbekehrung → Schwertmission

Zwei-Gewalten-Lehre (Zwei-Schwerter-Lehre) im Anschluß an Lk 22,38 entwickelte Papst Gelasius I. in einem Schreiben an Kaiser Anastasius I. im Jahr 494 die sog. Zwei-Gewalten-Theorie, die von den Päpsten des Mittelalters aufgegriffen und v.a. in der → Gregorianischen Reform und im → Investiturstreit weiter ausgebaut wurde: „Zwei sind es, erhabener Kaiser, von denen vornehmlich diese Welt regiert wird: die geheiligte Autorität [lat. auctoritas] der Bischöfe und die königliche Gewalt [lat. potestas]. Von diesen Ämtern ist das der Priester von um so größerem Gewicht, weil sie auch für die Könige der Menschen im göttlichen Gericht werden Rechenschaft ablegen müssen." Diese Theorie (nie offiz. Lehre) gewann im Mittelalter weiteste Verbreitung im Sinn einer Überordnung der geistl.-päpstl. über die weltl.-königl. Gewalt (lat. duae potestates); man stritt darüber, ob das weltl. Schwert dem König unmittelbar von Gott oder über den Papst gegeben werde.

Zwei-Reiche-Lehre ausgehend von der Geschichtstheologie des hl. Augustinus (354–430, → Civitas Dei) unterschied M. Luther das „Reich zur Rechten" (Herrschen Christi durch sein Wort) und das „Reich zur Linken" (Walten Gottes durch äußere Ordnungen, Gesetz, Staat); der Christ lebe in beiden Reichen, die aber nicht im Sinne eines → Dualismus verstanden werden.

Zwei-Schwerter-Lehre → Zwei-Gewalten-Lehre

Zweinaturenlehre → Dyophysitismus

Zwickauer Propheten → Schwarmgeister

Zwinglianismus auf die → Reformation Huldrych Zwinglis (1484–1531) in Zürich zurückgehende Weise des Christseins. Im Unterschied zu M. Luther, mit dem er 1529 zum → Marburger Religionsgespräch zusammentraf, nahm Zwingli nur eine symbol. Gegenwart Christi im → Abendmahl an (→ Realpräsenz). Der Zusammenschluß der Zwinglianer mit den Anhängern Calvins (→ Calvinismus) 1549 führte zur → Reformierten Kirche.

Zwölfapostellehre → Didache

Zwölfprophetenbuch (gr. Dodekapropheton) Bez. für die den Propheten Hosea, Joel, Amos, Obadja, Jona, Micha, Nahum, Habakuk, Zefanja, Haggai, Sacharja und Maleachi zugeschriebenen Bücher des AT, auch 12 „Kleine Propheten“ (im Unterschied zu den „großen Propheten“ Jesaja, Jeremia, Ezechiel) genannt; in der jüd. Bibel sind sie zu einem Buch zusammengefaßt.

Anhang

Literaturhinweise

Allgemeine Nachschlagewerke

Albert Sleumer, Kirchenlateinisches Wörterbuch, Limburg a.d. Lahn 1926 (Nachruck Hildesheim-Zürich-New York 1990)

Meyers Enzyklopädisches Lexikon, 26 Bände, Mannheim-Wien-Zürich ⁹1971–1980

Eugen Haberkern / Joseph Friedrich Wallach, Hilfswörterbuch für Historiker. Mittelalter und Neuzeit. I-II (= Uni-Taschenbücher 119–120), Tübingen ⁸1995

Lexikon des Mittelalters, München-Zürich 1980 ff. (bisher 8 Bände)

Staatslexikon. Recht, Wirtschaft, Gesellschaft. Hrg. von der Görres-Gesellschaft, 7 Bände, Freiburg-Basel-Wien ⁷1985–1993

Erich Bayer / Frank Wende, Wörterbuch zur Geschichte. Begriffe und Fachausdrücke (= Kröners Taschenausgabe 289), Stuttgart ⁵1995

Konrad Fuchs / Heribert Raab, Wörterbuch zur Geschichte (= dtv 3364), München ¹⁰1996

Allgemeine theologische und kirchengeschichtliche Nachschlagewerke

Dictionnaire d'histoire et de géographie ecclésiastiques, Paris 1912 ff. (bisher 26 Bände)

Reallexikon für Antike und Christentum. Sachwörterbuch zur Auseinandersetzung des Christentums mit der antiken Welt, Stuttgart 1941 ff. (bisher 17 Bände)

Enciclopedia Cattolica, 12 Bände, Vatikanstadt 1948–1954

Catholicisme. Hier – aujourd'hui – demain, Paris 1948 ff. (bisher 14 Bände)

Die Religion in Geschichte und Gegenwart. Handwörterbuch für Theologie und Religionswissenschaft, 3. Auflage, 7 Bände, Tübingen 1956–1965 (Taschenbuch-Neuauflage [= Uni-Taschenbücher. Große Reihe 8113], Tübingen ²1987)

Lexikon für Theologie und Kirche. Hrg. von Josef Höfer und Karl Rahner, 10 Bände, Freiburg i. Br. ²1957–1967; Hrg. von Walter Kasper, Freiburg-Basel-Rom-Wien ³1993 ff. (bisher 6 Bände)

The New Catholic Encyclopedia, 15 Bände, New York 1967

Theologische Realenzyklopädie, Berlin-New York 1977 ff. (bisher 28 Bände und Registerband für Bd. 1–17)

Evangelisches Kirchenlexikon. Internationale Theologische Enzyklopädie. Hrg. von Erwin Fahlbusch / Jan Mili Lochmann / John Mbiti / Jaroslav Pelikan / Lukas Vischer, 4 Bände und Registerband, Göttingen ³1986–1997

Wörterbuch des Christentums. Hrg. von Volker Dresen / Hermann Häring / Karl-Josef Kuschel / Helge Siemers in Zusammenarbeit mit Manfred Baumotte, Gütersloh-Zürich 1988

Georg Denzler / Carl Andresen, dtv-Wörterbuch der Kirchengeschichte (= dtv 3245), München ^{4}1993

F. Cross / E. A. Livingstone, The Oxford Dictionary of the Christian Church, Oxford ^{3}1997

Friedrich Hauck / Gerhard Schwinge, Theologisches Fach- und Fremdwörterbuch. Mit einem Verzeichnis von Abkürzungen aus Theologie und Kirche (= Kleine Vandenhoeck-Reihe 1480), Göttingen ^{8}1997

Einführung in die Theologie und die Kirchengeschichte

Albert Raffelt, Proseminar Theologie. Einführung in das wissenschaftliche Arbeiten und in die theologische Bücherkunde, Freiburg-Basel-Wien ^{5}1992

Christoph Markschies, Arbeitsbuch Kirchengeschichte (= Uni-Taschenbücher 1857), Tübingen 1995

James E. Bradley / Richard A. Muller, Church History. An Introduction to Research, Reference Works and Methods, Grand Rapids/Michigan 1995

Kirchengeschichtliche Quellensammlungen

Michael Pfliegler, Dokumente zur Geschichte der Kirche, Innsbruck-Wien-München ^{2}1957

Carl Mirbt / Kurt Aland (Hrg.), Quellen zur Geschichte des Papsttums und des römischen Katholizismus. I: Von den Anfängen bis zum Tridentinum, Tübingen ^{6}1967

Karl Heinrich Rengstorf / Siegfried von Kortzfleisch (Hrg.), Kirche und Synagoge. Handbuch zur Geschichte von Christen und Juden. Darstellung mit Quellen. I-II, Stuttgart 1968–1970

Istituto per le scienze religiose (Hrg.), Conciliorum oecumenicorum decreta, Bologna ^{3}1973; zweisprachige Ausgabe: Dekrete der ökumenischen Konzilien. Hrg. von Josef Wohlmuth, Paderborn-München-Wien-Zürich 1998 ff. (bisher 1 Band)

Heinrich Denzinger, / Peter Hünermann, Enchiridion symbolorum, definitionum et declarationum de rebus fidei et morum – Kompendium der Glaubensbekenntnisse und kirchlichen Lehrentscheidungen, Freiburg-Basel-Rom-Wien ^{37}1991

Kirchen- und Theologiegeschichte in Quellen. Ein Arbeitsbuch, Neukirchen-Vluyn
- 1: Adolf Martin Ritter, Alte Kirche, ^{6}1994
- 2: Reinhold Mokrosch / Herbert Walz, Mittelalter, ^{3}1989
- 3: Heiko A. Obermann, Die Kirche im Zeitalter der Reformation, ^{4}1994
- 4: Martin Greschat, Vom Konfessionalismus zur Moderne, 1997
- 5: Hans-Walter Krumwiede / Martin Greschat, Das Zeitalter der Weltkriege und Revolutionen, 1997

Die Bekenntnisschriften der evangelisch-lutherischen Kirche. Hrg. vom Deutschen Evangelischen Kirchenausschuß, Göttingen [11]1992

Die Bekenntnisschriften der reformierten Kirche. Hrg. von Ernst Friedrich Karl Müller, Leipzig 1903 (Nachdruck Zürich 1987)

Bekenntnisschriften und Kirchenordnungen der nach Gottes Wort reformierten Kirchen. Hrg. von Wilhelm Niesel, Zollikon-Zürich [3]1938 (Nachdruck Zürich 1985)

Codex Iuris Canonici. Codex des kanonischen Rechtes. Lateinisch-deutsche Ausgabe. Mit Sachverzeichnis, Kevelaer [3]1989

Kirchengeschichtliche Atlanten

Hubert Jedin / Jochen Martin (Hrg.), Atlas zur Kirchengeschichte. Die christlichen Kirchen in Geschichte und Gegenwart, Freiburg-Basel-Wien [3]1988

Andrea Duè / Juan-Maria Laboa, Der große historische Bildatlas des Christentums, Stuttgart 1997

Kurze Gesamtdarstellungen der Kirchengeschichte

Karl Bihlmeyer / Hermann Tüchle, Kirchengeschichte. I-III (= Uni-Taschenbücher 1919), Paderborn-München-Wien-Zürich [20]1996 (unveränderter Nachdruck der Ausgabe [18]1966–1969)

August Franzen / Remigius Bäumer, Kleine Kirchengeschichte (= Herder-Bücherei 1577), Freiburg-Basel-Wien 1988

Wolfgang Schnabel, Grundwissen zur Theologie- und Kirchengeschichte. Eine Quellenkunde. I-V, Gütersloh 1988–1997

Leitfaden Theologie, Düsseldorf

8: Norbert Brox, Kirchengeschichte des Altertums, [4]1992

14: Isnard Wilhelm Frank, Kirchengeschichte des Mittelalters, [2]1990

17: Heribert Smolinsky, Kirchengeschichte der Neuzeit I, [2]1997

20: Klaus Schatz, Kirchengeschichte der Neuzeit II, 1989

Ekkehard Mühlenberg, Epochen der Kirchengeschichte (= Uni-Taschenbücher 1046), Heidelberg [2]1991

Wolfgang Sommer / Detlef Klahr, Kirchengeschichtliches Repetitorium. Zwanzig Grundkapitel der Kirchen-, Dogmen-und Theologiegeschichte (= Uni-Taschenbücher 1796), Göttingen [2]1997

Wolf-Dieter Hauschild, Lehrbuch der Kirchen- und Dogmengeschichte. I: Alte Kirche und Mittelalter; II: Reformation und Neuzeit, Göttingen 1995–1997

Bernd Moeller, Geschichte des Christentums in Grundzügen (= Uni-Taschenbücher 905), Göttingen [6]1996

Umfassende Gesamtdarstellungen der Kirchengeschichte

Die Kirche in ihrer Geschichte. Ein Handbuch. Begründet von Kurt Dietrich Schmidt und Ernst Wolf. Hrg. von Bernd Moeller, Göttingen 1961 ff. (bisher 26 Faszikel)

Hubert Jedin (Hrg.), Handbuch der Kirchengeschichte. I-VII, Freiburg-Basel-Wien 1962–1979 (Taschenbuch-Neuauflage mit Literaturnachträgen: Freiburg-Basel-Wien 1985)

Kirchengeschichte in Einzeldarstellungen, Berlin-Leipzig 1983 ff. (bisher 17 Bände)

Martin Greschat (Hrg.), Gestalten der Kirchengeschichte, 14 Bände, Stuttgart-Berlin-Köln-Mainz 1981–1986

Ökumenische Kirchengeschichte. Hrg. von Raymund Kottje und Bernd Moeller, Mainz-München
- 1: Alte Kirche und Ostkirche, ^{5}1989
- 2: Mittelalter und Reformation, ^{5}1993
- 3: Neuzeit, ^{4}1989

Die Geschichte des Christentums. Religion – Politik – Kultur. Hrg. von Jean-Marie Mayeur / Charles Pietri / André Vauchez / Marc Venard. Deutsche Ausgabe hrg. von Norbert Brox / Odilo Engels / Georg Kretschmar / Kurt Meier / Heribert Smolinsky, Freiburg-Basel-Wien 1991 ff. (bisher 8 Bände)

Kirchengeschichte einzelner Epochen

Karl Suso Frank, Lehrbuch der Geschichte der Alten Kirche. Mitarbeit: Dr. Elisabeth Grünbeck, Paderborn-München-Wien-Zürich ^{2}1997

Peter Brown, Die Entstehung des christlichen Europa, München 1996

Arnold Angenendt, Das Frühmittelalter. Die abendländische Christenheit von 400 bis 900, Stuttgart-Berlin-Köln ^{2}1995

Hans Eberhard Mayer, Geschichte der Kreuzzüge (= Urban-Taschenbücher 86), Stuttgart-Berlin-Köln ^{8}1995

Bernhard Lohse, Martin Luther. Eine Einführung in sein Leben und sein Werk (= C.H. Beck Studium), München ^{3}1997

Erwin Iserloh, Geschichte und Theologie der Reformation im Grundriß, Paderborn 1980

Kirchengeschichte Deutschlands

Albert Hauck, Kirchengeschichte Deutschlands. I-V, Leipzig ^{8}1904–1920 (letzte, wiederholt nachgedruckte Auflage)

Geschichte des kirchlichen Lebens in den deutschsprachigen Ländern seit dem Ende des 18. Jahrhunderts. Hrg. von Erwin Gatz, Freiburg-Basel-Wien 1991 ff. (bisher 5 Bände)

Heinz Hürten, Deutsche Katholiken 1918–1945, Paderborn-München-Wien-Zürich 1992

Kurt Nowak, Geschichte des Christentums in Deutschland. Religion, Politik und Gesellschaft vom Ende der Aufklärung bis zur Mitte des 20. Jahrhunderts, München 1995

Johannes Wallmann, Kirchengeschichte Deutschlands seit der Reformation (= Uni-Taschenbücher 1355), Tübingen ^{5}1996

Winfried Becker / Günter Christ / Andreas Gostrich / Lothar Kolmer, Die Kirchen in der deutschen Geschichte. Von der Christianisierung der Germanen bis zur Gegenwart (= Kröners Taschenausgabe 439), Stuttgart 1996

Patrologie

Berthold Altaner / Alfred Stuiber, Patrologie. Leben, Schriften und Lehre der Kirchenväter, Freiburg-Basel-Wien ^{9}1980

Hubertus Drobner, Lehrbuch der Patrologie, Freiburg-Basel-Wien 1994

Theologie- und Dogmengeschichte

Dictionnaire de théologie catholique, 16 Bände, Paris 1909–1950

Handbuch der Dogmengeschichte. Hrg. von Michael Schmaus /Alois Grillmeier / Leo Scheffczyk / Michael Seybold, Freiburg-Basel-Wien 1951 ff. (bisher 41 Faszikel)

Konziliengeschichte

Geschichte der ökumenischen Konzilien. Hrg. von Gervais Dumeige und Heinrich Bacht. I-XII, Mainz 1964–1990

Konziliengeschichte. Hrg. von Walter Brandmüller, Paderborn-München-Wien-Zürich 1979 ff.
Reihe A: Darstellungen (bisher 19 Bände)
Reihe B: Untersuchungen (bisher 6 Bände)

Giuseppe Alberigo (Hrg.), Geschichte der Konzilien. Vom Nicaenum bis zum Vaticanum II, Düsseldorf 1993

Klaus Schatz, Allgemeine Konzilien. Brennpunkte der Kirchengeschichte (= Uni-Taschenbücher 1976), Paderborn-München-Wien-Zürich 1997

Papstgeschichte

Franz Xaver Seppelt, Geschichte der Päpste von den Anfängen bis zur Mitte des Zwanzigsten Jahrhunderts. I–II: München ^{2}1954–1955; III: München 1956; IV-V: neu bearbeitet von Georg Schwaiger, München ^{2}1957–1959

August Franzen / Remigius Bäumer, Papstgeschichte (= Herder-Bücherei 1578), Freiburg-Basel-Wien ^{4}1988

John Norman Kelly, Reclams Lexikon der Päpste, Stuttgart 1988

Philippe Levillain (Hrg.), Dictionnaire historique de la papauté, Paris 1994

Bernhard Schimmelpfennig, Das Papsttum. Von der Antike bis zur Renaissance, Darmstadt ^{4}1996

Horst Fuhrmann, Die Päpste. Von Petrus zu Johannes Paul II., München 1998

Ordensgeschichte

Max Heimbucher, Die Orden und Kongregationen der katholischen Kirche I-II, Paderborn [3]1933–1934 (Nachdruck München-Paderborn-Wien-Aaalen 1965)

Dizionario degli istituti di perfezione. Hrg. von Guerrino Pellicia / Giancarlo Rocca, Rom 1974 ff. (bisher 9 Bände)

Karl Suso Frank, Geschichte des christlichen Mönchtums, Darmstadt [5]1993

Johanna Lanczkowski, Kleines Lexikon des Mönchtums (= Universal-Bibliothek 8867), Stuttgart 1993

Georg Schwaiger (Hrg.), Mönchtum, Orden, Klöster. Von den Anfängen bis zur Gegenwart. Ein Lexikon, München [2]1994

Peter Dinzelbacher, / James Lester Hogg (Hrg.), Kulturgeschichte der christlichen Orden in Einzeldarstellungen (= Kröners Taschenausgabe 450), Stuttgart 1997

Missionsgeschichte

Heinzgünter Frohnes / Hans-Werner Gensichen / Georg Kretschmar (Hrg.), Kirchengeschichte als Missionsgeschichte. I-II/1, München 1974–1978

Horst Rzepkowski, Lexikon der Mission. Geschichte, Theologie, Ethnologie, Graz-Wien-Köln 1992

Geschichte der Frömmigkeit

Dictionnaire de spiritualité, ascétique et mystique, doctrine et histoire, 17 Bände, Paris 1932–1995

Karl-Heinrich Bieritz, Das Kirchenjahr. Feste, Gedenk- und Feiertage in Geschichte und Gegenwart, München [3]1991

Adolf Adam / Rupert Berger, Pastoralliturgisches Handlexikon, Freiburg-Basel-Wien [5]1990

Walter Hartinger, Religion und Brauch, Darmstadt 1992

Geschichte der christlichen Spiritualität. I-III, Würzburg 1993–1997

Arnold Angenendt, Heilige und Reliquien. Die Geschichte ihres Kultes vom frühen Christentum bis zur Gegenwart, München 1994

Arnold Angenendt, Geschichte der Religiosität im Mittelalter, Darmstadt 1997

Christliche Kunstgeschichte

Lexikon der christlichen Ikonographie. Hrg. von Engelbert Kirschbaum / Wolfgang Braunfels, 8 Bände, Rom-Freiburg-Basel-Wien 1968–1976 (Taschenbuchausgabe Rom-Freiburg-Basel-Wien 1994)

Donat de Chapeaurouge, Einführung in die Geschichte der christlichen Symbole, Darmstadt [3]1991

Religiöse Gemeinschaften

Konrad Algermissen, Konfessionskunde. Neu bearbeitet von Heinrich Fries / Wilhelm de Vries / Erwin Iserloh / Laurentius Klein / Kurt Keinath, Paderborn ^{8}1969

Handbuch Religiöse Gemeinschaften. Freikirchen, Sondergemeinschaften, Sekten, Weltanschauungen, Missionierende Religionen des Ostens, Neureligionen, Psycho-Organisationen. Für den VELKD-Arbeitskreis Religiöse Gemeinschaften im Auftrage des Lutherischen Kirchenamtes hrg. von Horst Reller / Manfred Kießig / Helmut Tschoerner, Gütersloh ^{4}1993

Oswald Eggenberger, Die Kirchen, Sondergruppen und religiösen Vereinigungen. Ein Handbuch, Zürich ^{6}1994

Hans Gasper (Hrg.), Lexikon der Sekten, Sondergruppen und Weltanschauungen. Fakten, Hintergründe, Klärungen, Freiburg-Basel-Wien ^{5}1996

Papstliste

Weil in der Geschichte des Papsttums auf weiten Strecken keine völlig eindeutige, allgem. Übereinstimmung darüber bestand, unter welchen Umständen die Wahl und Weihe des Bischofs von Rom (auch dessen Absetzung oder Amtsverlust) gültig seien, muß darauf verzichtet werden, die Zahl der über allen Zweifel „rechtmäßigen" Päpste festzulegen. Bei manchen Namen muß daher offen bleiben, ob sie den Päpsten oder Gegenpäpsten oder auch keiner der beiden Kategorien zuzurechnen sind. In der folgenden Papstliste sind die mit * bezeichneten Namen – unter Würdigung der genannten Einschränkungen – nicht als rechtmäßige, anerkannte Bischöfe von Rom zu betrachten.

Petrus	–64/67?
Linus	64/67?–79?
Anenkletus (Anaclet I.)	79?–90/92?
Clemens I.	90/92?–99/101?
Evaristus	99/101?–107?
Alexander I.	107?–116?
Xystus (Sixtus I.)	116?–125?
Telesphorus	125?–136?
Hyginus	136/38?–140/42?
Pius I.	140/42?–154/55?
Anicetus	154/55?–166?
Soter	166?–174?
Eleutherus	174?–189?
Victor I.	189?–198?
Zephyrinus	198?–217?
Kallistus (Calixtus I.)	217?–222
*Hippolyt	217?–235
Urban I.	222–230
Pontianus	230–235
Anterus	235–236
Fabianus	236–250
Cornelius	251–253
*Novatianus	251–258?
Lucius I.	253–254
Stephan I.	254–257
Sixtus (Xystus) II.	257–258
Dionysius	260(259?)–267(268?)
Felix I.	268(269?)–273(274?)
Eutychianus	274(275?)–282(283?)
Caius	282(283?)–295(296?)
Marcellinus	295(296?)–304
Marcellus I.	307?–308?
Eusebius	308(309?,310?)
Miltiades (Melchiades)	310(311?)–314
Silvester I.	314–335
Marcus	336
Julius I.	337–352
Liberius	352–366
*Felix (II.)	355–358(365)
Damasus I.	366–384
*Ursinus	366–367
Siricius	384–399
Anastasius I.	399–402
Innocenz I.	402–417
Zosimus	417–418
Bonifatius I.	418–422
*Eulalius	418–419
Cölestin I.	422–432
Sixtus (Xystus) III.	432–440
Leo I.	440–461
Hilarus	461–468
Simplicius	468–483
Felix II. (III).	483–492
Gelasius I.	492–496
Anastasius II.	496–498
Symmachus	498–514

*Laurentius	498–506
Hormisdas	514–523
Johannes I.	523–526
Felix III. (IV.)	526–530
Dioskur	530
Bonifatius II.	530–532
Johannes II.	533–535
Agapet I.	535–536
Silverius	536–537
Vigilius	537–555
Pelagius I.	556–561
Johannes III.	561–574
Benedikt I.	575–579
Pelagius II.	579–590
Gregor I.	590–604
Sabinianus	604–606
Bonifatius III.	607
Bonifatius IV.	608–615
Deusdedit (Adeodatus I.)	615–618
Bonifatius V.	619–625
Honorius I.	625–638
Severinus	640
Johannes IV.	640–642
Theodor I.	642–649
Martin I.	649–653 (655/56)
Eugen I.	654–657
Vitalianus	657–672
Adeodatus II.	672–676
Donus	676–678
Agatho	678–681
Leo II.	682–683
Benedikt II.	684–685
Johannes V.	685–686
Konon	686–687
*Theodor	687
*Paschalis	687
Sergius I.	687–701
Johannes VI.	701–705
Johannes VII.	705–707
Sisinnius	708
Constantinus I.	708–715
Gregor II.	715–731
Gregor III.	731–741
Zacharias	741–752
*Stephan	752

Stephan II.	752–757
Paul I.	757–767
*Constantinus II.	767–768
*Philippus	768
Stephan III.	768–772
Hadrian I.	772–795
Leo III.	795–816
Stephan IV.	816–817
Paschalis I.	817–824
Eugen II.	824–827
Valentinus	827
Gregor IV.	827–844
*Johannes	844
Sergius II.	844–847
Leo IV.	847–855
Benedikt III.	855–858
*Anastasius	855
Nikolaus I.	858–867
Hadrian II.	867–872
Johannes VIII.	872–882
Marinus I. (Martin II.)	882–884
Hadrian III.	884–885
Stephan V.	885–891
Formosus	891–896
Bonifatius VI.	896
Stephan VI.	896–897
Romanus	897
Theodor II.	897
Johannes IX.	898–900
Benedikt IV.	900–903
Leo V.	903
Christophorus	903–904
Sergius III.	904–911
Anastasius III.	911–913
Lando	913–914
Johannes X.	914–928
Leo VI.	928
Stephan VII.	929–931
Johannes XI.	931–935/36
Leo VII.	936–939
Stephan VIII.	939–942
Marinus II. (Martin III.)	942–946
Agapet II.	946–955
Johannes XII.	955–963(964)
Leo VIII.	963–965

Benedikt V.	964
Johannes XIII.	965–972
Benedikt VI.	973–974
*Bonifatius VII. (Franco)	974
Benedikt VII.	974–983
Johannes XIV.	983–984
Bonifatius VII. (Franco)	984–985
Johannes XV.	985–996
Gregor V.	996–999
*Johannes XVI.	997–998
Silvester II.	999–1003
Johannes XVII.	1003
Johannes XVIII.	1003(1004?)–1009
Sergius IV.	1009–1012
Benedikt VIII.	1012–1024
*Gregor VI.	1012
Johannes XIX.	1024–1032
Benedikt IX.	1032–1045
Silvester III.	1045
Gregor VI.	1045–1046
Clemens II.	1046–1047
*Benedikt IX.	1047–1048
Damasus II.	1048
Leo IX.	1049–1054
Victor II.	1055–1057
Stephan IX.	1057–1058
Benedikt X.	1058–1059
Nikolaus II.	1059–1061
Alexander II.	1061–1073
*Honorius II.	1061–1072
Gregor VII.	1073–1085
*Clemens III.	1084–1100
Victor III.	1086–1087
Urban II.	1088–1099
Paschalis II.	1099–1118
*Theoderich	1100–1101(1102)
*Albert	1101
*Silvester IV.	1105–1111
Gelasius II.	1118–1119
*Gregor VIII.	1118–1121
Calixtus II.	1119–1124
Cölestin II.	1124
Honorius II.	1124–1130
Innocenz II.	1130–1143
Anaklet II.	1130–1138
*Victor IV.	1138
Cölestin II.	1143–1144
Lucius II.	1144–1145
Eugen III.	1145–1153
Anastasius IV.	1153–1154
Hadrian IV.	1154–1159
Alexander III.	1159–1181
*Victor IV.	1159–1164
*Paschalis III.	1164–1168
*Calixtus III.	1168–1178
*Innocenz III.	1179–1180
Lucius III.	1181–1185
Urban III.	1185–1187
Gregor VIII.	1187
Clemens III.	1187–1191
Cölestin III.	1191–1198
Innocenz III.	1198–1216
Honorius III.	1216–1227
Gregor IX.	1227–1241
Cölestin IV.	1241
Innocenz IV.	1243–1254
Alexander IV.	1254–1261
Urban IV.	1261–1264
Clemens IV.	1265–1268
Gregor X.	1271–1276
Innocenz V.	1276
Hadrian V.	1276
Johannes XXI.	1276–1277
Nikolaus III.	1277–1280
Martin IV.	1281–1285
Honorius IV.	1285–1287
Nikolaus IV.	1288–1292
Cölestin V.	1294
Bonifatius VIII.	1294–1303
Benedikt XI.	1303–1304
Clemens V.	1305–1314
Johannes XXII.	1316–1334
*Nikolaus V.	1328–1330
Benedikt XII.	1334–1342
Clemens VI.	1342–1352
Innocenz VI.	1352–1362
Urban V.	1362–1370
Gregor XI.	1370–1378

Großes Abendländisches Schisma

Urban VI. (Rom)	1378–1389
Bonifatius IX. (Rom)	1389–1404
Innocenz VII. (Rom)	1404–1406
Gregor XII. (Rom)	1406–1415
Clemens VII. (Avignon)	1378–1394
Benedikt XIII. (Avignon)	1394–1417 (1423)
*Clemens VIII.	1423–1429
*Benedikt XIV. (Bernard Garnier)	1425–1430
*Benedikt XV. (Jean Carrier)	1430–1433
Alexander V. (Pisa)	1409–1410
Johannes XXIII. (Pisa)	1410–1415

Martin V.	1417–1431
Eugen IV.	1431–1447
*Felix V.	1439–1449
Nikolaus V.	1447–1455
Calixtus III.	1455–1458
Pius II.	1458–1464
Paul II.	1464–1471
Sixtus IV.	1471–1484
Innocenz VIII.	1484–1492
Alexander VI.	1492–1503
Pius III.	1503
Julius II.	1503–1513
Leo X.	1513–1521
Hadrian VI.	1522–1523
Clemens VII.	1523–1534
Paul III.	1534–1549
Julius III.	1550–1555
Marcellus II.	1555
Paul IV.	1555–1559
Pius IV.	1559–1565
Pius V.	1566–1572
Gregor XIII.	1572–1585
Sixtus V.	1585–1590
Urban VII.	1590
Gregor XIV.	1590–1591
Innocenz IX.	1591
Clemens VIII.	1592–1605
Leo XI.	1605
Paul V.	1605–1621
Gregor XV.	1621–1623
Urban VIII.	1623–1644
Innocenz X.	1644–1655
Alexander VII.	1655–1667
Clemens IX.	1667–1669
Clemens X.	1670–1676
Innocenz XI.	1676–1689
Alexander VIII.	1689–1691
Innocenz XII.	1691–1700
Clemens XI.	1700–1721
Innocenz XIII.	1721–1724
Benedikt XIII.	1724–1730
Clemens XII.	1730–1740
Benedikt XIV.	1740–1758
Clemens XIII.	1758–1769
Clemens XIV.	1769–1774
Pius VI.	1775–1799
Pius VII.	1800–1823
Leo XII.	1823–1829
Pius VIII.	1829–1830
Gregor XVI.	1831–1846
Pius IX.	1846–1878
Leo XIII.	1878–1903
Pius X.	1903–1914
Benedikt XV.	1914–1922
Pius XI.	1922–1939
Pius XII.	1939–1958
Johannes XXIII.	1958–1963
Paul VI.	1963–1978
Johannes Paul I.	1978
Johannes Paul II.	1978–

Ökumenische (Allgemeine) Konzilien

Vorliegendes Verzeichnis der ökumenischen Konzilien folgt der Zählung und Anerkennung durch die kath. Kirche – von den orthodoxen Kirchen werden nur die ersten sieben Konzilien als ökumenisch anerkannt – und enthält die jeweils wichtigsten Verhandlungsgegenstände. Die beiden letzten, Vaticanum I und Vaticanum II, sind zudem im Textteil des Lexikons behandelt.

1. Nizäa (325, auch Nikaia, Nicaea, Nicäa): Christologie, Arianismus;
2. Konstantinopel I (381): Bekräftigung des nizänischen Glaubens, Trinität, Hl. Geist, Ehrenprimat des Bischofs von Konstantinopel – nach dem Bischof von Rom;
3. Ephesus (431): Christologie, Nestorianismus;
4. Chalkedon (451, auch Chalcedon): Christologie;
5. Konstantinopel II (553): Christologie, Monophysitismus;
6. Konstantinopel III (680/81): Monophysitismus; in den orth. Kirchen mit dem Trullanum/Quinisextum in Konstantinopel (692);
7. Nizäa II (787): Beilegung des Bilderstreites;
8. Konstantinopel IV (869/70): Streit der Patriarchen Ignatius und Photius von Konstantinopel, Eingreifen der Päpste Nikolaus I. und Hadrian II. in den Streit.

Die folgenden Konzilien blieben auf die lat. Kirche des Westens beschränkt:

9. Lateran I (1123): Bestätigung des Wormser Konkordats von 1122 zum Abschluß des Investiturstreits, Bekräftigung der Forderungen der „Gregorianischen Reform“;
10. Lateran II (1139): Beendigung des Papstschismas von 1130, Reformdekrete, u. a. Weihen von Bischöfen, Priestern, Diakonen und Subdiakonen als trennendes Ehehindernis erklärt, damit kirchenrechtliche Verankerung des Zölibates;
11. Lateran III (1179): Papstwahl, Reformdekrete;
12. Lateran IV (1215): Lateinisches Kaiserreich von Konstantinopel und Kreuzzüge, Verurteilung der Katharer und Waldenser, Reformdekrete, Eucharistie;
13. Lyon I (1245): Gericht über Kaiser Friedrich II.;
14. Lyon II (1274): Hl. Stätten in Palästina, Union mit den Griechen/Konstantinopel;
15. Vienne (1311/12): Untergang des Templerordens;
16. Konstanz (1414–18): Beendigung des Abendländischen Schismas, Verurteilung von J. Wyclif und J. Hus, Dekrete „Haec sancta“ und „Frequens“ (Konziliarismus), Konkordate;
17. Basel-Ferrara-Florenz-Rom (1431–45): Reformdekrete, Union mit den Griechen/Konstantinopel;

18. Lateran V (1512–17): Reformdekrete;
19. Trient (1545–63, Tridentinum): Festlegung wesentlicher kath. Glaubenslehren gegen Angriffe der Reformatoren, Reformdekrete;
20. Vaticanum I (1869/70): Glaube und Wissen, Primat des Papstes mit Unfehlbarkeit in Glaubens- und Sittenlehren;
21. Vaticanum II (1962–65): Aufgaben der Kirche in der gegenwärtigen Welt, Ökumene.

Namen und Abkürzungen der biblischen Bücher

(nach dem „Ökumenischen Verzeichnis der biblischen Eigennamen nach den Loccumer Richtlinien“, Stuttgart ^{2}1981; in Klammern die in der Tradition der Lutherbibel stehenden Namen)

Altes Testament (AT)

Gen	Das Buch Genesis (Das erste Buch Mose)
Ex	Das Buch Exodus (Das zweite Buch Mose)
Lev	Das Buch Levitikus (Das dritte Buch Mose)
Num	Das Buch Numeri (Das vierte Buch Mose)
Dtn	Das Buch Deuteronomium (Das fünfte Buch Mose)
Jos	Das Buch Josua
Ri	Das Buch der Richter
Rut	Das Buch Rut
1 Sam	Das erste Buch Samuel
2 Sam	Das zweite Buch Samuel
1 Kön	Das erste Buch der Könige
2 Kön	Das zweite Buch der Könige
1 Chr	Das erste Buch der Chronik
2 Chr	Das zweite Buch der Chronik
Esra	Das Buch Esra
Neh	Das Buch Nehemia
Tob	Das Buch Tobit (Das Buch Tobias)
Jdt	Das Buch Judit
Est	Das Buch Ester
1 Makk	Das erste Buch der Makkabäer
2 Makk	Das zweite Buch der Makkabäer
Ijob	Das Buch Ijob (Das Buch Hiob)
Ps	Die Psalmen
Spr	Das Buch der Sprichwörter (Die Sprüche Salomos)
Koh	Das Buch Kohelet (Der Prediger Salomo [Pred])
Hld	Das Hohelied (Das Hohelied Salomos)
Weish	Das Buch der Weisheit (Die Weisheit Salomos)
Sir	Das Buch Jesus Sirach
Jes	Das Buch Jesaja
Jer	Das Buch Jeremia
Klgl	Die Klagelieder
Bar	Das Buch Baruch
Ez	Das Buch Ezechiel (Das Buch Hesekiel [Hes])

Dan	Das Buch Daniel
Hos	Das Buch Hosea
Joël	Das Buch Joël
Am	Das Buch Amos
Obd	Das Buch Obadja
Jona	Das Buch Jona
Mi	Das Buch Micha
Nah	Das Buch Nahum
Hab	Das Buch Habakuk
Zef	Das Buch Zefanja
Hag	Das Buch Haggai
Sach	Das Buch Sacharja
Mal	Das Buch Maleachi

Neues Testament (NT)

Mt	Das Evangelium nach Matthäus
Mk	Das Evangelium nach Markus
Lk	Das Evangelium nach Lukas
Joh	Das Evangelium nach Johannes
Apg	Die Apostelgeschichte
Röm	Der Brief an die Römer
1 Kor	Der erste Brief an die Korinther
2 Kor	Der zweite Brief an die Korinther
Gal	Der Brief an die Galater
Eph	Der Brief an die Epheser
Phil	Der Brief an die Philipper
Kol	Der Brief an die Kolosser
1 Thess	Der erste Brief an die Thessalonicher
2 Thess	Der zweite Brief an die Thessalonicher
1 Tim	Der erste Brief an Timotheus
2 Tim	Der zweite Brief an Timotheus
Tit	Der Brief an Titus
Phlm	Der Brief an Philemon
Hebr	Der Brief an die Hebräer
Jak	Der Brief des Jakobus
1 Petr	Der erste Brief des Petrus
2 Petr	Der zweite Brief des Petrus
1 Joh	Der erste Brief des Johannes
2 Joh	Der zweite Brief des Johannes
3 Joh	Der dritte Brief des Johannes
Jud	Der Brief des Judas
Offb	Die Offenbarung des Johannes

Abkürzungen ausgewählter Ordensbezeichnungen

Abkürzungen für Ordensbezeichnungen begegnen (uneinheitlich) seit dem späten Mittelalter. In der nachfolgenden Auswahl bedeuten (der Beugungsfall ist jeweils nicht kenntlich gemacht): B. M. V. = Beata Maria Virgo; C. = Congregatio; Can. = Canonicus; Cl. = Clerici; I. = Institutum; Miss. = Missionarius; O. = Ordo; Reg. = Regularis; S. = Sanctus; Soc. = Societas.

AA (C. Augustinianorum ab Assumptione): Assumptionisten
C(an)R(eg): Regulierte Chorherren
CASH (Cl. Apostolici S. Hieronymi): Jesuaten
CCF (C. Caritatis Fratrum): Barmherzige Brüder
CCRRMM (O. Cl. Reg. Minorum): Caraccioliner (Mindere Regularkleriker)
CFA (C. Fratrum Alexianorum): Alexianer
CMF (Cordis Mariae Filii): Claretiner
CMM (C. Miss. de Mariannhill): Mariannhiller Missionare
CP (C. Passionis Iesu Christi): Passionisten
CPPS (C. Miss. Pretiosissimi Sanguinis): Missionare vom Kostbaren Blut
CR (O. Cl.Reg. vulgo Theatinorum): Theatiner
CRS (O. Cl. Reg. a Schomascha): Somasker
C(R)SA (Can. Reg. S. Augustini): Augustiner-Chorherren
CSA (Canonissae Reg. S. Augustini): Augustiner-Chorfrauen
CRSP (C. Cl. Reg. S. Pauli Decollati): Barnabiten
CSsR (C. Sanctissimi Redemptoris): Redemptoristen
CVUOSB (C. Vallis Umbrosae O. S. Benedicti): Vallombrosaner
FMA (Filiae Mariae Auxiliatricis): Mariahilfschwestern, Salesianerinnen Don Boscos
FMS (I. Fratrum Maristarum a Scholis): Maristen-Schulbrüder
FSC (I. Fratrum Scholarum Christianarum): Schulbrüder
IBMV: Englische Fräulein
MAfr (Miss. Africae, Patres Albi): Weiße Väter
MD (O. Patrum Excalceatorum B. M. V. de Mercede): Unbeschuhte Mercedarier
MI (O. Cl. Reg. Ministrantium Infirmis): Kamillianer
OAD (O. Augustiniensium Discalceatorum): Augustiner-Barfüßer
OAnnM (O. de Annuntiatione B. M. V.): Annunziaten
OC/OCarm (O. Fratrum B. M. V. de Monte Carmelo): Karmeliten
OCart (O. Cartusiensis): Kartäuser
OCD (O. Fratrum Discalceatorum B. M. V. de Monte Carmelo): Unbeschuhte Karmeliten
OCist (O. Cisterciensis): Zisterzienser

OCR/OCSO (O. Cisterciensium [Reformatorum seu] Strictioris Observantiae): Trappisten
OdeM (O.B.M.V. de Mercede): Mercedarier
OFM (O. Fratrum Minorum): Franziskaner
OFMCap (O. Fratrum Minorum Capuccinorum): Kapuziner
OFMConv (O. Fratrum Minorum Conventualium): Minoriten
OH (O. Hospitalarius S. Joannis de Deo): Barmherzige Brüder vom hl. Johannes von Gott
OM (O. Minimorum): Paulaner (Minimen)
OP (O. Praedicatorum): Dominikaner
OPraem (Candidus et Can.O. Praemonstratensis): Prämonstratenser
Or (I. Oratorii S. Philippi Nerii): Oratorianer
OSA (O. Fratrum S. Augustini): Augustiner (bis 1969 Augustiner-Eremiten [OESA])
OSB (O.S. Benedicti): Benediktiner
OSC (O.S. Crucis): Kreuzherren
OSCl (O.S. Clarae): Klarissen
OSM (O. Servorum Mariae): Serviten
OSPPE (O. Fratrum S. Pauli Primi Eremitae): Pauliner
OSSalv (O. Sanctissimi Salvatoris): Birgitten
OSST (O. Sanctissimae Trinitatis): Trinitarier
OSU (O.S. Ursulae): Ursulinen
OT (O. Fratrum Domus Hospitalis S. Mariae Teutonicorum in Jerusalem): Deutscher Orden
PSS (Soc. Presbyterorum a S. Sulpitio): Sulpizianer
RSM (Religious Sisters of Mercy, Sorores a Misericordia): Barmherzige Schwestern
SAC (Soc. Apostolatus Catholici): Pallottiner
SCVP (Sorores Caritatis S. Vincentii a Paul): Vinzentinerinnen
SDB (Soc.S. Francisci Salesii): Salesianer Don Boscos
SDS (Soc. Divini Salvatoris): Salvatorianer
SI/SJ (Soc. Iesu/Jesu): Gesellschaft Jesu, Jesuiten
SM (Soc. Mariae): Maristen, Marianisten
S(ch)P (O.Cl.Reg. Pauperum Matris Dei Scholarum Piarum): Piaristen
SSND (C. Pauperum Sororum Scholarum Nostrae Dominae): Arme Schulschwestern
SSS (C. Presbyterorum a Sanctissimo Sacramento): Eucharistiner
SVD (Soc. Verbi Divini): Steyler Missionare.

Allgemeine Abkürzungen

Nicht aufgeführt sind Wörter, bei denen lediglich die adjektivischen Endungen -ich und -isch abgekürzt wurden, sowie allgem. verständl. Abkürzungen.

Abk.	Abkürzung	kath.	katholisch
ahd.	althochdeutsch	lat.	lateinisch
angl.	anglikanisch	luth.	lutherisch
aram.	aramäisch	mhd.	mittelhochdeutsch
AT	Altes Testament	nhd.	neuhochdeutsch
begr.	begründet	n. Chr.	nach Christus
bes.	besonders	offiz.	offiziell
Bez., bez.	Bezeichnung, bezeichnet	ökum.	ökumenisch
byz.	byzantinisch	orth.	orthodox
dt.	deutsch	österr.	österreichisch
EKD	Evangelische Kirche in Deutschland	philos.	philosophisch
		pol.	politisch
ev.	evangelisch	prot.	protestantisch
frz.	französisch	ref.	reformiert
gegr.	gegründet	rel.	religiös
germ.	germanisch	sog.	sogenannt
gr.	griechisch	soz.	sozial
hebr.	hebräisch	theol.	theologisch
Hl., hl.	Heilig, Heilige(r), heilig	urspr.	ursprünglich
it.	italienisch	Verz.	Verzeichnis
Jh.	Jahrhundert	v. Chr.	vor Christus